哲学的涅槃

探寻哲学的审美化之路

侯才 著

中国社会科学出版社

图书在版编目（CIP）数据

哲学的涅槃：探寻哲学的审美化之路／侯才著．—北京：中国社会科学
出版社，2022.2
ISBN 978 - 7 - 5203 - 9639 - 4

Ⅰ.①哲… Ⅱ.①侯… Ⅲ.①哲学—文集 Ⅳ.①B - 53

中国版本图书馆 CIP 数据核字（2022）第 015004 号

出 版 人	赵剑英	
责任编辑	孙　萍	
责任校对	闫　萃	
责任印制	王　超	

出　　版	中国社会科学出版社	
社　　址	北京鼓楼西大街甲 158 号	
邮　　编	100720	
网　　址	http://www.csspw.cn	
发 行 部	010 - 84083685	
门 市 部	010 - 84029450	
经　　销	新华书店及其他书店	

印刷装订	北京君升印刷有限公司	
版　　次	2022 年 2 月第 1 版	
印　　次	2022 年 2 月第 1 次印刷	

开　　本	710 × 1000　1/16	
印　　张	45	
插　　页	2	
字　　数	625 千字	
定　　价	239.00 元	

序　言

本书按专题选收和汇集了笔者自 1980 年至 2020 年期间发表于国内外哲学专业期刊以及国内主要报刊的 56 篇论文和文章。上篇对马克思主义哲学、中国传统哲学和西方哲学的某些重要对象和领域及其贯穿的若干哲学基础理论问题进行了研究，下篇立足社会实践和社会现实探讨了当代哲学的境遇、课题、任务以及发展趋向。

鉴于所收论文的研究对象、论题和内容延伸中西哲学史以及哲学各基本领域，采取如下排列原则：上篇按领域、内在逻辑和写作时间三者的先后顺序排列，下篇则单纯按写作时间排列。按本体论或存在论、认识论、伦理学和历史观来对论文进行划分固然也具有其局限性和十分相对的性质，但优点之一是，打破了中国学界关于马克思主义哲学、中国哲学和西方哲学这一传统的所谓学科的设置和分类。

本书的书名《哲学的涅槃》源自作者在第二十二届国际黑格尔大会会议演讲稿的标题。"涅槃"（Nirvana）在佛教中通常被用来指通过戒定慧修行而达至的一种灭除一切烦恼障碍、脱离一切心相以及超越生死轮回的至高至善的境界。笔者用其来喻指哲学所应趋向和实现的真善合一、天人合一的理想归宿。

书中提出和表述了以下若干主要论点：

1. 哲学发展的历史表明，哲学作为智慧或爱智之学，蕴含一般、特

殊和个别三个层次，即体现为总的历史发展过程中的"一般智慧"，不同历史发展阶段上通过"自然智慧""精神智慧"和"生存智慧"等诸种形式表现出来的"特殊智慧"，以及表现在不同哲学家思想体系中的"个别智慧"（《当代中国哲学的境遇、自我理解和任务》，2012）。

2. 哲学中最重要的因素是思维方式和价值观。因此，在一定意义上，可以将其喻为个体、民族和类的"理性和良心"。哲学的主要实践功能则体现在治国安邦和安身立命（《文化、文化共同体和民族精神》，2004；《政治哲学：政治的理性和良心——兼评施特劳斯的"政治哲学"概念》，2005；《当代中国哲学的境遇、自我理解和任务》，2012；《当代中国发展的客观逻辑及其哲学课题》，2015；《让哲学成为安身立命之学》，2017）。

3. 与哲学认识的重心由古代的自然转移到近代的精神以及现代的人本身、由古代的本体论转移到近代的认识论以及现代的生存论相适应，在与其他诸种社会意识的关系方面，哲学经历了由古代的宗教化到近代的科学化以及当代的伦理化的过程。哲学伦理化的核心，是塑造和构建一种能够统摄和驾驭人自身之需要和欲望的"自我主体性"。哲学的应然趋向是审美化（《对哲学及其当代任务的一种审视——兼评恩格斯哲学观的现代性》，1996；《哲学的嬗变与世纪之交的中国哲学》，1997；《哲学的涅槃——对〈德国唯心主义始初系统纲领〉的一种阐释和发挥》，1999；《认识重心的迁移与当代哲学的趋向》，2005；《哲学的伦理化与现代性的重塑》，2015；《重述哲学危机》，2015）。

4. 就哲学与民族精神的关系而言，民族精神是哲学的思想根基和客观内容，而哲学则是民族精神的整体形态的概念，是民族精神的容器。民族精神借助于哲学获得自身发展，民族精神的发展过程就是通过哲学不断实现其自身的丰富、升华和弘扬的过程（《文化、文化共同体和民族精神》，2004；《当代中国哲学的境遇、自我理解和任务》，2012）。

5. 世界之始源、终极本体和最高统一性统摄了物质世界与精神世界。

因而，"存在"或"道"作为对世界之始源、终极本体和最高统一性的表述，也超越了物质与精神的二元对立以及由此而产生的认识论上的唯物主义与唯心主义的分野，即唯物主义与唯心主义所能指涉的范围（《老子学说的精华及其现代性》，2006；《追寻存在，重建形而上学》，2020）。

6. 认识和把握世界终极本体"存在"或"道"以及实现人与"存在"或"道"相统一的合理方法是普遍性与特殊性相统一的方法，既有的合理的具体路径是马克思所代表的实践论路径以及中国传统哲学所代表的心性论路径。后者是中国传统哲学数千年积累的结晶，是中国传统哲学的核心和精华，也是中国哲学对世界哲学所做出的重大贡献（《中国传统哲学的理想人格论及其现代意义》，2018；《追寻存在，重建形而上学》，2020）。

7. 康德所提出和表述的"感性、知性、理性"认知结构模式，实际上只是基于理性主义的立场对西方主流哲学思维方式的一种概括。更具文化和哲学涵盖性和包容力的认知结构模式应是"感性、理性、悟性"。感性、理性、悟性是人类认识的三种要素或三个主要层次，而感性直观、理性反思和悟性体验则是哲学的三种基本的认识方式和手段（《论反思思维》，2002；《论悟性：对中国传统哲学思维方式和特质的一种审视》，2003）。

8. 宗教作为社会意识的一种特殊形式，是人类把握自身和客观世界的一种专有方式，它与哲学、科学、道德、美学等诸种社会意识均具有某种同一性，但是，这些社会意识形式均不能代替和取代宗教（《哲学可以取代宗教吗？——对黑格尔宗教观的一种批评》，2012；《重述哲学危机》，2015）。

9. 本体论或存在论的基本矛盾是普遍与特殊的关系（其在量的方面的表现是一与多的关系），认识论的基本矛盾是存在与思维或物质与意识的关系，生存论或实践论的基本矛盾是主体与客体的关系。在哲学发展的不同历史阶段，由于本体论、认识论和生存论在哲学认识中所处的地位不

同，所以，占主导地位的哲学基本矛盾也不同（《对哲学及其当代任务的一种审视——兼评恩格斯哲学观的现代性》，1996；《哲学认识论基本问题不等于哲学基本问题》，1998）。

10. 与唯物主义与唯心主义两大传统及其对立相并置，在哲学史中存在主体主义与客体主义两大传统及其对立。划分主体主义与客体主义的主要根据在于：人这一历史主体在一定的哲学学说、哲学体系中所处的地位及其与客体的关系如何（《从主客体关系来理解的马克思哲学》，1991）。

11. 应将"哲学形态"理解为哲学体系及其理论结构、话语系统、社会功能、个性特征和演变过程的总和，而将"哲学形态学"界定为关于研究哲学体系及其理论结构、话语系统、社会功能、个性特征以及演变过程及其内在规律的科学，据此对哲学形态学进行构建以及从该视角对哲学史进行新的描述（《"哲学形态学"视域中的马克思主义哲学发展史》，2014）。

12. 政治哲学应包括从哲学看待政治以及从政治看待哲学的双重维度和视域（《政治哲学：政治的理性和良心——兼评施特劳斯的"政治哲学"概念》，2005；《马克思的政治哲学遗产》，2006）。

13. 从主体与客体相统一的视角来审视，马克思哲学不仅是对西方哲学史中存在的以往旧唯物主义与唯心主义两大哲学传统的扬弃与综合，而且也是对主体主义与客体主义两大哲学传统的扬弃和综合，体现了西方传统哲学中"实体"与主体、精神与自然、个体与类等诸对立范畴和原则的有机统一，是一种广义社会存在论（《从主客体关系来理解的马克思哲学》，1991）。

14. 基于马克思与恩格斯哲学思想的差异，以及这种差异主要源于对待传统形而上学的不同态度，有理由将马克思与恩格斯分别视为扬弃与恢复传统形而上学的不同代表，他们分别开启了马克思主义哲学内部扬弃与复兴传统形而上学的两大传统（《马克思的唯物主义历史观及其恩格斯的诠释》，2010；《形而上学的扬弃与复兴——对马克思主义哲学发展史主

线的一种描述》，2014）。

15. 字释与义释相统一、文释与史释相统一、文释与心释相统一、义释与意释相统一、解释与建构相统一以及理解与践行相统一等构成了中国传统解释学的主要方法。它们体现了中华传统文化传承的内在机制和规律，在一定意义上也构成了中华传统文化存在和发展的基本样式（《中国传统解释学的方法和特色》，2015）。

16. 现代性是现代化过程的质的规定，其底蕴和本质特征是主体性，其内在矛盾是科学性与价值性、民族性与时代性的矛盾。而所谓塑造或构建合理的现代性，在哲学上实际上就是重建主体性，解决好科学性与价值性、民族性与时代性的矛盾（《"中国现代性"的追寻——对中国现代哲学发展主线的一种描述》，2010；《当代中国哲学的境遇、自我理解和任务》，2012；《构建当代哲学主体性》，2015）。

17. 主体性并不是外在于"存在"的某种规定或特性，而是"存在"本身的一个内在环节，是"存在"在社会历史领域中借以实现自身分化和统一的必要手段和中介。因此，重建主体性是重建形而上学的题中应有之义（《当代中国发展的客观逻辑及其哲学课题》，2015；《形而上学的复兴与重建》，2017；《追寻存在，重建形而上学》；2020）。

18. 从现代性的视域对中国现代哲学的发展进行解读，可以将中国现代哲学发展的主线描述为对"中国现代性"的追寻过程（《"中国现代性"的追寻——对中国现代哲学发展主线的一种描述》，2010）。

19. 需要概括、提出和在全社会确立中国特色社会主义的基本价值观或核心价值观，这一基本价值观或核心价值观应是当代中国社会的本质规定、应然趋向以及大多数社会成员的根本利益的集中体现，其内涵应包括民主、富强、公正、和谐、自由等诸价值理念（这一观点为笔者在2006年首次提出，尔后数次重申。《中国特色社会主义基本价值观》，2006；《中国特色社会主义基本价值观论析》，2006；《让智慧之光引领当代中国前行》，2011；《当代中国哲学的境遇、自我理解和任务》，2012）。

20. 现阶段与既有生产力水平相适应的生产关系逻辑同世界历史逻辑、现代化逻辑、传统社会的历史逻辑一起共同融汇和构成了当代中国发展的客观逻辑。与此相适应，当代中国哲学所面临的历史课题和任务可以归结为重建形而上学、塑造合理的现代性特别是"中国现代性"以及让哲学自身真正成为安身立命之学三个最主要的方面（《让智慧之光引领当代中国前行》，2011；《当代中国发展的客观逻辑及其哲学课题》，2015；《形而上学的复兴与重建》，2017；《让哲学成为安身立命之学》，2017；《追寻"存在"，重建形而上学》，2020）。

21. 《德意志意识形态》"费尔巴哈"章的原始手稿的印张编码"1"至"5"均系恩格斯所编写。因此，应据此进行该章的文本排序和重建（《〈德意志意识形态〉"费尔巴哈"章的重释与新建》，2018）。

作为个人迄今学术思想和学术史的某种记录，本书所收论文原则上保持其原貌，仅对个别文章的个别文字作必要的修订或处理。书中有的内容有先后重叠，主要是同一观点被在不同场合和语境中加以重申、强调和进一步发挥所致。另外，有的论文的原稿与发表稿之间存在极个别文字上的差异，本书原则上收录原稿。

最后，谨对中国社会科学出版社社长赵剑英先生、副总编辑王茵女士以及责编孙萍女士在本书出版过程中所给予的大力支持和帮助致以衷心的谢意。

2020 年 12 月 30 日于北京寓所

目　　录

下编　哲学的现实境遇与未来发展

附录　访谈录

上 编

哲学的历史理解与当代阐释

● 存在论

从主客体关系的理解来看的
马克思哲学

  鉴于现代西方哲学发展中呈现的科学主义与人本主义两大对峙的潮流和派别，特别是鉴于在理解、解释和发挥马克思哲学方面所产生的类似科学主义与人本主义的两种截然不同的立场和倾向，以及这种理论上的对立在社会实践中的表现，最后，鉴于上述诸种对立与矛盾在当今的发展及其历史趋势，有必要从主、客体关系的理解的角度来重新审视马克思哲学在哲学发展史中的地位，以便深入认识马克思哲学的本质，揭示其所蕴含的对新的历史条件具有决定性意义的方面和因素。

  在一定意义上，可以把哲学的认识，理解为对人同外在世界关系的描述。它包括两个方面：仅就人的精神、思想同客观世界的关系而言，是意识与物质或思维与存在的关系；就作为精神与肉体的统一整体即具有意识的物质力量的人同客观世界的关系而言，是主体与客体的关系。这两者是统一交融在一起的。它既体现哲学对世界、对客观对象存在及其发展规律的认知，又体现哲学认识对主体自身存在、目的（或任务）以及意义的理解。这样，哲学史作为人对世界以及自身存在的理论认识的历史，交织着唯物主义与唯心主义、以主体为绝对本位的"主体主义"与以客体为绝对本位的"客体主义"的矛盾和对立。"主体主义"与"客体主义"划分的根据在于，人这一历史主体在一定的哲学学说、哲学体系中所处的地位如何，而这又取决于该学说、体系如何理解人在现实世界中的地位，或者说，如何处置人与现实世界的关系。在主体主义那里，人被置于现实世界的中心和被视为客观对象的主宰，他是独立自存或基本上独立自存的存在物，而世界、对象的存在以及世界、对象与人的关系，是从人这一主体并通过这一主体本身而获得其意义并被认识的。在客体主义那里，人则被完全地、绝对地隶属于现实世界和客观对象，他的存在以及他与周围世界和客观对象的关系也必须从世界或对象本身中获得其意义和说明。

一　西方哲学史中主体主义和客体主义两大传统的对立

这种哲学上的主体主义与客体主义的对立，可以追溯到西方哲学的源头——古希腊哲学。

在古希腊哲学那里，就整体而论，人与世界、对人的认识与对世界的认识是统一的。哲学既探索世界也探索人，通过一方探索另一方。在哲学理论中，人与世界，主体与客体相互联结，彼此映照。人被宇宙化、自然化，而宇宙、自然则被人格化。

这种统一，是建立在"实体"基础之上的，或者说，是以"实体"为统一原则的。表现在哲学体系中，人作为宇宙普遍过程的个别要素出现。黑格尔曾就此指出，古希腊哲学的前提是精神与自然合一的东方式的"实体化"①。按照黑格尔的解释，古希腊哲学以自然与精神的实质合一为基础、为本质，它既是自然的，也是精神的。其中，精神已成为主导的、决定性的主体，已居于首位，但精神的个性还没有独立自为，还没有成为"抽象的主体性"，即还没有把自己作为手段，通过自身把

---

① 见黑格尔《哲学史讲演录》第 1 卷，贺麟、王太庆译，商务印书馆 1959 年版，第 160 页。

自己体现、展示出来，建立自己的世界。因此，在古希腊哲学那里，主体性本身还带着自然的、感性的色彩，基本上与自然性融汇在一起，它与"实体"的对立还具偶然性，换言之，还是隶属于世界本身的。

　　然而，即便如此，在古希腊哲学中已内含了主体主义与客体主义的对立。就研究对象的选择来说，在古希腊哲学的初期，已经表现出以米利都学派为代表的宇宙论哲学同智者派和以苏格拉底为代表的人类学哲学的对立。就对人与世界、主体与"实体"、自由与必然、个别与一般诸关系的实际解决来说，"一方面，早期希腊自然哲学家以及后来的德谟克利特、柏拉图和亚里士多德，都把人置于客观物质和理想生活的关系与本质的支配之下；另一方面，诡辩学派、昔克尼学派、昔勒尼学派、怀疑论者，伊壁鸠鲁学派和斯多葛派，原则上虽不拒绝这些基本论点，但却宣称人是万物的尺度，谈到人的、特殊者的价值。"① 怀疑派、伊壁鸠鲁派、斯多葛派三派哲学对主体性原则的高扬得到青年黑格尔派特别是青年马克思的肯定和推崇。它们同德谟克利特、柏拉图和亚里士多德等人的哲学的对立，无疑代表了古希腊哲学中主体主义与客体主义的两种不同的立场。这种立场上的对立，预示了后来的人本主义与神本主义的斗争。

　　当然，即便是在斯多葛派那里，人也是终究隶属于自然、主体也是终究隶属于"实体"的。该派把自然和和谐视为最高的原则和规律，对他们来说，自然的东西就是道德的东西，自然的要求就是理性的要求；而与自然协调一致的生活，就是符合人性的生活；履行自然的命令，便是发展人自身本质最内在的萌芽。因此，斯多葛等主体论派别虽然高扬了主体性、人格的内在价值，其世界观仍未超出"实体"的范畴。这就为崇尚"抽象的主体性"的基督教世界观的产生提供了根据。

---

　　① 鲍·季·格里戈里扬：《关于人的本质的哲学》，汤侠声、李昭时等译，生活·读书·新知三联书店1984年版，第30页。

在中世纪，主体主义原则在形式上得到了推崇。同时，主体主义和客体主义两大原则的对立也在基督教内部展开。

中世纪基督教世界观的基本原则是抽象的主体性，它是作为对实体性为基本原则的古希腊哲学世界观的否定而出现的。基督信仰、基督启示的底蕴就在于它展示了这种由实体性向主体性、由自然向精神的发展。对此，黑格尔曾作过深刻的揭示。在他看来，基督信仰、基督启示的意义在于它显示了主体必然经历的由自然性向精神性、由有限向无限的转化过程，表明了应该放弃其自然性，即自然的意志、自然的知识和自然的存在，而转向精神。[①] 中世纪的世界观鲜明地体现在基督本人的话中，他说："精神将引导你到一切真理。"

与古希腊哲学所提出的人服从于宇宙普遍性的思想相对立，基督教肯定了个体灵魂不死、人类共同性、个人存在的唯一性和自我价值的思想。

尽管基督教哲学强调了个人的独立性、价值和意志自由，但在这种哲学中，个人始终是被预定的因素。他只不过是上帝所安排的秩序的组成部分，是执行神的意志的盲目工具。[②] 因此，基督教哲学只不过是用人隶属于上帝代替了古希腊哲学的人隶属于自然，而且更具绝对性、权威性。这样，也就如恩格斯所指出的，"基督教德意志世界观以抽象的主体性，因而也就是以任性、对内部世界的崇拜、唯灵论作为基本原则来和古代世界相对抗；但是正因为这种主体性是抽象的、片面的，所以它必然会立刻变成自己的对立物，它所带来的也就不是主体的自由，而是对主体的奴役。抽象的内部世界变成了抽象的外在形式，即人被贬低和异化了，这一新原则所造成的后果，首先就是奴隶制以另一种形式即农奴制的形式重新出现，这种形式不像奴隶制那样令人厌恶，但却更加

---

① 见黑格尔《哲学史讲演录》第3卷，贺麟、王太庆译，商务印书馆1981年版，第264页。

② 黑格尔认为，在基督教哲学那里，自我意识、人的思维、人的纯粹自我都被否定了，它只有沉没在外在的自我即彼岸的自我中，才能获得它的价值和意义（见上书，第284—285页）。

虚伪和不合乎人性。"①

在基督教哲学内部，也存在着主体主义与客体主义两种倾向的对立和斗争。这就是著名的"唯名论"与"唯实论"的争论。这一争论在形式上是和上帝存在的所谓本体论证明相关的。但实际上，体现了对上帝与人、神的普遍制约性与个人的意志自由等相互关系的不同认识。从正面看，则是对人的存在、地位的确证。把共相、上帝确认为"实体"体现了客体主义原则；反之，把共相、上帝确认为"名词"，则体现了一种主体主义原则。在这方面，唯名论在宗教范围内达到了其所能达到的主体性原则的最远之处。可是，两极相通。彻底的唯名论其逻辑结论也只能是泛神论，即把上帝变成万物或宇宙，从而复归于宇宙论哲学。

文艺复兴时期的哲学对主体问题采取了与基督教哲学截然不同的方法。它打破了基督教哲学运用神秘主义在彼岸生活、神圣历史的范围内解决人、人的价值和自由问题的方式，呈现了向古希腊哲学的自然与人统一的观念回复的倾向。但文艺复兴时期的哲学对人的主体性的强调，很快便消融在后来一个时期的客体主义观念之中了。

近代的启蒙运动在斯宾诺莎那里达到了很高的成就。斯宾诺莎把上帝归结为具有思维与广延性的"实体"，归结为包括精神性在内的"自然"，从而通过"实体"概念把人与自然统一起来。针对基督教的抽象主体性，斯宾诺莎强调客体主义的原则。在他看来，一切事物都受一种逻辑必然性的支配，在精神领域中没有所谓自由意志，在物质界也没有什么偶然性。

如果说，主、客体主义原则的对立，在 17 世纪还是以抽象的形而上学的形式表现出来，18 世纪则愈具有具体的社会内容。18 世纪哲学愈加表明同基督教世界观的抽象主体性的对立性质。但也正因为如此，它又走向另一极端，即以客体同主体、以自然同精神、以普遍同个别、

① 《马克思恩格斯全集》第 1 卷，人民出版社 1956 年版，第 662—663 页。译文有改动。

以必然同自由相对立。

　　作为启蒙运动的最彻底的代表的 18 世纪法国唯物主义者，虽然坚持了哲学的唯物主义原则，从自然和社会本身出发，用内在原因来解释社会生活和人的各种社会现象，但他们却把人完全隶属于自然和自然规律，陷入了客体主义。他们甚至把人视为机器（拉美特利），主张精神世界的命定论（霍尔巴赫），抹杀了人的精神生活的特殊性，也使历史过程中的偶然性、人的自由失去了客观根据。他们虽然把理性理解为人的特性、本质，主张和强调理性主义，但却又把这种理性自然化，认为理性是自然赋予的，合乎自然就是合乎理性，用自然的东西吞没精神的东西。因而，又把理性主义染上了自然主义、宿命论的色彩。

　　总之，18 世纪唯物主义以有理性的自然、物质的普遍抽象同中世纪基督教的抽象的主体性、唯灵论相抗衡，用一种片面性反对另一种片面性；因而，它"并没有克服那种自古以来就有并和历史一同发展起来的巨大对立，即实体和主体、自然和精神、必然性和自由的对立；而是使这两个对立面发展到顶点并达到十分尖锐的程度，以致消灭这种对立成为必不可免的事"①。

　　但是，尔后的、包括青年黑格尔派哲学在内的德国古典哲学实际上也未能真正解决和消除这种自古以来在哲学中就存在的古老的对立。

　　从康德到黑格尔的哲学强调和发展了人的主体的能动方面，把人理解为有理性的理论活动和有道德的实践活动、自律而又自由的主体。但是，由于它终究用抽象逻辑代替 18 世纪哲学的有理性的自然，用唯心主义原则代替 18 世纪哲学的唯物主义原则，实际上是在更高级的基础上恢复了基督教哲学的抽象的主体性。

　　在康德那里，虽然对主体与客体原则有着虽说是矛盾的、然而却是

---

　　① 《马克思恩格斯全集》第 1 卷，人民出版社 1956 年版，第 658 页。

较为全面的理解，但其理论的着重点已经是主体性的理念。费希特在唯心主义基础上把康德的主体性原则推向极端，同时取消了康德的"物自体"，并赋予主体超验的、普遍的和客观的性质。主、客体的矛盾被限制在超验的意识领域。主体的"自我"是活动的本原，它设定、创造客体（"非我"）。客观世界不再具有任何意义。

黑格尔则循相反方向发展。他与谢林一起诉诸客体性的理念同康德、费希特相对立①。他不仅把人的逻辑、理性、观念（"绝对精神"）规定为积极的能动的主体，而且也把它变为实体、客体。这就使他把"绝对精神"归结为"实体"与"自我意识"的统一。

但是，不论主体性的理念还是客体性的理念，都是一种抽象的主体性，都是抽象的主体性的不同表达形式。总之，德国古典哲学仍囿于抽象主体性范畴之内，它不过是把基督教哲学的宗教形式、神学形式的抽象主体性变成理性形式的抽象主体性。②

黑格尔的功绩是，他通过"绝对精神"在一定意义上实现了主体与"实体"、主体主义与客体主义的统一。这一方面表现为对古希腊哲学的"实体"与基督教哲学的"抽象的主体性"的综合，另一方面表现为对贯穿哲学史过程中的柏拉图主义——基督教"唯实论"哲学——十七八世纪唯物主义的客体主义路线与伊壁鸠鲁、怀疑派、斯多葛派——基督教"唯名论"——费希特哲学的主体主义路线的综合。可是，这种综合不仅是在唯心主义的基础上达到的，而且也是通过"绝对的同一性"即抽象的同一的方式达到的；主体和"实体"在黑格尔那里都是"理念"自身的构成环节或发展阶段，因而它们的同一是理念自身的同一，是一种无中介的同一。换言之，黑格尔尽管通过"绝对精

---

① 参阅《费尔巴哈哲学著作选集》上卷，荣震华、李金山译，商务印书馆1984年版，第70页。

② 费尔巴哈看得很清楚："近代哲学只是证明了理智的神性，只是将抽象的理智认作上帝的实体，绝对的实体。"（同上书，第146页）

神"将"实体"与主体包容在内，然而并没有消解这一矛盾，只不过将哲学体系外部的对立变成了哲学体系内在的对立。①

　　青年黑格尔派哲学是在黑格尔哲学基地上形成和发展起来的。这样，它就通过黑格尔哲学承继了西方哲学历史发展的路线，并在对人、对主体的理解和说明上反映了自古以来就存在的恩格斯所描述过的那种实体与主体、自然与精神、必然与自由、一般与个别的对立。可见，青年黑格尔派哲学所环绕的主题、所解决的矛盾或任务，不仅为德国资产阶级社会问题解决的特殊形式这一社会条件所规定，而且，也为西方哲学历史发展的基本路线，为它的直接、间接的思想理论前提所左右。

　　但是，尽管青年黑格尔派清楚地看到自己的老师未能真正解决主体与"实体"的对立，尽管他们对自己的老师把主体变成"实体"的做法提出了批评，可当他们用"自我意识""类""我"等概念去统一主体与"实体"时，他们还是重复了自己老师的错误，因为他们忽视了与主体的人相联系的、生活在其间的现实的社会关系和经验条件。这样，青年黑格尔派像黑格尔一样，未能摆脱"抽象的主体性"。他们的历史作用在于，把主体与"实体"在哲学体系自身内部的对立（在"绝对精神"中的对立）再度"外化"出来，变成哲学体系外部或哲学体系之间的对立，从而使这一对立更加突出、更加尖锐化了。

----

　　①　Jindrich Zeleny 认为，黑格尔在《精神现象学》中强调自我意识是实体，在体系中则强调实体是自我意识。这表明，黑格尔只在哲学上表达了现实冲突，无法实现实体与自我意识的统一（见 Die Wissenschaftslogik bei Marx und "Das Kapital"，Berlin，1962，S. 247）。鲍威尔在《对黑格尔、无神论者和反基督教者末日的宣告》中认为，黑格尔创造了一种牺牲个人而非牺牲上帝和自然的哲学，这种哲学不了解历史的产生，以致把个人变成了世界精神的玩偶（见 Die Posaune des juengsten Gerichts ueber Hegel，Leipzig，1841，S. 50，61）。施蒂纳也认为，黑格尔像歌德一样，珍视主体对客体的依赖性和对客观世界的从属性（见 Der Einzige und sein Eigentum，Leipzig，1882，S. 108）。费尔巴哈在《哲学改造临时纲要》中则指出，黑格尔特别将自主活动、自决力、自我意识作为实体的属性（见 L. Feuerbach，Gesammelte Werke，Herg v. W. Schuffenhauer，Bd. 9，Berlin，1982，S. 244）。

二 马克思对两大对立传统的扬弃和综合

马克思扬弃了青年黑格尔派哲学，解决了哲学史中古老的"实体"与主体、精神与自然、必然与自由、一般与个别的对立问题。因而，这不仅是对青年黑格尔派哲学的批判总结、概括和综合，也不仅是对以"抽象的主体性"为特征的整个德国古典哲学的批判总结、概括和综合，而且，也是对包括古希腊"实体性"哲学、中世纪和近代的"抽象的主体性"哲学在内的整个哲学认识的批判总结、概括和综合，或者说，是对马克思哲学形成以前的整个哲学历史发展过程中的主体主义与客体主义两大哲学传统的批判总结、概括和综合。

这种批判总结、概括和综合决定了马克思哲学的这一本质特征：它是以实践概念为基础和中介的主体与客体、精神与自然、人与社会、本质与存在、一般与个别、必然与自由、规律性与目的性、逻辑与意义、真理与价值、科学与伦理等诸关系、因素和原则的有机统一。如果可以借用"本体论"这一术语的话，则可以说，是以实践概念为基础的人的存在的本体论与世界存在的本体论（包括自然存在的本体论与社会存在的本体论）的有机统一。①

这种统一，在马克思那里，不仅体现在人与自然是统一的，即周围的自然是"人化的自然"，而人是"能动的自然存在物"，而且也体现在人与社会也是统一的。马克思依据"对象化"的原理，为了科学地说

---

① O. Spengler 断言，马克思的"唯物史观的本质意味着理性主义已达到了最后的逻辑结论；因此马克思主义是个完结辞。"（见《西方的没落》第 2 卷，齐世荣、田农译，商务印书馆 1963 年版，第 709 页）但是，把马克思哲学完全归结为理性主义甚至是传统意义上的理性主义未免有失偏颇。因为这样一来就否定了这一哲学学说的经验的、基于感性的政治经济学事实的性质。在这一点上，或许 A. Schmidt 看得倒比较确切，他认为，"如果说辩证唯物主义不是作为实证主义的搜集事实的科学，那末也不是思辨地跳过事实这意义上的哲学。"（见《马克思的自然概念》，欧力同、吴仲昉译，赵鑫珊校，商务印书馆 1988 年版，第 45 页注释）。

明现实的人的本质及其历史发展而去追溯和探讨各种社会关系，追溯、探讨社会历史过程及其规律性；同时，又从人的本质、人的活动、人的实践能力的提升，来判断社会历史的进步与发展。在马克思的结论中，社会与人虽是分而为二但归根结底又是合而为一的："社会本身，即处于社会关系中的人本身"，确切地说，即"处于相互关系中的个体"本身，它是"表示这些个体彼此发生的那些联系和关系的总和"，而人则是"社会联系的主体"，他的本质在现实性上就是这种作为"总和"的社会关系；"追求着自己目的的人的活动"就构成了历史，而历史则不外是"既定的主体的人的现实的历史"，即"他们的个体发展的历史"，"是人类本性的不断改变而已"。这样，人们"既当成剧作者，又当成剧中人物"，社会规律既是社会"本身运动的自然规律"，又是"人们自己的社会行动的规律"。一句话，人类历史的发展是人们在客观规律发生作用的基础上有意识地进行活动的结果，是客观规律性与主体的目的性、主体的能动活动的统一，"是一种自然历史的过程"。①

三　马克思哲学的地位和现代性

通过对青年黑格尔派哲学的扬弃，马克思结束了传统意义上的哲学。因此他的学说标志着近代哲学的最后终结。但也正因为如此，它同时也就构成了现代哲学的开端。就反映的阶级和社会状况来看，青年黑

---

① 见《马克思恩格斯全集》第42卷，人民出版社1979年版，第126、167、220页；《马克思恩格斯全集》第46卷（下），人民出版社1980年版，第266页；《马克思恩格斯全集》第46卷（上），人民出版社1979年版，第220页；《马克思恩格斯全集》第42卷，第25页；《马克思恩格斯全集》第3卷，人民出版社1960年版，第5页；《马克思恩格斯全集》第2卷，人民出版社1957年版，第118—119页；《马克思恩格斯全集》第42卷，第159页；《马克思恩格斯全集》第27卷，人民出版社1972年版，第478页；《马克思恩格斯选集》第1卷，人民出版社1972年版，第138页；《马克思恩格斯全集》第4卷，人民出版社1958年版，第149页；《马克思恩格斯全集》第23卷，人民出版社1972年版，第11页；《马克思恩格斯全集》第20卷，人民出版社1971年版，第308页；《马克思恩格斯全集》第23卷，第12页等。

格尔派哲学是资产阶级上升时期特定阶段的理论标志和反映，而马克思的哲学学说作为无产阶级运动、共产主义运动的理论表现，则批判地承继了资产阶级上升时期的哲学路线。

19世纪中叶以后，特别是在西方资产阶级经历转折时期（70年代初）以后，资产阶级哲学经过分化，再也不具有像法国唯物论和德国古典哲学那样的完整形态了，再也统一不起来了。如果说，主体主义与客体主义的对立在上升时期的资产阶级哲学那里（例如在黑格尔哲学那里）在某种形式上还获得了一定程度的统一的话，那么，此后则完全分裂了。原因当然是复杂的。但其中重要一点是，这时资产阶级在思想理论方面所面临的任务已不再是反宗教和神学，已不再是绝对地信赖和无限制地崇奉科学、理性，而是调和宗教与科学、信仰与知识的矛盾。对于资产阶级来说，宗教仍是一种不可缺少的世界观，是确立一种对现实来说是某种彼岸的道德理想和价值的源泉，而科学虽然必须不断获得发展，可也不是万能的，它能提供有关世界的外在观念，却未必能揭示人的生活的内在意义和蕴涵。于是，需要建立科学与宗教的联盟。因此，在这种情况下，哲学的地位、作用发生了转换，它由过去的科学和理性的同盟军以及宗教的敌手转变为调和宗教与科学的手段与中介。

但是，资本主义制度并不能从根本上消除科学与宗教发展的内在矛盾。这种以某种统一为前提的对立性必然带来哲学上的内在矛盾与危机。所以，西方资产阶级哲学的解体与分化是资本主义社会宗教与科学之间矛盾的表现，从而也是资本主义社会在由竞争到垄断发展过程中的一般社会矛盾的表现。

与马克思通过自己的"新唯物主义"实现了主体主义与客体主义的综合相反，也正是在19世纪40年代，在几乎与马克思主义哲学诞生的同时，出现了孔德的实证主义（《实证哲学教程》），1830—1842；《实证哲学概观》，1848）与克尔凯郭尔的学说（《非此即彼》），1843；《恐惧概念》，1844；《死亡病》，1849），叔本华的意志主义（《作为意志和表象的世界》，1819；《论自然意志》，1836；《伦理学的两个根本问题》，1841）也开始流行起来，从而开了现代西方社会中"科学主义"与"人本主义"两大彼此对立的哲学思潮的先河。这种科学主义与人本主义的对立，实质上就是历史上客体主义与主体主义的传统对立，在新的历史条件下即现代资本主义社会条件下的一种尖锐化的表现。一般说来，科学主义思潮沿袭了客体主义的传统和路线，人本主义思潮则沿袭了主体主义的传统和路线：在前者那里，以自然科学为主的具体科学方法被绝对化、普遍化；在后者那里，人的意识的主观创造性因素、精神道德因素、意志因素则被赋予独立的、决定性的意义。在前者那里，哲学只被看作专门科学认识的一部分，而人则被仅仅看作是这种认识的客体；在后者那里，哲学被视为对世界的主体体验和理解的一种特定形式，而人则是完全或绝对独立的、自由的创造性本原。

由于在资本主义社会中，伴随生产力的发展，人与物、物质财富与精神文明、科学技术进步与道德伦理滞后等矛盾日益突出，现代西方哲学中这种主体主义与客体主义原则的对立还特别以事实原则与价值原则、科学判断与伦理判断的关系的形式表达出来，这在新康德主义的西南学派特别是在文德尔班和李凯尔特那里已经获得清晰的表述。

另一方面，西方资产阶级哲学的剧烈分化和科学主义与人本主义两条路线的对立，在马克思主义哲学传统内部也有某种反映。

由于马克思哲学扬弃了哲学史中主体主义与客体主义的对立，实现了主体与"实体"、精神与自然、人与社会、必然与自由、存在与本质、一般与个别、规律性与目的性、逻辑与意义、真理与价值、科学与伦理等诸因素的统一，所以，它也就为人们对其加以不同的解释或将其向不同的方向发展留下了余地。这样，当它被运用于不同的社会历史条件时，当人们出于不同的政治、社会和意识形态的需要对它加以说明和阐释时，就形成了不同的理论倾向。这种不同倾向的对立，在一定意义上，也是现代西方哲学中科学主义与人本主义两大思潮在如何对待马克思哲学问题上的反映和表现。

可是,无论是主体主义与客体主义原则的对立还是统一都是哲学认识发展采取的形式,它们自身本来也是不可分割的。所以,在现代哲学发展过程中,在呈现主体主义与客体主义、人本主义与科学主义分裂倾向的同时,也显露出其融合的趋势,从而昭示出未来哲学发展的方向。这在某种意义上或许是向作为主体主义与客体主义两大因素、原则统一的马克思哲学的一种回复和在更高层次上发展的征兆。

这样,提出来的一个问题是:在哲学认识实现客体主义与主体主义的新的综合、统一的过程中,马克思哲学仍会给人们以启示吗?或者说,仍会发挥它的作用吗?答案自然是肯定的。显然,正是在这里,马克思哲学显示出它所内含的对于今天的现实的社会实践及其理论的发展具有重要意义的方面以及具有恒久价值的因素。

(本文原载《哲学研究》1991 年第 4 期;《新华文摘》1991 年第 6 期)

马克思对传统本体观的
变革及其当代意义

本体论问题是当代世界哲学研究的一个热点。人们甚至认为，海德格尔的基础存在论也不过是在拒斥传统本体论的同时所实现的一种当代的"本体论复兴"。马克思主义哲学与本体论的关系是怎样的？这不仅是研究本体论需要加以讨论和澄清的一个问题，而且也涉及对马克思主义哲学本身的理解。这里首先需要研究和探讨的是马克思本人的本体观。

对马克思本人的哲学思想与本体论的关系学者们见解不一。本文认为，马克思哲学有其"本体论"。马克思对传统哲学的变革就源于对传统本体论，首先是传统本体观的变革。马克思的本体论是一种以生产力为基础的"物质—实践存在论"。这一本体论构成整个马克思哲学大厦的基石。将马克思哲学的本体论概括为以生产力为基础的"物质—实践存在论"，具有下述三层含义：其一，它表明了生产力的观点在马克思哲学中的基础地位，以及由此决定的马克思哲学本体论的主要特征。其二，它揭示和展现出物质对象与人类实践活动在马克思哲学中的内在关联，即将物质和实践这两者视为同构一体和密不可分的。在马克思看来，实践是感性的客观的物质活动，而作为客体的物质则是实践化的物质。因此，就此而言，物质的实践和实践化的物质在马克思那里是一而

二、二而一的。其三，将马克思哲学的"本体论"称为"存在论"，不仅符合"本体论"一词的固有含义，而且也更切合马克思哲学的主旨和本质精神。①

人们对本体论概念的理解颇具歧异。"本体"学说产生于古希腊。柏拉图已明确认为，哲学的任务就是"致力于存在"。亚里士多德进一步提出，哲学就是研究"存在之所以为存在"和存在所应具有的诸性质的"本体之学"②。可以说，整个古代哲学就是关于本体的理论。然而，尽管"本体"概念在古希腊哲学中例如在亚里士多德那里已得到较为明晰的阐释和界定，但是到了近代，"本体论"才作为一个专门的哲学研究领域从混沌的哲学整体中分化出来。据现有的资料，"本体论"作为一个专门的哲学术语，是在近代才形成的。它最早出现在由戈克莱纽斯（Rudolf Goclenius）在 1613 年编辑的《哲学词典》中。该词由希腊语 on 的复数 onta（诸存在者）加 logos（学说）构成。卡特加纳·约翰·克劳贝尔格（Cartesianer Joh. Clauberg）也将其称为存在学（Ontosophie），指关于最普遍的存在概念、存在意义和存在规定的学说（Metaphysica de ente，1656）。在十七八世纪，如在沃尔夫（Chr. Wolff）那里，它已被视为形而上学的组成部分，作为"形而上的普遍"（metaphysica generalis，专门在一般意义上研究诸存在者的规定）的同义语进行研究，属于形而上学的专门领域（Ontologia，1730）。以后，这一用法就进一步流行开来。在 20 世纪，海德格尔将作为世界终极本原或本体的"存在"（Seyn）与"存在者"及其存在严格区分开来，将存在论规定为关于"存在之真理"的学说，并据此创立了"基础存在论"。汉语中"本体论"一词极可能源自日文译法，由日译迁入。

---

① 需要说明的是，本文在多数场合仍然沿用了"本体论"这一术语，这主要是鉴于既有的通行用法和习惯。

② 亚里士多德：《形而上学》，吴寿彭译，商务印书馆 1983 年版，第 56、57 页。译文有修订。

依据上述对"本体"和"本体论"概念的词源学考察，无论是古希腊的本体学说还是近代的"本体论"，其含义都是研究诸存在者一般的本质规定特别是"存在"本身的本质规定，是指关于"存在"的本质规定的学说。因此，本体论这一本原的、基本的规定，就构成我们解读马克思本体论的合理的视角和钥匙。本文以下述理解作为本文分析和考察的逻辑前提：就历史角度而言，本体论是古代哲学的基本理论形态，是近现代哲学的一个基本分支学科和研究领域；就理论角度而言，本体论是对"存在之规定"的研究，其基本问题牵涉特殊与普遍或个别与一般的关系，它以多与一、存在者与存在等关系的形式表现出来。

一 马克思的"物质—实践"本体观的形成

马克思哲学发展的历程表明，马克思哲学有自己的"本体论"理论。这一理论在其发展过程中经历了由"自我意识"本体论到"物质—实践"本体论的演变。马克思对以往哲学所实现的革命变革，在一定意义上说，恰好是从本体论特别是本体观的变革开始的。这证明了卢卡奇在《社会存在本体论》中所提出的这一见解：所谓本体论的地位问题实际上是事物存在的存在特性本身的一种规定性，而并非是一种单纯的理论抽象，因而，不能从任何思想体系中将它排除，首先不能从哲学中将它排除。

马克思的博士论文《德谟克利特的自然哲学和伊壁鸠鲁的自然哲学的差别》，可以被视为对传统本体观变革的起点。正是在这篇博士论文中，马克思通过对伊壁鸠鲁、斯多葛派和怀疑派哲学的研究，特别是通过对伊壁鸠鲁原子本体论的研究，实现了对自然本体论的"新唯理论"的改造，表述了一种人之"自我意识"存在的本体论，高扬了人的主体性。马克思在论文中把"自我意识"宣布为"最高的神性"，把上帝存在的证明归结为"对人的本质的自我意识存在的证明，对自我意识存在的逻辑说明"和"本体论的证明"，明确地提出："当我们思索存在的时候，什么存在是直接的呢？自我意识。"①

诚然，马克思这时还站在黑格尔和鲍威尔的哲学唯心主义立场之上。但在他的论文中实际上已表述出当时他自己所持有的、独立于黑格尔和鲍威尔哲学立场的一种本体观：

一是，马克思在文中把本体论的规定视为"自身已失去本质性的绝对事物的一种形式"，而把辩证法理解为"本体论规定的内在实质"，认为："一般为了阐明伊壁鸠鲁哲学及其内在辩证法的思想进程，重要的是要注意到，尽管原则是某种想象的、对于具体世界是以存在形式表现出来的东西，但辩证法，即这些本体论的规定（自身已失去本质性的绝对事物的一种形式）的内在实质，只能这样地显示出来：由于这些规定是直接的，一定会同具体世界发生不可避免的冲突；在它们和具体世界的特殊关系中揭示出来前，它们只是具体世界的观念性的一种想象的、对于本身来说是外在的形式的，并且不是作为前提，而只是作为具体东西的观念性而存在着。"②

二是，在文中，马克思谈到，古代世界起源于自然、实体，新世界起源于精神，而"新唯理论的自然观"则应上升到承认"理念体现在自然中"，鲜明地表达了扬弃传统本体论中有关"实体世界"和"理念世界"、物质本体和精神本体的二元对立的辩证倾向。③

三是，马克思表达了对"创造世界"即世界的产生这一纯本体论问题的高度关注。在马克思看来，"这是一个永远可以用来搞清哲学观点的问题，因为它表明，在这种哲学中精神是如何创造世界的，这种哲学

---

① 《马克思恩格斯全集》第40卷，人民出版社1982年版，第190、285页。
② 《马克思恩格斯全集》第40卷，人民出版社1982年版，第38—39页。
③ 《马克思恩格斯全集》第40卷，人民出版社1982年版，第52页。

与世界的关系是怎样的，哲学的精神即创造潜力是怎样的。"① 马克思同时认为，世界到底是怎样从一个本原自由地发展为众多的，伊壁鸠鲁除了提供原子和虚空以外，未能提供更多的东西，因而正需要作出解释，这表明了亚里士多德曾指出的"那种以某一抽象原则为出发点的方法的表面性"②。这应该视为马克思对古典本体论的抽象性所持的一种基本的批判立场。

四是，虽然当时马克思站在唯心主义立场上看待人的实践活动，但他当时已意识到，正是人的生活和实践活动将个人从实体提升为主体，从而赋予包括本体论在内的哲学以实际内容："主体性在他的直接承担者身上表现为他的生活和他的实践活动，表现为这样一种形式，通过此种形式他把单独的个人从实体性的规定性引到自身中的规定；如果撇开这种实践活动，那么他的哲学内容就仅仅是善的抽象规定。"③

马克思的《1844 年经济学哲学手稿》在一定意义上直接地承继和决定性地推进了他的博士论文的思路。在手稿中，马克思确立了生产劳动的实践观，揭示了一种为以往哲学家所忽视的现实的物质性"本体"——实践，从而实现了对以往传统本体观的根本变革。

在《手稿》中，马克思径直表达出，人的实践活动首先是人的物质生产实践才是人的"真正本体论本质"或"人的激情的本体论本质"的根本规定："如果人的感觉、激情等等不仅是在［狭隘］意义上的人类学的规定，而且是真正本体论的本质（wahrhaft ontologische Wesen）（自然）肯定；如果感觉、激情等等仅仅通过它们的对象对它们的感性存在这一事实而真正肯定自己，那么，不言而喻的是：……只有通过发达的工业，也就是以私有财产为中介，人的激情的本体论本质（das on-

---

① 《马克思恩格斯全集》第 40 卷，人民出版社 1982 年版，第 53 页。
② 《马克思恩格斯全集》第 40 卷，人民出版社 1982 年版，第 40—41、56 页。
③ 《马克思恩格斯全集》第 40 卷，人民出版社 1982 年版，第 69 页。译文有修订。参阅德文版 Karl Marx, Oekonomisch-philosophische Manuskripte, Verlag Philipp Reclam jun. Leipzig, 1970. S. 221。

tologische Wesen der menschlichen Leidenschaft）才能在总体上、合乎人性地实现。"①

基于这种新的本体观，马克思回答了他在《博士论文》中就已涉及的古希腊哲学提出的有关世界的"创造"问题，明确地把自然和人的"创造"问题宣布为无意义的抽象："既然你提出自然界和人的创造问题，那么你也就把人和自然界抽象掉了。你假定它们是不存在的，然而你却希望我向你证明它们是存在的。那我就对你说：放弃你的抽象，那么你也就放弃你的问题，或者，你要坚持自己的抽象，那么你就要贯彻到底，如果你设想人和自然界是不存在的，那么你就要设想你自己也是不存在的，因为你自己也是自然界和人。"

或许人们会说，本体论的正确提问方式追问的并不是世界的创造或存在与否，而是它的产生和本原。马克思恰恰设想到这一点，并且，他想回答的其实也正是这一问题："你可能反驳我说：我并不想假定自然界是不存在的；我是问你自然界是如何产生的，正像我问解剖学家骨骼如何形成等等问题一样。但是，因为在社会主义的人看来，整个所谓世界历史不外是人通过人的劳动而诞生的过程，是自然界对人来说的生成过程，所以，关于他通过自身而诞生、产生过程，他有直观的、无可辩驳的证明。因为人和自然界的实在性，即人对人来说作为自然界的存在以及自然界对人来说作为人的存在，已经变成实践的、可以通过感觉直观的，所以，关于某种异己的存在物、关于凌驾于自然界和人之上的存在物的问题，既包含着对自然界和人的非实在性的承认的问题，在实践上已经成为不可能的了。"②

这样，马克思就借助于把实践提升为物质性的存在本体，提升为人和自然的一种现实的物质统一性的存在，宣告了传统本体论对超自然和

---

① 《马克思恩格斯全集》第42卷，人民出版社1979年版，第150页。
② 《马克思恩格斯全集》第42卷，人民出版社1979年版，第131、132页。

超人本体的承认的无效，从而也宣告了传统本体论的终结。

但是，马克思对本体问题的认识并未到此结束。尔后，马克思通过实证性研究进一步深化了他对"物质—实践"本体的见解。人的实践活动有其内在结构。而在人的物质生产实践活动中也有其最根本、最本质性的要素。早在《1844 年哲学经济学手稿》中，马克思就对工人同劳动的关系与资本家同劳动的关系即异化劳动与私有制的关系作了区分，并确认在这一关系中前者是更根本的，前者决定后者。这实际上是确立了人与自然之间的关系对人与人之间的关系即生产力对生产关系的基础性地位。在此基础上，马克思通过实证性研究进一步揭示出物质—实践本体中的核心要素是生产力。正如在《德意志意识形态》中他和恩格斯所指出的，"人们的存在就是他们的现实生活过程"，而生产力是哲学家们想象为"实体"和"人的本质"的东西的现实基础。① 所以，也可以这样说，生产力要素是马克思物质—实践本体的真正核心或基础，是本体之本体。

二　马克思对传统本体观的变革

马克思揭示了人们的社会实践活动特别是物质生产活动的本质及其在历史和认识过程中的地位和意义，找到了"实体世界"与"理念世界"、物质本体与思想本体的现实基础和中介，真正将传统本体论中的二元本体统一起来了。这是对以往本体观的根本变革，也是一种全新的本体观的创立。

马克思对传统本体观的变革，集中体现在他对实践观的变革。以往的哲学，受主客观条件的局限，特别是受人类生产实践活动发展程度的局限，未能揭示出实践的客观物质本性及其在人类历史和认识过程中的基

① 《马克思恩格斯选集》第 1 卷，人民出版社 1995 年版，第 72、93 页。

础作用，往往把实践只理解为理论活动或精神活动（例如在黑格尔和费尔巴哈那里），当然也就不能把实践提升为物质本体、物质存在的高度来看待，更不能了解实践对于人的存在、社会存在以及自然存在的意义。

马克思与黑格尔、也与费尔巴哈不同，把实践理解为一种感性的客观的物质活动。这也就意味着，把实践理解为一种感性的客观的物质存在或"物质本体"。究其实质，实践归根结底也是一种物质性存在或物质性本体。这是因为：首先，在实践活动中，人也是作为一种自然力与客观对象相对立的，也就是说，他要支出自己一定的体力和智力，与客观对象进行一定的物质交换。其次，实践活动是一种主观见之于客观的活动。主体从事实践活动的观念、动机作为主体自身的本质力量的体现，最终要外化和物化到对象上去，变成客观的现实。最后，在人们的社会实践活动这个整体系统中，尽管有物质实践、政治实践和精神实践等不同的形式，但物质实践归根结底具有根源性的、决定性的意义。当然，实践作为物质性本体，与其他物质性本体又有质的不同：它是一种属人的物质性本体，因而是一种包括精神因素在内的、能动的物质性本体，从而也是高于其他物质本体的物质性本体。这样，我们看到，马克思对传统本体观的变革，并不在于取消了本体本身，而在于变革了本体的对象及其性质。在马克思那里，本体不再是纯自然本体（如斯宾诺莎的"实体"），不再是抽象的精神本体（如柏拉图的"理念"、黑格尔的"绝对精神"以及鲍威尔的"自我意识"），但也不再是抽象的人的本体（如施特劳斯和费尔巴哈的"类"，施蒂纳的"自我"），而是真正现实的人的本体，即作为他们的生活方式和存在方式的他们的实践活动，他们的社会存在。

马克思实现了本体观的变革，也就创建了一种新的本体论，即以生产力为核心或基础的"物质—实践"本体论（存在论）。这种本体论通过对自然、人以及社会三者的独特理解表现出来：

（1）表现在自然存在方面——属人的自然或"人化的自然"。人"周围的感性世界决不是某种开天辟地以来就直接存在的、始终如一的东西"①，它对人来说是在人的实践的基础上不断生成的过程。"在人类历史中即在人类社会的产生过程中形成的自然界是人的现实的自然界；因此，通过工业——尽管以异化的形式——形成的自然界，是真正的、人类学的自然界。"②原始的自然界固然存在过，因而在发生论意义上有其优先性，但对于在现实中活动着的人来说是没有意义的，至少是没有直接意义的："被抽象地孤立地理解的、被固定为与人分离的自然界，对人说来也是无。"③

（2）表现在人自身的存在方面——"人们的社会存在"，即人们的物质生活过程，人们的物质生产实践活动。"人们的存在就是他们的现实生活过程"④，而"生产方式……在更大程度上是这些个人的一定的活动方式，是他们表现自己生活的一定方式、他们的一定的生活方式"⑤。据此，历史是人通过自身的实践活动而实现的自我生成史，人最初是凭借自身的实践产生于自然，是凭借自身的实践而实现生物进化和逐渐形成、发展的。人并不是自然现成的作品，而是人自己活动创造的产物。因而人的本质就在他用以创造自己存在的生存方式之中，即实践活动过程之中："个人怎样表现自己的生活，他们自己就是怎样。因此，他们是什么样的，这同他们的生产是一致的。"⑥

（3）表现在社会关系的存在方面——人们的"社会生活在本质上是实践的"⑦。人们在他们的实践活动中发生各种各样的关系，从而，人们之间的全部社会关系都是在他们自身的实践活动的基础上并通过自身的实践活动而建立起来的："整个所谓世界历史不外是人通过人的劳动

①　《马克思恩格斯选集》第1卷，人民出版社1995年版，第76页。
②　《马克思恩格斯全集》第42卷，人民出版社1979年版，第128页。
③　《马克思恩格斯全集》第42卷，人民出版社1979年版，第178页。
④　《马克思恩格斯选集》第1卷，第72页。
⑤　《马克思恩格斯选集》第1卷，第67页。
⑥　《马克思恩格斯选集》第1卷，第67—68页。
⑦　《马克思恩格斯选集》第1卷，第60页。

而诞生的过程。"①

如果单纯就生产实践的核心要素生产力而论，马克思的这种本体论的特质就更为明显：表现在自然存在方面，"劳动首先是人和自然之间的过程，是人以自身的活动来引起、调整和控制人和自然之间的物质变换的过程"②，因而是自然向人而生成的直接的现实基础；表现在人的存在方面，生产力"是哲学家们想象为'实体'和'人的本质'的东西的现实基础"③；表现在社会关系存在方面，"人们所达到的生产力的总和决定着社会的状况"④，从而它是人类全部历史的现实基础。

这样一来，传统本体观中的形上和形下、物质和精神的诸种本体不仅被变成对人而存在的，而且被变成对人的本质规定——以生产力为基础的人的实践活动而存在的。一切都向人的实践活动而敞开，一切都因人的实践活动而改变，一切都由人的实践活动而赋予其意义。对本体论的追寻从超验返回到经验，从抽象返回到现实，从属物性返回到属人性，从二元论返回到一元论。传统本体的超验性、抽象性、神秘性、二重性和独立自存性被废除了，代之以经验性、具体性、实证性、一元性和属人性。传统本体论的存在与本质、物质与精神、无常与恒常、个别与一般等等的二元对立被扬弃了。超验的抽象的世界统一性被具体的现实的世界统一性所取代。

马克思的"物质—实践"本体论所以能通过实践概念扬弃传统本体论及其二元对立，归根结底是因为实践是人的自我生成以及自然向人而生成的现实基础，是人所面对的世界的二重性或二重世界产生的根源。特别是生产实践中所包含的生产力要素，更是如此。人的实践活动作为一种独特的总体，蕴含和体现人与自然、主体与客体、物质与精神、存

<hr>

① 《马克思恩格斯全集》第42卷，第131页。
② 《马克思恩格斯全集》第23卷，人民出版社1972年版，第201—202页。
③ 《马克思恩格斯选集》第1卷，第93页。
④ 《马克思恩格斯选集》第1卷，第80页。

在与本质、个别与一般等等的双向的相互作用，既是这些矛盾分化的媒介，又是它们统一的现实基础。以往的本体论所以造成存在世界的二元化或二元对立，归根结底是因为它们脱离现实的人这一主体、脱离主体的实践活动去孤立地考察存在世界。

海德格尔认为，马克思诉诸物质生产实践，提出"人的根本就是人本身"，表明马克思遗弃和否定了"存在"，"达到了虚无主义的极致"。实际上，由于马克思充分揭示出物质生产实践是人与自然相统一的现实基础，也就提供了人通向"存在"的现实的、经验的道路。从马克思对传统本体观的变革中可以看出，马克思哲学是包含本体论的，而且，应该说，本体论是马克思哲学大厦的基石。当然，这样说，并不意味着整个马克思哲学可以被单纯地归结为本体论——无论何种本体论，因为基石本身毕竟还不等同于大厦。

三　马克思本体观的地位、意义

有必要将马克思所实现的本体观变革放到更广阔的背景中去审视。这涉及本体论在哲学中的地位，传统本体论的作用、局限和意义等问题。

本体论作为哲学的重要内容或研究领域，有其存在的合理性和现实根据。首先，存在是一切存在着的事物的基本规定，因此，不能将其从哲学中排除。其次，人也是一种存在物。因此，本体论或存在论也是对人的一种基础的、根本的研究方式。特别是，人的存在具有适存与超越双重本性，而本体论或存在论无疑首先就直接根源于人的存在的这种双重本性。人的存在是双重化的：既是肉体存在物、自然存在物，同时又是精神存在物、社会存在物。因之，既有肉体本性、自然本性，又有精神本性、社会本性。肉体存在、自然存在对精神存在、社会存在有其存在意义上的优先地位或优先性，因为没有肉体，精神及其与此相关的社会本性就是幽灵，是虚无；同时，精神存在对肉体存在及其自然本性则有其逻辑意义上的优先地位或优先性，即对肉体存在的主导和支配。肉体存在、自然存在主要决定了人的适存本能，遵循自然规律规定的"肉体原则"；精神存在、社会存在则主要决定了人的超越本能，遵循社会规律规定的"精神原则"。这样，"人双重地存在着，主观上作为他自身存在着，客观上又存在于自己生存的这些自然无机条件之中"。① 人之所以为人，就在于他不会囿于自己的肉体存在、"肉体原则"和适存本能，而必然遵照精神存在、"精神原则"和超越本能去行动。精神存在对肉体存在及其自然性的逻辑上的优先地位，以及由此决定的人作为精神存在对自身肉体存在以及整个自然存在的超越本性，就是哲学本体论存在的人性的内在根据。

与此相联系，本体论追寻的内在根据，也通过由人的存在的双重本性所决定的人的认识的双重本性表现出来。人的肉体存在和精神存在的双重性，规定了人的认知器官及其功能的双重性：感官和大脑，以及作为其功能的感觉和思维。人只能按照人的方式去把握世界。这意味着，人只能运用自己的这种双重器官去认知世界，从而去创造属于人的世界。由于人的认知器官及其功能是双重的，所以，认知的对象世界对于人来说也必然是双重展现的：现象与本质，表层与底层，经验与超验，具体与抽象，特殊与普遍，有限与无限，无常与恒常，可见与不可见，可思与不可思，可言与不可言，等等。这就使对"本体"、对形而上之物的追寻成为人的认识的题中应有之义。

由此可见，本体论作为对于对象世界本真存在的追问，作为形而上的玄想，是人的超越性和自为性的体现，是人的独有特性或特质的表征，因此，也是哲学的本然使命和永恒课题。

---

① 《马克思恩格斯全集》第 46 卷（上），人民出版社 1979 年版，第 491 页；《马克思恩格斯全集》第 40 卷，人民出版社 1982 年版，第 190、285 页。

　　传统本体论在历史上担负了实现人类自身的超越本能和形而上追求的历史使命。总的说来，它揭示了对象世界向人存在的二重本性，提供了一种广义的整体的自然观或世界观，以及探索了人与世界的最高统一性的多种可能性。

　　在提供一种广义的整体的自然观方面，古代本体论作为本体论的原初形态和古代哲学的基本形态，起了重要的作用。它的最大的优长是，在它那里，人与自然是浑然一体的。人是自然的一个有机组成部分，它不在自然之上，同时亦不在自然之外。这种本体论所追寻的最高本体，是包括人在内的广义自然和世界的最高统一性。因而，人与自然、世界是和谐的、统一的，而非分离与对立的。有一种意见认为，古代本体论（甚至一般本体论）完全离开人、人的存在而专注于人之外存在的世界本体。其实，这种状况只适用于包括古代本体论在内的传统本体论的极端的形式。就整体而言，古代本体论也含有对人自身地位、命运、价值和意义的关注，只不过它是通过关注整体自然的形式获得实现和表现出来的。并且，其最高宗旨和终极指向，也仍是为人自身的超越性和自为性的实现，或者说，为人自身的存在找到安身立命之所。

　　当然，优点同时又可谓缺点。古代本体论的主要局限和缺点也恰恰在于，未能将人与其余的自然分离开来，将人提升到其余自然界之上并作为关注的中心，以及将认识的重心和视角置于人的存在本身，从人、人自身存在的角度去反观自然、自然存在。然而，话又说回来，古代本体论的存在是与当时人们的社会实践水平的相对低下、人在总体上并未成为真正意义上的自然的主体这种状况相适应的。如果我们要求古代本体论消除上述缺点和局限，那么，古代本体论也就不成其为古代本体论了。古代本体论乃至近代本体论往往具有的另一个主要缺点是，把追寻的最高本体设定为一个特殊的独立自存的存在，从而导致现象与本质、物质与精神、个别与普遍、相对与绝对、暂时与永恒等等的相互割裂和二元对立。这一缺点表明，关于本体论的研究和争论，其问题的实质并不在于是否应追求终极存在以及与此相关的绝对真理和永恒价值，而在于是否将无限与有限、绝对与相对、永恒与暂时等统一起来，在有限中去接近无限，在相对中去把握绝对，在暂时中去实现永恒。

海德格尔认为，西方传统本体论的基本错误（"教条"或"成见"）在于，把对"存在"的追寻，变成了对"存在者"本身的研究，结果反而把存在问题本身、把存在的意义遮蔽了。实际上，海德格尔的这种指摘，未免囿于表象和有些强词夺理。因为对存在本身的研究，只能通过对存在者的研究来实现。人们不能脱离具体的存在者或到具体的存在者之外去寻找和揭示存在。因此，即使传统本体论对存在的研究实际上最终演变成了对存在者的研究，也不一定就只具有否定的意义。

近代以降，随着本体论研究从自然本体向人之本体的转变，本体论的内容发生了根本性的转换。但是人对整体世界的最高统一性的追寻实际上并没有废止和停息，而只是改变了认知的重心、视角和追寻的形式。终极存在以及与此相关的绝对真理和永恒价值将永远是人们的美好的憧憬和追求的目标。就此而论，马克思对传统本体观所实现的变革的意义就在于，它使人们对最高统一性的追寻由形而上的超验领域返回到形而下的经验领域，为人的超越性和自为性的实现提供了一条现实的途径。人们显然永远不会完全企及终极存在以及与此相联系的绝对真理和永恒价值。但是沿着实践这条道路，基于生产力的自觉的合理的发展，人们可以向着这些终极目标永无休止地趋近。

（本文原载《华侨大学学报》2004 年第 1 期，

收入本书时对个别文字进行了校订）

道教的内蕴及其文化功能

　　道教是植根和繁盛于中国土壤的古老宗教。它创始于东汉顺帝时（126—144 年），绵延至今，已有一千八百余年的历史。它的哲学思想和以神仙信仰为中心的修持理论，渊源于"黄老之学"，因而，它历来以"黄老遗风"居立于世，被视为中国传统文化的主体之一。鲁迅先生甚至说"中国根柢全在道教"（《鲁迅书信集》）。

　　但是，道教的内蕴和文化功能何在？

一

　　道教的精义在"贵生"。《道藏》首经《太上灵宝无量度人上品妙经》的要旨就是："仙道贵生，无量度人。"可见，道教是极崇性命之学的宗教。

　　道教因贵生而乐生、爱生，好生，从而养生。所以，道教不主张把精神寄托于来世或彼岸，而是主张用奥妙高深的修炼方法修道长寿，寻求和开辟长生之路。与儒家宣扬"死生有命，富贵在天"相反，道教倡导"我命在我，不属天地"（《西升经》），相信神仙可成，大道可得，体现了追求今生现实幸福、对人生乐观进取以及同自然相抗争的精神。

　　"贵生"的实质是贵人。正是被道教奉为至尊的老子最先明白说出人在自然中的优越位置："故道大，天大，地大，人亦大。域中有四大，而人居其一焉。"（《道德经》上篇）首次披露道教修道方法的要典《钟吕修道集》更鲜明地强调和阐发了这一思想："万物之中，最灵、最贵者，人也。惟人也穷万物之理，尽一己之性。"故道教贵生应视为其贵人的表现。

道教的"贵生"说，就其理想而言，集中体现在对"神仙"的崇拜。吸收了民间以肉体长生为目的的"神仙说"，以神仙思想为其核心，正是道教的基本特色。这种崇仙思想，就其底蕴而论，无非表现了人们希冀长生、更好地享受现世快乐的期望。而在它被道教所吸取，即被赋予一种隐秘和神圣的形式以后，则又反转过来，迎合和影响了具有现实主义特点的中国人的崇仙之好和崇仙心理，规制和塑造了中华民族的性格。突出的一个例证是，中国人历来把"寿"放在众福之首（我国民间"五福"的排列顺序是："寿、福、贵，康宁，多子"）。这也就在很大程度上能够说明，为什么道教对人们、特别是对许多封建帝王有着强大的吸引力。

这种颇具魅力的"贵生"思想不仅表现在道教的"神仙"理想上，而且也表现在道教的修炼养身方术上。"道寓术中"。因此，养生便成了道教精华之萃，立足之本。道教在长期的历史发展中，积累了丰富的养生经验。它包括辟谷、服饵、调息、导引和房中诸项，牵涉当代科学的众多领域和学科。据载，其中仅道教的传统服气练功方法就有三千六百种之多。它们是民族和人类的瑰宝，曾被李约瑟誉为生理学上的生物化学伟大探索和实践。

特别值得提及的是，道教所奉诸神，除从民间吸取的某些神灵外，也都和养生有着绝对密切的关系。已有道教学者明确指出，道教所尊奉的至神老君就是"道"。东汉王阜《圣母碑》云："老子即道，生于无形，起于太初之前，行于太素之元，浮游六虚，出于幽冥，观混合之未判，窥清浊之未分。"然而，道教又认为，"道"与"气"同一。"一者，真正至元纯阳一气，与大道同心，与自然同性"（《云笈七签·元气论》）。所以，我们也可以说，"道"即"气"，故老君即气的化身和体现。东汉《边韵老子铭》说老子"离合于混沌之气，以三光为始终"，"道成身化"。道教解释宇宙生成的"老君一炁（气）化三清"说，均表明了这一点。可见，道教所崇奉的至神（老君，"三清"）的实质是"炁"（气），道教崇奉这些至神的实质则是崇奉"炁"（气）。因此，我们固然可以说道教是一种多神教，是以万物有灵论为基础的泛神论，但就更深一层的含义来说，则毋宁说它是一神教，即一种拜"炁"（气）教。这正是道教的根本奥秘，谜中之谜，众谜之解。道教的这种对于"炁"（气）的尊奉和崇拜，显然直接发源于养身实践。

饶有兴味的是，道教还认为，人体也有诸神，且体内之神同体外之神同一，并无二致。《上清黄庭内景经》谓人体中有八大神宿卫，二十四位真人，诸如发、脑、眼、鼻、耳、舌、齿、心、肺、肝、肾、脾、胆等等皆有神主之。《太清中黄真经》中云：人体"五脏六腑百关九节有神百万"。而在这些神灵中，最重要的则是"泥丸""司命""无英""白元""桃孩"诸神。"泥丸君，总众神也，照生识魂，人之魂也。司命处心，纳心源也。无英居左，制三魄也。白元居右，拘七魄也。桃孩住脐，保精根也，照诸百节，生百神也。"（《太上老君内观经》）按照道教说法，天体有诸"宫"，人体亦有与其相对应的诸"宫"，而无论天体之"宫"还是人体之"宫"，均为同一神灵所辖（参见《云笈七签·思修九宫法》）。其所以如此，是因为人体诸神不过是天体诸神之气化。如《思九宫五神法》中说："九天九宫中有九神，谓天皇，九魂变成九气，化为九神，各治一宫。"在这里，道教之神完全还原为人体自然，失去了其宗教特色。

此外，我们也可以注意到，道教所尊奉的主要神祇或是先哲圣贤（如老子、文子、亢仓子、列子和庄周），或是历史上的"得道之士"，即所谓"真人""仙人"（如王重阳等"北五祖"，张伯端等"南五祖"，丘处机等"北七真"，钟离权、吕洞宾等"八仙"），而无论是前者还是后者，都是卓有建树的养生理论家和实践家。

从以上几个方面可以看出，道教诸神大体从修道养生衍化而来，某些神灵甚至纯系出于养生练功"内观""存思"之需（《钟吕传道集》中云："无中立象，以定神识"，正是谓此）。道教的根柢实在于养生，可谓养生之教。从这个观点来看，道士的"修行"，实在是对"生"的一种别具特色的探讨和实践，特别是对"长生"的一种别具特色的探讨和实践。毋庸置疑，养生理论和修炼技术，确是道教中永富魅力的精华。

二

道教不仅遵道"贵生"，而且"贵德"，"道""德"并称，把成"仙"得"道"和修德积善联系起来。《道德经》中说"道生之，德畜之"。《道教义枢·道德义》中有"道德一体而具二义，一而不二，二而不一"之语。可见，道教把道和德看成是一个事物的两个方面。按道经说法，道之在我者就是"德"。所以，道教由遵道而贵德，讲尊己利人，积功累德，劝人行善。提倡慈心于物，忠孝友悌，矜孤恤寡，怜人之凶，乐人之善，济人之急，救人之危，正己化人，如此等等（《太上感应篇》），接纳民间淳朴的道德规范于自身，显示出中华民族的传统美德。与此同时，道教还讲求"施恩不求报"，用"上德不德，是以有德"（《道德经》），来作为伦理价值的标尺，表现了一种高尚的思想境界。

不仅如此，道教还主张"德为道之基"，即得道须以积德为前提。这一思想，在《抱朴子·对俗篇》中有较为明确的表述："为道者当先立功德"，"欲求仙者，要当以忠、孝、和、顺、仁、信为本"。文中认为，行恶夺命，欲仙积善，甚至对此作出具体的决定："行恶事大者，司命夺纪（即夺三百日生命），小过夺算（即夺三日生命）"；"人欲地仙，当立三百善；欲天仙，立千三百善。"而且"若有千一百九十九善；

而忽复中行一恶，则尽失前善，乃当复更起善数耳。"此种规定，可谓严格之至。这样，道教就把成"仙"即人寿同积善蓄德联系起来，提高了伦理道德的地位，并赋予其至上的约束力。把道德修养同人生的至福——长寿相联系，这无疑也是道教的一大特色。

道教的这一特点久已有之。太平道教义《太平清领书》中就载：天让鬼监视人们的善恶行为，据其善恶多寡增减其寿命。可见，道教从萌生时始就将人寿同行善统一，结合在一起。

道教的"善则寿说"不仅针对寻常百姓，而且也适用于帝王、君主。据史书载后蜀后主孟昶向道士程晓垂询长生法，程晓进言曰：若以仁义之心治国，便能如尧舜万古不死，这便是王者长生法（《历世真仙休道通鉴》）。此种帝王长生法，可谓妙矣。不难看出，道教的伦理观突破了等级因素的羁绊。

道教的伦理思想集中体现在《太上感应篇》和《功过格》中。它们在善行和长寿相统一的原则基础上，对善行和恶行、功和过作了具体规定，成为道教伦理纲常的"百科"。《太上感应篇》列举善行十六种二十二项，恶行九十四种一百五十五项，几乎囊括了我国所有古老的社会伦理和伦理道德，至今仍然是修道之士必备的要典。《功过格》则更是异乎寻常，它收诸项善恶行为打上分数，并要求人们逐日对照记录，定期核算统计，用心可谓良苦。这种做法，大概是开世界史之先河。

由于道教遵道而重德，道、德并举，在大量吸取和融汇民间道德传统和儒家道德观念基础上使其制度化，这就使自己负起了伦理道德职能，成为一种"德教"，即道德宗教。道教的这一特点，至今尚被人们所忽略。

三

道教由遵"道"而崇"无为""自然"。《道德经》云："为学日益，为道日损。损之又损，以至于无为，无为而无不为。"（下篇）"圣人处无为之事，行不言之教。万物作焉而不为始，生而不有，为而不恃，功成而弗居。"（上篇）"为者败之，执者失之。是以圣人无为故无败，无执故无失。"（下篇）所以，道教奉"不争""无为"和"自然之治"为处世哲学，主张虚心看待外界，自守柔弱，保持谦虚，不居高自恃。据史书载，金时，世宗于公元1187年召丘长春（处机）住天长观并垂询长生不老之法，丘奉答：惜精保身乃修身之要，无为乃治天下之本。世宗听后大喜。

但对老子"无为而治"，历来众说不一。有的研究者认为，它消极遁世，任其自然，卑劣怯懦，因而是反人性、反文明、反理性、反道德、反历史创进之法的反动人生哲学（参见何新《论老子哲学中的活东西与死东西》）。然而，修道之士对此却有完全不同的界说。在他们看来，所谓"无为"，是指不强为，不妄为。所谓"自然"，是指顺应和适从客观规律。因此"无为"的深化义旨在于：不强为，不妄为，抛却邪念和贪欲，以致俱足正念，达到"无不为"的境界；"自然"的积极精神则是：认识客观、掌握客观，控制客观，以我主动精神驾驭客观，使之为我所用。这就是所谓"自然之治"，"无为而无不为"（闵智亭：《道教的根本教理及其哲学思想》）。笔者以为，道教得"无为"之说真义，"无为"以"无不为"为之境，"无不为"以"无为"为之术，"无为而无不为"则为之全体。

从"遵道"而无为出发，道教崇奉"君子得其时则驾，不得其时则蓬累而行"。这与孔子的"笃信好学，守死善道；危邦不入，乱邦不居；天下有道则见，无道则隐"（《论语·泰伯》），同孟子的"得志泽加于民，不得志修身见于世。穷则独善其身，达则兼善天下"（《孟子·尽心上》）是相通的，有异曲同工之妙。

如此说来，道教尊奉"无为"同其崇尚"贵生"一样，具有一种积极的、现实主义的色彩，表现了中国人现实主义的性格和精神。道教为封建统治者和士大夫所青睐，或许也可以由此得到部分的解释。

四

道教具有民教，俗教的特色。它在形成过程中糅合了中国古代民俗信仰，这使它同民间习俗、民间文化产生和保持了千丝万缕的联系。道教所信奉和尊崇的诸神，除了源于养生，源于历史（历史人物），就是源于民间。这些被道教从民间流传中直接摄取过来的神祇，都是和民众日常生活息息相关的：生有"本命元君"，婚有"月姥"，生儿育女有"娘娘"，喜庆有"喜神"，发财有"财神"，福、寿、禄有福寿禄诸"星"，功名有"文昌帝君"，病有"瘟神"，医有"药王"，死有"阎罗"，墓有"后土"，家有"灶神"，门有"门神"，城有"城隍"，地有"土地"，天有"玉皇"，山有"东岳"，海有"龙王"，年有"太岁"，月、日、时有"功曹"，如此等等，不一而足。可以说，再没有比道教诸神同民众关系更密切，更亲近的神灵了。因为就其实质来说，这些诸神不是别的，就是民众日常生活内容的实实在在的象征和体现。在此意义上，未尝不可以说道教是民间宗教、习俗宗教。这正是道教在民间长期保存和千古流传之谜。

五

道教作为一种文化形态，在中国传统文化中具有特殊的地位和功用。除了以上所及，还有一些值得关注的方面：

1. 道教提供了中国传统文化库中的瑰宝——《道藏》。《道藏》是道教经典、经典诠注与补遗、符箓、灵图、谱录、戒律、教仪、方术、纪传、山志、颂文等文献的总汇。它的搜集和统纂经历了长期的历史过程，展示和体现了道教的发展。南朝时编撰的《三洞经书》目录，收有

道书 1228 卷，为《道藏》奠基之作。首种《道藏》是唐代编纂的《三洞琼纲》（即《开元道藏》），集道书 3744 卷。以后几乎历代均有新编道藏问世。最为浩瀚恢宏的道藏可能要属《大元玄都宝藏》（1244 年），凡 7800 多卷。现存道藏为明道藏（《正统道藏》和《万历续道藏》），计 5485 卷。它包括"三洞""四辅""十二类"，内收大量珍贵古籍，涉及中国传统文化诸方面，如哲学、历史、文艺、化学、生物、医学、天文、地理、民俗、气功等等。仅以哲学为例，《道藏》中不仅收有全部道家哲学著作及其注本，为道家哲学文献宝库，而且还收有儒家外诸子百家著作，如《韩非子》《尹文子》《公孙龙子》《墨子》《鬼谷子》《淮南鸿烈》等法、名、墨、纵横、杂等诸家文献，且多为古本。这些古本文献为科学研究提供了较为可靠的资料。可以说，《道藏》不仅是道教的宝藏，也是中华民族文化的宝藏。

2. 道教还通过其宗教活动为中国文化乃至世界文化的发展做出了独特贡献。譬如，道士的炼丹实践，酝酿了众多学科的形成。东亚的化学、矿物学、植物学、动物学和药物学，都渊源于道家（李约瑟：《中国科学技术史》）。道教炼丹术（"外丹"）的西传，还奠定了西方近代化学的基础。火药也是为炼丹道士所发明，其配方记载在《真元妙道要略》（8 世纪成书）中。电子计算机采用的二进制数字运算的根据，也可以在道教要籍《易图》中找到，而不论莱布尼兹是否真的受到了它的启示。源于道教斋醮仪式的道教音乐，融我国民间音乐和西域特色于一身，被誉为"仙曲"和民族音乐的瑰宝。至于伴随修炼养生实践和探索发展起来的道教气功和武术，今天则已风靡世界。此外，道教教团对文献典籍、文物古迹的保护也不容忽略。

3. 道教能容，对儒、释等多有吸取。据考证，道家的丛林制度、戒规、造像均仿照了佛教，受到了佛教的影响。"三清"是仿佛教的"三身"（trikaya）说。"五祖七真"（全真派）被怀疑是仿禅宗的"五家七宗"。阎罗、龙王、斗母、财神也被认为分别是来自佛教的焰摩罗王

（yama yamaraja）、Nagas，Candi 以及毗沙门天王（Vaisravana）（柳存仁：《一千八百年来的道教》）。"三十六天""三界"说系借用佛教。"末劫"（新天师道）和"地狱"（上清派）说亦如此。"禅"也为道教所吸收（全真派）。另一方面，佛教在中国的传播，也部分地借助和依赖了道教，即人们往往从道术角度对它进行宣传和理解。因此，中国佛教具有神仙、方术特色。在民间，佛教诸神和道教诸神几乎是彼此混杂、浑然一体的。

　　道教对儒"教"的吸收，主要在伦理道德方面。特别是体现在修"德"为上，"以忠、孝、和、顺、仁、信为本"（《抱朴子·对俗篇》），倡导"忠于君，孝于亲，诚于人"（真大道戒规）。北京白云观的"文昌殿"内，文昌帝君旁左有孔子，右有朱熹，这是接纳和包容儒"教"的一个鲜明例证和象征。

　　此外，摩尼教教典也被道教收进《道藏》中。

　　道教对儒、释等教的吸收和融汇，使它在某种程度上成为中国传统文化的一个缩影。

　　道教在中国传统文化发展过程中所起的特殊作用和所做出的独到贡献，表明它承载和担负了一种文化职能，是中国传统文化发展所采用的一种特定形式。从这个意义上说，道教又可谓是文化之教。

　　以上是对道教的内蕴及其文化功能的略识和概观。至于道教的消极作用和对它的整体评价，不属本文论及范围，这里则不赘述了。

（本文原载《哲学研究》1989 年第 9 期）

"思"之视域中的中国古代哲学观

中国古代哲学的合法性问题曾一直是甚至迄今仍是人们争议的一个话题。或许正是中国古代哲学合法性问题的纠缠和困扰，在很大程度上妨碍了人们去进一步追溯中国古代的哲学观，以致迄今尚未出现这方面的研究成果。

本文拟专门对中国古代的哲学观进行某种探讨和当代解读。其主要致思是：如果将哲学定义为"思之事"，像海德格尔在其《面向思的事情》一书中所主张的那样，那么，中国古代哲学在此意义上确含有关于"思之事"的一整套系统的观点和看法。

一 "思"之内涵

"思"的观念在我国起源很早。在《尚书》中就已有关于"思"的明确的论述，涉及思的本质、内涵、作用等。

关于"思"的本质，《尚书正义》将其疏解为"心虑所行"或"心之所虑"。

关于"思"的内涵，《尚书·洪范》中系统论及"五事"："一曰貌，二曰言，三曰视，四曰听，五曰思。貌曰恭，言从，视曰明，听曰聪，思曰睿。恭作肃，从作义，明作哲，聪作谋，睿作圣。"

这段话中含有一个基本思想，就是："思"可通"睿"达"圣"。关于睿，《说文》解释说："深明也，通也。"周敦颐解释为"通微"，就是能察觉微小的东西，所谓洞察秋毫。对于"圣"，《说文》的解释也是"通也"，周敦颐解释为"无不通"。所以，不管是"睿"还是"圣"，实际上都是强调思的功能和作用在于达到"通"，即达到"通微"或"无不通"。

具体说来，这段话讲了三层意思。第一层意思是讲何谓"五事"，即"思"在广义上所包涉的五个方面的活动："一曰貌"，是讲整体的表现、形象、容仪、态度、举止；"二曰言"，是讲言语、说话、表达；"三曰视"，是讲视觉、直观、观察；"四曰听"，是讲听觉、耳闻、接受信息；最后，"五曰思"，即狭义上的"思"，是讲反思、思考、思索、思虑、领悟。前四个方面涉及感官，最后一个方面涉及思维。所以，"五事"实际上把感觉和思维这两种人类的认识功能都表达出来了。而且，在这里，思维还被看作是人类的一种最高的认识活动。

第二层意思是阐释"五事"的功用、要求。"貌曰恭"，是说仪表、态度的功用和要求在于体现或表达谦恭和恭敬；"言曰从"，意为言说的功用在于沟通和理解，能够相互理解作为言说者的对方所表达的思想以及达成一致或共识；"视曰明"，是讲视觉的功用和要求是清晰地直观和反映认识的对象；"听曰聪"，是指听觉的功用和要求是广泛地了解各方面的情况，听取各方面的意见；"思曰睿"，是说思维的功用和要求是深入，能够看得深远，能够通微、通达，也就是说能够洞察事物的本质和发展趋向。

第三层意思是解释和说明"五事"达致的结果和目的。"恭作肃"："恭"是从"貌"而来，"恭"和"肃"可以互训，"恭作肃"是讲采取恭敬的态度就能够令人肃然起敬。"从作乂"："从"是从"言"而来，"乂"是治理、安定的意思，"从作乂"是说通过言语沟通达到理解和取得共识，就能够实现人际的和谐。"明作哲"："明"是从"视"

而来，"明作哲"是说清晰地直观和反映对象就能够获得有关真理的认识，有真知灼见。"聪作谋"："聪"是从"听"而来，"聪作谋"是说善于听取各方面的意见，充分发挥听觉的作用，就能够去客观地判断、谋划。最后，"睿作圣"：睿是从"思"而来，"睿作圣"是说思虑的深远最后就能够达到无所不通。

由此可见，古代先哲始初对"思"概念本身的理解就已经有着十分丰富的内容：其一，"思"是一种包括貌、言、视、听、思（狭义）在内的广义上的认识和精神活动，这与佛教所言"六根"即"眼、耳、鼻、舌、身、意"有些类似；其二，"思"作为人的认识活动，包括感觉和思维两个方面，其功用在于彻底认识对象，从而最终实现通达事理；其三，单纯就狭义之"思"即思维本身而言，它是"五事"里面最重要也是最高层次的一件事。

孔子继承和发挥了《尚书·洪范》中关于思之"五事"的思想，将其发展为"九思"。《论语·季氏》中说："君子有九思：视思明，听思聪，色思温，貌思恭，言思忠，事思敬，疑思问，忿思难，见得思义。"这里讲的"九思"，即视思、听思、色思、貌思、言思、事思、疑思、忿思、见思，丰富了《尚书·洪范》中的"五事"，有助于我们进一步思考和探究"思"的具体含义。而且，每个思有什么要求，后面都有一个字来说明和阐释。大致说来，视思的要求在于清晰，听思的要求在于灵敏，色思的要求在于温和，貌思的要求在于谦恭，言思的要求在于诚实，事思的要求在于谨敬，疑思的要求在于诘问，忿思的要求在于想到忿怒有可能带来的消极后果（《论语注疏》："'忿思难'者，谓人以非礼忤己，己必忿怒。心虽忿怒，不可轻易，当思其后得无患难乎?"朱熹《四书集注》："思难，则忿必惩。"），见思的要求在于得到思的真义。这是讲思的九种类型及其各自特点。值得注意的是，这"九思"都是围绕"君子"来讲的，涉及人的言行、举止、态度、情感等。

古人除了讲"思"，还讲到"悟"。这涉及"悟"与"思"的关系问题。《尚书·顾命》中已见"悟"字。成王云："今天降疾，殆，弗兴弗悟。"疏曰："今天降疾于我身，其危殆矣。不能更起，不能觉悟。"在这里，"悟"与"思"完全是同一的。陆世仪也曾经讲到"悟"与"思"的关系，但是他讲的"思"是狭义的思，不是广义的"思"。他认为思和悟的关系是："悟处皆出于思，不思无由得悟，思处皆缘于学，不学则无可思。"（《陆桴亭思辨录辑要》卷三，《格致类》）意思是说，悟以思为前提，而思又以学为前提。思要有思想材料，要学习和掌握思维赖以进行的思想材料，如果没有这个材料，不学习这个材料，当然就不可能思。但是思的目的是为了获得贯通，达到悟的境界。所以陆世仪又说："学者所以求悟也，悟者思而得通也。"在这里，"悟"被作为"思"的结果和直接目的。

如果从较为广泛的意义上来理解"思"，实际上"悟"也可以看作"思"的一种类型，就是说，它是一种特殊的"思"，即悟之思。"思"包括"悟"，或者说以"悟"为最高境界和主要特征，是中国传统哲学的突出特质，这一点本文在下面还会加以说明。

二　思之主体

古代哲学家们认为"思"是人的本质规定，是人区别于动物的一个重要标志。这实际上涉及"思"和人、"思"和主体的关系。王夫之在《读四书大全说》卷十中提出："思为人道……人之所以异于禽兽者，唯斯而已。"也就是说，人和动物、和禽兽的区别在于思，人能够思。

"思"既然体现人的本质，人作为思的主体在思的过程中自然有其决定作用。在古代哲学家们看来，人作为认识主体在思中的作用主要是通过"心"来实现的。古代哲学家们往往将思归结为心的功能。管子提出，"心也者，智之舍也"（《管子·心术下》），明确将心说成是智慧蕴藏之所。荀子说："心者形之君也，而神明之主也。"（《荀子·正名》）

孟子也认为："心之官则思。思则得之，不思则不得也。"（《孟子·告子上》）

在强调人在思中的作用方面，荀子提出一个重要概念，即"心择"。"择"就是选择。所谓"心择"，是强调人在思的过程中的能动作用的最突出表现——选择性。荀子在《正名》篇中说："性之好恶喜怒哀乐，谓之情；情然而心为之择，谓之虑；心虑而能为之动，谓之伪。"这里讲的"伪"，即"为"，是作为的意思。荀子在《性恶》篇里还讲到，"圣人积思虑，习伪故，以生礼义而起法度。"就是说，社会的礼仪、制度的形成和制定，实际上都要经过周密的思虑、思考，因而也都经过《正名》篇中所说的"心择"。这样，荀子通过"心择"这一概念，就把主体在认识、在思的过程中的能动作用表述出来了。

在孟子那里，仁义礼智根于心，心既主宰理性又主宰德性，所以孟子既讲到"是非之心"，又讲到"不忍人之心""恻隐之心""羞辱之心"和"慈让之心"（《孟子·公孙丑上》）。宋明理学提出，心统摄"性"和"情"两者。张载说："心统性情者也。"（《性理大全》引）朱熹进一步发挥说："性是体，情是用，性情皆出于心，故心能统之。"（《朱子语类》卷九十八）

王阳明论及了"道心"与"人心"的区别，是值得重视的。他认为，心原本为一，但是，因为人为因素的掺杂，就分裂为二了，于是就有了道心与人心的差异："心一也，未杂于人谓之道心，杂以人伪谓之人心。人心之得其正者即道心，道心失其正者即人心，初非有二心也。"（《传习录》上）所以，要务是从人心返归道心，其方法是"须用致知格物之功胜私复理"（《传习录》上）。

对心的认知有一个难题，即能"思"之心与五脏之心是什么关系？朱熹在此方面区分了"操舍存亡之心"或"虚灵之心"与"五脏之心"，认为后者是作为实物而存在的，而前者却是无实物、无形象的："如肺肝五脏之心，却是实有一物。若今学者所论操舍存亡之心，则自是神明不测。""虚灵自是心之本体，……若心之虚灵，何尝有物？"
（《朱子语类》卷五）但是，朱熹并未明确说明和回答，"五脏之心"是
否是"操舍存亡之心"或"虚灵之心"的物质承担者和载体。

三　思之对象

中国古代哲学思维的对象从总体上说可以说是一种广义的自然，而
且进一步说是要追寻这个广义自然的最终的本体、本原、始源。所谓广
义的自然是说它是包括人及其社会在内的，这和我们现在对自然的狭隘
的理解和用法不一样。我们现在对自然往往多数的时候都是从狭义上去
理解和界定，即仅仅是指我们身外的周围的自然界，而不包括我们自己
及其社会关系。这实际上已经把人及其社会同自然界分离、割裂开来。
了解我们现代人的自然观同古代人的自然观这一差异很重要，否则就会
造成对古人思想的误读。

在中国古代哲学中，对广义自然的终极本体的表达有以下几个重要
的概念：道、无、太一、无极、气、理、心。

成中英曾从本体论的角度对中国古代哲学进行了研究，并致力于构
建一种本体论诠释学。他以"本体"概念为中心，着重考察了"道"
"太极""气""理"四个概念，并注意到这四个概念的各自地位及其相
互之间的关系。他认为，"本体"是中国哲学中的中心概念，是包含一
切事物及其发生的宇宙系统。本体体现为一种宇宙系统，更体现在事物
发生转化的整体过程之中。"道"是本体的动的写照，而"太极"则为
本体的根源含义。就其质料言，本体是"气"，就其秩序言，本体则是
"理"。这些中国词汇都有内在的关联而相互解说，形成一个有机的意
义理解系统（《从真理与方法到本体与诠释》）。

成中英的这一概括很好，但描述得还不够全面，未讲到"心"（陆
王心学的主张），也没有说到"太一"和"无"。如果据此补充、完善

成中英的概括，似乎可以这样说："道"是对本体的一种动态的描述，"无极"是对本体的一种静态的描述，"气"是对本体的一种质料的描述，"理"是对本体的一种秩序、规则的描述，"一"是对本体的一种数量的描述，"心"是对本体的一种主体或主观的描述，"无"是对本体的一种样态的描述。

关于这些重要的概念，中国古代哲学均有详细的探讨和解说，每一概念都有其一套理论系统，这里暂不一一赘述。

对于"道"等在人自身的具体体现，中国古代哲学家们则提出和探讨了"人道""德""性""心""良知"等概念。总体来说，是集中围绕心性问题而展开的。

四　思与福祸

古代哲学家们很少讲到"价"或"值"的概念，但却十分重视吉凶、利害、福祸等。甚至可以说，"福""祸"就是古代哲学家们关注的最重要的人生观和价值观。现代哲学中强调的所谓认识论与价值观、真与善的统一，在中国古代哲学中在很大程度上是通过"思"与"福"的关系形式表现出来的。

在《尚书·洪范》中，已有对福祸的系统论述，即"五福""六极"说。所谓"五福"是："一曰寿，二曰富，三曰康宁，四曰攸好德，五曰考终命。""寿"是长寿，"富"是富贵，"康宁"是无疾病，"攸好德"是性好美德，"考终命"是善终而不横夭。所谓"六极"是："一曰凶短折，二曰疾，三曰忧，四曰贫，五曰恶，六曰弱。""凶短折"是遇凶祸而横夭性命（传以"寿"为百二十年，"短"者半之，为"未六十"，"折"又半，为"未三十"），"疾"是疾病，"忧"是忧愁，"贫"是贫困，"恶"是丑陋，"弱"是弱势。

值得注意的是，在古代哲学家那里，在思之"五事"与"五福"

"六极"之间存在着内在的因果性联系。郑玄曾依据《书传》对此进行了系统的论述和阐释。

关于"五事"与"五福"之间的关联，郑玄说："思睿则致寿，听聪则致富，视明则致康宁，言从则致攸好德，貌恭则致考终命。"意思是说，长寿是思虑通达的结果，富贵是善于听闻的结果，康宁是视清目明的结果，性好道德是从谏如流的结果，生命善终是态度谦恭的结果。

关于"五事"与"六极"之间的关联，郑玄说："凶短折，思不睿之罚。疾，视不明之罚。忧，言不从之罚。贫，听不聪之罚。恶，貌不恭之罚。弱，皇不极之罚。"意思是说，遇凶祸而横夭性命是不能思虑通微的结果，常抱疾病是不能视清目明的结果，常怀忧虑是不能从谏如流的结果，贫匮于财是不善听闻的结果，相貌丑陋是不能态度谦恭的结果，处于弱势是不能大中至正的结果。

总之，"五事"与"五福""六极"即思与福祸之间存在一定的因果联系，思可以致福，也可以致祸，关键取决于思维之事做得如何，即所谓"养以致福"，"败以致祸"。这种因果关联，如前所述，也就是当代哲学所谓的认识论与价值观的关联。

这里涉及对道家有关"思"与道德相互关系论述的理解和评价问题。有些人认为道家否定思，将思与道德相对立，其根据是《老子》十九章中讲到"绝伪弃虑，民复孝慈"。（注：此处据郭店楚简本，与帛书甲、乙本和王弼本均有出入。后者为"绝仁弃义，民复孝慈。"）这个意思好像是说只有排除和否定思虑，然后民众才能够复归于善的本性。另外，《庄子·知北游》中也说到"无思无虑始知道"，即只有做到摈除思虑，才能够真正了解和进入"道"的境界。因为道家有这样一些论述，故有些学者认为道家注重道德而否定思的价值。但是，实际上，老子和庄子否定的"思"其实只是特定意义上的"思"，即违逆自然、违逆道之思。

五　思之基本问题

关于中国古代哲学的基本问题是什么，这和它所研究的对象是相关的。因为对象是要研究广义自然界的最终极的本原，而最终极的本原的表述，从量上讲，为"太一"，即终极的、最高的一，这里面就产生了"一"和万物的关系，所以"一"和"多"实际上是中国古代哲学的基本问题。在古代哲学中，一和多的问题通过各种关系表现出来：无极太极和万物的关系、道与万物的关系、理与万物的关系等。一和多的关系，质而言之，则是普遍与特殊、共性与个性的关系。

关于一和多的关系的论述，老子提出的"得一"的概念、名家提出的"白马非马"的命题以及宋明理学提出的"理一分殊"的理念都具有较为典型的意义。

老子对道与万物的关系进行了全面的论述。他一方面论及道生成万物，即"道生一，一生二，二生三，三生万物"（《道德经》第四十二章）；另一方面又指出万物都享有、含有道，如果将道称为"一"，那么，万物因这个"一"而获得生命、生机和活力："昔之得一者，天得一以清，地得一以灵，谷得一以盈，万物得一以生，侯王得一以为天下贞。"（《道德经》第三十九章）

名家公孙龙子讲的"白马非马"实际上讲的也是一与多的关系，其中内含的是普遍和特殊的关系。就一和多的关系而言，马的概念是一；白马、黄马、黑马等各种具体的马，是多。就普遍和特殊的关系而言，马具有普遍性，白马等具体的马具有特殊性。公孙龙子论证说："马者所以命形也，白者所以命色也。命色者非命形也，故曰白马非马。"（《公孙龙子悬解·白马论》）意思是说，马是指形体的名称，白是指颜色的名称，指颜色的名称不是指形体的名称，所以不能说白马是马。其合理之处是，白色和形体的概念是不相同的，而白马因为白色而具有了特殊性，其内涵是马这个一般概念所不能全部包括在内的。

宋明理学强调"理一分殊"。这个概念最初是由程颐在答其弟子杨时的一封信中提出来的，主要涉及对张载《西铭》的评价。但如果追溯理一分殊思想的渊源，在以往思想史上还是可以找到一些相关论述的。比如《庄子·则阳》中就讲"万物殊理，道不私"。当然，比较直接的理论来源是张载的《西铭》。张载在《西铭》中提出："天地之塞，吾其体；天地之帅，吾其性。民吾同胞，物吾与也。"他是从"理"讲，理是充塞于天地万物之间的，是统领天地万物的。那么具体的人和事物呢？每个个人和万事万物都是理赋予的，理赋予它，它才能成为特定的人或物；反过来说，每个个人和万事万物都分有这一个理。这里包含着这样一个中心意思：理是一个理，但它分化到民众、万物，为民众、万物所分有。所以，程颐强调，张载的《西铭》"明理一而分殊也"，认为张载已经阐明了"理一分殊"的道理。与此相联系，程颐又批评墨子只讲统一而不讲差异，因为墨子讲兼爱无等，这在程颐看来就是只知统一，不知分殊。他说："《西铭》明理一而分殊，墨子则二本而无分。分殊之蔽，私胜而失仁；无分之罪，兼爱而无义。分立而推理一，以止私胜之流，仁之方也。无别而迷兼爱，至于无父之极，义之贼也。"（《河南程氏文集》卷九）程颐自己对于"理一分殊"有很多论述。例如，《河南程氏遗书》卷十九讲："凡眼前无非是物，物物皆有理。"《遗书》卷十八讲："天下物皆可以理照，有物必有则，一物须有一理。"这里就有一个矛盾：如果一个物就有一个理，那么有没有统一的理呢？程颐又讲，"万物皆是一个天理"，"理则天下只是一个理，故推至四海而准。"程颐在《易经》的研究过程中也阐述过这样的思想。他在《易序》中说："散之在理，则有万殊；统之在道，则无二致。"这是程颐的一些论述。这些论述就把一般与特殊的关系讲得比较深入。用我们现在的话说就是：一般蕴含在一个个具体的特殊的事物之中，而一个个具体的特殊的事物都包含有一般。一般不在特殊事物之外，而是在它之中的。

朱熹对"理一分殊"发挥的更多、更具体。比如说，朱熹从社会本体论的角度来讲"理一分殊"，说："盖以乾为父，以坤为母，有生之类，无物不然，所谓理一也。""而人物之生，血脉之殊，各亲其亲，各子其子，则其分亦安得而不殊哉！"意思是说，为什么人有父子关系、母子关系、有各种各样的人际关系，这就是理一分殊的结果了。朱熹又说，"一统而万殊，则虽天下一家，中国一人，而不流于兼爱之弊；万殊而一贯，则虽亲疏异情，贵贱异等，而不梏于为我之私。"这里，朱熹既讲分、讲殊，反对墨子的兼爱、绝对的利他主义；同时又讲合、讲统一，反对为我之私、绝对的利己主义。这样，就把分与合的关系用"一统而万殊""万殊而一贯"这两句话讲清楚了。

朱熹也从广义自然本体论的角度讲理一分殊。他说："理一分殊，合天地万物而言，只是一个理；及在人，则又各自有一个理。"（《朱子语类》卷一）他又讲："万物各具一理，万理同出一源。"（《朱子语类》卷十八）强调人和物都是一个天理。

朱熹还从体用关系的角度去讲理一分殊。这也是一种本体论的表述。他说："至诚无息者，道之体也，万殊之所以一本也。万物各得其所者，道之用也，一本之所以万殊。"（《论语集注·里仁》）他又说："一者一本；殊者万殊……且理一，体也；分殊，用也。"（《宋元学案》卷十八）

朱熹还援引佛教关于一和多的理论来论述理一分殊。他主要援引禅宗的观点。禅宗有一首《永嘉证道歌》，其中讲："一性圆通一切性，一法遍含一切法，一月普现一切月，一切水月一月摄。"朱熹用之说明理一分殊（见《朱子语类》卷十八）。另外，佛教华严宗讲"一即多，多即一"。朱熹研究华严宗十年，显然亦受到其影响。

罗钦顺对理一分殊也有所发挥，他主要从本、末的关系讲。《明儒学案·师说》中说："由本而知末，万象纷纭而不乱；自末而归本，一真湛寂而无余。"

总之，中国古代哲学的基本问题就形式看是"一"与"多"的问题，就实质看是"普遍"与"特殊"的关系问题。就此而论，毛泽东的《矛盾论》可以说是对古代本体论基本问题的一个极好的总结和概括。

六　思之方法

曹雪芹在《红楼梦》第二回中讲过一句话："格物致知，悟道参玄。"这实际上概括了中国古代哲学特别是儒释道三家的主要的思维方法。

（一）格物

历代儒家都把"格物"作为一种根本方法。民国时曾把哲学翻译为"格学"或"格致学"。

孔子《大学》首倡"格物致知"[①]，对后世影响颇大，可以说开创了哲学思维的一种根本模式。古有"学莫大乎格物"之说。历代学者特别是儒家学者对此均有阐释和发挥，蔚然大观，自成系统。这里，仅介绍其要者。

二程认为：格，即至也。格物，即"穷至物理"（事物之理）（《二程集》）。南宋朱熹也强调穷尽事物之理，认为：格，即尽也。格物，即"穷尽事物之理"（《朱子语类》），或"即物而穷其理"（《四书章句集注》）。朱熹又说，"只说格物，则只就那形而下之器上便寻那形而上之道。"（《朱子全书》卷四十六）司马光释格为"扞"，为"御"，把格物理解为扞御外物（《司马文公全集·致知在格物论》）。王阳明认为：

---

　　① 对于《大学》的作者学界有各种不同意见，本文取程颢说。

"格者，正也；正其不正以归于正之谓也，正其不正去恶之谓也。"（《大学问》）"格物……是去其心之不正，以全其本体之正。"（《传习录》）他又认为："为善去恶是格物"（《传习录》）。他还提出，"鄙人所谓致知格物者，致吾心之良知于事事物物也"，"致吾心之良知也，致知也；事事物物皆得其理者，格物也"。（《年谱》）王阳明强调"正心"，"致良知"，因此把格物与正心联系起来。王艮认为："格物，知本也。"（《王心斋先生遗集》卷一）黄绾认为，格，法也。"有典有则之为格物"（《明道编》）。刘宗周认为：格物即"慎独"。（《刘子全书》卷十三）王畿认为："良知是天然之则；物是伦理感应之实事。……伦理感应实事上，循其天则之自然，则物得其理矣。是之谓格物。"（《王龙溪全集》卷六《格物问答原旨》）黄宗羲认为："格，絜度也。格物者即造道也。"（《明儒学案》）王夫之认为："博取之象数，远征之古今，以求近于理，所谓格物也。虚以生其明，思以穷其隐，所谓致知也。"（《尚书引义·说命中二》）清代阮元认为：格物，即"至止于事物之谓也。"（《研经室全集》）颜元认为：格物，即"手格其物"或"犯手实做其事"（《四书正误·大学》）。

以上诸家解释，举其要者，有三种意见具有代表性：一种是认识论的解释，以二程、朱熹、王夫之等为代表。如二程和朱熹的"即物穷理"说。一种是伦理学的解释，以王阳明、刘宗周、王畿等为代表。如王阳明的"为善去恶"说和"致良知"于事物说。一种是实践论的解释，以颜元等为代表。如颜元的"手格其物"（"犯手实做其事"）说。

这些注说，可能王阳明等从伦理学角度的阐释更为合理。其实，所谓"格"，"标准也"；引申意为"度也，量也"。所谓"格物"，通俗地说，就是用既有的某种尺度、框架去衡量、探赜和把握对象。类似我们今日所说，用"先验范畴"（康德）或"逻辑之格"（列宁）对对象进行加工、整理和把握。但是，这并非如程朱所谓格身外之物，或穷事物之理，而应是格心中之物，穷心中之理，因为理首先就体现在心中。

所以，不应是"即物穷理"，而应是"即心穷理"。而所"格"之"物"，即物欲。这样，格物在一定意义上也就是"明明德"，或宋明理学所说的"存天理，去人欲"。

具体怎么格物？古代思想家们也众说纷纭。程颐认为："须是今日格一件，明日又格一件，积习既多，然后脱然自有贯通处。"（《二程集》）这是讲由量到质的积累。吕坤认为："物有四格，有一事之格，有全体之格，有倏忽之格，有积渐之格。……格物有境：有梦境，有意境，有眼境，有身境。……格物须到身境，方是彻上彻下之道，极精极透之学。"（《去伪斋集》卷四《答孙立亭论格物第四书》）这是讲类型和境界。陆世仪认为："有一事一物之格致，有彻首彻尾之格致。……一事一物之格知，即随事精察工夫，彻首彻尾之格知，即一贯工夫"，"格物之法，必由近以及远，由粗以及精，由身心以及家国天下，由日用饮食以至天地万物，渐造渐进，乃至豁然。夫然后天人物我，内外本末，幽明死生，鬼神昼夜，皆可一以贯之而无疑"（《陆桴亭思辨录辑要》卷三《格致类》）这也是讲由量到质的积累过程。王夫之认为，"大抵格物之功，心官与耳目均用，学问为主，而思辨辅之，所思所辨者皆其所学问之事。致知之功，则唯心心官，思辨为主，而学问辅之，所学问者乃以决其思辨之疑。"（《读四书大全说·大学·圣经》）这是讲理性认知的方法。

应该说，格物不仅是理性认知的方法，而且首先是道德修养的功夫。王阳明强调"致良知"，即发挥良知的作用。他认为良知是人们固有的，不假外求，所以要通过良知的作用，"去其心之不正"，或去其"私意障碍"，达到"胜私复理"（《传习录》上），这也就是"为善去恶"。

（二）玄览

在思的方式方面，老子的主要概念是"玄览"（新出土的马王堆的帛书写成"玄鉴",当与"览"字通假)。人们对其解释各有不同。实际上,它是指从最超验的层次即从道的高度来对对象进行审视、观察、和体悟。"玄览"是达到"玄同"的一种思维方式、一种认识方法。"玄同"描述的是一种天人合一的状态,也可以把它看成是认识的一种最高境界。魏晋玄学主要讲"玄",有一种说法是"参玄",后来佛教也借用道家的这种说法讲"参"。所以曹雪芹在《红楼梦》中的概括还是比较准确的,儒家讲"格物",道家讲"参玄"。"参"的含义很复杂,它在古代的基本含义就是"三"。"三"就是强调对立面的统一,实际上就是黑格尔讲的正反合的合题,经过肯定、否定,达到否定之否定。"三"从这个意义上才引申出参与其中,实际上讲的是怎么样去和认识对象、和道合而为一。中国古代还有个类似的概念叫"参验",如庄子在《天下篇》里面就提出"以参为验"。《楚辞》里面也有"参验"这个词,叫"参验考实"(《楚辞》九章)。"玄览"的前提条件是达到"玄同",即与道合一。为此,老子提出一些原则和方法。例如,老子强调"至虚守静"(《老子》十六章:"至虚极,守静笃"),要求把身心调节到极为虚静的状态,以便达到与道的统一。此外,老子也讲"日损"和"绝弃":"为学日益,为道日损。损之又损,以至于无为。"(《老子》四十八章);"绝智弃辩""绝巧弃利""绝伪弃虑"(《老子》十九章,据郭店楚简本)。老子还提出"专气致柔":"营魄抱一,能无离乎?专气致柔,能婴儿乎?"(《老子》十章)

庄子对"玄览"作了一些发挥。例如,与"玄览"这一语词相类似,庄子提出了"天照"和"以明"的概念。关于"天照",《齐物论》中说:"物无非彼,物无非是。自彼则不见,自是则见之。故曰彼出于是,是亦因彼,彼是方生之说也。虽然,方生方死,方死方生;方可方不可,方不可方可。因是因非,因非因是。是以圣人不由,而照之于天,亦因是也。"意思是讲是与非等都是相对的,而标准就是"照之于天"。这里所谓的"天"即道。关于"以明",庄子说:"欲是其所非而非其所是，则莫若以明。""彼是莫得其偶，谓之道枢。枢始得其环中，以应无穷。是亦一无穷，非一亦无穷，故曰莫若以明。"所谓"以明"，庄子的解释是："为是不用而寓诸庸，此之谓以明。"王先谦解释说："莫若以明者，言莫若以本然之明照之。"（《庄子集释》）关于"明"，老子就已讲过一些。《老子》十六章："知常曰明"。五十二章："见小曰明"。此外，老子还讲过"袭明"（二十七章）、"微明"（三十六章）。庄子的"以明"，也是对老子思想的一种发挥。

为了真正做到"玄览"或"天照""以明"，首先必须达到得道的境界。由于道是独一无二的，庄子将得道的境界称为"见独"。基于这一目标，庄子提出"坐忘"。所谓坐忘，是说通过"离形"（"堕肢体"）、"去知"（"黜聪明"），"忘礼乐"和"忘仁义"，达到"同于大道"。（《大宗师》）郭象注说："夫坐忘者，奚所不忘哉？既忘其迹（指仁义礼乐），又忘其所以迹者（指心智和形体），内不觉其一身，外不识有天地，然后旷然与变化为而无不通也。"与"坐忘"相联系，庄子以祭祀之斋戒相喻，提出"心斋"，要求从破除主观障碍入手，达到心气合一，心道合一。他在《人间世》中说："惟道集虚。虚者，心斋也。"郭象注曰："虚其心则至道集于怀也。"意思是说"心斋"的实质是虚心。"心斋"的一个重要方法是将意念集中于呼吸："无听之以耳而听之以心，无听之以心而听之以气。"（《人间世》）在《大宗师》中，庄子具体描述了通过"坐忘"达致"见独"即得道的过程，即通过"外天下""外物""外生"（成玄英曰"外，遗忘也"），进入"朝彻"（宣颖云"朝彻，如平旦之清明"）状态，从而达到"见独"（王先谦云"见一而已"）。也就是说，通过忘掉天下、忘掉万物、忘掉生存，最后达到一种清明、一种顿悟的状态。按照庄子的描述，若能够做到"见独"，然后就能够"无古今"，"入于不死不生"。（《庄子·大宗师》）

另外，顺便提及，《管子》和《荀子》两书中提出过"心术"这一概念。"心术"在一定意义上也可以理解为思维方式。《管子》中的

"心术"首先具有道德论的含义。但除道德论的含义外也有认识论的含义。例如,《心术上》云:"心之在体,君之位也,九窍之有职,官之分也。""耳目者,视听之官也,心而无与于视听之事,则官得守其分矣。夫心有欲者,物过而目不见,声至而耳不闻也。故曰:上失其道,下失其事。故曰:心术者,无为而致窍者也。"意思是说,心为九窍之君,而心术则是心制约九窍的方式。具体有哪些方式呢?《七法》中讲到六种:"实也,诚也,厚也,施也,度也,恕也,谓之心术。"荀子在《解蔽》篇中也讲到"心术",直接和"解蔽"相联系。荀子认为蔽为"心术之公患"。他说:"凡人之患,蔽于一曲,而暗于大理。……欲为蔽,恶为蔽,始为蔽,终为蔽,远为蔽,近为蔽,博为蔽,浅为蔽,古为蔽,今为蔽。凡万物异则莫不相为蔽,此心术之公患也。"因此,心术的要义就在于解蔽,从而达到对事物的全面的理解。

(三)了悟

佛教的思维方式非常值得研究,也难以概括。佛法广义地说有两层意思:第一,佛教的教理教义。第二,修炼、认知的方法,觉悟、了悟的方法。但这两者是难以区分的,正像世界观同时也是方法论。《金刚经》中说,佛法既是法,又是非法;既应取法,又应取非法:"不应取法,不应取非法。""知我说法,如筏喻者。法尚应舍,何况非法?""如来所说法皆不可取,不可说,非法,非非法。所以者何?一切圣贤皆以无为法,而有差别。""所言一切法者,即非一切法,是故名一切法。""若人言如来有所说法,即为谤佛,不能解我所说,故……说法者无法可说,是名说法。"这几段话是释迦牟尼本人关于所谓佛法理论的一个总纲。

有关佛法的具体修炼原则和方法很难解说。"解悟"和"证悟"无疑是其中两种最为根本的方法,而这两种方法又各有其各种不同的形式。所谓"解悟",是指主要通过心智对义理的思考而达到觉悟的境界。所谓"证悟"则是指主要通过身心的修炼。当然，这两者不是截然分开的，而是相互交织、彼此统一和相辅相成的。铃木大拙曾力图概括修行的一些具体形式：言语的，非言语的，行为的，非行为的，棒喝的，等等。这里仅枚举若干原则：

其一，无住。"无住"即心不滞留于外物之中。《金刚经》的主旨就是"应无所住，而生其心"，传说慧能听此言而悟道。"无住"的根据是："凡有所相，皆为虚妄。"如果一定要"生心"，就应生"无所住心"。无住、不住，也是佛教讲的一个根本观点。据《景德传灯录》卷六记载："问：和尚修道，还用功否？师曰：用功。曰：如何用功？师曰：饥来吃饭，困来即眠。曰：一切人总如是。同师用功否？师曰：不同。曰：何故不同？师曰：他吃饭时不肯吃饭，百种须索；睡时不肯睡，千般计较。"

一玄禅师也说："道流佛法，无用功处。只是平常无事，屙屎送尿，著衣吃饭，困来即眠。"（《古尊宿语录》卷四）那么，和尚与常人何异？二者的区别是：和尚"终日吃饭，未曾咬着一粒米；终日著衣，未曾挂着一缕丝。"（《古尊宿语录》卷三、卷十六）

其二，绝思。绝思是说以无为法，不要人为地、刻意地思想。据《景德传灯录·法融》中记载，禅宗四祖道信说："一切烦恼业障，本来空寂；一切因果皆如梦幻；无三界可出，无菩提可求；人与非人，性相平等；大道虚旷，绝思绝虑……汝但任心自在，莫作观行，亦莫澄心，莫起贪嗔，莫怀愁虑，荡荡无碍，任意纵横，不作诸善，不作诸恶，行住坐卧，触目遇缘，总是佛之妙用。"道信的意思是，修行的前提是摈除任何人为的、带功利目的的考虑。这和道家强调"绝伪弃虑""无思无虑"是一致的。

慧能把无思、绝思叫"直心"："一行三昧者，于一切处，行、住、坐、卧，常行一直心是也。《净名经》云：直心是道场，直心是净土。"（《坛经》）

其三，相因。慧能临终言："若有人问汝义，问有将无对，问无将有对，问凡以圣对，问圣以凡对。二道相因，生中道义。"（《坛经》）冯友兰称其为负的方法，反的方法，烘云托月的方法。用维特根斯坦的说法，是通过可言说的东西说出不可言说的东西。他在《逻辑哲学论》中提出，哲学"应对可思想的东西与不可思想的东西划出一条界限。它应从可思想的东西中划出不可思想的东西的界限。这样就能通过清楚地展示可说的来意指那些不可说的东西"。

其四，逆常。逆常即强调逆向、逆反、逆常规的思维方式。这其实也是一种相因法则。《景德传灯录》卷十四记载了希迁禅师与弟子的一段对话：有僧问希迁："如何是解脱？"希迁反问："谁缚汝？"另有僧问希迁："如何是净土？"希迁反问："谁垢汝？"又有僧问希迁："如何是涅槃？"希迁又反问："谁将生死于汝？"这体现了一种逆向、逆常规的思维。

赵州禅师曰："法无定法，万法归一。"有人追问赵州禅师："一归何处？"赵州禅师曰："我在青州制一布衫，重七斤。"初看上去这一回答与提问风马牛不相及，但实际上他通过这种风马牛不相及的回答，解构了提问的问题，把思考问题的思路转向了另外的方向。

其五，语默。语默即摒弃语言，不立文字。傅大士云："语默皆佛示"（《五灯会元》卷三）。释迦在灵山大会云："吾有正法眼藏，涅槃妙心，实相无相，微妙法门，不立文字，教外别传，咐嘱摩诃迦叶。"（《五灯会元》卷一）摒弃言说，"不立文字"，即傅大士所言的"语默"。

其六，莫惑。佛教实际上是不讲偶像的。在佛家看来，如来也是人，只不过得道了。《古尊宿语录》卷四中记载，一玄禅师曰："你如欲得如法见解，但莫授人惑。向里向外，逢着便杀。逢佛杀佛，逢祖杀祖，……始得解脱。"一玄禅师的话似乎颇有些对佛祖大不敬的味道，但实际上，他的意思是说，要真正获得佛法，必须摆脱各种教条、偶像的束缚。

七　思之特点

中国古代"思"之特点不等同于中国古代整个哲学的特点，但两者又密不可分。这里，尝试对中国古代"思"之特点作出几点概括。

（一）反求诸己，尽性至命

中国古代之思的首要特点，关注和追求的重点首先并非是人对外在自然、外在世界的认知乃至作用，而是对人自身心性的求索；并非是向外寻找人与自然或存在者与存在相统一的路径，而是从人自身内部来探究和实现人与自然、人与"道"的统一。它重视人自身的"内圣"，重视内在的反省和心性的澄明，这样，就使它能够提供一种人通向所谓"道"或"存在"的内在的路径和模式。

古代思想家们重视"内圣"、重视内在的反省和心性的澄明，无论是在老子的"常德不离，复归于婴儿"和"归根曰静，静曰复命"、孔子的"大学之道在明明德"、孟子的"尽心、知性、知天"、《中庸》的"天命之谓性，率性之谓道"，还是在慧能的"识心见性"、宋明理学的"穷理、尽性、至命"、阳明心学的"尽性至命"等都得到了鲜明的体现。这是一种道德之学，心性之学，性命之学。因而，也是一种安身立命之学。其中的要害和关键，正如王阳明"龙场悟道"所见："圣人之道，吾性自尽，向之求理于事物者误也。"（《王阳明全集》卷下）

古代思想家们将对心性的认知与对"天命"的把握联系起来，看作是同一的过程。所谓天命，是指自然或"道"赋予人的一种不可回避和违逆的规定性或趋向，孟子将其解释为非人力所为和非人力所致的一种客观的决定力量："莫之为而为者，天也。莫之致而致者，命也。"（《孟子·万章上》）在古代思想家们看来，人在天命面前并不是也不应是任其所是、毫无作为的。人可以通过养性修身，反求诸己，做到与天命的合一，从而掌握自己的命运。如孟子在《尽心》中所言："尽其心者，知其性也。知其性，则知天矣。"这样，人在天命面前，就有根据抱有一种积极的、乐观向上的态度或精神："不怨天，不尤人，下学而上达，知我者其天乎？"（《论语·宪问》）

（二）以德为本，重德笃行

在中国古人眼里，德为根本，德高于思，行大于知。钱穆在《中国思想通俗讲话》里面有一段话讲到这个意思，他说："我们可以说，在中国思想里，重德行，更胜于重思想与理论。换言之，在中国人心里，似乎认为德行在人生中之意义与价值，更胜过于其思想与理论。"他还说："我们又可以说，中国人的重德观念，颇近于西方人之宗教精神。而中国人的重行观念，则颇近于西方人之科学精神。"关于行大于知，《尚书》中就已提出："知之匪艰，行之维艰。"意思是说知之并不是很难，但行动是难的，要求人们去重视行。孔子讲："知之者不如好之者，好之者不如乐之者"。"知"是讲真、讲知识、讲认知。"好"实际上讲善、讲道德、讲践履。"乐"是讲美、讲审美。这句话的意思也是把践德笃行看得高于思考、认知。朱熹也明确地说"行为重"（《朱子语类》）。王阳明更是如此，他强调"知行合一"，主张"知是行的主意，行是知的功夫；知是行之始，行是知之成"。（《传习录》上）近代孙中山强调"知难行易"，初看上去好像是反古人之道，但其实他的真实意思仍是鼓励人们去践行。

（三）格致参悟，诉诸悟性

林语堂说："中国哲学是融理性和直觉一身的，是超越理性的。"我们平时所说的"三思而行"其实不是孔子的原意。据《论语》所载，季文子主张"三思而后行"，孔子听说后则说两思就够了："再，斯可矣。"（《论语·公冶长》）实际上孔子说的意思是：不要太理性化了。

所以林语堂称古代哲学"超越理性"是对的，但似乎不宜把它叫作"直觉"，而应把它叫作"悟性"。对此，作者曾在《论悟性》一文中作了专门的阐释和发挥，这里不再赘述。

（四）"意博一举"，"统宗会元"

在此借用王弼的八个字的意思是想说明：中国古代哲学的思维是一种大一统的、宏观的思维。西方的哲学就是哲学，哲学之外还有宗教。但是，在中国的传统哲学中——

第一，宗教和哲学是融为一体的，没有严格的宗教的界限和哲学的界限。在我国古代，宗教不具有像在西方那样的地位。这里面当然有各种原因。一个原因可能就是中国古代哲学对人的心性的研究太彻底了，达到了"穷理、尽性、至天"和"乐天知命"的高度。这就使哲学实际上已经延伸和拓展到宗教的领域，在一定程度上涵盖和包容了宗教。从这个意义上来说，实际上就把哲学和宗教一体化了。换言之，中国古代宗教色彩所以不是那么浓，一个原因就是中国古人把道德宗教化了。所以在中国古代就如钱穆所说注重道德就像西方注重宗教一样，宗教和哲学在中国古代思想中就是融为一体的。

第二，宇宙论和人生论也是融为一体的。"天人合一"在思维方式上就没有什么宇宙论、人生论之分。宇宙论同时也是人生论。反过来讲，人生论同时也是宇宙论。比如说，讲"气""道"等，都如此。庄子讲人禀赋气就生，没有气就灭，最后一句话强调的就是"通一气而已"。也就是说，人生、宇宙完全是被作为一体看待的，而不是局限于仅是人生或仅是宇宙。所以，讲人道同时就是讲天道，反之亦然。因为人道就是天道的体现，天道就是人道的根源。就是说，没有宇宙论和人生论的界限。当然，人生论与人的关系最直接，所以讲宇宙论最后要落实到人生论。

第三，也没有本体论、认识论、价值论的界限。本体论、认识论、价值论的划分，是西方现代哲学的基本结构和框架，难以运用到中国古代哲学上去。可以用这种框架去对中国古代哲学进行某种解读，但是难以避免将其肢解和碎片化。中国古代哲学作为一种思维方式，它是一种广义的、大一统的思维。如果说它是一种哲学的话，它是一种大哲学；如果说它是一种哲学观的话，它是一种大哲学观，而不是西方的那种狭义的、狭隘的哲学观。

（五）惟重实用，不究虚理

这是借用陈寅恪的话来概括的。陈寅恪讲过："中国古人，素擅长政治及实践伦理学。与罗马人最相似。其言道德，惟重实用，不究虚理，其长处短处均在此。长处即修齐治平之旨；短处即实事利害只得失，观察过明，而乏精深远大之思。"（《吴宓与陈寅恪》）意思是说中国古代哲学不去追问那些空虚不实的道理，而是重视实际的功用。陈寅恪是单纯就道德而言的，但用它来指谓中国古代的整个思维方式也是比较符合实际的。

李泽厚用"实用理性"来概括中国哲学的特点，也是中国哲学之思的特点。笔者以为，把中国哲学的特点或思维的特点概括成一种"理性"未必合适，因为中国哲学本来也不讲理性，但"实用"还是可以说的。可以说它是一种实用的态度或者实用的精神。中国思想或文化的一个传统就是经世致用、求真务实。这一点可以说一直延续到现在。

（本文原载《领导干部国学课二十五讲》，中央党校出版社 2011 年版；修订版载《哲学与中国》2016 年春季号）

老子及其思想的再发现

　　郭店楚墓竹简的问世，堪称中国近、现代史上最重大的文化考古发现之一。由于这些最老的古籍的发现，某些传统的学术定论将被推翻，中国古哲学史、思想史乃至文化史将得到改写。特别是竹简《老子》一书的重见天日，将有助于廓清笼罩在老子身上的千古谜雾，帮助人们走近道家流派的源头，认清老子及其思想的初始面目。

一

　　竹简《老子》是迄今为止发现的最早的《老子》一书的古抄本。由于这一抄本年代久远，故文字古朴，蕴意深邃，多有优于既有的今本（王弼本、河上公本以及马王堆帛书甲、乙本等）之处，为了解和揭示老子及其思想的原貌，以及校勘今本、纠正传统诠释对《老子》本文的误读，提供了可靠的实证依据。这里，仅举其要者并对已有相关研究成果作以补充。

　　1. 王弼本、帛书乙本等"绝圣弃智，民利百倍。绝仁弃义，民复孝慈。绝巧弃利，盗贼无有"（第十九章）句，竹简本为"绝智弃辩，民利百倍。绝巧弃利，盗贼亡有。绝伪弃虑（"虑"字为笔者所释。裘锡圭先生疑该字为"诈"），民复孝慈"。这表明，老子并没有否定和摒

弃儒家的"圣智""仁义"概念，所谓"绝圣弃智""绝仁弃义"当为后来道家者流所改。

2. 王弼本"此三者以为文不足，故令有所属"（第十九章）句，竹简本为"三言以为使（'使'字为笔者所释。现竹简整理本释文为'辨'）不足，或令之，或呼嘱"。王弼本"文"字于理不通。历来注家多释"文"字为"文饰"，亦牵强附会。现观竹简本，知"文"字乃"使"字之讹误。

3. 王弼本"揣而梲之，不可长保"（第九章）以及帛书甲、乙本"揣而锐之，不可长保也"句，竹简本为"湍（遄）而群之，不可长保也"。"揣而梲之"或"揣而锐之"均难释解，而竹简本的"湍（遄）而群之"则语义明晓，为迅疾聚积之意，与语境相合。

4. 王弼本"夷道若颣"（第四十一章）句和帛书乙本"夷道如类"句，竹简本为"迟道如颓"（竹简本"迟道"后简断。笔者认为，"迟道"应接转二十号残简的"如颓"两字。现竹简整理本未能将其连缀）。"夷道若颣"或"夷道如类"颇为费解。"夷"往往被释为"平"，"颣"（或"类"）则往往被由"丝节"之意而引申为"不平"。由此，该句话被释为：平坦之道犹如不平之道。与此相对照，竹简本的"迟道如颓"不仅语义通畅，而且明显义胜一筹。"迟"，《说文》：徐行也。"颓"，崩坏、衰败之意。"迟道如颓"，意为：徐行之道犹如颓败之道。《诗》曰："行道迟迟。"《庄子·外物》曰："颓然而道尽。"此两者可作为"迟道如颓"的佐证和诠注。或者，"颣""类"与"颓"通假，均应释为"颓"。

5. 王弼本"塞其兑，闭其门，终身不勤"（第五十二章）句，竹简本为"闭其门，塞其兑，终身不瞀"（"瞀"为笔者所释。）"瞀"，通"务"，《说文》："致力也。"竹简本的"终身不瞀"意蕴显然胜于王弼本的"终身不勤"。

6. 王弼本"兵者不祥之器，非君子之器，不得已而用之，恬淡为上。胜而不美，而美之者，是乐杀人"（第三十一章）句，以及帛书甲、乙本"兵者不祥之器也，不得已而用之。铦袭为上，勿美也。若美之，是乐杀人"句，竹简本为"兵者，不祥之器也，不得已而用之。错斁（'错斁'为笔者所释。竹简整理本从王弼本释为'恬淡'）为上，弗美也。美之，是乐杀人"。这里，竹简本与王弼本、帛书本的区别在于"错斁"二字。"错"，通"厝"，《说文》："厉石也。""斁"，《说文》："恖也，通斁"；"斁"，"张弩也"。可见，"错斁"，即厉石弩弓之意。因而，竹简本这段话当意为：兵者乃不祥之器，应万不得已时才使用。崇奉厉石弩弓，并非美事。谁若以此为美，就只能说明他是嗜杀者。以竹简本照观，帛书本释"铦袭"为"恬淡"有误。而王弼本"恬淡"二字则显然为讹误。

诸如以上所引，还有若干处。因篇幅关系，这里不再赘述。

二

《老子》一书的成书年代，是历来老子研究中争论不休、难以释解的一个谜团。历史上大致存有下述三种有代表性的观点和看法：（一）春秋说。以吴子良、张煦、黄方刚、胡适、张季善、叶青、马叙伦、高亨等为代表。（二）战国说。这种观点占据上风，其代表人物有陈师道、牟廷相、康有为、梁启超、顾颉刚、钱玄同、钱宾四、罗根泽、冯友兰、张岱年、熊伟、张西堂等。（三）春秋战国说。该观点主张，《老子》一书的基本思想或主要思想是源出老子本人的，春秋时期已以一定形式（如语录或遗言等）存在，而最后成书则是到了战国时期。持此观点的有刘泽民、谭戒甫、唐兰、郭沫若、任继愈等。

竹简《老子》的出土，为我们解开《老子》成书年代这一疑团提供了根据和线索。尽管现在还难以判定和确认竹简《老子》文本的形成时间，但从前面有关竹简《老子》与今本《老子》的对照中可以看出，正是竹简《老子》文本的内容、特点本身为如下假设提供了最为有力的证据：竹简《老子》文本很可能形成于春秋末年，是直接源出老子本人或经老子的亲传弟子记录、整理的《老子》一书的春秋古本。

值得注意的是，《庄子》的"外杂篇"对《老子》一书已多有征引。考其所引的某些文字，或为竹简本所无而为今本所有，或异于竹简本而略同于通行的今本。如"国之利器不可以示人"（《胠箧》）、"至誉无誉"（《至乐》）、"自伐者无功"（《山木》）、"既以与人己愈有"（《田子方》）、"终日视之而不见，听之而不闻，搏之而不得"（《知北游》）、"失道而后德，失德而后仁，失仁而后义，失义而后礼。礼者，道之华而乱之首也"（《知北游》）、"知其雄，守其雌，为天下溪；知其白，守其辱，为天下谷"（《天下》），等等，均为竹简本所未见而载于今本者。又如："绝圣弃智"（《胠箧》）、"终日嗥而嗌不嗄"（《庚桑楚》）、"万物芸芸"（《在宥》），等等，则均为异于竹简本而略同于今本者。从中可见，《庄子》"外杂篇"征引之书，与今本《老子》略同。这意味着，在《庄子》"外杂篇"形成之前，春秋古本《老子》文本已渐湮没，而今本《老子》文本或略同于今本《老子》的文本则已出现。

如果再将《庄子》所引《老子》文字与帛书甲乙本、王弼本加以比较，前者虽然与后者均略有差异，但似更接近王弼本。而在帛书甲乙本、王弼本几种文本中，尤以帛书甲本最接近竹简本，帛书乙本次之，王弼本更次之。例如，《庄子·庚桑楚》所引"终日嗥而嗌不嗄"句，王弼本为"终日号而不嗄"，而竹简本和帛书甲乙本则分别为："终日唬而不忧"，"终日号而不憂"〔此字省写，写作该字下半部〕以及"终日号而不嚘"。

又据唐释道世《法苑珠林》卷六十八载："汉景帝以黄子、老子义体尤深，改子为经，始立道学，敕令朝野悉讽诵之。"这一记述表明，改《老子》一书书名为《道德经》，当始自汉景帝（前188—前141年）。

综上所述，我们或许能够确认：《老子》一书经历了一个由春秋古本到通行今本的演变和形成的过程，而郭店楚墓竹简本、马王堆帛书甲乙本、《庄子》征引本、汉景帝"改子为经"以及王弼校定本，则代表了这一演变和形成过程中的几个重要阶段。

三

竹简《老子》是否是一个完整的抄本，目前学者们对此还存有见仁见智的歧异。据有关人士说，竹简曾部分被盗。但是，从公布的现存的竹简的状况来看，竹简《老子》的三组简文都较为系统、完整，内容上既各有侧重，又相互联系：甲本论述圣人之道，可名之为圣人篇；乙本论述修身之道，可名之为修身篇；丙本论述治国之道，可名之为治国篇。据此，似乎不能排除这一可能性：竹简《老子》是一个基本完整的古抄本。

假若竹简《老子》是一个基本完整的古抄本，那么，它与王弼本等既存的今本有一系列引人瞩目的重大区别：（1）未有对"道"的玄奥的描述和神秘的、超验的形上学色彩。今本讲"道之为物，惟恍惟惚"的第二十一章，以及被河上公题为"赞玄"的第十四章等，均不见于竹简本。（2）未有与儒家学说相抵牾的文字。除前面提到的今本中的"绝仁弃义""绝圣弃智"在竹简本中为"绝伪弃虑""绝智弃辩"外，在竹简本中也未见否定"礼"的第三十八章和否定"尚贤"的第三章。（3）未有"愚民"的君王"南面之术"的论述。今本讲"古之善为道者，非以明民，将以愚之"的第六十五章，讲"圣人治，虚其心，实其腹，弱其志，强其骨，常使民无知无欲"的第三章，等等，均为竹简本所未载。（4）未有功利主义的印记。今本中讲"圣人后其身而身先，外其身而身存。非以其无私邪，故能成其私"的第七章，颇富功利主义色彩，然而在竹简中亦未发现。（5）未有论及鬼神的词句。今本讲"以道莅天下，其鬼不神"的第六十章不见于竹简本。（6）未有对"小国寡民"理想社会的希冀。今本讲"使民复结绳而用之,甘其食,美其服,安其居,乐其俗。邻国相望,鸡犬之声相闻,民至老死不相往来"的第八十章在竹简本中也渺然无迹。

这样,竹简《老子》甲、乙、丙书实际上向人们展现了与传统诠释迥然而异的另一个老子,即一个有深刻的人生智慧,而不摒弃"仁义""圣智",不嗜好愚民的阴柔权术,不谈论鬼神,不憧憬"小国寡民"社会,也不讲求功利和抽象论"道"的老子。这个老子显得似乎更接近历史上的老子本人的原貌,更符合其本人所倡导的"道"的精神。

四

应该着重加以指出的是,即便竹简《老子》不是一个完整的古抄本,它与王弼本等通行的今本《老子》也有重大的不同之处:它昭示了老子与孔子之间的真实的思想关系。

竹简《老子》无"绝仁弃义"之语以及无与儒家学说相抵牾的文字这一事实,推翻了流传两千余年之久的"孔、老对立"的学案。它表明,今本《老子》中的"绝仁弃义""绝圣弃智"等语,不仅是对老子的强加,而且也歪曲了历史上的老子与孔子之间的真实的思想关系。事实是,与其说孔子与老子两者的思想存在着明显的差异,毋宁说它们之间的统一更是主要的和第一位的。如果人们将竹简《老子》仔细与《大学》《中庸》和《论语》等加以对照,就不难发现老子对孔子的重大思想影响,以及作为孔子老师的老子与作为老子学生的孔子之间的思想的统一和一致。

老子对孔子思想的影响,集中体现在其"道"论。"道"是老子学说的核心概念。老子在哲学史上第一次构建了一个完备的"道"的理论体系。如前所述,竹简《老子》从圣人之道、修身之道和治国之道等不同角度对"道"进行了集中的、系统的论述。而孔子对"道",亦可谓信乃弥坚，上下求索，以致有"君子谋道不谋食，……忧道不忧贫"（《论语·卫灵公》）之语。孔子对"道"的向往与追求，尤其可以从他的这句话中看出："朝闻道，夕死可矣。"（《论语·里仁》）孔子对老子"道"学的发挥，主要体现在其所提出的下述见解和主张：（1）"率性之谓道"（《中庸》）。（2）"道不远人"（《中庸》）。（3）"修身以道，修道以仁"（《中庸》）。（4）修身立道（《中庸》）。（5）"以道事君"（《论语·先进》）。（6）"人能弘道"（《论语·卫灵公》）。（7）作为"道"的各种具相的"人道""地道""天道""圣人之道""君子之道""小人之道"（《中庸》）。（8）"有道"和"无道"以及与其相应的主观态度（《论语·泰伯》）。（9）"遵道""学道""行道""适道""近道""谋道""忧道"和"弘道"，等等。

如果再将孔子的言论与竹简《老子》的本文加以具体的对照，则可以更清楚地看到两者的一致和老子对孔子思想的影响：（1）老子讲"圣人居无为之事，行不言之教"（竹简甲），孔子亦云"无为而成"（《中庸》）、"无为而治"（《论语·卫灵公》）和"予欲无言"（《论语·阳货》）。（2）老子讲"以道差人主"（竹简甲），孔子亦云"以道事君"（《论语·先进》）。（3）老子讲"致虚，恒也。守中，笃也"（竹简甲），孔子亦云"致广大而尽精微，极高明而道中庸"（《中庸》）。（4）老子讲"明道如费（昧）"（竹简乙）、"道隐无名"（竹简乙），孔子亦云"君子之道费（昧）而隐"（《中庸》）。（5）老子讲"修之身，其德乃真。修之家，其德有余。修之乡，其德乃长。修之邦，其德乃丰。修之天下，其德乃博"（竹简乙），孔子亦云："身修而后家齐，家齐而后国治，国治而后天下平"（《大学》）。（6）老子讲"大道废安（焉），有仁义"（竹简丙），孔子鉴于"天下之无道也久矣"，亦云"修道以仁"（《中庸》）。（7）老子讲"始制有名。名亦既有，夫亦将知止，知止所以不殆"（竹简甲）。孔子亦云"必也正名乎"（《论语·子路》），"于止，知其所止"，以及"知止而后有定"（《大学》）。

（8）老子讲"含德之厚者，比于赤子"（竹简甲），孔子亦援引《康诰》云"如保赤子"（《大学》）。（9）老子讲"为之者败之；执之者失之"（竹简甲、丙），孔子亦云"勿必，勿固"（《论语·子罕》）。（10）老子讲"以正治邦"（竹简甲），孔子亦云"政者，正也。子帅以正，孰敢不正"（《论语·颜渊》），等等。

从上可见，孔子对老子多有师承、发挥，堪称老子"道"学的大继承者。可是，引以为憾的是，后世儒家有意无意抹杀了这一事实。而历代研究者亦都认为，"仁"是孔子学说的核心，故孔子学说与老子学说相异甚至相悖。其实，这只是就孔子所研讨、论述的理论重点来说才是合理的。如果就诸概念在孔子学说中所处的等级、地位来说，"仁"并非孔子心目中的最高概念；相反，"道"这一概念在孔子心目中的等级、地位才是最高的。从孔子的"修身立道""修道以仁"的训条中可以清楚地看出，在孔子那里，"立道"是目的，而"仁"不过是"立道"、达道的手段，因而是服从和服务于"立道"、达道的。孔子在大道久废的情况下，采用"救败"之法（参阅《文子》卷九），转而诉诸"仁"（"修道以仁"），以期以"仁"复道，实质上正是对老子"道"学的一种继承和发展。对于老、孔之间的思想关系还有待人们去作进一步的深入研究。但可以肯定的是，由于竹简《老子》的出土，这一问题的真相将愈渐得到澄清。

五

与竹简《老子》甲、乙、丙书同时出土的另一竹简文本《太一生水》是一篇值得注意的道家文献。它堪称迄今为止发现的我国历史上最早的有关宇宙生成论的专门著述。在该文中，作者描述了"太一"（道）通过"藏于水，行于时"而依次生成"天""地""神明""阴阳""四时""仓然"（寒热）"湿燥""岁"等这一宇宙发生和演化的过程，从而构建了一种完整的宇宙演化论图式。

围绕《太一生水》一文的讨论所提出的主要问题是：谁是该文的作者？它与竹简《老子》甲、乙、丙书有何关联？

笔者以为，《太一生水》篇或该篇的基本思想也极有可能源出老子。其理由是：

其一，该篇与竹简《老子》甲、乙、丙书同出，故其文本亦可能形成于春秋末期，为春秋古本。

其二，这一竹简抄本不仅其形制和书体均与竹简《老子》丙书的形制和书体相同，而且在内容上也与竹简《老子》甲、乙、丙书相互联系，浑然一体：如果说，竹简《老子》甲、乙、丙书分别专述圣人之道、修身之道和治国之道，那么，《太一生水》则专述自然之道（"天道"）。

其三，更为重要的是，该文的主旨和基本精神与竹简《老子》甲、乙、丙书相契合。这主要表现在下述几个方面：（1）道为"万物母"。《太一生水》论述了"太一""藏于水，行于时"以后，进而提出，道"（遉）而或（　），（以己为）万物母"。而竹简《老子》甲书中亦有"有物混成，先天地生，兑穆独立不改，可以为天下母"的论述。（2）"天道贵弱"。《太一生水》中有"天道贵弱，雀（夺）成者以益生者"之语。而竹简《老子》甲书中则亦讲到"返也者，道动也；弱也者，道之用也。"（3）"道亦其字"。《太一生水》中有"道亦其字也，请问其名"的说法。而竹简《老子》甲书则亦言"未知其名，字之曰道"。（4）"以道从事者必托其名"。《太一生水》中有："以道从事者必托其名，故功成而身不伤。"竹简《老子》甲书中则亦有："始制有名。名亦既有，夫亦将知止，知止所以不殆。"

其四，《文子》卷三中征引老子之语，全文为："老子曰：天地未形，窈窈冥冥，浑而为一。寂然清澄，重浊为地，精微为天。离而为四时，分而为阴阳。……阴阳为纲，四时为纪。天静以清，地定以宁。故静漠者神明之宅，虚无者道之所居。"这段论述，提及了"一""天"

"地""四时""阴阳""神明"诸概念,与《太一生水》篇内容大体吻合,可相互印证、补充。

其五,与《太一生水》篇不同,竹简《老子》甲、乙、丙书中未见"太一"概念。但《庄子·天下》中"主之以太一"是用来指谓老子、关尹之学的,故不能排除老子未运用过这一概念。《文子》卷九中有:"老子曰:帝者体太一。……体太一者,明于天地之情,通于道德之伦,聪明照于日月,精神通于万物,动静调乎阴阳,喜怒合乎四时。"此段文字可作为一种参考。

假若《太一生水》确源出老子,那么,该文的出土当为一项有特殊意义的重大发现。

(本文原载《光明日报》1999 年 11 月 5 日,发表时有删节)

老子学说的精华及其现代性

老子学说特别是哲学思想不仅在古代产生过重要的影响，而且在当代也依然显示出其强烈的现实性。老子学说的魅力及其秘密何在？这归根结底要从老子学说自身中寻求。老子学说的隐秘就在老子学说自身之中。但是，对老子学说的精华还需要人们下大气力去挖掘并作出当代阐释。这里，笔者想着重指出和强调下述五个方面。

一　尊道

道可以说是中国传统哲学最重要的概念。道，《说文》解释说："道，所行道也。从首走，一达谓之道。"段玉裁注："首走，所行达也。"可见，道原意为路，引申为本原、规律、道理、原则等。

老子用道来描述和表征世界的始源、根本、本质、规律和最高的统一性，人和自然、人和人相统一的终极基础。

在《老子》通行本中，有73次使用道的概念。其中论及本体论意义上的道：

第四十章："天下万物生于有，有生于无。"一章："无，名万物之始；有，名万物之母。"这里表述出，作为宇宙本原，道即"无"。

第六章："玄牝之门，是谓天地根。"

第二十五章："有物混成，先天地生，寂兮廖兮，独立而不改，周行而不殆，可以为天地母。吾不知其名，字之曰道，强为之名曰大。"（竹简本为："有无混成，先天地生，夺穆独立不改，可以为天下母。未知其名，字之曰道，吾强为之名曰大。"）这里，老子明确把道视为万事万物的根源。

第四章："道冲而用之或不盈。渊兮，似万物之宗；……湛兮，似或存。吾不知谁之子，像帝之先。"任继愈认为，这句表明在老子那里，"道"作为宇宙本原，高于天帝。

第四十二章："道生一，一生二，二生三，三生万物，万物负阴而抱阳，冲气以为和。"在这里，道相当于无极，"一"是指太极，"二"是指阴阳两气，"三"是指冲和之气即阴阳二气的相互作用和统一。

第二十八章："朴散则为器"，是说道是"大朴"，具有最原始、最朴素的本性，而万物都是道的化生、分形。

鉴于"道生之，德蓄之，物形之，势成之"，老子提出"是以万物莫不尊道贵德"。（第五十一章）

后世道家以及其他诸家都对《老子》的道都有所解释和发挥。韩非子《解老篇》："道者，万物之所然也，万理之所稽也。"《庄子·大宗师》："夫道有情有信，无为无形，可传而不可受，可得而不可见，自本自根，未有天地，自古以固存，神鬼神帝，生天生地。在太极之先而不为高，在六极之下而不为深。先天地生而不为久，长于上古而不老。"《淮南子·原道训》："夫道者，覆天载地；廓四方，析八极。高不可际，深不可测。包裹天地，禀受无形。"

有理由认为，老子的"道"论也对孔子产生了重要的影响。道在孔子的思想中也具有最高的地位。但通常认为孔子的最高概念是"仁""义"。实际上，孔子虽然形式上强调"仁"较多，但并不等于他把"仁"视为最高，相反，"道"在孔子心中才居最高地位。这里有一个需要澄清的问题。为何孔子讲仁、义、礼等很多？事实是，在孔子时，孔子清醒地意识到，由于社会风气衰败，已不能继续直接用"道"来要求大多数人，而只能诉诸"仁"。所以，孔子在感叹"道其不行矣夫"的同时，明确提出"修身以道，修道以仁"（《中庸》），申明"志于道，据于德，依于仁"（《论语·述而》）。这表明实际上孔子把道置于至高的地位，与老子是一致的。

老子对道的另一个不同说法是"玄"，例如讲"有""无""同出而异名，同谓之玄。玄之又玄，众妙之门"。例如讲"玄同"，即达到人和道相统一。魏晋玄学则将此思想发挥为玄学。玄，《黄帝内经》："夫变化之为用也，在天为玄，在人为道，在地为化，化生五味，道生智，玄生神。"扬雄《太玄图》："夫玄也者，天道也，地道也，人道也，兼三道而天名之。"东晋葛洪《抱朴子·内篇》："玄者，自然之始祖，而万殊之大宗也。"

"无"也是老子对道的称谓。明确讲"有""无"这一对范畴，把"无"和"有"作为一对范畴对立起来使用（张岱年的说法叫作"有无并举"）并将其提升到本体论的高度，最早还是要追溯到老子的《道德经》。比如，《道德经》第二章讲到"有无相生"。另外，第四十章讲"天下万物生于有，有生于无"，这是从宇宙发生论的角度讲宇宙的起源、演化，但应该说也包含逻辑在先的意义。就是说，历史和逻辑两者在这里是统一的。后来墨子也讲过："无不必待有"（《墨经·经下》）。他是强调"有"和"无"的各自相对独立性，是说"无"可以与"有"发生必然联系，但也可以与"有"不发生必然联系。没有"有"的时候，"无"也可以存在，而"无"的存在不一定非得以"有"为前提。这实际上也是讲"无"在逻辑和历史意义上均先于"有"。

"道"作为万物的始源而存在。但这种存在又无形无名，不可言说，是一种纯粹无规定性的存在或"有"。因而，这种纯粹无规定性的存在或"有"毋宁称之为"无"。万物作为"道"的产物而存在，这也是一种"有"。但这种"有"是那种直接的有规定性的"有",是有形有名、可以指谓的"有",即黑格尔所称谓的那种"限有"或"此在"（Dasein）（《小逻辑》第 89 节）。所以，"天下之物生于有，有生于无"可以理解为：天下万物都可以归结为"有"，而这个"有"源自"道"。可见，老子这句话既表达了逻辑的起点即人类认识的起点，又表述了现实的起点即历史的起点。

这一"有、无之辨"后来的魏晋玄学讲得比较充分。这就是何晏、王弼同裴頠、郭象之间的"贵无论"和"崇有论"的争论。后来张载提出"气"，实际上直接针对的是魏晋玄学。他企图用"气"来综合魏晋"崇有""贵无"这两家，所以强调"太虚无形，气之本体"。

上海博物馆收藏的楚简中的《恒先》一文，把道表述为"恒"，表述为"或"。这是现存文献中前所未见的。关于"恒"，文中解释说："恒先无有，质静虚。质，大质；静，大静；虚，大虚。"这是讲"恒"的存在和性质。文中又说："举天下之作也，莫不得其恒而果遂。"这是讲"恒"的功用。《说文》："恒，常也。"用恒来表述道，突出了道的恒常不变的本性。关于"或"，文中解释说："或，恒焉，生或者同焉。昏昏不宁，求其所生。"意思是说，其实"或"就是"恒"，它是"恒"的混沌的、演变和展开过程中的一种状态。笔者理解，可以把"或"看成"恒"的潜在和演化表现，是一种潜能或潜势。文中还把"恒"与"气"连接起来，提出"恒气"这一概念："气是自生，恒莫生气。……恒气之生，不独有与也。"文中所提出的宇宙演化图示是：恒—或—气—有—始（开端）—往（过程）。其表述如下："恒先无有，质静虚。……自厌不自忍，或作。有或焉有气，有气焉有有，有有焉有始，有始焉有往者。"这一描述，把"有"存在之前的状态具体化了。

老子还把道称之为"大"："有物混成，先天地生，寂兮廖兮，独立而不改，周行而不殆，可以为天地母。吾不知其名，字之曰道，强为之名曰大。"

老子探究和意欲言说的对象是世界万物的始源。无论是"道"，是"玄"，是"无"，还是"大"，都是标示、指谓这一始源的符号，是引导我们走近始源的线索和门径。在此意义上，它们同"逻各斯""存在""绝对观念"等的作用完全是一样的。始源作为形而上本体是无限性。而任何陈述、言说都是有限的。把形而上本体形下化，对不可言说之物进行言说，只能诉诸比喻等一套特殊的语词方式和表达方式。"道""玄""无""大"是一种比喻，先后亦是一种比喻，都是为了说明上的方便。譬如，道之先于天地万物，与其说是一种时空上的在先，勿宁借用黑格尔的话来说是一种"概念上的在先"（《小逻辑》第163节），借以强调道对于天地万物的优先地位。因为始源作为一种永恒存在，在时空上不仅无起点，而且也不会有终点。始源统摄了万事万物，统摄了一切时空，因而也统摄了现实界与非现实界。这样，当我们一旦指向始源，就已由现实接近非现实，由此岸接近彼岸，由哲学接近宗教。所以，物质与精神的对立，以及由此而产生的唯物主义与唯心主义的分野，在这里所能言指的已经有限了。这也就是在老子思想的诠释方面存在的"唯物主义说"与"唯心主义说"两个派别虽争论已久却难决雌雄的原因。

老子的"道"的学说的当代意义何在？老子的"道"是对存在的"始源"问题的一种中国式的表述；它的基本精神和最主要的意义就在于，它是在人类开始背离和疏远自己所由产生的始源的情况下（春秋末期中国社会正面临大转变、大分化，人和自然的原始和谐已被撕裂），对始源问题的一种提示和强调，它要求人们不要遗忘、淡漠和疏远始源，更不要违逆始源而为，而要努力接近始源，趋同于始源，从始源和根基上实现人与自然、人与人的和谐统一。因此，不难看出，老子的尊道思想对于我们今天正确地处理人与自然、人与人的关系具有重要的借鉴意义。

二　贵德

据考，德，古字从直从行，或从直从心。直，正也。直、正二字在上古汉语中音义相通。因此，心正为德。《说文》："升也。"《玉篇》："福也。"又把德引申为一种升华和福分。

老子把道德问题置于自己学说的核心和基础性的地位。他主张"性"即德，认为"含德之厚者，比于赤子"（竹简甲），肯定人性与"道"的源始统一性。他把"重积德"作为人与"道"合一的根本途径："治人事天莫若啬［节制］。夫唯啬，是以早服［及早服归于道］。是以早服，是谓重积德。重积德则无不克，无不克则莫知其极。"他还把修身、修家、修乡、修邦、修天下联结与融合起来："修之身，其德乃真［纯真］。修之家，其德有余［充裕］。修之乡，其德乃长［扩展］。修之邦，其德乃丰［丰厚］。修治天下，其德乃博［广博］。"（竹简乙）所有这些，都使老子的学说显示出强烈的道德本体论的色彩，洋溢着伦理精神，成为东方传统伦理文化的一种表征。

老子强调"重积德"，鲜明地表达了以德为本的思想。这与孔子讲"据于德"（《论语·述而》）和"修齐治平"（《大学》），与释迦牟尼讲"无量福德"（《金刚经》）皆同一。"重积德"体现了与"道"合一的实质，也体现了中国传统文化的魂灵。中国传统哲学的本体论、认识论、人生论等等，在本质上，均可归结到"德"字，即归结到伦理哲学、道德哲学。因此，亦可相应地名之为伦理本体论、伦理认识伦、伦理人生论，等等。它们都是一种特殊的伦理文化的结晶。这种古典的东方的伦理文化与西方近现代的科学文化大异其趣，所以，也就内含了一种互补与综合的必然性。

老子以婴儿喻德厚者，其隐含前提是性即德，故不失本性即葆有其德。可见老子主张一种性善说。《文子》卷九引："老子曰：……以道本人之性，无邪秽。久湛于物，即忘其本。忘其本，即合于若性。"又引："即民性善，民性善，即天地阴阳从而包之。"可以作为参照。人性论作为有关人自身本质的认识的理论，是中国传统哲学最核心、最重要的组成部分。在历史上，以孟子为代表的"性善论"、以荀子为代表的"性恶论"、以告子为代表的"性无善恶论"以及以世硕为代表的"性有善恶论"，大体上表达了人性问题上几种可能的、有代表性的观点，各有其地位和意义。它们各自所强调的重心不同，其政治功用也有明显差异。譬如，孟子言性善是为施行"仁政"提供理论根据，而荀子言性恶则是为其法治主张进行论证。这一情形可以与西方的情况相参照："西方古人言性恶则为政主专制保守，言性善则为政主自由进步，言性恶则乞灵于神明，言性善则自立于人定"（钱锺书《管锥篇》第三册，"全晋文八十六"）。黑格尔认为，性恶论比性善论说出了更伟大得多的思想（《法哲学原理》第 18 节）。其实，这一论断也只是在一定意义上才是合理的，即恶作为否定性，构成了事物发展的一个内在的、必要的环节。在另一种意义上，则勿宁说性善论比性恶论更深刻：它表述和肯定了人与"始源"的同一性。正是这种同一性，构成了"天人合一"的根据。顺便指出，孔子征引《康诰》中"如保赤子"之语（《大学》），又提出"率性之谓道"（《中庸》），这与老子态度相一致，可见，他实际上也是主张人性善的。

在当代，老子的"贵德"思想对于人类的思想道德建设和精神文明建设，对于中国现阶段"诚信友爱"之"和谐社会"的构建具有很强的现实意义。

三　无为

在老子看来，"道法自然"。"道之尊，德之贵，夫莫之命而常自然。"（第五十一章）所以，老子提出："道恒亡为也（通行本："道恒无名'），侯王能守之，而万物将自化。""为亡为，事亡事，味亡味。"［为不违逆自然之为，事不违逆自然之事，味不违逆自然之味。］"为之者败之，执之者远之（通行本：'失之'）。"（竹简甲）［违逆自然作为必然失败，违逆自然执求必然愿违］。"亡为而亡不为。"（竹简乙）

老子提出的"为"与"无为"是两种对立的实践方式、活动方式和存在方式，它反映了对待必然与自由关系上的两种态度。一般而论，人是一种主体性的存在，他的存在方式就是活动、实践，即"为"。但老子这里讲的"为"显然不是指这种作为人的普遍存在方式的、一般意义上的"为"，而只是特指违逆自然、违逆"道"而肆意造作的"妄为"。这可以从老子下文讲的圣人"能辅万物之自然，而不能为"这句话中看出。同样，老子这里讲的"无为"，也不是放弃主观意志和要求、放弃主体能动性和创造性而消极放任、无所事事，甚至任凭客观必然性的拨弄，而只是不违逆自然、不违逆"道"而为。因此，老子提倡"无为"，反对"为"，实际上不啻主张从必然性（"道"）中去赢取自由，反对违背必然性（"道"）的主观任性。在此意义上，所谓"无为而无不为"，不过是说要顺道而为，并通过顺道而为达到无所不为。也就是说，老子"无为"主张的主旨是"无不为"。其意为：不妄自造为就能顺"道"而为，顺"道"而为就能无所不为。所以，难以断言老子的"无为"主张是消极主义和宿命论的，或者说，是反主体性、否定主体性的（如某些学者所主张）；勿宁说，它反对和否定的是主体性原则的绝对化和主体性的恶性膨胀。也恰恰是在这里，老子哲学显示出它的巨大的当代意义和现代性。

万物通过丰富多彩的形式处于矛盾之网中，它们既相互关联、相互依存、相互补充、相互辅助，又相互排斥、相互克制、相互磨损、相互制约，如此相成相克、相辅而行。而正因为如此，"道"就像一只"看不见的手"在背后起作用，无须亲自假手其中，无须"有为"就可以实现自身。这也就是老子说的圣人何以"居亡为之事，行不言之教"的根据。这颇似黑格尔所描述的那种历史过程中的"理性的狡计"："那个普通的观念并不卷入对峙和斗争当中，……它始终留在后方、在背景里，不受骚扰，也不受侵犯。它驱使热情去为它自己工作，热情从这种推动里发展了它的存在，因而热情受了损失，遭到祸殃……。'观念'自己不受生灭无常的惩罚，而由各个人的热情来受这种惩罚。"(《历史哲学讲演录》)

四　寡欲

老子提出寡欲的主张："见素保朴，少私寡欲"（竹简本甲，下同），"罪莫厚乎甚欲，咎莫憯乎欲得，祸莫大乎不知足"，"圣人欲不欲"，"知足不辱，知止不殆"，"知足以静，万物将自定"（竹简甲）。这里老子专门论及人之"欲"，其主旨与《黄帝经》"以不足为有余"之论如出一辙。"欲"乃人性之自然，亦为历史前进之动力。但"欲"不仅有公欲、私欲之分，而且有其特定的范围和合理的限度。老子在这里所强调的是对私欲的"度"的把握。在此方面，他反对"甚欲"、纵欲，反对对个人私利的无止境的追求。他把"甚欲"看作罪责、过失和灾祸的渊源，而提倡一种以"知足"为足的"恒足"。这固然是一种在自然经济、自然社会的状况下产生的一种欲利观，但也正因为如此，它也就具有当代社会所缺失的那种朴素、纯真、本然和恬淡的特点，其中充溢着对健康、完满的人性的希冀和热望，同时也流露出对因古风衰败而导致的人性的畸变的痛心和忧患。

老子认为，防止欲望过甚、至极的最高艺术是"守中"，即"知足""知止"。但是，人似乎难以成为自己欲望的主人，以致人欲的膨胀与个体生命的时限成反比而却与历史的发展成正比。欲望的狡黠在于：它推动着人类的前进，从而也就加速着人类的死亡。它通过推动人类前进而加速人类灭亡。

为了对欲望进行有效的节制，老子提出："闭其门，塞其兑，终身不务。"（据竹简本）人欲是人性之自然。人有六根，于是六根各有所悦，于是有七情六欲。对人欲强行闭塞、禁绝，不符合老子倡导的"道"的精神，亦不符合老子强调的"欲不欲"即"欲不违逆自然之欲"的原则。故这里讲的"闭其门，塞其兑"，仍是讲节欲而非禁欲、绝欲。从老子"见素保朴，少私寡欲""罪莫厚乎甚欲，咎莫憯乎欲得"等论述中可以清楚地看出，老子的真实意图，在于主张"寡欲"，反对"甚欲"。而老子之所以反对"甚欲"，仍只是因为"甚欲"违背人之自然、违背"道"。

有关人欲牵涉的最大问题似乎是：人能否成为自身欲望的主人？然而对这一问题的回答，又以另一个问题为前提：人如何才能成为自身欲望的主人？老子对此的回答是以道镇欲（"化而欲作，将镇之以无名之朴"）。人如果能做到以道镇欲，人也就自然成为自身欲望的主人了。无独有偶，荀子也讲到"以道制欲"，与老子的以道镇欲的主张相契合："君子乐得其道，小人乐得其欲。以道制欲，则乐而不乱；以欲忘道，则惑而不乐。"（《荀子·乐论》）

今天，在现代化的历史背景下，人们再次面临这样的历史抉择：抑或"以道制欲"，抑或"以欲忘道"。《醒世恒言》中载有一条寓言，颇令人回味和警醒。文云：薛录事（官名）于高烧昏迷中化为鲤鱼，跃入湖中，恰遇渔夫垂钓，明知饵在钩上，吞之必祸身，但耐不住饵香扑鼻，张口咬之，终被钓去。作者点评曰："眼里识得破，肚里忍不过。"由此观之，"以道制欲"并非坦途。

五　玄览

老子的"玄览"（马王堆帛书为"玄鉴"，"鉴"与"览"通假）典

型地表征了东方的思维方式。他说："涤除玄览，能无疵乎?"（第十章）

对于老子的这句话学者们有不同的理解。所谓"玄览"，应是指从最超验的高度、从道的高度来对对象进行审视、观察、和领悟；所谓"涤除玄览，能无疵乎"，意思是说，摒除"玄览"这种思维方法，就要出现纰漏和毛病了。"玄览"实际上是对中国乃至东方之独特思维方式的一种表述。如果说，西方的思维方式在整体上具有理性主义的特点，那么，则可以说，中国乃至东方的思维方式更具有"悟性主义"的特色。老子的"玄览"恰恰典型地表征了这种悟性思维。

在老子那里，"玄览"与"玄同"相联系，是达到"玄同"的一种思维路径和认识方法。"玄同"描述的是一种天人合一的状态，也可以把它看成是认识的一种最高境界。到了魏晋玄学主要讲"玄"，有一种说法是"参玄"，后来佛教也借用道家的这种说法讲"参"。所以曹雪芹在《红楼梦》中的概括是对的，说儒家讲"格物"，道家讲"参玄"。所以除了"玄览"的概念，也可以把道家的思维方式概括为"参玄"。"参"的含义很复杂，它在古代的基本含义就是"三"。"三"就是强调对立面的统一，实际上就是黑格尔讲的正反合的合题，经过肯定、否定，达到否定之否定。"三"从这个意义上才引申出参与其中，实际上讲的是怎么样去和认识对象、和道合而为一。所以中国古代人还有个概念强调"参验"，该概念庄子在《天下篇》里面就提出来了："以参为验"。《楚辞》里面也有"参验"这个词，叫"参验考实"（《楚辞》九章）。"玄览"有一些前提条件。老子讲得较多的是"至虚守静"（《老子》十六章："至虚极，守静笃"），要求把身心调节到极为虚净的状态，以便达到与道的统一。此外，老子也讲"日损"和"绝弃"："为学日益，为道日损。损之又损，以至于无为。"（《老子》第四十八章）；"绝智弃辩""绝巧弃利""绝伪弃虑"（《老子》第十九章，据竹简本）。老子还强调"专气致柔"："营魄抱一，能无离乎? 专气致柔，能婴儿乎?"（《老子》第十章）

后来庄子对"玄览"作了一些发挥。《庄子·天下篇》除了讲"参验",还讲"坐忘"。所谓坐忘,是说通过"离形"("堕肢体")、"去知"("黜聪明"),达到"同于大道"。中间要经过"忘礼乐""忘仁义"等过程(《大宗师》)。郭象注说:"夫坐忘者,奚所不忘哉?既忘其迹[仁义礼乐],又忘其所以迹者[心智和形体],内不觉其一身,外不识有天地,然后旷然与变化为体而无不通也。"庄子还以祭祀之斋戒相喻,提出"心斋",要求从破除主观入手,达到心气合一,心道合一。他在《人间世》中讲:"惟道集虚。虚者,心斋也。"郭象注曰:"虚其心则至道集于怀也。"意思是说"心斋"的实质是虚心。"心斋"的一个重要方法是:"无听之以耳而听之以心,无听之以心而听之以气。"(《人间世》)庄子还讲过"见独"。即通过"外天下""外物""外生"(成玄英曰:"外,遗忘也。"),进入"朝彻"(宣颖云:"朝彻,如平旦之清明。")状态,从而达到"见独"(王先谦云:"见一而已")。也就是说,通过忘掉天下、忘掉万物、忘掉生存,达到一种清明、一种顿悟的状态。庄子讲若做到"见独",然后则"无古今","入于不死不生"(《庄子·大宗师》)。庄子还讲"天照",《齐物论》中说:"物无非彼,物无非是。自彼则不见,自是则见之。故曰彼出于是,是亦因彼,彼是方生之说也。虽然,方生方死,方死方生;方可方不可,方不可方可。因是因非,因非因是。是以圣人不由,而照之于天,亦因是也。"意思是说,是与非等都是相对的,而标准就是"照之于天"。这就提出了"天照"的概念。"天"在此即道。庄子还讲"以明"。他说:"欲是其所非而非其所是,则莫若以明","彼是莫得其偶,谓之道枢。枢始得其环中,以应无穷。是亦一无穷,非一亦无穷,故曰莫若以明"。所谓"以明",庄子的解释是:"为是不用而寓诸庸,此之谓以明"。王先谦解释说:"莫若以明者,言莫若以本然之明照之。"(《庄子集释》)关于"明",老子就已讲过。《老子》第十六章:"知常曰明。"第五十二章:"见小曰明。"此外,老子还讲过

"袭明"（第二十七章）、"微明"（第三十六章）。庄子的"以明"，也是对老子思想的一种发挥。

老子提出的"玄览"与孔子提出的"格物"、禅宗宣扬的"了悟"一起成为中国哲学乃至东方哲学的"悟性主义"思维方式的典型表征。

康德曾把人类的认知结构划分为感性（Sinnlichkeit）、知性（Verstand）和理性（Vernunft）三个层次，在康德看来，感性是接受印象的能力，知性是规则的能力，理性是原理的能力，它们一起构成人类认识的完整结构。康德的这一见解，是一种不仅被黑格尔认可，而且亦被马克思主义哲学经典作家认可的普适性的权威定论。但是，尽管康德的这一理论作为定论长期以来未受到任何质疑，然而，究其实质，它不过是对西方哲学的主流传统和思维方式所作的哲学诠释。它至多对于西方文化及其哲学的主流传统才是适用的，包容不了西方文化及其哲学的整体传统，更容纳不下老子等人所代表的中国传统哲学及其所体现的东方的思维方式。就其总体而言，西方的哲学思维方式本质上是理性主义的，德国古典哲学堪称其范本。而中国传统哲学的思维方式却与其迥然而异：它无疑也含有理性主义的因素，但并不归结为理性主义；它较注重和强调悟性、直觉和体验，但又不归结为非理性主义和直觉主义。勿宁说，它在本质上更具有"悟性"的色彩，是"悟性主义"的。这种东方的悟性主义与西方的理性主义大异其趣，却又相映生辉。

总之，如果说，从康德到黑格尔的德国古典哲学代表了西方的理性主义的思维方式，老子则代表了中国乃至东方的"悟性主义"的思维方式。由此提出的任务是，应该发扬这两种思维方式的各自的长处，同时在这两种思维方式之间建立起一座由此及彼、由彼及此的桥梁。此外，在认识论方面，有必要重建更具有文化包容性和世界性的人类认知结构。与康德所主张的"感性、知性、理性"的认知模式不同，笔者更倾向于把人类的认知结构表述为"感性、理性、悟性"。而正是在此方面，老子的"玄览"思想能够给我们提供有益的启示。

（本文系"自然·和谐·发展——老子文化国际研讨会"［河南鹿邑，2005 年 11 月 10 日—11 月 11 日］会议论文，原载《自然·和谐·发展》，中州古籍出版社 2006 年版）

让老子的思想造福于中国和人类

　　老子是活跃于被誉为"文明轴心时代"的一位最具思想创造性的中国哲学家、思想家、道家学派创始人。老子在综合继承中国殷商以前文化传统的基础上，以"道"为核心概念，以"道法自然""尊道贵德""清静无为"等为基本原则，创建了中国思想史上第一个系统探讨世界存在"始源"问题的哲学理论体系。它涵盖了自然、社会和人生各领域，统摄了宇宙论、社会论和人生论，融本体论、认识论、价值论、方法论、历史观以及政治哲学、生活哲学、军事哲学、生态哲学等各哲学学科为一体，深刻地揭示了世界的本原和最高统一性，阐明了人与自然、人与人相统一的终极基础，体现了人类的高度思想智慧。

　　在中华文化形成和创建的过程中，老子思想也对孔子思想以及其他先秦诸子的思想发生了重要的影响，从而与孔子思想及其所代表的儒家学说既互相分立，又互相补充，共同奠定了中国传统文化的根基，成为中国文化及其哲学的渊源和主流传统之一，并培育了中华民族的共同心理和精神特质，造就了中华民族的精神，对中华民族的生存和发展产生了深远的影响。近代以来，随着国际交往的扩大，老子思想也在世界上获得了广泛的传播，开始真正成为人类的共同精神财富。雅斯贝尔斯、罗素、海德格尔、托尔斯泰、爱因斯坦、荣格、李约瑟等享誉世界的哲学家、文学家、科学家等，都从老子文化中汲取了丰富的思想营养并对其予以高度评价。在英语世界中，《道德经》也成为最受重视的中国古代经典之一，其译本数量仅次于《圣经》。

毋庸置疑，老子思想及其所代表的道家文化不仅是中国而且也是全人类的一份极其珍贵的思想文化遗产。

进入 21 世纪，人类历史的发展进一步加速。伴随全球化进程的推进，现代化所内含的发展与代价、成就与丧失、进步与退步等内在矛盾也在更深刻的层面和更广泛的程度上得到彰显和展开。人类凭借工业和科技力量赢得了迅猛增长的物质财富和舒适的生活条件，但同时也导致了物欲至上主义和人文精神的失落、贫富分化以及对自身生存条件和自然环境的严重破坏。现代文明遭遇到了前所未有的危机。

正是在人类探索和致力于合理解决现代化内在矛盾的过程中，在努力构建公正、合理的国际新秩序的过程中，以及在中华民族加快现代化建设、实现民族振兴的过程中，老子及其道家思想愈益显示出其当代价值和意义。它正得到世界日益广泛的关注和认同，展现出其超越时代、民族和国界的强大生命力。老子的"道"论特别是"尊道"思想为实现人与人、人与自然之间的和谐统一，提供了重要的哲学基础和根据，对于中国现阶段落实科学发展观、构建和谐社会也具有重要的借鉴价值。老子的"贵德"思想能够促进社会的思想道德建设，有助于人们思想道德素质的提高和人类精神文明的发展。老子的"道法自然""无为而无不为"的思想，既体现了对事物发展客观规律的尊重，又体现了对主体能动作用的强调，它所蕴含的生态智慧正在为不同国度、不同肤色、不同民族、不同语言的人们所接受，成为当今人类解决生态困境、建设绿色家园的重要传统资源。老子反对物欲至上、反对把物质财富作为追求的目的而提出的"节欲"思想，有益于人们树立合理的利义观，反对、防止和克服物欲主义、拜金主义、享乐主义和极端个人主义。最后，老子所代表的道家文化的丰富养生思想也日益受到全球广泛的关注，成为造福人类健康的重要法宝。总之，具有悠久历史传统和深厚文化底蕴的老子及其道家思想正愈来愈成为一种有着警世、医世功能的普适文化，在当代显示出其独特的价值和魅力。

鉴于老子思想精华所具有的当代意义，挖掘、吸收、借鉴和弘扬老子文化就成为人类所面临的一项重要任务。

老子思想是人类共同的精神财富，老子文化是人类共同的文化瑰宝。继承并发扬老子思想精华，是海内外有识之士义不容辞的神圣使命。

让老子的思想造福于中国和人类。

（本文节选自经作者修订的由联合国教科文组织、中国社会科学院、北京大学、政协河南省委主办的"自然·和谐·发展——弘扬老子文化国际研讨会［鹿邑］宣言"［2005 年 11 月 11 日］，原文全文载于《光明日报》2005 年 11 月 24 日）

亚里士多德论作为本体之学的最高智慧

亚里士多德在西方哲学史上有很重要的地位。亚里士多德的哲学地位主要体现在他的《形而上学》这本书上。在亚里士多德之前，古希腊的哲学思想已经有了一定的发展，哲学著述也已经存在一些了，但是它们还缺乏对哲学自身的系统思考。《形而上学》是有意识地、自觉地对哲学自身进行系统反思的一本著作，这应该说是非常明显的。

此外，亚里士多德对哲学不仅作了反思，而且还对这种反思的结果赋予了一种逻辑体系的形式，或者说一种概念体系的形式。这和以前的著作不一样。比如说，柏拉图也有著作，但是他的著作是一种文学性的形式，是一种对话式的形式，而不是逻辑概念体系的形式。真正用逻辑概念体系的形式来表述哲学思想还是从亚里士多德开始的。所以，有些研究者认为，亚里士多德的《形而上学》是第一本纯理论形态的、或者说纯逻辑形式的哲学专著，是第一本哲学教科书或哲学百科全书。笔者认为，也可以说它是西方第一本元哲学的体系式著述。所以，它对哲学学科应该说是具有奠基意义的，也就是说，奠定了整个西方哲学学科发展的基础。

因此，对亚里士多德《形而上学》的研究应该说是很重要的。特别是该书中蕴含的哲学观，很值得我们深入研究和挖掘。

一　关于哲学的含义

亚里士多德在《形而上学》一书中对哲学概念作了很多界定，这些界定源自各种不同的角度，应该说都是很经典的。这里面涉及的问题很多，比如说哲学的对象、哲学的本性、哲学的目的以及哲学的地位等。

（一）哲学的对象

亚里士多德对哲学有一个总的理解，认为哲学是最高的智慧。从哲学的对象来说，亚里士多德在《形而上学》这本书里明确地把智慧作为哲学的专门研究对象，对于什么是智慧、智慧主要研究什么问题也作了一些分析，然后从这里面概括出他对哲学的概念的界定。

什么是智慧？亚里士多德认为，"智慧就是有关某些原理与原因的知识"。他把"智慧"明确界定为"知识"。哪些知识呢？关于原理与原因的知识。关于知识他又作了一些阐述，比如他说："知识与理解的追索，在最可知事物中，所可获得的也必最多；原理与原因是最可知的；明白了原理与原因，其他一切由此可得明白。"[①] 意思是说，知识有很多，但是最重要的是原理和原因的知识。你知道了原理和原因的知识，那么其他的知识应该都容易理解。从这个意义来说，他认为，如果说哲学是一门学术的话，那就是研究原理与原因的学术。按照亚里士多德这一认识，我们可以推论出这样的结论：既然哲学是关于原理和原因的知识，那么，这个知识里面含有的原理和原因的层次越高，越抽象，它也就越具有智慧。这是他的一个理解。

第二个理解就是他又讲到"善"，并把善作为"知识"的最重要的内容。他把"善"区分为"本善"和"至善"。所谓"本善"，是指那

---

① 亚里士多德：《形而上学》，吴寿彭译，商务印书馆 1959 年版，第 4 页。

个具体事物的善；所谓"至善"，是指具体事物之"善"里面含有的那个最普遍的、最高的善。亚里士多德认为，"善"不管是作为"本善"还是作为"至善"，都是一种原因，而且是终极原因和终极目的。他说："这终极目的，个别而论就是一事物的'本善'，一般而论就是全宇宙的'至善'。"他认为知识是关于原理和原因的知识，然后又讲"善"是一种原因，所以，在亚里士多德看来，"善"当然包括在"知识"里面，而且，它是知识里面的一个最高的层次。换一句话说，实际上亚里士多德讲的"知识"里面是包括道德和伦理的。

这是亚里士多德关于哲学的对象的一些论述。总的意思是，哲学是智慧而且是最高的智慧。但是这个智慧是指什么呢？是指知识。是指哪些知识呢？是指原理和原因的知识，而这个原理和原因的知识里面最高的那个层次就是关于"善"的知识。

亚里士多德认为："凡能得知每一事物所必至的终极者，这些学术必然优于那些次级学术。"① 哲学是研究"事物所必至的终极者"或事物的终极原因和终极目的的，所以，在亚里士多德看来，哲学就是最高级的学术，是优于那些次级学术的学术。这样，他就把哲学提升到诸种科学之上。

总而言之，亚里士多德把"善"作为知识的一个最高的层次，作为智慧的表征和哲学的最高对象。

（二）关于哲学的本性

关于哲学的本性，亚里士多德作了一个明确的定义，他把哲学叫作"唯一的自由学术"。换句话说，亚里士多德认为哲学的本性是自由的，是超功利的。既然是自由的，就是从本体论意义来讲哲学本性的，从存在论的意义来讲哲学本性的。在《形而上学》中他说：哲学家"探索

---

① 亚里士多德：《形而上学》，吴寿彭译，商务印书馆1959年版，第4—5页。

哲理只是为想摆脱愚蠢，显然，他们为求知而从事学术，并无任何实用的目的。"不为任何其他利益，"只因人本自由，为自己的生存而生存"。① 他还讲了一些例子，作了一些解释。比如他说，为什么说哲学本身是自由的呢？这一点可以从这个情况里面得到证明：从事哲学这一类学科研究的时候，必须要等到人们生活的必需品都得到基本满足之后。就是说，有闲暇了，没有生活方面的任何担忧了，人们才有可能去研究这种学科、这种学术。从这一点就可以看出哲学本身没有什么功利性的特征，完全是为了人本身的自由、为了人本身的生存而存在的这样一种学科。这个概括讲得很好。亚里士多德说哲学只为摆脱愚蠢，这实际上就是从反面讲哲学是关于智慧或爱智的学说，从反面讲哲学的本性。哲学实际上所起的最大的功用就是使人摆脱愚蠢。

亚里士多德又认为，哲学的本性除了自由之外还是神圣的。为什么说哲学的本性是神圣的？这是因为在他看来，哲学讨论的对象是神圣的，由此，"任何讨论神圣事物的学术也必是神圣的。"为什么说哲学讨论的对象是神圣的呢？他是把那个"神"包括在哲学对象之内了。他认为这个"神"就是万物的原因，也可以说是世间、世俗间第一原理。所谓第一原理，就是说"神"是终极的原因，是万事万物最终的原因，它是决定一切的。因为神是万物的原因，是世间第一原理，是由它决定万事万物的，而哲学的对象是包括神的，所以哲学本身讨论的对象、研究的对象就是神圣的，从而研究神圣事物对象的这个学科必然也就是神圣的。因为亚里士多德把神列入哲学对象，而且作为哲学的最高对象，所以他认为这个对象就规定了哲学本身是一种神圣的学科。

这个表述——说"神"是万物的原因、是世间的第一原理，和刚才那个表述——说知识的最高层次是"至善"，实际上是从不同的角度说的一个意思。因为"至善"的体现就是神，唯有神是真正至善

① 亚里士多德：《形而上学》，吴寿彭译，商务印书馆1959年版，第5页。

的，其他的事物都称不上至善。所以在这个地方，亚里士多德实际上又把神学和伦理统一起来了，统一到一个对象身上去了，就是说，神既是道德的最高表征和化身，又是神学的最高偶像。两者是合一的。但是不管怎么样它都是哲学的对象，或者说在哲学之内的。由此观之，西方古代哲学是和我们中国古代哲学类似的，那个时候知识还没有分化，是一种广义的知识，不是我们今天理解的那种狭义的知识。这种广义的知识既包括道德，也包括神学或者宗教在里面。而且这种知识是把道德和宗教作为更高层次的，看作是比那种有关普通对象的一般认知的知识更高的。

总而言之，从第二点可以看出在古希腊的哲学家们的眼中，实际上善是包含在真之中的，它寄寓于真，作为真的一个高级层次。从而，真和善是一体化的。

（三）哲学的目的

关于哲学的目的，亚里士多德也有一些论述。他的总的思想，是强调"哲学是关于真理的知识"①。为什么说哲学是关于真理的知识？这是因为亚里士多德认为知识的目的特别是理论知识的目的就在于获取真理。亚里士多德把知识分成两种类型：一类属于学术性、理论性的，抽象的，叫作理论知识；一类是那种运用类型的，叫作实用知识。他认为哲学应该是理论知识，而不是实用知识。哲学作为理论知识它的目的就是获取真理。他很明确地说："理论知识的目的在于真理，实用知识的目的则在其功用。"这个区分是很重要的，它是康德后来把哲学区分为理论哲学和实践哲学的理论来源。亚里士多德强调哲学是关于真理的知识这一命题，可以说实际上是对哲学的目的——作为理论知识的直接目的作了一个规定。

---

① 亚里士多德：《形而上学》，吴寿彭译，商务印书馆1959年版，第33页。

（四）哲学的地位

在亚里士多德看来，哲学是一种理论的学术——他甚至称其为"神学"，具有至高的学科地位。对这个思想的具体论述，主要体现在他对学术的分类。

亚里士多德有关哲学学科体系的划分是这样的：他认为整个知识里边包含两种，一种属于"学术"，一种是"非学术"。学术又划分为三种学术：第一种是"理论学术"；第二种叫作"实用学术"（这和刚才讲到的有关理论知识和实用知识的划分大致是一致的）；还有第三种学术叫作"制造学术"。所谓制造学术是指那些具体的工艺、技术。理论学术就涉及哲学了，它包括三个方面的内容：首先，层次最高的、最抽象的是神学，也叫作第一哲学。第二个层次是物学和数学，物学就是物理学，物理学和数学也叫作第二哲学。当时的物学主要是指力学。数学里边又包括几何、算术，甚至还包括光学、声学、天文学等等。在亚里士多德看来，第一哲学和第二哲学的区分在于：从对象上，神学的对象或者说第一哲学的对象是研究既独立又不动变的事物；而第二哲学则是研究仅独立或仅动变的事物。比如说物学，他认为研究的事物是独立的，但是却是动变的；而数学研究的事物是不动变的，但是却是不独立的。换句话说，不管物学还是数学，它们在独立和动变两个特性中只具有其中之一——或者它是独立的，但是它变化；或者它是不变的，但是它不独立。唯有神学的研究对象同时具备这两个特性，研究的事物既是独立的，又是不动变的。所以，实际上在亚里士多德眼中真正的哲学研究对象就是他所说的神学、第一哲学的东西，它应该是既独立而又不变的。从这里面可以看出，实际上亚里士多德是把理论学术的最高层次——他所称之为神学的或者说第一哲学的东西作为真正哲学的内容，作为智慧的主要内容，这个在他的整个的学术体系划分中是居于最高地位的。

从这个学术的分类里面可以看出，亚里士多德把哲学放在最高的地位，即学术的最高层次，把它和神学作为同一个名词，或看作一回事。

这是第一个问题，亚里士多德怎样看待哲学的含义。

二 关于哲学的主题

在《形而上学》第三卷里面亚里士多德明确讲到：就哲学的主题而言，哲学就是对本体的研究，所以可以说哲学就是关于本体的学术，哲学就是"本体之学"。① 关于本体亚里士多德有很多讨论。比如说他提出了 13 个关于本体的问题，直接的或者间接相关的，涉及对本体的哲学理解。

（一）本体的定义

既然讲到本体，那么首先必须界定什么是本体。在亚里士多德看来，本体主要有两个含义②。

第一个含义是指本体属于最底层，而且不需要其他的事物来说明的这样一个对象。这包括两点：第一，它是属于最底层的，不是表层的；第二，它不需要由其他的事物对它进行说明，它自己对自己就可以说明。意思实际上就是说本体是最终的、终极的原因，因而它有时也被称为极因。亚里士多德对这两个含义有一些论证，讲了本体的几种表现。

第一种，本体应该是指由单纯物体所组成的事物，也包括单纯物体组成的事物的各个部分。

第二种，本体表现为使事物所由能成为实是、实际是、实际所是的东西。意思是说，它是事物的一个质的规定，它能够使这个事物成为这

---

① 亚里士多德：《形而上学》，吴寿彭译，商务印书馆 1959 年版，第 37、41 页。
② 亚里士多德：《形而上学》，吴寿彭译，商务印书馆 1959 年版，第 95、127 页。

个事物而不是其他事物。

第三种，是指事物中存在的这样一些部分，由于这些部分的存在，这个事物才能构成为独立的个体。换句话说，也就是使事物能够独立存在的东西。

他还讲到第四种表现，就是"是什么"或"是何"，即关于事物是什么或者关于事物的定义的公式。

这样，从以上四个方面的本体的表现中亚里士多德概括出本体的两个基本含义，第一个含义是说，它是事物的最底层，不需要由其他的事物来说明；第二个含义是说，它是可以使事物独立自存的。亚里士多德讲到各个可以分别而独立的形状或者"形式"。这个"形式"语词是从柏拉图那儿沿用来的，是相对"质料"而言的。

由于本体具备这两个含义，亚里士多德认为本体可以有这样四个标准，或者说叫作四个应用的对象：

第一个标准是"怎是"。也就是说，当你要询问或追问"怎是"的时候，这就涉及本体。关于"怎是"，亚里士多德作了一些解释。他说"怎是"是指一事物所以称为该事物的由己本性。由己本性通俗地说就是事物自己的、自身的本质规定。这样说来，"怎是"的公式实际上就是定义——"定义是怎是的公式，而怎是之属于本体，或是唯一的或是主要地与基本地和单纯地属之于本体。"[1] 换句话说，"怎是"就是讲本质。但是亚里士多德没有用本质这个概念，他用的是本体这个概念，他说"怎是"是属于本体，而且是唯一的、主要的、基本的、单纯的属于本体。他又讲事物的"怎是"就是"形式"。他说："形式的命意，我指每一事物的怎是与其原始本体。"[2] 关于"原始本体"，他说可以称为一种没有物质的本体，而"怎是"可以说就是这样一种没有物质的本

---

① 亚里士多德：《形而上学》，吴寿彭译，商务印书馆1959年版，第133页。

② 亚里士多德：《形而上学》，吴寿彭译，商务印书馆1959年版，第136—137页。

体："当我举出没有物质的本体，我意指'怎是'。"① 可见，"怎是""形式"和"原始本体"在他那里是一个东西。

第二个标准是普遍。如果我们追问普遍性、一般性，那么这肯定要涉及本体。关于普遍，亚里士多德也作了一些解释。但这个解释是和亚里士多德本人把普遍作为本体标准的观点相矛盾的。比如，他对普遍作了这样的解释，他说，"没有一个普遍质性可称为本体"②，原因就是每一事物的本体的要义是在于它的个别性，而普遍性只能指示如此，却不能指示这一个或者是指示那一个。这里，亚里士多德强调普遍性不是本体的特征，个别性才是本体的特征，就和他把普遍作为本体标准的观点发生了矛盾和冲突。所以，亚里士多德的思想在这里就暴露出了自身的矛盾性。关于这个矛盾性，我们将在下面详加叙述。

第三个标准涉及种属。种属现译为"科属"，可能译成"种属"更确切一点。种属的概念是一个一般的概念，所以说到种属必然要涉及本体。亚里士多德认为，"种属"中"最后的差异就该是事物的本体与其定义"，"假如逐级进求差异中的差异，达到了最后一级差异——就是形式与本体"。③ 也就是说，如果追溯"种属"里面的层次的话，那么，种属的最高一级和本体就是等同或同一的。

第四个标准涉及底层。如果我们要追问底层，什么是最底层的，这肯定要涉及本体。什么是底层？亚里士多德解释说，"所谓底层就是指事物的终极状态的最里层或最外层"，"底层是指这样的事物，其他一切事物皆为之云谓"。④ 就是说，其他事物都不过是底层的说明和注解。可以用其他的事物去说明、诠释和指谓底层，而不能反过来用底层这个概念去说明、诠释和指谓其他的事物。这个意思，其实也就是说底层是

---

① 亚里士多德：《形而上学》，吴寿彭译，商务印书馆1959年版，第136—137页。
② 亚里士多德：《形而上学》，吴寿彭译，商务印书馆1959年版，第152页。
③ 亚里士多德：《形而上学》，吴寿彭译，商务印书馆1959年版，第150页。
④ 亚里士多德：《形而上学》，吴寿彭译，商务印书馆1959年版，第91、127页。

终极的原因或终极者。亚里士多德还提到："作为事物的原始底层，这就被认为是最真切的本体。"[①] 这就直接说出来了，作为底层就是本体，而且底层是最真切的本体。讲到底层是本体的时候，亚里士多德提出一个重要的思想，他说理念不包含在底层里面。既然理念不包含在底层里，所以理念就不能是主体。这个就是针对和批判柏拉图了。

总之，亚里士多德认为，当我们追问是什么，或者说是何，或者追问普遍，追问种属，追问底层的时候，实际上都是追问本体的问题。

（二）关于本体的特点

亚里士多德也讲了一些本体的特点，但是他没有作出很明确的概括。我们不妨对亚里士多德的论述作几点概括，或许可以看出他讲的本体的一些特点。

1. 始源性

亚里士多德认为，事物之称为第一者，是包含这样一些含义的：第一，从定义开始；第二，从认识的次序开始；第三，从时间开始。他说本体都是从这三者开始的，所以本体实际上是一种"原始之事"。"原始之事"，是什么之事？他讲的三点，实际上既讲了本体在发生论的意义上是在先的，在历史的意义上是在先的，在存在的意义是在先的；另一方面也讲了本体在逻辑的意义上是在先的。他说从时间开始本体是在先的，这个实际上是从发生论的意义上、从历史的意义上说的。同时他又讲到从定义、从认识的次序上本体也是在先的，这个意思实际上就是讲逻辑在先。所以，实际上亚里士多德认为本体的第一个特点就是不管在逻辑上还是在历史上都是在先的，它是最原始的、最根源的东西。[②]

---

① 亚里士多德：《形而上学》，吴寿彭译，商务印书馆 1959 年版，第 127 页。
② 亚里士多德：《形而上学》，吴寿彭译，商务印书馆 1959 年版，第 125—126、171 页。

2. 独立性

所谓独立性，就是说本体是能够独立存在的。刚才对本体的定义里面就讲到本体存在于事物中并且可以使事物独立存在的。在文中亚里士多德也直接讲到"本体主要地是具有独立性与个别性"①。他认为，除了本体而外，其他各范畴均不能独立存在。也就是说，只有本体才具有独立性的特性，其他范畴是没有这个特性的。这是本体的第二个特性。

3. 个别性

亚里士多德认为本体"主要地具有独立性与个别性"，不仅讲到本体的独立性，还讲到本体的个别性。他对本体的个别性给予了特别的重视和强调。他认为，每一事物的本体，其第一义就在它的个别性②。他还说："一般说来，凡是共通性的均非本体"③。这就明确地否定了共性是本体。与此同时，他还明确申明，"按照我们的主张，本体是'一'，并是'这个'"④。"这个"就是特定的、个别的意思。这表明，他所说的本体的个别性，是针对具体事物的本体而非整体世界的本体而言的。

他的这个思想实际上主要是针对柏拉图的。因为柏拉图强调本体是普遍，是普遍的理念。柏拉图在强调理念的普遍性、本体的普遍性时，犯了一个错误，就是他把普遍看成是脱离个别而存在的，把理念说成是脱离个别事物而存在的一种普遍，所以实际上他把本体与个别事物两元化了。这样柏拉图就没能真正解决普遍和特殊、共性和个性、一般和个别的关系问题。亚里士多德为了反对柏拉图，和柏拉图相对立，强调存在的本体是个体，是特殊性，是个别，而不是普遍。这是有其合理性的。当然，他在这里也未能真正解决一般和个别的关系问题，也陷入了这一矛盾，这点我们在后面再来分析。

---

① 亚里士多德：《形而上学》，吴寿彭译，商务印书馆 1959 年版，第 128 页。
② 亚里士多德：《形而上学》，吴寿彭译，商务印书馆 1959 年版，第 151 页。
③ 亚里士多德：《形而上学》，吴寿彭译，商务印书馆 1959 年版，第 157 页。
④ 亚里士多德：《形而上学》，吴寿彭译，商务印书馆 1959 年版，第 149 页。

4. 原动性

原动性是说本体是最终的动力，因而也是自身以自身为动力，它是自己实现自己的，而不是由别的事物来决定它实现它自己的。这点亚里士多德没有专门的论述，但是有些论述都讲到这个意思。他认为本体首先就是独立自存的，可以分离而独立存在的，这样它的发展的动力就只能在于它本身，而不会在于其他的外物。

5. 现实性

亚里士多德说："本体或形式就是实现"[①]。他讲所谓实现，强调现实性，是相对于那个潜在性或潜能来讲的。在他看来，实现在本体上是先于潜能的。也就是说，现实性是优于可能性、优于潜在性的。本体不仅仅表现为一种潜能，它可以实现出来，这正是本体的本质力量的表现。所以，亚里士多德强调本体是具有现实性、具有实存性的。这是本体的很重要的一个特点。

（三）**本体的类型**

亚里士多德对本体作了三种划分，或者说，将其划分为三种类型。

第一种划分，是从可能性和现实性这个角度来划分的。他把本体划分为潜在本体和现实本体[②]。他更强调、更注重的还是本体是现实的本体，就是说，本体可以作为一种潜在的力量将自身实现出来。

第二种划分，是从质料和形式的角度来划分的。他把本体划分为质料本体和形式本体，然后把质料本体和形式本体的统一叫作个别本体或综合本体。[③] 在质料本体和形式本体里面，实际上亚里多德更重视的还是形式本体。因为形式是质料的本质规定。但是亚里士多德不仅强调形

① 亚里士多德：《形而上学》，吴寿彭译，商务印书馆1959年版，第183页。
② 亚里士多德：《形而上学》，吴寿彭译，商务印书馆1959年版，第161页。
③ 亚里士多德：《形而上学》，吴寿彭译，商务印书馆1959年版，第164—165、240页。

式本体，同时还强调质料本体和形式本体的统一，也就是作为两者统一的综合本体。

第三种划分，是从认识的角度作出的。从认识的角度划分，他把本体划分为可感觉本体和超感觉本体。超感觉的本体他又把它叫作不动变本体，就是不运动、不变化的本体。[①] 他实际上认为，真正的哲学对象研究的是超感觉本体、不动变本体，而不是那个简单的可感觉本体或可动变本体。也就是说，他更强调的是那个不动变本体或者说超感觉本体，他认为这个是更重要的。因为可感觉本体是可以运动、可以变化的，既然是可以运动可以变化的，那它就是可以灭亡的——用亚里士多德的说法，属于那种可以灭坏的本体。

（四）本体和一些概念的关系

从本体和一些概念的关系的论述里面可以看出亚里士多德对本体的基本看法，这里面有很丰富的内容。

1. 本体和本原的关系

在古希腊哲学中最开始提出的是本原的概念。但是这个本原的概念和本体的概念，在那个时候实际上是等同的概念，只不过说的角度不一样。本原是从发生论的角度来讲的。它追问什么是最先起源或最先存在的，最先起源或最先存在的具有规定性的东西就把它叫作本原。本体的概念是从本质的角度去讲的，从事物的本质、从事物的本性的角度就把它概括为本体。但是在《形而上学》这本书里面，亚里士多德尽管多数情况下用的是本体，但是在有些情况下也用了本原，也专门讲了本原这个概念。

那么什么是本原？亚里士多德赋予本原这样几层含义：第一，是指事物之所从发始——发生的开始，实际上就是说事物的开端；第二，是

---

① 亚里士多德：《形而上学》，吴寿彭译，商务印书馆1959年版，第237页。

事物之所从开头，这实际上也讲的是事物的开端；第三，是事物内在的基本部分；第四，是事物最初的生成和所从动变的来源——运动的来源，意思是说运动的最初动因；第五，是事物动变的缘由，实际上也讲的事物运动的原因、根源；第六，是事物所由明示的初义，就是事物显示的最初的含义。①

　　亚里士多德对本原的含义作了这样六种界定。这六点实际上可以归结为四点：第一个是讲事物的开端；第二个是讲事物的构成的基本部分；第三个是讲事物运动变化的根源；第四个是讲事物的本性，事物的原初规定性。从这四层意思来看，本原这个概念和本体这个概念在亚里士多德那里实际上是同一的，也可以说是讲的一个概念，只不过强调的角度不同。

　　2. 本体和原因的关系

　　亚里士多德在《形而上学》里面把原因也作为一个重要的概念来讲。他提出了四种原因——"四因"。亚里士多德的"四因说"是很有名的。第一个是本体因，本体因简略地说也可以把它概括为"本因"；第二个叫作材料因，也可以把它概括为"物因"；第三个就是运动因或者说"动力因"，简单地说可以叫作"动因"；第四个就是目的因，亚里士多德也认为是终极的原因、极因。所以，简要地说，亚里士多德提出了原因的四种类型：本因、物因、动因、极因。

　　对于"四因"，他作了这样的解释：所谓"本因"，是指事物的形式或模型；所谓"物因"，是指事物所由形成的原料；所谓"动因"，就是变化所由以开始者，实际上就是变化的根源；所谓"极因"——终极原因，是指事物之所以成为事物的目的。

　　不难看出，所谓"四因说"实际上与亚里士多德对本体所下的定义是基本相同的。比如说他讲的"本因"，实际上就是讲那个形式本体；

---

　　①　亚里士多德：《形而上学》，吴寿彭译，商务印书馆 1959 年版，第 83 页。

"物因"实际上是讲那个质料本体;"极因"就是指神,是讲本体的最高对象;"动因"——终极的动因实际上也是指神。所以原因的概念在亚里士多德那里实际上也是和本体相关的、基本同义的概念。

3. 本体和存在的关系

亚里士多德在涉及存在概念时讲到一些重要的思想。比如他说,哲学就是研究存在之所以为存在。这个意思就是说,哲学是研究存在的规定。存在的规定是什么呢?就是存在的本性了。这实际上已经把海德格尔哲学的那个核心思想预先讲出来了。海德格尔要追寻的存在,就是存在的本质规定。作为存在的本质规定是什么?就是所谓"存在之真理"。亚里士多德讲哲学研究存在之所以为存在,这个存在实际上就是本体概念的不同的说法、不同的表述,实际上讲的就是本体。

亚里士多德还讲到第一原因应当求之于存在之所以为存在。不是要研究原因吗?那第一原因是什么呢?应当求之于存在之所以为存在。

另外,他还特别讲到,哲学的任务就是考察存在之所以为存在以及作为存在所应有的诸性质①。也就是说,哲学的任务是什么?就是考察作为世界的根源的存在为什么能够成为存在,还有存在具有哪些特性或性质。应该说,这是对哲学的对象、本质和任务的最重要的规定。

从亚里士多德对存在概念的这样一种规定里面可以看出,存在和本体概念在亚里士多德那里实际上也是同一的,他讲的存在的概念也就是本体的概念。

4. 本体和"一"的关系

亚里士多德也使用了很多"一"的概念,有时候就被翻译为"元一"。这个"元一"有点像中国古代的"太一",似乎也可以把它译成"太一"。对"一"和"元一"亚里士多德提出一些说法。比如他在解释本原的时候,说本原就是一事物的所由成,是一事物的本性。是一个

---

① 亚里士多德:《形而上学》,吴寿彭译,商务印书馆1959年版,第61页。译文有修订。

事物的本性，那么当然也就是"一"。他还解释本原"也是一事物的元素、思想、意旨、怎是和极因"①。所谓极因，在数量上当然也是"一"。另外，"元一"是什么呢？他解释说，"元一"就相同于延续、相同于底层、相同于科属（种属）、相同于定义②。所谓"元一"就相同于延续、相同于底层、相同于种属、相同于定义，是与他讲的本体的那几个特点——可以适用于底层、可以适用于种属、可以适用于定义等等是一致的，所以这个元一和本体是一样的，也是同一的概念。

5. 本体和实体的关系

亚里士多德把实体的概念实际上也是作为本体的概念来讲。但是对实体的概念他讲得不是很多。实体的概念在古代是把它作为自然的概念来运用的，作为广义的自然来运用的。亚里士多德在讲到本体的概念时讲到 32 个范畴，但是 32 个范畴里面他反倒没有把这个实体单独作为一个范畴讲到。这 32 个范畴里面讲到本原、讲到原因、讲到元一、讲到关系、讲到种属，但是反而没有讲到这个实体。

总的说，亚里士多德对本体和一些范畴的关系的论述，实际上也反映和体现了他对本体的理解。这些范畴实际上都是作为本体的一些同一的概念来使用的。

三　关于哲学的基本问题

亚里士多德讲到哲学的一些基本的矛盾，这些基本矛盾实际上我们也可以称为基本问题。他讲得比较多的有一和多的矛盾，普遍和特殊的矛盾，质料和形式的矛盾，以及潜能和现实的矛盾等。关于一和多的矛盾，他说有普遍的"一"，也有特殊的"一"，实际上这就涉及普遍和

---

① 亚里士多德：《形而上学》，吴寿彭译，商务印书馆 1959 年版，第 84 页。
② 亚里士多德：《形而上学》，吴寿彭译，商务印书馆 1959 年版，第 90—93 页。

特殊的矛盾或关系。他把多叫作"众多"，所以书里有时候把这个多翻译成"众"。在这些关系里，一和多的关系与普遍和特殊的关系互为表里，在一定意义上是同一的。这样，亚里士多德讲得最多的矛盾和关系恐怕就是这样三对：一个是一和多或者一和众，再一个就是质料和形式，还有就是潜能和现实。但是质料和形式、潜能和现实的矛盾应该说不是太基本，我们在这里主要还是研究亚里士多德怎么样去具体探讨一和多的矛盾和关系。

在笔者看来，本体论的最基本的矛盾实际上就是普遍和特殊的矛盾。而普遍和特殊的矛盾如果从量上来规定实际上就是一和多，一就是普遍，表现为普遍；多就是特殊，表现为一个一个的具体的事物的集合。所以从量上来说，可以把普遍和特殊的矛盾归结为一和多的矛盾。亚里士多德也比较重视和强调一和多、普遍和特殊的矛盾，他要解决他以前的哲学没有能够解决的这个最主要的哲学课题。

这个最主要的课题实际上是直接针对柏拉图哲学提出的，就是解决理念和现实事物的关系问题。理念和现实事物的关系问题，实际上也是普遍和特殊的关系问题。理念是普遍的；具体的现实事物是特殊的，具体的现实世界也是特殊的，因为它是一个个具体的事物构成的。由于柏拉图把理念和现实世界分离开来，认为理念是独立自存的，是脱离现实世界而存在的，实际上就主张了有脱离特殊的普遍。而亚里士多德力图往普遍里面注入一些个别的内容，或者说注入一些特殊的内容，努力把这个抽象的普遍变成一种带有体现个别性特点的普遍，这样就可以把普遍和特殊的矛盾消解了。他是试图这样做的。这是亚里士多德之所以强调和重视这个问题的背景。

在亚里士多德之前的古希腊哲学家已经对普遍这个原始的统一性探讨了很多。寻找原始的统一性实际上就是要找到一个最高的普遍，找到那个"一"、那个"元一"到底是什么。可以说，不管是毕达哥拉斯的"数"，还是赫拉克利特的"火"，或者是德谟克利特的"原子"，都是一种最高的普遍、"元一"。在柏拉图以前包括柏拉图在内可以说最主要的问题就是没有把一和多统一起来，没有把普遍和特殊统一起来。亚里士多德就是想能够把它们统一起来。他对一和多作了一些研究，已经接近了把一和多作为本体论的最基本的矛盾这样一种看法。例如，他说："一切对成可以简化为'实是与非是'和'一与众'。"就是说，一切矛盾都可以简化为是和不是，一和多。他又说，"实是和本体为对成所组合"，而"所有这些以及其他诸对成明显地都可以简化为'一与众'"。① 换句话说，亚里士多德认为所有以前古希腊哲学家举出的那些成对的范畴或概念——奇和偶、冷和热、有限和无限、友与仇等，都可以简化为"一与多"。所以他说："一切事物或即对成或为对成所组合（所有的事物或者它是成对的矛盾或者是由成对的矛盾所组合），而'一与众'（就是一与多）实为一切对成之起点。"② 这句话很重要：所有事物都由成对的矛盾所组成，而一和多是所有矛盾的起点。这个思想表明，亚里士多德实际上已经接近了认识到一和多或普遍和特殊的矛盾是本体论的基本矛盾。

第二个重要的思想，亚里士多德对"一"作了一些解释。他把"一"划分成三种类型：第一种，是从事物的属性来划分，用他的话说——"是由于属性而成为一"。第二种，是从事物的本性来划分，从本性来划分就是按本质来划分。第三种，是从事物的数量来划分。

对于第二种从本性或从本质上划分，亚里士多德认为又可以从三种角度来划分。第一个是从延续性，从事物的过程、延续性来看它是一；第二个是从底层，从事物的层次性即从最底层可以把事物划分为一；第三个是从种属，从种属可以把事物划分为一。这实际上又回到他那个四个标准和那个"四因"了。亚里士多德就是这样从不同的角度，层层叠

---

① 亚里士多德：《形而上学》，吴寿彭译，商务印书馆1959年版，第60页。
② 亚里士多德：《形而上学》，吴寿彭译，商务印书馆1959年版，第60页。

叠地去论述同一个问题。

亚里士多德对"一"还讲了一个思想，他说"一"含有四种类型，只要它具备其中一种类型就可以把它叫作"一"。哪四种类型呢？第一种是延续的事物，所谓延续的事物说的是事物的过程性，就事物的整个过程而言可以说它就是"一"。第二种是整体，整体也是一。第三种是个别。最后一种是普遍。随后，亚里士多德又讲到了关于一的性质。他认为，首先，一有不可分性，具有整体性的特点；其次，一是计量的尺度，是各类事物的基本量度；最后，一是特殊性，任何一个一都是殊一。亚里士多德讲到这个特殊的一时强调它不是普遍的。

亚里士多德也讲到多，多是相对于一而言的。多的特性有以下几点：第一，多具有非连续性，它不是连续的；第二，多是可以区分的，它有很多的定义。亚里士多德还论述了一和多的关系。他认为，一和多存在着内在的联系，可以相互注释，既可以用一来说明多，又可以用多来解释一。他还指出，如果从视觉上来说，多在定义上先于一。从整个文章上看，亚里士多德既讲了普遍的一即"元一"，也讲了特殊的一即"殊一"。无数个殊一相对于元一就是多。亚里士多德把元一与神结合起来，认为元一就是神。

以上对亚里士多德的以本体论为核心的哲学观进行了概述。下面提出几点结论性的意见。

第一，值得肯定的是，亚里士多德在一定意义上扬弃了柏拉图的理念说，扬弃了柏拉图的哲学。亚里士多德对哲学对象的研究是直接针对柏拉图哲学的，柏拉图认为有脱离具体事物的理念，而亚里士多德则特别强调殊一就是本体，本体是具体事物的本质规定，它不能游离于具体事物之外而脱离具体事物。亚里士多德坚持每一事物的特殊本体与每一个特殊的事物是不可分的。但是从另外一方面来说，亚里士多德又没有完全克服柏拉图哲学。按照亚里士多德的说法，每一个事物都有一个特殊的本体，而在无数的特殊本体之上还有一个共同的特殊本体即神。因此，亚里士多德并未在哲学上彻底解决一般与特殊的关系，他把普遍和特殊的矛盾最终移入到宗教领域和神学领域。亚里士多德认为，最高的哲学对象是不动变的、独立自存的神，神是最高的统一本体，这在实际上就等于承认或假定事物的最高普遍性可以脱离特殊事物而存在，是在特殊性之外的。因此，实际上他又并没有真正扬弃柏拉图哲学，只不过是把柏拉图的理念还原成了神。就像水果同香蕉、梨子、苹果是不可分的，我们找不到独立的水果概念一样，最高普遍性、神同存在的特殊事物也是不可分的。如果神是独立存在物，那么神在实际上就只是一个特殊的个体，体现特殊性而不是普遍性。这样，虽然亚里士多德在形式上把普遍性抬得那么高，可在实际上却把这个普遍性贬低为了个别性、特殊性。上帝也就因而成了特殊的个体，而不是普遍物。从这个意义上说，亚里士多德实际上取消了最高普遍性。

第二，亚里士多德虽然区分了"感觉"在先与"定义"在先即存在在先与逻辑在先两者，但未能清晰界定和阐明存在在先与逻辑在先的关系。他在讲到"超感觉的本体"与"可感觉的本体"或"一"与"多"谁在先的问题时，认为从视觉来说在定义上"多"在先。但是，应该说，"多"在先只是在认识论即认识的顺序上才是能够成立的，而"在定义上"即逻辑上"一"则先于"多"。

第三，亚里士多德的哲学观和宗教观是融为一体的。他对哲学作了广义的理解，他的哲学包含宗教。反过来说，他对宗教也作了广义的理解，他的宗教包括哲学。这反映了古代人类知识发展的一般状况，即作为一个混沌的整体出现。

（本文系笔者为中共中央党校马克思主义哲学专业博士生所开设的哲学专业前沿课程"历史上的哲学观"的讲稿，2003 年）

哲学可以取代宗教吗?

——对黑格尔宗教观的一种批评

一

黑格尔对哲学的内容的阐释,在很大程度上围绕哲学与宗教的关系展开。

黑格尔对哲学与宗教的关系给予极大的关注和重视,这可以归因于:其一,当时德国资产阶级社会问题主要以意识形态的形式出现,这赋予宗教问题以特殊的地位和意义。其二,黑格尔清醒地认识到,哲学与宗教的关系是一种牵涉哲学本质之理解的实质性关系。其三,黑格尔自己的哲学就形成于神学探究的怀抱,这样,他的哲学研究就与宗教问题结下了不解之缘。

哲学与宗教具有复杂的关系。这有其历史方面的原因。宗教是人类文化的最初形态,其起源要先于哲学。黑格尔明确肯定这一点,指出,"在文化发展的过程中,依时间的顺序,宗教的现象总是先行于哲学的出现。"① 根据黑格尔的考察,在西方,哲学最初束缚和局限在希腊的异教信仰范围之内。直至它把握了后者的普遍内容,并将其翻译和改造成思想所能掌握的蕴意并予以概念的解释,它才从宗教中独立出来。黑

---

① 黑格尔:《哲学史讲演录》第 1 卷,贺麟译,商务印书馆 1981 年版,第 62 页。

格尔以亚历山大里亚的新柏拉图派对希腊民间神话的扬弃为例来说明这一具体历史过程。总的说来，直至 17 世纪近代自然科学诞生并给予哲学的独立以有力的支点以前，哲学犹如牵着母亲裙带的孩童，一直跟在宗教后面蹒跚而行。特别是在 11 世纪至 13 世纪，它彻底隶属于宗教教会的神权统治，由宗教之子沦为宗教之仆。这样，在人类思想史历程中，哲学的进展不能不部分地依赖于宗教的进展。从而，在理论上，对哲学的理解也就与对宗教的理解密不可分。

二

黑格尔用内容与形式这对范畴来阐明哲学与宗教的关系。在他看来，哲学与宗教的内容是相同的。因为"哲学与宗教站在同一基础上，有一共同的对象：普遍的独立自存的理性"[1]。这样，必须确认，"理性的成分"是宗教的主要内容，而宗教是"合理性的"，"是理性自身启示的作品，是理性最高和最合理的作品"。[2] 就此而论，哲学与宗教具有同一性。当哲学说明宗教时，它仅仅是说明自己；当它说明自己时，也就是说明宗教。甚至可以说，"宗教和哲学同归于一个东西；哲学本身事实上就是敬神，就是宗教"[3]。

如此一来，哲学与宗教的关系，在实质上可以归结为理性与上帝的关系。黑格尔关于哲学与宗教同一性论证的核心，恰是对上帝进行理性主义的改造，将上帝界说为"普遍的、绝对的、本质的精神"或"独立自存的理性"。这样一来，哲学与宗教两者的对象就变成了同一个"理性"，即"绝对精神"。这里，论证的结论已包含在论证的前提中：黑格尔首先对上帝进行了理念论的解释，把理性等同于上帝，或者说，

---

[1] 黑格尔：《哲学史讲演录》第 1 卷，贺麟译，商务印书馆 1981 年版，第 64 页。
[2] 黑格尔：《哲学史讲演录》第 1 卷，贺麟译，商务印书馆 1981 年版，第 63 页。
[3] 黑格尔：《宗教哲学讲座·导论》，长河译，山东大学出版社 1988 年版，第 18 页。

用理性取代了上帝。基于此，哲学与宗教的内容上的同一自然也就不言而喻了。

黑格尔把上帝诠释为理性，强调宗教与哲学的对象的同一，其实质是把宗教哲学化，甚至认识论化。这一方面是把哲学扩张到超世俗领域，另一方面也可以说是把宗教降抑到世俗领域。

按照黑格尔的理路，既然哲学与宗教在内容方面是同一的，哲学与宗教的区别就主要是形式方面的区别，人们就只能在形式方面对它们进行比较了。在黑格尔看来，哲学与宗教在形式方面的主要区别在于，"哲学通过思维意识的形式与它的对象相联系，宗教便不采取这种形式"①。宗教像艺术一样，是采取感觉、直观和表象的形式与它的对象相联系的。关于哲学与宗教两者各自的地位，黑格尔在其早期，例如在《耶稣传》和《德国唯心主义始初系统纲领》（1800 年）中，曾把哲学隶属于宗教。但后来，黑格尔则明确认为，理性形式高于感性形式，思维形式高于信仰形式。据此，至少就形式方面而言，就意识的抽象性程度而言，哲学高于宗教。所以，当有人反对把哲学置于宗教之上时，黑格尔为把哲学置于宗教之上的做法进行了坚决的辩护："人们指责哲学说，它把自己置于宗教之上，这实际上是不正确的，因为它只有这一种而没有任何其他的内容，但却以思维的形式去表现这种内容；因此，哲学只是把自己置于信仰的形式之上，它们的内容则是相同的。"② 在其《精神哲学》中，黑格尔也毫不隐讳地直言：哲学"这门科学是艺术与宗教的统一"③。这意味着，哲学是艺术和宗教的合题。

从哲学与宗教内容的同一性以及哲学形式高于宗教形式的命题中，势必得出的逻辑结论是：宗教是可以而且应该被哲学所取代的。在《哲

---

① 黑格尔：《哲学史讲演录》第 1 卷，贺麟译，商务印书馆 1981 年版，第 64 页。

② 转引自古留加《黑格尔的宗教哲学》，载《国外黑格尔哲学新论》，中国社会科学出版社 1982 年版，第 389 页。

③ 黑格尔：《精神哲学——哲学全书·第三部分》，杨祖陶译，人民出版社 2006 年版，第 383 页。

学史讲演录》中黑格尔断言，被宗教所表象为意识的对象的东西，不论是想象的作品，或是历史的存在，哲学均能够加以思维、加以把握。[1]在《小逻辑》中黑格尔明确主张："对于宗教的对象，对于真理的一般，哲学必须证明从哲学自身出发，即有能力加以认识。"[2] 这样，黑格尔虽然没有径直宣告用哲学取代宗教，但在实际上已把这种取代论和盘托出了。黑格尔哲学观的政治倾向和革命性也正是在这里鲜明地显露出来：确立理性的地位，承认人的思维的优越性。

三

撇开黑格尔希冀用哲学取代宗教的政治意义不论，其认识论方面的合理意义在于，要求哲学汲取宗教的合理内容。但是，哲学果真能够取代宗教吗？

实际上，一般而论，哲学与宗教不仅形式相异，而且，对象和内容亦不同。"上帝"的底蕴在于，他不仅是世俗的统一性，而且还是超世俗的统一性。也就是说，是世俗与超世俗的共同统一性。而黑格尔所描述的所谓的"自在自为的理性"或"最高理念"，实际上，归根结底仍然是一种世俗的统一性。尽管黑格尔批判康德在知识与信仰之间划定了界限，限制了理性的能力和哲学的范围，然而黑格尔自己所诉诸的理性实际上依然是无法企及彼岸的理性。因此，即使单纯就对象、内容而言，哲学也是取代不了宗教的。事实上，当黑格尔偶尔流露出"宗教的对象不是地上的、世间的，而是无限的"[3]，而"哲学的思维仅只是世间的智慧，人间的工作"[4] 等这样的只言片语时，不啻自我宣布了这种

---

① 黑格尔：《哲学史讲演录》第1卷，贺麟译，商务印书馆1981年版，第75页。

② 黑格尔：《小逻辑》，贺麟译，商务印书馆1980年版，第41页。

③ 黑格尔：《哲学史讲演录》第1卷，贺麟译，商务印书馆1981年版，第62页。

④ 黑格尔：《哲学史讲演录》第1卷，贺麟译，商务印书馆1981年版，第66页。

取代论的悖论和破产。因为很明显，这里所涉及的已不再是单纯的形式的差异，而首先是研究的对象和领域从而是内容的差异。

其次，宗教的形式既然是特殊的，是异于哲学等其他各种社会意识形式的，因此也就具有其存在的根据和合理性，是哲学以及其他各种社会意识形式所不能代替的。应该承认，宗教把握世界的方式是不同于哲学把握世界的方式的。前者诉诸的是信仰，而后者诉诸的则是理性。信仰根源于对彼岸和"来世"的求索，理性则根源于对此岸和现世的把握。信仰诉诸情感和超常经验①，理性则诉诸概念、判断和推理。在理性与信仰之间并不存在实质的同构性：信仰是无须理性论证和证明的，也是理性所不能论证和证明的。在这一点上，康德的立场显然仍是不可逾越的。黑格尔所推崇的安瑟伦将信仰理性化的努力，其实是对宗教本质的误判，是哲学对宗教的僭越。

最后，宗教的哲学化同时也就意味着哲学的宗教化。因此，退而言之，即使哲学消融、取代了宗教，那么，这也只不过同时意味着宗教消融、取代了哲学。黑格尔自己已经为我们提供了这样的例证：当他把宗教的上帝诠释为哲学的理性即"绝对精神"时，他的以理性为核心的哲学就不啻一种宗教，即一种理念化、思辨化了的"理性"或"绝对精神"的宗教。我们看到，费尔巴哈也恰恰是这样批评黑格尔的。他宣布："思辨哲学的本质不是别的，只是理性化了的，实在化了的，现实化了的上帝的本质。思辨哲学是真实的，彻底的，理性的神学。"② 而且，费尔巴哈清晰地意识到，"以前的哲学不可能代替宗教；它是哲学，但不是宗教，在它里面没有宗教。如果哲学应当代替宗教，那么，哲学当成为哲学时，就应当成为宗教，它应当以相应的形式包括构成宗教的

---

① 如《大智度论》卷三十八所载龙树论人死非断的经验证明必须具备"天眼"和"宿命通"："以天眼了见故，知有前生来世"，"由宿命通知必有前生后世"。

② 《费尔巴哈哲学著作选集》上卷，荣振华、李金山等译，商务印书馆1984年版，第123页。

本质的东西，应当包括宗教的长处。"① 令人遗憾的是，尽管费尔巴哈已有如此清醒的意识和主张，但在实际上却也未能彻底扬弃和超越黑格尔，他仍然沿袭了黑格尔用哲学取代宗教的思路。所以，当他尝试把宗教哲学化时，也把自己的哲学宗教化了，其最终结果是，他也主张通过哲学建立一种所谓"新的宗教"，即"爱"的宗教或"人类学有神论"（Anthropotheismus）。

看来，即使是最理性的哲学家有时也不免被功利所蒙蔽。正是在哲学与宗教的关系上，黑格尔犯了既是政治上也是理论上的实用主义：为了对抗和消解宗教，确立理性的至上地位，至少在客观上杜撰了可用哲学取代宗教的思辨神话。

黑格尔关于哲学可以取代宗教的观点影响颇大，甚至对马克思也产生了重要的影响②。在我国，冯友兰先生也曾力倡这一主张。蔡元培先生则提出用美学取代宗教，这一说法与黑格尔的观点大同小异。由此可见，仔细甄别哲学与宗教的同异，实为确立合理的哲学观和合理的宗教观的一个绝对必要的前提，这无论对哲学理论的发展还是对宗教作用的发挥都具有重大意义。

［本文系浙江大学思想政治理论教学科研部、宗教与和谐社会建设研究所联合主办的"马克思主义与当代宗教问题研究"学术研讨会会议论文（杭州，2012 年 3 月）］

---

① 《费尔巴哈哲学著作选集》上卷，荣振华、李金山等译，商务印书馆 1984 年版，第 96 页。
② 与黑格尔用理性解释宗教不同，马克思在《德意志意识形态》中强调"从经验条件解释宗教"。

海德格尔的哲学观及
老子思想对其的影响

　　海德格尔的著述颇丰。在这里，我们不妨以海德格尔的后期思想为重点，并由此出发，对其整体思想特别是贯穿在其中的哲学观作一概要的检视。从中，也不难窥见老子思想对其产生的某种影响。

一　哲学的"终结"

　　由古代哲学向现代哲学的转折，由关于自然的抽象本体论、形而上学向"关于人的经验科学"、人的存在论或生存论的转移，海德格尔在《哲学的终结和思的任务》中作了清晰的描述。

　　海德格尔在该文中大讲"哲学的终结"，大讲"哲学如何在现时代进入其终结"。但他所言的哲学的终结，实质上不过是说，在哲学是形而上学的意义上，哲学终结了。也就是说，哲学作为传统的形而上学终结了。用海氏的话说，"关于哲学之终结的谈论却意味着形而上学的完成"①。总之，海德格尔危言耸听的哲学的终结，不过是一种特殊的历史形态意义上的哲学的终结，而非一般哲学的终结。

---

　　① 海德格尔：《面向思的事情》，孙周兴译，商务印书馆1996年版，第69页。

或许，海德格尔自己也感到"哲学的终结"之命题含有明显的独断性，所以，他又把这种哲学的终结说成是哲学的一种"位移"，即哲学的认识焦点、聚焦点的一种迁移、改变："哲学之终结是这样一个位置，在那里哲学历史之整体把自身聚集到它的最极端的可能性中去了。作为完成的终结意味着这种聚集。"①

形而上学为什么会终结？导致它终结的它自身的致命弊端或不合理性何在？海德格尔认为，"存在之真理"是形而上学之根的基础（Grund），或"土壤"和"要素"。而形而上学绝未回答存在之真理的问题，因为它从未追问此问题。它之所以未追问此问题，是因为它只是通过把"存在者"表象为"存在者"而去思考"存在"。因此，形而上学的全部陈述都滞留于对"存在者"与"存在"的普遍混淆中。甚至可以说，"一切哲学都沦于存在之被遗忘状态中"。②海德格尔断言全部传统形而上学混淆存在者与存在，未免显得过于简单和武断。试问，难道可以脱离"存在者"去追问"存在"吗？难道"存在"是脱离"存在者"而独立自存的吗？但是，对此需要专文探讨，我们在这里暂搁置不谈。

在海德格尔看来，传统形而上学可以以柏拉图主义为标志，而尼采和马克思则是其颠覆者和掘墓人。他说："形而上学就是柏拉图主义。尼采把它自己的哲学标示为颠倒了的柏拉图主义。随着这一已经由卡尔·马克思完成了的对形而上学的颠倒，哲学达到了最极端的可能性。"③

终结后的哲学存身何处？身影何在？海德格尔认为，哲学"在社会地行动着的人类的科学方式中找到了它的位置。而这种科学方式的基本特征是它的控制论的亦即技术的特性"④。简言之，哲学在人的技术化

---

① 海德格尔：《面向思的事情》，孙周兴译，商务印书馆1996年版，第70页。
② 海德格尔：《林中路》，孙周兴译，商务印书馆1997年版，第496页。
③ 海德格尔：《面向思的事情》，孙周兴译，商务印书馆1996年版，第70页。
④ 海德格尔：《面向思的事情》，孙周兴译，商务印书馆1996年版，第71页。

的存在方式中找到了其位置。用海氏本人的话说，"哲学消解于被技术化了的诸科学"①。

这样，哲学终结的意义，在于其昭示了科技和以科技为特征的现代西方文明的统治："哲学之终结显示为一个科学技术世界以及相应于这个世界的社会秩序的可控制的设置的胜利。哲学之终结就意味着植根于西方——欧洲思维的世界文明之开端。"②

二　思的对象和任务

在海德格尔看来，哲学终结了，但思依然存在。"思"代替了哲学，"思之事"代替了哲学之事。借助于这种名称的改变，海德格尔与传统的形而上学至少在形式上彻底划清了界限。他的这种说法似乎是在有意模仿中国古代哲学：在中国古代，尽管哲学思想十分发达，但哲人们只谈"哲思"，谈"思之事"，诸如"玄览""格物"，等等，从未使用过"哲学"这一概念。这或许因为，"哲学"意味着一个专门的学科，因而，谈论"哲学"，也就意味着思之事与所思的主体的一种分离。而这种分离在中国古代完全没有任何根基因而也是不可想象的。

那么，哲学终结之后，思的对象和根本任务是什么？什么是海德格尔主张的"思之事"？在1964年以法文首次发表的《哲学的终结和思的任务》一文中，海德格尔将其命名为"存在之澄明"。他说："我们必须关注唯一的事情，我们合乎实情地以'澄明'的名称来命名这一事情。"③

所谓澄明（Lichtung），作为名词，在德语中的原意是指与黑暗的稠

---

① 海德格尔：《面向思的事情》，孙周兴译，商务印书馆1996年版，第72页。
② 海德格尔：《面向思的事情》，孙周兴译，商务印书馆1996年版，第72页。
③ 海德格尔：《面向思的事情》，孙周兴译，商务印书馆1996年版，第80页。

密森林（Dickung）相对立的被阳光照彻的林中空地。海德格尔用它来指谓"存在"的真实状态。这种状态海德格尔把它描述为"自由的敞开"状态，"起着支配作用的敞开性"，或者"在场者之在场状态"。他如此解释说："在我们现在所思的关联中，'澄明'这个词所命名的东西即自由的敞开之境，用歌德的话说，它就是'原现象'（Urpha-enomen）。我们不妨说：一个'原事情'（Ursache）。"① 他又说，澄明就是"哲学之事情（即在场者之在场状态）的真实情形"，"澄明乃是一切在场者和不在场者的敞开之境"。②

海德格尔关于"存在"之"澄明"特征的论述，不免令人想到老子所言的"明道如昧"。在老子眼中，"道"本身就是澄明的。在这里，海德格尔关于"存在"之"澄明"的论述已经透露出与老子的"明道"之间的明显的同一和隐秘的关联。

这样，克服形而上学的目的就在于"思考存在本身"，确切地说，就在于接近乃至进入"澄明之在"。在海德格尔眼中，如此一来，以往作为存在者之为存在者的表象性思维的哲学就获得了本质和必然性，从而能判定和澄清"存在"及其与人的本质的关联，使人归属于存在。

可是，海德格尔揭示的"存在"是什么？它又如何与人的本质相关联？海氏自言，他的《存在与时间》的目标就是为进入存在与人的本质的关联而开启一条小路。而在该书中，亲在（Dasein）③ 这一语词被用来表示存在与人的本质的关联。海德格尔在该书中提出，"亲在（Da-

---

① 海德格尔：《面向思的事情》，孙周兴译，商务印书馆1996年版，第81页。

② 海德格尔：《面向思的事情》，孙周兴译，商务印书馆1996年版，第81、79页。

③ Dasein（亲在）是Da与sein的合成词，该词系由克里斯蒂安·沃尔夫（Christian Wolff）构成，它的原意是指"现时存在"（Gegenwart）或"持存现实"（dauernde Wirklichkeit），强调的是在场或时空中的现实存在。海德格尔提出"人就是这个在场（das Da）"，不仅用该词来指谓人，而且用其强调"在场"的特性。目前多数学者认同将此词译为"此在"。笔者认为，从海德格尔对存在基本特性——"在场"的反复阐释和再三强调来看，该词还是译为"亲在"为宜。

sein）之本质在于它的生存（Existenz）。""生存"（Existenz）是被海德格尔在《存在与时间》中专门用来表示人的存在的概念。所谓"亲在"的本质在于它的生存，海德格尔解释说，这句话的意思是："人就是这个在场（das Da），也就是说，人是存在之澄明——人就是这样成其本质的。"① 在海德格尔看来，人之生存是通过操心（Sorge）被体验和经历的，因此，紧迫（Instaendigkeit）、内省（Innestehen）、操心（Sorge）和毅力（Ausdauern）就构成了人之生存的完整本质。在《面向存在问题》中，海德格尔又进一步提出：人不仅被包含在"存在"中，而且"存在"需要人的本质。人在其本质中是存在之记忆。作为那样一个被用到"存在"中去的本质，人参与构成了"存在"之区域。②

值得注意的是，与《存在与时间》中将"亲在"界说为"我们自己向来所是的存在者"即直接等同于人不同，在其晚年的《哲学论稿》中海德格尔认为，"亲在"作为存在的本质现身者并不是人的现实方式或既存方式。在其《讨论班》中，他也重申，"亲在"不是纯粹的现成存在，而应将其理解为已被澄明的、敞开的存在。这意味着，"亲在"并不构成人的既成的实然本质，而是从存在而得到规定的人的应然本质。按照海德格尔的说法，"亲在"是存在的本质现身者，存在居有"亲在"，将人托付给"亲在"，为人创造自己的本质提供建基之所。但是，人是否能够具有自己的由存在而来的本己的本质，取决于人对是否满足存在的需要、是否护持存在之真理作出抉择。如果人能够将自身建基于"亲在"之中，做存在之真理的守护者，那么，他就具有自己的人的本质和本己性；否则，他就不具有自己的人的本质和本己性。

随着研究的深入，海德格尔对"存在"的理解和表述也经历了一系列变化。为了说明和深入理解海德格尔对"存在"的思考，我们有必要

① 海德格尔：《路标》，孙周兴译，商务印书馆2000年版，第381页。译文有修订。
② 海德格尔：《路标》，孙周兴译，商务印书馆2000年版，第483、484页。

解释和描述一下这种变化，这也正是海德格尔在《路标》一书中想要表达的。此外，正是在这种变化中鲜明地显现了老子思想的作用和影响，进一步透露出海德格尔与老子之间的某种思想联系。①

在《存在与时间》（1927）中，存在与时间一起构成海德格尔研究的主题，时间在这里被视为领悟"存在"的可能视域。海德格尔用"亲在"（Dasein）这个术语来称呼人这一特殊存在者，即"能够对存在发问"的存在者。② 在《时间与存在》（1962）中，存在与时间两者作为一体物，被表述为 Ereignis（"本在"）③。海德格尔自言，从 1936 年始，Ereignis 就成为他的思想的主导词语。1949 年，在《形而上学是什么？》第五版中，他基于对老子思想的既有理解，似乎要刻意表达老子的"道可道，非常道"的隐蕴，将存在（Sein）一词打上了叉的符号，借以表达所谓"存在"一词不过是一个不得已而为之的勉强命名。④ 1962 年，海德格尔通过《时间与存在》这一演讲，特意将"本在"（Ereignis）一词再度带入人们的视野。关于这个词的含义，海德格尔进一步解释说，"这个词所指的东西，我们现在只能思考为：在对作为命运和达致（Reichen）的存在和时间的先见中所显现出来的东西。时间和存在从属于它。"⑤ 他还指出，把"存在"（Sein）思考为"本在"

① 这首先反映在 1957 年和 1958 年的演讲《语言的本质》中。海德格尔在这一演讲中坦言：在老子的"道"那里，我们才第一次能够思索什么是理性、精神、意义、逻各斯这些词真正要说的东西，很可能在这个词中，隐藏思想着的言说的全部秘中之秘。

② 海德格尔：《存在与时间》，陈嘉映、王庆节译，生活·读书·新知三联书店 1999 年版，第 9 页。

③ 该词现被译为"本有"，"大道"。据笔者考证，Ereignis 是从 erreignen 派生而来。古高地德语写作 araucnissa，arougnessi，意为自我显示。在中高地德语中该词尚未出现。1774 年在柯劳珀斯道克（F. G. Klopstock）著作中出现 Ereignis 的写法。此前被写作 Eraeugnung，Ereugenung，Ereignung。在莱辛那里被写为 Eraeugung，意为呈现在眼前。据此，笔者认为该词在海德格尔那里也兼有"自现"的含义。

④ 此前不久，即 1946 年夏，海德格尔与中国学者萧师毅合作翻译了老子《道德经》中的八章内容。德国学者珀格勒认为，这次经历在一个关键的形式中改变了海德格尔的语言，并给了他的思想以一个新的方向。

⑤ 海德格尔：《面向思的事情》，孙周兴译，商务印书馆 1996 年版，第 22—23 页。译文有修订。

（Ereignis），意味着一种改变了的存在解释。那么，这种改变表现在哪里呢？存在与本在有何区别呢？按照海德格尔自己的说明，这表现在：存在与时间发生在本在中；隐逸（Entzug）必定属于本在的本性，本在自行归隐（Enteignis）；本在还具有归本（Vereignung）的本性，通过归本，人被允许进入本在中。根据海德格尔的这一解释，本在与存在的主要区别是，本在表明了存在与时间的统一，具有隐逸和归本的特性。需要指出的是，海德格尔对本在的特征的这种描述，明显又是模仿和袭用了老子关于"道"具有"逝"和"返"的特征的说法①。到 1964 年，在《思者道说存在》中海德格尔又明确阐明了自己晚年思想所发生的深化和转折：由原来的"存在与时间"，转到"澄明与在场"（Lichtung und Anwesenheit）。而原来被用来专指人的存在的"生存"（Existenz）一词，在 1946 年的《关于人道主义的书信》中，则也被海德格尔改换为"澄在"（Ek-sistenz）②。所谓"澄在"，海德格尔解释说，是指人居于存在之澄明中，它是唯有人才拥有的存在方式。它是理性可能性的根据，是人的本质规定之源。在内容上，它意味着出离而进入存在之真理中。它所命名的，是对人在真理之天命中所是的东西的规定。而"人澄明生存"这句话，并非回答的是"人是否现实地存在"，而是回答的"人之本质"这个问题。③

---

① 老子《道德经》第二十五章中云："吾不知其名，字之曰道，强为之名曰大，大曰逝，逝曰远，远曰返。"海德格尔对"澄在"特性即隐逸（Entzug）和归本（Vereignung）的描绘不啻老子关于道的"逝"和"返"的特征的另一种表述。

② Ek-sistenz 为海德格尔创造的 Ekstáse 与 Eksistenz 的合成词。Ekstáse 源自希腊语 εκστασις，拉丁语转写 ecstasis，原意为宗教教仪意义上的原地鞠躬（buecken von der Stelle），引申为心醉神迷。18 世纪被舒巴尔特（Schubart）移植到德语中。在《存在与时间》以及《路标》中译本中，该词被译为"绽出之生存"。笔者以为，在海德格尔那里，该词强调的重点并不在"出离"，而是在"进入存在之真理"。根据海德格尔的释义和他在文中的用法，似宜将该词译为"澄在"，即澄明之存在。此外，海德格尔有意选用 Ekstáse 的前两个字母来制造"澄在"一词似也隐含下述意指，即"澄明之存在"也是一种令人神往、令人心醉、令人着迷的存在。

③ 参阅海德格尔《路标》，孙周兴译，商务印书馆 2000 年版，第 379—380、383 页。译文有修订。

可见，"澄在"这一特殊的语词是海德格尔对人的存在方式从而也是对人的本质的根本规定。在海德格尔看来，"澄在"就体现了人之存在的本质，就是人之存在的澄明、自觉和真理。也就是说，人之所以能够"澄在"，具体体现在人能够对自身存在之本质和意义有所领悟，从而自觉守护存在指真理，并进入存在的澄明之中。

三　思的方法

如上所述，海德格尔如此确定了思的对象和任务，即进入存在之澄明。那么，思想如何才能达到和进入存在之澄明呢？海德格尔认为，思的形式或方法有两种：思辨和直觉（Intuitiv）。"思想的道路——思辨和直觉的思想的道路——需要可穿越的澄明。"①

关于与"思辨"方法不同的另一种方法的表述，除了"直觉"一词之外，海德格尔还使用了感悟（vernehmen）这一概念②。他说，"先于任何别的东西而首先确保无蔽的，乃是这样一条道路，思想就在这条道路上追踪并感悟：在场的出席。"③

海德格尔讲"直觉"，又讲"感悟"，这不是公然诉诸神秘性和非理性吗？

海德格尔要说明和回答的正是如此。针对"这难道不是全然虚幻的神秘思想，甚或糟糕的神话吗？难道归根结底不是一种颓败的非理性主义，一种对理性的否定吗？"这种提问，他的回答是："也许有一种思想，它比理性化过程之势不可挡的狂乱和控制论的摄人心魄的魔力更清醒些。也许恰恰这种摄人心魄的狂乱醉态倒是最极端的非理性"，"也

---

① 海德格尔：《面向思的事情》，孙周兴译，商务印书馆1996年版，第82页。译文有修订。
② 该词在《面向思的事情》中译本中被译为"颖悟"。德文原意为听见、耳闻、获悉，表示直接的、无中介的见闻某种东西。笔者倾向于将其译为"感悟"。
③ 海德格尔：《面向思的事情》，第83页。译文有修订。

许有一种思想，它超出了理性与非理性的区别之外，它比科学技术更要清醒些，更清醒些因而也能做清醒的旁观"。①

这样，海德格尔就明确地说出，绝对的理性不啻非理性，而他追求的正是与这种理性对立的东西，或勿宁说，是超越于理性与非理性对立之上的东西。用海德格尔自己的话说，是能够"经验那种不需要证明就能为思想所获得的东西"的特定方式。

那么，这是一种什么样的方式呢？海德格尔没有能直接正面回答，他只是向我们指出，这是由确保我们进入存在之澄明的东西的特性决定的。

海德格尔关于思之方式的思考就此止步。显然，要回答"何谓感悟？如何感悟？"之类的问题，以理性主义为中心的西方的传统文化和哲学的资源难以提供给他更多的东西。就此而论，海德格尔所谓的哲学的终结，在一定意义上意味着哲学之思向东方哲学、中国哲学的转向。例如，海氏所谓的"在"与"思"（或"澄明"与"感悟"）所表达的东西，不是颇像中国传统哲学中的"道"与"悟"特别是老子的"道"与"玄览"吗？在此方面，海德格尔对老子哲学的关注是颇有象征性的。遗憾的是，对于一个源于深厚的德国理性主义传统的哲学家来说，进入中国传统文化和哲学的语境显然并非一件易事。

四　思与存在、语言的关联

"存在之澄明"是思的对象以及进入"存在之澄明"是思的方式，这已经表明了存在与思的密切关联。在海德格尔的眼中，这种关联包摄哪些内容呢？

在1946年写下的《关于人道主义的书信》中，海德格尔首先阐述

---

① 海德格尔：《面向思的事情》，孙周兴译，商务印书馆1996年版，第87页。

了这一思想：行动的本质是完成。但唯有已经存在的东西才是可以完成的。所以，"首先存在的东西乃是存在（Sein）"①，然后思想（作为精神行动）"完成"（即向存在本身呈现）存在与人之本质之关联。这清楚地表明，在海德格尔看来，"存在"在思想之先。

由于存在在思想之先，所以存在拥有和规定思想，而思想则归属于存在。

关于存在拥有和规定思想，而思想归属于存在，海德格尔说："一切作用都基于存在而以存在者为标的。"②"思想乃是存在的思想。这个第二格说出双重的东西。思想乃是存在的，因为思想为存在所居有，归属于存在。同时思想又是存在的思想，因为思想在归属于存在之际倾听着存在。"③可见，海德格尔关于思想是存在的思想这一说法，包含两层含义：一是思想属于存在的一部分，它并不在存在之外；二是思想以存在本身为自己的内容。

这样，海德格尔实际上主张，存在在本体论或存在论的意义上在思想之先，在逻辑的意义上也在思想之先。

正因存在在思想之先，而思想归属于存在，是存在的思想，思想的任务才必然也必定是道说存在："思想则让自己为存在所占用而去道说（Sagen）存在之真理。思想完成这一让（Lassen）。思想乃是通过存在而为存在的任务"；"思想是通过存在之真理和为存在之真理的任务"。④如此说来，在海德格尔那里，所谓思想道说存在，说到底不过是存在自己道说自己，是存在之真理的自我呈现和自我表白。

现在，我们要追问的是，思想如何道说存在？海德格尔的回答是："存在在思想中达乎语言。语言是存在之家。人居住在语言的寓

---

① 海德格尔：《路标》，孙周兴译，商务印书馆2000年版，第366页。
② 海德格尔：《路标》，孙周兴译，商务印书馆2000年版，第366页。
③ 海德格尔：《路标》，孙周兴译，商务印书馆2000年版，第370页。
④ 海德格尔：《路标》，孙周兴译，商务印书馆2000年版，第367页。

所中。"① 这样，存在、思想和语言的关联在海德格尔那里就表现为，存在通过思想并最后通过语言完成和实现其自我呈现。语言是存在自我呈现的中介和工具。据此，思想家（即哲学家）的任务就是"通过他们的道说把存在之敞开状态带向语言并保留在语言中"，而所谓思想者（哲学家）就是语言"这个寓所的看护者"。②

正是在这里，海德格尔进入了"语言之本质维度"，并明确地将语言定义为"存在之家"，或更确切地说，定义为"存在之真理的家"。③因为在他看来，说到底，"语言乃是存在本身的澄明着——遮蔽着的到达。"④ 这样，海德格尔又在某种意义上回到了老子《道德经》的起点："道可道，非常道"。

海德格尔对语言的这一理解，显然与语言分析哲学对语言的理解大不相同。语言分析哲学因对语言与"存在"的关系另有理解，而至少直接"忽略"和撇弃了这种关系。而海德格尔则认为："如果存在之真理对思想来说已经变成值得一思了，那么，对语言本质的沉思也就获得了另一种地位，这种沉思可能就不再是单纯的语言哲学了。"⑤

［本文系中国民主同盟中央委员会、北京大学道学文化研究中心、河南省老子学会、河南省社会科学院、周口市政府共同举办的"2012 中国鹿邑国际老子文化论坛"（鹿邑，2012 年 8 月 26 日）会议论文，载赵保佑主编《老子与华夏文明传承创新》（下册），社会科学文献出版社 2013 年版］

---

① 海德格尔：《路标》，孙周兴译，商务印书馆 2000 年版，第 366 页。
② 海德格尔：《路标》，孙周兴译，商务印书馆 2000 年版，第 366 页。
③ 海德格尔：《路标》，孙周兴译，商务印书馆 2000 年版，第 373 页。
④ 海德格尔：《路标》，孙周兴译，商务印书馆 2000 年版，第 383 页。
⑤ 海德格尔：《路标》，孙周兴译，商务印书馆 2000 年版，第 372 页。

形而上学的复兴与重建

在近代，本体论意义上的传统形而上学终结了。黑格尔哲学在一定意义上成为传统形而上学的最后代表和终结标志。但是此后，围绕如何对待传统形而上学及其遗产，特别是围绕哲学是否应以整体世界及其终极本体为对象，哲学家们始终持有不同的意见。由此，对待传统形而上学特别是对待整体世界及其终极本体的态度构成现代哲学得以发展的一个不可回避的前提，有如哈贝马斯所言"是黑格尔之后所有流派的立足根本"①。不论人们对传统形而上学及其遗产持何种态度，康德曾提出的这一论断都足以令人警醒："世界上无论什么时候都要有形而上学；不仅如此，每人，尤其是每个善于思考的人，都要有形而上学。"②

从康德开始，人们尝试构建一种"科学的"形而上学或至少"科学的"对待形而上学。由此，也就提出了一系列理论难题，诸如：到底如何对待传统形而上学？在形而上学问题上马克思的态度究竟是怎样的？自然能否成为独立的本体论研究对象？人们能够把握整体自然存在吗？康德以后形而上学是否确实已经终结？海德格尔创立了一种彻底的形而上学存在论了吗？作为形而上学的"存在"或"道"到底与人有

---

① 哈贝马斯：《后形而上学思想》，曹卫东、付德根译，译林出版社 2001 年版，第 27 页。
② 康德：《任何一种能够作为科学出现的未来形而上学导论》，庞景仁译，商务印书馆 1978年版，第 163 页。

何关联？"存在"与主体性是绝对对立的吗？中国传统哲学的本体论建构是否仍有其当代意义？等等。本文拟对这些问题进行某种概略的考察。

一

在对待传统形而上学问题上，马克思的态度和处理方式与恩格斯有所不同。

马克思在创立其"新唯物主义"或唯物主义历史观的过程中，一反西方哲学中从柏拉图直到黑格尔的理念论的传统，运用经验的和实证的方法，从人们的物质生产实践活动出发，把物质生产实践活动视为人的"整个现存的感性世界的基础"①或人与自然界相统一的基础，并由此维度去重新审视和描述人们所面对的现实世界，摈除了对整体世界及其终极统一性的追寻，同时把被以往哲学家们看成独立自为并且凌驾于现实世界之上的理念世界归根于经验的现实世界，即与人处在对象性关系中的"感性世界"，从而从根本上扬弃了传统的形而上学，实现了哲学史上的一种变革。乃至海德格尔认为，"随着这一已经由卡尔·马克思完成了的对形而上学的颠倒，哲学达到了最极端的可能性。哲学进入其终结阶段了。"②

马克思将其对传统形而上学的扬弃表述在这样一段经典的话中："因为对社会主义的人来说，整个所谓世界历史不外是人通过人的劳动而诞生的过程，是自然界对人来说的生成过程，所以关于他通过自身而诞生、关于他的形成过程，他有直观的、无可辩驳的证明。因为人和自

---

① 《马克思恩格斯文集》第1卷，人民出版社2009年版，第529页。
② 《海德格尔哲学选集》（下卷），孙周兴选编，生活·读书·新知三联书店1996年版，第1244页。尽管海德格尔仍然将马克思哲学视为一种"劳动的新时代的形而上学"，但它毕竟已不同于传统的形而上学。

然的实在性，即人对人来说作为自然界的存在以及自然界对人来说作为人的存在，已经成为实际的、可以通过感觉直观的，所以关于某种异己的存在物、关于凌驾于自然界和人之上的存在物的问题，即包含着对自然界的和人的非实在性的承认的问题，实际上已经成为不可能的了。"①

基于历史过程是人通过自身的实践活动而生成的过程这一理解，马克思将"自由个性"确立为历史发展的必然趋向和人自身发展的终极价值目标。这样，在马克思那里，历史过程通过两个方面得到集中体现：一个方面是人的整体社会实践活动的发展，它具体体现为从强制劳动到"自主活动"的转变过程；另一方面是以社会实践活动为基础的人本身的发展，它具体体现为由对人和物的依附到"自由个性"的转变过程。

与此相联系，马克思也提出了一种独特的自然观。他从其实践观出发，以对象性为方法，认为"非对象物是非存在物"，"被抽象地理解的、自为的、被确定为与人分隔开来的自然界，对人来说也是无"，强调"在人类历史中即在人类社会形成过程中生成的自然界，是人的现实的自然界"。② 同时，马克思也明确肯定和坚持了人与自然界相统一这一基本原则，将共产主义界定为人与自然、人与人矛盾的真正解决。

由于马克思追寻形而上的"自由个性"以及坚持人与自然的统一，所以，这使他能够在与传统形而上学决裂的同时，也与存在论意义上的虚无主义以及完全囿于经验的实证主义区别开来。

与马克思对待传统形而上学的态度不同，恩格斯通过其至少长达十余年的"自然辩证法"研究，尝试构建一种"辩证的同时又是唯物主义的自然观"，从新唯物主义哲学的立场返回到传统形而上学。这种自然观与马克思视野中的、包括"人化自然"即"在人类社会形成过程中生成的自然界"在内的"感性世界"不同，是以整体自然界为对象

①《马克思恩格斯文集》第 1 卷，人民出版社 2009 年版，第 196—197 页。
②《马克思恩格斯文集》第 1 卷，人民出版社 2009 年版，第 210、220、193 页。

的。恩格斯在 1885 年（马克思逝世后第三年）写下的《反杜林论》第二版"序言"中明确地提出了"辩证的同时又是唯物主义的自然观"这一概念，用其与"唯物主义历史观"的概念相对置和并列，并如此肯定了他自己所做的把辩证法用于唯物主义自然观方面的工作："马克思和我，可以说是把自觉的辩证法从德国唯心主义哲学中拯救出来并用于唯物主义自然观和历史观的唯一的人。"①

此外，还值得特别指出的是，恩格斯还提出了"世界的真正的统一性在于它的物质性"这一著名论断。他在反驳杜林用"存在"来概括世界的统一性时强调，"世界的统一性并不在于它的存在，尽管世界的存在是它的统一性的前提，因为世界必须先存在，然后才能是统一的。在我们的视野的范围之外，存在甚至完全是一个悬而未决的问题。世界的真正的统一性在于它的物质性，而这种物质性不是由魔术师的三两句话所证明的，而是由哲学和自然科学的长期的和持续的发展所证明的。"② 恩格斯在这里对世界统一性的概括，是对整体世界统一性的概括，正像他所言的"自然辩证法"是指整体自然的辩证法一样。

正是恩格斯的构建"辩证的同时又是唯物主义的自然观"的努力以及关于世界的物质统一性的论断，及其所呈现出的明显的综合唯物主义历史观与传统唯物主义的倾向，开启了马克思主义哲学内部恢复和复兴旧形而上学的传统。这种传统经由狄慈根和普列汉诺夫的"辩证唯物主义"、列宁的"辩证唯物主义"和"历史唯物主义"概念的并置③、最

---

① 《马克思恩格斯选集》第 3 卷，人民出版社 1995 年版，第 349 页。
② 《马克思恩格斯选集》第 3 卷，人民出版社 1995 年版，第 383 页。
③ 列宁曾分别用不同的概念来概括马克思主义哲学，如"辩证唯物主义""完备的哲学唯物主义""战斗的唯物主义"，等等。值得注意的是，尽管列宁在《马克思主义的三个来源和三个组成部分》以及《卡尔·马克思》中用"完备的哲学唯物主义"或"现代唯物主义"来概括和称谓整个马克思主义哲学体系，并将其划分为"哲学唯物主义""辩证法"和"唯物主义历史观"三个组成部分，但是他在《唯物主义与经验批判主义》以及《纪念赫尔岑》两文中，已经将"辩证唯物主义"和"历史唯物主义"两个概念对置和并列使用。例如，他在评价赫尔岑时认为："赫尔岑已经走到辩证唯物主义跟前，可是在历史唯物主义前面停住了。"见《列宁选集》第 2 卷，人民出版社 1995 年版，第 284 页。

后到斯大林的"辩证唯物主义和历史唯物主义"体系而获得最终定型，并且一直延伸到传统的马克思主义哲学教科书中。

纵观马克思、恩格斯逝世后马克思主义哲学的发展，大体沿着马克思与恩格斯所分别开启和代表的两条路线行进：俄苏马克思主义哲学和改革开放前的中国马克思主义哲学主要继承、沿袭和发展了恩格斯所开启和代表的传统；西方马克思主义特别是早期卢卡奇、萨特、南斯拉夫实践派等则主要继承、沿袭和发展了马克思所开启和代表的传统。而在改革开放后的中国，特别是伴随着关于"实践唯物主义"的讨论，也呈现了返回到马克思本人所开启和代表的传统的趋向。从实质上看，马克思与恩格斯思想的差异及其所开启和后来得以展开的上述两大传统，实际上是在如何对待形而上学这一重大问题上在马克思主义哲学内部两种不同的反映。

在当代，在海德格尔提出其"基础本体论"并将马克思对传统形而上学的扬弃归结为"虚无主义的极致"以后，如何看待形而上学的问题被重新提出，并且尖锐化了。与此相关联，马克思与恩格斯学术思想之间的差异，乃至马克思主义哲学内部两大传统之间的差异也被突出地彰显出来。

由此给哲学研究特别是马克思主义哲学研究提出的一项重大课题是：一种科学的形而上学是否合理和可能？或至少在多大程度上是合理和可能的？这完全类似康德当年所提出和致力于解决，尔后又被海德格尔以某种方式重新提出和致力于解决的课题，但是却被赋予了更广阔的历史和文化背景以及更深刻的哲学蕴意。

二

自然能否成为独立的本体论研究对象？卢卡奇曾试图对这一问题给出彻底的回答。从《历史与阶级意识》（1923 年出版）到《关于社会存在的本体论》（完成于 1968 年），昭示出卢卡奇的相关思想轨迹和毕生追求。纵观卢卡奇的思想过程，可以明显地看出一种在由马克思和恩格斯所分别代表的扬弃和恢复形而上学传统之间游移、摇摆和动摇的倾向。这为我们思考如何合理地对待传统形而上学提供了一个有益的个案和启示。

在《历史与阶级意识》中，卢卡奇针对当时在马克思主义理论界占统治地位的"自然本体论"倾向，明确主张自然是一个社会范畴。他说："自然是一个社会范畴。这就是说，在社会发展的一定阶段上什么被看作是自然，这种自然同人的关系是怎样的，而且人对自然的阐明又是以何种形式进行的，因此自然按照形式和内容、范围和对象性应意味着什么，这一切始终都是受社会制约的。"[①] 与此相适应，他诉诸一种以社会历史过程中主客体关系为基础的关于人类社会生活整体理解的"总体"辩证法，从而表明马克思主义哲学是一种关于社会实践的历史辩证法或"革命辩证法"而非"自然辩证法"。同时，从这一理解出发，卢卡奇还对恩格斯提出的所谓"自然辩证法"提出了直言不讳的批评："他对最根本的相互作用，即历史过程中的主体与客体之间的辩证关系连提都没有提到，更不要说把它置于与它相称的方法论的中心地位了"；"恩格斯对辩证法的表述之所以造成误解，主要是因为他错误地跟着黑格尔把这种方法也扩大到对自然界的认识上。然而辩证法的决定性作用，即主体和客体的相互作用、理论和实践的统一、在作为范畴基础的现实中的历史变化是思想变化中的根本原因等等，并不存在于我们对自然的认识中"。[②] 从对象化即实践关系的视域来看，卢卡奇提出的这一有关自然以及相关辩证法的见解无疑是极为天才的，它完全超越了

---

① 卢卡奇：《历史与阶级意识》，杜章智、任立、燕宏远译，商务印书馆 1996 年版，第 318—319 页。

② 卢卡奇：《历史与阶级意识》，杜章智、任立、燕宏远译，商务印书馆 1996 年版，第 50、51 页注 2。

旧唯物主义的自然观，与马克思在《1844 年经济学手稿》中所表述的
"在人类社会形成过程中生成的自然界，是人的现实的自然界"以及认
为黑格尔辩证法的"伟大之处"是"抓住了劳动的本质"的观点显现
出惊人的类似和一致。

　　然而，卢卡奇晚年在反思《历史与阶级意识》中所曾表述的上述观
点时却又走向这一理解的对立面。在《历史与阶级意识》新版序言
（1967）中他检讨了自己忽视"自然本体的客观性"的错误，同时在
《关于社会存在的本体论》中，他重新对马克思的本体论进行解读和阐
释，将整体自然或整体世界列为本体论的对象，将其区分为无机自然、
有机自然和社会存在三种形态或三个发展阶段，明确地将包括无机自然
和有机自然在内的自然存在确立为社会存在的前提，并将劳动中的"目
的性设定"作为自然存在向社会存在或自在存在向自为存在转变的标
志。与《历史与阶级意识》中强调自然是社会范畴不同，此时卢卡奇转
而强调，社会存在以自然存在为前提，社会辩证法以自然辩证法为前
提。他明确指出，"自然总是……自在存在者，并必然是独立的本体论
研究的对象"，而"社会存在在整体上和在所有个别过程中都以无机自
然和有机自然的存在为前提"，"自然无论是有机自然，还是无机自然
的规律和范畴构成了社会范畴的一个归根结底（在根本改变它的本质的
意义上）不可取消的基础"。① 具体体现在马克思那里，卢卡奇认为，
"对马克思来说辩证法不是单纯的认识原则，而是任何一种现实的客观
法则。在无机和有机的自然界里如果没有一种相应的本体论的前史，那
么这样一种成形的辩证法在社会中就不会存在和发挥职能。"因此，马
克思所实现的"社会存在本体论中的唯物主义转折是以一种唯物主义的
自然本体论为前提的，这种转折是通过发现经济在社会存在中的优先地

---

　　① 卢卡奇：《关于社会存在的本体论》上卷，白锡坤、张西平、李秋零等译，重庆出版社
1993 年版，第 429、642—643、644 页。

位而造成的","一种唯物主义的自然本体论的基础,即历史性、过程性、辩证的矛盾性等等,都已经包含在马克思本体论的方法论基础之中了"。①

这样,卢卡奇就从马克思意义上的社会化的自然本体或包括自然在内的社会本体重新返回到传统形而上学意义上的、包括自然和社会存在在内的整体世界本体。也可以说,在一定意义上认同、肯定和接受了恩格斯所提出的"自然辩证法"的构思。

但是,这种尝试首先遇到的一个问题就是,在人及其实践活动之外即属人的对象化关系之外的自然本体或世界本体对人来说有何意义?诚如马克思在《德意志意识形态》中所说:"当然,在这种情况下,外部自然界的优先地位仍然会保持着……。但是,这种区别只有在人被看作是某种与自然界不同的东西时才有意义。此外,先于人类历史而存在的那个自然界,……这是除去在澳洲新出现的一些珊瑚岛以外今天在任何地方都不再存在的……自然界。"②

其次,这种尝试至少在客观上排除了作为自然存在与社会存在统一的现实基础的劳动或物质实践,将存在二重化了,是以一种二元论为前提的。它分别赋予自然存在和社会存在以一种纯化的形式,并将两者机械地分割、并列,从而排除了两者的同一、相互交叉和融合的方面,即社会存在本身就在自然存在之中,是自然存在的一个有机组成部分,不过是自然存在的一种特殊表现形式和体现,而自然存在作为社会存在的前提在一定范围内和一定程度上也内化于社会存在之中和存在于社会存在之内,等等。即便卢卡奇所云的劳动中的"目的论的设定"可以将自然存在与社会存在、自在存在与自为存在相区别,但是这种区分也是相对的,在特定和有限范围内才是有意义的,因为说到底,连这种"目

① 卢卡奇:《关于社会存在的本体论》上卷,白锡坤、张西平、李秋零等译,重庆出版社1993年版,第449、645、646页。

② 《马克思恩格斯文集》第1卷,人民出版社2009年版,第530—531页。

的论设定"本身也无非是自然存在的一种表现形式。

在《关于社会存在的本体论》中卢卡奇虽然提出了独立的整体自然本体论的设想，但并没有对此展开论证，只是肯定了自然存在本体论是社会存在本体论的前提。他真正要做的工作实际上正如该书书名所显示的，是构建一种社会存在本体论，而这种社会存在本体论的核心范畴是"劳动""再生产"和"异化"。

三

假若如卢卡奇所说，自然必然是独立的本体论研究对象，而这一自然又是至少包括无机自然和有机自然（实际上还应包括社会）在内的整体，那么，人们能够认识和把握整体的自然本体吗？如何认识和把握这一整体的自然本体？在《关于社会存在的本体论》中，卢卡奇在谈到"总体性"在马克思本体论中的地位时坦率承认："自然的总体性常常是只能推论出来的，尽管是以人信服的方式，而社会中的总体性总是直接既定的。"① 这也就意味着承认，总体自然实际上是"自在之物"，一般而论并不是人们的经验所能够企及和把握的对象。

在《历史与阶级意识》新版序言中卢卡奇还谈到，面对康德所云的"自在之物"，即便是人的直接的实践活动，其作用也很有限。他认为，恩格斯在《自然辩证法》中试图用实践来驳倒康德的"自在之物"，这种尝试虽然正确，但实际上却并未能真正解决这一任务，甚至导致了对"自在之物"的某种回避："恩格斯想用直接实践来反驳康德的'不可捉摸的自在之物'的任务却远未解决。因为劳动本身很可能仍旧是一种纯粹操作的过程，自发或自觉地回避了'自在之物'的问题，并且全部

---

① 卢卡奇：《关于社会存在的本体论》上卷，白锡坤、张西平、李秋零等译，重庆出版社1993年版，第661页。

或部分地忽略了它。"①

　　既然如此，人的实践活动能否解决和消除康德所云的"自在之物"呢？卢卡奇认为，如果实践要满足恩格斯赋予它的功能，它就必须超越直接性，并且在继续实践的同时，把自身发展成为一种内容广泛的实践。② 可是，卢卡奇未注意到，就通常的意义而言，即便实践再发展，实践的内涵再扩大，其范围也仍限于感性或经验的世界之内。

　　值得注意的是不仅康德而且维特根斯坦、胡塞尔、海德格尔都明确地拒绝了对经验之外的所谓整体世界本体的承认。正因如此，卢卡奇对他们一一展开了批判。

　　维特根斯坦将任何本体论问题都作为无意义的形而上学而加以拒绝。他认为，关于哲学问题的大多数命题和问题，不是虚假的，而是无意义的。所以我们根本不能回答这一类的问题，而只能确定它们的无意义性。关于整体世界问题，维特根斯坦认为也是如此："实际上唯我论所指的东西是完全正确的……。——世界是我的世界，这个事实表现于此：语言的界限……意味着我的世界的界限。——世界和生活是一致的。——我就是我的世界……主体不属于世界，而是世界的一部分。"鉴此，维特根斯坦坦率承认，确实存在着不可言说的东西，这是自己显现出来的神秘的东西。因此，他的结论是："凡是不能够说清楚的事情，都应该沉默。"③ 卢卡奇认为，维特根斯坦在他本人的哲学结论面前躲进了非理性主义，甚至"有时倾向于一种非理性的本体论"。④

　　胡塞尔的观点在卢卡奇看来非常接近新实证主义。例如，胡塞尔在

　　① 卢卡奇：《历史与阶级意识》，杜章智、任立、燕宏远译，商务印书馆 1996 年版，第13 页。

　　② 卢卡奇：《历史与阶级意识》，杜章智、任立、燕宏远译，商务印书馆 1996 年版，第14 页。

　　③ Ludwig Wittgenstein, Tractatus Logico-Philosophicus, London, 1956, p. 188.

　　④ 卢卡奇：《关于社会存在的本体论》上卷，白锡坤、张西平、李秋零等译，重庆出版社1993 年版，第 425、423 页。

其《逻辑研究》中明言:"询问'外在世界'的存在和本性的问题是一个形而上学的问题。作为对理念本质和对正在认识的思想的有效的意义的普遍解释的认识论确实包括了一般的问题,即对不动的'现实的'对象的一种知识或理性的猜测是否可能和如何可能,……我们人是否能在事实所给予我们的数据的基础上真实地获得这样一种知识甚至获得实现这种知识的任务,但这不是经验所面对的问题。"①

海德格尔直接承继胡塞尔的立场,在断言"对自在存在者整体的把握……原则上是不可能的"②同时,他索性从一开始就把本体论的对象领域集中在人和人的世界,即"此在"及其在世的存在结构。他的理由是:"凡是以不具备此在式的存在特性的存在者为课题的各种存在论都植根于此在自身的存在者层次上的结构并由以得到说明,而此在的存在者层次上的结构包含着先于存在论的存在之领会的规定性。因而其他一切存在论所源出的基础存在论必须在对此在的生存论分析中来寻找。"③对于有关自然的本体论问题,海德格尔则明确地认为,由于自然是人的存在界限,人只能通过人所处的一定的社会形式来认识它,它只不过是作为人的存在结构范畴的一部分而存在,所以,它无法满足人们把握整体世界的要求:"从存在论范畴的意义来理解,自然是可能处在世界之内的存在者的存在之极限状况。……自然作为在世界之内照面的某些特定存在者的诸存在结构在范畴上的总和,绝不能使世界之为世界得到理解。"④卢卡奇认为,海德格尔由此就将自然完全归结为社会存在的一个组成部分,这虽然有一定的合理性,但却排除了自然是独立的本体论

---

① Edmund Husserl, *Logische Untersuchungen*, Hall, 1913, S. 20.

② 海德格尔:《路标》,孙周兴译,商务印书馆2000年版,第126页。

③ 海德格尔:《存在与时间》(修订译本),陈嘉映、王庆节译,生活·读书·新知三联书店1999年版,第16页。但应予注意的是,在晚年的《哲学论稿》中,海德格尔实际上改变了这一看法,转而主张直接从存在本身出发。

④ 海德格尔:《存在与时间》,陈嘉映、王庆节译,生活·读书·新知三联书店1999年版,第77页。

的认识对象。而且，海德格尔的这种以人为中心的社会本体论也绝不具有历史的普遍性，只不过是对高度发达的资本主义时代人普遍地被操作这种特殊社会状况的一种描述。

这样，在卢卡奇看来，海德格尔的基础本体论总的说表面上看似乎与新实证主义相区别，实则不过是新实证主义的补充。

卢卡奇对维特根斯坦、胡塞尔、海德格尔等人的批判都是以肯定独立的自然本体或世界本体是我们的认识对象为前提的。在这里，论证的结论已经包括在前提中了。至于独立的自然本体或世界本体为什么能够成为或者可以成为我们认识的对象，他并没有给出更多的理由和论据。卢卡奇只是强调社会本体论应该或必然有其自然本体论前提，但是，这种提法本身已经将社会与自然纯化并分割开，而且，更重要的是，自然本体论是否是社会本体论的必然前提与我们是否能够认识和把握整体的自然本体是两个不同的问题。卢卡奇谈到的唯一有意思的一点是扬弃实践的直接性，并将实践扩展为一种内容更为广泛的实践。但是如何扬弃和扩展，卢卡奇语焉未详，并未能给出具体的方案。在这一点上，犹如他对海德格尔的指摘一样，他自己在维特根斯坦的沉默处也没有发出任何更具体更清晰的声音。

其实，在如何对待整体自然本体或世界本体问题上，维特根斯坦、胡塞尔、海德格尔都展现出充分的睿智。在既有的西方理性主义哲学的框架内，他们都已经达到哲学所能达到的最远之处。如果想继续前进，只能彻底打破既有的西方理性主义哲学的框架，在人自身之内寻找人与存在相统一的路径，并诉诸西方哲学所谓的非理性直观。马克思、恩格斯在《德意志意识形态》中曾提到与"仅仅看到眼前的东西的普通直观"不同的"看出事物的真正本质的高级的哲学直观"。胡塞尔、海德格尔提出并诉诸"本质直观"。海德格尔甚至尝试通过"本质直观"将"此在"与"虚无"即人与最高的整体本体连接起来，从而揭示出此在通向虚无而又超越虚无的道路。但是遗憾他未能找到实现这种"本质直观"的方法。

四

卢卡奇从"社会存在在整体上和在所有个别过程中都以无机自然和有机自然的存在为前提"这一论断出发，认为马克思所实现的社会存在本体论中的唯物主义转折是以一种唯物主义的自然本体论为前提，马克思承认整体自然本体论是独立的哲学对象，并且在马克思哲学中包含了一种整体自然本体论。

卢卡奇的这种看法实际上完全是对马克思的误解。如前所述，马克思哲学视域中的世界是以人的实践活动为基础的"整个现存的感性世界"，即处在属人的对象关系中的、已经和正在成为人的实践和认识的现实对象的世界，而绝非整体自然或整体世界。马克思正是由此维度出发，摈除了对抽象的整体世界及其终极统一性的追寻，同时把被以往哲学家们看成独立自为并且凌驾于现实世界之上的理念世界归根于这一"现存的感性世界"，从而彻底地扬弃了传统的形而上学。

对此，我们还可以从马克思与康德哲学的关系来考察。康德在《纯粹理性批判》中区分了经验物与非经验物（"自在之物"），而把人的理性能力（"思辨理性"）完全限定在经验的范围之内，"悬置知识，以便给信仰腾出位置"①，从而彻底划清了知识与信仰的界限，否定了一切把人类知识扩展到可能经验的范围之外的尝试。同时，他虽然否定了自在之物在思辨理性中超感官运用的客观实在性，却承认自在之物在实践理性中超感官运用的客观实在性。因为在康德看来，实践理性运用的特点恰恰与纯粹理性相反，是超验的，而它的对象就是被悬设的自在之物，即灵魂不朽、自由和上帝。其中，灵魂不朽的悬设是源自通过生存

① 康德：《纯粹理性批判》，邓晓芒译，杨祖陶校，人民出版社2004年版，第22页。

的持续性来完全实现道德律的需要，自由的悬设是源自按照理智世界的法则来规定主观意志的需要，上帝的悬设是源自使理智世界实现至善的需要。然而，尽管这些自在之物的悬设为实践理性所必需，有其在实践理性范围内超感官运用的客观实在性，康德却直言，它们是非真实的概念："它们是非真实的概念这一点，也是任何诡辩在任何时候都不会从哪怕最普通的人的确信中夺走的。"①

康德为理论理性划定了界限。但是，不可否认，在康德那里，现象界与自在之物（现象与本质、经验世界与超验世界、形而上与形而下、感性与理性等等）是二元的，理论理性与实践理性（理论与实践、认识与效用、认识论与伦理学等）也是二元的。他触及和在某种意义上回答了道德本体问题，但是却没有触及和回答自然本体问题。正如卢卡奇所评论的："对世界的自然科学和宗教的研究似乎处于不可克服的相互矛盾中。对二者进行调和的尝试，如康德所进行的调和，并没有触动这一基本对立；因为尽管在康德那里物理世界从本体论上来说被降为现象，但它的基本特性，如何实现它的内在规律性的方法尚未受到触动。作为宗教需求实现的范围被打开的仅仅是纯粹道德世界，而这个世界与自然界的本体论的特性应该毫无关系。"②

马克思肯定了康德对理论理性的划界，并由此出发，以人的实践活动为基础，取消了康德的自在之物，即把上帝归根于现实的人的世界，认为他是人的世俗世界的虚幻反映，把脱离人的肉体而存在的精神（灵魂）归结为幽灵和虚无，把自由作为理想社会即共产主义的价值表征，同时，也消除了康德的理论与实践的二元对立——把新唯物主义归结为实践唯物主义，把共产主义者归结为实践唯物主义者。这样，马克思就把康德的批判的方法论彻底化了。马克思只肯定了自然界在人类发生学

---

① 康德：《纯粹理性批判》，邓晓芒译，杨祖陶校，人民出版社2004年版，第183页。
② 卢卡奇：《关于社会存在的本体论》上卷，白锡坤、张西平、李秋零等译，重庆出版社1993年版，第454—455页。

和人类生存论意义上的优先性，肯定了进入社会范畴的自然界（"人化自然"）会不断伴随人的实践活动的发展而不断扩展，原生自然界的界限在人的实践活动面前会不断消减或隐退，除此之外，他没有肯定更多的东西。若可以将马克思的实践概念视为一种本体的话，那么，这完全是一种经验的、形而下的本体。

五

某些哲学家们坚信，在康德之后，形而上学已经被彻底终结了。其中，哈贝马斯的观点颇有代表性。应该说，他的观点代表了当代大多数哲学家在形而上学问题上所持有的观点。

哈贝马斯对传统形而上学有过深入的研究和明晰的看法。这集中体现在他的《后形而上学思想》一书中。他在该书中不仅对西方形而上学的历史作了颇为经典的回顾和描述（见第七章《多元声音中的理性同一性》，即他的第十四届德国哲学大会的讲演稿），而且也鲜明地表达了他对形而上学的基本观点："形而上学的解释形式在现代失去了其价值，并发生了变化，尽管它们还替理论保存着原始神话所具有的统一力量：宗教和形而上学的基本概念所依赖的整个价值体系，随着科学、道德和法律等专家文化的兴起以及艺术走向自律而崩溃了。康德的三大批判是对不同的理性区域彼此独立所作出的一种反应。针对客观知识、道德实践认识以及审美判断的论证形式，在18世纪就已经分道扬镳，并且在无疑能够自行确定其有效性标准的机制范围内各行其是。……今天，哲学阐明正常人的知性所依据的有效性标准，已超出了哲学自身的管辖范围。哲学必须在不由它自主的理性条件下从事活动。所以，相对于科学、道德和艺术而言，作为解释者的哲学不可能再具有认识本质的特权，拥有的最多只是可能会出错的知识。哲学必须放弃其传统形式，即作为一种干预社会化过程的学说，而保留其纯理论。最终，哲学也无法再根据价值的高低，把不同生活方式的复合总体性加以等级化；哲学只能把握生活世界的一般结构。从上述三个意义上说，康德之后，不可能还有什么终极性和整合性的形而上学思想。"①

据此，在哈贝马斯看来，哲学的功用就十分有限、具体和明确的了："哲学所剩下的以及力所能及的就是通过解释把专家知识和需要探讨的日常实践沟通起来。哲学剩下的就是通过阐释来推动生活世界的自我理解进程。这个进程与整体性密切相关，同时又必须借助于专家文化的客观化、道德化和审美化的干预，使生活世界避免过于异化。"②

然而，当哈贝马斯对今天哲学所面临的任务作出如此规定时，显然已经撇开了维特根斯坦所提及的哲学必须沉默面对的问题："我们觉得即使一切可能的科学问题都能解答，我们的生命问题还是仍然没有触及。当然不再有其他问题留下来，而这恰好就是回答。人们知道生命问题的解答在于这个问题的消灭。这难道不是在长时期怀疑之后才明白生命的意义的人们还是不能说出这个意思究竟何在的原因吗？确实存在不可言说的东西。这是自己显现出来的神秘的东西。"③

正是人的生命问题与整体世界相联系。它的存在和奥秘直接与整体世界相关联。在一定意义上，生命问题是一个整体世界的问题，因为对它的回答要以对整体世界的回答为前提。

那么，在人自身的生命问题乃至整体世界问题面前哲学确实可以心安自得、无所事事了吗？在现代西方哲学那里，情况似乎确实大致如此。然而，在中国传统哲学中，呈现的却完全是另一番完全不同的景观。在这里，生命问题和整体世界问题以及二者的统一都是在哲学框架而非宗教框架内被探究、揭示和阐明的。当然，这是另外一种形式的哲学，一种不同于理性主义方式的哲学。于是，就此而言，现代西方哲学仿佛走到了中国

---

① 哈贝马斯：《后形而上学思想》，曹卫东、付德根译，译林出版社 2001 年版，第 18 页。
② 哈贝马斯：《后形而上学思想》，曹卫东、付德根译，译林出版社 2001 年版，第 18 页。
③ Ludwig Wittgenstein, *Tractatus Logico-Philosophicus*, London, 1956, p. 186.

传统哲学的起点上，中国传统哲学的起点似乎构成了现代西方哲学的终点。其实，整个现代哲学的发展已经愈益明显地呈现出复归古代哲学的趋向，这是一种哲学自身内在逻辑所规定的否定之否定。

六

整体自然或整体世界是形而上学的实体对象，作为整体自然或整体世界的本质规定的终极本体诸如"存在"（西方哲学的传统表述）或"道"（中国哲学的传统表述）则是形而上学的逻辑对象。追问人与整体自然或整体世界的关系，最终不免聚焦于人与"存在"或"道"的关系。那么，"存在"或"道"到底与人有何关联？

人们普遍认为，海德格尔的"基础存在论"对人与"存在"的关系作出了深刻的揭示，甚至指出了由作为"此在"的人达致"存在"的通道。然而，实际上，海德格尔并未能彻底地解决人或"此在"与"存在"的关系，他的有关二者关系的理解仍然处于某种晦暗之中。这里，我们不妨略加考察。

海德格尔关于人与存在关系的论述，构成海德格尔基础存在论的核心，其基本内容涉及下述要点：其一，人在其存在中对存在具有存在关系，人存在论地存在，人的存在者状态结构包含存在之领会的规定性。海德格尔认为：从存在者状态上来看，此在"这个存在者的与众不同之处在于：这个存在者为它的存在本身而存在。于是乎，此在的这一存在机制中就包含有：这个此在在它的存在中对这个存在具有存在关系。……对存在的领悟本身就是此在的存在规定。此在作为存在者的与众不同之处在于：它存在论地存在"[1]。"此在本质上就是：存在在世界之中。因此这种属于此在的对存在的领悟就同样源始地关涉到对诸如

---

① 海德格尔：《存在与时间》，陈嘉映、王庆节译，生活·读书·新知三联书店1987年版，第15—16页。

'世界'这样的东西的领会以及对在世界之内可通达的存在者的存在的领会了。……此在的存在者状态结构包含着先于存在论的存在之领会的规定性。"① 其二,人内立于或置身于存在的敞开状态之中。海德格尔说:"人是这样一个存在者,这个存在者的存在是通过在存在之无蔽状态中的保持着开放的内立——从存在而来——在存在中显突出来的。"② 海德格尔明确地说明,他之所以选用"Dasein"这个语词,就是用其来意指人置身于敞开的存在之中③。其三,"人不仅被包含在存在之中,而且,存在需要人之本质,存在依赖于对自为(das Fuer-sich)假象的抛弃,因此它也就具有另一种本质。"④ 其四,"存在之本质于自身中就是那种与人之本质的关联。"⑤ 其五,存在是包罗万象者,人是特殊存在者,人之本质中已经包含存在与人两者的关系。海德格尔着意指出,"如果我们以为存在是包罗万象者,同时仅仅把人表象为其他存在者(植物、动物)中间的一个特殊的存在者,并且把这两者置入关系之中,那么,我们对存在也就言说得太多了;因为在人之本质中已经包含着那种关系,即与那个通过关联——在使用或需要意义上的关涉——而被规定为'存在'、并且由此而从其所谓'自在自为'中获取的东西的关系。"⑥ 其六,"人在其本质中乃是存在之记忆",人之本质属于存在。其七,"人参与构成了存在之区域"。⑦

综括海德格尔的以上论述,我们或许可以清晰地得到海德格尔眼中存在与人之间的某种同一性关系:存在包含人在自身之中,或者反过来说,人被包含在和参与到存在之中;存在是包罗万象者,人是特殊存在

① 海德格尔:《存在与时间》,陈嘉映、王庆节译,生活·读书·新知三联书店1987年版,第17页。
② 海德格尔:《路标》,孙周兴译,商务印书馆2000年版,第442页。
③ 海德格尔:《路标》,孙周兴译,商务印书馆2000年版,第439页。
④ 海德格尔:《路标》,孙周兴译,商务印书馆2000年版,第483页。
⑤ 海德格尔:《路标》,孙周兴译,商务印书馆2000年版,第471页。
⑥ 海德格尔:《路标》,孙周兴译,商务印书馆2000年版,第479页。
⑦ 海德格尔:《路标》,孙周兴译,商务印书馆2000年版,第484页。

者，无论在存在之本质中，还是在人之本质之中，都含有存在与人两者之间的关系；领悟存在是人的状态结构规定和天然使命。但是，即便海德格尔已经告诉了我们这些，我们仍不免有问题要追问：如果说，无论在存在之本质中，还是在人之本质之中，都含有存在与人两者之间的关系，那么，这种含有是由谁决定和赋予的？或者说，是由何者使然，来源于何处？领悟存在这一人的状态结构规定性特别是可能性又是由谁规定和植入的？这些问题归根结底又可以归结为这样一个核心诘问：如果肯定人存在于存在之中，以及人之本质包含存在与人之间的关系，那么，存在本身是否也存在于人和人的本质之中，而非存在于人和人的本质之外？恰恰是这一核心诘问海德格尔没有给出明晰的回答。据此或许我们有理由断言，尽管海德格尔将存在与人的关系看作包罗万象者与特殊存在者的关系，以及反复强调在存在和人的各自本质中都含有存在与人之间的关系，但是，在他那里，实际上存在本身依然存在于人自身之外而不是人自身之内或之中。这也就决定了，他不可能进一步去追溯和回答："存在"如何存在于人乃至人的本质之中？或者说，它在人或人的本质之中是如何具体表现的？

相比以往的西方形而上学理论，海德格尔的基础存在论在对"存在"的理解方面无疑有所前进，但显然并没有真正深入到问题的隐秘核心，以至于俄国宗教哲学家别尔嘉耶夫断言："他的哲学（指海德格尔的哲学——引者注）不是存在主义哲学，其中感觉不到存在的深度。这个哲学仍然处在客体化的统治之下。"①

七

与海德格尔相比，别尔嘉耶夫对于"存在"与人的关系给出了进一

---

① 别尔嘉耶夫：《末世论形而上学》，张百春译，中国城市出版社 2003 年版，第 121—122 页。

步的、较为明晰的回答。他将"存在"作为宇宙的共相明确地归结到个体的人乃至人的个性身上："宇宙、社会、民族、国家的生存主体，只能在真正的人身上，在个性的质里去寻找。共相存在于个体中，超个性在个性中"；"在人的个性之外和个性之上没有共相，但在人的个性里有共相。当这个共相是超验的，它仍在人身上，而不是在他之外"。①而且，别尔嘉耶夫还仔细甄别了个性与个体这两个词语，指出个性与个体不同，它是一个普遍性、整体性的形而上概念，而普遍的东西、宇宙和社会就处在人的个性之中。

认为作为宇宙共相的"存在"存在于人之中，而且具体表现为人的个性，这无疑是有关存在论的一个重大的论断，是对海德格尔基础存在论的一个重要的推进。然而，别尔嘉耶夫虽然提出这样一个论断，却未能对其详加展开。事实上，中国传统哲学的核心正是对形而上学终极本体（即所谓"道"）与人和人性的关系的研究，别尔嘉耶夫只不过用另一种形式表达了一个与中国传统哲学相类似的基本观点。

中国传统哲学的核心，是关于宇宙或世界终极本体的"道"及其与人之心性关系的理论。如果仅就其"道"与心性两者的关系而论，可称为"心性之学"。这无论是在老子的"常德不离，复归于婴儿"和"归根曰静，静曰复命"，孔子的"大学之道，在明明德"，《易经·说卦》的"穷理尽性以至于命"，《中庸》的"天命之谓性，率性之谓道"，孟子的"尽心""知性""知天"，还是在慧能的"识心见性"，宋明理学的"穷理尽性至命"，阳明心学的"尽性至命"中都得到了鲜明的体现。这种心性之学的要义，是将人性区分为先天之性和后天之性，将先天之性视为"道"在人身上的具体体现，与"道"同一，将后天之性视为环境、社会和习俗对人性的一种施予和再塑，与"道"往往背离，而将人的生命的发展和完善视为由后天之性复归先天之性的过程。因

---

① 别尔嘉耶夫：《末世论形而上学》，张百春译，中国城市出版社2003年版，第136页。

此，反求诸己，尽性至命，构成了这种心性之学的重要特征。按照中国哲学家们的观点，作为宇宙或世界终极本体的"道"就存在于人自身之中，与人的先天本性直接同一，所以只须内省，无须外求，正如王阳明所深刻提示："圣人之道，吾性自尽，向之求理于事物者误也。"①

中国传统哲学心性论的这一特点，代表和彰显了中国传统哲学的一个重要特征：将"内圣"即主观世界的改造作为"外王"即客观世界的改造的前提，关注和追求的重点首先并非是人对外在自然、外在世界的认知和作用，而是对人自身心性的求索和修炼；并非是向外寻找人与自然或存在者与"存在"相统一的中介，而是从人自身内部来探究和实现人与自然、人与"道"的统一。它重视人自身的"内圣"，重视内在的反省和心性的澄明，这样，就使它能够提供一种人通向所谓"道"或"存在"的内在的路径和模式。

在以往的有关哲学研究中，人们往往将中国传统哲学的心性论判定为主观唯心主义。其实，这种观点没有看到，作为物质世界和精神世界两者统一的世界最高统一性或终极本体，自然也超越了物质和精神两者本身的对立；从而，对它的理解，也逾越了唯物主义和唯心主义的二元框架所能指涉的范围。

八

人们往往把作为世界终极本体的"存在"或"道"与主体性两者看成是彼此对立、互不相容的。其实，这种看法或许主要是哲学转型给人们带来的一种印象。

近代以来哲学发生了一种根本的转型，其表现形式是认识重心由世界或广义的自然转移到人，即由所谓"实体"转移到主体，其实质和内

---

① 《王阳明全集》卷下，上海古籍出版社 1992 年版，第 1228 页。

在逻辑则是由作为世界本原或终极本体的所谓“存在”转移到“主体性”。黑格尔在《德国唯心主义始初系统纲领》中明确地提出“我要从自然迈向人的作品”，清晰地表明了这种哲学转型的内在逻辑。

哲学转型给哲学自身发展所带来的最重大的变化，就是主体性原则的统摄和“存在”的遗落。基于近代以来人在实践上真正成为感性或经验世界的主体，主体性在哲学理论上成为现代性的根基、底蕴和主导原则，从而彻底取代了“存在”的至高无上的地位。同时，“存在”则在实际上被彻底遗弃。然而，物极必反。如此一来，由于主体性与存在之间的内在关联被彻底割断和受到漠视，主体性原则也就势必脱离存在的统摄而被推向极端，由此导致主体性原则的绝对化，导致个体中心主义和人类中心主义等各种主体主义的主宰和统治。这对哲学自身所带来的一个致命的后果是，哲学自身的性质发生了蜕变：愈益沦为工具理性，即成为物欲主义、消费主义和各种实用主义的工具，丧失了本应具有的信念、批判和超越之维，特别是丧失了将人与世界、与“存在”或“道”相统一的能力。由于它不再去关注和承担“为天地立心”的使命，因此，它也就不再是能够“为生民立命”从而人能够借以栖身的“安身立命”之学了。

由此观之，作为世界本原或终极本体的所谓“存在”与人的主体性仿佛确实处于一种水火难容的对立地位。形而上学的复兴和重建论者们也莫不摒弃乃至鞭挞主体性和对象化的原则。可是，事实上，正是在“存在”或“道”与人、与人性的内在关联中蕴含着人的主体性，即一种道德的主体性。这正如别尔嘉耶夫所指出的：“关于个性的最高价值问题，关于个性和个体对一般的首要问题，关于共相的争论，理智地或理性地是无法解决的。这个问题只有靠道德意志才能解决，道德意志确定价值。”①

---

① 别尔嘉耶夫：《末世论形而上学》，张百春译，中国城市出版社2003年版，第139页。

黑格尔在《法哲学原理》中曾经对于这种道德的主体性进行了专门阐述。按照黑格尔的理解，主体性不仅相对外在客体、对象而言，而且首先相对主体的人自身而言，在主体的人自身中表现出来。这表现在主体性是道德意志的规定性和实存。"现在，理念的实存方面或它的实在环节是意志的主体性。只有在作为主体意志的意志中，自由或自在地存在的意志才能成为现实的。"① 道德意志体现主体性，可称为主体意志，它具有三个显著特征：一是个体性，是作为自为存在的单个人的个体意志；二是自为性，即自我规定和自我约束性（因此，是一种自为存在的自由，是他人所不能过问的。从而，也是人的价值评价的重要尺度，人的价值应按其内部行为来进行评估）；三是应然性，体现一种应然的关系。

总之，作为世界本原或终极本体的所谓"存在"或"道"与人、人性的内在关联，已经内在地包含着人的主体性，它规定人的天然使命就是作为道德的主体去实现与"存在"的统一乃至同一，而实现了这一点，也就达到了所谓"至善"。如此看来，所谓"存在"或"道"与主体性的对立不过是就外在的表象而言；如果就内在的底蕴而论，不妨说所谓主体性只是"存在"构成的一个内在环节。确立道德的主体性，是追索"存在"的题中应有之义。

也正是在这里，重建形而上学和重建主体性的意义向我们清晰地展示出来，中国传统哲学的心性论也因此而显现出它的当代价值，由此，对其进行现代性转化的任务就以空前紧迫的形式提到历史议程。

（本文原载《中国哲学年鉴》2017 年卷，补充和进一步发挥了《形而上学的扬弃与复兴》［载《北京大学学报》（哲学社会科学版）2014 年第 1 期］一文的论述）

---

① 黑格尔：《法哲学原理》，范扬、张企泰译，商务印书馆 1961 年版，第 110 页。

● 认识论

哲学认识论基本问题不等于
哲学基本问题

1. 有关马克思主义哲学的传统阐释中存在着片面强调社会关系的客观本性和历史必然性、忽视主体特别是个体及其自我的自由选择的倾向。这种状况的出现，究其原因有三：其一，马克思所致力的理论研究的着重点是对个体所处的社会关系的科学分析，即实证性的经济学研究，这使得马克思即使在对社会主体的人进行专门考察时也往往侧重于经济的层面。其二，传统阐释适应计划经济和集权体制的需要片面诠解马克思学说，乃至误把马克思学说的科学分析的着重点或对象（社会关系体系和历史规律性）当作马克思学说的伦理坐标（个人全面发展的价值取向），并且用前者替代和取消了后者。其三，传统阐释囿于哲学认识论，特别是囿于思维与存在的关系这一传统的哲学认识论框架。

2. 囿于哲学认识论同以往哲学中的机械决定论和忽视主体的地位、作用的倾向是有必然联系的。这是因为，哲学认识论的基本矛盾是思维与存在的关系，它与实践过程中的主体与客体的关系各自所内含的侧重点是全然不同的：在思维与存在的关系中，存在居于轴心地位，存在规定和制约思维，思维则要客观反映和不断接近存在，从而客体性规定主体性，存在规定思维，必然规定偶然；而在主体与客体的关系中，则主体居于轴心地位，主体驾驭客体，客体则要服务和服从于主体的需要，从而，主体性统摄客体性，思维统摄存在，偶然统摄必然。^① 因此，有必要重新认识并在理论上深入阐明"哲学基本问题"，弄清楚恩格斯这一理论概括的合理范围及其条件性。

3. 应该把哲学认识论的基本问题与整个哲学的基本问题加以区分。思维与存在的关系是哲学认识论的基本问题，但不是在任何历史条件下都是整个哲学的基本问题。整个哲学的基本问题是由哲学研究的重心和时代主题规定的，因此，它随哲学研究的重心和时代主题的变化而变化。

4. 在古代，哲学认识的重心是自然，而人是隶属于自然的。近代以后，哲学认识的重心则日渐转移到人——开始是人的意识、精神层面，尔后则是人、人的存在本身。^② 与此相适应，哲学的基本矛盾、基本问题在不同时期也各不相同。在古代哲学中，人与自然处于天然的联系中，主、客体关系还潜伏在人与自然的原始统一性之内。哲学意识追寻和探究的重点是世界的统一性与始源。因此，本体论（存在论）成为哲学的主题甚至成为整个古代哲学发展的形式，个别与一般的关系问题构成哲学的基本矛盾与中心。到了近代，人凭借工业、科技的力量同自然相分离，从而，从理论上客观地认识和把握外在世界的任务就提到了首位。于是，思维与存在的关系这一认识论领域的基本矛盾、基本范畴就获得了一种普遍的意义，取代了古代哲学中个别与一般的范畴所具有的主题和中心的地位。在当代，因工业和科技所带来的生产力的迅猛发展导致的人与外部环境、人与自然之间的相互作用愈加空前广泛、深刻，人类在总体上开始真正成为周围自然环境和感性世界的主体，加之国际资本的扩张及其带来的功利主义、消费主义的普遍化，以及科学技术力

---

① 黑格尔已经指出，在主、客体关系中，两者不是处于平等的地位，不是相互中和，而是有主次之分，即主体居于主导地位，从而"无限统摄了有限，思维统摄了存在，主体性统摄了客体性"。参阅黑格尔《小逻辑》，贺麟译，商务印书馆1980年版，第403页。译文有改动。
② 参阅拙文《对哲学及其当代任务的一种审视》，《中国社会科学院研究生院学报》1996年第2期。

量急剧增长过程中的盲目性和失控，都给人的自身的存在和发展造成威胁，这就势必使哲学研究的重心、从而使哲学的基本矛盾和基本问题再次发生转换，使近代初始就已呈现的主体与客体的矛盾愈益尖锐和突出。

5. 由此可以看出，只是在近代，哲学认识论的基本问题才获得普遍意义，才与整个哲学的基本问题相重合，即思维与存在的关系问题既是哲学认识论领域的基本问题，同时又是整个哲学的基本问题。诚如恩格斯所确认的："这个问题，只是在欧洲人从基督教中世纪的长期冬眠中觉醒以后，才被十分清楚地提了出来，才获得了它的完全的意义。"①因此，不能把这种"重合"推而广之，照搬到当代，继续把认识论的基本问题作为整个哲学的基本问题，更不能用思维与存在关系问题的解决来代替哲学的其他若干基本范畴和关系问题（诸如个别与一般、主体与客体乃至本质与存在、必然与偶然、感性与理性、自由与必然等等）的解决。

6. 当代的重大的哲学基本问题是主体与客体的关系问题。主体与客体的关系所以成为当代哲学的基本问题，"其根源在于近代工业出现以来所带来的生产力的迅速发展及其引起的人与外部环境、人与自然之间空前广泛、深刻的相互作用。近代工业社会是人类发展史上的一个转折点。只是到了近代工业社会，人的实践活动才在总体上开始成为真正的支配自然力的那种活动，而人才成为真正的主体。"②不过，在近代，主体与客体的关系还仅集中表现在认识层面或认识过程，还没有获得其完全的意义。而到了当代，随着人们实践活动的扩展，主体与客体的关系就愈加具有普遍性和重要地位，愈加显示出其全面的丰富蕴含。

7. 事实上，马克思已把实践过程中的主、客体关系作为哲学的基本

---

① 《马克思恩格斯选集》第 4 卷，人民出版社 1995 年版，第 224 页。

② 参阅拙文《对哲学及其当代任务的一种审视》，《中国社会科学院研究生院学报》1996 年第 2 期。

矛盾与基本问题提升到哲学的中心地位。马克思在《关于费尔巴哈的提纲》中确认：对对象、现实、感性，不能只从客观的形式去理解，而必须"把它们当作感性的人的活动，当作实践去理解"，"从主体方面去理解"。① 马克思的这一论断，从根本上批驳了旧唯物主义因为不了解实践的本性而导致的囿于哲学认识论，而且必定是直观的、机械的哲学认识论的错误，打破了传统的本体论与认识论的界限，把首先体现为本体论或存在论的实践中的主、客体关系提到了哲学的中心。

　　马克思把实践中的主体与客体的关系置于哲学的中心，实际上是适应人类认识发展的客观要求，促进和实现了哲学研究重心和时代主题的一次重大迁移和转换。马克思正处在 19 世纪后发生的哲学重心由人的精神、意识层面向人、人的存在本身转移这一转折点上。他深刻地洞察到，与在土地所有制居于支配地位的社会形式中自然联系占优势的情况相反，"在资本居于支配地位的社会形式中"，必然是"社会、历史所创造的因素占优势"。② 正是基于这种洞察，使他有可靠的根据把哲学研究的重心从传统的哲学认识论，迁移到社会历史观，从传统的哲学认识论的思维与存在的关系，迁移到社会历史过程中的主体与客体的关系，并从主体与客体的关系入手去重新解决思维与存在的关系以及其他诸哲学基本范畴间的关系，例如个别与一般、存在与本质、自由与必然，等等。

　　十分重要但是长期以来却受到忽视的是，早在《1844 年经济学哲学手稿》中，马克思就已明确阐明了他对于所谓哲学"认识论"的见解：工业的历史和工业的已经产生的对象性的存在，才是感性地摆在我们面前的人的认识论，但对这种认识论人们至今还没有从它同人的本质的联系上来理解。③ 这无可置疑地说明，在马克思眼里，合理的哲学认

---

① 《马克思恩格斯选集》第 1 卷，人民出版社 1995 年版，第 54 页。
② 《马克思恩格斯全集》第 12 卷，人民出版社 1962 年版，第 758 页。
③ 《马克思恩格斯全集》第 42 卷，人民出版社 1979 年版，第 127 页。

识论——如果说还有某种认识论的话，只能是把对象、现实、感性当作实践去理解的认识论，只能是与主体的本质相关联的认识论，而这样的认识论，也就是实践论，也就是马克思所创立的以实践观为基础的新唯物主义。

8. 有一种说法，认为在当代西方，哲学主要倾向已是反主体性、反主客二分。因此，主体性范畴、主客体关系范畴已经过时了。其实，合理的说法应是：脱离客体而片面强调主体的抽象的主体性的观点和脱离主、客体的同一性而片面强调主、客体的对立性的观点过时了，但主、客体关系在当代哲学的中心地位并未改变。因为虽然当代西方思潮正在由主、客两分走向主、客统一，然而这正表明，它并未有摆脱主、客体关系的总框架。所以，主、客体关系仍是当代哲学的中心和主题，仍是当代具有世界性的哲学的基本矛盾、基本问题。

9. 正视主、客体关系是当代哲学的基本矛盾、基本问题，并不排斥思维与存在的关系在认识论领域中过去所享有和现在也仍具有的独特地位和作用。作为认识论领域的基本矛盾、基本问题，它在认识论领域中的优先地位无疑将永远保持着。而且，对主、客体关系的深入研究，对人的存在论的研究，也必将为人们深入认识思维与存在的关系提供新的可能性，提供新的视点和维度，使思维与存在的关系为"主体之光"所照亮，得以展现出它所未曾充分展示过的丰富内涵。

（本文原载《社会科学战线》1998 年第 6 期，原标题为"哲学认识论基本问题不等于哲学基本问题辨析"）

论 悟 性

——对中国传统思维方式和特质的一种审视

在当代，伴随人本主义思潮的崛起，近代占绝对统治地位的理性主义受到批判和拒斥。继胡塞尔植根于存在论的"领会"而强调"本质直观"之后，海德格尔提出达到"存在"的道路是"直觉"（intuitiv）"感悟"（vernehmen）。从认识论的角度来说，这实际上是对既有的思维方式和认知结构模式的挑战。

既有的认知结构模式源于康德哲学。康德将人类的认知结构划分为感性（Sinnlichkeit）、知性（Verstand）和理性（Vernunft）三个层次。在康德看来，感性是接受印象的能力，知性是规则的能力，理性是原理的能力，它们一起构成人类认识的完整结构。康德的这一划分，揭示了认识的基本层次或基本要素，确立了理性的至高地位，在人类认识史上具有重要的意义。长期以来，它甚至成为一种被哲学家们所普遍认可的普适性的权威定论。[①] 它奠定了西方近现代理性主义的重要思想基础，从而也影响到哲学家们（首先是德国古典哲学的哲学家们）关于哲学本质的看法。从马克思在《莱茵报》期间撰写的文章中可以看出，与黑格

[①] 恩格斯：《自然辩证法》，《马克思恩格斯选集》第 4 卷，人民出版社 1995 年版，第 331 页；毛泽东：《实践论》，《毛泽东选集》第 1 卷，人民出版社 1991 年版，第 290 页。

尔一样，马克思也把理性视为哲学的首要的和最高的工具，主张"哲学……求助于理性"，认为所谓哲学研究就是"自由理性的行为"，甚至主张"把自由的理性当作世界的统治者"，希冀确立一种"最新哲学的理性"或"永远新颖的理性的哲学"。①

尽管康德的这一认知结构理论作为定论长期以来未受到任何质疑，然而，笔者以为，究其实质，它是对西方哲学传统和思维方式所作的哲学诠释。这一认识模式纯然是基于西方文化和哲学立场的，因此，本质上是一种基于西方中心主义的理性至上主义。它至多对于西方文化及其哲学的主流传统才是适用的，包容不了西方文化及其哲学的整体传统，更容纳不下中国传统哲学及其所体现的东方的思维方式。就其总体而言，西方的哲学思维方式本质上是理性主义的，德国古典哲学堪称其范本。而中国传统哲学的思维方式却与其迥然而异：它无疑也含有理性主义的因素，但并不归结为理性主义；它较注重和强调悟性、直觉和体验，但又不归结为非理性主义和直觉主义。毋宁说，它在本质上更具有"悟性"的色彩，是"悟性主义"的。

鉴于此，有必要发掘东西方传统哲学中的悟性主义特质，重释和提升中国传统哲学中的"悟性"概念，以便重建更具文化包容性的马克思主义哲学的认知结构。这里，仅就中国传统哲学中的悟性主义予以研究和考察，并提出某些基本的论点和结论。②

一 "悟性主义"及其表现

中国传统哲学的悟性主义思维方式在儒家的"格致"（"格物致知"）、道家的"玄览"和中国佛教特别是禅宗的悟性理论中体现得最

---

① 参阅马克思《第179号"科伦日报"社论》，《马克思恩格斯全集》第1卷，人民出版社1956年版，第123、125、128页。

② 对于西方哲学中类似的"悟性主义"传统，需在另外的专文中予以考察。

为集中和鲜明。

孔子首创"格致"说，对后世影响很大，被誉为"格致之学"。以至在近代，人们曾用"格致学"的称谓去翻译西方"哲学"这一概念。"格致"或"格物"之法，是孔子《大学》之旨，《大学》则可视为孔子哲学观的代表作和集中阐释。何谓"格物"？历代注家众说纷纭，诠释不一。举其要者，有三种代表性的解释：一种可谓认识论的解释，以二程、朱熹、陆九渊、王夫之等为代表。如二程和朱熹的"即物穷理"说。一种是伦理学的解释，以王阳明、刘宗周、王畿等为代表。如王阳明的"为善去恶"和"致良知"于事物说。一种是实践论的解释，以颜元等为代表。如颜元的"手格其物"（"犯手实做其事"）说。其实，所谓"格"，"标准也"；（《后汉书·傅奕传》）引申意为"度也，量也"。（《广韵》）所谓"格物"，通俗地说，就是用既有的标准和尺度去衡量、测度对象。也就是如同我们今日所说，用"先验范畴"（康德）或"逻辑之格"（列宁）对对象进行加工、整理和把握。这里所说的标准和尺度应首先是道德的标准和尺度，而所格之物则应是心中之物即诸种主观观念、动机和欲望。就此而言，应该说在对格物说的诸种解释中伦理学的解释特别是王阳明的解释较为合理，而二程和朱熹的"即物穷理"说将格物释为格身外之物，则显然偏离了孔子格物说的原旨和方向。此外，就格物把握对象的方式而言，这种把握显然也绝非是过于理性化或理性主义的，而毋宁说更具有悟性的特色。实际上，孔子本人也明确地反对过于理性化的思考，这可以从他对季文子"三思而后行"所持的保留态度中看出："季文子三思而后行。子闻之，曰：再，斯可矣。"（《论语·公冶长》）

老子的"玄览"（帛书《老子》作"玄鉴"），概括了道家的根本思维方式。王弼释其为"极览"。（《老子道德经注》）河上公释其为"心居玄冥之处，览知万物"。（《老子道德经河上公章句》）从今天的视域来看，可以将其理解为，从最超验的层次对事物的一种整体性的观照

和透察。按照老子的阐释，"玄览"的基本方法是，"塞其兑，闭其门，挫其锐，解其纷，和其光，同其尘"。（《老子》第五十六章）也就是说，要排除一切感性经验、语言概念和欲望，保持内心的清静和安宁。只有如此，才能做到"常无欲，以观其妙"。（《老子》第一章）庄子亦强调"目无所见，耳无所闻，心无所知"（《庄子·在宥》），并将"玄览"具体化为"体道""坐忘""朝彻"。而所谓"坐忘"，即"堕肢体，黜聪明，离形去知，同于大道"（《庄子·大宗师》）。魏晋时期的玄学，亦当被视为"玄览"这一方法论的充分发挥和展开。

中国佛教特别是禅宗是中印文化融合的产物，又吸收了儒家特别是道家（玄学）的要素，凝聚了中国乃至东方悟性思维的精华。体现了佛教思维方式的"了悟"，佛家将其释为：生起真智，反转迷梦，觉悟真理实相。在佛家看来，"开悟"是修行之目的，而"菩提"为所悟之智，"涅槃"为所悟之境，佛及阿罗汉则为所开悟者。佛教义理对"悟"或"了悟"有甚为精密、详尽的研究和解说。例如，依所悟之程度，将悟分为"小悟"和"大悟"（有"悟一分为小悟，悟十分为大悟"之说）。依所悟之迟速，将悟分为"渐悟"和"顿悟"。依所悟之途径，将悟分为"解悟"和"证悟"（由理解真理而知者为解悟，由实践修行而体得真理者为证悟）。依所悟之主体，将悟分为"悟自"和"悟他"（自己了悟为悟自，令他人了悟为悟他）。如此等等。更为重要的是，佛教在长期的历史发展过程中，创造和积累了一整套系统而完备的了悟的方法，而这些方法，堪称无数佛教大师和佛教徒通过世代刻苦修行实践所取得的丰富的悟性体验的结晶。这种悟性主义的思维方式和思维特质尤其在中国禅宗中得到典型和充分的呈示。

在《坛经》中，可以发现和寻觅到禅宗悟性论思维方式的一切要点：（1）"自悟"法。强调"自悟自修"，诉诸个人体验。之所以要自悟自修，是因为佛性在我，佛在自心，"佛是自性作，莫向身外求。"自悟自修的具体方法是"用智慧观照"。"如若不得自悟，当起般若观照"，"自性心地，以智慧观照，内外明澈，识自本心"。而这种智慧也是个体本性中自有的："本性自有般若之智。"（2）"生慧"法。主张善能生慧，善为慧之基，故重视善行、善念。认为，"见一念善，智慧即生。"（3）"不住"法。讲求"无念""无相""无住"。这是对《金刚经》主旨"应无所住，而生其心"的发挥。慧能申明，"我此法门，从上以来，顿渐皆立，无念为宗，无相为体，无住为本。"三者的关系是，体认"无相"是基础、前提，"无相"则能"无住"，"无住"则能"无念"。而所谓"无念"，仍然是在念上"无住"，即"于自念上离境"，"见一切法不住一切法，遍一切处不住一切处"。由此也可见，所谓"无住"或"不住"，不仅包括对"相"的不住，也包括对佛法的不住，即对一切法采取"不取不舍"的态度（所谓"一行三昧"）。慧能说："用智慧观照，于一切法不取不舍，即见性成佛道。"（4）"禅定"法。慧能也强调"坐禅""禅定"，但他并不拘泥于其形式，而是在实质上赋予其特殊含义。关于"坐禅"，他界定为："念不起为坐，见本性不乱为禅。"关于"禅定"，他界定为："外离相即禅，内不乱既定。外禅内定，故为禅定。"这样，所谓禅定，实际上仍然是"不住"，不过是"不住"的不同说法。（5）"顿""渐"法。悟有"顿悟""渐悟"之别。初看上去，似乎这是两种法门。但实际上，它们不过是因人而施的同一方法。慧能对此作了阐释，认为："何以顿渐？法即一种，见有迟疾，坚持己见，见疾即顿。法无渐顿，人有利钝，故名渐顿。"（6）"相因"法或反说法。用一方映照、说明另一方，用一个极端消解另一极端，用一个片面对抗另一片面，以此复归"中道"或整体，实现对整体（"中道"）的领悟。慧能提出，"若有人问法，出语尽双，皆取法对，来去相因。"他还说，"若有人问汝义，问有将无对，问无将有对，问凡以圣对，问圣以凡对。二道相因，生中道义。"为此，慧能还提出36对矛盾，以供提问应答参考，称之为36对法。即：天地、日月、暗明、阴阳、水火、有为无为、有色无色、有相无相、有漏无漏、

色空、动静、清浊、凡圣、僧俗、老小、长短（一曰高下）、斜正、痴慧、愚智、乱定、戒非、直曲、实虚、险平、烦恼菩提、慈害、喜嗔、舍啬、进退、生灭、常无常、法身色身、化身报身、体用、性相、有情无情。

应该说，中国禅宗所承继并加以发展的佛教传统中的悟性思维方式和特质是中国传统哲学的精华，也是中华民族对于人类文化所做出的特殊的重大贡献。因此，有必要下大力气对其加以挖掘、进行创造性转换和提升。

二 "悟性"的本质和特点

从哲学思维方式的角度进行界定，"悟"是对对象本性或内蕴的一种直觉的、明澈的观照和透察。而"悟性"则是兼有感性和理性特点、因而也具有辩证性质的（如恩格斯所言，辩证思维是佛教徒所具有的）对对象本性或内蕴的一种直觉的、明澈的洞察或领悟能力。综括而论，这种突出体现在中国传统哲学特别是中国禅宗中的悟性思维或悟性体验具有下述本质特点。

自我性。悟性本质上具有自我意识性质，是一种自我意识性，与自我相关联。悟，要通过自我，以自我为悟之主体。同时，道或佛性就在我自身上体现，因此，我又是悟之客体。即使是悟物，也以悟我为前提。如此，道我不分，佛我不分，故需要自格自致，自修自悟。孔子说"道不远人"（《中庸》），"君子求诸己"（《论语·宪问》），"吾日三省吾身"（《论语·学而》）。孟子也说，"君子深造之以道，欲其自得知也。"（《孟子·离娄章句下》）老子强调"自知者明"（《老子》第三十三章）。慧能则主张，"我心自有佛，自佛是真佛"，"自悟自修"，"识自本心"。（《坛经》）悟性的这种自我性，在根本上决定了它首先是一种个体的认知体验。

本体性。悟性直接基于一种道德的本体性，即以道德本体为根基。

这种道德的本体性，是人的存在的本体性的集中表现，同时也体现、映现世界存在的本体性。孔子的《大学》开宗明义："大学之道，在明明德，在亲民，在止于至善。知止而后有定，定而后能静，静而后能安，安而后能虑，虑而后能得。"其要旨是将思建立在善的基础之上，将善作为思的前提。老子的"重积德则无不克"（《老子》第五十九章）和慧能的"善生慧"也体现了同一意旨。此点鲜明地体现了中国哲学的这一特色，即认识论与本体论、与伦理学密不可分，认识论包摄具有本体性的伦理学，真与善有机融合和统一，两者浑然一体，并因而具有审美化的特征。这种认识论要求人们不是仅用理性去认知对象，而是用整个身心去感悟、体验对象，因此，它必然要求人们遵从道德律令，以便使其自身的行为与对象的内在节律相一致。

整体性。也就是说，是对对象的整体性把握。悟性的整体性源于对象的整体性，是对象的整体性要求的。具体说来，在儒道释那里，它源于道或佛性的整体性，即道体为一，佛性不二。老子提出"是以圣人报一为天下式"（《老子》第二十二章）。庄子论及"主之以太一"（《庄子·天下》）。这些，都可以视为对对象即"始源"之统一性的不同把握和表述。而慧能主张"性在身心存""佛是自性作"（《坛经》），强调佛我的统一，泯除主客的分离与对立，其实质也是表达和再现对象的统一性和完整性。

直接性。即摒除事象、语言、文字等一切间接性，直指对象的本体、本性。如佛教所言"忘象息言"，彻悟言外（《高僧传》第七卷《竺道生传》）。《老子》开篇就讲"道可道，非常道"。庄子说"得意而忘言"（《庄子·外物》）。孔子亦云"言不尽意"（《易经·系辞》）。慧能则强调"以心传心""不假文字"（《坛经》），直承佛教的真髓。从中可见，悟性所诉诸的直接性，不是面对事象、表象、现象的直接性，而是面对"始源"本体即所谓道体或佛性的直接性。这里，如何对待语言十分重要和棘手。语言具有二重性，既有解蔽功能，又有遮蔽功能。但是禅宗对待语

言的态度十分辩证，表现了高度的智慧。譬如慧能提出的"不取不舍"法。就语言而言，"不取"的含义是，弃绝、回避语言、文字、思维逻辑、理性思辨等中介的运用，"自用智慧观照，不假文字"，以免"心不行《法华》转"；"不舍"的含义则是，在不取的同时，又运用语言、文字、思维逻辑、理性思辨等中介，通过对它们的运用来超越它们，即所谓"心行转《法华》"。这在理论上，实际上既承认了语言性空，又肯定了语言性不空，如《坛经》所说："既云不用文字，人不合言语；言语即是文字。自性上说空，正言语本性不空。迷人自惑，语言除故。"

逆向性。打破日常和常规思维定式，采用反的、负的或逆的说明方法，通过诉诸差异、矛盾、对立、悖论、冲突、抵牾，来打破偏执、区分、片面、极端、僵死、界限和限定，达到和实现对对象整体之直接的乃至瞬时的领悟。老子说"反者道之动"（《老子》第四十章），"孰知其极，其无正?"（《老子》第五十八章）孔子讲"叩其两端而竭"（《论语·子罕》），"执其两端"（《中庸》）。程颐提出"物极必反"（《河南程氏遗书》卷十五）。方以智论及"相反相因"（《东西均·反因》）。这些，与慧能的"相因"法或反说法一样，都体现出通过"执端"而最后"取中"的特征。应予以特别注意和重视的是，对于"始源"这一最高对象的认知来说，这种反的或负的方法的实质和特殊意义在于：不说不可思议和不可言说的东西是什么，而只去说它不是什么；通过可思议和可言说的东西，思议和言说不可思议和不可言说的东西。

从上述悟性思维的若干特质中可以看出，悟性如同感性、理性一样，也是人类认识固有的一个重要层次或重要因素。而且，正因如此，它也绝非是康德所指谓的那种介于感性与理性之间、具有形而上学思维方式特点的"知性"（Verstand，有时也被译为"悟性"。笔者认为，康德将"知性"从感性和理性中独立出来，具有一定的意义。但是，"知性"实际上是感性与理性之间的过渡和中介，其地位难以与感性、理性相并列），而是兼具感性和理性的特征，因而，应被视为感性与理性的统一。具体说来，感性含感觉、直观、表象等诸层次，具有直接性、具体性、生动性、多样性等特点。理性含概念、判断、推理等诸形式，具有间接性、抽象性、深刻性、统一性等特点。而悟性作为感性与理性的统一，是直接性与间接性、具体性与抽象性、生动性与深刻性、多样性与统一性的融合。它既同感觉主义、经验主义、直觉主义相对立，又同理性主义、逻辑主义、思辨主义相对立。因此，感性、理性、悟性是人类认识的三种要素或三个主要层次，而感性直观、理性反思和悟性体验则是哲学的三种基本的认识方式和手段。三者都是人类认识固有的，不可缺少的。据此，应构建由感性、理性、悟性三者构成的一种新的认知结构和模式。德国古典哲学特别是康德哲学将悟性排除在外，是对人类认识的一种肢解和片面化。

三　"悟性主义"与理性主义

总体上说，以儒道释特别是中国禅宗为代表的中国传统哲学的悟性论思维方式，完全超除了康德所划定的"感性、知性、理性"的认识框架，超出了康德将理性视为认识的最高形式的观点，从而也超出了西方意义上的"哲学"范畴本身。正如铃木大拙对"悟"所阐释的，"悟可以解释为对事物本性的一种直觉的察照，与分析或逻辑的理解完全相反。实际上，它是指我们习于二元思想的迷妄心一直不曾感觉到的一种新世界的展开。"[1]

应该说，哲学有两种主要的传统，即理性主义传统与"悟性主义"传统；有两种基本的思维方式，即理性思维与悟性思维（在广义上使用"思维"概念）。这两种思维方式各有其长处和特色。对此，冯友兰曾作过这样的描述：哲学有两种方法：正的方法和负的方法。前者是可思

---

[1]　铃木大拙：《禅与生活》，光明日报出版社 1988 年版，第 68 页。

的、清晰的、假设的概念；后者是不可思的、神秘主义的、直觉的概念。前者是西方的，后者是东方的。而一个完全的形而上学即哲学系统，应始于正的方法，终于负的方法。神秘主义不是清晰思想的对立面，更不在清晰思想之下。勿宁说它在清晰思想之外。它不是反对理性的，而是超越理性的。[①] 这里，冯友兰将悟性思维称为"负的方法"和"神秘主义"未必完全准确、合适，但他把悟性思维分离于理性思维之外并置于理性思维之上，则是应予肯定的。

鉴于东西方哲学思维方式的各自主要特点，应该在这两种思维方式中有意识地建立由此及彼、由彼及此的桥梁，以利于两者的沟通与融合。如果说，未来文化是一种"世界文化"，那么，这种思维方式的沟通和融合则与价值观的整合一样，构成这种世界文化的本质和核心。

实际上，东方悟性主义和西方理性主义两种传统之间的互动贯穿于世界哲学发展的历史过程中（这里姑且不论存在于东西方哲学各自内部的悟性主义传统与理性主义传统之间的互动）。譬如，古希腊奥尔弗斯和毕达格拉斯、近代叔本华以及当代海德格尔等对印度和中国传统哲学悟性主义特质的研究和吸收；近代以降，中国哲学对西方理性主义传统的青睐和接纳，等等。哲学意识应该把这种既有的经验事实进一步升华为理论的自觉。

最后，应该指出的是，体现在中国传统哲学中的悟性主义从今天的视域看来毕竟是一种古典形态的悟性主义。它无疑也需要伴随时代的发展而不断演进。当代中国马克思主义哲学应在充分接纳和吸收西方理性主义的优长的同时，继承、转换、丰富、提升和宏大中国传统哲学中的这种悟性主义的遗产，从而推动哲学的前行。

（本文原载《哲学研究》2003 年第 1 期）

---

① 冯友兰：《三松堂全集》第 6 卷，河南人民出版社 1989 年版，第 305 页。

中国传统解释学的方法和特色

文本解读有其特殊的规律性，因此需要专门的方法论。中华民族素有尊经奉典、依经演绎的传统，在漫长的历史发展过程中形成了以文本注疏和诠释为主要或核心内容的丰厚的解释学遗产，这不仅为中国现代解释学的构建提供了必要的思想资源，而且也为当下人们研读中外各种文化经典提供了有益的借鉴和启示。

据考古发现，甲骨文中已有对字义阐释的文字。至春秋时代，中国传统解释学的各种理论形态已经初见端倪。历经两汉、魏晋、唐宋等繁盛时期，至清代达到巅峰。在先秦时期，已经涌现出故、传、说、解、记等诸种经典文本解读的体式，在两汉，又形成了注、微、笺、训、诂等。这些解读体式各自分别独立，但同时往往又被综合使用，其中，尤以训、诂、传三者最受重视和最为普及，乃至发展出一种训、诂、传三者复合的经典解读范式，构成训诂学这门中国解释学学科的主要基础。所谓训、诂、传，孔颖达在《诗经正义》中解释说：诂者，即"通古今之异辞"；训者，即"辨物之形貌"；传者，即"传通其义"。马瑞辰在《毛诗诂训传名义考》中解释说："盖诂训第就经文所言者而诠释之，传则就经文所未言者而引申之。此诂训与传之别也。……诂第就其字之义旨而证明之，训则兼其言之比兴而训导之。此诂与训之辨也。"据此而论，大体说来，所谓"训"和"诂"重在诠释文本之文字，而

"传"则重在阐发文本之义理。

本文仅结合经典文本的研究和释读，就中国传统解释学的主要方法和特色谈点浮光掠影式的印象。

一　字释与义释

汉语的基本结构为字、词、义。这决定了解读的基本任务为考释字词和阐发义理。这两者虽然各有侧重，但紧密相连、不可分割。朱熹十分重视两者的统一，他认为，文本解读既要反对"惟知章句训诂之为事，而不知复求圣人之意，明夫性命道德之归"，也要反对"脱略章句，陵藉训诂，坐谈空妙，展转相迷"。（《朱熹文集》卷75）戴震在《沈学子文集序》中将解读的基本结构具体地分解为"离词——辨言——闻道"三个阶次，清晰地揭示和表述了解读的内在逻辑："凡学始乎离词，中乎辨言，终乎闻道。"（《戴震集》卷一一）在这一解读的逻辑结构中，"离词"构成解读的前阶和基础，"闻道"构成解读的最高宗旨和目标，而"辨言"则构成由此及彼的桥梁和中介。正因为"离词"即对字词的考释是解读的前阶和基础，它也就因此成为训诂学的一大重点，并由此形成了中国传统解释学重视语言基本单位——字词的解读这一重要的特色。

在字词的解读方面，鉴于汉语及其文字的特殊性，中国传统解释学将研究的重点放在对语言的基本单位——字的形、声、义三要素的考察，并由此产生出形训、声训、义训三种最基本的训诂形式。形、声、义三者的内在关联，可以用一句话来概括：以声为纲，挈领形义。

对于"声"在文字的诸要素中的地位以及对于"形"和"义"的意义，东汉训诂学家郑玄已有所认识。他在注书的过程中，已通过"声类""音类"相同和相近的关系，进行文字通假的分析和说明。特别是，郑玄明确提出"正音全义"这一原则："读先王法典，必正言其音，然后义全，故不可有所讳。"（《周礼注序》）因此，诚如戴震所说："是古音之说，汉儒明知之，非后人创议也。"（《戴震集·书广韵四江后》）尔后，元明两代训诂家们在继承汉代训诂学成果的基础上对音声在训诂中的重要作用又有进一步的论述。元代戴侗明确提出，训诂除了"因文求义"这一基本方法，还有"因声求义"这一重要法则："训诂之士，知因文以求义矣，未知因声以求义也。夫文字之用，莫博于谐声，声变于假借，因文以求义而不知因声以求义，吾未见其能尽文字之情也。"（《六书故·六书通释》）明代方以智也说："欲通古义，先通古音。""因声求义，知义而得声。"（《通雅》卷六）

戴侗提出的这一"因声求义"的法则在清代训诂家们手中被发展到极致。戴震明确地指出："义由声出，因声而知义。"（《戴震集·论韵书中字义答秦尚书蕙田》）段玉裁说："治经莫重乎得义。得义莫切乎得音。"王念孙认为："窃以诂训之旨，本于声音，故有声同字异，声近义同，虽或群聚群分，实以同条共贯。比如振裘必提其领，举网必挈其纲。"（《广雅疏证序》）孙诒让在论及清代的训诂之学时也曾指出："综论厥善，大抵以旧刊精校为据依，而究其微旨，通其大例，精研博考，不参成见。其谠正文字伪舛，或求之于本书，或旁证之它籍，及援引之类书，而以声类通转为之关键。故能发疑正读，奄若合符。"（《札迻序》）这些论述，道出了中国传统训诂学的奥秘和精义，将音声在文字诸要素中的地位揭示得淋漓尽致。

在充分揭示音声在训诂中的关键作用的基础上，清代训诂学家还全面阐释了形声义三者之间的关系，并由此建立起系统的训诂学体系。这尤其体现在段玉裁的论述中："小学有形有音有义，三者互相求，举一可得其二；有古形有今形，有古音有今音，有古义有今义，六者互相求，举一可得其五。"（《广雅疏证序》）

中国传统解释学之所以重视字词的诠释和解读，其意旨在于借此而准确地把握文本的意蕴或义理，进而"闻道""得道"。戴震说："经之至者，道也。所以明道者，词也。所以成词者，字也。由字以通其词，由词以通其道。"（《戴震集》卷九）戴震还特别强调："其得于学，不以人蔽己，不以己自蔽；不为一时之名，亦不期后世之名。……君子务在闻道也。"（《戴震文集》）因此，字释与义释、离词辨言与闻道的关系在一定意义上可以被归结为手段和目的的关系。

二　文释与史释

在此方面，中国学者们明确提出了"经史同一"即经典文本与现实历史本质上具有同一性的观点。王阳明明言："以事言谓之史，以道言谓之经，事即道，道即事，《春秋》亦经，五经亦史。"（《传习录》上）章学诚也说："六经皆史也。古人不著书，古人未尝离事而言理，六经皆先王之政典也。"（《文史通义·易教》）文释与史释的统一基于文与史或道与事的统一，即文以载道，道在事中。正因如此，文本与历史必须有机结合，互证互释。

作为文释与史释相统一的范例，有孟子"知人论世"说、左丘明的"论本事而作传"和王国维的"二重证据法"等。

孟子提出"知人论世"说，主张将释读经文与了解作者本人的情况及其所处的时代背景和社会环境相结合，由人世而达致经解。孟子云："颂其诗，读其书，不知其人可乎？是以论其世也，是尚友也。"（《孟子·万章下》）章学诚对此解释说："是则不知古人之世，不可妄论古人之辞也。知其世矣，不知古人之身处，亦不可以遽论其文也。"王国维也对此表示认同："是故由其世而知其人，由其人而逆其志，则古诗虽有不能解者，寡矣。"（《玉溪生诗年谱会笺序》）从中可见，孟子在这里所强调的解读方法是将解读的对象由单纯的文本扩展到作者本人及其所处的社会环境或历史境域，诉诸文本和人世的融合和统一。

左丘明为《春秋》而作《左传》，也体现了文释与史释的结合。

《汉书·艺文志》载："丘明恐弟子各安其义意，以失其真，故论本事而作传，明夫子不以空言说经也。"《春秋》本是鲁国史官编写的史记。经孔子修订，融入其政治伦理思想，变成既是史书，又是经书。但由于其词约，其言微，其义隐，不免给后人释读带来了难度。孔丘明为此作《左传》，以史事昭示《春秋》之义法，可称为"以事解经"。

王国维所创立的"二重证据法"，即"取地下之实物与纸上之遗文互相释证"（陈寅恪《海宁王静安先生遗书序》），在一定意义上也可视为将历史与文本相结合、使其互证互释的方法，因为无论古器物还是古文字作为考古文物都是历史的记录和遗存，是物化的历史。王国维本人认为："此新出之史料，在与旧史料相需，故古文字、古器物之学与经史之学实相表里。惟能达观二者之际，不屈旧以就新，亦不绌新以从旧，然后能得古人之真，而其言乃可信于后世。"（《殷墟文字类编序》）

三　文释与心释

中国传统解释学将文本解读主要理解为一种身心的"体认"或"体验"的行为，认为只有通过心释才能够真正做到文释。孟子曾针对在经典文本的释读方面存在的断章取义、以辞害志的诠释方法，提出著名的"以意逆志"这一原则。他说："说《诗》者不以文害辞，不以辞害志。以意逆之，是为得之。"（《孟子·万章上》）对此，朱熹解释说："文，字也；辞，语也；逆，迎也。言说《诗》之法，不可以一字而害一句之义，不可以一句而害设辞之志。当以己意迎取作者之志，乃可得之。"（《孟子集注》）略而言之，所谓"以意逆志"就是以解释者的思想去迎取或衔接作者的思想，使其相合或统一。这颇有些德国哲学解释学家伽达默尔所言的"视阈融合"（Horizontverschmelzung）的意味。

在历史上，张载、朱熹、戴震等人均对孟子的"以意逆志"作过重要的发挥使其愈益系统化。张载将孟子的"以意逆志"发挥为"心解"。他举例说，若孟子言"不成章不达"及"所性""四体不言而喻"，此非孔子曾言，而孟子言之。此是心解也。张载还说："心解则求义明，不必字字相较。"（《张载集》）可见，在张载看来，唯有心解才能把握文本的义理和精神实质，乃至不拘泥于文字和超越文字。

朱熹提出以心体心，即"以自家之心体验圣人之心"。何谓"以自家之心体验圣人之心"？朱熹认为，"入门之道，是将自家身己入那道理中去。"如何将解释者自家身己置入文本道理之中去？朱熹将关注重点由解读对象转向解读者本身，认为问题的关键是解读者要在自身上下工夫："读书不可只专就纸上求理义，须反来就自家身上推究。""且须先操存涵养，然后看文字，方始有浃洽处。若只于文字上寻索，不就自家心里下工夫，如何贯通？"（《朱子语类》）这样，朱熹就由文本的解读追溯到解读者自身的"涵养"，将解读问题归结为解读者自身的修养问题。朱熹在这里所强调的"体验"，颇具佛教的体悟或证悟的色彩。

戴震提出"以心相遇""相接以心"。他说："学者大患，在自失其心。心全天德，制百行。不见天地之心者，不得己之心；不见圣人之心者，不得天地之心。不求诸前古贤圣之言与事，则无从探其心于千载下，是故由六书、九数、制度、名物，能通乎其词，然后以心相遇。"他还说："凡学始乎离词，中乎辨言，终乎闻道。离词则舍小学故训无所藉，辨言则舍其立言之体无从相接以心。"（《戴震文集》）可见，在戴震看来，"相接以心"的前提和要义是解读者要存己之心。由存己之心而通乎其词，见圣人之心，得天地之心，最终得己之心，己心与圣人之心相接融汇。应存何种己心？戴震认为己心须"大"而"精"。他以解读《春秋》为例对此进行说明："读《春秋》者，非大其心无以见夫道之大。非精其心无以察夫义之情。"如何使己心大而精？戴震认为必须"好道之久，涵养之深"："夫精微之所存，非强著书邀名者所能至也。日用饮食之地，一动一言，好学者皆有以合于当然之则。循是而尚论古人，如身居其世。睹其事，然后圣人之情见乎词者，可以吾之精心遇之。非好道之久，涵养之深，未易如此。"（《戴震文集》）说到底，在戴震看来，要做到与古圣之心相遇，接古圣之心，解释者必须有志于道，加强自身涵养，努力将自己提升到圣人的境界。

四　义释与意释

文本解读牵涉两个基本的视角——含义解释与意义解释（赫尔施，E. D. Hirsch）。前者为对文本内容的事实判断，后者为对文本内容的意义判断。这两者统一于文本的内容，但又可以相对分离，在特定的意义上分别加以指谓和考察。文本的含义是为作者的意图所规定的。与此不同，文本的意义则如伽达默尔所言，总是同时由解释者的历史处境所规定的，因而也是由整个客观的历史进程所规定的。因此，文本的意义超越了它的作者（《哲学解释学》）。中国传统文本解释学虽然未对两者提出明晰的概括，但是在实际上却对两者及其相互关系有着全面和系统的把握。这突出表现在，它分别对应含义解释与意义解释，提出了"实事求是"和"经世致用"两大原则。"实事求是"反映了含义解释的根本要求。"经世致用"则反映了意义解释的根本要求。关于文本的含义阐释，朱熹提出，解释经典文本应该首先"一切莫问，而惟本文本意是求"（《朱熹文集》）。在这里，唯求本文本意被作为实事求是的最高标准。关于文本的意义阐释，王夫之曾论述说："经义之设，本以扬榷大义，剔发微言；或且推广事理，以宣昭实用。"（《夕堂永日绪论外编》）在这里，"推广事理，以宣昭实用"具体体现了经世致用的原则。

五　解释与建构

解释与建构的统一，即所谓"述"与"作"的统一。在此方面，中国传统文本解释学有"述而不作""寓作于述""舍经作文"等各种形式。孔子首创"述而不作"，自称"述而不作，信而好古。窃比于我老彭"（《论语·述而》）。孔子的"述而不作"，实际上是着眼于文化命脉的维系，完成了中华文化的一次大的整理和综合。朱熹认为，其实质是"集群圣之大成而折中之"（《论语集注》）。如此而言，孔子"述而不作"的要义至少有二：其一，"集群圣之大成"，即集中和融汇了古圣先贤的集体成果。其二，折中而用，即有所选择和取舍，撷取众长，融会共识。这已然是一种综合、概括和提升，其中，已经融入孔子自己的思想标准和价值判断。所以，综而观之，这种"述而不作"已不再是单纯的文本释读，而毋宁说同时也是一种文本的建构和再创作。

"寓作于述"的重点和主旨已不再是文本的解读和诠释。它是以文本的解读和诠释为直接依凭的一种建构，只不过这种建构依然采取文本解读和诠释的形式，未从文本的解读和诠释的形式中完全解脱出来。因此，在"寓作于述"中已更多地包含了对解读者的思想独立性和主观意见的要求。孔子对《周易》的诠释采取的是"寓作于述"的形式。这就是，舍弃具体的占卜之术，而着重揭示和阐发其义理："不占而已矣"（《论语·子路》），"我观其德义耳"（帛书《要篇》）。朱熹的《四书集注》实际上也采取了"寓作于述"的策略，即在辑录和阐释先贤言论时，"间亦窃附己意，补其阙略"（《大学章句序》）。

"舍经作文"至少在形式上已经彻底抛开了经典文本。解读者在这里已经转换了角色，成为文本的创作者。解读者的自主性在这里得到充分的彰显，形式上的"我注六经"变成了"六经注我"。因此，"舍经作文"不再是一种单纯的诠释，而是一种较为彻底的理论构建。在中国思想史上，在晋代曾有过这种舍经作文的典型表现。朱熹曾评论说："汉儒解经，依经演绎。晋人则不然，舍经自作文。"（《朱子语类》卷六十七）当然，这种舍经作文，实际上往往并未完全脱离文本和文本诠释的传统。

六 理解与践行

现代西方解释学将理解视为人的存在方式。在中国传统解释学中实际上情形也是如此。中国传统解释学注重解释者在理解和解读中的作用，要求其在把握文本义理时，推究自身，反求诸己，融理解和解读于践行中。朱熹提出："读书之法，要当循序而有长，致一而不懈。从容乎句读文义之间，而体验乎操存践履之实；然后心静理明，渐见意味。"（《朱熹文集》卷56）因此，朱熹断言：读书"只有两件事：理会、践行"（《朱子语类》）。其实，这也可以反过来说，即理会和践行均为一件事，即读书。两者一而二，二而一。在此方面，王阳明的"知行合一"说可谓最为彻底。在王阳明那里，所谓"知"无疑也包括对文本的理解在内，而这样的"知"作为发起的意念直接就是"行"："我今说个知行合一，正要人晓得一念发动处便即是行了。发动处有不善，就将这不善的念克倒了，须要彻根彻底，不使那一念不善潜伏在胸中，此是我立言之宗旨。"（《传习录》）在这里，王阳明表述了理解与践行的直接同一。

综上所述，字释与义释相统一、文释与史释相统一、文释与心释相统一、义释与意释相统一、解释与建构相统一以及理解与践行相统一等构成了中国传统解释学的主要方法和特色。它们体现了中华传统文化传承的内在机制和规律，在一定意义上也构成了中华传统文化存在和发展的基本样式。

（本文原载《理论视野》2015 年第 9 期，原标题为"重视发掘和继承中国传统文本解释学资源"）

论反思思维

哲学是一种把握对象的理论方式，它是通过特殊的思维方式来实现的。在此意义上，不同类型的哲学理论本质上就是不同类型的思维方式。在哲学史上，反思思维是西方认识论的一种基本的和主要的哲学思维类型，它曾被德国古典哲学特别是黑格尔发挥到极致。但是，反思思维是怎样形成和发展起来的？它到底具有哪些内涵？在哲学史上占有什么样的地位？这些都是需要深入研究和探讨的问题。

一　反思思维的形成

反思概念在德文中有两个词，这两个词黑格尔在不同的场合都曾经使用过。其一为 Nachdenken，可译为"后思""思考""深思""沉思"等。其二为 Reflexion（源自拉丁语 Reflexio），它有三层含义：一种是物理学含义，是指光源反射形成影像；一种是心理学含义，指把对外在世界的注意转向心灵经验、意识活动和认识、思维的主体；一种是逻辑学含义，与 Nachdenken 一词含义相同。在此意义上，反思是一种推理的理智活动。

真正哲学意义上的反思概念是伴随近代哲学的发展而确立和明晰起来的。这种情况同哲学与各门具体科学的关系的历史发展直接相关。在古代，哲学是人类文化的母体和各类知识的总汇，是关于世界的直接思想，在很大程度上建立在感性经验的基础之上和依赖于感性直观。只是到了近代，各门具体科学从哲学中分化出来，并且各自独立地、分门别类地为哲学提供有关世界图景的各方面的知识和思想，哲学才得以从"科学的科学"中摆脱出来，有条件和可能对各门具体科学提供的这些知识和思想及其对世界的关系进行反思。在洛克那里，反思已经被作为内省或内在知觉与感觉相并列。莱布尼茨进一步把反思规定为对内在于我们之物的关注。康德在其《纯粹理性批判》中首次对反思概念作出了较为明确的界定。康德认为，反思可以被看作我们在其中借以发现达到概念之主观条件的一种心理状态，它是关于我们已获得的表象对认识来源即客观对象的关系的意识。① 在《逻辑学讲义》中，康德从逻辑学角度把反思进一步解释为概念据以产生的知性的逻辑活动之一，它的作用是把不同的表象把握在一个意识中，因此，它构成概念的主观形式方面的逻辑起源。② 黑格尔赋予反思概念以更加丰富的内涵和规定，马克思对其多有继承和发挥。

二　反思思维的内涵

总的说来，在黑格尔那里，反思作为其重要的哲学概念，是理性主义哲学思维方式的根本性表征。马克思曾经肯定："反思的形式，……表现着思想对存在的关系。"③ 黑格尔正是围绕思想对存在的关系这一轴心，较为彻底地发挥了反思概念。这里，根据黑格尔的论述并参考马克思的相关评论，揭示反思的几种主要和基本的含义。

第一，反思是一种事后思维。黑格尔谈论反思，许多场合使用的是

---

① 康德：《纯粹理性批判》，蓝公武译，商务印书馆 1960 年版，第 223—224 页。
② 康德：《逻辑学讲义》，许景行译，商务印书馆 1991 年版，第 85—86 页。
③ 《马克思恩格斯全集》第 40 卷，人民出版社 1982 年版，第 203 页。

"后思"（Nachdenken）一词。黑格尔说，"后思——一般讲来，首先包含了哲学的原则。"黑格尔还说，"哲学的认识方式只是一种反思，——意指跟随在事实后面的反复思考"。① 可见，反思是指事后对既有的经验和现实对象的思考。它表明，哲学是以现实的、经验的存在物为对象的，是有其经验的和实证性的基础的。就此意义而言，哲学思维是一种事后从事的思维，是一种事后形成的思想；而哲学家则是事后出场的。黑格尔解释说，"哲学最初起源于后天的事实，是依靠经验而产生的……正像人的饮食依靠食物，因为没有食物，人即无法饮食。"② 也正是在此意义上，黑格尔把哲学比作直到黄昏才起飞的智慧女神的猫头鹰："无论如何哲学总是来得太迟。哲学作为有关世界的思想，要直到现实结束其形成过程并完成其自身之后，才会出现。概念所教导的也必然就是历史所呈示的。这就是说，直到现实成熟了，理想的东西才会对实在的东西显现出来，并在把握了这同一个实在世界的实体之后，才把它建成为一个理智王国的形态。当哲学把它的灰色绘成灰色的时候，这一生活形态就变老了。对灰色绘成灰色，不能使生活形态变得年青，而只能作为认识的对象。密纳发的猫头鹰要等黄昏到来，才会起飞。"③

当然，黑格尔对反思概念的理解和阐释是从其唯心主义立场出发的。在黑格尔那里，反思主体同时也就是反思对象即历史主体——"绝对精神"；因此，哲学就成为黑格尔的"绝对精神"在完成其创造历史的活动以后对这一活动的自我意识，而哲学家则成为达到这种自我意识的工具。诚如马克思、恩格斯在《神圣家族》一书中所指出的："早在黑格尔那里，历史的绝对精神就在群众中拥有它所需要的材料，并且首先在哲学中得到它相应的表现。但是，哲学家只不过是创造历史的绝对精神在运动完成之后用来回顾既往以求意识到自身的一种工具。哲学家

---

① 黑格尔：《小逻辑》，贺麟译，商务印书馆1980年版，第45、7页。
② 黑格尔：《小逻辑》，贺麟译，商务印书馆1980年版，第53页。
③ 黑格尔：《法哲学原理》，范扬译，商务印书馆1979年版，第14页。

参与历史只限于他这种回顾既往的意识，因为真正的运动已被绝对精神无意地完成了。所以哲学家是 post festum［事后］才上场的。"①

马克思摈除了黑格尔的唯心主义，同时也肯定了黑格尔关于哲学是一种后思的见解，并把它应用到对人类历史的研究。在《资本论》中，他指出："对人类生活形式的思索，从而对它的科学分析，总是采取同实际发展相反的道路。这种思索是从事后开始的，就是说，是从发展过程的完成结果开始的。"②

第二，反思是一种本质性的思维。反思是要逾越间接性，诉诸事物的本质和根据。黑格尔说，"哲学并不考察非本质的规定，而只考察本质的规定"③，而"本质的观点一般地讲来即是反思的观点"④。他对此解释说："反映或反思这个词本来是用来讲光的，当光直线式地射出，碰在一个镜面上时，又从这镜面上反射回来，便叫作反映。在这个现象里有两方面，第一个方面是一个直接的存在，第二方面同一存在是作为一间接性的或设定起来的东西。当我们反映或（像大家通常说的）反思一个对象时，情形亦复如此。因此这里我们所要的认识的对象，不是它的直接性，而是它的间接的反映过来的现象。我们常认为哲学的任务或目的在于认识事物的本质，这意思只是说，不应当让事物停留在它的直接性里，而须指出它是以别的事物为中介或根据的。"⑤ 黑格尔又说，"只有通过以反思作为中介的改变，对象的真实本性才可呈现于意识前面。"⑥

反思思维基于事物之间的普遍联系。一事物同其他事物、同它的对象处在相互联系中。因此，它的本质只有通过其他事物、通过它的对象

---

① 《马克思恩格斯全集》第 2 卷，人民出版社 1957 年版，第 108 页。

② 《马克思恩格斯全集》第 23 卷，人民出版社 1972 年版，第 92 页。

③ 黑格尔：《精神现象学》上卷，贺麟、王玖兴译，商务印书馆 1979 年版，第 30 页。

④ 黑格尔：《小逻辑》，贺麟译，商务印书馆 1980 年版，第 45 页。

⑤ 黑格尔：《小逻辑》，贺麟译，商务印书馆 1980 年版，第 242 页。

⑥ 黑格尔：《小逻辑》，贺麟译，商务印书馆 1980 年版，第 76 页。

才能表现和映现出来。这种情形，正好像一个人单独凭借自己的眼睛看不到自己的本来面目，而必须通过照镜子才能看到自己的本来面目。这样，"一个实体必须牵涉到的对象，不是别的东西，只是它自己的明显的本质。"而"一个实体是什么，只能从它的对象中去认识"。[①] 马克思在谈到人的时候，也明确把人确定为"对象性的存在物"。马克思对此解释说，人是对象性的存在物，"这就等于说，人有现实的、感性的对象作为自己的本质即自己的生命表现的对象；或者说，人只有凭借现实的、感性的对象才能表现自己的生命"。从而，人不仅只有通过自己的劳动对象来确证和肯定自己，而且也只有通过自己的劳动对象在意识中理智和能动地复现自己，以及"在他所创造的世界中直观自身"。[②]

第三，反思思维是一种批判性思维。反思一词含有反省、内省之意，是一种批判性思考，是贯穿和体现批判精神的。康德在他的《纯粹理性批判》"序言"中宣称："我们这个时代可以称为批判的时代。没有什么东西能逃避这批判的。……因为只有经得起理性的自由、公开检查的东西才博得理性的尊敬的。"[③] 康德的这种看法，道出了他的时代的声音，同时也表明了反思思维与理性精神之间所具有的内在联系。黑格尔说，"首先，批判即需要一种普通意义的反思。"[④] 这说明，反思不仅内含批判精神，而且是批判的必要前提。马克思也认为，哲学的活动就是一种理论批判，而哲学参与现实的方式也是理论批判的。他说："哲学的实践本身是理论的。正是批判从本质上衡量个别存在，而从观念上衡量特殊的现实。"[⑤] "哲学并不要求人们信仰它的结论，而只要求检验疑团。"[⑥]

---

① 《费尔巴哈哲学著作选集》上卷，荣震华、李金山译，商务印书馆1984年版，第126页。

② 《马克思恩格斯全集》第42卷，人民出版社1979年版，第168、97页。

③ 《康德哲学原著选读》，约翰·华特生编选，韦卓民译，商务印书馆1987年版，第7页。

④ 黑格尔：《小逻辑》，贺麟译，商务印书馆1980年版，第7页。

⑤ 《马克思恩格斯全集》第40卷，人民出版社1982年版，第258页。

⑥ 《马克思恩格斯全集》第1卷，人民出版社1956年版，第123页。

第四，反思思维是一种纯粹的思维，即纯思。也就是说，它是一种以思想本身为对象和内容的思考，是对既有的思想成果的思考，是关于思想的思想（das Zurueckbeugen des Denkens, das Denken des Gedachten）。黑格尔说："反思以思想的本身为内容，力求思想自觉其为思想。"① 哲学主要以思想为直接对象，表明哲学超越了感性的直接性和经验的因素，进入了超验的纯理性的领域。黑格尔说，"惟有思想不去追寻别的东西而只是以它自己……为思考的对象时，……那才是它的最优秀的活动。"②

冯友兰在《中国哲学史新编》中对反思概念作过如下解释："所谓反思就是人类精神反过来以自己为对象而思之。人类的精神生活的主要部分是认识，所以也可以说，哲学是对于认识的认识。对于认识的认识，就是认识反过来以自己为对象而认识之，这就是认识的反思。"③ 撇开冯友兰对反思概念作了一种广义的运用不谈，就反思是一种"纯思"的意义而言，冯友兰对反思概念的这一解释是正确的。反思作为纯思，牵涉"反思""思想"和思想所反映的"客观对象"三者。反思作为思考思想的思想，处于"思想"层次之上，是第二级的思想。它是通过"思想"这一中介物而去间接把握诸客观对象的。

值得注意的是，黑格尔对纯思十分重视。在有的场合，他甚至把纯思单独列出，看作高于反思的认识真理的方式。他认为，反思尚未进入纯思时还不能称之为"自在自为的真理"的表达形式；只有当反思上升为纯思，才成为自在自为的真理的真正表达形式和认识真理最完善的方式。④

在黑格尔看来，纯思的任务是思维对自身中的确定性进行自我抽

---

① 黑格尔：《小逻辑》，贺麟译，商务印书馆1980年版，第39页。
② 黑格尔：《哲学史讲演录》第1卷，贺麟、王太庆译，商务印书馆1981年版，第10页。
③ 冯友兰：《中国哲学史新编》第1卷，人民出版社1982年版，第9页。
④ 黑格尔：《小逻辑》，贺麟译，商务印书馆1980年版，第87页。

象，也就是说，要揭示和发现思维自身中固有的普遍性和一般性，揭示和发现思维自身中固有的内在逻辑："思维要变成流动的，必须纯粹思维，亦即这种内在的直接性认识它自己是环节，或者说，必须对它自己的纯粹确定性进行自身抽象，——确定性的这种自身抽象，不是自身舍弃和抛弃，而是对它的自身建立中所含的固定性的扬弃，既扬弃作为纯粹具体的东西而与不同的内容相对立的那种自我自身的固定性，又扬弃呈现于纯粹思维的因素之中因而分有自我的无条件性的那些不同内容的固定性。通过这样的运动，纯粹的思想就变成概念，而纯粹思想这才真正是纯粹思想、自身运动、圆圈，这才是它们的实体，这才是精神本质性。"① 这和康德关于概念的逻辑起源在于反思的思想是一致的。

从纯思的角度来看待哲学，既有的思想材料和知识成果就成为哲学的直接对象。毛泽东对哲学的界定实际上是从这个角度作出的，他说："哲学……是关于自然知识和社会知识的概括和总结。"②

第五，反思思维是一种"思辨思维"。在黑格尔看来，具有后思的、本质的、批判的以及纯思的等特点的思维固然可以称为反思思维，但这还不是完美无缺、至善至美的反思思维。真正彻底的反思思维方式不仅是后思的、本质的、批判的以及纯思的，而且同时还必须是"思辨的"，即辩证的。只有"思辨思维"（das spekulative Denken）即辩证思维这种反思，才是"达到真正必然性的知识的反思"，才是"真正的哲学思维"。③ 也就是说，反思思维除上述我们已列举的四项规定以外，还有一项最重要的规定，即思辨思维或辩证思维。思辨思维或辩证思维是反思思维的最高形式。

"思辨思维"在德国古典哲学中原主要指对超验的精神对象的认识。

① 黑格尔：《精神现象学》上卷，贺麟、王玖兴译，商务印书馆 1979 年版，第 22 页。
② 《毛泽东选集》第 3 卷，人民出版社 1991 年版，第 815—816 页。
③ 黑格尔：《小逻辑》，贺麟译，商务印书馆 1980 年版，第 48 页。

例如，在康德那里，它主要被用来指对凭借经验所无法达到的对象的理论认识。黑格尔对其加以发挥，揭示和强调其辩证的内涵，指出：所谓思辨的东西，就是辩证的东西。① 这样，在黑格尔那里，思辨思维被赋予两种含义：其一，超验的。也就是说，是超越于感性经验之上的，是同经验思维相对立的。其二，辩证的。也就是说，它表达了对象或实体的固有的内在本性，是同反辩证法意义上的形而上学思维相对立的。所以，思辨思维的针对对象也有两个，一是针对经验思维（黑格尔称之为"表象思维"），一是针对反辩证法意义上的形而上学思维。黑格尔认为，经验思维是"物质的思维""偶然的意识"，这是一种完全沉浸在感性材料中的思维。而形而上学思维则在非现实的思想中推论，以脱离内容为自由，否定内容的自我运动。只有思辨思维做到让内容按照它自己的本性即按照它自己本身而自行运动，并进而考察这种运动。② 因此，黑格尔明确主张："哲学的陈述，为了忠实于它对思辨的东西的本性的认识，必须保存辩证的形式，并且避免夹杂一切没被概念地理解的和不是概念的东西。"③

黑格尔如此推崇辩证思维，是有其重大根据的。辩证思维是人类理性认识的一种高级形式，它反映和揭示了人类认识自身固有的辩证本性。根据恩格斯的论述，辩证思维是人类精神发展到一定阶段的产物，它是在人类精神发展的较高阶段上才产生的："辩证的思维——正因为它是以概念本身的本性的研究为前提——只对于人才是可能的，并且只对于正处于较高发展阶段上的（佛教徒和希腊人）才是可能的。"④ 关于辩证思维的实质，黑格尔将其表述为"辩证的东西，……在于从对立面的统一中把握对立面，或者说，在否定的东西中把握肯定的东西"。

① 黑格尔：《逻辑学》上卷，杨一之译，商务印书馆1977年版，第39页。
② 黑格尔：《精神现象学》上卷，贺麟、王玖兴译，商务印书馆1979年版，第39—40页。
③ 黑格尔：《精神现象学》上卷，贺麟、王玖兴译，商务印书馆1979年版，第45页。
④ 《马克思恩格斯选集》第4卷，人民出版社1995年版，第331页。

黑格尔说，"这是最重要的方面，但对于尚未经训练、不自由的思维能力说来，也是最困难的方面"。① 列宁对此曾加以发挥，说："统一物之分为两个部分以及对它的矛盾着的部分的认识，是辩证法的实质。"② 又说："辩证的东西＝'在对立面的统一中把握对立面'"③。马克思对辩证思维的实质也作过专门表述，他说："辩证法对现存事物的肯定的理解中同时包含对现存事物的否定的理解，即对现存事物的必然灭亡的理解；辩证法对每一种既成的形式都是从不断的运动中，因而也是从它的暂时性方面去理解。辩证法不崇拜任何东西，按其本质来说，它是批判的和革命的。"④ 马克思在这里讲的实质上也是在对立面统一中把握对立面，但其强调的侧重点却与黑格尔有所不同：黑格尔比较关注的是对立面的统一，作为矛盾运动结果的合题；而马克思则更关注对立面的分化，以及它们相互否定和扬弃的过程。

辩证思维以人类思维的辩证本性为前提，因此，是人类认识所固有的要素。但是，要想更好地掌握它，并发展和提高它，必须加以有意识地学习、培养和训练。黑格尔曾以制造皮鞋来说明这一点。他说，尽管每个人都生有眼睛和手指，生有自己的脚，但是，当他获得皮革和工具以后并不因为他有眼睛、手指和脚就能制造出皮鞋来。⑤ 对于黑格尔这一看法，恩格斯颇有同感，他也认为，哲学思维特别是辩证思维要通过学习既有的哲学来进行有意识的培养和训练："理论思维无非是才能方面的一种生来就有的素质。这种才能需要发展和培养，而为了进行这种培养，除了学习以往的哲学，直到现在还没有别的办法。"⑥

---

① 黑格尔：《逻辑学》上卷，杨一之译，商务印书馆 1977 年版，第 39 页。
② 《列宁选集》第 2 卷，人民出版社 1995 年版，第 556 页。
③ 《列宁全集》第 38 卷，人民出版社 1986 年版，第 97 页。
④ 《马克思恩格斯选集》第 2 卷，人民出版社 1995 年版，第 112 页。
⑤ 黑格尔：《精神现象学》上卷，贺麟、王玖兴译，商务印书馆 1979 年版，第 46 页。
⑥ 《马克思恩格斯选集》第 4 卷，人民出版社 1995 年版，第 284 页。

三　反思思维的发展

就反思体现思维对存在的关系而言，反思思维本质上是一种认识论的思维方式。对思维与存在关系的进一步考察，必然牵涉这一关系赖以建立的现实基础——人们的社会实践活动。人们的物质实践活动实际上是比自然界这一存在更切近于人的认识的一种"存在"。马克思通过对劳动、物质生产的研究，第一次揭示了这一奥秘，指出人们的存在就是他们的物质生活过程，就是他们现实的物质生产；即便是人们所处的周围的自然界，也不过是人们物质实践活动的产物，即人化的存在。正是通过对实践所作的这种"本体论"（存在论）的提升，马克思突破了近代传统的认识论性质的反思思维范式，创立了一种以实践为其基础的哲学，从而把反思思维推进到实践思维。

顾名思义，实践思维是从思维最本质、最切近的基础——人类社会实践活动出发，来进行的哲学思维。实践在这里不仅是思维的第一对象，而且是整个哲学的根本视角。这鲜明地体现在马克思在《关于费尔巴哈的提纲》中写下的一段著名的论述中："从前的一切唯物主义（包括费尔巴哈的唯物主义）的主要缺点是：对对象、现实、感性，只是从客体的或者直观的形式去理解，而不是把它们当作感性的人的活动，当作实践去理解，不是从主体方面去理解。因此，和唯物主义相反，能动的方面却被唯心主义抽象地发展了，当然，唯心主义是不知道现实的、感性的活动本身的。"① 在马克思、恩格斯看来，无论是自然、社会还是人们的认识都是人的社会实践的产物。因此，人们的社会实践特别是物质生产活动"是整个现存的感性世界的基础"，必须"把感性世界理

---

① 《马克思恩格斯选集》第 1 卷，人民出版社 1995 年版，第 54 页。

解为构成这一世界的个人的全部活生生的感性活动"。① 也就是说，要把客观存在看作主体之本质的对象化，把人的社会实践纳入到对客观对象的本质理解之中。列宁对此发挥说："必须把人的全部实践——作为真理的标准，也作为事物同人所需要它的那一点联系的实际确定者——包括到事物的完整定义中去。"②

综括马克思、恩格斯的论述，实践思维主要包摄三层蕴含：一是存在论原则。与旧唯物主义把存在理解为单纯的、外在于人的实践活动的自然存在不同，在马克思那里，存在包括人化自然与人化活动本身，即人化的自然存在与人的社会存在这两者。正因为存在包括和蕴含了人的实践活动，从实践的观点或视角去理解客观对象才有了"本体论"的基础和依据。二是唯物主义原则。也就是说，它是一种建立在唯物主义基础上的思维。马克思强调指出，实践是一种感性的客观的物质活动；唯物主义历史观"不是从观点出发来解释实践，而是从物质实践出发来解释观念的形成"。③ 列宁也指出，"生活、实践的观点……必然会导致唯物主义"④。三是主体性原则。也就是说，它是从人这一主体出发的，是蕴含主体的能动作用、蕴含人的价值尺度的运用在内的。从主体性这一角度来看，作为客体的对象性存在不仅是客观的，而且是属人的、"为我的"，即它对我的关系是一种为我所统摄的、"为我的"关系。正如马克思、恩格斯指出的："凡是有某种关系存在的地方，这种关系都是为我而存在的；动物不对什么东西发生'关系'，而且根本没有'关系'；对于动物说来，它对他物的关系不是作为关系而存在的。"⑤

如上已述，马克思、恩格斯认为，实践不仅是人的活动方式，而且是人的存在方式和发展方式；人们"是什么样的，这同他们的生产是一

① 《马克思恩格斯选集》第 1 卷，人民出版社 1995 年版，第 77、78 页。
② 《列宁选集》第 4 卷，人民出版社 1995 年版，第 419 页。
③ 《马克思恩格斯选集》第 1 卷，人民出版社 1995 年版，第 92 页。
④ 《列宁选集》第 2 卷，人民出版社 1995 年版，第 103 页。
⑤ 《马克思恩格斯选集》第 1 卷，人民出版社 1995 年版，第 35 页。

致的"。① 因此，实践思维就是基于人的存在和发展方式的思维。

从根本上说，实践思维在承继反思思维的基础上凸显了哲学思维的实证性、实践性和主体性，它的实质是坚持彻底的唯物主义立场和主体的能动作用的统一。

实践思维是对反思思维方式的直接扬弃、综合和超越。但这并不意味着，它废弃了反思思维，宣布了反思思维的失效。相反，反思思维恰恰因此而获得了其相应的地位而成为实践思维的必要环节和构成要素。正如现代哲学在终结了"认识论转向"之后，认识论并没有终结自己的使命，而仍然是哲学的不可或缺的一个领域。

顺便指出，鉴于反思思维所处的这一历史地位，冯友兰在《中国哲学史新编》中不加批判地沿袭黑格尔的做法而在一般的意义上称"哲学是人类精神的反思"②，显然是对反思概念作了泛化的解释，同时，也在实际上把哲学认识论化了，尽管他并不同意"哲学就是认识论"这一命题。

（本文原载《长白学刊》2002 年第 1 期；

《新华文摘》2002 年第 6 期）

---

① 《马克思恩格斯选集》第 1 卷，人民出版社 1995 年版，第 68 页。
② 冯友兰：《中国哲学史新编》第 1 卷，人民出版社 1982 年版，第 9 页。

语言分析哲学

语言分析哲学（简称分析哲学）是指 20 世纪以来主要在英语区国家兴盛起来并获得广泛传播和影响的一种以语言分析为其纲领的哲学流派或思潮。在这一流派或思潮中含有各种不同的研究倾向，但其共同的出发点是这一假设：传统意义上的哲学问题或哲学困惑是由于语言的混乱产生的，因此，也有必要借助一种精确的语言分析方法来清除和克服。

一　语言分析哲学的形成和历史发展

在 19 世纪末德国哲学家、逻辑学家弗雷格的著作中，人们已经可以寻觅到语言分析哲学的某些基本思想和要素。语言分析哲学的正式诞生是在 20 世纪初。摩尔的《驳唯心论》（1903）通常被视为分析哲学运动的发端。在这篇文章中，摩尔率先发动了他对统治英国哲学界长达近半个世纪之久的黑格尔主义的反叛，并提供了一种用注重语言分析方法来研究哲学问题的范例。

至 20 世纪的三四十年代，语言分析哲学中最为重要和富有影响的哲学流派都已经形成和出现。其中，除了摩尔、罗素和维特根斯坦等人的哲学，还有逻辑经验主义（又称逻辑实证主义或新实证主义），剑桥学派和牛津学派等哲学学派。逻辑经验主义包括以石里克、卡尔纳普为代表的维也纳学派，以莱欣巴赫为代表的柏林学派，以塔尔斯基为代表的华沙学派，以及英国的艾耶尔等人。剑桥学派以威斯顿为代表。牛津学派以赖尔、奥斯汀为代表。

第二次世界大战后，语言分析哲学进入了国际化发展阶段。逻辑经验主义首先在美国哲学界获得影响，并于四五十年代逐渐占据统治地位。其结果，呈现了与实用主义合流的倾向，产生了刘易斯的"概念实用主义"、莫里斯的"科学经验主义"以及奎因等人为代表的"逻辑实用主义"。另一方面，塞拉斯、齐索姆、塞尔等人则继承和发展了语言分析哲学中重视日常语言的传统。

60 年代后期开始，欧洲大陆各种哲学流派在美国的影响得到了扩展，融实用主义传统在内的语言分析哲学传统也逐渐与大陆哲学传统相融汇，形成了语言分析哲学传统与实用主义哲学传统、西欧大陆哲学传统并立美国哲学舞台的局面。在这种情势下，又产生了综合语言分析哲学传统与欧陆哲学传统的一些哲学流派和倾向，如罗蒂的新实用主义。

60 年代始，语言分析哲学在西欧大陆首先是在德国和德语区国家也开始日益赢得了它的影响。人们在接受英美哲学的同时，也重新接纳了逻辑经验主义的传统。其中，施泰格米勒（Wolfgang Stegmueller）在介绍和引荐语言分析哲学的过程中起了重要的作用。在语言分析哲学开放的过程中，出现了劳伦兹（Paul Lorenzen）的操作语义学。此外，德国的解释学传统、哈贝马斯的新法兰克福学派乃至古典唯心主义传统也都以不同的方式受到了它的启迪和推动。阿培尔（Karl-Otto Apel）的先验语用学也是在综合欧陆哲学传统与语言分析哲学传统、实用主义哲学传统的基础上产生的。

语言分析哲学在东亚特别是日本、中国得到传播是在 20 世纪 40 年代。在日本，它是经筱原雄、佐藤信卫、平野智治、中村克己等人在 40 年代初传入日本并迅速发生影响的。60 年代，科海恩、怀特、海兰克

纳、戴维斯、奎因等先后到日讲学，又进一步推动了语言分析哲学在日本的研究与普及，并由此产生了永井成男等一批有影响的日本语言分析哲学家。在中国，语言分析哲学也是在 40 年代以后被引入的。其中，在语言分析哲学研究与介绍方面较有影响的代表人物是洪谦。他曾于 40 年代在维也纳大学做过维也纳学派创始人石里克的博士研究生，并成为维也纳学派的成员。在中华人民共和国成立后仍主要从事逻辑经验主义哲学的研究。其著作有《维也纳学派哲学》（1945）、《石里克和现代经验主义》（1949）、《论确证》（1983）等。80 年代末以后，伴随中国的改革开放运动，语言分析哲学在中国得到了比较系统的研究和介绍，并形成和出版了一大批有影响的专著和译著。

　　总的说来，到了 20 世纪 60 年代以后，语言分析哲学由英语区国家日益散布开来，愈渐成为一种具有世界性影响的国际哲学思潮，并对实现 20 世纪哲学发展中的"语言学转向"起了决定性的作用。

二　语言分析哲学的主要流派和理论

　　人们通常将历史上最重要的语言分析哲学家和学派划分为两大派别，即理想语言学派（或人工语言学派）和日常语言学派。理想语言学派和日常语言学派都认为，语言混乱是传统意义上的哲学争论和困惑赖以产生的根源。因此，对语言进行分析，以便使语言的意义变得明晰，就是哲学的首要任务，甚至是哲学的唯一任务。但是，这种语言混乱是如何产生的，以及如何通过语音分析使其意义明晰，二者却有着不同的见解。理想语言学派认为，人们所使用的日常语言的含义是不确切和模糊不清的，因此有必要构建一种严密、精确的理想语言。而数理逻辑所使用的符号语言就是这样一种较为精确的、理想的语言。因此，应该在各门科学中用这种人工符号的语言来代替日常语言，以便清除日常语言中的歧义和混乱。相反，日常语言学派则认为，日常语言本身是完善的，各种哲学争论和困惑的根源并不在于日常语言本身不当，而在于人们没有了解日常语言的确切含义而违背了它们的正确用法。所以，需要的不是另建理想的人工语言来取代日常语言，而是应指出和恢复日常语言的正确用法。另外，日常语言事实上也不是理想的人工语言所能代替的。

（一）理想语言学派

理想语言学派包括罗素、前期维特根斯坦、逻辑经验主义（卡尔纳普等人）以及艾耶尔等。

罗素是语言分析哲学的重要奠基人之一。他抛弃黑格尔主义、转向哲学"分析"部分的受到摩尔的影响。人们认为，罗素为语言分析哲学理论奠定了逻辑和认识论的基础。根据维特根斯坦的看法，罗素对分析哲学的重要贡献和影响，是强调了"逻辑形式"的重要性，指出命题的表面上的逻辑形式（语法表达形式与句法表达形式）与其真正的逻辑形式是不一样的。

罗素较早注意到语言对哲学的影响。他肯定普通语言所具有的作用。但同时认为，普通语言的含混和句法不利于严肃的思考，嗜好普通语言是阻碍哲学进步的主要障碍。在罗素看来，普通语言的混乱及其对我们的迷惑主要表现在，在普通语言中，语法和句法形式并非总是与逻辑形式对应、一致的，甚至在许多情况下，它总是使我们误解句子的真正逻辑形式。而这种形式上的逻辑形式与真正的逻辑形式的混淆，使我们采用一种虚伪的形而上学观点来看待那些由被谈论的句子所表达的事实形式或事实结构。因此，罗素认为，应该把句子的语法形式和句法形式即表面上的逻辑形式与它的真正的逻辑形式区分开来。而对普通语言进行改造，使其语法表达形式和句法表达形式与其真正的逻辑形式相一致，从而建立一种精确的"理想哲学"或"哲学语言"，就是哲学的主要任务。

　　罗素并没有认为所有的哲学问题和形而上学的观念，都是因为混淆语法、句法形式和真正的逻辑形式这两者而产生的，但他相信许多最重要的哲学问题和形而上学观念是这样产生的。为了解决表面上的逻辑形式与真正的逻辑形式相混淆的问题，罗素提出了"类型论"与"摹状词理论"。"类型论"的基本观点是，将语言表达成分分成真和假是不够的，还必须引进第三个概念，即应包括无意义的表达成分。这其中隐含的重要思想是，在语法和用词方面没有明显错误的语句仍然可能是无意义的。所谓"摹状词"是指像"美国现任总统"一类的短语，这类短语不是用名称而是用其特有的性质来指称一个人或一件东西。罗素认为，这样的短语不是像名称那样的独立的、完全的符号，而是"不完全的"符号。罗素试图通过摹状词理论来证明，形而上学的"存在"只能用摹状词来断定，是一个可用"分析"来清除掉的似是而非的谓词。

　　总的说来，对罗素来说，哲学的主要任务是揭露命题和表达式的真正逻辑形式，对它们加以"分析"或把它们转换成一种"中立的"语法形式，这种语法形式既不会背离我们思想的逻辑形式，而且也不会产生迷惑人的形而上学的推论。

　　维特根斯坦前期哲学理论的核心是图式说及其在此基础上建立的逻辑原子论。维特根斯坦所说的图式，指实在的模型，或者指它所代表的事实。构成图式的是能以一定的方式相结合的成分，这些成分在图式中与对象相对应。维特根斯坦认为，图式与实在相联系，它通过表示"原子事实"（Sachverhalten）存在或不存在的可能性描绘实在。但图式所表示的只是它的意见，其真假在于它的意思与实在是否符合。思想是有意义的命题，而命题是实在的图式，命题只有作为实在的图式才能是真的或假的。

　　图式说和逻辑原子论要求一种理想语言，并决定了在语言中可以思考的东西。维特根斯坦认为，我们不能思想我们不能思想的东西。因此，我们不能说我们不能想的东西。而世界只是我的世界（是我所思想的世界），这表明，（我的）语言的界限就是我的世界的界限。就这种语言界限而言，形而上学关于世界整体、"一切事物"或"事实的总和"的思考是无意义的。因为事实上我们只能在一定意义上把它作为一个整体来思考，而世界的整体、全体是不能被思想、描述和言说的。

基于"语言界限"的理论，维特根斯坦认为，传统意义上的哲学——关于实在和思想的终极原则的研究是无意义的。哲学并不是像自然科学那样是研究和解释事实的科学。哲学的目标是对思想进行澄清。哲学不是一种理论而是一种活动。哲学工作实质上是阐明。哲学的结论不是一些哲学命题而是使命题清晰。哲学应该使那些晦涩、模糊不清的思想变得清晰和界限分明。从反面说，哲学的任务就是揭露哲学命题的无意义性。命题并不只是真或假，它们还可以是"无意义的"，即它们不是合乎逻辑的，而只是合乎语法的。这样，在维特根斯坦看来，哲学与他后来所说的精神分析学家的"治疗学"相似：它通过显示哲学困惑产生于对语言逻辑的误解来治疗它们，如同精神分析学家通过使病人认识到其精神错乱的根源来治疗这些精神错乱。

维特根斯坦在肯定哲学的澄明的功能的同时，也肯定了哲学的某种显示功能。他认为，不可表达的东西肯定存在，它虽然不可言说，但却是可以显示的。同时，维特根斯坦还认为，通过澄清在语言中什么是可以表达的，同时也就显示了什么是不可表达的。他的目的似乎是，通过划清可思想与不可思想、可言说与不可言说的东西的界限，以及澄清可思想与可言说的东西，来达到和企及那不可思想、不可言说的东西。他主张，应从可思想的东西中划出不可思想的东西的界限。这样就能通过清楚地展示可说的来意指那些不可说的东西。

卡尔纳普是逻辑经验主义的重要代表。卡尔纳普认为，一切关于世界的概念和知识最终源于直接经验。因此，任何可设想的科学阐述，凡是不能由感性经验证实或否证的，就可视为无意义的。卡尔纳普赞同休谟以来已被经验主义普遍接受的关于区别分析命题和综合命题的意义标

准。由此出发，他认为，除了数学和经验科学的命题是有意义的，所有其他命题都是没有意义的。哲学不是别的，而是对科学语言的逻辑分析。他开始时把这一分析只限制在他称之为科学语言的逻辑句法，后来，由于受逻辑学家阿·塔尔斯基的影响，又扩展了他的看法而把语义学（对于符号与符号所代表的对象之间关系的研究）也包括在内。

在对待语言问题上，卡尔纳普区分了语言的两种作用，即表达作用和表述作用。卡尔纳普认为，几乎人的一切意识活动和语言都具有表达作用，这其中只有部分语言具有表述作用。具有表达作用的语言是一种象征，人们可以据其对人的情感和性格等进行推断。但它们不具有判断的意义，也不包含知识。具有表述作用的语言则表述一定的事态，它告诉我们，是怎样一回事。它们有所断言、述说和判断，是具有理论意义和包含知识的。据此，卡尔纳普认为，形而上学的命题只具有表达作用而没有表述作用，不仅不包含知识，而且甚至还具有给予知识的假象，因此，必须加以拒斥。

艾耶尔是英国逻辑经验主义的代表。他自认为，他的思想是从罗素和维特根斯坦的学说中引申出来的，而罗素和维特根斯坦的学说则是贝克莱和休谟的经验论的合乎逻辑的产物。

艾耶尔学说的核心是有关证实原则的理论。这一证实原则的公式是：只有当一个句子所表达的命题是分析的，或是经验可证实的，它才是有意义的。"分析的"主要是指表达逻辑规则的以及数学上的。艾耶尔从这一原则推导出如下主要结论：（1）形而上学命题是无意义的。因为形而上学命题既不是分析的，也不是可以经验地证实的。（2）哲学不再是阐述实在的系统看法和关于实在的知识以及科学的科学。哲学的任务也不再是为科学"假说"的正当性提供证明。哲学的功能是批判。这一批判的首要任务是揭示并消除寄生在我们日常生活中、特别是我们的科学思维中的形而上学混乱。从正面来说，就是通过给出"操作定义"或"使用定义"的方法，对日常语言与科学语言进行立法或者改造。艾耶尔把哲学分析隶属于科学，强调分析只有在哲学与科学的结合中才能找到其生计，哲学必须发展成为一种关于科学的逻辑。

关于伦理学命题，艾耶尔承认，它们代表着一种彻底的经验论思想所无法克服的诘难。为此，他提出了"伦理学的情感理论"。按照艾耶尔的解释，伦理学命题没有描述的意义而只有情感的意义。

（二）日常语言学派

日常语言学派包括摩尔、后期维特根斯坦以及牛津学派和剑桥学派。

摩尔被视为黑格尔主义（一般地说是传统的形而上学）的率先反叛者和语言分析哲学运动的开启者。他的学说的核心是常识理论。摩尔从下述基本的人们普遍承认的常识出发：（1）在宇宙间确乎存在物质事物；（2）在宇宙间确乎存在地球上的人和动物的意识活动；（3）在宇宙间也确乎存在既非物质事物又非意识活动的时间和空间。摩尔认为，所有的哲学认识几乎都是由此引起和展开的，这些也是人们普遍接受的常识观点。对于外部事物存在的证明，摩尔诉诸常识的观点即根据具体事实本身。他举例说：例如，我现在可以证明，人的两只手是存在的。怎样证明呢？举起我的两只手，用右手作一个手势说："这是一只手。"接着再用左手作一个手势说："这是另一只手。"这样做，我就根据事实本身证明了外部事物的存在。摩尔根据常识的理论试图说明，外部事物的存在是由具体事实本身证明的，而不是由哲学推论出来的。换言之，即使我在哲学上知道外部事物的存在是真的，也不能证明某一具体事物的存在就是真的。因此，哲学的解释和证明并没有增加我们关于事实的知识，它是完全多余的。

基于上述看法，摩尔认为，哲学的主要任务不是揭示有关我们事先没有认识的关于世界的事实，而是澄清我们已知的东西，揭露那些违反"常识"的虚假的哲学解释或学说。而这个澄清过程的一个重要方面就

是语言分析。摩尔强调普通语言的作用。在他看来，如果一个哲学命题用一种我们无法应用于普通日常语言中的语法形式来表达，就意味着侵犯了"常识"。

通常认为，维特根斯坦虽然在后期思想中坚持了前期有关哲学作用的基本观点，但抛弃了图式说及其在此基础上所建立的逻辑原子论，以语言游戏说代替了图式说，以语言分析代替了逻辑分析，以日常语言代替了理想语言。

维特根斯坦的后期哲学着眼于语言的使用，这集中表现在他的"语言游戏"的理论。维特根斯坦认为，语言像游戏一样，是一种没有共同本质的复杂的现实活动。语言的用法、词的功能和语境等也像棋子的走法和棋式一样，都是无穷多的。一个棋子的走动有其目的，同样，一个词的使用也有目的。像网球游戏有规则而打网球时并不处处受规则限制，词和语言的使用也是如此，而且，游戏和语言的规则在一定意义上都是随意的。维特根斯坦用语言游戏来强调和突出这一事实，即语言是某种活动的一部分，某种生活方式的一部分。而了解语言的意义最终就是了解它在一种生活方式中的使用。由于维特根斯坦把语言看作生活方式的一部分，所以他强调采用日常语言。他认为，一个表达式的使用取决于它在日常语言中的作用。因此，我们所做的工作就是使语词从形而上学的使用回到日常使用中。而哲学无法干涉语言的实际使用，它最终只能描述语言。哲学也不能为语言提供任何基础，哲学对一切事物都任其自然。有鉴于此，他对哲学的任务作了这样的界定："我们必须废除全部解释，代之以描述。这种描述从哲学问题中获得它的目的。"

剑桥学派的独创性主要在于他们对维特根斯坦哲学"治疗"概念的发展。

该学派的主要代表威斯顿继承维特根斯坦的哲学"治疗"方法，认为解决形而上学这种哲学困惑的适宜方法是使用一种与用于精神病的精神分析技术相类似的分析术。这种分析术的关键是引导病人自己认识到病因，然后从中获得解脱。因此，分析哲学家要做的工作是对所有的症状作出充分的描述，而不是进行筛选。威斯顿认为，在哲学中，一个人不在于掌握了正确的理论，而是在于掌握了全部的理论。就像在精神分析中一样，并不在于按照我们的倾向从中选择出某些正确的，而在于把它们全体都公布于众。

对于剑桥的分析哲学家们来说，语言混乱固然是全部哲学困惑的本质，因而哲学的基本任务就是通过回忆我们实际使用的语言这一方法来消除这种语言混乱。但同时，他们也认为，形而上学的混乱用纯语言分析是不能最终清除掉的。与维特根斯坦把形而上学的陈述（哲学悖论）主要看作语言混乱的症状不同，剑桥的分析哲学家们却倾向把它们描述成语言洞察力的表现。威斯顿承认，形而上学陈述（哲学悖论）萌芽于关于普通事物的特别经验，并代表一种在习以为常现象中的发现，是关于世界的某种东西。

牛津学派。在牛津学派那里，尽管一般的"分析"概念源自维特根斯坦，但是对分析方法采取了较为慎重的态度。分析中实证论或还原论的倾向被消除了，同时，分析的作用也受到了限制，分析方法不再被视为绝对的而且是唯一的方法。

牛津学派所主张的主要观点是意义即使用。也就是说，对意义的定义应依照语言的用法。这种意义理论源自维特根斯坦，却被牛津哲学家进一步发展了。通过语词的使用来定义与显示意义的方法论原则，在牛津哲学家所主张的分析中处于中心地位。与意义理论相联系，日常语言在牛津哲学家的分析方法中扮演着重要角色。牛津哲学家们认为，日常语言的表达式总是可以有意义地并且正确地使用的。对语词的误用之所以产生，是因为我们在日常语言中所使用的表达式的不同类型之间存在着明显的矛盾。这些矛盾是由于我们搞错了相互冲突的表达式的"逻辑形式"或"范畴"。所谓哲学混乱大部分都可以归结为这种"范畴错误"。关于如何正确地进行"分析"工作，赖尔提出的一种设想是：真

正需要的也许是从一个概念，即从以某种表达式进行的一种操作方式中，提炼出那种隐含在其中并起主导作用的逻辑规则。

三　语言分析哲学的总体特征及其评价

语言分析哲学家们致力的总的倾向是希冀从语言问题入手，提出一种新的哲学理解，推翻和取代传统的形而上学哲学。其共同特点是：

一是重视语言对哲学的影响，把哲学问题变换和归结为语言问题，并着重从语言方面来寻求和揭示哲学困惑和混乱的根源。分析哲学家们相信，把哲学问题变换成语言形式是讨论哲学问题的最好方法；只有通过研究语言形式，才能讨论概念和实在本身。其理由如维特根斯坦所表达的，我们并不是先思考，然后再用语词形式进行表达；在某种意义上说，我们的思想就是我们的表达。所以，我们只能从用以表达我们思想的语言形式方面来讨论我们的思想。他们认为，传统的哲学困惑和混乱主要是我们使用语言的实际方式即对语言的滥用和误用给我们思想带来的不幸影响造成的：或者是由于我们不注意精确地定义我们所使用的语词的含义（摩尔），或者是由于我们进行了从"语法形式"到"逻辑形式"的不合法的推论（罗素），或者是由于我们企图在我们语言之内就我们的语言来谈论"语言的界限"或询问了关于"语言游戏"本身的问题（维特根斯坦），等等。

二是重视分析方法，强调分析对于哲学的极端重要性。分析哲学家们从哲学问题源于语言误用这一立场出发，把哲学任务规定为语言分析，甚至提出语言即分析。他们把这一见解自誉为"哥白尼式的发现"（威斯顿）。关于如何界定"分析"的任务，他们或者认为在于识别与区分我们所使用的语词的不同意义（摩尔），或者认为在于规定我们应该如何使用语词，纠正普通语言的有歧义的表达式（罗素），或者认为在于回忆我们语言的结构和特殊的"语言游戏"的结构（维特根斯坦）。

　　三是拒斥和摈弃形而上学，希冀通过分析消除传统的本体论和形而上学问题。分析哲学家们强调，分析的目的在于清除传统意义上的哲学问题，因为它们是没有答案、似是而非和没有意义的。摩尔认为，哲学陈述并不能证明外部具体事物的存在，因此，哲学陈述不能增加我们有关事实的知识。罗素认为，尽管我们必须承认存在着不可还原的"共相"，但"存在"之类的形而上学问题是可以通过"分析"分析掉的。在维特根斯坦看来，形而上学命题虽然可以显示不可言说的东西，但它们是无意义的。在卡尔纳普那里，形而上学命题只有表达作用而没有表述作用，它们是完全处在知识和理论领域之外的。艾耶尔也认为，形而上学命题既非分析又非可经验地证实的，因而是无意义的。即使对形而上学问题较为慎重的剑桥学派也主张，尽管形而上学陈述有实际价值，能使我们知道某些事实，但在语言形式上它是一种悖论。

　　应该看到，语言分析哲学之所以在战后特别是 60 年代后获得迅速影响和传播，一个重要原因，是它在某种程度上适应了信息时代发展的需要。它的主要功绩在于：首先，揭示了语言对于哲学的作用和意义。它使我们进一步认识到语言对我们的思想的实际影响。其次，揭示出以往哲学困惑产生的一个方面的原因是语言的误用。最后，对语言特别是哲学语言的明晰性提出了更高的要求。

　　语言分析哲学的局限性也是十分明显的。尽管分析哲学家们也谈到通过语言形式来研究思想甚至进而通过研究思想来研究外部世界和"实在"，但总的说来，他们对哲学本质和作用的理解以及他们的分析工作都囿于语言形式的分析。由于不是所有的哲学问题都是由于语言的误用而产生的似是而非的问题，更由于形而上学命题有其客观的现实内容，不能简单地归结为语词形式问题，所以，他们消除形而上学问题、消除传统意义的全部哲学问题的企图必然是失败的。全部语言分析哲学意在

解决传统的具相与共相、经验与超验的矛盾。但这不是诉诸一方而拒斥另一方就能解决的，也不单纯是一个语言问题，更不单纯是从语言分析角度就能解决的问题。这是语言分析哲学及其运动所给予我们的启示。

（本文原载王生平主编《世纪存疑：哲学伦理卷》，

山西人民出版社 2001 年版）

● 伦理学

马克思的人类终极关怀

——马克思视野中作为理想社会价值目标的自由

马克思提出了人的自由全面发展的这一理想社会的价值目标。在《共产党宣言》中，马克思与恩格斯一起把这一价值目标表述为"每个人的自由发展是一切人自由发展的条件"。可以说，个体自由或自由个性，是马克思所希冀的理想社会的本质规定，也是马克思的人类终极关怀。马克思的这一理想社会的价值目标是怎样形成和发展起来的？其内在的底蕴到底是什么？它与黑格尔的自由观到底有何异同？本文拟从学术的层面，对这些问题进行某种思想史的研究和探讨。

一 从"自我意识"的自由到以社会为基础的"现实的人"的自由

在马克思那里，理想社会的价值目标经历了一个从"自我意识"的自由到"现实的个体"的自由的转变过程。

在马克思的博士论文《德谟克利特的自然哲学和伊壁鸠鲁的自然哲学的差别》中，马克思在继承黑格尔哲学思想的基础上，表达了一种以"新唯理主义"即唯心主义哲学为基础的"自我意识"的自由。

自由的概念虽然在《旧约全书》和古希腊哲学中就已经出现，而且在漫长的思想史中存在着众多的相关探讨和理论，但是，自由作为体现主体性的一个重要维度——价值维度的概念，其真正形成和发展则是到了近代社会以后。特别是在德国古典哲学中，对自由的哲学探讨达到了一个前所未有的高峰。这在黑格尔哲学中得到了充分的体现。

在《逻辑学》《精神现象学》以及《历史哲学》等著作中，黑格尔对自由进行了多层次的阐述。在黑格尔看来，精神的自由就在于，精神能够认识到外化的自我与自身的同一："内容就其存在的自由而言，即是自身外在化的自我或自我知识的直接统一。"① 由此，自由就被界说为精神先将自己异化（在黑格尔那里，"异化"与"外化"是等同的概念），然后又扬弃异化而返回自身的运动或过程。"精神就是这种自己变成他物，或变成他自己的对象和扬弃这个他物的运动"，"抽象的东西，无论属于感性存在的或属于单纯的思想的事物的，先将自己予以异化，然后从这个异化中返回自身"。② 精神的这一运动过程，在黑格尔那里，是"实体"表明自己本质上就是"主体"的过程，是精神的具体存在与它的本质相统一的过程，也是黑格尔的全部《精神现象学》所要描述的内容。

但是，精神的这一切活动过程，由于在黑格尔那里是精神本体的自我活动过程，所以，它在本质上是一种精神的自我认识或自我意识。这样，精神的自由就体现为自我意识，自我意识就意味着精神的自由。自我意识所以是自由的，是因为自我意识是能思维的。在思维中，自我意识不是存在他物中，而是保持在自身中，并且客观对象也是为自我意识而存在的，与自我意识不可分离的统一。这样一来，自我意识的对象就是自在存在与自为存在的统一。③

在《历史哲学》中，黑格尔更加明晰地指出，自由是精神的唯一真

① 黑格尔：《精神现象学》下卷，贺麟、王玖兴译，商务印书馆1979年版，第272页。
② 黑格尔：《精神现象学》下卷，贺麟、王玖兴译，商务印书馆1979年版，第23页。
③ 黑格尔：《精神现象学》下卷，贺麟、王玖兴译，商务印书馆1979年版，第133页。

理。所谓自由就是精神依靠自身而存在，即意识到自己的存在，就是自我意识。同时，他将其自由概念推广运用到人类历史发展过程中，确认"世界历史无非是'自由'意识的进展"①，从而把自由确立为人类历史的终极目标。他断言："'自由的观念'是'精神'的本性和历史的绝对的最后目的。"②

黑格尔的这一思想后被青年黑格尔派的主要代表布·鲍威尔所继承和发挥，鲍威尔使"自我意识"成为青年黑格尔派的哲学旗帜。正如他在其《对黑格尔、无神论者和反基督教者末日的宣告》中明确宣布的："哲学需要的不是上帝，不是异教徒的诸神；它需要的只是人，只是自我意识，并且，对它来说，一切都全然是自我意识。"③

马克思在其博士论文中，与鲍威尔的做法相类似，以"自我意识"为主题，通过对古希腊的伊壁鸠鲁派、斯多葛派和怀疑派的研究（以伊壁鸠鲁自然哲学对德谟克利特自然哲学的关系为例），继承和进一步发挥了黑格尔的自我意识的自由观。

马克思认同黑格尔《精神现象学》中表达的这一观点：自我意识的自由，作为自觉的现象出现在人类精神史中，就体现为斯多葛主义等学派的哲学。因为，在这些学派那里，自我意识的一切环节都得到充分表述，这些体系合在一起已经形成自我意识的完备结构。而马克思尤其青睐的是伊壁鸠鲁的自然哲学，特别是这一哲学中的原子偏斜运动学说，因为它经典地体现了"自由意志"，体现了"自我意识的绝对性和自由"。④ 正因如此，马克思称颂伊壁鸠鲁为"最伟大的启蒙思想家"⑤，专门对他的原子论进行细致入微的考察。

然而，这种在理论上看似抽象的体现个别自我意识自由的理论与现

---

① 黑格尔：《历史哲学》，王造时译，上海世纪出版集团2001年版，第19页。
② 黑格尔：《历史哲学》，王造时译，上海世纪出版集团2001年版，第23页。
③ 海恩兹、培波勒编辑：《黑格尔左派》，莱比锡1985年版，第274页。
④ 《马克思恩格斯全集》第40卷，人民出版社1982年版，第241页。
⑤ 《马克思恩格斯全集》第40卷，人民出版社1982年版，第242页。

实社会有什么关联呢？马克思断言，一个本身自由的理论精神变成实践的力量是一条心理学（认识论）的定律，当哲学作为意志反对现象世界的时候，哲学的内在之光就会变成转向外部的吞噬性的火焰，于是就会导致一种"世界的哲学化和哲学的世界化"① 的结果。这样，马克思就借助世界的哲学化和哲学的世界化，将个别自我意识的自由提升和确认为人类理想社会的现实的价值目标和价值定向，表达了不是仅仅在抽象的原则中而且是在现实的人类社会中实现自由的渴望。

在博士论文中，马克思沿袭了黑格尔的思辨唯心主义的立场，因循黑格尔将绝对精神外化为现象世界的模式，把伊壁鸠鲁的原子运动理论解释为一种"原子概念的内在矛盾运动——外化为单个原子的排斥与吸引——现象世界"的运动，把人的自由等同于自我意识的自由。但是，也正是在博士论文中，马克思清醒地意识到：只要作为原子和现象的自然是在表示着个别的自我意识和它的矛盾，则自我意识的主体性就只能以物质自身的形式出现。② 这似乎预示了马克思以后完成的向唯物主义立场的转向。

在为《莱茵报》撰写评论期间，马克思继续延续了其博士论文中所持有的自我意识的立场，坚持"自由是全部精神存在的类的本质"③。他仔细区分了"特殊自由"与"普遍自由"，并诉诸"普遍自由"。所谓"特殊自由"，是指个别人物、个别等级的自由；而所谓"普遍自由"，则是指人类自由。在马克思看来，自由向来就是存在的，不过有时表现为个别人物和个别等级的特权，而有时表现为普遍权利。马克思还从自由的角度阐述国家的本质，从"最新哲学"的立场出发，强调国家应是法律的、伦理的和政治自由的实现，认为"国家是一个庞大的机构，在这个机构里，必须实现法律的、伦理的和政

---

① 《马克思恩格斯全集》第 40 卷，人民出版社 1982 年版，第 258 页。
② 《马克思恩格斯全集》第 40 卷，人民出版社 1982 年版，第 241 页。
③ 《马克思恩格斯全集》第 1 卷，人民出版社 1956 年版，第 67 页。

治的自由"。①

《黑格尔法哲学批判》标示了马克思的哲学立场由"新唯理主义"向"新唯物主义"的转向。在这篇文章中，马克思借鉴费尔巴哈对黑格尔哲学批判的成果，首次从法哲学的角度批判了黑格尔"把理念当作主体，而把真正的现实的主体……变成了谓语"的唯心主义思辨②，并借此与黑格尔的哲学唯心主义划清了界限。也正是在这篇文章中，马克思与黑格尔和青年黑格尔派、同时也与自己在博士论文中所曾持有的"自我意识"的立场彻底决裂，不再诉诸"自我意识"的自由，而是诉诸具有社会性的"现实的人"的自由。这特别表现在，针对黑格尔所提出的"民族的自我意识"决定民族的国家制度的观点，马克思明确提出现实的"人"才是国家制度的原则，而合理的国家制度应该具有同现实的人一同进步的能力。③ 由此，马克思就用以社会为基础的"现实的人"取代了黑格尔的"自我意识"，把个别的"自我意识"的自由表述为以社会为基础的现实的个体人的自由，从而把理想社会的价值目标置于"新唯物主义"的基础之上，赋予其一种唯物主义的形式。

由《黑格尔法哲学批判》所取得的决定性的成果继续前进，马克思在随后撰写的《评"普鲁士人"的"普鲁士国王和社会改革"一文》和发表在《德法年鉴》上的文章中，正式接纳了"社会主义"的概念，确认人类解放的道路是社会主义："一个哲学的民族只有在社会主义里面才能找到适合于它的实践。"④ 这意味着，马克思首次明确地把个体自由确立为社会主义和共产主义的价值理想和价值目标。

---

① 《马克思恩格斯全集》第 1 卷，人民出版社 1956 年版，第 129 页。
② 《马克思恩格斯全集》第 1 卷，人民出版社 1956 年版，第 255 页。
③ 《马克思恩格斯全集》第 1 卷，人民出版社 1956 年版，第 268 页。
④ 《马克思恩格斯全集》第 1 卷，人民出版社 1956 年版，第 484 页。

二　从现实的人的自由到"自由自觉的活动"

在《1844年经济学和哲学手稿》中，马克思为了论证以社会为基础的现实个体的自由这一共产主义理想，重返黑格尔的《精神现象学》，以扬弃黑格尔的自我意识理论为任务和起点。

在该文中，马克思充分肯定了黑格尔把人的产生看成一个生成的过程，把对象化看作失去对象、看作外化及其扬弃，把人理解为他自己劳动的结果。同时，也尖锐地批判了黑格尔把人等同于"自我意识"，把精神通过自我异化及其扬弃而实现自由的过程描述成精神自身范围内的运动，把劳动仅仅理解为抽象的精神劳动。与黑格尔相反，马克思去关注和研究人的具体的物质劳动——物质生产，关注和研究人的现实的经济的异化，关注和研究人的自由本质在现实的人类历史中的生成和实现。

如此一来，马克思就把黑格尔的抽象的精神发展史转换为一种实证的现实人的历史，把黑格尔的精神自由的实现转换为一种现实人自由的实现过程。

在《手稿》中，马克思明确地把人的本质和能力的充分发展和自由实现作为共产主义的实质和目的，而把异化劳动及其结果私有财产的扬弃作为其必要的手段和条件。他申明：共产主义"是私有财产即人的自我异化的积极的扬弃，因而是通过人并且为了人而对人的本质的真正占有"，"是人向自身、向社会的（即人的）人的复归"。① 而且，这种对人的本质的占有，"决不是返回到违反自然的、不发达的简单状态去的贫困。相反地，它们才是人的本质的现实的生成，是人的本质对人说来

---

① 《马克思恩格斯全集》第42卷，人民出版社1979年版，第120页。

的真正的实现，是人的本质作为某种现实的东西的实现"①。马克思甚至确凿地认定，这一人的本质的异化及其复归过程就是"历史之谜的解答"②。

传统的马克思主义哲学诠释传统认为，马克思在《手稿》中沿袭费尔巴哈的"抽象的人本主义"而预定了一种先验的抽象的人的自由本质。但是，如果人们注意到，正是在《手稿》中马克思把私有财产归结到异化劳动，又把异化劳动归结到人类自身本质的发展状况（"以人类发展的本质为根据"），即归结到人类自身能力的发展，那么，这种似是而非的诠释和假设就不攻自破了。实际上，从马克思的逻辑思路中不难看出，在马克思那里，人的本质及其自由并不是预定的，而是一个现实的归根结底通过物质劳动而不断生成的过程，换言之，人的本质在生成中，是一种生成的本质。正如马克思自己所指出的：人的本质的发展是一个历史过程，"全部历史是为了使'人'成为感性意识的对象和使'人作为人'的需要成为［自然的、感性的］需要而做准备的发展史。"③

在《手稿》中，马克思对黑格尔的自我意识自由的思想的改造和发挥突出地体现在下述方面：

一是黑格尔认为，精神的本质是自由的，因为它依靠自身而存在，能够意识到自己的存在，因而既是自己本性的判断，同时又是一种通过外化自己回到自己、自己实现自己、自己成就自己的活动。而马克思则把黑格尔的精神改造为人，把黑格尔的精神性劳动改造为物质生产或物质性劳动，由此来进行说明和论证：这种人的生命活动和生产生活是自由自觉的，而自由的生命活动恰恰是人的类特性（die freie bewusste Taetigkeit ist der Gattungscharakter des Menschen）。为何称人的生命活动是

---

① 《马克思恩格斯全集》第 42 卷，人民出版社 1979 年版，第 175 页。
② 《马克思恩格斯全集》第 42 卷，人民出版社 1979 年版，第 120 页。
③ 《马克思恩格斯全集》第 42 卷，人民出版社 1979 年版，第 128 页。

自由的？它在何种意义上是自由的？马克思借鉴黑格尔的方法来进行界定：仅仅由于人能够使自己的劳动这种生命活动成为自己的意志和意识的对象从而将其同人本身区分开，人的活动才是自由的活动。① 人的自由的生命活动本是人的类存在、类本质和类特性，是目的本身，可是在资本主义条件下，异化劳动及其结果私有财产却使人与自身的生命活动相分裂、相对立，使自由活动和自主活动（Selbsttaetigkeit）变成一种"强制劳动"，变成维持劳动者自己生存的手段。鉴此，马克思将自由活动、自主活动与异化劳动、强制劳动相对立。值得注意的是，马克思在这里使用了"自主活动"的概念，使其与"自由活动"概念相并列。

二是黑格尔把"外化"和异化等同起来。在黑格尔那里，精神的外化也就是精神的异化，而精神的异化也就是精神的外化。而马克思则指出，并不是在任何条件下人的本质和能力的对象化和外化都是异化，而只是在人的本质和能力的一定发展阶段，特别是在资本主义条件下，人的本质的对象化和外化才变成了纯粹的异化。

三是黑格尔从个别自我意识之间为各自确立自我而引起的斗争和彼此承认的不平衡性，抽象地从逻辑中推演出社会现实中的主奴关系。黑格尔认为，精神在彼此区别的、各个独立存在的自我意识中存在，通过排斥一切对方而保持自我同一。这样就出现了个别自我意识与其他个别自我意识相对立的局面，从而在个别自我意识确证自身存在的斗争中形成了"独立的意识"和"依赖的意识"，形成了主人和奴隶的分野，形成了一种片面的和不平衡的承认。② 而马克思则是从人的本质和能力的发展状况，现实地引申出劳动异化及其结果和表现的私有财产，引申出工人与自己的产品同资本家与工人的产品之间的关系，引申出工人与资

---

① 《马克思恩格斯全集》第42卷，人民出版社1979年版，第96页。
② 《马克思恩格斯全集》第42卷，人民出版社1979年版，第127、129页。

本家的对立。

三 从"自由自觉的活动"到个体的"自主活动"

在《德意志意识形态》中，马克思与恩格斯一起进一步发挥了《1844 年经济学哲学手稿》中的思想。他在阐述历史唯物主义基本原理的基础上对个人自由发展的这一共产主义价值目标进行了进一步的论证。特别是，马克思把现实个人的自由的本质规定明确提升为"自主活动"（Selbstbetaetigung）。

在《形态》中，马克思与恩格斯一起进一步确认，共产主义的价值目标和实质就是个体自由而全面的发展。在他们看来，所谓共产主义就是使个体的才能得到全面发展、使个体的自由得到真正实现的自由个体的联合体，即真正的共同体。马克思与恩格斯在这里确立的自由，不仅不是精神自由，而且，也不是一般意义上的实践自由，而是"自主活动"。马克思与恩格斯认为，在现实的人类发展历史中，人们的活动性质，从而人们的自由表现，取决于交往形式即生产关系的性质和状况，具体说来，就是交往形式是否与生产力的发展水平相适应。按照这一原理，人们的活动在交往形式没有成为生产力发展的桎梏以前，是一种自主活动，交往形式也是人们自主活动的条件。但是，随着生产力的发展，交往形式就会逐渐落后于生产力的发展，逐渐由自主活动的条件转化为生产力的桎梏，而人们的活动也就随之转化为自主活动的否定形式。马克思与恩格斯认为，在现存的资本主义私有制条件下，交往形式已成为生产力的桎梏，而人们的活动或劳动已成为自主活动的否定形式，并且，人们的自主活动同人们的物质生活相分裂，也就是说，由以前的物质生活从属于自主活动，变成自主活动从属于物质生活，成为物质生活即谋生的手段。但是，按照马克思与恩格斯的看法，基于生产力的发展，随着联合起来的个体对全部生产力的占有，劳动将转化为自主活动，自主活动将同物质生活相一致，各个个体也将发展为完全的人①："只有在这个阶段上，自主活动才同物质生活一致起来，而这点又是同个体向完整的个体的发展以及一切自发性的消除相适应的。同样，劳动转化为自主活动，同过去的被迫交往转化为所有个体作为真正个体参加的交往，也是相适应的。"②

从马克思与恩格斯的论述中可以看出，所谓"自主活动"，不仅意味着人的主观上的自由，即按照自己的意志和意愿，而且还意味着客观上的自由，即能够自由地支配各种外部的社会条件，将各种外部的社会条件置于自己的控制和支配之下。就其具体内涵和要求而言，"这种自主活动就是对生产力总和的占有以及由此而来的才能总和的发挥"③。

要实现这样的自主活动，实现对生产力总和的占有和才能总和的发挥，马克思与恩格斯认为必须具备三个条件：其一，生产力的发展；其二，完全失去了自主活动的无产者的存在；其三，个体的普遍联合。他们特别申明，建立共产主义和实现人的自主活动的实际前提是生产力的巨大增长和高度发展，因为只有这种增长和发展，才能扬弃人的活动的异化，才能消除贫困、极端贫穷的普遍化，才能随着生产力的普遍发展建立起人们之间的普遍交往，才能使地域性的个体转变为世界历史性的个体。因此，他们认为，建立共产主义和实现人的自主活动实际上具有经济的性质，这就是为个体的联合创造各种物质条件，把现存的条件变成联合的条件。

总之，在马克思与恩格斯看来，自主活动是共产主义这一理想社会中的人的活动样式和存在方式，从而也是人的自由本质的真正规定。现实个体的自由或自由个性的底蕴和实质就是个体的自主活动。

马克思与恩格斯强调个体的真正自由是自主活动，针对的是"强制

---

① 《马克思恩格斯全集》第 3 卷，人民出版社 1960 年版，第 76—77 页。
② 《马克思恩格斯全集》第 3 卷，人民出版社 1960 年版，第 77 页。
③ 《马克思恩格斯全集》第 3 卷，人民出版社 1960 年版，第 76 页。

劳动",首先是资本主义社会的雇佣劳动。他们认为,"过去的一切革命始终没有触动活动的性质,始终不过是按另外的方式分配这种活动,不过是在另外一些人中间重新分配劳动,而共产主义革命则反对活动的旧有性质,消灭劳动,并消灭任何阶级的统治以及这些阶级本身。"①这样,在马克思与恩格斯那里,个体的自由发展的实质和关键在于改变作为人的生存方式和本质规定的活动的性质,即把迄今现存的强制劳动转变为自主活动。

最后应该指出的是,自主活动概念是康德用过的一个术语。费尔巴哈在《基督教的本质》中已使用过这一术语来指谓意识的活动,认为"意识是自主活动、自我肯定(非动物意义的自爱)以及对自我完善性的喜悦"②。赫斯(Moses Hess)曾先于马克思和恩格斯把这一概念同社会主义联系起来。赫斯在《进步与发展》(1844)中区分了"发展"的两种类型或两个阶段,一种是本质的形成,一种是本质的"自主发展""自主生产"和"自主活动"(Selbstbetaetigung)。他认为,人类也像自然界一样要经历这两种类型或阶段。据此,他就把资本主义社会说成是人类"形成史"的结束,而把以"自主活动"为特征的社会主义说成是人类"自主发展"的开始。③马克思和恩格斯在借鉴赫斯观点的基础上,赋予了"自主活动"以"对生产力总和的占有以及由此而来的才能总和的发挥"的内涵,并对其给予了充分的发挥。

(本文原载《科学社会主义》2009 年第 6 期;

《新华文摘》[论点摘编] 2010 年第 9 期)

---

① 《马克思恩格斯全集》第 3 卷,人民出版社 1960 年版,第 78 页。

② Ludwig Feuerbach, Gesammelte Werk, B. 5, herg. v. W. Schuffenhauer, Berlin, 1974, S. 36.

③ Moses Hess, Philosophische und sozialistische Schriften, 1837 – 1850, herausgegeben und einge-leitet v. A. Corno und W. Moenke, Berlin, 1980. S. 282, 283.

中国传统哲学的理想人格论及其现代意义

中国传统哲学的理想人格论在先秦时期已近成熟，经程朱理学、陆王心学的演进愈加完善。它提供了人与自然相统一的一种内在路径和模式，在一定意义上堪称中国传统哲学的要义和精髓。金岳霖曾将其誉为"圣人人生观"，并将其与西方的"英雄人生观"相比较（《道、自然与人》）。然而，伴随疾剧的社会转型和现代化进程，它却愈益远离人们的视野，甚至逐渐成为人们所不能理解的对象。因此，有必要对其加以重新揭示和描述。这无疑是一个极具难度的课题，需要从该问题的视域去审视、概观中国传统哲学的一系列相关理论，乃至由儒道释等诸家所代表的中国传统哲学的整体形态。

一

成就理想人格，以个体生命的意义、价值的实现为主旨，关涉每个个体主体的自我生存、发展和完善。在儒道释诸家那里，通常被称之为"成人""内圣"或"作佛"之道。

孔子曾率先明确地论及所谓"成人"概念。他将古代圣贤臧武仲、孟公绰、卞庄子和冉求作为"成人"即理想人格的典范，倡导"臧武仲之智、公绰之不欲、卞庄子之勇、冉求之艺"，借此表达了他对于"成人"及其标准的理解。（《论语·宪问》）这无疑可以被视为儒家对成就理想人格的一种富有代表性的表述。《庄子·天下》则将孔子意指的"成人"概括为"内圣"，并将其与"外王"相并列，从而将"道术"所具有的安身立命和治国安邦两大功用鲜明地表达出来。在惠能那里，禅宗的要义通过"唯求作佛"（《坛经》）而得到昭示。

在中国古代哲学家眼中，理想的人格或理想的完人通常被称为"君子""贤人""圣人"乃至"佛者"。所谓"君子""圣人"，按照朱熹的界定，"圣人，神明不测之号。君子，才德出众之名。"（《论语集注》）。《庄子·天下》云："以仁为恩，以义为理，以礼为行，以乐为和，熏然慈仁，谓之君子"；"以天为宗，以德为本，以道为门，兆于变化，谓之圣人。"孟子云："圣者，人伦之至也。"（《孟子·离娄上》）而所谓"贤人"，则为君子和圣人这两者的居间者。如程子就将孟子放在贤人之至、圣人之亚的地位，云："孟子大贤，亚圣之次也。"（朱熹：《孟子序说》）这样，在狭义上，君子、贤人、圣人由低至高，体现理想人格的不同层阶和境界。同时，在广义上，"君子"则又被作为圣贤之通称，含贤人、圣人在内。如孟子称孔子为"圣人"，但同时也称孔子为"君子"："君子厄于陈、蔡之间，无上下之交也。"（《孟子·尽心下》）又如，子思引孔子语："君子依乎中庸，遁世不见知而不悔，唯圣者能之。"（《中庸》）这里，君子即被作为圣贤之通称使用。再如，孟子云："夫君子所过者化，所存者神，上下与天地同流，岂曰小补之哉！"（《孟子·尽心上》）这里所言的"君子"，朱熹就注曰："君子，圣人之通称也。"在此意义上，圣人是君子中之极者。在古典文本中，一般而论，儒家多言"君子"，道家多言"圣人"。这与儒家重点言"仁"、道家重点言"道"相契合。与儒道两家所言"圣人"相近，禅宗的理想人格是"佛者"。所谓佛者，按照惠能的界说，"佛者觉也"，"识心见性"者也。（《坛经》）

　　君子、圣贤乃至佛者作为理想的人格，是中国古代哲学家所大力推崇、倡导和追寻的个体生命的终极意义、价值和目标的具体而又集中的体现。它们具有极其鲜明而又大致相同的基本标准和准则。孔子将"仁"作为君子圣贤的基本标准，将"仁"提高到"道"的高度，强调"道二，仁与不仁而已矣"。（见《孟子·离娄上》）同时，还提出了"智""不欲""勇""艺""孝""忠""悌""信"等基本范畴。在孔子关于"成人"概念的界定中，已经蕴含了孔子关于君子圣贤的基本标准的理解，即"智""不欲""勇""艺"。此外，孔子还自谦说："君子道者三，我无能焉：仁者不忧，知（智）者不惑，勇者不惧。"（《论语·宪问》）"君子之道四，丘未能一焉：所求乎子，以事父，未能也；所求乎臣，以事君，未能也；所求乎弟，以事兄，未能也；所求乎朋友，先施之，未能也。"（见《中庸》）这样，孔子就将"仁""智""勇""孝""忠""悌""信"等明确地列为他心目中的君子圣贤的必备标准和条件。与孔子略有不同，荀子将"礼"作为君子圣贤的基本准则。他主张，"礼"是"道德之极"，学必须达到"礼"的标准和境界，才能够称之为"善学"，然后才能具有生死由是的道德操行，才能做到内定于心，外应于物，如此才可称之为"成人"："学至乎礼而止矣，夫是之谓道德之极"，"生乎由是，死乎由是，夫是之谓德操。德操然后能定，能定然后能应，能定能应夫是之谓成人"。（《荀子·劝学》）孟子的君子圣贤标准与孔子略同，重视和强调"仁义礼智"等诸概念。他认为，"君子所性，仁义礼智根于心"（《孟子·尽心上》）。由于仁义礼智根置于心，因此，所谓君子，换言之也就是能够存其本心，不失本心："君子所以异于人者，以其存心也。君子以仁存心，以礼存心。"（《孟子·离娄下》）老子眼中的圣人是"得一"即得道之人，是"惟道是从"并进入"玄同"境界之人，因而，圣人"复归于婴儿"，"复归于无极"，"复归于朴"（《道德经》第二十八章）。作为"善为道者"，圣人具有"豫"（谨慎）、"犹"（机警）、"俨"（庄重）、"涣"（释然）、"敦"（淳朴）、"旷"（旷达）、"浑"（浑厚）等特质（《道德经》第十五章）。在《庄子》一书中，除了《天下》篇提出"以仁为恩，以义为理，以礼为行，以乐为和，熏然慈仁，谓之君子"以及"以天为宗，以德为本，以道为门，兆于变化，谓之圣人"，在《大宗师》篇中还提出真人"以刑为体，以礼为翼，以知为时，以德为循"。如此就涉及道、德、仁、义、礼、乐、知、刑等众多概念。禅宗和其他各派佛教一样，以转迷为悟、"识心见性"为根本标准，而在惠能那里，转迷为悟、"识心见性"的具体要求和表现是："内外不住，来去自由，能除执心，通达无碍。"（《坛经》）

从以上古代哲学家们关于君子圣贤佛者等理想人格之标准的论述中，人们不难看出其所具有的一些共同特质或特色：

其一，是"道"（广义而言，含佛家所言"真如"或"佛性"）以及人与自然之统一性的较为完美的体现者。中国古代哲学家、思想家们确信，所谓"道"作为整体自然的最高本原或本体就存在于个体生命、人格之中，存在于心、性、命之中，人的天职和使命就是不失于斯，与其相统一或合一，而所谓君子、圣贤、佛者就是这种统一、合一的典范。孔子云"君子有大道"（《大学》）。孟子云："所欲有甚于生者，所恶有甚于死者。非独贤者有是心也，人皆有之，贤者能勿丧耳。"（《孟子·告子上》）。老子云："道者同于道，德者同于德"（《道德经》第二十三章）。至于佛者，当然更是如此。惠能认为，所谓佛"从自性上生"。因此，所谓皈依，即皈依自性，"自性不归，无所归处。"（《坛经》）值得注意的是，儒家虽然以君子圣贤为理想人格，但并未将其绝对化为完人，而是认为即使是圣人，也无法做到全知全能。例如，《中庸》云："君子之道费（昧）而隐。夫妇之愚，可以与知焉；及其至也，虽圣人亦有所不知焉。夫妇之不肖，可以能行焉；虽圣人亦有所不能焉。天地之大也，人犹有所憾。"朱熹对此注曰："可知可能者，道中之一事。及其至而圣人不知不能，则举全体而言，圣人固有所不能尽也。"

其二，基于道德本体，主要甚至纯乎是道德性的，是一种理想价值目标的悬设和表征。君子圣贤的称谓虽然在先秦及其以前在某种意义上也与人们的社会地位相关联，但实际上人们赋予其更多的仍是其价值的内涵，以是否具备或符合"道""德"或"仁义礼智勇"等诸种道德为主要标准，正如俞樾在其《群经平议》中所言，"古书言君子小人大都以位言，汉世师说如此，后儒专以人品言君子小人，非古义也。"例如，孔子云："志于道，据于德，依于仁，游于艺"（《论语·述而》），"君子先慎乎德，……德者本也。"（《大学》）孟子云："君子之志于道也，不成章不达。"（《孟子·尽心》上）老子云："重积德则无不克。"（《道德经》第五十九章）惠能云："自法性有功德"，"自修身即功，自修心即德"。（《坛经》）王阳明甚至认为"为圣"只与存在于人道之中或具体体现为人道的"天理"有关，而与才能无关："为圣者，在纯乎天理而不在才力也。"（《传习录上》）

其三，关乎现实中的每个个体，具有最大的普适性。君子圣贤佛者作为理想人格客观地反映了现实生命个体存在和发展的道德、伦理和价值的一般需求，因而具有最大的普遍性。老子提出"万物莫不尊道而贵德"（《道德经》第五十一章），昭示了所有生命个体赖以存在和发展的终极根据。而孔子所诉诸的"仁道"，则通过"仁智勇"将庶人、士、士大夫、国君等所有个体以及通过"孝忠悌信"将父子、君臣、兄弟、夫妇、朋友等所有人伦关系全部覆盖和囊括其中，以至于可以一言以蔽之曰："自天子以至庶人，壹是皆以修身为本。"（《大学》）虽然老子将人区分为上士、中士、下士（《道德经》第四十一章）以及孔子将人分为中人之上下（《论语·雍也》），承认个体的差别性，但这是为了因材施教，并非认为下士或中人以下之人不能以君子圣贤为楷模或无法趋近君子圣贤的目标。孟子肯定人皆有好善恶之心，圣贤与常人相同无别，并提出只要言行效法尧舜，从孝悌做起，"人皆可以为尧舜"："尧舜之道，孝悌而已矣。子服尧之服，诵尧之言，行尧之行，是尧而已矣。"（《孟子·告子下》）惠能强调佛性平等："修行者法身，与佛等也"，"人即有南北，佛性即无南北。"所以，基于此，世人、众生皆可成佛。"不悟，即佛是众生；一念若悟，即众生是佛。"（《坛经》）

其四，具有自我性、本己性和个体主体性。主体性在主体自身表现为道德意志的规定性及其现实，黑格尔在《法哲学原理》中曾经对于这种道德的主体性进行了专门阐述。黑格尔认为，主体性不仅相对外在客体、对象而言，而且首先相对主体的人自身而言，在主体的人自身中表现出来。按照黑格尔的理解，理念的实存方面或它的实在环节是意志的主体性。只有在作为主体意志的意志中，自由或自在地存在的意志才能成为现实的。这在中国古代哲学家那里得到了充分的体现。在他们看来，由于"道"或"仁"存在于每个人之中，所以为"道"或为"仁"完全取决于自己。孔子云，"道不远人"（见《中庸》），"君子求诸己"（《论语·卫灵公》）。"仁远乎哉？我欲仁，斯仁至。"（《论语·述而》）"己欲立而立人，己欲达而达人。"（《论语·雍也》）孟子也云，"君子深造之以道，欲其自得之也。"（《离娄下》）"行有不得者，皆反求诸己。"（《离娄上》）老子强调，"自知者明"，"自胜者强"。（《道德经》第三十三章）惠能云："自性自度"，"自悟自修"，"识心见性，自成佛道"。（《坛经》）

其五，与个体所处的生存条件和日常生活实践紧密融合，具有世俗性、日常性，是一种持续不断的生成和实现过程。如儒家提倡"素位而为"，重视在所居之位为其当为："君子素其位而行，不愿乎其外。素富贵，行乎富贵；素贫贱，行乎贫贱；素夷狄，行乎夷狄；素患难，行乎患难：君子无入而不自得焉。在上位不陵下，在下位不援上，正己而不求于人，则无怨。上不怨天，下不尤人。"（《中庸》）老子提倡与世合一，"和其光，同其尘"（《道德经》第五十六章），要求从容易和细小的方面点滴地做起："图难于其易，为大于其细"。（《道德经》第六十三章）惠能则强调入世是出世的前提："法原在世间，于世出世间，勿离世间上，外求出世间"，"世间若修道，一切尽不妨，常见在己过，与道即相当"。（《坛经》）

二

如何成就和达致君子圣贤佛者所体现的理想人格？中国传统哲学通过其"心性论"对此从根本上给予了较为明晰的回答。这无论是在老子的"常德不离，复归于婴儿"和"归根曰静，静曰复命"，孔子的"大学之道，在明明德"，《易经·说卦》的"穷理尽性以至于命"，《中庸》的"天命之谓性，率性之谓道"，孟子的"尽心""知性""知天"，还是在程朱理学的"穷理尽性至命"，阳明心学的"尽性至命"以及惠能的"识心见性"中都得到了鲜明的体现。这种心性之学的要义，是将人性区分为先天之本性和后天之习性，即或孔子所云的"性"与"习"（《论语·阳货》），或张载所云的"天地之性"与"气质之性"（《正蒙·诚明》），或程颐所云的"极本穷源之性"与"生之为性之性"（《河南程氏遗书》卷三、二十二、十八），或朱熹所云的"理之性"与"气质之性"（《朱子语类》卷九十五），或惠能所云的"佛性"与众生之性（《坛经》），将先天之性视为"道"的体现，将后天之性视为杂染、迷妄以及环境、习俗影响的结果，而将人的生命的发展和完善视为澄明或复归先天本性的过程。因此，"尽性至命""朝彻见独"和"识心见性"，就构成这种心性之学的圭旨。其理论前提是"道"即存在于每个个体生命和人格之中，"道"即心、性、命，正如孔子云"道不远人"（见《中庸》），孟子云"万物皆备于我矣。反身而诚，乐莫大焉"（《孟子·尽心上》），"仁义礼智，非由外铄我也，我固有之也，弗思耳矣"（《孟子·告子上》）。程颢云："道即性也，若道外寻性，性外寻道，便不是。圣贤论天德，盖谓自家原是天然完全自足之物，若无所污染，即当直而行之，若小有污染，即敬以治之，使复如旧。"（《语录》）王阳明云："圣人之道，吾性自足，向之求理于事物者误也。"（《王阳明全集》卷下）惠能云："三世诸佛，十二部经，在人性中，本自具有"，"佛是自性作，莫向身外求"。（《坛经》）

这里，须加以具体深究的是，何以习性、"气质之性"或众生之性与本性、"理之性"或佛性会分而有别？朱熹综括了迄宋为止诸家的认识，将其概括为两个方面的原因，即"气秉所拘"和"人欲所蔽"："明德者，人之所得乎天，而虚灵不昧，以具众理而应万事者也。但为气秉所拘，人欲所蔽，则有时而昏。然其本体之明，则有未尝息者。故学者当因其所发而遂明之，以复其初也。"（《四书集注·大学章句》）所谓"气秉所拘"，是说由于禀赋浊气而致。这种观点直接源于张载和程颢、程颐，同时也被朱熹所继承和发挥。张载云："人之刚柔缓急，有才与不才，气之偏也。"（《反本尽性》）程氏云："才禀于气，气有清浊。禀其清者为贤，禀其浊者为愚。"（《二程集·遗书》）张、程、朱等人用"气禀说"来说明后天习性与先天本性的背离以及由此造成的人性的具体差异，显然已经超越了单纯的人性善恶论的对立。但是细究起来，也有其明显的缺陷和不足：其一，撇开和忽视了性与气的同一性方面；其二，没有说明人何以会禀赋清浊等不同性质之气；其三，也没有说明禀赋之气是否可以被改变，如果可以被改变，应如何改变？所谓"人欲所蔽"，是说由于人的欲望不当使然，这几乎是儒道释各派所有哲学家、思想家的主张。具体说来，老子认为是"甚欲"即欲望过度的结果，故"祸莫大于不知足，咎莫大于欲得"。（《道德经》第四十六章）《礼记·乐记》作者认为是"好恶无节于内，知诱于外"。荀子认为是"乐得其欲"而"以欲忘道"（《乐论》）。孟子认为是"所欲有甚于生者"而失其本心（《告子上》）。程颐认为是对欲不节而"流于末"（《程氏易传·损卦》）。陆九渊认为是"物欲之蔽"："夫所以害吾心者，何也？欲也。"（《陆九渊集》卷三十二）惠能认为是"于外着境"，导致本性被"妄念浮云覆盖"，而其中主因则是贪、嗔、痴"三毒恶缘"。（《坛经》）这样，成就理想人格的主要障碍和扬弃对象就被聚焦到人的不当欲望。

"欲"或"人欲"是中国传统哲学中的一个极为重要的概念，对其也有颇为深入和系统的讨论，特别是宋明时期的"理欲之辨"将这种讨论提升到了前所未有的高度，从而在中国哲学史特别是道德或伦理思想史中占有重要的地位。《礼记·乐记》已论及"天理人欲"之说："人生而静，天之性也。感于物而动，性之欲也。物至知知，然后好恶形焉。好恶无节于内，知诱于外，不能反躬，天理灭矣。夫物之感人无穷，而人之好恶无节，则是物至而人化物也。人化物也者，灭天理而穷人欲者也，于是有悖逆诈伪之心，有淫佚作乱之事。……此大乱之道也。"这段论述，将"天理"具体化为人的天性，将"人欲"界定为对外物的需要和反应，阐明了人性本净、感物而欲、重在节制的道理，反对"好恶无节"的纵欲，在一定意义上可以视为儒家理欲论的总纲。其中说到如果不能做到反躬自省和节制，而是纵欲而行，会导致人的物化，运思可谓深刻。

在这段论述中，已经论及两个根本性的问题：一是欲从何来，欲与"性"或"理"究竟是什么关系？二是如何对待欲？关于欲从何来，《礼记·乐记》作者认为，欲源出于性，是性感物而动的结果。基于这种理解，荀子进一步区分了欲与"求"，认为"欲不待而得，所受乎天也。求者从所可，受乎心也"。（《正名》）关于欲与性或理的关系，戴震反对将欲与理相分离，明确主张理在欲中："理者存乎欲者也。"（《孟子字义疏证》卷上）关于如何对待欲，老子主张"无欲""寡欲"，提出以"朴（道）镇欲"。（《道德经》第三、十九、三十七章）孔子主张"不欲"（《论语·宪问》），并提出对于"人之所欲"，则应"以其道得之"。（《论语·里仁》）荀子主张"以道制欲"，认为应以

"心之所可中理"为欲之标准，符合这一标准的，就最大限度的予以满足，否则就加以必要的节制："进则近尽，退则节求。"孟子主张"无欲""寡欲"，认为"养心莫善于寡欲。其为人也寡欲，虽有不存焉者，寡矣。其为人也多欲，虽有存焉者，寡矣"。（《孟子·尽心下》）惠能主张贪嗔痴"三毒即是地狱"，"三毒若除，地狱一时消灭"。（《坛经》）张载主张"烛天理"，反对"穷人欲"（《正蒙·大心》）即无止境地追求和满足欲望。程颐提出"损人欲以复天理"（《程氏外传·损卦》）。朱熹要求"革尽人欲，复尽天理"（《朱子语类》卷十一）。陆九渊提出去欲存心（《陆九渊集》卷三十二）。与程朱相类似，王阳明也主张"去人欲，复天理"（《传习录》）。戴震提出"节其欲"（《孟子字义疏证》卷上），同时认为人欲是天下大事，对于合理的欲望必须尽量给予满足："天下之事，使欲之得遂，情之得达，斯已矣。"（《孟子字义疏证》卷下）

值得注意的是，陆九渊、戴震明确对程朱的"存天理灭人欲"之说提出批评，判定其主张是理欲、天人两分。陆九渊认为，"天理人欲之言，亦自不是至论。若天是理，人是欲，则是天人不同矣。"（《陆九渊集》卷三十四）戴震在批评程朱将人欲与天理相对立的同时，还提出宜将节欲本身理解为天理："天理者，节其欲而不穷人欲也。"（《孟子字义疏证》卷上）但是，实际上，程朱所主张灭绝之欲，均为违背"道""天理"和"天地之性"之欲，或损公利私之欲，而并非包括合理之欲望在内的一般意义上的人欲。因此，陆九渊、戴震对于程朱的观点显然有所误读。同时，也应该看到，程朱之说确有某种不彻底性，即未能充分重视和阐明"天理"与人欲的同一的方面。如果从人欲与"天理"的同一性来看，人欲无疑源于和体现所谓"天理"或"道"，正如荀子所言"欲不待可得，所受乎天也"。在此意义上，人欲是"天理"或"道"的必要的分化和实现形式。但是，人欲不会自动实现自己，需要借助主体及其意志。正因如此，也就为主体选择不同的欲望以及满足欲望所需的不同手段留下了空间，从而产生了人欲背离所谓"天理"或"道"的可能性。

综合而论，中国传统哲学关于欲望的探讨触及成就理想人格的关键或核心问题，具有重要的意义。它虽然具有一定的局限性，但是同时也提出了一些重要的富有启发性的观点和见解。其主要贡献或许在于：其一，揭示出欲望及其满足是人类生存发展的大事，是每个生命个体从而也是人类整体始终面临和必须予以妥善解决的一个重大乃至主要课题；其二，肯定人之本性为善，皆好善而厌恶，而修身或做人的关键就是合理地对待欲望，保持、发挥和充分实现人的本有心性；其三，强调后天之性善恶相兼，可善可恶，重在善恶由己，突出和彰显了人的道德主体性和主体责任；其四，阐明欲不可绝，但应节、可节，宜以不违逆"道"为最高准则；其五，提出应该反对损害公欲的私欲以及过度而无节制的"甚欲"，防止人的物化。

三

中国传统哲学理想人格论的现代意义和价值何在？择其要者可枚举下述两个方面：

一是它提供了一种人与自然或人与"道"相统一的内在的路径和模式。中国传统哲学的理想人格论代表和彰显了中国传统哲学的一个重要特征，即将"内圣"即主观世界的改造作为"外王"即客观世界的改造的前提，关注和追求的重点首先并非是人对外在自然、外在世界的认知和作用，而是对人自身心性的求索和修炼；并非是向外寻找人与自然或存在者与"存在"相统一的中介，而是从人自身内部来探究和实现人与自然、人与"道"的统一。它重视人自身的"内圣"，重视内在的反省和心性的澄明，这样，就使它能够提供一种人与自然或人与"道"相统一的一种内在的路径和模式。相比较而言，在西方哲学中，即便是当代最有影响的海德格尔的"基础存在论"，始终重视和强调的也仍然是人作为"此在"（Dasein，宜译为"亲在"）存在于"存在"之中（《存在与时间》《哲学论稿》），而非"存在"存在于"此在"的人之中，本质上仍未逾越和超出向外寻找人与自然或世界相统一的立场。

二是它为拯救现代性危机提供了一种重要的甚至是根本性的中国方案。近代以来，人类面临的最大实践课题就是现代化。这表现在思想理论上，则是一种合理的"现代性"的塑造和构建。当代的哲学家、思想家们普遍认为，人类正在经历的整个现代化过程或者人们普遍谈论的现代性存在着危机甚至是某种重大的危机。如果说，人类正在经历的整个现代化过程或者人们普遍谈论的现代性确实存在着危机，那么，这种现代性危机的根源何在？笔者以为，是人自身的需要和欲望恶性膨胀的结果，是人未能成为自身的需要、欲望的主体的结果。具体而言，近现代以来，由于市场经济的极致化和普遍统治，由于工业和科学技术的高速发展，使人满足自身需要和欲望的手段空前地提高。与此相适应，人类的需要也发生了质的变化，即对使用价值的追求变成了对价值的追求。如马克思在《资本论》中所提示，在自然经济条件下，人们追求的主要是使用价值，使用价值作为物质财富是具体的、有限的。因而，人们对使用价值、物质财富的追求也是有限的和有止境的。而在市场经济的条件下，人们追求的已不再是直接的使用价值和物质财富，而是价值。价值的增殖和扩张是无限的，没有止境的，因而，人们对价值的追求也是无限的和无止境的，由此会导致"致富欲和贪欲作为绝对的欲望占统治地位"。据此，我们有理由认定，现代性危机的实质，是在市场经济充分发达的条件下，由于人的需要的质变和欲望的无节制地膨胀，人愈渐沦落为自身的需要和欲望的客体，而没有成为自身需要和欲望的主体。人能否成为自身需要和欲望的主体？应当说，这首先是一个根本性的道德、伦理和价值观问题。因此，在一定意义上，或许可以说，现代性危机的最终解决或现代化的最终完成可以归结为道德、伦理和价值观问题，即归结为伦理学的实践化和价值观作用的发挥。而正是在这里，中国传统哲学的理想人格论彰显出它的现代性和重大功用。

（本文原载《光明日报》2018 年 1 月 22 日）

商讨理论视野中的伦理、
人权、民主和民族国家

　　商讨理论（"交往"哲学）的最新发展集中体现在对伦理、民主、人权和民族国家等诸问题的理解中。哈贝马斯在其访华系列演讲中曾专门对这些问题进行阐述。[①] 这种阐述不仅展示了商讨理论的视点和隐秘的核心，而且也显露了其最新发展和潜在趋向［例如，推进和发挥了《事实与效用》（*Faktizitaet und Geltung*）一书的某些成果］。

一　伦理观

　　哈贝马斯的商讨伦理学（Diskursethik）是其商讨理论的基本组成部分；同时，在一定意义上，又是哈贝马斯将其商讨原则进一步引申到法和政治领域，构建其商讨法学和商讨政治哲学的基石。

　　哈贝马斯的商讨伦理学是在总结西方实践哲学传统的基础上提出来的。哈贝马斯认为，西方存在以功利主义、亚里士多德伦理学和康德道

---

　　① 参见哈贝马斯访华系列演讲德文打印稿 Die Diskursethik, Drei normative Modelle der Demokratie, Der interkulturelle Diskurs ueber Menschenrecht, Der europaeische Nationalstaat unter dem Druck der Globalisierung 和甘邵平、曹卫东、靳希平、张慎等人的相关译文（均未公开发表），以及参阅曹卫东选编《专题：哈贝马斯论话语政治》，载陶东风、金元浦、高丙中主编《文化研究》第 2 辑，天津社会科学院出版社 2001 年版，第 1—50 页。

德理论为代表的三大实践哲学传统。从这三大实践哲学传统来看，实践理性分别从合目的性、善和正义的角度提供不同的功用。因此，可以据此将实践理性的传统应用区分为实用的、伦理的和道德的三个不同的层面。这三个层面都根源于公民的交往形式及实践；同时，它们又都具有各自不同的特点。

实践理性实用的应用表现在，它为在不同行为和不同目标的可能性中进行理性抉择提供根据。在实用的应用中，"我应当做什么"的问题依赖于主观的目的和优先考虑，它涉及的是一些实用的事务，需要的是根据经验、效益原则之类作出观察、研究、比较和权衡。在这里，实践上的思考是在目的合理性的范围之内，其目的是找到合适的技术、手段、方略和方案。

实践理性伦理的应用表现为对重大的价值方面的决断。在伦理的应用中，"我应当做什么"这一问题取决于一种对个人来说是好的、成功的生活目标。在这里，问题不仅涉及一个人偶然的爱好、意向，而且涉及一个人的自我理解、生活方式和品格，涉及他"是一个什么样的人和想做一个什么样的人？"

实践理性道德的应用触及一个人的行为与他人的利益的矛盾和冲突。在道德的应用中，"我应当做什么"这一问题具有这样的意义，即这样做是正当的，因而是一种义务。道德的应用牵涉的实质问题是自我的准则与他人的准则的一致性，即：是否所有的人都同意，每个人在我所处的情况下都按同样的准则来行事？

在哈贝马斯看来，上述这三种实践理性的应用虽然都分别从各自的角度体现了实践理性的功能，但并未道出问题的全部。实际上，实践理性还有另一种应用，即它在交谈、商讨中的应用，而这种商讨的应用在实践理性之实用的、伦理的和道德的诸应用层面中都可以找到自己的位置：在实用的层面，商讨的目的在于推荐合适的方法和可实施的规划；在伦理的层面，商讨的目的在于为生活的正确方向和个人生活方式的形成提供建议；在道德的层面，商讨的目的在于为在由规范调节的行为领域中发生的冲突的公正解决达成协议。这样，哈贝马斯就寻觅到并揭示出商讨伦理学赖以生长的基点，阐明和论证了其存在的根据和合理性。

据哈贝马斯自己的说法，商讨伦理学的主旨在于，对道德"绝对命令"给以商讨理论上的阐释，提供对道德规范应用之自身权利的商讨意义方面的说明。哈贝马斯试图证明，道德原则的意义是从人与他人共同进行的商讨实践的内容中产生出来的，对实践问题进行评判的道德依据源于理性商讨的交往形式本身。

从哈贝马斯的论述中，可以看出商讨伦理学所具有的下述一些主要特征：

以理性主义为方法。商讨伦理学不怀疑理性主义的意义和必要性，坚持以理性和理智为基础建立自己的原则。在此意义上，它体现了当代伦理自我理解的一种理性重建。哈贝马斯在坚持理性信念的同时，也未断然否认直观的作用，而是试图对理性论证与感性直观进行综合。在对道德原则、道德行为、道德商讨进行具体论证方面，哈贝马斯采用了源自 K. -O. 阿培尔的"超验实用主义"的方法，并称其为"伦理学的超验实用主义论证"。[①] 所谓"超验"，意指商讨性质、能力的普遍性。所谓"实用主义"，意味着包含调节行为的力量，以及考虑到对行为后果的评定。

以普遍化原则为核心。商讨伦理学坚持了一种伦理的普遍主义，这集中体现在它的"普遍化原则"。哈贝马斯所确立的、作为商讨伦理学核心的最基本的原则是：

其一，有效的规范，就是能够为参与商讨的所有当事人在预知这种规范产生的正副后果的情况下，所不经强制地接受的那种规范。

其二，有效的规范，就是只要所有当事人能够参与商讨实践，就会

---

① Juergen Habermas, Moralbewusstsein und Kommunikatives Handeln, Frankfurt/M, 1983, S. 88.

得到他们的赞同的那种规范。①

后来，哈贝马斯在构建其商讨法学和商讨民主理论中，又将上述原则上升为一条根本的商讨理论原则，即：有效的规范，就是作为理性商讨参与者的所有可能的当事人都能够同意的那种规范（"D：Gueltig sind genau die Handlungsnormen, denen alle moeglicherweise Betroffenen als Teillehmer an rationallen Diskursen zustimmen koennten."）。②

以互主体性为前提。交往行为的内在结构为相互性。发生交往行为的各主体之间体现一种平等的相互关系。商讨伦理学强调道德与主体间的相互平等这两者的不可分割，认为道德就在于参与商讨的主体之间作平等的交往、理解和交谈，以相互性和彼此承认关系为中心。就参与商讨的当事人彼此都承认为自愿联合的自由而平等的成员而言，民主原则实际上已内含于道德原则的层面中。

商讨过程中的互主体性突出体现在商讨的具体规则中。譬如，哈贝马斯曾经与人讨论过诸如此类的规范：（1）每一能够言谈和行动的主体都可以参加商讨讨论；（2）每个人都可以使每一主张成为议题，每个人都可以使每一主张引入商讨，以及每个人都可以表示他的态度、愿望和要求；（3）没有任何交谈者会因商讨过程内外的某种强制而妨碍实现自己的上述两项权利；等等。③

以语言理解为模式。商讨伦理学把语言媒体中以意见统一为目标的语言行为作为基础。在哈贝马斯看来，交往行为是导致社会主体间相互理解的行为。而理解行为是语言行为，理解过程是语言过程，是交谈、对话。语言在这里是行动，而这种行动决不单纯是进行理解的手段或工具。商讨行为涉及外在自然状况、主体间关系（社会世界）

---

① Juergen Habermas, Moralbewusstsein und Kommunikatives Handeln, Frankfurt/M, 1983, S. 131, 132.

② Juergen Habermas, Faktizitaet und Geltung, Frankfurt/M, 1998, Suhrkamp, S. 138.

③ Juergen Habermas, Moralbewusstsein und Kommunikatives Handeln, S. 99.

和主体内心活动（主观世界），语言行为同时服务于这三者。商讨伦理学以语言理解为模式，体现了哈贝马斯对英美语言分析哲学传统的接纳，同时也向人们展示出，伦理问题在何种意义和程度上又是语言问题。

商讨伦理学揭示了商讨在伦理和道德领域中的地位和作用，并在尝试创立商讨伦理学的过程中构建了作为整个商讨理论基础的一种独特的商讨原则和商讨模式。但是，正如哈贝马斯自己也承认的，无论实践理性的应用方面的商讨还是论证方面的商讨都只是一种纯粹认识论意义上的活动。因此，人们有理由指摘，商讨伦理学在很大程度上游离了人的物质交往实践，游离了与人的物质交往实践之间的密切联系。这种游离的结果是，商讨程序由某种中介物变成了道德原则及其合理性的根基。实际上，能否从商讨原则中引申出道德原则或将商讨原则应用于道德领域，如果能的话到底可以在多大程度上这样去做，这本身或许还是一个需要进一步研讨的课题。另外，迄今人们还依然在激烈争论的、作为商讨伦理学核心并且也作为整个商讨理论核心的基本原则，即"参与商讨的所有当事人都同意的规范就是有效的规范"，在很大程度上有理由被归结为一种纯化和理想化的构想。这些，昭示了商讨理论基础中的裂痕。

二　民主观

如对伦理问题的理解一样，商讨理论对民主问题的理解的独特性也在于，从交往行为、从商讨和对话中寻觅和创建自己的根基和生长点。

哈贝马斯把商讨的程序（Prozedur）概念提升和规定为其民主理论的核心内涵。他这样立论的根据，是基于这一事实：正是人们之间交往的前提和程序，赋予了制度化的政治意见和意志形式以合法性力量。依此，商讨民主观的关键在于：民主程序通过交往形式的帮助而在商讨和谈判中被制度化。① 这样，民主的实质实际上就被归结为达成意见统一、一致而创设合理的商讨前提和商讨程序。而这种民主的商讨程序所依据的基本原则，就是哈贝马斯商讨伦理学所提出和贯彻的同一命题：只有所有商讨参与者通过理性对话都表示同意的规则，它才具有自己的合法性。

就理论来源来说，哈贝马斯的这种程序主义的（prozeduralistisch）民主模式是在扬弃自由主义民主观和共和主义民主观的基础上而创立的。它对这两者都既有所摒弃，又有所吸收。哈贝马斯将其与两者并列，统称为"民主的三种规范模式"。与自由主义和共和主义这两种民主模式比较，商讨主义的程序主义模式的特点在于：

一是对政治的理解不同。自由主义认为，政治就其本质而言是围绕行政权力而展开的不同立场之间的斗争。而民主意志形式的功能是为了使政治权力的运作具有合法性。共和主义认为，政治是整个社会化进程的构成要素，是一种公民将既有的相互间关系有意识地塑造、发展成为自由、平等的法人联合体的媒介。而民主意志形式的功能是把社会建构成一个政治共同体。商讨理论则认为，所谓政治，实际上就是民主的意见和意志形式，它是普选和代议的结果。而对于政府和权力机关决策而言，民主的意见和意志形式的程序和交往前提是最重要的话语合法性力量。它只要与权力结合，就会左右甚至规划政治权力的运作。这样，商讨理论就不仅把商讨程序提升为民主的核心内涵，而且同时也提升为政治的核心内涵。

二是对意见、意志的形成过程理解不同。自由主义认为，民主的意见和意志的形成过程仅仅表现为不同利益之间的妥协，妥协的原则通过普选权、代议制及其运作程序来确保结果的公平。相反，共和主义认为，民主的意见和意志形成过程应当表现为一种道德的自我理解，商讨

① Juergen Habermas, Faktizitaet und Geltung, Frankfurt/M, 1998, Suhrkamp, S. 368.

在内涵上依靠的是公民的文化共识。商讨理论吸收了这两个方面的因素，它试图用理想的商谈和决策程序将两者综合起来。这种理想的商谈和决策程序应该把协商、自我理解的商讨以及公正性商讨有机结合在一起，并能够导致合理乃至公正的结果。

三是对国家的理解不同。自由主义是一种以国家为中心的政治理解，它把国家视为经济社会的守望者。它认为，一定的权力和利益均具有微弱的规范意义，这种规范意义无论如何都离不开法治国家的补充。它的核心不是公民的自决，而是法治国家对于经济社会的规范化。共和主义把国家视为一个道德共同体。它重视公民的政治意见和意志的形成过程，将其放在核心地位，认为它构成了作为政治总体的社会的中介。商讨理论则认为，既应把公民的政治意见和意志形成过程放到核心地位，也要重视法治国家及其基本权利和原则。因为商讨政治的实现必须依靠相应程序的制度化，而法治国家的基本权利和原则就是对民主程序所具有的交往前提和制度化的回应。商讨理论把社会作为一个不能用法律规范理论来审视的复杂总体，并认为政治系统既不是社会的顶端，也不是社会的核心，甚至也不是社会的基本结构模式，而只是社会众多行为系统中的一个系统。

四是对主体的理解不同。自由主义认为，主体的权利是公民所固有的，它规定了公民的地位。公民作为主体权利的承担者，受国家的保护。主体权利是公民有自由不受外力干预的消极权利，它确保法人在一定范围内不会受到外部的强制。共和主义认为，公民权主要是政治参与权与交往权，因而在更大的程度上是有自由进行自决的积极权利。它不仅确保公民不受外在强制，还确保公民能参与共同的实践，从而才能使公民成为自己所希望的自由平等共同体中的主体。政治的合法性基础在于，通过公共自由的制度化，来保护公民的自决实践。而国家的存在，原本不是要保护公民的平等的主体权利，而是要保护公民意见和意志形成过程中的包容性。与自由主义和共和主义不同，商讨理论在方法上摈除了主体性概念，既否定集体主体（集体行为者意义上的公民），又否定单个主体（单个行为者意义上的公民），而诉诸互主体性。这种互主体性也可称无主体性，它一方面表现为议会中的商讨制度形式，另一方面表现为政治公共领域交往系统中的商讨制度形式。至于人民主权问题，商讨理论申明，它虽然在形式上否定了主体性概念，但人民主权观念并未因此遭到否定，而恰恰因此获得了新的阐释。

总的来说，商讨理论民主观给人们提供了自由主义民主观和共和主义民主观视域之外的又一种民主，即商讨性的程序民主。它把实践理性还原为商讨原则和论证形式，从交往行为中、归根结底从语言交往结构中获取其规范内涵，给予商讨和民主程序以前所未有的、充分的关注。这对过于强调实质民主而忽视形式民主的倾向是一个反拨。哈贝马斯认为，这种商讨性的程序民主概念的重要意义在于，它突破了把国家当作中心的整体论社会模式，高度重视了高层次的互主体性（hoeherstufige Intersubjektivitaet）。[①]

在笔者看来，商讨理论在其进一步发展中要面对的大概仍然是这样一个主要问题：商讨程序固然重要，但它毕竟只是商讨的形式方面而不是内容或实质方面，更不是社会系统甚至政治系统中的决定性因素；过于强调这种形式因素，是否会堕入形式主义或程序决定论？这说到底，是对商讨程序的地位和作用力如何合理定位和估价的问题。

程序民主的有限性在于，无论是伦理—政治的商讨还是道德—实践的商讨，实际上都不可能是所有当事者参与的商讨，而只能是小部分当事者代表参与的代议性的商讨，这点哈贝马斯自己也是承认的。但如果是这样，那么，"代议"就意味着商讨权利的出让、转让或让渡，因而也就蕴含了商讨权利同被代议者疏远和异化的可能性，而这种疏远和异化在程序民主自身的框架内是不能解决的。这也就是说，民主商讨的程

---

① Juergen Habermas, Faktizitaet und Geltung, Frankfurt/M, 1998, Suhrkamp, S. 350、362.

序的合理性并不能自动地和无条件地保证民主商讨的结果的实质上的合理性，尽管前者是后者的一个必要条件。

三　人权观

对于人权问题，哈贝马斯是从诸文化间的关系这一角度来进行审视的。在此方面，他直接面对和应答的是这一课题：人权的实质与普适性，以及与此相关联的人权在不同文化传统和文化背景中的当代境遇（哈贝马斯称之为"文化间性"）。

何谓人权？在哈贝马斯看来，人权既是一种道德范畴，又是一种法律范畴。作为法律范畴，人权保护的是法律共同体中的单个成员，即民族国家的每个公民。因此，它表现为个人的主体权利。

人权既然是个人的主体权利，就涉及它与法治国家的关系问题。人权作为个人的主体权利要由法治国家来体现，并受到其制约；但同时，人权又奠定了民主的共同体即法治国家的基础。正是人权与法治国家的这种关系表明了法治国家与民主的内在联系以及公民的自由权利与政治权利的密不可分。

哈贝马斯认为，人权无疑具有一定的普适性。它应该适用于所有的人，没有任何附加条件。但是，在人权的普遍性和实现人权的具体条件之间存在一种特殊的张力。尽管人权是国家共同体政治的唯一合法性基础，可要想从制度上真正实现每一世界公民的人权，即世界公民权的目标，路还漫长无期，因为从民族国家到世界大同，其间充满了险阻。这也反映到对人权的种种诠释和激烈论争上。

人权及其观念首先是西方的产物。其普适性程度如何？这实际上牵涉如何认识人类诸文化的统一性、发展模式和发展道路这一根本问题。因此，在西方人权实现和发展的过程中，西方人权及其观念的普适性始终受到来自各种文化话语的质疑和挑战，其中也包括来自西方自身文化话语的诘问和批评。哈贝马斯予以关注并给予批判的，是西方理性怀疑主义，伊斯兰激进主义以及亚洲权威主义。

西方理性怀疑主义认为，人权具有一定的虚假性，在人权所提供的想象的人性的普遍图景背后，可能隐藏着特殊社会集团的特殊利益，例如西方帝国主义的本质及其特殊利益。这种理性怀疑主义在德国具有两种形式，一是理性批判论，一是权力批判论。理性批判论把人权视为西方特有理性的具体体现。权力批判论也否定一切普遍性要求，认为在普遍的权利背后，一般都埋藏着一定集团的特殊利益，人权当然也不例外。伊斯兰激进主义反对人权的世俗合法化，即把政治和神权分离开来。亚洲权威主义强调社会和文化的基本权利的优先性，认为在国家的经济发展还没有达到充分满足民众的物质需要程度之前，社会经济的发展权优先于个体的平等的自由权和政治权。另外，它还强调民众对于政治共同体的义务优先于权利。

上述这些观点，实际上均否定西方人权的普适性，强调人权的相对性，认为西方人权的有效性只是局限在欧洲的发生语境之中。哈贝马斯认为，西方理性怀疑主义忽视了人权所具有的普遍性基础，暴露出对西方自身历史经验的匮乏。而伊斯兰激进主义则没有看到，人权的世俗化是现代化转型过程中的一种历史必然。

对于亚洲权威主义，哈贝马斯提出了两点主要意见来加以驳斥：一是，包括经济发展权在内的社会与文化的基本权利只是人权即公民个人平等的自由权和政治权的现实条件，而不是人权本身。二是，现代法律形式要迎合经济社会的功能要求，因此，体现人权的个体主义法制与市场经济是不可分离的，不能设想抛开个体主义法制而实现以市场经济为基础的现代化。这一论点，实际上确认了西方"市场经济＋个体主义法制"这一现代化模式的普遍性。

显然，哈贝马斯对人权问题所作的这种哲学探讨和阐释，已经超出了人权这一课题本身的范围。它不仅展现了人权理解的拓展性视野，而且，实际上还牵涉或扩展为经济落后国家的发展道路问题。因此，它在澄清和推进某些既有认识的同时，也不可避免地引发和带来了新的问题：

其一，哈贝马斯明确区分了人权与人权实现的条件。但即使作了这样的区分，即使把人权界定为个人的权利，仍然存在疑问：假若社会的经济和文化发展权并非个人的权利，因而也不能被界定为个人权利意义上的人权，那么，它是否有理由被界定为集体权力意义上的人权？从道理上说，人既然划分为个体、群体和类，人权也就可以相应具有个体人权、群体人权和类人权等不同的类型和形式。

其二，哈贝马斯针对亚洲情况强调市场经济与个人主义法制的不可分性以及这两者结合的普遍意义，认为亚洲社会不能抛开个体的法律制度而实现现代化。这意味着，亚洲后发国家包括中国在内也必将毫无选择地采用"市场经济＋个体主义法制"这一当代西方国家的资本主义社会模式，步西方国家后尘而前行。但问题是，这一当代西方国家的社会模式是否是现代化的唯一而又普适的模式？亚洲后发国家譬如中国是否有可能走一条经济上为具有自己特色的市场经济，而政治上则既吸收西方个体主义法制的优点、同时又继承东方共同体主义文化传统的精华或长处这样一条特定独行的道路？笔者曾就此对哈贝马斯进行提问。他在首肯这一提问的同时坦率承认：中国有可能建立一种以市场经济为基础的特殊社会形态。然而，这一结论，实际上在很大程度推翻了他对"市场经济＋个体主义法制"这一公式普遍性的确认。

据说，哈贝马斯在演讲前夕，临时匆匆把文稿中"中国正在走向资本主义现代化"之类的说法统统改成了"中国正在走向经济现代化"。这至少说明，哈贝马斯对中国国情的既有认识和了解，还不容许他对中国的现代化道路作出肯定和成熟的判断。他对中国以及亚洲前途的见解还尚在形成过程中。

四　民族国家观

在民族国家问题上，哈贝马斯鲜明地代表了一种激进的全球主义立场：宣判民族国家在全球化压力下的失效，并倾心致力于推动民族国家向"后民族社会"的转型，以及与此相连的社会民主的普世化。

按照哈贝马斯的理解，民族国家（现代意义上的民主法治国家）是在法国大革命和美国资产阶级革命后形成的。哈贝马斯将其划分为四种类型：西北欧传统的民族国家（在既有的领土国家基础上建立，经历了由国家到民族的发展道路），意大利、德国为代表的迟到的民族国家（经历了由民族到国家的发展道路），在"二战"后亚非拉非殖民化过程中形成的民族国家（哈贝马斯称其为第三代民族国家），以及苏联解体后在东南欧建立起来的民族国家。

哈贝马斯认为，民族国家的历史地位和作用在于，它是一种解决早期现代社会一体化形式问题的切实可行的方案。相对于古老的政治形态即各种前民族国家而言，在当代，民族国家是最终被有效采用的形式。具体说来，民族国家的历史功绩在于，它同时解决了这样两个问题：为世俗化国家找到合法性的基础，以及提供新的社会一体化形式。这表现在，西方近代社会以来，伴随对上帝的信仰的崩溃，出现了多元化的世界观，从而逐渐消除了政治统治的宗教基础，提出了世俗国家的合法性基础的课题。而社会一体化问题的提出则是与都市化、经济现代化、商品交换、人员交往以及信息交流的扩大和加速联系在一起的。民族国家通过把公民在政治上动员起来，来回应这两种发展要求。它通过逐渐盛行的民主参与和公民资格，为政治统治创造了一种新的法律团结基础，同时也为国家找到了世俗化的合法性源泉。

但是，在今天，民族国家正面临严重的历史挑战。哈贝马斯认为，多元文化背景下的社会分化和全球化进程将最终埋葬民族国家对内、对外的主权，推动它向"后民族社会"转变。首先，国家间的经济体系在市场全球化过程中演化成为一种超国家的经济，使国家陷入市场之内，从而会使一个国家在主权、行为能力和民主实质方面遭到损害。例如，在国家权力方面，会导致国家丧失控制能力，决策过程中合法性论证的匮乏，以及在提供合法性和有效控制、组织方面的无能。其次，在经济上，由于全球不受限制的市场和资本运动同民族国家管理者在地域方面相互隔离（因行动空间受限而导致）的矛盾状况，民族国家经济功能的完整性消失。

面对民族国家遭遇的这种挑战和衰弱，人们持有的态度各不相同。哈贝马斯分析了欧洲社会三种有代表性的应答和对策：赞成、反对和寻求"第三条道路"（其中又分为防守派和进攻派）。赞成派以新自由主义保守观为论据，赞成国家无条件服从于借助市场而形成的世界一体化，推荐一种中间商式的国家。哈贝马斯认为，这种主张在实践上意味着不仅要承受社会不公正性的加剧、社会的破裂，还要承受道德标准和文化基础结构的衰败，民主的秩序和活动也会受损。反对派主张本地域化。哈贝马斯认为，这种主张在实践上将导致与民主的均衡和普遍性基础为敌，排斥多样化，排外，以及反对现代化的复杂生活关系。"第三条道路"派或认为在政治听命于市场一体化社会这一无法改变的情况下，民族国家应在对内经济政策方面尝试发挥某种积极作用（防守派）；或受政治优先于市场逻辑的引导，主张对市场逻辑作出规定是非自由主义政治的事务（进攻派）。哈贝马斯认为，这种要求的积极意义，是把人们引向一种既能补偿民族国家功能丧失又能保持民主合法性的超国家政体；但政治只能伴随市场一体化发展，因此即使这种政体能够建立，也不会改变市场一体化的优先地位。

与上述观点相异，哈贝马斯自己则希冀通过"扬弃"来超越既有的民族国家形式，发展出一种既能适应全球经济一体化又能保证社会民主价值实现的全球性政治架构。具体做法如：把民族国家的福利职能转让给能够在一定程度上适应跨国经济的政治共同体；引进世界范围内的政治意志构成因素，并保证政治决策的约束力，"驯服"横冲直撞的资本主义，等等。这里，关键问题是社会民主的扩大，即把民主由国内扩大到国际范围。

这样，通过对民族国家境遇及其相关讨论的分析，哈贝马斯最后把视点聚焦于这样一个问题：伴随民族国家的扬弃，现代社会与民族国家共生的民主影响和作用形式能够超越民族国家的界限而继续得到扩展吗？

哈贝马斯对此问题的回答是肯定的。因为在他看来，民主意识的发展在历史上表现为一种"习得的"过程。况且，欧盟的发展也提供了"在民族国家彼岸的第一个民主的例证"。哈贝马斯认为，这种超越民族国家界限而得到扩展的民主可称之为"后民族民主"（postnationale Demokratie），它是对经济全球化的一种政治回应。与此相联系，哈贝马斯寄希望于欧盟联盟性的进一步深化和发展，赞同和主张欧洲各民族以统一宪政为基础，建立一个超民族的欧洲国家或民族国家的国家，以便为实现"世界内政"（Weltinnenpolitik）即全球政治统一体的目标创造必要的前提条件。① 同时，他也指出这一目标实现的条件性，即它必须在"要和谐，不要强迫的一体化"的原则下推进。

从哈贝马斯视野中有关民族国家及其历史命运的大致图景中可以看出，哈贝马斯对民族国家的观察如同他对人权问题的理解一样主要是从西方的视点作出的。此外，他对民族国家的未来描述在很大程度上是一种预设，其经验基础主要是欧盟的现实。

应该肯定，在全球化条件下，民族国家作为一种历史的产物，其局限性正在愈益暴露出来。与此相伴随，世界性的民主进程也在不可遏止

---

① 关于"世界内政"这一目标的可能性，在《事实与效用》中哈贝马斯作了另一种表述：在将来有可能从不同的民族文化中分化出一种共同的政治文化。见 Juergen Habermas, Faktizitaet und Geltung, Frankfurt/M, 1998, Suhrkamp, S. 651。

的推进。同时，也有必要加以补充的是，就全球范围而言，民族国家作为现代化的结果和载体，其赖以存在的历史条件、从而其应予发挥的历史作用显然并未随着全球化时代的到来而发生根本改变或终结。与哈贝马斯站在未来和理想主义的立场因而有理由诉诸"后民族社会"一样，站在后发国家立场从而从当下和现实主义出发的人们至少也有同样多的理由去诉诸不同类型的现代民族国家。这也说明，即使在全球化时代，类型各异的民族国家也依然是世界格局中的基本活动系统和主体，而各种全球性问题也依然要依靠各民族国家的自主、自愿和相互合作来解决。而且，可以断言，即使在较为久远的将来，民族国家形式发生了一定的改变，作为全球性政治另一极的地域性政治（或民族性政治）及其特征作为矛盾的一方也不会弱化和消失。

（本文原载《现代哲学》2004 年第 2 期）

哲学的涅槃[*]

——对黑格尔《德国唯心主义始初系统纲领》的
一种阐释和发挥

> 精神哲学是一种审美的哲学。
>
> ——黑格尔:《德国唯心主义始初系统纲领》

哲学是人类精神的容器,可以从中去捕捉人类精神和寻觅人类精神演化的轨迹。

一

哲学同其他各门学科一样,也是一门历史的学科。它受制于人类社会实践的发展以及由此带来的认识重心的迁移和时代主题的变换。

从一种较为宏观的视域来看,有理由把哲学史中哲学研究重心迁移

---

* "涅槃"(梵文 Nirvana):佛教用语。被译为灭度、寂灭、不生、无为、安乐、解脱、圆寂等。通常指通过戒定慧修行而达至的一种灭除一切烦恼障碍、脱离一切心相以及超越生死轮回的至高至善之境。例如,《大乘义章·十八》云:"外国涅槃,此翻为灭。灭烦恼故,灭生死故,名之为灭;离众相故,大寂静故,名之为灭。"《涅槃经·四》云:"灭诸烦恼,名为涅槃;离诸有者,乃为涅槃。"《圆觉经》云:"以因缘俱灭,故心相皆尽,名得涅槃。"笔者在这里用"涅槃"这一概念喻指哲学所应趋向和实现的真善合一、天人合一的理想境界。

的轨迹描述为由自然（"实体"）到人、由作为终极本体的所谓"存在"到主体的过程。在古代，哲学认识的重心是（广义的）自然，而人是隶属于自然的。近代以降，哲学认识的重心则日渐转移到人——开始是人的意识、精神层面，尔后则是人、人的存在本身。与此相适应，哲学也由古代哲学的以自然、"存在"为中心的本体论转换为近现代哲学的以人、主体为中心的主体论——开始是以人的精神为中心的认识论，尔后则是以人的存在为中心的生存论。在现代，主体性原则愈益被绝对化、极端化，以致导致了主体主义和人类中心主义的盛行，故而开始呈现出复归古代哲学的趋向。

二

在人类社会实践不断发展的基础上，与哲学研究重心迁移的历史轨迹相适应，哲学与其他诸种社会意识形式的关系也处在不断变化中，经历了从古代的宗教化、到近代的科学化、再到现代的伦理化的历程。

在古代，哲学与宗教密切融合。它"首先是在宗教意识形式范围内创立起来"（马克思）。即便它后来把握了宗教的普遍内容而从宗教中独立出来，也往往难免跟在宗教后面蹒跚而行。

到了近代，随着理论自然科学的诞生，哲学依靠科学的支持，开始取得对宗教的某种独立地位，作为一支独立的理性力量登场，并在启蒙运动中发挥了重大的作用。同时，也开始处在科学的影响之下：这一方面表现在实证科学同哲学的分离，并反过来为哲学发展提供实证性的科学基础；另一方面，则表现在哲学自身对客观性、实证性、规律性等科学观念、科学精神的认同和追求。在这样的情势之下，哲学不再作为凌驾于各门具体科学之上并包摄各门具体科学在内的"科学之科学"而存在，但与此相联系，也愈益依附科学和科学化，甚至在某种程度上沦为科学独断统治和科学主义的牺牲品和工具。

哲学与科学的关系的这种根本逆转成为当代文化矛盾的一种表征。当代文化矛盾集中表现为科学精神与人文精神的分裂：人凭借科技对自然的支配，对舒适生活条件和对社会财富的占有，以及物欲、功利的满足，是以人的生存环境的恶化、精神家园的失落和普遍价值体系的丧失等等为代价的。这表明哲学的科学化已走到了其尽头。正是在对科学和科学主义的独断统治的扬弃中，在市场经济的普遍发展中，产生了哲学的伦理化的需求。哲学的伦理化在理论上源于哲学的健康发展的要求，在实践上则源于当代市场经济实际运作的需要。哲学伦理化的彰显深刻地印证了黑格尔的预言："整个形而上学将来会进入道德之域。"①

哲学的科学化与伦理化的实现，同时就意味着哲学的审美化。"理性的最高方式是审美的方式，它涵盖所有的理念。"② 审美是客体与主体、因果与目的、真理与价值、一般与个别、必然与偶然、存在与本质、理性与非理性等，一句话，是科学与伦理、真与善的交融与统一。因此，哲学的审美化，是哲学本性的完满实现与完整展示，是哲学的归宿，是在扬弃主客二分基础上实现的更高一级的"天人合一"。极而言之，哲学的审美化，就是哲学的涅槃。而就历史发展的阶段而论，哲学的审美化，真与善的有机融合和统一，将开启真正的人类史，成为真正的人类史的一个重要的精神标志。

---

① Mythologie der Vernunft, Hegels > aeltestes Systemprogramm < des deutschen Idealismus, herg. v. Christoph Jamme und Helmut Schneider, Frankfurt am Main：Suhrkamp，1984，S. 11.

② Mythologie der Vernunft, Hegels > aeltestes Systemprogramm < des deutschen Idealismus, herg. v. Christoph Jamme und Helmut Schneider, Frankfurt am Main：Suhrkamp，1984，S. 12.

三

与哲学认识重心的迁移以及哲学同其他诸种社会意识形式之关系的演变相关联,哲学的主导思维方式也由古代的素朴的感性直观进展到近代以来的思辨的理性反思。在古代,在以农业和手工业为基础的社会,技能、经验及其传统的成规占据主要地位,人对世界的认识具有直接和整体性的特点,总体上具有素朴的感性直观的特质。近代以降,伴随手工业向机器大工业的过渡以及由此而来的农业社会向工业社会的转型,技能、经验及其传统的成规被科学乃至理论自然科学所取代,理性或科学理性作为思维方式而逐渐取得统治权。特别是通过康德"感性、知性、理性"这一人类认知结构模式的创建确立了其至高无上的权威。黑格尔更是通过其逻辑学将理性和理性思维方式推向极致,以至将人类高级的认识方式——审美活动也纳入了理性的范畴。然而到了当代,理性主义的神话伴随科学和科学主义的独断统治的衰落而逐渐破产,各种非理性主义思潮开始纷纷涌现。

理性主义的衰微和扬弃意味着一种与哲学的审美化相适应的新的思维方式的产生。这种思维方式,作为东方古代"悟性主义"传统和西方近代理性主义传统的综合和合题,或许可以称之为"悟性"(Verstaendlichkeit)思维。它既不是康德的知性(Verstand),也不是叔本华的冥想(Kontemplation),甚至也不完全是海德格尔的感悟(Vernehmen),而是感性与理性的统一,是感觉、直观、表象与概念、判断、推理的融合,是直接性与间接性、具体性与抽象性、特殊性与普遍性、多样性与同一性等的和解。它融合了东西方哲学和思维方式的长处,既与感性主义、经验主义、直觉主义等相对立,也与理性主义、思辨主义、逻辑主义等相对立,超越了理性主义与非理性主义的区别和界限,以至可以说，它就是一种新的未来的合理的思维方式和认识论。它不仅是包括人在内的广义自然本体论的认识方式，也是黑格尔所未曾看到的人的审美活动的真正的本质。

[本文首刊于 1997 年 6 月 23 日中共中央党校《党校报》(《学习时报》前身)"学者视线"; 后经修订和扩充作为第二十二届国际黑格尔大会会议论文和演讲稿以德文形式刊于联邦德国 1999 年卷《黑格尔年鉴》; Nirvana der Philosophie: Ueberlegung im Anschluss an "Das aelteste Systemprogramm des deutschen Idealismus", in: Hegels Jahrbuch, Akademie-Verlag, Berlin, 1999]

● 历史观

马克思的哲学观

马克思在其《博士论文》《第179号"科伦日报"社论》《〈黑格尔法哲学批判〉导言》《1844年经济学哲学手稿》《关于费尔巴哈的提纲》以及他与恩格斯、赫斯合撰的《德意志意识形态》等文中，对哲学多有论述，较为系统地表达了他的哲学观。

在撰写《博士论文》和编辑《莱茵报》期间，马克思基本上处在黑格尔哲学的影响之下，把"自我意识"作为哲学的根本对象，而把哲学视为关于"自我意识"的科学。尔后，伴随着其"新唯物主义"哲学世界观的确立，"自我意识"也就为人的对象性的活动即"实践"所代替。

一 关于人的自我意识的科学

在撰写《博士论文》和编辑《莱茵报》期间，马克思提出过一系列有关哲学的本质的理解和命题。

（一）哲学是有关人的"自我意识"的科学

这一命题是马克思在其《博士论文》中表达的。它明显带有黑格尔和鲍威尔（Bruno Bauer）唯心主义哲学的印记。《博士论文》撰写于

1839 年初至 1841 年 3 月，马克思通过《博士论文》的撰写参与了青年黑格尔派理论纲领——"自我意识"哲学的制定。《博士论文》的预定研究对象是古希腊哲学中的斯多葛派、伊壁鸠鲁派和怀疑主义（后因各种原因，马克思只集中研究了伊壁鸠鲁的自然哲学）。马克思之所以研究这三派哲学，是因为正如黑格尔指出的，这三派哲学本质上是"自我意识"的哲学，标志着"自我意识"概念在哲学史上发展的特定阶段。这三派哲学诉诸"自我意识"，在政治上，是针对当时罗马世界的专制制度及其所带来的苦难。而马克思诉诸"自我意识"，也有其政治上的动机，其锋芒所向，是反动的普鲁士封建专制政权。[①] 如黑格尔一样，马克思通过思辨晦涩的言辞，来表达自己激进的革命要求。在此意义上，马克思的《博士论文》全然是政治化的，是一种政治哲学。

　　《博士论文》的主题是"自我意识"。正如黑格尔指出，自我意识原则的意义在于，它诉诸主体性，是建立在自我意识自求满足的要求基础上的，因此，它使主体特别是主体的自由和独立性成为关心的对象。[②]在论文中，马克思把自我意识宣布为"最高的神性"，并把上帝存在的证明解释为"对人的本质的自我意识存在的证明，对自我意识存在的逻辑说明"和"本体论的证明"。马克思还特别指出，"当我们思索'存在'的时候，什么存在是直接的呢？自我意识"。[③] 这意味着，哲学以存在为对象，就是以自我意识为对象，而且，自我意识是哲学的最高对象。

　　撇开哲学是有关人的自我意识的科学这一命题的特有的唯心主义色彩，这一命题的合理内核是：在一定意义上，哲学是关于人的本质的科学，是人自我意识的必要手段，也是一种充满自由精神的理论形式。

---

　　① 侯才：《青年黑格尔派与马克思早期思想的发展》，中国社会科学出版社 1994 年版，第 23—26 页。

　　② 黑格尔：《哲学史讲演录》第 3 卷，贺麟、王太庆译，商务印书馆 1959 年版，第 4、5 页。

　　③ 《马克思恩格斯全集》第 40 卷，人民出版社 1982 年版，第 190、285 页。

（二）哲学的实践本身是理论的

这一命题也是马克思在其《博士论文》中提出来的，它充分地表达了哲学的实践特性。黑格尔曾言，哲学本身就已是实践的。"哲学的实践本身是理论的"，既是对黑格尔命题的发挥，又是对黑格尔命题的解答。它意味着哲学本身就是一种实践的科学，意味着哲学本身就具有"直接的现实"的本性。马克思认为，哲学对现实的批判，即哲学作为"批判""从本质上衡量个别存在"以及"从观念上衡量特殊的现实"，就是哲学的这种直接现实性的表现，而这种直接现实性的根源则在于"哲学的内在规定性和世界历史的性质"的一致和统一。正由于哲学的内在规定性和世界历史的性质是统一的，所以，必然"得出这样的结果：世界的哲学化同时也就是哲学的世界化，哲学的实现同时也就是它的丧失"。①

马克思提出"哲学的实践本身是理论的"，除了上述的认识论原因，还有其历史的或实践的根据。当时德国所面临的革命任务，与英国和法国的资产阶级革命时期相比，都有很大的不同。由于各种历史的原因，资产阶级革命的重心和突破口，在英国主要是经济领域，在法国主要是政治领域，而在德国则主要是思想领域。正因如此，在当时的德国，理论批判和理论斗争本身就成为社会实践的一个有机部分，换言之，理论批判本身就是现实的实践。

（三）哲学关心的是大家的真理

马克思在《第 179 号"科伦日报"社论》中提出的这一命题直接承继了黑格尔的哲学观。黑格尔曾提出，哲学的目的就是认识不变的、永恒的、自在自为的思想，即真理，因此，在此意义上，哲学是关于真

---

① 《马克思恩格斯全集》第 40 卷，人民出版社 1982 年版，第 258 页。

理的客观科学或关于真理的必然性的科学。① 马克思在文章中也强调，哲学追问和关心的是真理。而且，马克思还进一步从主体的角度区分了普遍的真理（"大家的真理"）和个别的真理（"几个人的真理"），以及区分了"哲学的形而上真理"和"哲学的政治真理"。马克思对"哲学的形而上真理"与"哲学的政治真理"的这种区分，不啻一种对元哲学和政治哲学的区分，是值得注意的。

（四）哲学是时代精神的精华

在《第 179 号"科伦日报"社论》中，马克思提出了"任何真正的哲学都是自己时代精神的精华"② 这一名言。这一思想也是对黑格尔哲学观的继承和发挥。黑格尔在讨论哲学在各个文化形态中的地位以及哲学与每一具体时代的关系时认为，时代精神是贯穿所有各个文化部门的特定的本质或性格，而哲学与它的时代是不可分的："哲学是对时代精神的实质的思维，并将此实质作为它的对象。"黑格尔还谈到，就哲学以时代精神为内容而言，哲学是不能超出自己的时代的，正如没有人能够超出他自己的皮肤。③ 马克思在文章中在谈到哲学是自己的时代的产物的同时，也运用了一个比喻来阐明哲学与它的时代的密不可分的关系："哲学不是世界之外的遐想，就如同人脑虽然不在胃里，但也不在人体之外一样。"④

（五）哲学是文明的活的灵魂

马克思认为，哲学之所以能够转化为实践，其根源就在于它是自己时代精神的精华："因为任何真正的哲学都是自己时代精神的精华，

---

① 黑格尔：《哲学史讲演录》第 1 卷，贺麟、王太庆译，商务印书馆 1959 年版，第 13、17—18 页。

② 《马克思恩格斯全集》第 1 卷，人民出版社 1956 年版，第 121 页。

③ 黑格尔：《哲学史讲演录》第 1 卷，贺麟、王太庆译，商务印书馆 1959 年版，第 57 页。

④ 《马克思恩格斯全集》第 1 卷，人民出版社 1956 年版，第 120—121 页。

所以必然会出现这样的时代：那时哲学不仅从内部即就其内容来说，而且从外部即就其表现来说，都要和自己时代的现实世界接触并相互作用。"这种相互作用的结果是：一方面，哲学得以实践化、世界化，即哲学通过实践使自身普世化，使自身由特殊的理论体系转变为映现在整体世界中的一般哲学、世界哲学。也就是如马克思所说的，"那时，哲学对于其他的一定体系来说，不再是一定的体系，而正在变成世界的一般哲学，即变成当代世界的哲学。"另一方面，世界得以理论化、哲学化，通过这种理论化、哲学化而成为哲学的世界。这样，哲学的世界化与世界的哲学化互为表里，有机统一。它们共同体现和呈示哲学对于人类文明所拥有的核心和统领的地位，表明哲学是人类"文明的活的灵魂"①。

（六）哲学是现世的智慧

在《第 179 号"科伦日报"社论》中，马克思把哲学称为"现世的智慧"，而把宗教称为"来世的智慧"，并认为哲学比宗教更有权关注世俗的王国。②这一观点在一定程度上表达了马克思对哲学与宗教关系的总的看法。其中隐含的倾向是，强调哲学与宗教的对立，并肯定前者，贬抑后者。这一倾向在我们在他的《博士论文》中已见端倪。在《博士论文》中，马克思把哲学与宗教的关系表述为一般与个别的关系（这意味着抬高哲学和贬抑宗教），并着意强调"两者之间的永恒分离"③。马克思的这一哲学立场，总的说来，是与他当时从激进的民主主义出发反对基督教神学的政治立场相一致的。黑格尔在其《哲学史讲演录》中在批评贬低人的理性思维之优越性的倾向时，曾提及哲学是

① 《马克思恩格斯全集》第 1 卷，人民出版社 1956 年版，第 121 页。
② 《马克思恩格斯全集》第 1 卷，人民出版社 1956 年版，第 124 页。
③ 《马克思恩格斯全集》第 40 卷，人民出版社 1982 年版，第 139 页。

"世间的智慧、人间的工作"①。可见，马克思关于哲学是现世智慧的说法亦直接源自黑格尔。黑格尔认为，哲学与宗教具有相同的对象和内容，即普遍的、自在自为的理性。但是，哲学与宗教的表现形式不同，特别是隐藏在宗教中的哲理局限在固定的教条之内，还不是自由地从自身出发的思想。在这一理解中，无疑已潜含了"哲学高于宗教"的内核。

二　关于人的实践活动和实际发展过程的科学

在马克思确立其新唯物主义世界观以后，也在不同的场合表述过一系列他对于哲学的见解。

（一）哲学是人类解放的头脑

马克思在《黑格尔法哲学批判导言》中提出，"德国人的解放就是人的解放。这个解放的头脑是哲学，它的心脏是无产阶级。"马克思的这一思想不仅带有鲜明的政治印记，而且，深刻地揭示了哲学与无产阶级在人类解放事业中所处的历史地位的同一性：哲学是人类解放的头脑，无产阶级是人类解放的心脏；哲学是人类解放的精神承担者，无产阶级是人类解放的物质承担者。因此，就哲学与无产阶级的关系来说，"哲学把无产阶级当作自己的物质武器，同样地，无产阶级也把哲学当作自己的精神武器"。就哲学与无产阶级的历史命运来说，"哲学不扬弃无产阶级，就不能成为现实；无产阶级不把哲学变成现实，就不可能扬弃自己。"②马克思在这里所使用的关于头和心的比喻源于费尔巴哈。费尔巴哈在批判基督教神学的过程中，把上帝的本质归结为人的本质，

---

① 黑格尔：《哲学史讲演录》第1卷，贺麟、王太庆译，商务印书馆1959年版，第66页。
② 《马克思恩格斯全集》第1卷，人民出版社1956年版，第467页。译文有修订。

又把人的本质界定为头和心的统一，即理性和爱（感性）的统一。①

（二）哲学是关于人的实践活动和实际发展过程的科学

在《1844 年经济学哲学手稿》中，马克思明确地把人的对象性活动、把劳动或物质生产实践作为哲学的对象，提出哲学是关于人的外化（die Entaeusserung）即人的实践活动的科学这一重要思想。他指出，"劳动是人在外化范围内或者作为外化的人的自为的生成。黑格尔唯一知道并承认的劳动是抽象的精神的劳动。因此，黑格尔把一般说来构成哲学的本质的那个东西，即知道自身的人的外化或者思考自身的、外化的科学看成劳动的本质。"（"Was also ueberhaupt das Wesen der Philosophie bildet, die Entaeusserung des sich wissenden Menschen oder die sich denkende entaeusserte Wissenschaft, dies erfasst Hegel als ihr Wesen, ……"）② 这意思是说，哲学的本质归根到底是劳动决定的，劳动决定了人的本质，从而也决定了哲学的本质。因此，哲学的本质是劳动，是人的外化。哲学是关于劳动或关于人的外化的科学。可是，由于黑格尔了解和承认的劳动只有精神劳动这一种，所以，他把事情颠倒过来，即把哲学的本质看成劳动的本质。在这里，马克思批评了黑格尔哲学的唯心主义性质。同时也明确肯定，哲学是关于人的外化即人的对象性活动——实践的科学，以及劳动的本质、人的本质以及哲学的本质是同一的。在《德意志意识形态》第一章中，马克思与恩格斯进一步发挥了这一见解，明确指出哲学应是"描述人们实践活动和实际发展过程的真正的实证科学"③。

---

① Ludwig Feuerbach, Gesammelte Werke, herausgeben von Werner Schuffenhauer, Akademie-Verlag Berlin, Band 9, S. 337 – 338. 参阅侯才《青年黑格尔派与马克思早期思想的发展》，中国社会科学出版社 1994 年版，第 67 页。

② 《马克思恩格斯全集》第 42 卷，人民出版社 1979 年版，第 163—164 页；参见 Karl Marx, Oekonomisch-philosophische Manuskripte, Verlag Philipp Reclam jun. Leipzig 1970, S. 235 – 236。

③ 《马克思恩格斯选集》第 1 卷，人民出版社 1995 年版，第 73 页。

（三）哲学是头脑掌握世界的特殊精神方式

在《〈政治经济学批判〉导言》中，马克思谈到，"具体总体作为思想总体、作为思想具体，事实上是思维的、理解的产物；但是，决不是出于直观和表象之外或驾于其上而思维着的、自我产生着的概念的产物，而是把直观和表象加工成概念这一过程的产物。整体，当它在头脑中作为思想整体而出现时，是思维着的头脑的产物，这个头脑用它所专用的方式掌握世界，而这种方式是不同于对于世界的艺术精神的，宗教精神的，实践精神的掌握的。"① 在这里，马克思把哲学、艺术、宗教、道德（所谓"实践精神"）等各种社会意识形式均看作人们掌握世界的各种专有的精神手段和精神方式；同时又认为，哲学区别于艺术、宗教、道德等形式的特殊之处在于，它是帮助人们从现实抽象上升到思维具体的一种掌握世界总体的特殊精神方式。

三　哲学观的现实化

哲学是关于人的实践活动和实际发展过程的科学，是马克思对于哲学本质所作出的最具特色和最为重要的规定，它集中体现了马克思对于哲学观所做出的贡献以及所实现的哲学观的革命变革。与黑格尔仅承认人的精神劳动和费尔巴哈仅承认人的理论活动不同，马克思认为人的实践活动的首要形式和基础是物质生产，因此人的实践活动在本质上是物质性的。这样，马克思对以往哲学观的变革就集中表现在：把人的劳动、人的实践活动理解为本质上是物质性的，并把这种物质性的劳动或实践作为哲学认识的主要对象。这在哲学发展史上无疑是空前之举。

把本质上是物质性的人的实践活动作为哲学的对象，是有重大根据

---

① 《马克思恩格斯选集》第 2 卷，人民出版社 1995 年版，第 19 页。

的。首先，正如马克思在《关于费尔巴哈的提纲》中指出的，实践本身就是一种现实的感性的物质活动，是一种不同于思想客体的感性客体。就此而言，实践具有一般本体（存在）论的意义。其次，实践是人的存在方式，从而，也是人的本质规定。"人的真正的存在是他的行为"，"有什么样的行为就有什么样的个人"。① "个体怎样表现自己的生活，他们自己就是怎样。因此，他们是什么样的，这同他们的生产是一致的。"② 就此而言，实践具有人的本体（存在）论的意义。再次，实践是社会结构中的物质因素，体现社会的物质生活过程，是一种"社会存在"，并因此决定人类全部社会生活的本质。就此而言，实践具有社会本体（存在）论的意义。最后，实践是人的周围自然世界的现实基础。人的周围的自然是被人的实践所改造和所改变了的，是"人化的自然"。因此，应该将其理解为人的实践的产物，理解为"感性活动"所建构和构成的。就此而言，实践又具有自然本体（存在）论的意义。总括而论，实践具有多方面的本体论（存在论）蕴含，是一种比自然存在更切近人的认识基础的存在，因而，有理由成为哲学的重大对象。

需要指出的是，马克思不仅这样去理解哲学，而且也是这样去建构他的哲学的。他把自己的实践观引入哲学之中，作为自己的全部哲学理论的基础，从而实现了对以往哲学的革命变革。因此，马克思主义哲学就是马克思哲学观的实践化和现实化。在这里，我们见到了哲学与哲学观彻底、有机统一的范例。

（本文原载《南京社会科学》2003 年第 2 期）

---

① 黑格尔：《精神现象学》上卷，贺麟译，商务印书馆 1979 年版，第 213 页。
② 《马克思恩格斯选集》第 1 卷，人民出版社 1995 年版，第 67—68 页。译文有修订。

马克思的唯物主义历史观
及恩格斯的诠释

本文拟从认识对象的角度对马克思的唯物主义历史观及恩格斯的相关阐述进行某种考察和重释。这种考察和重释不仅涉及对马克思哲学思想的再理解，而且也涉及对马克思哲学思想与恩格斯哲学思想之间的差异的再认识。

一

唯物主义历史观与剩余价值理论一起，被恩格斯誉为马克思一生的"两个发现"①。在《德意志意识形态》（以下简称《形态》）中，马克思、恩格斯首次使用了唯物主义"历史观"的术语，用其来指谓他们自己的哲学。有一处的表述是："这种历史观就在于：从直接生活的物质生产出发阐述现实的生产过程，把同这种生产方式相联系的、它所产生的交往形式即各个不同阶段上的市民社会理解为整个历史的基础，从市民社会作为国家的活动描述市民社会，同时从市民社会出发阐明意识的所有各种不同理论的产物和形式，如宗教、哲学、道德等，而且追溯它

---

① 《马克思恩格斯选集》第3卷，人民出版社1995年版，第776页。

们产生的过程。……这种历史观和唯心主义历史观不同，它不是……从观念出发来解释实践，而是从物质实践出发来解释各种观念形态。"①这样，尽管文中没有出现"唯物主义历史观"这一完整的用语，但是这一概念在实际上已经被表述出来了。

在 1859 年 8 月写下的《卡尔·马克思〈政治经济学批判·第一分册〉》中，恩格斯首次明确和完整地使用了"唯物主义历史观"（Die materialistische Anschauung der Geschichte）这一概念。他说：马克思的"这种德国的经济学本质上是建立在唯物主义历史观的基础之上的"②。该书评经过马克思本人的审阅和修改，故这一表述可以视为马克思本人的意见。

值得注意的是，恩格斯在其晚年，除了继续完整地沿用"唯物主义历史观"［Die materialistische Anschauung der Geschichte，《反杜林论》；Materialistische Geschichtsauffassung，《路德维希·费尔巴哈和德国古典哲学的终结》（以下简称《终结》）单行本序言］这一概念以外，还专门提出了"历史唯物主义"（der historische Materialismus，《致施米特》，1890.8.5；《致布洛赫》，1890.9.21—22）这一术语，用来指谓马克思的哲学，并且将其明确地定义为关于"人类历史的发展规律"的学说。③

然而，"唯物主义历史观"真的仅仅限于对人类历史领域的认识吗？事实表明，马克思并没有把自己的历史观视域仅仅局限在单纯的人类历史领域之内。恰恰在这一问题上，体现出马克思哲学思想与恩格斯哲学思想之间的一种重大的差异。

二

有可靠的根据和理由认为，不能把马克思的"唯物主义历史观"仅

---

① 《马克思恩格斯文集》第 1 卷，人民出版社 2009 年版，第 544 页。
② 《马克思恩格斯选集》第 2 卷，人民出版社 1995 年版，第 37—38 页。
③ 《马克思恩格斯选集》第 3 卷，人民出版社 1995 年版，第 776 页。

仅看作对纯粹的人类社会或人类历史的认识，实际上，它也是包括对自然界及其历史方面的理解在内的。只是，出于经验和实证的方法，针对以往的传统形而上学（包括黑格尔哲学和青年黑格尔派哲学的超验思辨），马克思始终所关注和强调的自然界是作为人的实践客体的自然界，而非在人类出现以前就已存在的原始自然界或在人的实践活动和感性经验之外存在的自然界。可以说，马克思的"唯物主义历史观"是一种包括自然观和社会历史观在内的、自然观和社会历史观相统一的一元论历史观。这里，仅从下述几个方面进行概略说明。①

关于"历史"及其科学的理解。在马克思那里，"历史"概念是包括人类史和自然史两者在内的。在《形态》中，有一条注释专门申明："我们仅仅知道一门唯一的科学，即历史科学。历史可以从两个方面来考察，可以把它划分为自然史和人类史。但这两方面是不可分割的：只要有人存在，自然史和人类史就彼此相互制约。"② 这一段论述在文稿中虽然被画上删除符号，但却与马克思《1844 年经济学哲学手稿》（以下简称《手稿》）中的论述相一致："历史本身是自然史的一个现实部分，即自然界生成为人这一过程的一个现实部分。自然科学往后将包括关于人的科学，正像关于人的科学包括自然科学一样：这将是一门科学。"③ 对此，马克思还专门作了详细阐述。在马克思看来，人可以称为自然科学的直接对象，因为直接的感性自然就是感性的人本身。在此意义上，所谓自然科学是关于人的自然科学。另一方面，自然也是人的科学（人文科学）的直接对象，因为人本身就是自然存在物，是人的科学（人文科学）的第一对象，而且，人的本质力量也只有在自然对象中

---

① 需要说明的是，出于论证的需要，以下将不得不引述马克思、恩格斯的一些重要的原文，包括援引《德意志意识形态》一书中某些重要的论点。由于《形态》第一章手稿基本上是恩格斯的手迹，因此，到底谁是该文的主要作者，国际学术界至今仍存有争议。笔者持马克思为其主要作者的观点，并据此展开讨论和论述。

② 《马克思恩格斯文集》第 1 卷，人民出版社 2009 年版，第 516 页注释 2。

③ 《马克思恩格斯文集》第 1 卷，人民出版社 2009 年版，第 194 页。

才能得到客观实现。在此意义上，人的科学（人文科学）是关于自然的人的科学（人文科学）。这样，自然科学与人的科学（人文科学）就是一门科学。马克思将这一理解表述在这样一段话中："人是自然科学的直接对象；因为直接的感性自然界，对人来说直接是人的感性（这是同一个说法），直接是另一个对他来说感性地存在的人；因为他自己的感性，只有通过别人，才对他本身来说是人的感性。但是，自然界是关于人的科学的直接对象。人的第一个对象——人——就是自然界、感性；而那些特殊的、人的、感性的本质力量，正如它们只有在自然对象中才能得到客观的实现一样，只有在关于自然本质的科学中才能获得它们的自我认识。……自然界的社会的现实和人的自然科学或关于人的自然科学，是同一个说法。"①

关于物质生产的理解。在马克思那里，自然史与人类历史统一于物质生产实践。物质生产实践体现和表征人与自然、人类史与自然史的统一性。在《形态》中马克思强调，"这种活动、这种连续不断的感性劳动和创造、这种生产，正是整个现存的感性世界的基础"②。关于"人对自然的关系这一重要问题"，"在工业中向来就有那个很著名的'人和自然的统一'，而且这种统一在每个时代都随着工业或慢或快的发展而不断改变"。③ 在《手稿》中马克思也说过："工业是自然界对人，因而也是自然科学对人的现实的历史关系。因此，如果把工业看成人的本质力量的公开的展示，那么自然界的人的本质，或者人的自然的本质，也就可以理解了。"

在马克思看来，以往一切旧历史观的主要缺点，就是忽视了物质生产实践这一历史的现实基础："迄今为止的一切历史观不是完全忽视了历史的这一现实基础，就是把它仅仅看成与历史过程没有任何联系的附

---

① 《马克思恩格斯文集》第 1 卷，人民出版社 2009 年版，第 194 页。
② 《马克思恩格斯文集》第 1 卷，人民出版社 2009 年版，第 529 页。
③ 《马克思恩格斯文集》第 1 卷，人民出版社 2009 年版，第 529 页。

带因素。"① 然而，由于物质生产实践体现和表征人对自然界的关系，所以，忽视物质生产实践所导致的结果和必然后果，就是"把人对自然界的关系从历史中排除出去了，因而造成了自然界和历史之间的对立"②。"好像这是两种互不相干的'事物'，好像人们面前始终不会有历史的自然和自然的历史"③。可见，以往的历史观，由于排除了物质生产实践，实际上是一种自然观与历史观相分离的二元化的历史观。而马克思的唯物主义历史观的一个重大贡献，就是由于它揭示了物质生产实践的作用，找到了整个感性世界的现实基础，从而实现了对自然界与人类历史的一种统一的理解。在马克思那里，自然是"历史的自然"，而历史是"自然的历史"，展示了一种人类对于自身历史认识的新境界。

关于自然的理解。在马克思看来，自然并不单纯是一个自然的范畴，而首先是一个社会的范畴。自然及其同人的关系，以及人对自然及其同人的关系的理解，是受到社会制约的。经验的实证的自然，现实存在的感性的自然，是作为客体存在的自然，是作为生产力要素即劳动对象存在的自然，因此，是打上社会烙印的自然，社会化的自然，具有社会性的自然。在《手稿》中马克思就强调："在人类历史中即在人类社会的形成过程中生成的自然界，是人的现实的自然界；因此，通过工业……形成的自然界，是真正的、人类学的自然界。"④ 在《形态》中，马克思重申："周围的感性世界绝不是某种开天辟地以来就直接存在的、始终如一的东西，而是工业和社会状况的产物，是历史的产物，是世世代代活动的结果。"⑤

但是，在这里马克思只论及已经和正在被人们的实践活动所改造的自然，即"人化自然"。那么，这是否像通常人们所理解和认为的那样，

① 《马克思恩格斯文集》第 1 卷，人民出版社 2009 年版，第 545 页。
② 《马克思恩格斯文集》第 1 卷，人民出版社 2009 年版，第 545 页。
③ 《马克思恩格斯文集》第 1 卷，人民出版社 2009 年版，第 529 页。
④ 《马克思恩格斯文集》第 1 卷，人民出版社 2009 年版，第 193 页。译文有修订。
⑤ 《马克思恩格斯文集》第 1 卷，人民出版社 2009 年版，第 528 页。

意味着排除了人的实践活动之外的自然的存在？显然不是。因为作为人的感性世界的东西，人们能够经验和感知的东西，只能是已经成为人的实践和认识的客体或对象。在人的实践活动之外存在的自然，非人化的自然，虽然通过间接经验和逻辑证明可以确定其存在，却不是人们实践和认识的现实的对象或客体，而只是一种潜在的对象和客体。而且，按照马克思的理解，在"人化自然"与非人化自然之间并不存在一条彼此隔绝的鸿沟。正是人的物质生产实践活动将二者沟通和联系起来。随着人们的实践活动范围的扩展，非客体的自然会不断转化为客体的自然，非人化的自然会不断转化为人化的自然，这样，感性世界的领域和范围也就越来越扩大。而这，只要人类存在，就是一个永无止境的过程。所以，马克思特别指出，强调实践是整个感性世界的基础，并不否定外部自然界的某种优先地位，恰恰以承认外部自然界存在的优先性为前提。所以，肯定"人化自然"，并不意味否定原初自然、非人化自然的存在："在这种情况下，外部自然界的优先地位仍然会保持着"①。当然，也并不意味着放弃认识"整体自然"的追寻和努力，因为实际上，达到对整体自然的认识，作为一个永无止境的过程，只能通过对以人的实践为基础的、不断扩展着的"人化自然"的认识才能相对地得到实现。

据此，可以说，马克思以前的哲学研究不仅曲解了人类史，而且也曲解了自然史。因为，人的实践活动之外存的自然，至多只是通过间接经验和逻辑证明而能够确认其存在的自然，决不是通过人的经验和感性能够直接证明和把握的自然。因而，以往的自然观和自然哲学脱离人的社会实践活动去追寻所谓对"整体自然"的认识，不免有虚构、幻想、假设甚至臆造的成分。而按照马克思的理解，自然如果不与人的实践活动和人的存在相联系，也就失掉了对于人的意义："被抽象地理解

---

① 《马克思恩格斯文集》第 1 卷，人民出版社 2009 年版，第 529 页。

的、自为的、被确定与人分隔开来的自然界，对人来说也是无。"①

以人的物质生产实践为基础，着眼于人的现实的、真实的自然界即"人化自然"以及非人化自然向人化自然的转化，正是马克思对传统自然观和自然哲学所实现的根本性变革。

关于人的理解。尽管马克思着眼和强调人的社会性及其主导地位，但是，他并没有将人看成是单纯的社会存在物，而是理解为社会存在物与自然存在物的统一。首先，马克思强调"个体是社会存在物"，强调"他的生命表现，即使不采取共同的、同他人一起完成的生命表现这种直接形式，也是社会生活的表现和确证"。② 同时，马克思又充分肯定人的自然性，肯定"人直接地是自然存在物"。而在马克思那里，人作为自然存在物，具有能动性与受动性两个方面，是能动性与受动性的统一："人作为自然存在物，而且作为有生命的自然存在物，一方面具有自然力、生命力，是能动的自然存在物；这些力量作为天赋和才能、作为欲望存在于人身上；另一方面，人作为自然的、肉体的、感性的、对象性的存在物，同动植物一样，是受动的、受制约的和受限制的存在物。"③

关于"社会"的理解。马克思在《手稿》中把社会也理解为人与自然的统一："只有在社会中，自然界对人来说才是人与人联系的纽带，才是他为别人的存在和别人为它的存在，只有在社会中，自然界才是人自己的合乎人性的存在的基础，才是人的现实的生活要素。只有在社会中，人的自然存在对他来说才是人的合乎人性的存在，并且自然界对他来说才成为人。因此，社会是人同自然界的完成了的本质的统一，是自然界的真正复活，是人的实现了的自然主义和自然界的实现了的人道

---

① 《马克思恩格斯文集》第 1 卷，人民出版社 2009 年版，第 220 页。
② 《马克思恩格斯文集》第 1 卷，人民出版社 2009 年版，第 188 页。
③ 《马克思恩格斯文集》第 1 卷，人民出版社 2009 年版，第 209 页。

主义。"①

关于共产主义的理解。马克思在《手稿》中还把共产主义理解为人与自然、人类史与自然史之间的和解和统一。"这种共产主义，作为完成了的自然主义，等于人道主义，而作为完成了人道主义，等于自然主义，它是人和自然界之间、人和人之间的矛盾的真正解决。"② 这应该被视为马克思对共产主义的一种极其重要的规定和界定。

三

恩格斯将"唯物主义历史观"界定为仅仅是关于"人类历史发展规律"的学说，把马克思历史观的对象仅仅限定在人类历史领域，其结果，是将马克思的一元论历史观狭隘化、二重化了。

恩格斯在《反杜林论》第二版序言中曾明确地提出"确立辩证的同时又是唯物主义的自然观"的任务以及提到他本人所从事的"确立辩证的同时又是唯物主义的自然观"的工作，并强调："马克思和我，可以说是把自觉的辩证法从德国唯心主义哲学中拯救出来并用于唯物主义的自然观和历史观的唯一的人。"③ 而在《路德维希·费尔巴哈和德国古典哲学的终结》中，恩格斯又进一步申明：马克思的"历史观结束了历史领域的哲学，正如辩证的自然观使一切自然哲学都成为不必要的和不可能的一样"④。恩格斯的这些论述，充分肯定了恩格斯自己所从事的长达十年（1873—1883 年）的对于自然辩证法研究的贡献，即通过《自然辩证法》的写作，创立所谓"辩证的同时又是唯物主义的自然观"，"终结"了以往的传统的自然哲学；同时，却完全将马克思的历

---

① 《马克思恩格斯文集》第 1 卷，人民出版社 2009 年版，第 187 页。
② 《马克思恩格斯文集》第 1 卷，人民出版社 2009 年版，第 185 页。
③ 《马克思恩格斯选集》第 3 卷，人民出版社 1995 年版，第 349 页。
④ 《马克思恩格斯选集》第 4 卷，人民出版社 1995 年版，第 257 页。

史观的对象和适用范围限制在单纯的社会历史领域之内。

正是恩格斯的这种界定，为把马克思主义哲学概括为"辩证唯物主义和历史唯物主义"的主张奠定了最初的也是最重要的基础。

不难看出，借此，恩格斯又重新退回到传统的形而上学哲学观。对此，需要另文来专门加以研究和说明，在此就不赘述了。

（本文原载《北京行政学院学报》2010 年第 5 期，
现对个别处作了适当补充）

马克思对人的哲学诠释

马克思哲学的创立是以对人的本质的科学解答为契机的。从而，马克思所实现的整个哲学的变革，以实现人的学说的变革、人的自我意识的变革为发端和核心。马克思把物质实践既作为社会生活的基础，又作为人的存在的本体，开创了人类自我认识的新境域。

马克思是从实践的观点来理解和说明人的。同样，也应从实践的观点来理解和阐释马克思的人的学说。实践观点是具有现代性的观点。因此，从实践的观点来阐释马克思的人的学说，也就从根本上阐明了这一学说理论贡献的现代性质。

一 把人提升为实践主体

马克思哲学的现实起点、现实基础是"现实的个体"。这个现实的个体既非黑格尔和鲍威尔的抽象的"自我意识"，以及费尔巴哈的抽象的"类"，同时，亦非施蒂纳的"唯一者"个人，即脱离现实物质生活条件的抽象的自我。马克思把"现实的个体"规定为"从事活动的，进行物质生产的"个体①，规定为"从事实际活动的人"②，总之，是

---

① 《马克思恩格斯选集》第 1 卷，人民出版社 1995 年版，第 72 页。译文有修订，以下同。
② 《马克思恩格斯选集》第 1 卷，人民出版社 1995 年版，第 73 页。

"以一定的方式进行生产活动的一定的个体"①，即实践主体。马克思以前的旧哲学也曾把人规定为主体。但是，马克思对主体的这一规定赋予了旧哲学所不曾有的新的含义，即"真正的主体……是作为支配自然力的那种活动出现在生产过程中"的。② 换言之，人的现实存在就是生产实践，因此，现实的人只能是作为实践主体的个体。这样，在马克思那里，以人为对象就被转换为以实践主体为对象。

与此相适应，按照马克思的理解，人的本质、人性也是实践规定的。实践是人的存在本体，也是人的本质规定性。这特别鲜明地体现在马克思提出的这一命题中：作为"设定"（Setzen）的人的实践活动"是对象性的本质力量的主体性"；"人的类特性"、人的本质是劳动这一"自由的自觉的活动"。③

马克思把人提升为实践主体，把人的本质、人性提升为实践主体性，集中反映了马克思对人类自我认识史、对人的学说的重大贡献。以往哲学对人、对人的本质的考察，不仅往往是孤立的，即脱离人的现实的社会关系，而且往往是静止的，即脱离人的社会实践活动这一动态的过程。这种考察所能企及的对人的认识，至多只能看到人与动物、人与神性的静态区别，而不能进入人与自然、人与感性世界的动态关联。而人的真实的、经验的存在，恰恰是在他与自然、感性世界的动态关联中，在实践活动的过程中。人正是通过漫长的历史实践活动拥有和不断地积聚自己的本质力量以及构建起既异于自然和动物也异于神灵的主体性的。正如马克思所说，动物与自然是没有什么主体与客体的区别的，"对于动物来说，它对他物的关系不是作为关系存在的。"④

① 《马克思恩格斯选集》第 1 卷，人民出版社 1995 年版，第 71 页。
② 《马克思恩格斯全集》第 46 卷（下），人民出版社 1979 年版，第 113 页。
③ 《马克思恩格斯全集》第 42 卷，人民出版社 1979 年版，第 167、96 页。
④ 《马克思恩格斯选集》第 1 卷，人民出版社 1995 年版，第 81 页。

二 把主客体关系作为哲学的基本矛盾和中心

把实践作为人的本质规定提升到哲学的中心，同时就意味着把实践活动的基本结构即实践过程中的主、客体关系提升到哲学的中心。由于马克思把人确定为实践主体，而非仅仅是认识主体，就把实践过程中的主、客体关系凸显了出来。

马克思在《关于费尔巴哈的提纲》中确认：对对象、现实、感性，不能只从客体的形式去理解，而必须"把它们当作感性的人的活动，当作实践去理解"，即"从主体方面去理解"。①马克思的这一论断，从根本上批驳了旧唯物主义因为不了解实践的本性而导致的囿于哲学认识论，而且必定是直观的、机械的哲学认识论的错误，打破了传统的本体论与认识论的界限，把实践中的主、客体关系提到了哲学的中心地位。

主、客体关系在哲学史发展的不同阶段或在不同的哲学体系中有不同的表现形式。在旧唯物主义那里，作为主体的人在很大程度上被视为一种自然存在物（费尔巴哈："类是人的自然、本质"），或人工的自然存在物（拉美特利："人是机器"），作为客体的自然实际上也是与人的实践无涉的、未经"人化的"原始自然。因此，旧唯物主义者所理解的主体对客体的关系实际上是一种自然存在对另一种自然存在，即个别自然存在对整体自然存在的关系。在唯心主义哲学那里，作为主体的人则被理解为纯粹精神。这种精神或者是个人的意识（主观唯心主义），或者是创造客观实在的超个人的精神（客观唯心主义）。因此，主体对客体的关系实际上被归结为思维对存在的关系，甚至被归结为思维对思维自身的创造物，即思维对思维自身的关系

---

① 《马克思恩格斯选集》第1卷，人民出版社1995年版，第54页。

（例如在黑格尔那里）。

马克思对主、客体关系的理解，既不同于旧唯物论，更不同于唯心主义。马克思所理解的主体，是实践主体，它既是实践的前提，也是实践的结果和产物，因而它"不适用于原始的、通过自然发生的途径产生的人们"①。马克思所理解的客体，是实践客体，即"在人类社会的产生过程中形成的自然界""人化的自然界"②，因此，它不适用于"先于人类历史而存在的那个自然界"③。这样，马克思从实践过程来了解人与自然的关系，把它们界定为实践化的人与实践化的自然的关系，从而赋予了主、客体关系以一种全新的性质。

马克思把实践中的主、客体关系提到哲学的中心地位，实际上是适应人类认识发展的客观要求，实现了哲学研究重心和哲学时代主题的一次重大迁移和转换。

从一种较为宏观的视域来看，有理由把哲学史中哲学研究重心迁移的轨迹描述为由自然到人、由"实体"（客体）到主体的过程。在古代，哲学认识的重心是自然，而人是隶属于自然的。近代以降，哲学认识的重心则日渐转移到人——开始是人的意识、精神层面，尔后则是人、人的存在本身。④ 与此相适应，哲学也由古代哲学的以客体为中心的宇宙论思维方式、客体论思维方式转为以人为中心的主体论思维方式——开始是以人的精神为本体的认识论思维方式，尔后则是以人的存在为本体的人类学思维方式。在古代哲学中，人与自然处于天然的联系中，主、客体关系还潜伏在人与自然的原始统一性之内。哲学意识追寻和探究的重点是世界的统一性与始源。因此，个别与一般的关系问题构成哲学的基本主题与中心。到了近代，人凭借科技、工业的力量同自然

---

① 《马克思恩格斯选集》第1卷，人民出版社1995年版，第77页。
② 《马克思恩格斯全集》第42卷，人民出版社1979年版，第128、126页。
③ 《马克思恩格斯选集》第1卷，人民出版社1995年版，第77页。
④ 参见侯才《对哲学及其当代任务的一种审视》，载《中国社会科学院研究生院学报》1996年第2期。

相分离，从而，从理论上客观地认识和把握外在世界的任务就提到了首位。于是，思维与存在的关系这一认识论领域的基本矛盾、基本范畴就获得了一种普遍的意义，取代了古代哲学中个别与一般的范畴所具有的主题和中心的地位。如果说，在古代，"在土地所有制居于支配地位的一切社会形式中，自然联系还占优势"①，那么，在当代，在市场经济的社会形式中，社会、历史所创造的因素已经绝对压倒和消解了这种自然联系。国际资本的扩张及其带来的功利主义、消费主义的普遍化，以及科学技术力量急剧增长过程中的盲目性和失控，都给人的自身的存在与发展造成威胁。这就势必使哲学研究的重心和时代主题再次发生转换，使主、客体的矛盾愈益尖锐与突出。

马克思正处在 19 世纪后发生的哲学重心由人的精神、意识层面向人、人的存在本身转向这一转折点上。他深刻地洞察到，与在土地所有制居于支配地位的社会形式中自然联系占优势的状况相反，"在资本居于支配地位的社会形式中"，必然是"社会、历史所创造的因素占优势"。② 正是这种洞察，使他有可靠的根据把哲学研究的重心从传统的哲学认识论，迁移到社会历史观，从传统的哲学认识论的思维与存在的关系，迁移到社会历史过程中的主、客体关系问题，并从主、客体关系入手去重新解决思维与存在的关系以及其他诸哲学基本范畴间的关系，例如个别与一般、存在与本质、自由与必然，等等。在此方面，值得注意的是马克思在 1844 年手稿中提出的有关传统哲学的如下品评：工业的历史和工业的已经产生的对象性的存在，才是感性地摆在我们面前的人的认识论，但对这种认识论人们至今还没有从它同人的本质的联系上来理解。③

① 《马克思恩格斯全集》第 12 卷，人民出版社 1962 年版，第 758 页。
② 《马克思恩格斯全集》第 12 卷，人民出版社 1962 年版，第 758 页。
③ 《马克思恩格斯全集》第 42 卷，人民出版社 1979 年版，第 127 页。

三　坚持主客体的统一以及个体、 主体与类主体的统一

由于主、客体关系是人们实践活动的基本结构，因而，坚持实践的观点，从逻辑上说，就是坚持实践过程中的主、客体的具体的历史的统一。

在西方哲学发展的历史中，与唯物主义和唯心主义的矛盾、对立交织在一起的，是以人为绝对本位的"主体主义"和以自然、外部世界为绝对本位的"客体主义"的矛盾、对立。这一方面表现为古希腊哲学的"实体"精神与基督教哲学的"抽象的主体性"的对立，另一方面则表现为柏拉图主义——基督教"唯实论"——十七八世纪唯物主义的客体论路线与伊壁鸠鲁、怀疑派、斯多葛派——基督教"唯名论"——费希特、青年黑格尔派的主体论路线的对立。马克思通过扬弃黑格尔哲学和青年黑格尔派哲学，扬弃和综合了哲学史中主体论与客体论两大哲学传统，不仅解决了哲学史中的主体与客体的对立，而且，也解决了哲学史中精神与自然、个体与类、自由与必然等等的对立。同时，这种扬弃与综合也决定了马克思哲学的主体与客体、精神与自然、个体与类等诸关系的统一这一本质特征。[①] 这种统一，在马克思那里，首先表现为主体的人与客体的自然是统一的，即人们所处的现实的自然是"人化的自然"，而人是"能动的自然存在物"。[②] 其次表现为个体的人与"类"的社会也是统一的："社会本身，即处于生产关系中的人本身"，确切地说，即"处于相互关系中的个体"本身[③]，它是"表示这些个体彼此发

---

① 参阅侯才《青年黑格尔派与马克思早期思想的发展》，中国社会科学出版社 1995 年版，第304—313 页。

② 《马克思恩格斯全集》第 42 卷，人民出版社 1979 年版，第 126、167、220 页。

③ 《马克思恩格斯全集》第 46 卷（下），人民出版社 1980 年版，第 266 页。译文有修订。

生的那些联系和关系的总和"①，而人是"社会联系的主体"②，他的本质在现实性上就是这种作为"总和"的社会关系③。于是，"追求着自己的目的人的活动"就构成了历史④，而历史则不外是"现实的主体的人的现实的历史"⑤，即"他们的个体发展的历史"⑥，"是人类本性的不断改变而已"⑦。

马克思把实践的主、客体的统一彻底地贯彻到他的全部理论中。引人瞩目的是马克思在《1844年经济学哲学手稿》中对共产主义的界定，即把共产主义解释为人道主义与自然主义的综合，认为"它是人和自然之间、人和人之间的矛盾的真正解决"⑧。

与此同时，马克思还把实践的主、客体的统一提升为方法论。这既体现在他对"对象化"原则的贯彻，又体现在他始终坚持科学分析与伦理判断两大原则的统一。⑨

从主、客体的统一性中马克思得出的最重要的结论是改变客体与改变主体的一致，即人在改变周围环境的同时也就改变他们自己。⑩

四　把个体实践主体规定为哲学的
出发点和目的

在主、客体关系中，主体是环绕的轴心，主体统摄客体，思维统摄存在，自由统摄必然；而在思维与存在的关系中，这种关系恰好倒转过

① 《马克思恩格斯全集》第46卷（上），人民出版社1979年版，第220页。
② 《马克思恩格斯全集》第42卷，人民出版社1979年版，第25页。
③ 《马克思恩格斯选集》第1卷，人民出版社1995年版，第56页。
④ 《马克思恩格斯全集》第2卷，人民出版社1957年版，第118—119页。
⑤ 《马克思恩格斯全集》第42卷，人民出版社1979年版，第159页。
⑥ 《马克思恩格斯全集》第27卷，人民出版社1971年版，第478页。
⑦ 《马克思恩格斯选集》第1卷，人民出版社1995年版，第172页。
⑧ 《马克思恩格斯全集》第42卷，人民出版社1979年版，第120页。
⑨ 参阅侯才《青年黑格尔派与马克思早期思想的发展》，中国社会科学出版社1994年版。
⑩ 《马克思恩格斯全集》第3卷，人民出版社1965年版，第234页。

来，存在是环绕的轴心，客体规定主体，存在规定思维，必然规定自由。因此，马克思把实践的主、客体关系置于哲学的中心．就意味着从根本上把实践主体、特别是个体实践主体的人置于某种优先地位，意味着对实践主体及其主体性的高扬。这与黑格尔哲学不同。黑格尔虽然形式上也把主、客体关系放在突出的地位，但是，由于他把主体理解为精神性的理念，他的主、客体关系不过是思维与存在的关系的一种变形，所以他在实际上把整个哲学等同于认识论，陷入一种极端的唯理主义或泛逻辑主义，从而忽视和抹杀了主体的人的存在、特别是个体的存在的深刻现实。

马克思对实践主体、特别是个体主体性的高扬表现在：

其一，把个体实践主体即现实的个体作为其哲学的现实前提和出发点。这是基于这一经验事实："全部人类历史的第一个前提无疑是有生命的个体的存在"①。这里，已经蕴含了对哲学对象的新规定。

其二，把实践个体规定为社会关系的主体。马克思认为，社会关系是现实的个体在实现自己的存在和发展的过程中建立起来的，"它是由于有了个体的需要和利己主义才出现的，也就是个体在积极实现其存在时的直接产物"②，是"人们交互作用的产物"③。因此，"社会联系的主体"，即人，即"现实的、活生生的、特殊的个体"，并且，"这些个体是怎样的，这种社会联系本身就是怎样的"。④

其三，肯定个体以自己为一切活动的出发点的现实和合理性。在《德意志意识形态》中，马克思与恩格斯确认：无论在什么情况下，"各个人的出发点总是他们自己"，"各个人过去和现在始终是从自己出发的"。⑤ 其所以如此，在很大程度上是因为个体固然归根结底受整个

① 《马克思恩格斯选集》第 1 卷，人民出版社 1995 年版，第 67 页。
② 《马克思恩格斯全集》第 42 卷，人民出版社 1979 年版，第 24 页。
③ 《马克思恩格斯全集》第 27 卷，人民出版社 1971 年版，第 477 页。
④ 《马克思恩格斯全集》第 42 卷，人民出版社 1979 年版，第 25 页。
⑤ 《马克思恩格斯选集》第 1 卷，人民出版社 1995 年版，第 119、135 页。

社会生存条件的制约，但首先和直接的是受个体生存条件的制约。

其四，把个体的发展视为族类、一切人的发展的条件。在阶级社会中，个体隶属于阶级，一部分个体的利益往往同另一部分个体的利益相对立，一部分个体的利益的实现以牺牲另一部分个体的利益为前提。但是，在合理的社会组织中，在自由人的联合体中，"每个人的自由发展是一切人的自由发展的条件"①。

其五，把个体的自我发展确定为个体的天然使命："任何一个人的天职、使命和任务——全面地发展自己的一切能力。"②

其六，明确规定个体的发展是社会发展的目的。由于现实的个体是社会关系的主体，而社会关系，首先是物质关系，"不过是他们的物质的和个体的活动所借以实现的必然形式"③，所以，个体的全面发展是社会发展的目的和历史趋向的目标。而共产主义正是个体的全面发展的实现和现实："个体的全面发展，只有到了外部世界对个体才能的实际发展所起的推动作用为个体本身所驾驭的时候，才不再是理想、职责等等，这也正是共产主义者所向往的。"④ 在《德意志意识形态》中，马克思与恩格斯把个体发展的历史描述为从"偶然的个体"到"有个性的个体"的升华过程。

马克思的上述思想在传统的马克思主义发展史中未能得到应有的重视、强调与发挥，以致使人感觉在马克思那里过分强调了客体的历史的客观必然性，而忽视了主体、特别是个体以及个体自我的自由选择。这种情形的发生，究其原因，固然与马克思本人把理论研究的着重点放在对个体所处的社会关系的科学分析即实证性的经济学研究相联系，这使得马克思即使在对社会主体的人进行专门考察时也往往着眼于经济层

---

① 《马克思恩格斯选集》第 1 卷，人民出版社 1995 年版，第 294 页。
② 《马克思恩格斯全集》第 3 卷，人民出版社 1965 年版，第 330 页。
③ 《马克思恩格斯选集》第 1 卷，人民出版社 1995 年版，第 532 页。
④ 《马克思恩格斯全集》第 3 卷，人民出版社 1965 年版，第 330 页。

面；但是，另一方面，恐怕也与后来的解释者适应计划经济集权体制的需要片面诠解马克思的学说，乃至混淆马克思学说的理论研究的着重点（作为科学分析对象的社会关系和历史必然性）和马克思学说的伦理坐标（个体全面发展的价值取向），即片面强调前者甚至用前者代替后者有关。

五　揭示现代化进程中的主体存在与发展的深刻矛盾

马克思对资本主义社会和资本主义现代化进程的经济学分析是为了找到人的解放的现实途径，最终实现人的自由全面发展的理想。因此，这种分析亦是马克思人的学说的一个重要组成部分。马克思对资本主义经济矛盾和资本主义现代性矛盾的剖析，实际上是对资本主义条件下主体的人的生存矛盾的揭示。

马克思在创立自己的新唯物主义时，曾力图把这种生存矛盾加以哲学概括。按照马克思在《1844 年经济学哲学手稿》中的分析，在资本主义条件下，生产主体（工人）通过其实践活动（劳动）生产出生产主体与产品客体以及与实践活动本身的关系。同时，也生产出其他主体（资本家）与产品客体、与生产主体的实践活动以及与生产主体的关系。由于生产资料的私有制，生产主体就处在一种生存的悖论中：首先，表现为主体的人的社会性与自然性的倒置。人（工人）只有在运用自己的动物机能时，才觉得自己是自由活动，而在运用人的机能时，却觉得不过是动物。也就是说，"动物的东西成为人的东西，而人的东西成为动物的东西"①。其次，表现为主体的人的本质与存在、类特性与个体性的倒置。雇佣劳动（"异化劳动"）把主体的人的类本质变成了

---

① 《马克思恩格斯全集》第 42 卷，人民出版社 1979 年版，第 94 页。

仅仅维持他的个体的肉体存在的手段，即"自己的本质变成仅仅维持自己生存的手段"①。最后，表现为主体的人的主动性与受动性、赢得和丧失的倒置。劳动的实现表现为生产主体的失去现实性，生产主体通过自己的劳动占有外部自然表现为生产主体自身丧失生活资料②，等等。马克思把这些悖论综括为"物的世界的增值同人的世界的贬值"的关系。在后来的著作中，马克思又将其作了这样的转述："在我们这个时代，每一种事物好像都包含有自己的反面。我们看到，机器具有减少人类劳动和使劳动更有成效的神奇力量，然而却引起了饥饿和过度的疲劳。新发现的财富的源泉，由于某种奇怪的、不可思议的魔力而变成贫困的根源。技术的胜利，似乎是以道德的败坏为代价换来的。随着人类愈益控制自己，个体却似乎愈益成为别人的奴隶或自身的卑劣行为的奴隶。甚至科学的纯洁光辉也只能在愚昧无知的黑暗背景上闪耀。我们的一切发现和进步，似乎结果是使物质力量赋予理智生命，而人的生命则化为愚钝的物质力量。"③

这种能动与受动、赢得与丧失的矛盾还在更大的历史范围内展开：如果说，资本主义的发展、资本主义现代化的进程对于主体的人所造成的某种"异化"是一种丧失，那么，在整个历史行程中，它则为更高层次的主体的人的发展赢取了必要前提。马克思确认："'人'类的才能的这种发展，虽然在开始时要靠牺牲多数的个体，甚至靠牺牲整个阶级，但最终会克服这种对抗，而同每个个体的发展相一致；因此，个性的比较高度的发展，只有以牺牲个体的历史过程为代价。"④ 这样，如果用宏观的历史尺度来看，赢取和丧失都是人的发展的必然的和必要的形式。只不过马克思认为，人的未来的全面而自由的发展必须通过扬弃

① 《马克思恩格斯全集》第42卷，人民出版社1979年版，第96页。
② 《马克思恩格斯全集》第42卷，人民出版社1979年版，第91、92页。
③ 《马克思恩格斯全集》第12卷，人民出版社1962年版，第4页。译文有修订。
④ 《马克思恩格斯全集》第26卷第2册，人民出版社1972年版，第124页。译文有修订。

资本主义私有制才能实现。

应该把马克思对资本主义现代化过程中对人的生存矛盾的这种揭示提升到更普遍的意义上来加以认识。在马克思生前，社会主义国家现代化的课题尚未提到历史日程，因此，他不可能去揭示蕴含在资本主义现代性这一特殊现代性中的一般现代性的矛盾。

但是，资本主义现代性不仅与资本主义所有制相联系，而且蕴含现代性的一般性，与一般现代性相联系。事实上，就一般性而言，现代性的基本矛盾，诸如赢获与丧失、创造与破坏、进步与退步、索取与付出、发展与代价等等，是现代性本身所固有的，是超越社会制度和意识形态的。区别只是在于，在不同的社会制度下它们具有不同的性质与表现形式。而资本主义的不合理性恰恰在于，它不仅无法解决而且加剧了现代性本身所固有的内在矛盾。由此也可以得出这样的结论：扬弃资本主义的基本矛盾不等同于扬弃现代性的基本矛盾。

但是，在马克思对资本主义现代性特殊矛盾的分析中已经蕴含着对现代性一般矛盾分析的萌芽，这为我们认识现代性的一般矛盾提供了某种启示。应该说，马克思对资本主义现代性的分析与批判是对人类正在经历的一种重大历史转折和由此而陷入的历史窘境的一种揭露和提示。在这一根本性的历史转折过程中，人愈益成为真正的、完全意义上的主体，但同时，也面临着迷失存在、迷失自我的危险。应该从这一视域来理解马克思的人的学说。在此意义上，马克思的人的学说是一种人类对于自身的生存矛盾与危机的意识。

（本文原载中共中央党校哲学教研部编《人的现代化与建设有中国特色的社会主义》，人民出版社1997年版；又载中共中央党校马克思主义教研部和中国马克思主义研究基金会编《马克思主义关于人的学说》，人民出版社2011年版）

马克思的"个体"和"共同体"概念

——兼论马克思 1848 年前著作中的相关语词及其汉译

个人与社会或个体与共同体是历史观的一对重要范畴，它直接涉及对历史主体的定位以及理想社会蓝图的设计。

马克思对以往历史观的变革，也体现在对这对范畴及其二者相互关系的重构。自由全面发展的"人格个体"（das persoenliche Individuum）和作为这种个体联合的"真正的共同体"（wirkliche Gemeinschaft）构成马克思所追求的未来人类历史前景的密不可分、互为前提的两端。这首先通过马克思所使用的独特语词表现出来。

一

在《德意志意识形态》和《共产党宣言》等文中，马克思在谈及他自己所指谓的现实的人包括共产主义社会中的人时，使用的概念往往是"个体"（Individuum），而不是通常意义上的"个人"（Person）。与此相对应，在谈及共产主义社会时，使用的概念则往往是"共同体"（Gemeinschaft）或"联合体"（Assoziation），而不是通常意义上的"社会"（Gesellschft）。

例如，在《形态》第一章中：

我们开始要谈的前提不是任意提出的，不是教条，而是一些只在臆想中才能撇开的现实前提。这是一些现实的个体，是他们的活动和他们的物质生活条件，包括他们已有的和由他们自己的活动创造出来的物质生活条件。

（ Die Voraussetzungen, mit denen wir beginnen, sind keine willkurlichen, keine Dogmen, es sind wirkliche Voraussetzungen, von denen man nur in der Einbildung abstrahieren kann. Es sind die wirklichen Individuen, ihre Aktion und ihre materiellen Lebensbedingungen, sowohl die vorgefundenen wie die durch ihre eigene Aktion erzeugten. ）

只有在共同体中，个体才能获得全面发展其才能的手段，也就是说，只有在共同体中才可能有个性自由。在过去的种种冒充的共同体中，如在国家等等中，个性自由只是对那些在统治阶级范围内发展的个体来说是存在的，他们之所以有个性自由，只是因为他们是这一阶级的个体。从前各个个体联合而成的虚假的共同体，总是相对于各个个体而独立的；由于这种共同体是一个阶级反对另一个阶级的联合，因此对于被统治的阶级来说，它不仅是完全虚幻的共同体，而且是新的桎梏。在真正的共同体的条件下，各个个体在自己的联合中并通过自己的联合获得自己的自由。①

（ Erst in der Gemeinschaft erhaelt das Individuruum die Mittel, seine Anlagen nach allen Seiten hin auszubilden; erst in der Gemeinschaft wird also die persoenliche Freiheit moeglich. In den bisherigen Surrogaten der Gemeinschaft, im Staat usw. existierte die persoenl iche Freiheit nur fur die in den Verhaeltnissen der herrschenden Klasse entwickelten Indivi-

---

① 《马克思恩格斯文集》第 1 卷，人民出版社 2009 年版，第 571 页。译文有修订。

duen und nur insofern sie Individuen dieser Klasse waren. Die Scheinbare Gemeinschaft, zu der sich bisher die Individuen vereinigten, verselbstaendigte sich stets ihnen gegen ueber und war zugleich, da sie eine Vereinigung einer Klasse gegenueber einer andern war, für die beherrschte Klasse nicht nur eine ganz illusorische Gemeinschaft, sondern auch eine neue Fessel. In der wirklichen Gemeinschaft erlangen die Individuen in und durch ihre Assoziation zugleich ihre Freiheit.)

又例如，在《宣言》第二章结尾的这段名言中：

当阶级差别在发展进程中已经消失而全部生产集中在联合起来的个体手里的时候，公共权力就失去政治性质。……代替那存在着阶级和阶级对立的资产阶级旧社会的，将是这样一个联合体，在那里，每个个体的自由发展是一切个体的自由发展的条件。①

（Sind im Lauf der Entwicklung die Klassenunterschiede verschunden und ist alle Produktion in den Haenden der assoziierten Individuen konzentriert, so verliert die oeffentliche Gewalt den politischen Charakter. ……An die Stelle der alten buergerlichen Gesellschaft mit ihren Klassen und Klassengegensaetzen tritt eine Assoziation, worin die freie Entwicklung eines jeden die Bedingungen fuer die freie Entwicklung aller ist）。

与此不同，马克思在谈及资产阶级思想家所指谓的实际上是作为资产者、私有者的单个人时，使用的概念往往是"个人"（Person）。与此

---

① 《马克思恩格斯文集》第 2 卷，人民出版社 2009 年版，第 53 页。译文有修订，着重号为引者所加。

相联系，在谈及资本主义社会时，使用的概念则往往是通常意义的"社会"（Gesellschaft）。例如，在《宣言》中：

> 由此可见，你们承认，你们所理解的个人，不外是资产者、资产阶级私有者。这样的个人确实应当被扬弃。①
> （Ihr gesteht also, dass ihr unter der Person niemanden anders versteht als Bourgeois, den buegerlichen Eigentuemer. Und diese Person soll allerdings aufgehoben werden.）

> 在资产阶级社会里，资本具有独立性和个性，而活动着的个体却没有独立性和个性。②（In der buergerlichen Gesellschaft ist das Kapital selbstständig und persoenlich, waehrend das taetige Individuum unselbststaendig und unpersoenlich ist.）

当然，也不是所有的相关语境都如此，没有例外的用法。例如，关于"共同体"（Gemeinschaft）和"社会"（Gesellschaft），在某些场合，马克思也用"共同体"概念去指谓资产阶级社会甚至前资产阶级社会，或者也用"社会"概念去称谓共产主义。但是，总的说来，马克思将这两者有意识地区分开来。而且，即使是在将两者交互使用的场合，马克思也往往是对其加以必要的限定和规定：正如马克思自己在《形态》中所阐释和表明的，即便把包括资产阶级社会在内的资产阶级社会以前的各种社会形式称为"共同体"（Gemeinschaft），那么，在马克思看来，它们相对于共产主义这种"真正的共同体"（wirkliche Gemeinschaft）来

---

① 《马克思恩格斯文集》第 2 卷，人民出版社 2009 年版，第 47 页。译文有修订，着重号为引者所加。
② 《马克思恩格斯文集》第 2 卷，人民出版社 2009 年版，第 46 页。译文有修订，着重号为引者所加。

说也不过是一种"冒充的共同体"（Surrogaten Gemeinschaft）或"虚假的共同体"（scheinbare Gemeinschaft）①；与此相类似，也正如马克思自己在《关于费尔巴哈的提纲》第十条中所表述和体现的，即便把共产主义称为"社会"（Gesellschaft），那么，在马克思看来，这种社会也是一种完全不同于资产阶级社会的"人的社会"（menschliche Gesellschaft）②，即一种不再异化的、真正属人的社会。

因此，需要研究和回答，为什么马克思将"个体"（Individuum）同"个人"（Person）以及将"共同体"（Gemeinschaft）或"联合体"（Assoziation）同"社会"（Gesellschft）有意识地严格地区分开来，其底蕴、命意何在。

二

"个体"即 Individuum 一词为拉丁语，直接译自希腊语中所谓不可分的"原子"（atomeon）。其含义首先被用来指单个个体（Einzelwesen），就其起源来说这一含义与"原子"相一致。在经院哲学中它的含义被限制在人格（Persoenlichkeit）。从 16 世纪始这一概念被赋予了特殊个人（Besonders Person）的含义。尔后在大多数情况下该概念被用来指处在关系中的与共同体（Gemeinschaft）相对立的单个人。

"个人"即 Person，在日常用语中被用来指人、个人、人的形象、外形、体格、特性，自身、本人，等等。在法学的意义上，该概念被用来指拥有权利和义务的人。该词源自拉丁语的 persona，大约公元 1 世纪前由 per-sonare 构成，指戏剧中的面具和角色。古代晚期以后它被用来指具有独特性的单个人。此后，该词被基督教教义所吸纳和发挥。例如

---

① 《马克思恩格斯文集》第 1 卷，人民出版社 2009 年版，第 571 页。
② 《马克思恩格斯文集》第 1 卷，人民出版社 2009 年版，第 502 页。

在阿奎那那里，这一概念被规定为具有理性本质的不可分的实体（die unteilbare Substanz eines vernuenftigen Wesens）。经院哲学的这种理解后被启蒙思想家们所继承。洛克也曾在心理学意义上将"个人"定义为具有理解和思考能力的思维的理性本质。18 世纪以后，"个人"（Person）被与"人格"或"个性"（Persoenlichkeit）严格区别开来。① 值得注意的是，至少在德国古典哲学中，"个人"（Person）这一概念已被用来明晰地指谓具有自我意识和人格的个人②。康德首先从自我意识的角度对其进行了界定：

> 人能够通过他的想象拥有自我，将他无止境地提升于地球上一切其他生命存在物之上。藉此，他成为一个个人（Person），并且由于在他可能遭遇的一切变化方面具有意识统一性，成为一个而且是这一个个人（Person），也就是一个与人们可以任意处置和支配的、诸如无理性动物之类物在等级和尊严上截然不同的存在物。③

黑格尔进一步发挥了康德的思想。在黑格尔那里，人格（Persoenlichkeit）是个人（Person）的最本质特征和必备条件，其要义是"我在有限性中知道自己是某种无限的、普遍的、自由的存在物"。他明确地区分了自然意义上的人（Mensch）和具有人格的人（Person），认为"精神自身以抽象的即自由的自我为其对象和目的，才成为个人（Person）"。进而，他认为，由自然的人发展成为人格的人是人的天职和

---

① Woerterbuch der philosophischen Begriffe, Herg. v. Friedrich Kirchner und Carl Michaeelis, u. a. , Felix Meiner Verlag, Hamburg, 1998, S. 314, 489 – 490.

② 关于 Person 概念从古代罗马法经基督教神学到德国启蒙思想的这一历史演变的文化背景，可参见李文堂在其《马克思关于"人"的概念》一文中所作的概述和提示。见《南京大学学报》2010 年第 6 期。

③ Immanuel Kant, Anthropologie in pragmatischer Hinsicht, Philipp Reclam jun. , Stuttgart 1983, S. 37.

使命：

> "人（Mensch）的至高之事是成为一个个人（Person zu sein）。"
> 法的命令是："成为一个个人（Person），并尊敬他人为个人（Person）。"①

此外，黑格尔还注意到在资本主义条件下人在政治国家与市民社会中所具有的不同身份，从而区分了"公民"（citoyen）与"市民"（bourgeois），或"法人"（Person）与作为个体（Individuum）的"市民"（Buerger）：

> 在法中对象是法人（Person），……在一般市民社会中是市民（Buerger，als bourgeois），……从需要的观点说是具体的观念，即所谓人（Mensch）。②

马克思批判地继承了德国古典哲学特别是黑格尔的遗产。他重视"人格"（Persoenlichkeit）及其对于人的发展的意义。但与此同时，他也清晰地看到并揭示出，在资产阶级完成了的"政治解放"的条件下，政治国家与市民社会发生了严重分裂甚至对立，与此相适应，人也被二重化，分裂为公人（der oeffentliche Mensch）与"私人"（der Privatmensch），即"个人"（Person）与"个体"（Individuum）。在市民社会中，人作为私人，是"非政治人"（der unpolitishe Menschen），"自然人"（der natuerlishe Mensch），"利己的人"（der egoistische Mensch），以及

① G. W. F. Hegel, Grundlinien der Philosophie des Rechts, Verlag Ullstein GabH, Frankfurt/M-Berlin-Wien 1972, S. 50, 51. 参阅黑格尔《法哲学原理》，范扬、张企泰译，商务印书馆1961年版，第45—46、46页。译文有修订。
② 黑格尔：《法哲学原理》，范扬、张企泰译，商务印书馆1961年版，第205—206页。

"具有感性的、个体的、直接存在的人",总之,是"本真的人"(der eigentliche Mensch);而在政治国家中,人作为公民或公人,则是"政治人"(der politische Mensch),"抽象的、人为的人","寓意的人"以及"法人"(moralische Person):

> 政治国家的建立和市民社会分解为独立的个体——这些个体的关系通过法制表现出来,正像等级制度和行帮制度中的人的关系通过特权表现出来一样——是通过同一种行为实现的。但是,人,作为市民社会的成员,即非政治人(der unpolitishe Menschen),必然表现为自然人(der natuerlishe Mensch)。Droits de l'homme〔人权〕表现为 droits naturels〔自然权利〕,因为有自我意识的活动集中于政治行为。利己的人(der egoistische Mensch)是已经解体的社会的消极的、现成的结果,是有直接确定性的对象,因而也是自然的对象。政治革命把市民生活分解成几个组成部分,但没有变革这些组成部分本身,没有加以批判。它把市民社会,也就是把需要、劳动、私人利益和私人权利等领域看作自己持续存在的基础,看作无须进一步论证的前提,从而看作自己的自然基础。最后,人,正像他是市民社会的成员一样,被视为本真的人(der eigentliche Mensch),与 citoyen〔公民〕不同的 homme〔人〕,因为他是具有感性的、个体的、直接存在的人,而政治人(der politische Mensch)只是抽象的、人为的人,寓意的人,法人(moralische Person)。现实的人只有以利己的个体形象出现才能被承认,而真正的人只有以抽象的 citoyen〔公民〕形象出现才能被承认。[①]

因而,马克思得出的结论是:

[①] 《马克思恩格斯文集》第 1 卷,人民出版社 2009 年版,第 45—46 页。译文有修订。

政治解放是人的简约化，一方面把人变成市民社会的成员，变成利己的、独立的个体（Individuum），另一方面把人变成公民（Staatsbuerger），变成法人（moralische Person）。①

在马克思看来，在市民社会中存在的作为"个体"（Individuum）的人比在政治国家中存在的作为"法人""个人"（Person）的人更为具体、现实，并且构成后者赖以存在的基础；而不论是以往哲学家们所青睐的具有人格的"个人"（Person），还是资产阶级所自我标榜的具有人格的"个人"（Person），实际上都不过是一种"阶级个体"（Klassenindividuum）②，或一种从属于一定阶级的"均质化个体"（Durchschnittsindividuum）③。

正是基于"个体"Individuum 与"个人"Person 的上述理解，使马克思有根据确认："人，不是一种抽象物，而是作为现实的、活生生的、特殊的个体。"（Die Menschen，nicht in einer Abstraktion，sonder als wirkliche，lebendige，besondere Individuen sind⋯⋯）④ 鉴此，为了与德国古典哲学特别是黑格尔哲学划清界限，马克思给予"个体"（Individuum）一词以特殊的青睐，不仅用其来指谓资本主义社会市民社会中的人，而且将其提升为一个普遍的历史概念，用其来指谓一般社会中的人。该语词强调了单个人的独立与自由，完全与马克思早在博士论文中就欣赏和推崇的能够"倾斜运动"的原子概念相契合，并且与马克思用来标志共产主义社会的术语"联合体"（Assoziation）或"共同体"（Gemeinshaft）相对应。

---

① 《马克思恩格斯文集》第 1 卷，人民出版社 2009 年版，第 46 页。译文有修订。
② 《马克思恩格斯文集》第 1 卷，人民出版社 2009 年版，第 571 页。
③ 《马克思恩格斯文集》第 1 卷，人民出版社 2009 年版，第 582 页。译文有修订。
④ 《詹姆斯·穆勒〈政治经济学原理〉一书摘要》，《马克思恩格斯全集》第 42 卷，人民出版社 1979 年版，第 25 页。

在《德意志意识形态》中，被马克思确认为唯物主义历史观出发点的就是"现实的个体"（das wirkliche Individuum），而被马克思确认为理想社会目标的自由全面发展的人则是具有人格的"人格个体"（das persoenliche Individuum）。① 正是"人格个体"（das persoenliche Individuum）这一概念，昭示和展现出马克思自由观的深刻维度，体现了其对以往西方启蒙思想特别是德国古典哲学的继承和超越。

三

与马克思使用"个体"（Individuum）来指谓通常意义的个人包括共产主义社会的个人相对应，马克思在《形态》和《宣言》中主要用"共同体"（Gemeinschaft）或"联合""联合体"（Assoziation）来指谓共产主义社会。

"联合"或"联合体"，即 Assoziation，是新拉丁语词，基本含义是（有机的）联合、结合、组合。在政治学意义上被用来指协会、联合会；在心理学意义上被用来指（无意的）联想；在物理、化学意义上被用来指缔合；在生物学意义上被用来指（动物）社会和（植物）群丛；在天文学意义上被用来指星协；在社会学的意义上，则被用来指人的联合，团队、社会的组成。就其社会学的含义而言，该词与"共同体"即 Gemeinshaft 概念最为接近。在《德意志意识形态》中，马克思和恩格斯论及共产主义社会时频繁使用的就是"共同体"即 Gemeinshaft 这一概念，并且将这一概念与"联合""联合体"即 Assoziation 并用。例如：

---

① 在《詹姆斯·穆勒〈政治经济学原理〉一书摘要》中，马克思已经明确确认："人，不是一种抽象物，而是作为现实的、活生生的、特殊的个体。"（Die Menschen, nicht in einer Abstraktion, sonder als wirkliche, lebendige, besondre Individuen sind……）见《马克思恩格斯全集》第 42 卷，人民出版社 1979 年版，第 25 页。

在真正的共同体（wirkliche Gemeinschaft）的条件下，诸个体（individuen）在自己的联合（Assoziation）中并通过这种联合（Assoziation）获得自己的自由。①

"共同体"即 Gemeinshaft，在希腊语中为 koinonia，在拉丁语中为 societas，具有集体、团体，联盟、共同体，结合、联合、联系等含义。其基本特征也是有机的联合或统一。

人们通常用来称谓"社会"的概念，即 Gesellschaft，虽然也被用来指人们联结的一种形式，但其主要含义是指由法律关系规定的、基于共同利益的（大多数情况下是私法意义上的）单个人的统一。

就其社会学的含义而言，特别是在 19 世纪，"共同体"即 Gemeinshaft 与"社会"即 Gesellschft 的主要区别在于，前者被视为自然的、有机的一种统一，而后者则被理解为一种理性的人的人为的、机械的统一。这正如后来的学者所概括的：滕尼斯（Toennies）和杜尔克海姆（Durkheim）把前者称为有机的关系形式，而把后者称为机械的关系形式。费孝通把前者称为"礼俗社会"，而把后者称为"法理社会"。按照费孝通的说法，前者是一种并没有具体目的、只是因为在一起生长而发生的社会，是"有机的团结"；而后者则是一种为了完成某种任务而结合的社会，是"机械的团结"。②

与"联合体"（Assoziation）和"共同体"（Gemeinschaft）较为接近的概念还有 Gemeinwesen。与"个体"的概念相对应，马克思在《詹姆斯·穆勒〈政治经济学原理〉一书摘要》和《1844 年经济学哲学手稿》中曾频繁使用了这一语词。Gemeinwesen 被认为源自拉丁语 respublica，被用来指具有政治色彩的集体、国家或社团。该词的词根 Wesen

---

① 《马克思恩格斯文集》第 1 卷，人民出版社 2009 年版，第 571 页。译文有修订。
② 费孝通：《乡土中国》，生活·读书·新知三联书店 1985 年版，第 5 页。

具有本质、本性、天性之意，当被用来做合成词的词尾时，通常是被用来指某一类的事物。所以，Gemeinwesen 也具有"共同性""共同存在物"的含义。但是在《形态》中，马克思在具体使用这一概念时，已经把它严格限制在古代共同体或前资本主义共同体的范围之内。①

马克思在《形态》和《宣言》中用"联合体"（Assoziation）和"共同体"（Gemeinshaft）来指谓共产主义社会，其要义是强调共产主义社会是一种由个体自然而有机结合起来的社会，是一种既具有高度自由同时又具有高度共同的社会。这一独特的用法，像"个体"概念的使用情况一样，也有其具体的缘由和现实针对性。如人们所熟悉的，在18世纪英法思想家那里，"社会"概念尚与"市民社会"概念混杂和重叠在一起，所谓"市民社会"概念的含义十分笼统和宽泛，甚至被作为资产阶级社会的同义语。就其词源考察，德语语境中的"市民社会"（buergerliche Gesellschaft）一词原本译自弗格森的 civil society（"公民社会"或"文明社会"），而弗格森所分析的这个 civil society，就是在其历史演进过程中逐步展开的具有"文明的"和"有教养的"特征的资产阶级社会。就其字面的含义而言，buergerliche Gesellschaft 一词在德语语境中既可以译成"市民社会"，也可以译成"资产阶级社会"，正如 Buerger 一词既可以译成"市民"，也可以译成"资产阶级"。与在弗格森那里的情况相类似，英国古典政治经济学家们所理解和使用的"社会"（Gesellschaft）概念，具体而言也是指资本主义社会，即一种商品交换共

---

① 对于 Gemeinschft、Gemeinwesen、Gesellschaft 以及三者的联系与区别，笔者曾经在拙作《青年黑格尔派与马克思早期思想的发展》中曾作过某种考察，见该书，中国社会科学出版社1994年版，第227—230页。日本学者对 Gemeinschft、Gemeinwesen、Gesellschfft 等概念及其相互关系给予了特殊关注，并提出了各种观点和看法。如望月司清认为，Gemeinwesen 属于最顶端的概念，下面才是没有异化的"共同体"Gemeinschft 以及异化的"社会"Gesellschfft。见望月司清《马克思历史理论的研究》，韩立新译，北京师范大学出版社集团2009年版，第87页。渡边宪正则主张将 Gemeinwesen 翻译成"共同社会"，而将 Gemeinschft 翻译成"共同制或共同制社会"。见渡边宪正《马克思研究和对〈德意志意识形态〉原始文本的解读》，载《〈德意志意识形态〉文献学及其思想研究论文集》（未公开发表），清华大学，2010年8月8日，第19页。

同体或商业共同体，这至少在德斯杜特·德·特拉西和亚当·斯密等人那里是如此。

就马克思本人的研究状况而言，我们看到，在《詹姆斯·穆勒〈政治经济学原理〉一书摘要》和《1844年经济学哲学手稿》中，马克思虽然还没有专门区分"共同体"（Gemeinschaft）与"社会"（Gesell-schaft）两词的使用，但是他已经熟知和充分注意到古典政治经济学家们对于"社会"（Gesellschaft）概念的理解和用法。在《詹姆斯·穆勒〈政治经济学原理〉一书摘要》中，马克思专门对古典政治经济学家们的"社会"概念作了摘录并指出：

> 国民经济学以交换和贸易的形式来探讨人们的共同性（Ge-meinwesen）或他们积极实现着的人的本质，探讨他们在类生活中、在真正的人的生活中的相互补充。
>
> 德斯杜特·德·特拉西说："社会（Gesellschaft）是一个相互交换的系列……它恰好也是这个相互结合的运动。"亚当·斯密说："社会（Gesellschaft）说到底是一个商业的社会。它的每一个社会成员都是一个商人。"

在《1844年经济学哲学手稿》中，马克思又再次强调：

> 在国民经济学家看来，社会（Gesellschaft）是市民社会（buergerliche Gesellschaft），在这里任何个体（Individuum）都是各种需要的整体，［XXXV］并且就人人互为手段而言，个体为他人而存在，别人也为他人而存在。①

---

① 《马克思恩格斯文集》第1卷，人民出版社2009年版，第236页。译文有修订。

而且，不仅如此，马克思还明确地指出古典政治经济学家眼中的社会即资本主义社会不过是人的"社会交往的异化形式"，是一种异化的社会形态，尽管它被古典政治经济学家们合法化了：

> 我们看到，国民经济学把社会交往的异化形式作为同人的本质相适应的形式确定下来了。①

在黑格尔那里，与英法思想家相比情况也有类似的方面。黑格尔把"市民社会"概念界说为"原子式的个人相互间需要的体系"而作为伦理精神发展的一个环节与家庭、国家相并列，认为它是一个"特殊性领域的社会"或"特定的社会"。② 在黑格尔看来，市民社会是处在家庭和国家之间的差别阶段，它以国家为前提，是在现代世界中才产生的③，是"独立的各个极端极其特殊利益的一种普遍的、起中介作用的联系"的"总体"④。黑格尔对市民社会的这种界定，一方面对"市民社会"作了某种限定，另一方面，实际上也是对资产阶级社会结构的一种分析和揭示，因而成为资产阶级社会的一般表征。

在"社会"（Gesellschaft）这一概念在专业语境中与"市民社会"或资产阶级社会仍有着密切关联的情况下，马克思显然不会随便使用"社会"（Gesellschaft）这一概念去标示他眼中的共产主义社会，尽管马克思在批判蒲鲁东时也谈到："其实，社会（Gesellschaft）、联合这样的字眼是可以用于一切社会的名称。"⑤

这样，大体说来，在《形态》和《宣言》中，马克思用 Gemeinwesen（共同存在物）来标志古代共同体，用 buergliche Gesellschaft（市

---

① 《马克思恩格斯全集》第42卷，人民出版社1979年版，第25页。译文有修订。
② 参阅黑格尔《法哲学原理》，范扬、张企泰译，商务印书馆1961年版，第196页等。
③ 参阅黑格尔《法哲学原理》，范扬、张企泰译，商务印书馆1961年版，第195页。
④ 参阅黑格尔《精神哲学》，杨祖陶译，人民出版社2006年版，第333页。
⑤ 《马克思恩格斯文集》第1卷，人民出版社2009年版，第634页。

民社会）或异化的 Gesellschaft（社会）来标志资本主义这一"虚假的共同体"，而用 Gemeinschaft（共同体）来标志未来共产主义。①

四

马克思对"个体"和"联合体"概念及其相互关系的理解经历了一个长期的思考和演变的过程。从直接思想理论来源来说，马克思用"个体"（Individuum）来指谓现实的人特别是共产主义社会的人（人格个体，das persoenliche Individuum），用"共同体"（Gemeinschaft）来指谓共产主义社会，也与他批判地借鉴和吸收赫斯以及施蒂纳的相关思想有关。

就个体与共同体及其关系而言，在马克思那里，我们看到，在其博士论文中采取的是"个别原子"与"此在"的表述形式，在《莱茵报》期间的文章中采取的是"个别人"与"类"的表述形式，而在《黑格尔法哲学批判》中，采取的则是"人"与"家庭、市民社会和国家"的表述形式。正是在《黑格尔法哲学批判》中，马克思确立了人是共同体的主体，而共同体不过是人的本质的实现和客体化这一原则，提出了"人永远是（家庭、市民社会和国家等）这一切存在物的本质"的观点。②

在《詹姆斯·穆勒〈政治经济学原理〉一书摘要》中，马克思首次将"个体"与共同体作为一对范畴相对置而使用，只是在这里马克思还没有明确区分 Gemeinschaft（共同体）与 Gemeinwesen（共同存在物）这两者，共同体一词使用的是 Gemeinwesen，还不是 Gemeinschaft。他

---

① 望月司清将马克思的这一世界历史过程的图景描述为"本源共同体——市民社会——未来共同体"，见望月司清《马克思历史理论的研究》，韩立新译，北京师范大学出版社团 2009 年版，第 225 页。

② 《马克思恩格斯全集》第 3 卷，人民出版社 2002 年版，第 51—52 页。

强调：

> 因为人的本质是人的真正的共同存在物（das wahre Gemeinwesen），所以人通过他们的本质的活动创造和生产的人的共同存在物（das menschliche Gemeinwesen）、社会的存在物，而社会的存在物不是同单个个体（das einzelne Individuum）相对立的抽象的一般的力量，而是每一个体的本质，他自己的活动，他自己的生活，他自己的精神，他自己的财富。因此，那种真实的共同存在物（jenes wahre Gemeinwesen）不是通过反思形成的，而是由于诸个体（die Individuen）的需要和利己主义才产生的，也就是说，是直接通过它们存在的活动而生产出来的。①

在《1844 年经济学哲学手稿》中，马克思又进一步重申：

> 个体（Individuum）是社会的本质（das gesellschaftliche Wesen）。……因此，人（der Mensch）是一个特殊的个体（ein besonders Individuum），并且恰好是它的特殊性使它成为一个个体，成为现实的、个体的共同存在物（das individuelle Gemeinwesen）。②

马克思在《手稿》中用 Gemeinschaft 来描述"劳动的共同体"和"资本家的共同体"③，而用 Gemeinwesen 和 Gesellschaft 来与"个体"（Individuum）相对置④。同时，马克思已开始将 Gemeinwesen 与共产主义联系起来。他在批判平均共产主义时指出，这种"粗陋的共产主义，

---

① 《马克思恩格斯全集》第 42 卷，人民出版社 1979 年版，第 24—25 页。译文有修订。
② 《马克思恩格斯文集》第 1 卷，人民出版社 2009 年版，第 188 页。
③ 《马克思恩格斯文集》第 1 卷，人民出版社 2009 年版，第 184 页。
④ 《马克思恩格斯文集》第 1 卷，人民出版社 2009 年版，第 185、187—188 页。

不过是私有财产的卑鄙性的一种表现形式，这种私有财产力图把自己设定为积极的共同存在物（das positive Gemeinwesen）"①。这意味着，与社会主义和共产主义相联系，马克思实际上已经区分了两种共同体，即积极的共同体和消极的共同体，只是这时马克思还没有将 Gemeinschaft（共同体）与 Gemeinwesen（共同存在物）明确区分开来。

在《评一个普鲁士人的〈普鲁士国王和社会改革〉一文》中，马克思又重申了《詹姆斯·穆勒〈政治经济学原理〉一书摘要》中提出的"人的本质是人的真正的共同存在物（Gemeinwesen）"这一重要命题②，并将其明确与社会主义相联系。

有理由认为，马克思将"个体"（Individuum）与"共同体"（Gemeinschaft）的概念作为一对范畴来对置使用并且将其与共产主义相联系在一定程度上是受到赫斯的启示。

赫斯最早将"个体"（Individuum）与"共同体"（Gemeinschaft）的概念作为一对范畴来对置使用并且一开始就将"共同体"（Gemeinschaft）概念与共产主义相联系。早在 1837 年撰写的《人类的圣史》一书中，赫斯就接受了空想社会主义者提出的"财富共同体"（Guetergemeinschaft）的概念。在 1843 年发表的文章中，他又先后提出了自己的"自由共同体"（Freigemeinschaft）和"有机共同体"（organische Gemeinschaft）的概念，用来标示共产主义。③ 所谓"自由共同体"，是指实现了"精神自由"和"社会自由"这两者。而所谓"有机的共同体"，则是指具有多样性统一的特征："这种社会具有多种多样的、和谐协作的生产，具有与人的不同活动方向和多种多样的活动相适应的多种

---

① 《马克思恩格斯文集》第 1 卷，人民出版社 2009 年版，第 185 页。

② 《马克思恩格斯全集》第 3 卷，人民出版社 2002 年版，第 394 页。

③ Moses Hess, Philosophische und sozialistische Schriften (1837–1850), herg. u. eingel. v. Auguste Cornu u. Wolfgang Moenke, Akademie-Verlag. Berlin, 1961, S. 51, 258 – 259, 333. 同时参阅笔者拙作《青年黑格尔派与马克思早期思想的发展》，中国社会科学出版社 1994 年版，第 228—229 页。

多样的有组织的活动领域，以致每个受到教育的人在这个社会中都能按照职业和爱好自由的发挥他的能力和天赋。"①

费尔巴哈虽然在1843年发表的《未来哲学原理》中提出了"人的本质只是包含在共同体（Gemeinschaft）之中"② 这样的命题，但是赫斯关于共同体及其与个体相互关系的理解无疑从一开始就已经超越了费尔巴哈。

在《1844年经济学哲学手稿》中，马克思曾尝试将社会概念提升为一个具有普遍意义的范畴，彻底超出"市民社会"概念的局限。他将社会界定为："社会是人同自然界的完成了的本质的统一，是自然界的真正的复活，是人的实现了的自然主义和自然界的实现了的人道主义。"③ 然而，无论在《形态》还是在《宣言》中，马克思都没有用"社会"概念去专门指谓社会主义或共产主义，而是注意与以往的思想家们保持了距离。马克思之所以采取如此立场，显然与施蒂纳对社会主义者的批判有关。

施蒂纳在1844年10月出版了他的《唯一者及其所有物》。其中，施蒂纳不仅对费尔巴哈的"类"而且对社会主义者的"社会"进行了尖锐的批判。施蒂纳认为，所谓"社会"（Gesellschaft）"并非是一个统一的、本身的形体"，而是一种精神抽象。社会是社会成员的创造物，社会成员的性质决定了社会的性质。而迄今为止人们并没有把社会建立在作为社会成员的自我的基础之上，所以"社会始终就是诸（人格）个人（Personen），诸权力个人（maechtliche Personen）以及所谓诸法人（moralische Personen），也就是说，是幽灵"④。基于对"社会"的这一

---

① Moses Hess, Philosophische und sozialistische Schriften（1837－1850），herg. u. eingel. v. Auguste Cornu u. Wolfgang Moenke, Akademie-Verlag. Berlin, 1961, S. 332.

② 《费尔巴哈哲学著作选集》上卷，荣震华、李金山译，商务印书馆1984年版，第185页。译文有修订。

③ 《马克思恩格斯文集》第1卷，人民出版社2009年版，第187页。

④ Max Stirner, Der Einzige und sein Eigentum, Philipp Reclam jun. Stuttgart, 1972, S. 231－232.

理解，施蒂纳提出了与他的"唯一者"（Einzige）相对应的"联盟"（Verein）的概念。在施蒂纳看来，"社会"的解体将是"联盟"的产生。而他所谓的这个"联盟"（Verein）与社会主义者的"社会"（Gesellschaft）的最重要的区别在于："我"即"唯一者"高于"联盟"，联盟是为"我"服务的，其目的是为了保证"我"的独自性；而"社会"则是神圣的，显现为独立的、超越于我的权力，毁灭我的"独自性"。① 施蒂纳明确地将"社会"（Gesellschaft）概念与个人（Personen）而不是"个体"（Individuum）相对置，并用"唯一者"（Einzige）与"联盟"（Verein）的概念来取代它们，强调"唯一者"（Einzige）高于"联盟"（Verein），这些，显然都有助于马克思冷静和更深入地去思考"社会"概念，构建理想中的个体与共同体。

正如人们所熟悉的，马克思对"社会"的思考和探索的最终成果，是提出了"经济社会形态"（oekonomische Gesellschaftsformation）这一具有他自己特色的概念。② 通常，人们往往把"经济社会形态"理解为同"政治社会形态""思想社会形态"甚至"技术社会形态"相对应的一个概念。实际上，马克思恰恰是要用这个概念来代替以往思想家们所抽象谈论的"社会"，它的含义显然绝不仅仅限于社会的经济结构，而是指以经济结构为基础和标志的整个社会，正如马克思在《雇佣劳动与资本》一文中所着重说明的："生产关系总合起来就构成所谓社会关系，构成所谓社会，并且是构成一个处于一定历史阶段上的社会，具有独特的特征的社会。"③

---

① Max Stirner, Der Einzige und sein Eigentum, Philipp Reclam jun. Stuttgart, 1972, S. 343–344.

② 马克思："大体说来，亚细亚的、古代的、封建的和现代资产阶级的生产方式可以看作是经济社会形态演进的几个时代。"见《马克思恩格斯选集》第2卷，人民出版社1995年版，第33页，译文有修订；"我的观点是把经济社会形态的发展理解为一种自然史的过程。"同上书，第101—102页，译文有修订。

③ 《马克思恩格斯文集》第1卷，人民出版社2009年版，第724页。

五

基于马克思对 Individuum（"个体"）与 Person（"个人"）以及对 Gemeinschaft（"共同体"）与 Gesellschaft（"社会"）的相关理解和表述，在马克思文本的汉语语词翻译乃至诠释过程中，显然应该注意将 Individuum（"个体"）与 Person（"个人"）、Gemeinschaft（"共同体"）与 Gesellschaft（"社会"）严格区分开来。否则，将会在客观上遮蔽马克思关于"个体"与"共同体"概念及其相互关系思想的深层蕴意，抹杀和泯灭马克思的相关思想同德国古典哲学家、英国古典政治经济学家等以往思想家们相关思想的质的差异和原则区别，甚至导致错误的理解和诠释。

就此而言，既有的《德意志意识形态》《共产党宣言》的汉译本，甚至包括中文第二版《马克思恩格斯选集》（人民出版社 1995 年版）以及新近编辑和出版的中文版《马克思恩格斯文集》（人民出版社 2009 年版），均将个体（Individuum）译为"个人"（Person），而未能顾及这两个语词背后所隐含的深刻的质的差异和原则分歧。仅顺便举几例。例如，《形态》第一章中被经常引用的一段非常著名的话：

> 全部人类历史的第一个前提无疑是有生命的个人（menschliche Individuen）的存在。因此，第一个需要确认的事实就是这些个人（diese Individuen）的肉体组织以及由此产生的个人对其他自然的关系。①

在这段文字中，"个人"的德文原文均为 Individuen，即复数的"个

---

① 《马克思恩格斯文集》第 1 卷，人民出版社 2009 年版，第 519 页。

体",而不是启蒙思想家特别是德国古典哲学意义上的 Person,所以,全文应改译为:

> 全部人类历史的第一个前提无疑是有生命的人的个体(men-schliche Individuen)的存在。因此,第一个需要确认的事实就是这些个体(diese Individuen)的肉体组织以及由此产生的个体对其他自然的关系。

接下来一段重要的话是:

> 以一定的方式进行生产活动的一定的个人(Individuen),发生一定的社会关系和政治关系。……社会结构和国家总是从一定的个人(Individuen)的生活过程中产生的。但是,这里所说的个人(Individuen)不是他们自己或别人想象中的那种个人(Individuen),而是现实中的个人(Individuen),也就是说,这些个人(Indivi-duen)是从事活动的,进行物质生产的,因而是在一定的物质的、不受他们任意支配的界限、前提和条件下活动着的。①

基于同样的理由,这段话应改译为:

> 以特定的方式进行生产活动的特定的个体(bestimmte Indivi-duen),发生特定的社会关系和政治关系。……社会结构和国家总是从特定的个体(Individuen)的生活过程中产生的。但是,这里所说的个体(Individuen)不是他们自己或别人想象中的那种个体(Individuen),而是现实中的个体(Individuen),也就是说,这些个

---

① 《马克思恩格斯文集》第 1 卷,人民出版社 2009 年版,第 523—524 页。

体（Individuen）是从事活动的，进行物质生产的，因而是在一定的物质的、不受他们任意支配的界限、前提和条件下活动着的。

还有，本文开始引述的《宣言》中的一段话：

> 当阶级差别在发展进程中已经消失而全部生产集中在联合起来的个人（die assoziierten Individuen）的手里的时候，公共权力就失去政治性质。①

这里，"联合起来的个人"中的"个人"，马克思也是用"Individuen"而非抽象的"Person"表述的，故显然应该将其译为"联合起来的个体"：

> 当阶级差别在发展进程中已经消失而全部生产集中在联合起来的个体（die assoziierten Individuen）的手里的时候，公共权力就失去政治性质。

将"个体"（Individuum）译为"个人"（Person）的做法，在《形态》的翻译方面，可以追溯到郭沫若1938年出版、尔后又四次再版的《形态》译本。在该译本中，几乎所有"个体"（Individuum）概念均被翻译成了"个人"（Person）。② 而郭沫若的这一译法，则是源出《形

---

① 《马克思恩格斯文集》第2卷，人民出版社2009年版，第53页。
② 在郭沫若的译本中，仅有极个别处将Individuum译为"个体"："一切人类史之第一个前提自然是有生命的人的个体的存在。…… 第一项可确定的事实不消说是这些个人之肉体的组织和他们由之而被赋予的对于其它的自然之关系。"见郭沫若译《德意志意识形态》，言行出版社1938年版，第50页。

态》第一章日文版的首译者日本学者栉田民臧和森户辰男。① 直到今天，日本学界仍沿袭了将"个体"（Individuum）译为"个人"（Person）的这一不适当的译法。②

关于"共同体"概念的翻译，在《1844 年经济学哲学手稿》等文中也存有类似的问题。例如《1844 年经济学哲学手稿》中的一段：

> 共同性（Gemeinschaft）只是劳动的共同性（Gemeinschaft）以及由共同的资本——作为普遍的资本家的共同体（Gemeinschaft）——所支付的工资的平等的共同性（Gemeinschaft）。相互关系的两个面被提高到想象的普遍性：劳动是为每个人设定的天职，而资本是共同体（Gemeinschaft）的公认的普遍性和力量。③

文中的"共同性"和"共同体"在德文中均为 Gemeinschaft，即"共同体"，并没有"共同性"（Gemeinwesen）之意，所以不应与"共同性"（Gemeinwesen）相混淆，而均应译为"共同体"：

> 共同体（Gemeinschaft）只是劳动的共同体（Gemeinschaft）以及由共同的资本——作为普遍的资本家的共同体（Gemeinschaft）——所支付的工资的平等的共同体（Gemeinschaft）。相互关系的两个面被提高到想象的普遍性：劳动是为每个人设定的天职，而资本是共同体（Gemeinschaft）的公认的普遍性和力量。

---

① 见栉田民臧和森户辰男《马克思恩格斯遗稿〈德意志观念形态〉的第一篇费尔巴哈论》，载长谷川如是闲等编辑《我等》第 8 卷第 5 号，1926 年版。

② 见广松涉编译《新编辑版〈德意志意识形态〉》，河出书房新社 1974 年版；古在由重译《德意志意识形态》，岩波文库 1956 年版；涩谷正编译《草稿完全复原版〈德意志意识形态〉》，新日本出版社 1998 年版等。

③ 《马克思恩格斯文集》第 1 卷，人民出版社 2009 年版，第 184 页。

又如：

> 这种关系还表明，人的需要在何种程度上成为合乎人性的需要，就是说，别人作为人在何种程度上对他来说成为需要，他作为最具有个体性的存在在何种程度上同时又是社会存在物（Gemein-wesen）。
>
> 由此可见，对私有财产的最初的积极的扬弃，即粗陋的共产主义，不过是私有财产的卑鄙性的一种表现形式，这种私有财产力图把自己设定为积极的共同体（Gemeinwesen）。①

这段文字中的"社会存在物"在德文中为 Gemeinwesen，即"共同性"或"共同存在物"，与"积极共同体"中的"共同体"（Gemein-wesen）是同一个词。将其译成"社会存在物"不免和"社会"（Gesell-schaft）的概念相交叉或重叠。因此，应将其译为"共同存在物"才合适：

> 这种关系还表明，人的需要在何种程度上成为合乎人性的需要，就是说，别人作为人在何种程度上对他来说成为需要，他作为最具有个体性的存在在何种程度上同时又是共同存在物（Gemein-wesen）。
>
> 由此可见，对私有财产的最初的积极的扬弃，即粗陋的共产主义，不过是私有财产的卑鄙性的一种表现形式，这种私有财产力图把自己设定为积极的共同存在物（Gemeinwesen）。

---

① 《马克思恩格斯文集》第 1 卷，人民出版社 2009 年版，第 185 页。

　　类似的地方还有不少，由于篇幅的原因，这里就不赘述了。更重要的是，语词的翻译在某种意义上也会决定语词的理解和阐释，正像最初语词的理解和阐释决定了语词的翻译。所以，这就不单纯是语词翻译本身的问题了。

　　　　[本文初为日本马克思恩格斯研究者会、中央大学经济研究所马克思经济学研究会和东北大学大学院经济研究科联合主办的"东亚马克思研究的到达点与课题"国际学术研讨会大会演讲稿（东京，2011 年 2 月 19 日），载日本《马克思主义研究》2012 年第 7 期；修订补充稿载《哲学研究》2012 年第 1 期]

有关"异化"概念的几点辨析

《读书》2000 年第 7 期在"读书献疑"栏目中刊载了王若水先生的《异化这个译名》一文。该文对"异化"一词的译名和哲学内涵提出了一些意见，并考察和介绍了该词的使用，特别是该词的中文翻译和界定的有关情况。这对于人们深入理解和认识"异化"这一重要哲学概念是颇有帮助的。但是作者在文中也论及某些有待进一步考证、澄清甚至需要商榷的问题，笔者愿就此谈谈自己的理解以及介绍和补充一些相关的情况，供读者研究、讨论。

一 关于"异化"一词的德文译源

辜正坤先生认为，异化一词的德文 Entfremdung 译自英文 alienation，王若水先生则认为应该是相反。王若水先生肯定德文 Entfremdung 不是译自英文 alienation 是对的。但德文 Entfremdung 一词及其哲学内涵是从哪里来的？

据笔者接触到的材料，德语 Entfremdung 一词译自希腊文 allotriŏsis，意为分离、疏远、陌生化。它是由马丁·路德于 1522 年在翻译圣经时从希腊文《新约全书》移植到新高地德语中的，用来意指疏远上帝、不信神、无知。例如，路德翻译的《新约》（*Epheserbrief*4，18）中有如下文字：

"……deren Verstand verfinstert ist, und die entfremdet sind, von dem Leben, das aus Gott ist."（"……他们的理智昏乱了，与源自上帝的生命异化了"）

此外，Entfremdung 一词在德语中的非宗教的、世俗的使用中还融汇了拉丁语 abalienare 和 alienatio 两词的内涵。abalienare 一词在中古高地德语中为 entfremeden ，意为陌生化、剥夺、取走。alienatio 一词意为陌生、脱离、转让，指谓权利和财产的转予、让渡。它在"权利转让"的意义上被运用于古典的自然法。所以，该词与作为哲学概念的异化一词有着更为密切的联系。

把异化真正提升为一个哲学概念来运用始于黑格尔。黑格尔用它来描述"绝对精神"的外化。然而，黑格尔仍是在该词固有的基本含义上、在外化和分离的意义上来使用它的。例如他在《精神现象学》中说："抽象物，无论属于感性存在的或属于单纯的思想事物的，只有先将自己异化，然后从这个异化中返回自身，才体现为它的现实性和真理，才是意识的财产。"①

只是到了费尔巴哈那里，异化才第一次被赋予这样的引申的哲学含义：主体所产生的对象物、客体，不仅同主体本身相脱离，成为主体的异在，而且，反客为主，反转过来束缚、支配乃至压抑主体。这是一个双重对象化的过程：首先是主体将自己的本质对象化，尔后是主体沦为这一对象化的对象。费尔巴哈认为，宗教的隐秘就在于此："人使他自己的本质对象化，然后，又使自己成为这个对象化了的、转换成为主体、人格的本质的对象。这就是宗教之秘密。"② 费尔巴哈还认为，黑格尔哲学也具有完全相同的性质："绝对哲学就是这样将人固有的本质

---

① G. W. F. Hegel, Werke in zwanzig Banden, Suhrkamp, 1970, Bd. 3, S. 39.

② 费尔巴哈：《费尔巴哈哲学著作选集》下卷，荣震华、李金山译，商务印书馆1984年版，第56页。

和固有的活动外化了和异化（entfremden）了，这就产生出这个哲学加给我们精神的压迫和束缚。"① 从中可见，费尔巴哈主要是在批判宗教和黑格尔哲学的意义上来使用异化一词的。

上述情况表明，Entfremdung 这一德文术语的形成和演化同希腊文、拉丁文有关，而与英语无关，其哲学内涵的形成也主要是基于德语氛围的。

二 关于马克思对异化概念的使用

王若水先生认为，马克思把费尔巴哈对宗教异化的批判发展为对现实社会异化的批判是在《黑格尔法哲学批判导言》（撰于 1843 年秋，发表于 1844 年初）中。其实，这一时间还可以前溯。

马克思对异化概念的使用和对异化现象的研究大体经历了由自然的异化到政治的异化再到经济的异化这一过程。

早在博士论文（1839—1841）中，马克思就已谈到了自然和自然现象的异化。他认为，"对自然的任何关系本身同时也就是自然的异化"。他还谈到，在伊壁鸠鲁那里，现象被理解为本质的"异化"。② 这里，异化一词是在黑格尔哲学的意义上即作为外化的同义语被使用的。当然，这时马克思还站在黑格尔唯心主义哲学的立场上。

但是，到了《黑格尔法哲学批判》，马克思已经把异化概念的蕴含及对异化现象的批判引申到了现实的政治领域。据笔者的研究，马克思很可能写过两稿《黑格尔法哲学批判》，第一稿写于 1842 年前，第二稿写于 1842 年后，至迟 1843 年夏前。该书提出了"市民社会"（社会物质生活关系）决定政治国家的思想，可以视为马克思确立有关社会历史

---

① 费尔巴哈：《费尔巴哈哲学著作选集》上卷，荣震华、李金山译，商务印书馆 1984 年版，第 152—153 页。

② 《马克思恩格斯全集》第 40 卷，人民出版社 1982 年版，第 174、231 页。

现象的唯物主义观点的开端。正是在这本书中,马克思提出了政治国家、政治制度像宗教一样也是一种"类"的异化的观点。在文中,马克思强调,"政治国家的彼岸存在无非就是要确定它们这些特殊领域的异化(Entfremdung)。"①

最后,在与《黑格尔法哲学批判导言》同时撰写和发表的《论犹太人问题》一文中,马克思拟定了其经济异化分析和批判的要点,明确提出"金钱是从人异化(entfremden)出来的人的劳动和存在的本质"。这一要点后来马克思在他的《詹姆斯·穆勒〈政治经济学原理〉一书摘要》和《1844年经济学哲学手稿》中作了详尽的发挥,并且一直延伸到他的《资本论》中。

三 关于异化概念在经济领域中的最先运用

马克思在异化问题上的独特贡献是对经济领域中异化现象的揭示。但是,首先把费尔巴哈的宗教异化批判方法引申到经济领域研究的,实际上是莫泽斯·赫斯(Moses Hess,1812—1875),而不是马克思。

早在《行动的哲学》(1837年发表)一文中,赫斯就开始有意识地尝试把费尔巴哈的宗教批判方法运用于经济领域的研究和经济学方面的分析,把宗教领域的异化归结为经济领域的异化。该文不仅通过"政治二重化"概念考察了资本主义条件下政治领域的异化,即作为特殊个体的人同其普遍本质在政治领域中的分离与对立,而且接触和论及了劳动主体同自己的活动及其产品的异化,批判了资本主义条件下人与物关系的根本颠倒与倒置。而在《金钱的本质》一文中,赫斯则进一步明确指出,"金钱是彼此异化(entfremden)的人、外化(entaussern)的人的

---

① 《马克思恩格斯全集》第1卷,人民出版社1956年版,第283页。

产物。"① 该文写于 1843 年，至迟该年年底交到马克思和卢格负责的《德法年鉴》编辑部。有理由认为，这是一篇对于马克思的思想发展有着重要启迪和影响的文稿。②

四　关于异化与外化、对象化的关系

黑格尔未有区分异化（Entfremdung）与外化（Entaeusserung）。黑格尔所描述的"绝对观念"的异化，也就是"绝对观念"的外化。费尔巴哈也未有区分异化与外化。费尔巴哈所讲的上帝是人的本质的外化，也就是上帝是人的本质的异化。换言之，在黑格尔那里，异化实际上就是外化。在费尔巴哈那里，外化实际上就是异化。

与黑格尔和费尔巴哈不同，马克思将异化与外化严格区分开来。在《1844 年经济学哲学手稿》中，他批判了黑格尔将外化等同于异化的错误。值得注意的是，马克思不仅明确区分了异化与外化，而且还明确区分了异化与对象化（Vergegenstaendlichung）、转让（Veraeusserung）等概念。例如，这体现在《论犹太人问题》的下述一段话中：

> 基督教是高尚的犹太教思想，犹太教是基督教的鄙俗的功利利用，但这种利用只有当基督教作为完善的宗教从理论上完成了人从自身和自然界的自我异化（Selbstentfremdung）以后，才能成为普遍的。
>
> 只有这样，犹太教才能实现普遍的统治，才能把外化（entae-usseren）的人、外化（entaeussern）的自然，变成可以转让（verae-usserlich）和出售的、屈从于利己主义需要的奴役和屈从于肮脏交

---

① Moses Hess, Philosophishe und sozialistishe Shriften, herg. v. A. Cornu und W. Moenke, Berlin, 1961, S. 335.

② 参阅侯才《青年黑格尔派与马克思早期思想的发展——对马克思哲学本质的一种历史透视》，中国社会科学出版社 1994 年版，第 147 页以下。

易的对象。

转让（Veraeusserung）就是外化（Entaeusserung）的实践。一个受着宗教束缚的人，只有把他的本质变成一种陌生的幻想的本质，才能把这一本质对象化（vergegenstaendlich）……（此段话系据德文原文译出）

在这里，马克思对异化、外化、对象化、转让等诸概念的区分是极为严格的，其中，每一概念都在其特有的原意上被使用，以致它们不能彼此相互置换。中文第一版《马克思恩格斯全集》把这段话中的"外化"（entaeusseren，Entaeusserung）、"转让"（veraeusserlich，Veraeusserung）都译成了"异化"（Entfremdung），结果这段话就变成了下面的样子：

基督教是高尚的犹太教思想，犹太教是基督教的卑鄙的功利的运用，但这种运用只有当基督教作为完整的宗教从理论上完成了人从自身和自然界的自我异化，才能成为普遍的。

只有这样，犹太教才能实现普遍的统治，才能把异化了的人、异化了的自然界，变成正在异化的对象、变成奴隶般的屈从于利己主义的需要、屈从于生意的买卖对象。

物的异化就是人的自我异化的实践。一个受着宗教束缚的人，只有把他的本质转化为外来的幻想的本质，才能把这种本质客体化……①

这不免有些令人不知所云了。

（本文原载《哲学研究》2001年第10期）

---

① 参见《马克思恩格斯全集》第1卷，人民出版社1956年版，第450—451页。

马克思的政治哲学遗产

近代以降，马克思所开创的政治哲学传统获得了广泛而深刻的影响。在国际社会主义运动中，马克思的政治哲学遗产的不同因素、方面被结合不同的历史条件和国情加以继承、借鉴、运用和发挥，从而导致了人类政治生活和社会生活的重大变迁。

与此相适应，在理论研究方面，对马克思主义政治哲学的研究也愈益受到当代哲学家乃至政治家们的关注和重视。

由于历史条件的变化，有必要从更高的历史视点对马克思主义政治哲学，特别是马克思主义政治哲学的奠基人——马克思本人的政治哲学遗产进行进一步发掘、总结和重释。

一　从政治哲学的双重维度看马克思的政治哲学

政治哲学研究首先遇到的棘手问题是直接牵涉该门学科研究对象的"政治哲学"概念本身的界定，其核心是如何理解政治与哲学的关系。这一关系包括两个方面：哲学对于政治的关系以及政治对于哲学的关系。就此而论，可以对政治哲学作出两种界定，一是用哲学的方式来研究和处理政治问题，二是用政治的方式来研究和处理哲学问题。这两个定义的着重点显然是不同的：在前者那里，哲学是方法、手段或视角，政治则是对象、内容和目的；而在后者那里，事情就被颠倒过来，政治成了方法、手段或视角，哲学则成了对象、内容和目的。

在我看来，或许我们有理由认为，用哲学的方式处理政治问题与用政治的方式处理哲学问题这两者不过是政治哲学中内在的、既相互联结又有机统一的两个方面，它们共同构成了政治哲学的完整内涵，都是政治哲学的题中应有之义：用哲学的方式处理政治问题，体现了政治哲学的现实性和实践性；用政治的方式处理哲学问题，则体现了政治哲学的理想性和目的性。而政治哲学的完整本性也就寓居和实现于这双重维度之中。

一般说来，用哲学的方式处理政治问题这一维度往往容易被人们所关注、所重视——实际上，人们通常主要是在此意义上去理解和运用"政治哲学"概念的——而用政治的方式处理哲学问题这一维度则往往容易被人们所忽略。然而，正如施特劳斯在《僭政论》中所言，用政治的方式处理哲学问题的维度恰恰是一种更深层、更重要的维度。这是因为，这一维度有着更为宏观的视域：它把整个哲学的内容都纳入了理论的视野，而并不仅仅限于把哲学作为单纯的方法论。

从政治哲学所包含的双重维度来看马克思的政治哲学，马克思政治哲学无疑也蕴含了用哲学的方式处理政治和用政治的方式处理哲学这样两个方面的内容，对这两者我们不妨分别称为狭义的马克思政治哲学和广义的马克思政治哲学。

关于狭义的马克思政治哲学。可以说，马克思对政治现象、政治问题的观察从未离开哲学的方式和哲学的视域，这是由哲学家的素质、风格甚至本能决定的。而且，马克思观察和研究的视野、对象、领域几乎无所不及——当然，也包括几乎遍及政治各个领域和各个方面，这在古今中外所有的哲学和社会科学家中也是十分罕见的。正是这两点决定了在马克思主义哲学中包摄和蕴含了一整套有关各种政治现象、范畴、问题等专门研究的系统和完整的政治哲学思想，或者说，一个狭义上的完整的政治哲学体系。这个体系至少包括下述一些内容：其一，对各种政治现象的哲学研究，如市民社会、政治上层建筑、国家、法、意识形态、阶级、阶级斗争、社会革命、议会制、无产阶级革命、无产阶级专政、战争、和平、暴力、异化、世界历史、政治解放、人类解放等。其二，对各种基本的政治概念、范畴和理念的哲学研究，如民主、平等、正义、和谐、自由、人权等。其三，对各种政治思潮的哲学研究和批判，如拉萨尔主义、蒲鲁东主义、巴枯宁主义、各种资产阶级和小资产阶级的社会主义等。其四，对各种具体政治问题的哲学研究。

　　关于广义的马克思政治哲学。从用政治的方式来处理哲学问题这一视域来审视，可以说，整个马克思哲学都有理由被视为一种地地道道的政治哲学，因为马克思正是从无产阶级的立场、从人类解放的立场来看待和阐释哲学的本性、使命和终极目的的。正像他在《黑格尔法哲学批判导言》（1844）中所申明的，"哲学把无产阶级当作自己的物质武器，同样，无产阶级也把哲学当作自己的精神武器"；"哲学不扬弃无产阶级，就不能成为现实，无产阶级不把哲学变成现实，就不可能扬弃自身"。① 甚至就连马克思的政治经济学和社会主义理论，如果将其提升到哲学高度来看的话，其中也隐含了政治哲学的内容：他的整个政治经济学，可以被看作对资本主义现代性的一种分析；而他的整个社会主义、共产主义理论，则可以被视为一种独特的、然而却堪称真正的"正义论"。就此而论，诚如海德格尔在《关于人道主义的书信》（1946）中所指出的：马克思"在经验异化之际深入到历史的本质性维度中"，因此，虽然"人们可以用形形色色的方式来对待共产主义的学说及其论证，但在存在的历史上可以确定的是：一种对世界历史性地存在着的基本经验，在共产主义中表达出来了，谁如若只把'共产主义'看作

---

① 《马克思恩格斯选集》第 1 卷，人民出版社 1995 年版，第 15、16 页。译文有修订。

'党派'或者'世界观'，他就想得过于短浅了"。① 而且，我们不会忘记，正是马克思本人与恩格斯一起在《德意志意识形态》中把共产主义者称为"实践的唯物主义者"。这意味着，在马克思的眼中，所谓共产主义就是"实践的唯物主义"，即他的"新唯物主义"的实践化。这也意味着，在马克思那里，哲学、政治经济学、政治学和社会学等是融为一体的。所以，"实践的唯物主义"这一称谓，在一定意义上正是马克思对自己的政治哲学的一种独具特色的表述。

最后想赘述的一点是，上述所谓狭义的马克思政治哲学和广义的马克思政治哲学的区分只是从理论上整体把握马克思政治哲学的需要，在马克思那里，它们是浑然一体的，两者共同构成了马克思政治哲学的完整内容。

二 马克思的后政治民主模式

在一定意义上，可以把马克思的民主理论及其实践构想看作马克思政治哲学的核心。在此方面，马克思提出了一种独特的理想民主模式。

马克思的民主模式被戴维·赫尔德列为古典民主模式中的一种类型，即所谓"政治终结"社会中的民主模式。这一称谓本身已在一定程度上表达出，这种民主模式其实并不是"古典的"，甚至也不是现代的，而是未来的。因此，为了更为准确、鲜明地表达马克思关于理想社会中的民主模式的实质和时代性，不妨称其为"后政治民主模式"。在这里，我们不妨从这一理解对马克思的民主模式进行考察。这种理解的关键，是"后政治"这一视角。在作者看来，正是马克思民主模式的"后政治"语境，在理论研究和社会实践两个方面都被忽视、误读和扭曲了。

---

① 海德格尔：《路标》，孙周兴译，商务印书馆2000年版，第401—402页。

民主作为一个本体论的概念，在马克思那里首先是作为国体出现的。它具体表现为一种"国体民主"，意指、强调和诉诸的是人民在社会生活中的主体地位。这也是遵循"民主"（Demokratie）一词在德文中的原意，即"人民当权"（对此，马克思在《哥达纲领批判》中作过说明）。在这里，人民作为历史的主体，具体化为权力的主体。这在《共产党宣言》的一段著名论断中，体现得十分清楚："工人革命的第一步就是使无产阶级上升为统治阶级，争得民主。"①

至迟在1843年，马克思就提出"人民是否有权来为自己建立新的国家制度"这一问题。马克思对这个问题的回答是"绝对肯定"的，"因为国家制度如果不再表现人民的意志，那它就变成有名无实的东西了。"② 在马克思看来，所谓君主制与民主制（真正的民主制）的区别也就在于，君主制的主体是国家，而民主制的主体则是人民："在君主制中是国家制度的人民，在民主制中则是人民的国家制度。"基于这种理解，马克思批评黑格尔"不是从人出发，把国家变成客体化的人"，而是"从国家出发，把人变成主体化的国家"的做法，明确提出："不是国家制度创造人民，而是人民创造国家制度"。③ 后来，无论是在总结欧洲革命还是在总结巴黎公社革命实践经验时，马克思都坚持和发挥了这一点。例如，他把巴黎公社视为真正民主的国家政权，认为"公社的真正秘密就在于：它实质上是工人阶级的政府"，是"社会把国家政权重新收回""人民群众把国家政权重新收回"，从而使"人民群众获得政治解放的政治形式"。④ 在《哥达纲领批判》中，他明确提出了民主即"人民自主权"的思想。⑤

总括而论，国体民主在马克思那里是全体人民自主，因此，可以称

① 《马克思恩格斯选集》第1卷，人民出版社1995年版，第293页。
② 《马克思恩格斯选集》第1卷，人民出版社1995年版，第316页。
③ 《马克思恩格斯选集》第1卷，人民出版社1995年版，第281页。
④ 《马克思恩格斯选集》第3卷，人民出版社1995年版，第58、95页。
⑤ 《马克思恩格斯选集》第3卷，人民出版社1995年版，第314页。

其为直接民主和完全民主。这种民主的实现固然意味着原来意义上的民主的彻底消亡——像恩格斯和列宁后来所阐释和发挥的那样；但同时也可以说是一种全新的民主即作为习惯的民主的开始。

国体民主的表现形式是政体民主。但是，在马克思那里，这里所说的政体实际上并不是我们今天说的政治体制，而是行政体制或管理体制，它由于失去政治性质而仅具有管理性质和事务性质。因此，马克思眼中的政体民主实质上是行政民主、管理民主或事务民主。这可以从马克思关于巴黎公社经验的总结和对巴枯宁无政府主义的批判看出。这种政体民主的特征是：第一，因为不可能所有社会成员都同时参加社会管理，仍存在有关公共事务管理的一切分工和由分工产生的各种职能，只不过从事这些分工及其职能的人员是可以轮换的；第二，但是，这种职能由于失去政治性质而不再是政治职能，只是事务职能。而"当这些职能不再是政治职能的时候，（1）政府职能便不再存在了；（2）一般职能的分配便具有了事务性质并且不会产生任何统治；（3）选举将完全丧失它目前的政治性质"①。

马克思在《哥达纲领批判》中还谈到从资本主义向共产主义的过渡时期，认为这个时期的国家只能是无产阶级专政。这意味着，过渡时期的民主即无产阶级民主还不是完全意义上的民主，而只是完全意义上的民主的前阶和准备。

在国体、政体民主这种本体论意义上的民主的基础上，才涉及和牵涉认识论意义上的"民主原则"。但马克思对此谈得非常之少，显然它不是马克思关注的重点。

值得注意和关注的是马克思后政治民主模式的现实前提。不澄清这种现实的前提和条件，我们就进入不了马克思有关民主论述的语境。这些前提说到底就是马克思眼中理想的共产主义社会赖以建立的前提：第

———————

① 《马克思恩格斯选集》第3卷，人民出版社1995年版，第289页。

一，阶级和阶级统治消失了，从而迄今政治意义上的国家也不存在了，换言之，社会管理机构已失去了其政治性质；第二，商品、货币、市场和交换消失了，商品经济被产品经济所取代；第三，实现了人的"自由个性"，即每个人都获得了自由和全面的发展；第四，历史变成了世界历史，因此，这种民主不是一种地域性或民族性的存在，而是一种世界历史性的存在，即全球化民主。总之，如同马克思设想的共产主义是一种后资本主义社会乃至后全球化社会，马克思的设想的民主模式亦是后资本主义社会乃至后全球化社会的民主模式。这样，如果说，马克思所设想的共产主义、所设想的人的自由全面发展的社会是一种虽然可以不断趋近然而却永远不能完全企及的理想目标，那么，马克思所设想的民主模式与此亦毫无二致。据此而论，与其说马克思的民主模式为人们规划了民主进程的一幅蓝图，毋宁说，它为人们提供了一个永恒追求的价值目标和价值定向。

正是马克思民主模式的这种后政治、后资本主义、后全球化的语境无论是在理论研究还是在社会实践中都被忽视甚至摒除了。事实表明，对马克思民主模式的误解往往是由于将该模式与其所赖以建立的现实前提相分离而移置到现实社会中造成的。

还在马克思在世时，马克思的民主模式就遭到了巴枯宁等人的曲解。巴枯宁认为，主张无产阶级"上升为统治阶级"，就假定了国家。而假定了国家，就假定了一种羁绊，假定了专制和奴役的产生，假定了有统治者和奴隶。而实际上，马克思后政治民主模式的前提就是阶级、阶级统治的消失，迄今政治意义上的国家已不复存在。所谓无产阶级"上升为统治阶级"，只不过是阶级、阶级统治和国家消亡的开始，是实现完全民主的必要准备。而在阶级和国家消亡的条件下，所谓无产阶级和人民群众的"统治"，不过是他们自己统治自己，而既然是自己统治自己，也就无所谓"统治"了。巴枯宁还认为，既然马克思所讲的人民统治形式上只能是人民通过选举出来的为数不多的代表来实行统治，那么，这些少数人将代表的，势必不再是人民而是他们自己以及他们统治人民的"野心"，谁怀疑这一点，谁就完全不了解人的本性。而实际上，马克思后政治民主模式的前提之一就是人性的充分实现，即每个人的个性都获得自由全面的发展。不用待言，在此前提下，根本不用担心为数不多的代表不去代表人民而只会去代表他们自己，当然更不会存在这些代表抱有"统治人民"的"野心"的问题。

在当代，包括自由民主主义者和新左派在内的一些西方学者对马克思的后政治民主模式也提出了一些质疑。我们看到，这些质疑与马克思在世时就遭遇到的巴枯宁等人的诘问是类似的。例如，关于政治终结后的政治权力是否具有合法性，是否会发生权力的腐化，以及马克思的民主模式在何种程度上具有普适性等诸如此类的问题。细究起来，这些问题的提法的共同之处，都是忽略了马克思民主模式赖以建立的现实前提，自觉不自觉地将该模式移植到当代社会中，犯了"时序错误"。

在现实的社会主义的实践中，也存在一种类似的历史意义上的时序错位，即未能充分意识到马克思的民主模式是后政治民主或后资本主义民主的民主模式，而将其简单照搬到现实的社会主义社会中来。按其发展阶段来说，现实中的社会主义社会是在前资本主义社会或资本主义尚未获得充分发展的社会的基础上产生的。因此，与其相适应的民主形态，至多只能是前现代意义的民主与现代意义上的民主的混合体。它固然是一种社会主义的民主，但是是带有政治烙印的，按其性质来说是政治性的，而非"后政治"的。所以，它是半政治民主，还不是完全意义上的"后政治"民主。但是，在实践中它却恰恰被混同于马克思的后政治民主构想了。

照搬马克思后政治民主模式的表现和后果是：第一，以为确立了现实中的社会主义制度，就自然而然实现了至少是大多数人的"当家作主"。实际上，在现实社会中，这种"人民当权"仍是间接的，是通过国家政权和执政党的中介、通过执政阶层少数人的中介实现的，因而在不具备后政治民主现实前提的条件下，存在着少数人手中的权力异化的可能性和现实性。由于把在经济落后基础上确立社会主义制度等同于人民当家作主的实现甚至完全实现，就遮蔽了民主建设的艰巨任务，忽视了民主体制、机制的建设，延误了民主进程的推进，并导致专制在民主名义下的遗存和肆虐。第二，盲目以为这种在经济落后国家基础上实现的社会主义民主在发展阶段上是高于当代发达资本主义国家民主的，是比发达资本主义国家民主更高阶段上的民主，而否认它们是同一空间和同一时代条件下存在的民主的两种不同形态或类型。这样，就排除了吸取当代发达资本主义国家民主中的合理因素以及在民主建设方面所取得的文明成果的可能性，导致政治上的闭关自守和自我封闭。第三，在一定历史条件下导致无政府主义的泛滥（例如中国的"文化大革命"）。第四，把"民主集中制"与民主等同起来。其实，民主集中制虽然与民主有一定关联，但并不等同至少并不完全等同于民主。首先，民主集中制的重点在集中，正如列宁在《〈苏维埃政权的任务〉一文的初稿》中所界定的，它是"真正民主意义上的集中制"。或如毛泽东在《关于正确处理人民内部矛盾问题》中所说明的，它是"集中指导下的民主"。其次，民主在这里仅表现为手段，即集中的基础和前提，而非目的。最后，民主集中制作为"在人民内部实行民主制度"的体现，意味着这种民主依然是由上施下的一种"恩赐"民主，或者说，就其实质而言，这种民主依然是"让民做主"和"为民做主"，而非"人民自主"。应该看到，民主集中制被作为现实社会主义社会中国家权力机关的组织原则、工作原则以及解决人民内部矛盾的方法，说到底，是与经济的相对发展不充分和分散而产生的集权要求相适应的。它的合理性在于斯，局限性也在于斯。

三　马克思的现代性思想

现代性可谓是当代人类面临的一个根本问题，更是当代中国面临的

一个紧迫问题。而对于马克思的现代性的思想，现有文献还缺乏应有的研究和探讨。

何谓现代性？据现有研究资料，"现代性"概念至早出现于17世纪上叶，19世纪才流行起来，20世纪后期受到广泛的重视。又据哈贝马斯的考察，这一概念18世纪在波德莱尔那里才获得全新的、现代的意义，而把现代性作为哲学问题来探讨则始于黑格尔。

对现代性的理解迄今仍歧义纷呈。哈贝马斯将其视为新的社会知识和时代。福柯将其当作一种与当代现实相联系的思想态度和思想模式。吉登斯则将其理解为一种"后传统秩序"即后封建的工业化世界的行为制度与模式。

实际上，应把现代性理解和界定为现代化过程的质的规定性，它表现在现代化过程中的制度、模式、观念、行为、态度等各个领域和方面，但绝不直接等同于这些领域和方面本身。现代性的底蕴、本质规定和基本特征则是主体性、理性和自由。这三者之间的内在联系是，理性与自由是主体性的基本规定（精神规定性和价值规定性）和具体体现，核心仍是主体性。在现代化前期，主体性主要通过理性得到彰显；在现代化后期，主体性则主要通过个体存在和自由得到昭示。

从这一视点来看对现代性的各种诠释，哈贝马斯和吉登斯均将现代性实体化了，而福柯则将现代性主观化了。

马克思没有就现代性的一般问题作出专门的分析和阐述。但是，马克思对资本主义社会的内在矛盾曾作过系统的、深刻的经济学分析。应该把马克思对资本主义社会的经济学分析提升到哲学上有关现代性问题的探索来研究。

现代性蕴含了创造与毁灭、赢取与丧失、进步与退步等等的悖论，象征和表达了人类的最深刻的社会冲突和人性本身的内在矛盾或人类生存实践的本性。由于现代性含有肯定与否定、积极与消极两个方面，对现代性的不同认识，形成了不同的理论和思潮。现代主义强调现代性的肯定、积极的方面，认同、肯定现代性及其矛盾。反现代主义则强调现代性的否定、消极的方面，试图克服和扬弃现代性的矛盾性。资本主义生产方式开启了现代化的进程，这使资本主义与现代性重叠与结合在一起。然而，资本主义的现代性蕴含着创造与毁灭、赢取与丧失、发展与付出的尖锐对立。马克思分析和揭示了资本主义经济和社会运动即资本主义现代化过程的内在矛盾和深刻危机，指明了资本主义现代化扬弃的历史必然性。按照马克思的观点，资本主义自身不可能解决其现代性的矛盾及其造成的社会危机，因此，必须扬弃资本主义社会，代之以一种具有新的、更深刻性质的社会，即社会主义。在此意义上，可以说，马克思对资本主义的批判是一种反资本主义现代性或后资本主义现代性的理论。

在此方面，马克思的历史功绩是：

其一，深刻地分析和揭示了资本主义现代性的内在矛盾及其尖锐对立。例如：生产的社会化与产品的私人占有；劳动异化和商品、货币拜物教；财富的积累与贫困、奴役和道德堕落的积累；资本与科学、文化发展的对立；等等。马克思把资本主义条件下通过付出昂贵的代价而获取的巨大发展比作只有用人的头骨做酒杯才能喝下甜美的酒浆。

其二，论证了资本主义现代性扬弃的历史必然性。这集中体现在马克思的《资本论》等著述中。《资本论》第二十四章第七节概括了"资本积累的历史趋势"，并描述了从"个体的、以自己的劳动为基础的私有制"到"资本主义私有制"再到"在协作和对土地及靠劳动本身生产的生产资料的共同占有的基础上，重新建立个体所有制"的这一历史的否定之否定的过程。

其三，阐明了扬弃资本主义现代性的现实可能性、条件和途径。这体现为马克思关于无产阶级的历史地位和作用的学说，关于无产阶级革命和无产阶级专政的学说，关于革命的主客观条件的学说，以及关于议会制及其作用的学说等等。

应予指出的是，基于当时的历史条件，马克思不可能将一般现代性从资本主义现代性中剥离和提升出来，因为他所设想的社会主义社会是后资本主义的社会，因而也是后现代化的社会。但是，马克思对资本主义现代性的分析无疑有助于我们今天对现代化历史进程和现代性的认识和研究。例如，马克思在将人的发展整体过程划分为"人格依赖关系""以物的依赖关系为基础的人格独立性"以及"建立在个体全面发展和他们共同的社会生产能力成为他们的社会财富这一基础上的自由个性"这样三个历史阶段的基础上，对资本主义社会市场经济条件下的物化和异化问题进行了深刻的分析，提出了下述一些重要的思想："货币存在的前提是社会关系的物化。货币是人们互相间物化的关系"，"货币所以拥有社会属性，只是因为各个人让他们自己的社会关系作为物同他们自己相异化"；"物的依赖关系无非是与外表上独立的个体相对立的独立的社会关系"。① 这些以及诸如此类的思想，对于我们认识今天世界市场经济条件下人类的生存状况，判断人类历史发展的进程，无疑仍然具有深刻的启示意义。

在当代，现代性因其全球化而具有了普适性，而现代性的内在矛盾不仅没有被消除，反而变得更为深刻。这在当代西方哲学理论中也得到了深刻的反映。韦伯把现代性看作经由理性化而导致的意义的丧失和自由的丧失。海德格尔把现代性主宰的时代称为人被远远抛弃的时代，丧失了基础而悬于深渊之上的时代，同时宣布了"主体性形而上学"的终结。福柯提出了"人之死"，从根基上宣判了现代性的宿命。哈贝马斯认为，现代性仍具有进步与贡献、压迫与破坏的双重性。这些看法之间尽管存在着一定的差异，但是它们都肯定了现代性中蕴含着不可避免的危机。

---

① 《马克思恩格斯全集》第46卷上册，人民出版社1979年版，第104、107、111页。译文有修订。

现代性的危机何在？黑格尔认为现代性危机的根源在于主体性原则不具备宗教那种绝对的统一的力量。海德格尔把这种危机的根源追溯到作为架构（Gestell）的技术或技术架构，主张采取一种超然的无为态度，让"诗之思"代替绝对化的理性。韦伯把危机的根源归因于"理性化"。伽达默尔认为，危机的根源不仅在于资本主义的经济秩序，更在于人类对自己所建立起来的文明成果的依赖性。哈贝马斯把危机的根源视为个人自由的悖论（负效应），并诉诸直接乞援于黑格尔哲学的主体间性以及由此建立的交往理性的作用。这诸种论说虽然在不同程度上触及问题的实质，但是却似乎并未道破问题的关键与核心。

从根源上说，现代性的本质规定是主体性，所以，可以说，现代性的危机本质上是主体性的危机。然而，主体性危机何在？主体性危机又是如何产生的？在笔者看来，这是由于：主体自身缺失了主体，即人虽成为自然和万物的主体，但却未能让人自身真正成为自身的主体。也可以说，主体性原则自身出现了主体的空场。这是一种主体之主体的缺位。

卢卡奇曾经提出过这样一种深刻的洞见：任何一种人道主义或人类学立场的巨大危险在于，当它把人当作一切事物的尺度的同时，却不用同一种立场来衡量人，不把人这把尺度也应用于人自身。他的论述无疑击中了各种绝对的人道主义和主体主义的要害。当然，当卢卡奇这样言说时，他直接针对的是独断的形而上学的方法论，而并没有意识到他的见解对于现代性有何关联和意义。而本文想指出的恰是，基于笔者个人对现代性危机的根源的上述认识和理解，我们刚好把卢卡奇的论述转用于对现代性的危机的根源的揭示。

找到了现代性危机的根源，也就解答了所谓拯救现代性的谜底。这就是构建一种使人成为人自身之主体的主体性。不仅使人成为自然的主人，万物的主人，而且使人也真正成为自身的主人，成为自身的本质、需要和欲望的主人。

康德曾提出：人为自然立法，人为社会立法，人为道德立法。根据现代化过程的既有实践，我们有必要予以补充：人为人自身立法。人只有为人自身立法，才能真正做到为自然、社会和道德立法。

人类能否真正成为自身的主体，成为自身的本质、需要和欲望的主人？这要看人们的当下和未来的实践，由实践来验证。《醒世恒言》中载有一条寓言，颇令人回味和警醒。文云：薛录事（官名）于高烧昏迷中化为鲤鱼，跃入湖中，恰遇渔夫垂钓，明知饵在钩上，吞之必祸身，但耐不住饵香扑鼻，张口咬之，终被钓去。作者点评曰："眼里识得破，肚里忍不过。"由此观之，人类成为自身的本质、需要和欲望的主人的道路似乎至少并不顺畅和平坦。

（本文原载单继刚、容敏德主编《政治与伦理》，人民出版社2006年版）

马克思"新唯物主义"的
真正诞生地和秘密

——纪念《1844 年经济学哲学手稿》诞生 170 周年

马克思的《1844 年经济学哲学手稿》（以下简称《手稿》）写于 170 年前。由于该文本的独特性及其特殊的历史境遇，这部富有启迪性的文本成为争议最大同时也是被误读最严重的文本，从而构成哲学史特别是哲学文献诠释史中的一道风景线，乃至这一现象本身也成为一项有意义的研究课题。笔者在多年前的一部拙作中，曾经从青年黑格尔派特别是费尔巴哈、赫斯与马克思思想关系的角度对《手稿》进行过较为详细的解读，澄清和阐释费尔巴哈、赫斯对《手稿》的实际影响。① 本文拟从另外的视域，结合哈贝马斯、阿尔都塞、阿伦特、海德格尔等人的相关评论，对《手稿》的性质、地位特别是牵涉争议的主要问题进行某种再释和讨论。这种再释和讨论在一定意义上是对《手稿》的一种辩护和正名，这是基于对《手稿》中表述的劳动观的基本肯定以及由相关争议问题的实际情况决定的。

一

在笔者看来，将《手稿》于马克思"新唯物主义"之意义同《精

---

① 侯才：《青年黑格尔派与马克思早期思想的发展》，中国社会科学出版社 1994 年版，第 97—119、147—177 页等。

神现象学》于黑格尔哲学之意义相比拟是十分准确和恰当的。《手稿》是马克思新唯物主义的真正发源地和秘密，正如马克思称《精神现象学》是"黑格尔哲学的真正诞生地和秘密"（die wahre Geburtsstaette und der Geheimnis）① 一样。这集中体现在马克思通过《手稿》对"劳动"概念的深入探索、分析和阐释，初步系统地创制了自己的新实践观（其形式是仍带有经济学特色的劳动观），从而为整个"新唯物主义"体系大厦奠定了最初然而也是最重要的基础。

据相关考证，德语中的"劳动"（Arbeit）一词来源于希腊语 kopos和 ponos，拉丁语 labor 和 molestia，在中古高地德语中意指奴役活动（Knechtstaetigkeit），在困苦、劳累、艰辛的工作意义上被使用。在迄 19世纪的西方主流文化传统中，这一含义几乎无实质性的改变。阿伦特在其 1953 年开设的讲座手稿即《马克思与西方政治思想传统》中曾反复强调这一语词的古老的、传统的或所谓正统的意义：劳动这种营生性的活动，是具有消费性质的、发在生物学领域里的、属于动物功能的、与必然性相联系从而具有强制性的、私人领域里的行为。概言之，它具有动物性、消费性、私人性和强制性等一系列否定性的特征，甚至可以说，就是一种完全动物性的"非人行为"。② 如此看来，可以想见，马克思将劳动作为人类社会和历史的最本质、最重要的要素以及崇高的赞美对象，置于自己新哲学的核心，是何等的一种反传统、何等的具有颠覆性以及何等的一种理论创造了。

在《手稿》中，"劳动"概念居于中心地位。它既是一个经济学概念，同时也是一个哲学概念。作为经济学概念，它具有"特殊劳动"和"一般劳动"双重属性，是创造财富的手段，是一个现代的范畴，被马

---

① 《马克思恩格斯文集》第 1 卷，人民出版社 2009 年版，第 201 页。

② 汉娜·阿伦特：《马克思与西方政治思想传统》，孙传钊译，凤凰出版传媒集团、江苏人民出版社 2012 年版，第 25 页，并参见第 11—15 页。

克思后来在《〈政治经济学批判〉导论》中称为"现代经济学的起点"①，并且只是到了资本主义社会的最现代的存在形式才具有了最成熟和完善的形态。作为哲学概念，它是作为"现代经济学的起点"的"劳动"的一种哲学转化和升华形式，实际上是人们的物质实践活动的表述，不仅含有它作为现代经济学的起点概念所具有的特点，而且还具有更为一般的哲学存在论的特点，即是人及其历史运动的现实基础和本质规定。此外，就"劳动"概念作为哲学范畴而言，在《手稿》中，"劳动"概念也是一个"具有双重蕴含的范畴"："它既是一种社会存在的规定，又是一种人的存在的规定，……一方面……是宗教、家庭、国家、法、道德、科学、艺术等等的本质规定，即社会赖以存在和发展的基础。另一方面，劳动是产生生命的活动或人本身的生产，因而是人的本质规定，是人的本质力量发展的决定因素。"②

为了全面展示马克思在《手稿》中初创的作为其实践观雏形的劳动观，以及便于后面展开进一步的相关分析，我们不妨首先对其略加赘述。

马克思较为全面地探讨了劳动的本质、内在结构、主要特征以及在人们的社会生活和历史发展过程中的地位和作用。关于劳动的本质和结构，与黑格尔所看重的精神劳动以及费尔巴哈所看重的理论活动不同，马克思肯定和确立的是以往西方文化传统所贬斥的作为人的生活资料和生产资料生产的物质劳动。在马克思看来，这种劳动作为"实践的人的活动"首先是人的"生命活动"和"生产生活"本身，是"人的能动的类生活"，"是人在外化范围内或者作为外化了的人的自为的生成"。③而"劳动的现实化就是劳动的对象化"，即体现为"劳动的产品是固定

①《马克思恩格斯选集》第2卷，人民出版社1995年版，第22页。
②侯才：《青年黑格尔派与马克思早期思想的发展》，中国社会科学出版社1994年版，第241页。
③《马克思恩格斯文集》第1卷，人民出版社2009年版，第160、162、163、205页。

在某个对象中的、物化的劳动"。① 它的横向结构即主要内在矛盾，隐含在马克思有关劳动产品、生产行为、类本质、与他人关系等"异化劳动"四项规定的分析中，主要体现为劳动者同劳动产品、同生产行为以及同他人的关系；它的纵向结构即完整劳动过程的诸环节，隐含在马克思所撰《詹姆斯·穆勒〈政治经济学原理〉一书摘要》所摘引和直接论述的对象即生产、分配、交换和消费等四项要素中。② 关于劳动的主要特征、作用和地位，马克思提出并阐明，劳动是人和动物相区别的本质属性，和动物相比，人的劳动这种活动是作为人"自己意志和自己意识的对象"从而是人能够将其与自身相区别的；劳动的主要特点是"全面的"，不受人的"直接的肉体需要"支配的，"再生产整个自然界"的，可以运用"任何一个种的尺度"以及"按照美的规律"进行的③；劳动是人类自我认识的中介和手段，通过劳动"人不仅像在意识中那样在精神上使自己二重化，而且能动地、现实地使自己二重化，从而在他所创造的世界中直观自身"④；劳动是宗教、家庭、国家、法、道德、科学和艺术等社会诸政治和精神现象的本质，后者不过是前者的"一些特殊的方式"，并且受前者普遍规律的支配⑤；劳动是人和自然相统一的基础，劳动一方面使人成为"类存在物"或"人的自然存在物"，一方面使自然成为人的"作品"和"现实"，成为"人化的自然界"或"人类学的自然界"⑥；劳动是整个人类历史过程的基础，人类历史是劳动

---

① 《马克思恩格斯文集》第 1 卷，人民出版社 2009 年版，第 157 页。

② 马克思后来在 1857 年撰写的《〈政治经学批判〉导言》中，明确将分配、交换和消费都归结为生产本身的内在要素。另外，关于《詹姆斯·穆勒〈政治经济学原理〉一书摘要》的写作时间，学者们意见不一。日本学者中川弘、苏联学者拉宾等主张《摘要》写于《手稿》的第一手稿与第二手稿之间。这一观点近年来受到国内学界一些学者的关注。本文仍持《摘要》写于《手稿》的第一手稿之前的观点，但在总体上将这两者视为一个在内容上相互联系、互为补充的整体。

③ 《马克思恩格斯文集》第 1 卷，人民出版社 2009 年版，第 162—163 页。

④ 《马克思恩格斯文集》第 1 卷，人民出版社 2009 年版，第 163 页。

⑤ 《马克思恩格斯文集》第 1 卷，人民出版社 2009 年版，第 186 页。

⑥ 《马克思恩格斯文集》第 1 卷，人民出版社 2009 年版，第 211、163、191、193 页。译文有修订。

史，"整个所谓世界历史不外是人通过人的劳动而诞生的过程"①；等等。由此不难看出，劳动概念在马克思那里首先作为存在论范畴出现，并全面展现出其存在论的内涵。

需要特别论及的是《手稿》中关于人的本质及其特性的界定。《手稿》基于对"劳动"概念的理解，马克思深入地考察和论述了人的社会性，并进而初步地提出了关于人的本质的新见解。他指出，"个体是社会存在物"，"他的生命表现，即使不采取共同的、同他人一起完成的生命表现这种直接形式，也是社会生活的表现和确证"。② 这是因为，"社会性质是整个运动的普遍性质；正像社会本身生产作为人的人一样，社会也是由人生产的。活动和享受，无论就其内容或就其存在方式来说，都是社会的活动和社会的享受。"③ 以此为基础，马克思对人的本质作出重新规定，认为人的本质就是人的"自由的有意识的活动"，就是他的生产。"生产生活就是类生活。这是产生生命的生活。一个种的整体特性、种的类特性就在于生命活动的性质，而自由的有意识的活动恰恰就是人的类特性。"④ 根据马克思的理解，人是社会存在物的实质，在于他首先是劳动、实践的存在物。

与此相关联，从新的劳动观出发，马克思对构成劳动即物质实践内在矛盾的主、客体的关系作了与以往传统哲学根本不同的界说和阐释。马克思在《手稿》中把处在社会关系中的不同个体的人理解为主体，把现实的自然界即作为"劳动对象"和"提供生活资料"的自然界理解为客体，而把这两者的中介和现实基础理解为人的劳动活动。在他那里，主体与客体通过劳动相互扬弃而一体化，成为一个有机的密不可分的整体：作为主体的人，是通过他的活动被自然化了的人；作为客体的

---

① 《马克思恩格斯文集》第 1 卷，人民出版社 2009 年版，第 196 页。
② 《马克思恩格斯文集》第 1 卷，人民出版社 2009 年版，第 188 页。
③ 《马克思恩格斯文集》第 1 卷，人民出版社 2009 年版，第 187 页。
④ 《马克思恩格斯文集》第 1 卷，人民出版社 2009 年版，第 162 页。

自然界，是通过人的活动而被"人化的自然界"；而作为自然与人的中介的人的劳动本身，其现实的表现形式和完成形式则是"工业"。因而工业就是"人的本质力量的公开的展开"，是理解"自然界的人的本质"和"人的自然的本质"的钥匙。① 据此，马克思既否定将主体原则绝对化的抽象的"主体主义"（Subjektivismus），同时也否定客体原则绝对化的抽象的"客体主义"（Objektivismus），认为扬弃二者及其对立"绝对不只是认识的任务，而是现实生活的任务"，"只有借助于人的实践力量"才有可能。②

由于马克思把人的劳动理解为人与自然相统一的现实基础，从而也就把人的劳动理解为整个感性世界的现实基础。这样，就从根本上扬弃了西方既有的将世界二重化的传统形而上学，扬弃了在感性世界之外和之上去寻找整体世界的终极和最高的统一性的思维传统，这种思维传统曾从柏拉图的"理念世界"一直延伸到黑格尔的"绝对精神"之中。正如马克思在文中所阐明和表述的："整个所谓世界历史不外是人通过人的劳动而诞生的过程，是自然界对人来说的生成过程，所以关于他通过自身而诞生、关于他的形成过程，他有直观的、无可辩驳的证明。因为人和自然的实在性，即人对人来说作为自然界的存在以及自然界对人来说作为人的存在，已经成为实际的、可以通过感觉直观的，所以关于某种异己的存在物、关于凌驾于自然界和人之上的存在物的问题，即包含着对自然界和人的非实在性的承认的问题，实际上已经成为不可能的了。"③

马克思在《手稿》中所确立的劳动观在理论和实践两个方面都彰显出其重要意义：在理论方面，它为整个"新唯物主义"大厦奠定了最初

---

① 《马克思恩格斯文集》第 1 卷，人民出版社 2009 年版，第 193 页。

② 《马克思恩格斯文集》第 1 卷，人民出版社 2009 年版，第 192 页。译文有修订。对于抽象主体主义和抽象客体主义的具体表现和主要代表马克思在文中并未具体论及。笔者以为，似可以费希特哲学作为前者代表，而以旧唯物主义作为后者代表。

③ 《马克思恩格斯文集》第 1 卷，人民出版社 2009 年版，第 196—197 页。

的决定性的基石，开启和提供了人类对自身及其社会和历史认识的一个新的视域；在实践方面，马克思据其提出了"异化劳动"理论，通过异化劳动批判，将私有财产归根于"异化的、外化的劳动"并最终归根于"外化劳动对人类发展进程的关系"（das Verhaeltnis der entaesserten Arbeit zum Entwicklungsgang der Arbeit），深入阐释劳动是私有财产的"主体本质"，探寻和初步地揭示了私有财产的现代形式——资本的本质、根源和内在逻辑①，并为其最终扬弃提供了哲学论证。

通过以上概述，不难看出，《手稿》体现了马克思在通过撰写《黑格尔法哲学批判》实现从"新唯理论"②向对历史的唯物主义理解的决定性转向之后所完成的一次重大的思想飞跃，是"新唯物主义"理论体系构建的最重要的酝酿、准备和前奏。在尔后不久写下的《关于费尔巴哈的提纲》（以下简称《提纲》）中，马克思系统地拟定了他的"新唯物主义"实践观的要点。在某种意义上，《提纲》是对《手稿》的概括、提炼和升华。没有《手稿》，就不会产生《提纲》，当然也不会产生此后的《德意志意识形态》。

二

与《手稿》所表述的劳动观相联系，国内外学界对《手稿》的争议和批评主要聚焦在"异化劳动"以及"人的本质的异化及其扬弃"。在此方面，代表否定性意见的"人本主义"说、"唯心主义"说、"虚无主义"说等都影响颇大，甚至有的观点迄今仍在某种程度上左右着国内学界的相关研究。但是，在笔者看来，这些判断不仅曲解了《手稿》

---

① 马克思在《手稿》中特别说明，所谓私有财产，其历史形式就是地产和资本。"地产是私有财产的第一个形式"，而"工业资本是私有财产的完成了的客观形式"。见上书，第181—182、187页。

② 马克思在其博士论文中对自己当时所持哲学立场的表述。见《马克思恩格斯全集》第40卷，人民出版社1982年版，第52页。

文本，而且在客观上还遮蔽和贬低了《手稿》的价值，损害了对马克思哲学实质的理解，故而值得重新提出并深入商讨。①

阿尔都塞的"认识论断裂"说为人们所广为熟悉和不同程度地接受。按照阿尔都塞的看法，《手稿》作为马克思思想"断裂时期"前的著作，表明马克思基于"费尔巴哈的人道主义"的立场②，从人、人的本质或主体出发去解释社会和历史，因为费尔巴哈的人道主义作为理论人道主义的典型代表，其主要特征就是人和人的本质构成了他的哲学和全部理论的中心。阿尔都塞对一般人道主义的理解也是：所谓人道主义，就是"借助于人这个荒谬的概念"、从人的本质出发来解释社会和历史的理论。阿尔都塞还断言，人道主义本质上是一种"主体的经验主义和本质的唯心主义"，是一种"和上升的资产阶级密不可分"的资产阶级意识形态。③

为什么阿尔都塞如此讳言人的本质、如此反对以人为出发点来解释社会和历史呢？他的回答是：这是"因为，一旦你从人出发，你就不可避免地要受到唯心主义的诱惑，去相信自由或创造性的劳动是万能的。也就是说，你只会完全自由地屈服在占统治地位的资产阶级意识形态万

---

① 笔者在拙作《青年黑格尔派与马克思早期思想的发展》中曾对苏东马克思主义哲学传统诠释的主要代表奥伊则尔曼的有关《手稿》的评论进行过讨论，批评其将马克思言说的人的本质解读为不变先验物和"预先给定物"，并称其未能同人本主义和启蒙学说划清界限、是必须加以放弃的"本体论倾向"的观点。见《青年黑格尔派与马克思早期思想的发展》，中国社会科学出版社1994年版，第244—246页。

② 在汉语中，费尔巴哈的哲学通常被译为和称为"人本主义"或"人道主义"。事实上，费尔巴哈使用的称谓自己的哲学的概念只有 Anthropologie 和 Anthropotheismus 这两个语词。Anthropologie 在汉语中通常被译为"人本学"，与此相适应，Anthropotheismus 通常则被译为"人本学有神论"。但是，这种译法实际上是不准确的，也在某种意义上歪曲了费尔巴哈的原意。在德文中，Anthropologie 意为"人类学"，并无"人本"的含义。与此相类似，Anthropotheismus 也无"人本"的含义，应译为"人类学有神论"。另外，马克思在《手稿》中使用的"彻底的人道主义"或"完成的人道主义"中的"人道主义"一词，不是费尔巴哈使用的 Anthropotheismus，而是 Humanismus。笔者认为，马克思的这一语词已经表达出他在《手稿》中对费尔巴哈人类学主义的超越。

③ 吴晓明主编：《当代学者视野中的马克思主义哲学——西方学者卷》，北京师范大学出版社2008年版，第503、498页。

能的脚下"①。但是，以人为哲学的出发点、对象和中心本身与唯心主义之间没有必然的联系，并不构成理论错误和理论灾难的必然前提。现代哲学的第一甚至最高对象就是人。古代哲学向现代哲学的转向就其对象来说就是从自然转移到人。黑格尔在构建自己哲学理论体系之初为自己哲学规定的任务就是"从自然迈向人的作品"②。马克思和恩格斯在《德意志意识形态》（以下简称《形态》）中为唯物主义历史观规定的现实"出发点""前提"和最终价值归宿也是人，即"现实的个体"。③ 其所以如此，因为人是历史的第一个前提，是历史主体、社会主体以及价值主体。因此，问题的关键显然并不在于是否以人为出发点、对象和中心，而是在于到底如何理解人。在《形态》中，马克思和恩格斯一起批判以青年黑格尔派哲学为代表的当时的德国意识形态，并非因为青年黑格尔派哲学谈论人，而是因为它抽象地谈论人和谈论的是"抽象的人"，即"精神的人"（鲍威尔）、"自然的人"（费尔巴哈）和"利己的人"（施蒂纳）。也就是说，是因为它把具体的历史的现实的人变成一种普遍的一般的抽象物。正如马克思和恩格斯在批判费尔巴哈时强调的："费尔巴哈设定的是'人'，而不是'现实的历史的人'。"④ 因此，是否以人为出发点、对象和中心，并不构成也构不成判定一种有关人的理论正确与否或合理与否乃至唯物主义还是唯心主义的标准。能够构成这一标准的只能是对人、对人的本质的界说合理或科学与否。阿尔都塞陶醉于自己所创制的基于"只看到"和"没有看到"双方面的"症候式"阅读法，但是，恰恰在此问题上他却完全背弃了自己的这一方法。因为他一方面"只看到"马克思在《手稿》中谈论了人、人的本质和

---

① 吴晓明主编：《当代学者视野中的马克思主义哲学——西方学者卷》，北京师范大学出版社2008年版，第503页。

② *Mythologie der Vernunft*, *Hegels* aeltestes Systemprogramm des deutschen Idealismus, herg. v. Christoph Jamme und Helmut Schneider, Frankfurt am Main：Suhrkamp, 1984, S. 11.

③ 《马克思恩格斯选集》第1卷，人民出版社1995年版，第67、73、119页。译文有修订。

④ 《马克思恩格斯选集》第1卷，人民出版社1995年版，第528页。

人性，而另一方面却"没有看到"或视而不见马克思对其是如何界说的，这就使他势必"失察"和遗落他所谓的马克思理论的"深层结构"和"总问题"。

那么，马克思在《手稿》中到底对人的本质是如何理解和界说的？早在《黑格尔法哲学批判》中，基于社会物质关系在社会历史中具有基础性作用的理解，马克思就强调指出："特殊的人格的本质不是人的胡子、血液、抽象的肉体的本性，而是人的社会特质（soziele Qualitaet）。"① 在《论犹太人问题》中马克思进一步指出："金钱是人的劳动和人的存在的同人相异化的本质。"② 在与《手稿》同期的《詹姆斯·穆勒〈政治经济学原理〉一书摘要》中，马克思专门就人的本质写下了这样一段话："人的本质是人的真正的共同存在物（Gemeinwesen）。所以人通过他的本质的活动（Bestaetigung）创造和生产人的共同存在物、社会的本质（das gesellschaftliche Wesen），而这种社会本质不是一种同单个个体相对立的抽象的一般的力量，而是每一个个体的本质，他自己的活动，他自己的生活，他自己的精神，他自己的财富。……人，不是抽象物，而是作为现实的、活生生的、特殊的诸个体（Individuen）。"③ 在这段论述中马克思明确地肯定：人是现实的诸个体；他的社会本质的规定性就是作为他的本质活动和存在活动的劳动，人的本质不是某种先验物、预定物和预设物，而是人自己通过他的本质活动而生成的创造物和生产物。正是延续这样的思想轨迹，在《手稿》中，马克思将人的本质规定为劳动"这种生命活动本身，生产生活本身"④，而人作为"特殊的个体"和"社会的自为的主体存在"，具体而言就是从事生产、把自己当作商品出售的"工人"："人只不过是工人，并且作

① 《马克思恩格斯全集》第 1 卷，人民出版社 1956 年版，第 270 页。
② 《马克思恩格斯全集》第 3 卷，人民出版社 2002 年第 2 版，第 194 页。
③ 《马克思恩格斯全集》第 42 卷，人民出版社 1979 年版，第 24—25 页。译文有修订。
④ 《马克思恩格斯文集》第 1 卷，人民出版社 2009 年版，第 162 页。

为工人，他的人的特性只有在这些特性为异于他的资本而存在时才是人的特性。"① 不仅如此，在《手稿》中，马克思甚至还基于自己的劳动观和对人的本质的理解，直接将费尔巴哈所主张的人的精神本质即"理性、爱、意志"和自然本质即"人的自然"② 归结为劳动的产物，对费尔巴哈关于抽象人的议论进行了委婉的批判："所谓精神感觉、实践感觉（意志、爱等等），一句话，人的感觉、感觉的人性，都是由于它的对象的存在，由于人化的自然界，才产生出来的。"③ 这无异于公开昭示了马克思与费尔巴哈在基本立场上的分歧和对立。

《手稿》中对人的本质的这种理解无疑已与费尔巴哈的观点迥然而异，从根本上超越了后者。就实质而论，费尔巴哈人类学主义的根本缺陷并不在于它以人为中心，而是在于它对人的本质的抽象理解。其具体表现在，由于费尔巴哈不理解人的实践活动、特别是劳动活动，只承认理论活动和诉诸"感性直观"，将人的本质理解和界定为自然本质或精神本质，从而将人变成一种抽象的存在物，将人类历史变成了自然史和宗教史。由此可见，在《手稿》中，基于劳动观的确立，正是在对人的本质的理解这一根本问题上，马克思与费尔巴哈人类学主义，从而也与以往各种人道主义理论彻底划清了界限。

诚然，马克思在《手稿》中将自由与劳动相联系，称谓劳动为"自由的有意识的活动"。然而，马克思是在何种意义上谈论"自由的有意识的活动"？是像传统解释所说的那样假定了一种抽象的理想的劳动吗？事实上，只要仔细注意一下语境，就会发现，马克思之所以说劳动这种活动是一种"自由的有意识的活动"，绝不是出于一种理想的抽象，而仅仅是指人的这种活动与动物的活动的区别在于，人的这种活动

① 《马克思恩格斯全集》第42卷，人民出版社1979年版，第104页；《马克思恩格斯文集》第1卷，人民出版社2009年版，第170页。译文有修订。

② 参见侯才《青年黑格尔派与马克思早期思想的发展》，中国社会科学出版社1994年版，第58、61—70页；《费尔巴哈哲学著作选集》下卷，荣振华等译，商务印书馆1984年版，第28页。

③ 《马克思恩格斯文集》第1卷，人民出版社2009年版，第170页。

是一种具有意识性、意志性的活动，人能够将它变成自己的意识和意志的对象，并借此将自己的这种活动同自己的生命本身区别开来。正如马克思在文中所阐明的："有意识的生命活动把人同动物的生命活动直接区别开来。……仅仅由于这一点，他的活动才是自由的活动。"① 20 多年后，在《资本论》第一卷中，当马克思谈到建筑师与蜜蜂各自活动的区别时又表述了同样的见解："最蹩脚的建筑师从一开始就比最灵巧的蜜蜂高明的地方，是他在用蜂蜡建筑蜂房以前，已经在自己的头脑中把它建成了。劳动过程结束时得到的结果，在这个过程开始时就已经在劳动者的表象中存在着，即已经观念地存在着。他不仅使自然物发生形式变化，同时他还在自然物中实现自己的目的，这个目的是他所知道的，是作为规律决定着他的活动的方式和方法的，他必须使他的意志服从这个目的。"②

阿尔都塞还指责《手稿》以"人的本质——人的本质的异化——人的本质的复归"这一逻辑作为共产主义理论的基础。这一指责也为我国学界主流观点所接受。但是，问题的实质在于这一理论逻辑是从现实历史中抽象出来的，还是出于主观杜撰而从外部强加给现实历史的。笔者以为，这一逻辑完全是马克思基于对资本主义私有财产的内在矛盾——劳动与资本的对立及其运动的初步分析得出的③，正如马克思在《手稿》"序言"中所申明："我用不着向熟悉国民经济学的读者保证，我的结论是通过完全经验的、以对国民经济学进行认真的批判研究为基础的分析得出的。"④ 因此，马克思基于英国古典政治经济学批判所提出的这一理论逻辑，其实不过是为现实的历史运动找到一种哲学的思辨的表达。

---

① 《马克思恩格斯文集》第 1 卷，人民出版社 2009 年版，第 162 页。
② 《马克思恩格斯全集》第 23 卷，人民出版社 1972 年版，第 202 页。
③ 马克思的具体分析，请参见《手稿》中［笔记本Ⅱ］［私有财产的关系］部分中的概述，《马克思恩格斯文集》第 1 卷，人民出版社 2009 年版，第 172、177 页。
④ 《马克思恩格斯文集》第 1 卷，人民出版社 2009 年版，第 111 页。

总之，阿尔都塞将《手稿》时期的马克思思想归于费尔巴哈的"人道主义"从而归于本质上是"主体的经验主义和本质的唯心主义"的一般人道主义，无论在哪方面均难以成立，是对研究对象的一种臆断和强加。他将"断裂时期"前的马克思思想冠以"人道主义"而加以否定，不啻宣布人道主义只是资产阶级的专利；而将"断裂时期"后的马克思思想冠以"理论的反人道主义"，则不啻将马克思哲学改制成一种敌视人的学说。

哈贝马斯在其《重建历史唯物主义》一书中，也提出了与阿尔都塞的观点相类似的论断，认为马克思提出的"劳动中本质力量的对象化"是一种"唯心主义概念"①。另外，他还提出了另外一种质疑，即马克思的"社会劳动"概念不能充分表达人类生活的再生产特征，只能作为区分原始人与动物的标志，而不能作为区分人（非原始人）与动物的标志。哈贝马斯所以提出这一论断，是因为在他看来，马克思所说的生产劳动只是一种遵循工具和战略行为规则的目的性的工具活动，反映的是人对自然的改造和控制关系，它不包括遵循主体相互间公认并得到习俗保障的行为规范的交往行为。因此，哈贝马斯认为，如果要使劳动这一尺度具有普遍性，必须补充体现交往行为的"家庭的社会结构"和"家庭的组织原则"。据此，哈贝马斯还进一步断言，作为社会进化的一种标志，社会劳动结构只是与古老的人类进化阶段相联系，而交往中的"角色行为结构"则"标志着一个新的发展阶段"。② 这意味着，社会劳动至多只能构成原始社会存在和发展的基础，而不能构成此后社会存在和发展的基础，此后社会存在和发展的基础主要是交往活动。

笔者以为，哈贝马斯基于主体间性（Intersubjektivitaet）的理解，充分强调和揭示人的交往活动的作用特别是道德—实践规范结构的作用，

---

① 哈贝马斯：《重建历史唯物主义》，郭官义译，社会科学文献出版社 2000 年版，第 152 页。

② 哈贝马斯：《重建历史唯物主义》，郭官义译，社会科学文献出版社 2000 年版，第 140—147 页。

是有重大和积极的意义的。但是，他在《重建》一书中对马克思劳动概念的上述解读以及对生产活动与交往活动的关系的理解显然存在着明显的偏差。

首先，将马克思的劳动概念（表现为经济学形式的物质实践概念）理解和诠释为单纯的目的性或技术性的工具和战略行为，将人们之间的交往活动、交往行为排除在劳动概念之外，是对马克思的严重曲解和误读。事实上，我们看到，正是在《手稿》中，马克思特别提出和反复重申了他的这一原则性命题："人对自身的关系，只有通过他对他人的关系，才成为对他来说是对象性的、现实的关系。"① 由于劳动者与劳动对象的关系是通过劳动者与自身的关系即劳动活动本身连接起来的，所以这一命题意味着：劳动中所发生的、所结成的劳动者与他人的关系是劳动者与自身的关系从而也是劳动者与劳动对象的关系的实现前提。也正是基于这一命题，马克思在论述异化劳动时明确指出："人同自身以及同自然界的任何自我异化，都表现在他使自身、使自然界跟另一些与他不同的人所发生的关系上。"② 我们也看到，在马克思关于异化劳动的内涵即劳动者同劳动对象、生产行为、类本质以及他人相异化的四项规定中，实际上涉及的主要就是两个方面的基本关系，即人与劳动产品、对象的关系以及人与人之间的关系（关于后者，即人与人之间的关系，马克思在文中将其具体表述为"人对他人、对他人的劳动和劳动对象的关系"③）。而在这两个方面的基本关系中，已经以某种形式蕴含和体现了社会生产力和作为其实现形式的交往关系。因此，显然不能将交往行为排除在马克思的劳动概念之外，将其视为仅仅是一种单纯的主体与客体之间的而且是单个的、孤立的主体与客体之间的单向度的关系。如果作这样一种理解，无疑是对马克思劳动、物质实践概念的狭隘化和

① 《马克思恩格斯文集》第1卷，人民出版社2009年版，第165页。
② 《马克思恩格斯文集》第1卷，人民出版社2009年版，第165页。
③ 《马克思恩格斯文集》第1卷，人民出版社2009年版，第164页。

片面化。

　　哈贝马斯似乎也意识到他的这种片面解读对于马克思来说过于牵强，于是也退而承认："当然，马克思所理解的生产，不仅是一个个的个人的工具行为，而是不同的个人的社会协作。"① 但是，出于其理论建构的需要，他又转而片面解释社会协作的内涵，强调社会协作"是根据战略行动的规则形成的"②。言外之意，它不是根据道德—实践的规则形成，因而也与交往行为无关。这样，社会协作就被作为完全不同于交往活动的东西而被排除了。其实，社会协作就已经是一种社会生产关系，一种物质交往活动。而哈贝马斯所云的道德—实践规则和工具—战略规则在现实性上是融汇于物质交往活动中的，前者在一定意义上还服从于后者，它们两者只能在人们的理论思维中才能被区分开。

　　这样，就物质交往活动与社会劳动的关系而言，或者就一般意义上的交往活动与实践的关系而言，应该说，前者是内在于后者之中的，并不是独立于或脱离于后者而存在的。它就是后者内在结构和内在矛盾的一个方面。换一种表述，就其哲学底蕴而言，哈贝马斯所诉诸的体现为交往活动的主体间性（Intersubjektivitaet）本质上也是一种主体性，只不过是同抽象的单一主体的主体性（Intrasubjektivitaet）相对立的一种主体性。作为一种现实的主体性，它内在于实践的内在矛盾——主客体矛盾之中，体现真实的主体对客体的关系，而并没有脱离和超越主客体矛盾的框架。它实际上否定的只是抽象的单一主体的主体性（Intrasubjektivitaet）以及主客体关系原则的绝对化的形式。

　　阿伦特同哈贝马斯一样，也否定马克思将劳动作为人区别于动物的本质活动。她给出的主要理由是，由于只有一部分人直接从事劳动活动，如此用劳动来定义人类，"没有表达人类共同生存的全部经验"，

---

① 哈贝马斯：《重建历史唯物主义》，郭官义译，社会科学文献出版社 2000 年版，第 140 页。
② 哈贝马斯：《重建历史唯物主义》，郭官义译，社会科学文献出版社 2000 年版，第 141 页。

势必会将劳动者以外的人变成"不是本来意义上的人",导致"不能称为人类的人"的存在。①

笔者以为,阿伦特过于强调了劳动这种实践活动的特殊性,只看到它是一种特殊形式的实践活动,或者说,对于劳动仅是从其特殊形式、自然规定的存在形式去理解,而未看到劳动更是一种具有普遍性的实践活动,即像马克思所指出的,它是一切人类历史的最基本的条件,是人类最基本的实践活动即决定政治活动和精神活动等其他社会活动的活动,是社会生活和社会形态的本质。

此外,阿伦特还特别强调劳动是一种"自然的必然性",在任何历史条件下都不会丧失其强制性。因此,在她看来,马克思对劳动的赞美,"隐含着对强制、自然的必然性的赞美",实际上是"对自由的攻击",而马克思关于"自由王国只是在由必需和外在目的规定要做的劳动终止的地方才开始"的说法,实际上却是从以往传统中引申出来的一种"绝望的结论"。② 阿伦特的这种理解显然是基于自由与"自然的必然性"的二元对立而得出的。在她那里,自由是外在于"自然的必然性"和强制的。如此一来,自由始终只能是一种"乌托邦"。而在马克思看来,所谓自由是从"自然的必然性"中、从强制性的劳动中赢取和获得的,故而马克思在指出"自由王国只是在由必需和外在目的规定要做的劳动终止的地方才开始"的同时,还特别指出"这个自由王国只有建立在必然王国的基础上,才能繁荣起来"。③

如果将阿伦特与哈贝马斯两人的劳动观相比较,就不难发现,他们对马克思劳动概念的质疑,虽然形式有所不同,但实际上都是基于西方文化中传统劳动观的立场。

---

① 汉娜·阿伦特:《马克思与西方政治思想传统》,孙传钊译,凤凰出版传媒集团、江苏人民出版社 2012 年版,第 25 页,并参见第 18、17 页。

② 汉娜·阿伦特:《马克思与西方政治思想传统》,孙传钊译,凤凰出版传媒集团、江苏人民出版社 2012 年版,第 28、45 页。

③ 《马克思恩格斯全集》第 25 卷,人民出版社 1974 年版,第 926—927 页。

三

就现代西方哲学家对马克思劳动异化和人的本质的理解所作出的回应而言，海德格尔的评论是尤其令人重视的。这些评论围绕马克思哲学同虚无主义和传统形而上学的关系展开，其内容集中体现在这一核心论断：马克思哲学"达到了虚无主义的极致"。对此既有研究已经取得了一些进展和成果。但是，问题的复杂性和难度在于，海德格尔对马克思之虚无主义的评判是在存在论之维即所谓"存在之真理"的视域提出的，因此，也理应和必须在存在论之维来给予其回答和辨析。

在《关于人道主义的书信》一文中，海德格尔肯定，"马克思在经验异化之际深入到历史的一个本质性维度中"，其历史观比其他历史学说都要优越，而胡塞尔的现象学和萨特的存在主义却未能认识到存在中的历史性因素的本质，从而达到与马克思对话的高度。海德格尔还肯定，马克思的共产主义学说表达了"世界历史性地存在着的东西的基本经验"。[①]

但与此同时，海德格尔在该文中又认为，包括马克思的人道主义在内的一切人道主义本质上都是一种遗忘了存在的形而上学。这表现在，它们对人的本质的规定都以对存在之真理不加追问的存在者解释为前提，即它们在规定人之本性时不仅不追问存在与人的本质的关联，甚至还阻止这个问题。[②] 在20多年以后，在《晚期海德格尔的三天讨论班纪要》一文中海德格尔又进一步明确提出，鉴于马克思提出"人的根本就是人本身"这一必须被视为形而上学的命题，以及接纳费尔巴哈宗教批

---

① 海德格尔：《路标》，孙周兴译，商务印书馆2000年版，第401页。
② 海德格尔：《路标》，孙周兴译，商务印书馆2000年版，第376以下各页。

判所得出的"人是人的最高本质"这一最后结论,意味着在马克思那里"作为存在的存在对于人来说不再存在",表明马克思"达到了虚无主义的极致"。①

海德格尔判定马克思哲学为虚无主义是根据他对虚无主义的基本界定即所谓对"存在"的遗失这一标准作出的。正如海德格尔所说:"从存在之命运来思考,虚无主义的虚无意味着:根本就没有存在。存在没有达到其本己的本质的光亮那里。在存在者之为存在者的显现中,存在本身是缺席的。存在之真理失落了,它被遗忘了。"②

那么,海德格尔对马克思的这一判定能够成立吗?马克思哲学与存在到底是什么关系?马克思究竟是如何看待和解决存在问题的?笔者以为,在回答这些问题以前,有必要先行追溯、考察和澄明构成海德格尔之虚无主义标准的若干前提,即:究竟何谓存在?存在存在于何处,或存在与人之"此在"到底是什么关系?它们的统一性体现在哪里?在既有的通常见解中,这些问题似乎已经被海德格尔澄明和阐释清楚了,因而是不证自明的。但是,实际上,如果彻底深究这些问题就会发现,有关"存在"的这些问题并未完全被海德格尔的基础存在论之光所照亮,有的还处在晦暗不明甚至某种黑暗之中。

何谓"存在"?因其不可道说性,海德格尔似乎刻意回避对其作出直面的明晰的回答。但是尽管如此,因其道说的不可避免性,在某些场合他也对其作出了一些描述。举其要者,例如:存在是"使存在者之被规定为存在者"③的那种规定者;"作为哲学的基本课题的存在不是存在者的种,但却关涉每一存在者。……存在与存在的结构超出一切存在者之外,超出存在者一切可能的具有存在者方式的规定性之外。存在地

---

① 费迪耶等:《晚期海德格尔的三天讨论班纪要》,丁耘译,《哲学译丛》2001年第3期。
② 海德格尔:《林中路》,孙周兴译,上海译文出版社1997年版,第269页。
③ 海德格尔:《存在与时间》,陈嘉映、王庆节译,熊伟校,生活·读书·新知三联书店1987年版,第8页。

地道道是 transcedens［超越］"①；"存在是存在本身"②；存在（该词因其不可道说性而被打叉——引者注）"是指示着（天地神人）四重整体那四个区域，以及它们在打叉位置上的集聚"的"符号"③；存在是其被遗忘这一重大历史事件的对象、起因和标志，因而可以被命名为"事件之在"（Ereignis）④；"存在已经……自行预示"⑤；等等。

　　从中我们可以得到的界定是：存在是存在者的基本规定和超越，是由天地神人四大区域构成的整体世界的统一性，存在是自在自为者。但是，这种有限的界说显然并不能够令人感到满足。因为即便我们得到上述界说，我们还是不甚清楚和了解：存在到底是一种实体还是一种属性？是一种实存还仅仅是一种思维抽象，抑或同时是两者？存在作为自在自为者，是存在于存在者之内还是存在于存在者之外？等等。

　　对何谓存在的进一步回答显然必然关涉存在在何处，它与存在者到底是什么关系，有何关联等诸问题。对此，海德格尔当然也给出了一些论述和说明，这里我们不妨尽量完整地列举其要点：其一，人在其存在中对存在具有存在关系，人存在论地存在，人的存在者状态结构包含存在之领会的规定性。海德格尔认为：从存在者状态上来看，"此在"（宜译为"亲在"）"这个存在者的与众不同之处在于：这个存在者为它的存在本身而存在。于是乎，此在的这一存在机制中就包含有：这个此在在它的存在中对这个存在具有存在关系。……对存在的领悟本身就是此在的存在规定。此在作为存在者的与众不同之处在于：它存在论地存在"⑥。"此在本质上就是：存在在世界之中。因此这种属于此在的对存

---

　　①　海德格尔：《存在与时间》，陈嘉映、王庆节译，熊伟校，生活·读书·新知三联书店1987年版，第47页。
　　②　海德格尔：《路标》，孙周兴译，商务印书馆2000年版，第389页。
　　③　海德格尔：《路标》，孙周兴译，商务印书馆2000年版，第483页。
　　④　海德格尔：《林中路》，孙周兴译，上海译文出版社1997年版，第263页。
　　⑤　海德格尔：《路标》，孙周兴译，商务印书馆2000年版，第435页。
　　⑥　海德格尔：《存在与时间》，陈嘉映、王庆节译，熊伟校，生活·读书·新知三联书店1987年版，第15—16页。

在的领悟就同样源始地关涉到对诸如'世界'这样的东西的领会以及对在世界之内可通达的存在者的存在的领会了。……此在的存在者状态结构包含着先于存在论的存在之领会的规定性。"① 其二，人内立于或置身于存在的敞开状态之中。海德格尔说："人是这样一个存在者，这个存在者的存在是通过在存在之无蔽状态中的保持着开放的内立——从存在而来——在存在中显突出来的。"② 海德格尔明确地说明，他之所以选用"Dasein"这个语词，就是用其来意指人置身于敞开的存在之中。③ 其三，"人不仅被包含在存在之中，而且，存在需要人之本质，存在依赖于对自为（das Fuer-sich）假象的抛弃，因此它也就具有另一种本质。"④ 其四，"存在之本质于自身中就是那种与人之本质的关联。"⑤ 其五，存在是包罗万象者，人是特殊存在者，人之本质中已经包含存在与人两者的关系。海德格尔着意指出，"如果我们以为存在是包罗万象者，同时仅仅把人表象为其他存在者（植物、动物）中间的一个特殊的存在者，并且把这两者置入关系之中，那么，我们对存在也就言说得太多了；因为在人之本质中已经包含着那种关系，即与那个通过关联——在使用或需要意义上的关涉——而被规定为'存在'、并且由此而从其所谓'自在自为'中获取的东西的关系。"⑥ 其六，"人在其本质中乃是存在之记忆"，人之本质属于存在。其七，"人参与构成了存在之区域"⑦。

综括海德格尔的以上论述，我们或许可以清晰得到海德格尔眼中存在与人之间的某种同一性关系：存在包含人在自身之中，或者反过来说，人被包含在和参与到存在之中；存在是包罗万象者，人是特殊存在

---

① 海德格尔：《存在与时间》，陈嘉映、王庆节译，熊伟校，生活·读书·新知三联书店1987年版，第17页。

② 海德格尔：《路标》，孙周兴译，商务印书馆2000年版，第442页。

③ 海德格尔：《路标》，孙周兴译，商务印书馆2000年版，第439页。

④ 海德格尔：《路标》，孙周兴译，商务印书馆2000年版，第483页。

⑤ 海德格尔：《路标》，孙周兴译，商务印书馆2000年版，第471页。

⑥ 海德格尔：《路标》，孙周兴译，商务印书馆2000年版，第479页。

⑦ 海德格尔：《路标》，孙周兴译，商务印书馆2000年版，第484页。

者，无论在存在之本质中，还是在人之本质之中，都含有存在与人两者之间的关系；领悟存在是人的状态结构规定和天然使命。但是，即便海德格尔已经告诉了我们这些，我们仍不免有问题要追问：如果说，无论在存在之本质中，还是在人之本质之中，都含有存在与人两者之间的关系，那么，这种含有是由什么决定和赋予的？或者说，是由何者使然，来源于何处？领悟存在这一人的状态结构规定性特别是可能性又是由谁规定和植入的？诚然，海德格尔明确地肯定：人存在于存在之中；人之本质包含存在与人之间的关系。但是，人存在于存在之中，并不等于存在存在于人之中；人之本质包含存在与人之间的关系，也不等于人之本质包含存在本身。那么，存在究竟是否存在于人自身之中，抑或完全存在于人自身之外？恰恰是在这一最具有实质性的问题上海德格尔没有给予明晰的回答。根据海德格尔的相关思考，或许我们有理由断言，尽管他将存在与人的关系看作包罗万象者与特殊存在者的关系，以及反复强调在存在和人的各自本质中都含有存在与人之间的关系，但是，在他那里，实际上存在本身依然存在于人自身之外而不是存在于人自身之内或之中。换言之，存在并没有真正被人这一"此在"所分有。

对此，我们还可以从海德格尔对柏拉图"洞穴比喻"的解读中获得证明。柏拉图在《理想国》第七卷中通过苏格拉底与格劳孔的对话讲述了一个洞穴人在洞穴之中和洞穴之外所必然遭遇的不同境遇的故事。海德格尔认为，柏拉图的这一"洞穴隐喻"实际上包含着柏拉图关于真理即"无蔽"的学说。他通过对柏拉图的这一"洞穴隐喻"的再解读强调，无蔽者及其无蔽状态在人的任何居留区域内总是公然"在场"的，尽管它可以以不同程度或等级的形式出现，因此"在场化就是存在的本质"①，其基本特征就是无蔽状态。柏拉图的"洞穴比喻"无疑确实表明了柏拉图对存在者与作为理念的存在两者关系的一种理解。这一比喻

---

① 海德格尔：《路标》，孙周兴译，商务印书馆 2000 年版，第 252、259 页。

也能够有力地说明存在作为无蔽者在人这一具体的存在者的居留区域里总是在场的。但是，问题在于，存在在人的居留区域里的在场，说到底仍是存在在人之外的一种在场，而并不是存在在人自身之内或之中的在场。因此，它只能用来说明人存在于存在之中，而并不关涉也不能说明存在也存在于人之中。可见，在柏拉图那里，存在者与存在（"可见者"与"光源"）、感性世界与理念世界（"可见世界"与"可知世界"）已经被分离开和二重化了。存在无论如何无蔽地在人的居留区域里显现，都是在人自身之外发生的，而非在人自身之内或之中发生的。鉴此，有理由说，柏拉图是将存在与存在者相分离的始作俑者，而海德格尔则一开始就追随柏拉图而步入了一种二重化的陷阱。实际上，西方传统形而上学的根本缺陷并非如海德格尔所说是在于对存在的遗忘，而是在于将存在与存在者特别是人这一特殊存在者相分离，将其二重化。这样一来，存在就只能在存在者外部发光，从而至多使存在者显现其外观，而不能在存在者的内部发光，使存在者本身得以透察。

在我们花费许多笔墨澄清海德格尔对马克思有关虚无主义之评判的前提之后，就可以较为容易地对这一评判本身即马克思将人的根本（人的实践活动）归结到人以及用物质实践概念来取代"存在"概念到底是否虚无主义了。

马克思的主张是虚无主义吗？答案是：唯唯否否。

马克思诉诸现实的人以及他们的劳动、物质实践，并由此出发，来看待对象世界及其与人的关系，提出人的劳动、物质实践活动"是整个现存的感性世界的基础"，要求"把感性世界理解为构成这一世界的个人的全部活生生的感性活动"，将以人的物质实践活动为基础的感性世界视为超感性世界的根源，用物质实践取代了以往哲学家们的抽象的"存在"，用人的现实的感性世界取代了以往哲学家们的抽象的"整体世界"，从而彻底否定和扬弃了感性世界之外、之上的超感性世界的"存在"，克服了西方传统思想中经验世界与超验世界的二元对立。就此而言，特别是就彻底否定和扬弃了以往传统形而上学中脱离人这一"此在"的"存在"而言，马克思的主张无疑是一种虚无主义，而且是一种彻底的虚无主义。但是，这是一种合理的虚无主义。

然而，如果在另一个意义上而言，也就是说，就马克思揭示了劳动、物质实践是整个现存的感性世界的现实基础，是人这一"此在"与自然、与整体世界相统一的现实基础而言，特别是就马克思具体地揭示了现实社会中资本统治的根源及其扬弃路径而言，那么，马克思的主张恰好不是虚无主义，而是彻底的反虚无主义，不仅反理论的虚无主义，而且反实践的虚无主义，即反资本的虚无化，因为它找到和指出了"现实的人"通过自己的劳动、物质实践通向和不断接近整体世界、接近终极的"存在"的真实的、现实的道路。如前所述，正是在《手稿》中，马克思提出，"整个世界历史不外是人通过人的劳动而诞生的过程，是自然界对人说来的生成过程"，所以，人和自然的实在性，即人作为自然存在和自然界作为人的存在已经成为实践的、可以通过感觉直观的。这样，"关于凌驾于自然界和人之上的存在物的问题，在实践上已经成为不可能的了"。这意味着：从具体的历史的角度来看，自然存在与人的存在是通过人的实践活动结为一体的，人的存在是整体自然存在发展的结果，同时又是整体自然存在的一部分。因此之故，整体自然存在与人的存在彼此交融、密不可分，整体自然存在之奥秘就存在于人的存在之中，存在于人的劳动、实践之中。

当海德格尔断言"其他一切存在论所源出的基础存在论必须在对此在的生存论分析中来寻找"① 时，其实他所表达的是与马克思相同的思路。也就是说，他对"存在"的追索所采取的从"此在"着手的路径与马克思通过"现实的人"及其实践来关照进而把握整个世界历史这一

---

① 海德格尔：《存在与时间》，陈嘉映、王庆节译，熊伟校，生活·读书·新知三联书店1987年版，第17页。

路径并无本质上的不同。实际上，对存在的真实把握只能通过一定的存在者，特别是人这个特殊的存在者，舍此别无他途。即使以往哲学家们直接关注和研究的都是存在者，看上去似乎遗忘和失落了存在，然而实际上又都自觉或不自觉地关涉到存在，甚至也可以说都是对存在的一种研究。所以，海德格尔关于以往"一切哲学都沦于存在被遗忘的状态中"的断言未免夸大其词、危言耸听。就此而论，海德格尔对己和对他人的态度有所不同，完全采取了实用主义的双重标准。

（本文原载《哲学动态》2014 年第 8 期）

对《德意志意识形态》第一章
文稿结构的重建

　　《德意志意识形态》是马克思、恩格斯在其详细制定和构建"新唯物主义"理论时期所撰写的最重要的著作。在这部著作中，马克思、恩格斯通过批判以费尔巴哈、鲍威尔和施蒂纳为代表的青年黑格尔派哲学，系统地论证和阐发了他们的历史唯物主义理论。它是马克思、恩格斯一生中所撰写的唯一一部较为详尽和系统阐述其哲学基本原理的著作。特别是该书第一章，集中体现了该书的精华。但是，这是一部未完成的手稿，我们见到的现存结构是由后来的出版者根据自己的研究和理解几经改进加以编排的。这种编排因其固有的合理性与非合理性，既给我们释读本文带来了便利，也给我们释读本文带来了障碍。

一　《德意志意识形态》及其第一章
文稿的保存和出版情况

　　按通行的说法，《德意志意识形态》写于 1845 年 9 月至 1846 年下半年。马克思在 1859 年撰写的《政治经济学批判》序言中曾这样回顾这本书的写作：当 1845 年初恩格斯也住在布鲁塞尔时，"我们决定共同阐明我们的见解与德国的意识形态的见解的对立，实际上是把我们从前的哲学信仰清算一下。这个心愿是以批判黑格尔以后的哲学的形式来实现的。两厚册八开本的原稿早已送到威斯特伐利亚的出版所，后来我们才接到通知说，由于情况改变，不能付印。既然我们已经达到了我们的主要目的——自己弄清问题，我们就情愿让原稿留给老鼠的牙齿去批判了。"①

关于本书出版的实际情况是：1846 年 5 月，第一卷手稿的主要部分曾由约·魏德迈从布鲁塞尔带到威斯特伐利亚，准备请当地的企业家、"真正的社会主义者"——尤·迈耶尔和鲁·雷姆佩尔就地出版。但是在1846 年 7 月这些出版商收到该书第 2 卷的大部分手稿后，拒绝了该书的出版。马克思、恩格斯于 1846—1847 年曾在德国多次为这本著作寻找出版商，但由于书报检察机关的阻挠等原因，这本书始终未能出版。

在马克思、恩格斯生前，《德意志意识形态》的第 2 卷第 4 章曾发表在《威斯特伐利亚汽船》杂志 1847 年 8—9 月号上；第 1 卷第 2 章的部分内容曾发表在《社会明镜》杂志第 7 期（1846 年 1 月）上；第 2卷第 5 章的部分内容曾发表在《社会明镜》杂志第 5 期上。

《德意志意识形态》一书的手稿总共约有 50 印张。原书手稿没有写明书名和第一、二卷的总标题。现有书名和标题是根据马克思的《驳卡尔·格律恩》（1847 年 4 月 6 日）一文后加上去的。现存手稿中缺少第1 卷第 3 章的 "B. 我的交往" I. 中的 1、2、3、4 节以及 "C. 我的自我享乐"中的 1、2、3、4、5 节；第 2 卷的第 2、3 章。

莫泽斯·赫斯（Moses Hess）撰写了该书的第 2 卷第 5 章。因此，莫泽斯·赫斯也应该被视为该书的作者之一。

《德意志意识形态》全书第一次发表是在 1932 年，以原文形式发表于《马克思恩格斯全集》历史考订版第一部分第五卷。该书第一章《一、费尔巴哈》第一次发表是在 1924 年，由苏联马克思恩格斯研究院

---

① 《马克思恩格斯选集》第 2 卷，人民出版社 1995 年版，第 34 页。

发表了文稿的俄译文。1926 年，在《马克思恩格斯文库》（Marx-Engels Archiv）第 1 卷刊出了该章的德文原文（编辑：梁赞诺夫）。1932 年《马克思恩格斯全集》历史考订版（Marx/Engels Gesamtausgabe）出版时该章的结构由编者重新加以编排（编辑：阿多拉茨基）。《马克思恩格斯全集》第 3 卷俄文第 2 版（1955）、德文版（1958）和中文版（1960）均以这一版本为依据。尔后，日本学者广松涉曾对此版本的结构编排提出质疑。苏联《哲学问题》杂志 1965 年第 10—11 期和《德国哲学杂志》1966 年第 10 期先后发表了《费尔巴哈》章的新编版本。尔后，该章新编版本的俄、德文单行本也相继问世。1972 年出版了 MEGA2 试刊版。1974 年广松涉编译的新版日译本出版（河出书房新社 1974 年版）。我们现在见到的中文版《马克思恩格斯选集》1995 年第 2 版所载《费尔巴哈》一章系采用德文单行本 1985 年版结构。这一版本的结构编排固然比 1932 年《马克思恩格斯全集》历史考订版的版本结构有很大的改进，但是，仍存有若干不合理之处，这可以从该章的现存结构中看出。

二 《德意志意识形态》第一章文稿的现存结构

《德意志意识形态》第一卷第一章的全部手稿现编为四部分，即 [Ⅰ][Ⅱ][Ⅲ][Ⅳ]。各编主要内容如下。

[Ⅰ]

引言

引言说明本书研究和批判的对象是青年黑格尔派，其主要代表为施特劳斯、鲍威尔、费尔巴哈和施蒂纳等。

《A. 一般意识形态，特别是德意志意识形态》

这一部分主要揭示青年黑格尔派哲学的局限性。青年黑格尔派哲学囿于黑格尔哲学体系和对宗教观的批判。它认为宗教、概念、普遍的东西等意识的产物统治世界，幻想用抽象人的意识（费尔巴哈）、批判的意识（鲍威尔）或利己的意识（施蒂纳）来取代现存世界的宗教的意识，完全忽视了德国哲学和德国现实、理论批判和物质环境之间的关系，并未有能够摆脱黑格尔的哲学唯心主义的立场。

《1. 一般意识形态，特别是德国哲学》

这一部分论述了下述内容：

1. 人类历史赖以存在和发展的现实的前提。人类历史的现实前提是：现实的个人；他们的活动，即物质生产；他们的物质生活条件。

2. 生产、生产方式、交往形式。生产是人区别于动物的标志。生产方式不仅是人的再生产方式，而且更是人的活动方式、生活方式即存在方式。个人间的交往是生产的前提。交往形式是由生产决定的。

3. 分工。生产力的发展决定分工的发展。分工的发展程度是生产力发展水平的客观标尺。分工决定工商业同农业的分离以及城乡的分离，并进而决定商业同工业的分离。分工发展的不同阶段就是所有制的不同形式。历史上的所有制形式是：部落所有制；古代的公社所有制和国家所有制；封建的或等级的所有制。

4. 个人和社会。社会结构和国家是从个人生活过程中产生的。现实的个人是社会关系的主体。

5. 意识和存在。物质生产、交往决定精神生产、交往。人们的社会存在决定人们的意识。

[Ⅱ]

这一部分论述了下书内容：

1. 实践。实践是整个现存感性世界的基础，是人与自然相统一的基础。费尔巴哈的局限性在于，没能把感性世界理解为构成这一感性世界的个人的实践活动。

2. 人的社会活动的四个方面或四个要素：物质生活的生产，新的需要的产生，家庭，以及社会物质关系。生产力的总和决定着社会状况。

3. 意识、语言和分工。语言是一种现实的实践的意识，它和意识一样，只是由于人们之间交往的需要才产生的。意识是社会的产物。分工是生产力、社会状况和意识三者之间矛盾的根源。分工和私有制是同义语。分工是特殊利益与共同利益矛盾的根源。分工也是人的实践活动异化的根源。

4. 异化及其扬弃。所谓人的实践活动的异化，是指人本身的活动对人来说"成为一种异己的、同他相对立的力量，这种力量压迫人，而不是人驾驭着这种力量"。异化扬弃的根本前提是生产力的巨大增长和高度发展。只有生产力的高度发展，异化才能成为革命对象，才能避免贫困的普遍化，才能建立普遍交往；个人才能由地域性的个人变成世界历史性的个人。共产主义归根结底是以生产力的普遍发展和与此相联系的交往为前提的。它不是应当确立的状况，而是消灭现实状况的现实的运动。

5. 市民社会。受生产力制约同时又制约生产力的交往形式就是市民社会。市民社会是历史的真正发源地和舞台。

6. 世界历史。生产力越发展，各民族的原始封闭状态被日益完善的生产方式、交往和民族间的分工消灭得越彻底，历史越成为世界历史。历史向世界历史的转变，是物质的、可以通过经验证明的活动。无产阶级只有在世界历史意义上才能存在。共产主义只有作为世界历史性的存在才有可能实现。每个个人的解放程度是与历史转变为世界历史的程度一致的。

7. 其他四点结论。（1）在资本主义阶段，生产力已成为破坏的力量。（2）阶级统治的条件是利用一定的生产力的条件。统治阶级的社会权力决定于财产状况，并表现为相应的国家形式。（3）共产主义革命是消灭奴役劳动、消灭阶级统治和阶级本身。（4）共产主义革命的必要性不仅在于推翻统治阶级，而且在于改造无产阶级自身。

8. 唯物主义历史观的本质。"这种历史观就在于：从直接生活的物质生产出发阐述现实的生产过程，把同这种生产方式相联系的、它所产生的交往形式即各个不同阶段上的市民社会理解为整个历史的基础，从市民社会作为国家的活动描述市民社会，同时从市民社会出发阐明意识的所有各种不同理论的产物和形式，如宗教、哲学、道德等等，而且追溯它们产生的过程。"它和唯心主义历史观的区别在于：它不是从观念出发解释实践，而是从物质实践出发解释观念的形成。

9. 人既是主体也是客体。人创造环境，环境也创造人。生产力、资金和社会交往形式的总和，是人的本质的现实基础。

10. 以往一切历史观的局限性。以往的历史观忽视了物质生产这一历史的现实基础，从而从历史中排出了人对自然界的关系，造成了自然界和社会历史的对立。

[Ⅲ]

这一部分主要阐述意识形态的本质，提出了下述一些基本原理。

1. 统治阶级的思想是占统治地位的思想。统治阶级即体现为占统治地位的物质力量，也体现为占统治地位的精神力量；既支配物质生产资料，也支配精神生产资料。

2. 占统治地位的思想是占统治地位的物质关系在观念上的表现，是以思想形式表现出来的占统治地位的物质关系。

3. 统治阶级的思想是统治阶级的思想家编造的。

4. 统治阶级的思想在开始时与全体社会成员的共同利益有一定的联系，具有一定的普遍意义或普遍性形式。

5. 历史唯心主义的认识论根源在于，将占统治地位的思想同进行统治的个人、同作为其基础的社会物质关系区分开来。

[IV]

这一部分包含 20 个小节，内容十分丰富，全面论述和涉及了社会结构和社会历史观的各种问题。各节论述的具体问题是：（1）生产工具和分工；（2）分工同生产力与交往形式（生产关系）矛盾的历史发展；（3）生产力与交往形式（生产关系）的矛盾；（4）竞争；（5）个体与阶级；（6）个体与共同体；（7）个体与共同体；（8）生产力与交往形式（生产关系）的矛盾、共产主义；（9）征服；（10）占领；（11）私有制、劳动、分工；（12）民族的个人能力；（13）生产力与交往、占有、劳动与自主活动；（14）市民社会（经济基础）与政治上层建筑的矛盾；（15）分工、镇压、法律、自然科学、上层建筑史；（16）历史唯心主义的认识论根源；（17）宗教；（18）意识形态传统；（19）分工；（20）所有制。

其中，阐述了下列一些主要问题：

1. 分工。在野蛮状态下，脑体活动还没有完全分工；在文明状态下，脑体活动已经实行分工。脑体活动的最大一次分工是城乡的分离，它导致了阶级和国家的产生。城乡之间的对立只有在私有制的条件下才能存在。城乡的分离还可以看作是资本与地产的分离。分工的进一步扩大是生产和交往的分离，即商业的产生。不同城市之间分工的结果就是工场手工业的产生。商业和手工业的扩大产生了大资产阶级。中世纪以来私有制发展的三个历史时期：（1）15 世纪末 16 世纪初—17 世纪中叶，为工场手工业时期。（2）17 世纪中叶—18 世纪末，为商业时期。（3）18 世纪末以后，为大工业时期。大工业创造了交通工具和世界市场，开创了世界历史。

2. 生产力和交往形式（生产关系）。一切历史冲突都根源于生产力和交往形式（生产关系）之间的矛盾。

3. 个体、阶级、共同体。各个体的社会地位，从而他们个体的发展，是由阶级决定的，他们隶属于阶级。只有在共同体中，各个人才能获得全面发展其才能的手段，才可能有人格自由。以往的共同体，仅代表统治阶级的利益，是虚假的共同体。共产主义是真正的共同体，在这种共同体下，各个人在自己的联合中并通过这种联合获得自己的自由。无产者为了实现自己的人格，必须推翻现存的共同体，即资产阶级国家。共产主义共同体是个体把自由和运动发展的条件置于自己控制之下的个体的一种联合。

4. 生产力与交往形式，共产主义。建立共产主义具有经济性质：为自由人格的联合创造各种物质条件，把现存的条件变成联合的条件。

有个性的个体与偶然的个体是一种历史的差别。对于后来时代的个体是偶然的东西，对于先前时代的个体则相反。

生产力与个体交往形式的关系就是个体活动与交往形式的关系。个体交往的条件最初是与个体的个性相适合的条件，是个体自主活动的条件。但后来就逐渐转化为个体自主活动的桎梏。交往形式的更替构成交往形式的历史联系和序列：已成为桎梏的交往形式被适应于比较发达的生产力、因而也适应于进步的个体自主活动方式的新交往形式所代替；新的交往形式又逐渐成为桎梏，然后又为别的交往形式所取代，等等。由于交往条件是适应一定时期的生产力产生的，故交往形式的历史可以归结为生产力发展的历史，归结为个体自身力量发展的历史。

5. 征服、战争、占领。一切都取决于被占领国家的生产力、生产条件和交往条件。

6. 私有制、劳动、分工。私有制和分工是资本主义条件下个体的一切生存条件。分工是资本和劳动矛盾的根源。

7. 劳动和自主活动。在资本主义条件下，劳动已失去了任何自主活动的假象，成为摧残生命的方式，成为自主活动的否定方式，成为手段。只有在共产主义条件下，才能实现个体对生产力总和的占有以及由此而来的才能总和的发挥，实现自主活动同物质生活的一致，实现劳动向自主活动的转化。

8. 基础和上层建筑。市民社会包括各个人在生产力发展的一定阶段上的一切物质交往。它包括该阶段的整个商业生活和工业生活，因此它超出了国家和民族的范围。它标志着直接从生产和交往中发展起来的社会组织，这种组织在一切时代都构成政治和观念上层建筑的基础。国家是统治阶级的各个人借以实现其共同利益的形式。私法是现存私有制关系的表达。

9. 唯心主义历史观的认识论根源。有关意识形态的职业由于分工而独立化，造成了人们关于自己的职业与现实关系的错觉，以致把现实的关系变成了观念的关系。

小结。以上，我们详细分析了《费尔巴哈》章的现存结构。为了使读者能够对这一结构有更为明晰的把握，我们再以此为基础将该章按其内容和先后顺序划分为22个部分：

1. 批判青年黑格尔派（《马克思恩格斯选集》第1卷，人民出版社1995年版，第62—66页，以下只注页码）

2. 个体、生产活动、物质生活条件（66下—68上）

3. 分工与所有制（68中—71上）

4. 存在与意识（71下—74上）

5. 批判青年黑格尔派（74下—78）

6. 生产、需要、家庭、生产力、意识、分工（78下—87）

7. 市民社会（87下—88上）

8. 两种历史观的对立。批判青年黑格尔派（88下—98上）

9. 意识形态（98下—102）

10. 分工（103—104上）

11. 分工（104下—115上）

12. 生产力与交往形式（115下—116上）

13. 竞争（116中）

14. 个体与阶级（116下—118）

15. 个体与共同体（118下—125上）

16. 征服（125 下—126 上）

17. 占领（126 下—127 上）

18. 交往、分工（127 中）

19. 各民族个人能力（127 下—128 上）

20. 生产力与交往。占有（128—130 上）

21. 市民社会（130 下—131 上）

22. 国家、法同所有制的关系（131—134 上）

从中可见，《费尔巴哈》章的现存结构编排明显缺乏内在逻辑，难以觅出一条一以贯之的线索，故内容上显得前后重叠，很不连贯。

三　《德意志意识形态》第一章文稿结构的重建

（一）重建的方法论原则：

1. 依据《德意志意识形态》第一章内容的内在逻辑线索；

2. 采取马克思在《资本论》中阐明和运用的从抽象到具体的叙述方法；

3. 体现马克思、恩格斯阐述的"新唯物主义"的这一方法论：

其一："我们开始要谈的前提……是一些现实的个体，是他们的活动和他们的物质生活条件。"①

其二："这种历史观就在于：从直接生活的物质生产出发阐述现实的生产过程，把同这种生产方式相联系的、它所产生的交往形式即各个不同阶段上的市民社会理解为整个历史的基础，从市民社会作为国家的活动描述市民社会，同时从市民社会出发阐明意识的所有各种不同理论的产物和形式，如宗教、哲学、道德等等，而且追溯它们产生的过程。"②

---

① 《马克思恩格斯选集》第 1 卷，人民出版社 1995 年版，第 66—67 页。

② 《马克思恩格斯选集》第 1 卷，人民出版社 1995 年版，第 92 页。

（二）重建的概念排列和逻辑线索：

青年黑格尔派批判（引论）——现实的个体与物质生产——存在与意识——生产力与交往形式——分工及其与所有制——市民社会——国家、法——意识形态——个体与阶级、共同体——结语

（三）重建后的结构安排和各节划分：

将原结构的 22 个主要部分按上述概念先后排列顺序重新编排，分为 10 个部分或 10 节，每节分别包括原结构的下述部分：

1. 青年黑格尔派批判（引论）：包括原结构第 1、5 部分（上书，页码［以下略］：62—66，74 下—78）

2. 现实的个体与物质生产：包括原结构第 2、8 部分（66 下—68 上，78 下—87）

3. 存在与意识：包括原结构第 4 部分（71 下—74 上）

4. 生产力与交往形式：包括原结构第 12、20、19、13、16、17 部分（115 下—116 上，128—130 上，127—128 上，116 中，125 下—126 上，126 下—127 上）

5. 分工及其与所有制：包括原结构第 10、11、18、3 部分（103—104 上，104 下—115 上，127 中，68—71 上）

6. 市民社会：包括原结构第 7、21 部分（87 下—88 上，130 下 131 上）

7. 国家、法：包括原结构第 22 部分（131—134 上）

8. 意识形态：包括原结构第 9 部分（98—102）

9. 个体与阶级、共同体：包括原结构第 14、15 部分（116 下—118，118 下—125 上）

10. 结语：包括原结构第 8 部分（88 下—98 上）

（本文原载《中央党校学报》2013 年第 5 期）

《德意志意识形态》"费尔巴哈"章的重释与新建

——兼评 MEGA2 第一部第 5 卷《德意志意识形态》正式版

　　《德意志意识形态》是一部极为重要的马克思主义哲学文献。特别是该书第一卷第一章即"费尔巴哈"章，内容颇为丰富，在一定意义上浓缩和体现了全书的精华。自该章的俄文版于 1924 年问世以来，特别是 1972 年 MEGA2（《马克思恩格斯全集》历史考证版）该章"试行版"问世以来，由于有关文稿遗存的问题较多且难以解决，导致在文稿的理解及其编辑方面歧见纷呈，从而产生了各具特色的不同编排方案和版本。2004 年以 2003 年《马克思恩格斯年鉴》形式发表的 MEGA2《德意志意识形态》第一卷第一、二章"先行版"（以下简称"MEGA2《形态》先行版"），虽然在某些方面推进了既有的研究，然而在文本的理解和编辑方面却存在着诸多失误和误判，导致了对文本原始结构的遮蔽和背离。2017 年底国际学界期盼已久的 MEGA2 第一部第 5 卷即《德意志意识形态》正式版（MEGA2，I/5，以下简称"MEGA2《形态》正式版"）终于面世，从而为手稿的研究提供了全新的平台以及重要的契机。但是，由于受到其先行版的影响，该正式版"费尔巴哈"章仍然存有某些明显的不足甚至是重大的缺陷。本文拟就《德意志意识形态》第一卷"费尔巴哈"章的主要作者、主要论战对象和主题、文本构成以及结构和编序等重大问题进行必要的考证、澄清和辨析，并借此就这些问题特别是文本的编排提出笔者自己的意见。

一 关于第一卷"费尔巴哈"章的主要作者

关于《德意志意识形态》一书第一卷"费尔巴哈"章的主要作者和写作分工问题，尽管迄今大多数研究者意见较为一致，但实际上仍是一个有待确证和澄清的问题。由于该章涉及唯物主义历史观基本原理的系统论证和阐释，所以这种确证和澄清也就显得更加必要和重要。

众所周知，迈耶、梁赞诺夫和巴纳等人都主张马克思是该章的主要作者。至于遗留下来的手稿大部分是恩格斯的手迹，迈耶率先提出了恩格斯同时承担了文稿"誊写"工作以及记录"事先商量过的某种成熟的想法"这一设想。[1] 梁赞诺夫也认为，手稿可能是由恩格斯记录马克思口述内容的结果。[2] 梁赞诺夫和迈耶的猜测特别是迈耶的设想得到了巴纳的肯定，同时也得到了国际学术界较为广泛的认可。但是，与此种主张相反，广松涉在研究青年恩格斯思想的专文中，却断然否定了迈耶、梁赞诺夫和巴纳的推断，不仅认为该章的原创者是恩格斯，甚至还进而得出恩格斯在"合奏的初期""拉响第一小提琴"以及"历史唯物主义主要是出自恩格斯的独创性见解"这一结论。[3] 对于绝大多数研究者来说，广松涉的这种主张的荒谬性是无须待言的。然而，MEGA2《形态》先行版的编辑者陶伯特在其2004年出版的先行版中却对此采取了一种甚为含糊和折中的立场，认为，"从科学的编辑出版的角度来说，

---

[1] Mayer, G. , Friedrich Engels. Eine Biographie. Bd. 1 : Friedrich Engels in seiner Fruehzeit. 1820 – 1851, Springer-Verlag, 1920, S. 226.

[2] 梁赞诺夫：《德意志意识形态·费尔巴哈》，夏凡编译，张一兵审订，南京大学出版社2008年版，第18页。

[3] 广松涉编著：《文献学语境中的〈德意志意识形态〉》，彭曦译，张一兵审订，南京大学出版社2005年版，第358、366页。

能得到完全的保证"的结论，是"确定马克思和恩格斯作为同等地位的作者"。① 然而，这种"同等地位说"如果仅仅是指马克思和恩格斯两者都享有作者的资格，那么显然没有多大意义；如果是指马克思和恩格斯彼此担负了完全对等的写作任务或在写作中扮演了完全对等的角色，没有主次之分，那么则显然不符合历史事实。MEGA2《形态》正式版的编辑者对陶伯特所持的立场有所修正，认为"与恩格斯相比，马克思赋予青年黑格尔派哲学批判以更重大的意义并且起草了较大的部分"②。但是，这一判定是就第一卷整体而言的，并非专门针对"费尔巴哈"章。而且，未免过于笼统和抽象，因为编者并没有给出更多的具体的论证和证据。

对于广松涉的明显属于重大失误的判定，笔者无意于在这里去从理论上辩驳，只想枚举几则有助于说明马克思是该章的原创者或主要作者的文献学资料。

首先是马克思于 1846 年 8 月 1 日致卡·威·列斯凯的信。在这封信中，马克思在详细陈述自己对该书的出版意见时写下了这样一段文字：

> 我的著作第一卷（指《德意志意识形态》第一卷——引者注）快要完成的手稿在这里已经放了很长时间，如果不从内容和文字上再修改一次，我是不会把它付印的。一个继续写作的作者不会在六个月以后原封不动地把他在六个月以前写的东西拿去付印，这是可

① 陶伯特编：《MEGA：陶伯特版〈德意志意识形态·费尔巴哈〉》，李乾坤、毛亚斌、鲁婷婷等编译，张一兵审订，南京大学出版社 2014 年版，第 127 页。

② Bearbeiten von Ulrich Pagel, Gerald Hubmann und Christine Weckwerth, Karl Marx/Friedrich Engels, Gesamtausgabe (MEGA), erste Abteilung, Werke. Artikel. Entwuerfe, Bd. 5, Herg. von der Internationalen Marx-Engels-Stiftung, Walter de Gruyter GmbH, Goettingen, 2017, S. 749.

以理解的。①

在这段文字中，马克思完全以个人著作的口吻来谈论《德意志意识形态》第一卷，把它说成是他自己个人的著作。在该信中，马克思还表示，如果该书能够出版，他将于本年度11月以前把这部分文稿再修改一遍，以便以更理想的形态付印。这段文字清晰地表明，包括"费尔巴哈"章在内的《德意志意识形态》一书第一卷从内容到文字的最后表述实际上均是由马克思来全权负责的。

与此相类似，马克思在1847年12月9日致安年柯夫的信中，也完全是以个人著作的口吻来谈论《德意志意识形态》一书手稿的：

> 我的德文手稿（指《德意志意识形态》一书手稿——引者注）没有全部印出来。已印出来那部分，只是为了能够问世，我答应不拿报酬。②

此外，还有恩格斯的两封信（其中有一封被巴加图利亚列入他主编的《德意志意识形态》第一卷"费尔巴哈"章的"附录"中）在一定意义上也可证明马克思是《德意志意识形态》第一卷"费尔巴哈"章的主要作者。这就是恩格斯分别于1846年8月19日和10月8日致马克思的信。

1846年8月15日恩格斯受布鲁塞尔共产主义通讯委员会的委托到达巴黎，向正义者同盟巴黎各支部的工人成员进行宣传工作，组织通讯委员会。19日，恩格斯在有机会先于马克思阅读到费尔巴哈1846年春

---

① 《马克思致卡·威·列斯凯》（1846年8月1日），《马克思恩格斯全集》第27卷，人民出版社1972年版，第474—475页。

② 《马克思致巴·瓦·安年柯夫》（1847年12月9日），《马克思恩格斯全集》第27卷，人民出版社1972年版，第497页。

发表在《模仿者》（*Die Epigonen*）杂志上的《宗教的本质》一文后，立即致信给马克思，信中说：

> 我浏览了一遍费尔巴哈发表在《模仿者》上的《宗教的本质》。这篇东西除了有几处写得不错外，完全是老一套。一开头，当他还只限于谈论自然宗教时，还不得不较多地以经验主义为基础，但是接下去就混乱了。又全是本质呀，人呀，等等。我要仔细地读一遍，如果其中的一些重要的段落有意思，我就尽快把它摘录给你，使你能够用在有关费尔巴哈的地方（指《形态》第一卷"费尔巴哈"章——引者注）。①

很快，恩格斯就完成了自己承诺的工作。10月8日，他将该书的摘录以及所附的他自己的一些相关看法寄给了马克思。在信中，恩格斯摘录了该书的七处文字，同时，为了便于马克思引用，均一一标注出其具体出处即引文页码。此外，他还建议马克思：

> 如果你对这个家伙还有兴趣，可以直接或间接地从基斯林格那里搞到他的全集的第一卷，在这一卷里费尔巴哈还写了一篇序言之类的东西，我见过一些片断，在那里费［尔巴哈］谈到"头脑里的恶"和"胃里的恶"，仿佛是要为自己不研究现实作无力的辩解。②

恩格斯这两封信所透露出的信息也可以在一定意义上印证《德意志

---

① 《恩格斯致马克思》（1846年8月19日），《马克思恩格斯全集》第47卷，人民出版社2004年版，第387页。

② 《恩格斯致马克思》（1846年10月8日），《马克思恩格斯全集》第27卷，人民出版社1972年版，第63—67页。

意识形态》一书第一卷"费尔巴哈"章的写作主要是由马克思负责和承担的。因为如果主要是由恩格斯负责和承担的话，恩格斯就没有必要专门花费精力去摘录费尔巴哈《宗教的本质》一书，将其提供给马克思为撰写第一卷"费尔巴哈"章作为参考，而完全可以由自己来直接运用所发现的资料亲自从事写作，正像他完全独立地完成由他所主要负责和承担的《德意志意识形态》第二卷"真正的社会主义"的撰写任务那样。

结合上述有关情况，或许我们有理由作出这样的判断：尽管在撰写《德意志意识形态》一书过程中马克思与恩格斯的文字合作互相交织、密不可分，但大体上还是有较为明确的分工，包括"费尔巴哈"章在内的该书第一卷无疑主要是由马克思负责的。就全书的总体设计和编辑工作而言，其全权负责者也仍然是马克思，这可以从马克思 1846 年 8 月 1 日致卡·威·列斯凯的信中得到印证，因为马克思在该信中明确地说明：《德意志意识形态》是"我编辑的和恩格斯等人合写的著作"①。

二　关于"费尔巴哈"章及第一卷的 主要论战对象和主题

究竟何为包括"费尔巴哈"章在内的《德意志意识形态》第一卷的写作初始动因、主要论战对象和主题？巴加图利亚曾较早地提出，载有鲍威尔《评路德维希·费尔巴哈》一文的《维干德季刊》第 3 卷的出版，以及同鲍威尔继续论战的需要，是马克思、恩格斯撰写《德意志意识形态》的直接动因。巴加图利亚称：

---

① 《马克思致卡·威·列斯凯》（1846 年 8 月 1 日），《马克思恩格斯全集》第 27 卷，人民出版社 1972 年版，第 473 页。

马克思和恩格斯开始写作《德意志意识形态》、写作第一章的直接理由是路·费尔巴哈发表了《就〈唯一者及其所有物〉而论〈基督教的本质〉》的文章（《维干德季刊》，1845 年，第 2 卷），尤其是布·鲍威尔发表了《评路德维希·费尔巴哈》的文章以及麦·施蒂纳发表了《施蒂纳的评论者》的文章（《维干德季刊》，1845 年，第 3 卷）。《维干德季刊》1845 年第 3 卷在 10 月 16—18 日期间出版，于 11 月 1 日前后在图书市场上出现。①

陶伯特在其所编辑的先行版中，追随巴加图利亚，断定载有鲍威尔《评路德维希·费尔巴哈》一文的《维干德季刊》第 3 卷的出版以及同鲍威尔继续论战的需要是马克思、恩格斯撰写《德意志意识形态》的最初动因，并且据此将包括"费尔巴哈"章在内的第一卷的主题或所谓"原始论题"明确地概括为"与布鲁诺·鲍威尔的论战"②，并以马克思于 1845 年 11 月 20 日所撰写的反驳鲍威尔《评路德维希·费尔巴哈》一文的文稿即《答布鲁诺·鲍威尔》作为《德意志意识形态》第一卷第一、二章先行版的开篇。

MEGA2《形态》正式版的编辑者意识到陶伯特关于第一卷主要论战对象和论战主题的判断的偏颇和失误，确认"应该是施蒂纳构成了马克思和恩格斯论战以及批判青年黑格尔派的中心"③。然而，却未能将这一理念彻底贯彻到文本的编辑和阐释中，反而在附卷的"导言"中依然沿袭了先行版关于《维干德季刊》第 3 卷的出版以及同鲍威尔

---

① 巴加图利亚版《德意志意识形态·费尔巴哈》，张俊翔编译，张一兵审订，南京大学出版社 2011 年版，"序言"第 7 页。

② 陶伯特编：《MEGA：陶伯特版〈德意志意识形态·费尔巴哈〉》，李乾坤、毛亚斌、鲁婷婷等编译，张一兵审订，南京大学出版社 2014 年版，第 162 页。

③ Hubmann, G.: Die Entstehung des historishen Materialismus aus dem Geiste der Philosophiekritik. Zur Edition der "DeutschenIdeologie" in der MEGA, 载中国人民大学编辑《马克思与现时代——纪念马克思诞辰 200 周年国际高端论坛》论文集（未公开出版），2018 年，第 41 页。

继续论战的需要是马克思、恩格斯撰写《德意志意识形态》的最初动因这一说法①，并且将"大束文稿"的第一部分即马克思所标注的第1—29页这一片段（"当然，我们不想花费精力去启发我们的聪明的哲学家……"片段）视为马克思、恩格斯最早撰写的《德意志意识形态》的文稿。

　　实际上，马克思和恩格斯撰写《德意志意识形态》的始初和主要动因是为了回应和批判施蒂纳的《唯一者及其所有物》一书，而《德意志意识形态》第一卷的所谓"原始论题"即主题也是与施蒂纳的论战或对施蒂纳的批判。施蒂纳《唯一者及其所有物》一书于1844年10月底在莱比锡出版，比《维干德季刊》1845年第3卷的出版时间整整早了一年。在《唯一者及其所有物》中，施蒂纳将批判的锋芒直接指向费尔巴哈、鲍威尔和赫斯乃至马克思，尤其是指向费尔巴哈的代表作《基督教的本质》和《未来哲学原理》，率先对费尔巴哈哲学进行了具有实质性的甚至是根本性的批判。在该书中，施蒂纳基于他的核心概念"自我"即对"现实的个人"的理解，表达了这样一个核心思想：虽然费尔巴哈对基督教进行了批判，将基督教的上帝或神还原为人，宣称"人的本质是人的最高本质"，但是由于这一人的"最高本质"还是一种与现实的个人即"自我"无关的抽象的"纯粹的精神性"，所以，费尔巴哈的工作丝毫也未触及和损害宗教的核心，只不过是将上帝或神从天国移到人间、从彼岸拉回此岸而已，费尔巴哈所给予人们的解放完全是神学意义上的解放。不仅如此，施蒂纳在批判包括马克思在内的社会主义者的一些重要的主张的同时，还径直批评了马克思在《论犹太人问题》中沿用费尔巴哈的术语所表述的人应该成为"真正的类存在物（wirkliches Gattungswesen）"的观点，并且通过注释的形式直接点了马克思的

————————

　　①　Bearbeiten von Ulrich Pagel, Gerald Hubmann und Christine Weckwerth, Karl Marx/Friedrich Engels, Gesamtausgabe（MEGA）, erste Abteilung, Werke. Artikel. Entwuerfe, Bd. 5, Herg. von der Internationalen Marx-Engels-Stiftung, Walter de Gruyter GmbH, Goettingen, 2017, S. 737 – 740.

名字。① 仅上述这两点就足以使我们想见施蒂纳的《唯一者及其所有物》给马克思和恩格斯所带来的震撼和冲击力。笔者以为，正是施蒂纳的《唯一者及其所有物》的问世，才给予马克思彻底摆脱费尔巴哈、与费尔巴哈彻底划清思想界限的直接推动力，也正是施蒂纳的《唯一者及其所有物》的问世，才迫使马克思不得不将《1844 年经济学哲学手稿》束之高阁，因为《手稿》虽然已经内含对费尔巴哈哲学批判的某些要点，但这种批判仍处在潜在的萌芽形式中，还尚未发展成为一种鲜明的和彻底的批判形式。

正因为如此，《唯一者及其所有物》一书 1844 年 10 月底一出版，就引起马克思和恩格斯的极大关注。恩格斯当时从维干德那里获得该书的校样匆匆阅读后立即就写信向马克思推荐该书（该年 11 月 19 日）。值得注意的是恩格斯在信中所写下的下述感言和判断：

> 施蒂纳是以德国唯心主义为依据，是转向唯物主义和经验主义的唯心主义者……正因为如此，所以这个东西是重要的，比赫斯所认为的还重要。我们不应当把它丢在一旁，而是要把它当作现存的荒谬事物的最充分的表现而加以利用，在我们把它翻转过来之后，在它上面继续进行建设。……当施蒂纳摈弃了费尔巴哈的"人"，摈弃了起码是《基督教的本质》里的"人"时，他就是对的。费尔巴哈的"人"，是从上帝引申出来的，费尔巴哈从上帝进到"人"，这样，他的"人"无疑还带着抽象概念的神学光轮。达到"人"的真正道路是与此完全相反的。我们必须从"我"、从经验的、肉体的个人出发……②

---

① Max Stirner, Der Einzige und sein Eigentum, Philipp Reclam jun., Stuttgart, 1972, S. 192.
② 《恩格斯致马克思》（1844 年 11 月 19 日），《马克思恩格斯全集》第 27 卷，人民出版社 1972 年版，第 11—13 页。

　　而马克思接到恩格斯的信后，很可能在同年 11 月底以前，就认真地通读和研究了施蒂纳的这部著作，并随即答应为亨利希·伯恩施太因主持的《前进!》杂志撰写批判施蒂纳的文字①。与此同时，马克思还复信给恩格斯，明确地阐述他对施蒂纳著作的基本看法（与恩格斯的看法有所不同）。尽管马克思这封重要的复信没有保留下来，但是，从恩格斯 1845 年 1 月 20 日致马克思的信中可以看出，马克思的观点不仅获得了恩格斯的"完全同意"，而且也说服了赫斯，得到了赫斯的完全肯定和认可。②有理由认为，马克思在准备给亨利希·伯恩施太因的文章以及致恩格斯关于评论施蒂纳著作的复信中实际上已经制定和提出了后来在《德意志意识形态》第一卷第三章得以展开的批判施蒂纳的基本要点。

　　马克思本人对施蒂纳的《唯一者及其所有物》一书何等重视，可以从这一事实中看出：他不仅承担了批判该书的主要任务③，而且几乎是对其进行逐章逐节的批判，遗留下来的德文手稿总计达近 430 页④，占

①　见《马克思致亨利希·伯恩施太因》（1844 年 12 月 2 日），同上书，第 455 页："我不能在下星期以前把对施蒂纳的批判寄给你了。"马克思的这一计划后因《前进!》的停刊似乎未能实现，但不能排除马克思已经开始撰写批判施蒂纳的文稿。同时参见 Ergaenzende Materialien zum Biefwechsel von Marx und Engels bis April 1846. In：Marx-Engels-Jahrbuch 3. Berlin，1980. S. 299 – 300。

②　见《恩格斯致马克思》（1845 年 1 月 20 日于巴门）："说到施蒂纳的书，我完全同意你的看法。……赫斯……动摇一阵之后，也同你的结论一致了。"载《马克思恩格斯全集》第 27 卷，人民出版社 1972 年版，第 16 页。同时参见赫斯 1845 年 1 月 17 日致马克思的信："当恩格斯给我看您的信时我刚好最终对施蒂纳做出判断，……您对唯一者也完全是从同一视域来看的。"载 Moses Hess，Briefwechsel，Herg. von Edmund Silberner，Printed in the netherlands by Mouton & co，1959，S-Gravenhage，S. 105.

③　关于马克思是《Ⅲ. 圣麦克斯》部分的主要作者这一事实可以参见魏德迈 1846 年 4 月 30 日致马克思的信："我和路易斯一道通读了你的唯一者的大部分，她对此很喜欢。另外顺便说一句，完全重写的那部分是写得最好的部分。"见 Joseph Weydemeyer an Karl Marx，30. April 1846，in：Karl Marx，Friedrich Engels，Gesamtausgabe（MEGA），Dritte Abteilung，Briefwechsel，Bd. 1，Dietz Verlag，Berlin，1975，S. 533。

④　Karl Marx/Friedrich Engels，Gesamtausgabe（MEGA），erste Abteilung，Werke. Artikel. Entwuerfe，Bd. 5，S. 1046. 与《形态》正式版的说法稍有不同，陶伯特将其说成是 425 页，见 Inge Taubert，Die Ueberlieferungsgeschichte der Manuskripte der "Deutsche Ideologie" und die Erstveroeffentlichungen in der Originalsprach，MEGA Studien，Hrsg. von der Internationalen Marx-Engels-Stiftung，Amsterdam：IMES 1997/2，S. 36。

《德意志意识形态》全书书稿 650 页的近 70%，其文字量甚至超过了施蒂纳的《唯一者及其所有物》。而且，如果考虑到马克思所标注的第一卷第一章第 30—35 页和第 36—72 页这两个片段也是从批判施蒂纳《唯一者及其所有物》的文稿中抽取出来的①，可以说，《德意志意识形态》第一卷的基本部分和主要内容就是对施蒂纳哲学的批判。据此我们完全有理由断定：对施蒂纳《唯一者及其所有物》一书的批判其实才是《德意志意识形态》第一卷的真正的"原始论题"和主题，而非陶伯特等人所说的对鲍威尔的论战；而对施蒂纳《唯一者及其所有物》一书批判的手稿即我们今天所见到的《Ⅲ. 圣麦克斯》部分实际上就是《德意志意识形态》第一卷的初始形态。1845 年 11 月《维干德季刊》第 3 卷问世后，马克思和恩格斯正是以此手稿为基础构思和形成了新的写作计划，并最终将《形态》第一卷划分和扩展成《Ⅰ. 费尔巴哈》《Ⅱ. 圣布鲁诺》和《Ⅲ. 圣麦克斯》三个组成部分。

还有必要指出的一个事实是，马克思夫人燕妮的回忆也印证了上述观点和判断。根据燕妮的回忆，马克思、恩格斯之所以写作《德意志意识形态》这部著作，也主要是因为施蒂纳的《唯一者及其所有物》一书的出版给予了外部推动。②

上述种种情况表明，构成马克思、恩格斯写作《德意志意识形态》这部著作动机的首先是施蒂纳的《唯一者及其所有物》一书的出版以及对其批判的需要，而非源于鲍威尔在《维干德季刊》第 3 卷上所发表的《评路德维希·费尔巴哈》一文的作用和影响。鲍威尔在《维干德季刊》第 3 卷上所发表的《评路德维希·费尔巴哈》一文固然对马克思和恩格斯写作《德意志意识形态》发生了某种直接作用和影响，然而这

①　参见陶伯特编《MEGA：陶伯特版〈德意志意识形态·费尔巴哈〉》，李乾坤、毛亚斌、鲁婷婷等编译，张一兵审订，南京大学出版社 2014 年版，第 127、128 页。

②　参见 Jenny Marx, Kurze Umrisse eines bewegten Lebens in Mohr und General. , Berlin：Dietz Verlag, 1964, S. 206。

种作用和影响是后来才发生的，并不能构成《德意志意识形态》写作的最初和主要的动因。巴加图利亚片面强调鲍威尔《评路德维希·费尔巴哈》一文的作用，陶伯特在先行版中有意识地将《德意志意识形态》的"原始论题""降格为与布鲁诺·鲍威尔的论战"①，以及郑文吉有关《德意志意识形态》原本可能只是对《神圣家族》之批判的回应或再批判的推测，如此等等类似的观点和主张，显然并不符合历史的实际情境，是一种带有很大主观色彩的臆断。这种臆断，在客观上完全曲解了《德意志意识形态》第一卷的主题和主线。不仅如此，这种臆断还贬低了马克思和恩格斯批判施蒂纳哲学的意义。实际上，马克思和恩格斯批判施蒂纳哲学的意义显然不仅限于批判施蒂纳哲学本身。由于施蒂纳哲学已然是对费尔巴哈哲学的批判和某种超越，所以，实际上马克思和恩格斯对施蒂纳哲学的批判必然内含对费尔巴哈哲学的批判，或者说以对费尔巴哈哲学的批判为前提，因而是对费尔巴哈哲学和施蒂纳哲学的双重批判和扬弃。

　　与《德意志意识形态》第一卷的主要论战对象和主题相关联，是该卷开始写作的时间。关于《德意志意识形态》第一卷的写作时间，既有研究说法不一。迈耶、阿多拉茨基、贝尔·安德烈亚斯认为是1845年9月。② 巴加图利亚根据载有鲍威尔《评路德维希·费尔巴哈》一文的《维干德季刊》第3卷的出版时间是1845年10月16—18日，认定《德意志意识形态》第一卷开始写作的时间是1845年11月。陶伯特在其所编辑的先行版中，追随巴加图利亚，也将《德意志意识形态》第一卷开始写作的时间确定为1845年11月。MEGA2《形态》正式版则将写作

---

　　① 陶伯特编：《MEGA：陶伯特版〈德意志意识形态·费尔巴哈〉》，李乾坤、毛亚斌、鲁婷婷等编译，张一兵审订，南京大学出版社2014年版，第162页。
　　② Bert Andreas, Karl Marx/Friederich Engels, Das End des klassischen deutschen Philosophie. Bibliographie, Schriften aus dem Karl Marx-Haus, Nr. 28, Trier, 1983, S. 139.

时间定在 1845 年 10 月中旬①，即与《维干德季刊》1845 年第 3 卷出版的时间相一致。

然而，如果确认对施蒂纳《唯一者及其所有物》的回应和批判而非同鲍威尔的继续论战是马克思、恩格斯撰写《德意志意识形态》的最初和主要动因，那么，将《德意志意识形态》第一卷开始写作的时间确定为《维干德季刊》1845 年第 3 卷出版或发行的时间即 1845 年 10 月或 11 月就十分令人生疑了，因为施蒂纳的《唯一者及其所有物》一年前就已经出版了，而且，马克思在 1844 年 11 月就已经产生了批判施蒂纳的最初冲动并且已经形成了有关的基本观点和构思。有理由认为，《德意志意识形态》一书的撰写应该首先是从该书第一卷第三章即对施蒂纳《唯一者及其所有物》一书的批判开始，而开始写作的时间按照马克思夫人燕妮的回忆最晚也应是在 1845 年夏②，而绝不会拖至 1845 年 10 月甚至 11 月。至于这种批判的酝酿和相关准备工作则应该追溯到 1844 年底。③

根据恩格斯本人晚年的有关回忆，《德意志意识形态》一书文稿写

---

① Karl Marx/Friedrich Engels, Gesamtausgabe (MEGA), erste Abteilung, Werke. Artikel. Entwuerfe, Bd. 5, S. 773 – 774.

② 据马克思夫人燕妮的回忆，也是在 1845 年夏天，马克思与恩格斯一起撰写了批判德国哲学的著作。参见 Jenny Marx, Kurze Umrisse eines bewegten Lebens in Mohr und General. , Berlin：Dietz Verlag, 1964, S. 206。广松涉在其编辑的版本中也援引了燕妮的这一说法作为其判断《形态》写作时间的根据，见广松涉编注《文献学语境中的〈德意志意识形态〉》，中译本，彭曦译，张一兵审订，南京大学出版社 2005 年版，第 344 页。

③ 这里需要指出的是，马克思《关于费尔巴哈的提纲》的写作时间通常被定为 1845 年春，被视为撰写《德意志意识形态》一书的重要准备。陶伯特在其主编的先行版中根据《提纲》草稿前面写有涉及鲍威尔的几行文字而将其推至 1845 年 7 月。MEGA2《形态》正式版的编辑者没有采用陶伯特的观点，仍旧把《关于费尔巴哈的提纲》的写作时间判定为 1845 年春（见 MEGA2, I/5, S. 738. ）。但是笔者以为，《关于费尔巴哈的提纲》这份手稿的写作时间很可能是在 1844 年底，即在马克思刚刚通读完施蒂纳《唯一者及其所有物》以后，因为施蒂纳的这一著作实际上也涉及对马克思《论犹太人问题》等文章中的论点的批判。它势必迫使马克思去结合施蒂纳的著作重读费尔巴哈的《哲学改造临时纲要》《未来哲学原理》以及他自己的《论犹太人问题》以及他和恩格斯不久前完成的《神圣家族》手稿等。在这种情况下，形成《关于费尔巴哈的提纲》这份札记就是十分自然的。

作的时间也是第一卷第三章即对施蒂纳《唯一者及其所有物》的批判在先，然后才是第一卷第一、二章即对费尔巴哈和鲍威尔的批判，最后是第二卷即对真正的社会主义的批判：

　　　　[……]

　　　　2）施蒂纳　1845/1846 摩尔 & 我

　　　　3）费尔巴哈 & 鲍威尔, 1846/1847 M.（摩尔，即马克思——引者注）& 我

　　　　[……]

　　　　13）真正的社会主义 1847，摩尔 & 我

　　　　[……]①

　　陶伯特在先行版中强调"Ⅲ. 圣麦克斯"部分也涉及了 1845 年 10 月出版的《维干德季刊》1845 年第 3 卷中施蒂纳的《施蒂纳的评论者》这篇文章，特别是其中包含专门批判《施蒂纳的评论者》一文的《2. 辩护性的评注》这一小节，据此论证《Ⅲ. 圣麦克斯》部分如同《Ⅰ. 费尔巴哈》和《Ⅱ. 圣布鲁诺》部分一样，也是 1845 年 10 月《维干德季刊》第 3 卷出版以后才开始撰写的。② 笔者认为，《Ⅲ. 圣麦克斯》中涉及施蒂纳《施蒂纳的评论者》的文字以及《2. 辩护性的评注》这一小节，实际上均应是马克思 1846 年 3、4 月间在为出版社准备《德意志意识形态》全书付印稿而重新修订既有手稿时补充和追加上去的。

---

　　① Inge Taubert, Die Ueberlieferungsgeschichte der Manuskripte der "Deutschen Ideologie" und die Erstveroeffentlichungen in der Originalsprach, MEGA Studien, Hrsg. von der Internationalen Marx-Engels-Stiftung, 1997/2, S. 35.

　　② 陶伯特编：《MEGA：陶伯特版〈德意志意识形态·费尔巴哈〉》，李乾坤、毛亚斌、鲁婷婷等编译，张一兵审订，南京大学出版社 2014 年版，第 127 页。

三　关于第一卷"费尔巴哈"章的文本构成

就《德意志意识形态》第一卷"费尔巴哈"章的正文而论，陶伯特主持编辑的先行版与以往版本的一个重要区别，是新增了两篇文本，即马克思刊载在 1846 年 1 月第 2 卷第 7 期《社会明镜》的短评《答布鲁诺·鲍威尔》和另一篇被编者判为马克思和恩格斯是其共同作者的《费尔巴哈》。

MEGA2《形态》正式版将马克思的短评《答布鲁诺·鲍威尔》排除在《德意志意识形态》第一卷"费尔巴哈"章的正文文本之外，同时却在确定恩格斯是《费尔巴哈》篇的作者的情况下，依然将其保留在正文文本之内。①

在笔者看来，将马克思的短评《答布鲁诺·鲍威尔》排除在《德意志意识形态》第一卷第一章的正文文本之外是合理的，亦有充分的根据。然而，将恩格斯的《费尔巴哈》视为并列入《德意志意识形态》第一卷"费尔巴哈"章的正文则无论如何是难以成立的。

先说将马克思的短评《答布鲁诺·鲍威尔》排除在《德意志意识形态》第一卷第一章的正文文本之外的合理性。马克思的短评《答布鲁诺·鲍威尔》发表时稿件标注的日期是 1845 年 11 月 20 日，而刊载布鲁诺·鲍威尔文章《评路德维希·费尔巴哈》的《维干德季刊》第 3 卷是在 1845 年 10 月中旬出版。从时间上看，《答布鲁诺·鲍威尔》一文是在马克思阅读到布鲁诺·鲍威尔的文章《评路德维希·费尔巴哈》后随即写下的，是对鲍威尔文章的一种即时回应。马克思之所以及时回应鲍威尔的反批判文章，从马克思的文章中可以看出，主要是因为鲍威

---

① Bearbeiten von Ulrich Pagel, Gerald Hubmann und Christine Weckwerth, Karl Marx/Friedrich Engels, Gesamtausgabe（MEGA）, erste Abteilung, Werke. Artikel. Entwuerfe, Bd. 5, Herg. von der Internationalen Marx-Engels-Stiftung, Goettingen, Walter de Gruyter GmbH, 2017, S. 124 – 128, 964.

尔对马克思和恩格斯《神圣家族》一书的反批评完全以《威斯特伐里亚汽船》杂志上一名匿名作者对《神圣家族》的歪曲描述和混乱评论为根据（据 MEGA2《形态》正式版编辑者考证，该匿名作者可能是赫曼·克里格［Hermann Krieg］①），而非以《神圣家族》原著为根据（据此有理由推测，此时鲍威尔还未能见到和直接阅读《神圣家族》一书）。这样一来，当然势必严重曲解或误解马克思和恩格斯的观点和原意。因此，马克思《答布鲁诺·鲍威尔》一文的主旨和目的实际上只是申明一点：这名匿名作者对于《神圣家族》的论点作了"完全歪曲的、荒唐可笑的、纯粹臆想的概括"以及"平庸而混乱的评论"②，并不能代表马克思和恩格斯本人的观点。除此之外，该文并不涉及对鲍威尔文章的论点乃至一般思想的批判。

而且，更为重要的是，《答布鲁诺·鲍威尔》一文所表达的上述申明及其基本内容尔后已经被纳入到《德意志意识形态》第一卷正文《Ⅱ.圣布鲁诺》的第 3 节《圣布鲁诺反对"神圣家族"的作者》之中。在正文《Ⅱ.圣布鲁诺》第 3 节《圣布鲁诺反对"神圣家族"的作者》中，马克思首先回应和批驳了鲍威尔关于《神圣家族》作者以费尔巴哈哲学为前提并持"真正的人道主义"立场的指责。尔后，马克思就重述和发挥了《答布鲁诺·鲍威尔》一文已表述过的申明，即在《威斯特伐里亚汽船》杂志上评论《神圣家族》的匿名作者对《神圣家族》一书的观点作了完全歪曲和主观的报道，而鲍威尔在未能核对原著的情况下却完全以匿名评论作者的评论为根据。马克思特别指出这一事

---

① 参见 Bearbeiten von Ulrich Pagel, Gerald Hubmann und Christine Weckwerth, Karl Marx/Friedrich Engels, Gesamtausgabe（MEGA）, erste Abteilung, Werke. Artikel. Entwuerfe, Bd. 5, Herg. von der Internationalen Marx-Engels-Stiftung, Goettingen, Walter de Gruyter GmbH, 2017, S. 738。该评论文章的标题是《神圣家族或对批判之批判的批判，恩格斯和马克思反对布·鲍威尔和同伙》，载《威斯特伐里亚汽船》1845 年度第 1 期，该年 5 月出版，第 206—214 页。

② 见《对布·鲍威尔反批评的回答》，《马克思恩格斯全集》第 42 卷，人民出版社 1979 年版，第 366、364 页。

实：鲍威尔文章的"所有引文都是摘自《威斯特伐里亚汽船》[匿名评论文章]上所引用的话，除此以外没有任何引文是引自原著"①。

综上可见，马克思发表在《社会明镜》的短评《答布鲁诺·鲍威尔》一文无论在形式还是在内容上都具有明显的即时性，其写作和发表均系单纯出于澄清事实的需要。而且，其主要内容已被纳入和包含在《德意志意识形态》第一卷正文《Ⅱ. 圣布鲁诺》第 3 节《圣布鲁诺反对"神圣家族"的作者》之中。因此，无论在马克思的编辑构思中还是在马克思和恩格斯交付出版社的付印稿中，该文显然都不可能作为《德意志意识形态》第一卷"费尔巴哈"章的正文而出现。

这样，MEGA2《形态》正式版将马克思的短评《答布鲁诺·鲍威尔》排除在《德意志意识形态》第一卷"费尔巴哈"章的正文文本之外，无疑是对 MEGA2《形态》先行版的一项重要纠正和改进。

关于被陶伯特列入 MEGA2《形态》先行版《德意志意识形态》第一卷"费尔巴哈"章正文的另一篇文本《费尔巴哈》，巴加图利亚判定其性质为札记，作者是恩格斯，写于 1845 年秋，认为"恩格斯的这些札记显然是为撰写《德意志意识形态》第一卷第三章而作"②。而陶伯特则将马克思和恩格斯标为该文的共同作者，断定"此手稿是为了草稿（指第一卷'费尔巴哈'章手稿——引者注）的修订而成"，从而推断"此手稿是在以布鲁诺·鲍威尔的《评路德维希·费尔巴哈》为对象的论文手稿（即'大束手稿'的第 28 和 29 页——引者注）写下之后才产生的"。③

笔者认为，该短篇手稿系出于恩格斯之手，应为恩格斯为马克思写作第一卷"费尔巴哈"章而提供的资料稿或素材稿，写作时间应在内容

① 《马克思恩格斯全集》第 3 卷，人民出版社 1960 年版，第 119—120 页。

② 巴加图利亚主编：《巴加图利亚版〈德意志意识形态·费尔巴哈〉》，张俊翔编译，张一兵审订，南京大学出版社 2011 年版，第 77、100 页注［34］。

③ 陶伯特编：《MEGA：陶伯特版〈德意志意识形态·费尔巴哈〉》，李乾坤、毛亚斌、鲁婷婷等编译，张一兵审订，南京大学出版社 2014 年版，第 148 页。

上与其相雷同的、马克思所标注的"大束手稿"的第 28 和 29 页手稿完成之前,而非完成之后。也就是说,该短篇手稿既非如巴加图利亚所言,"是为撰写《德意志意识形态》第一卷第三章而作",更非如陶伯特所断定,马克思和恩格斯是其共同作者,以及是为了第一卷"费尔巴哈"章手稿的修订而写,写于"大束手稿"成形之后。这可以从以下几个方面来看。

其一,在体例上,《费尔巴哈》具有纯读书摘要的性质。该手稿由六个片断组成,用英文字母(a)(b)(c)(d)(e)(f)明确标出六个片断的顺序。在六个片断中,有目的地选择和摘抄了费尔巴哈《未来哲学原理》一文的五段文字,然后主要结合和围绕这些摘录下来的段落附以最必要的说明和评论。因此,完全有理由将这份文稿的标题命名为《费尔巴哈〈未来哲学原理〉一文摘要》。

其二,在内容上,如果细心比较就可以发现,"大束手稿"中的第 28 和 29 页手稿明显是在利用、借鉴和吸收《费尔巴哈》内容的基础上而形成,是对后者的吸纳、深化和发挥。也就是说,在写作时间上,是《费尔巴哈》这篇短篇手稿在前,"大束手稿"的第 28 和 29 页手稿在后,而不是相反。《费尔巴哈》六个片断的主题可以分别概括为:(a)对费尔巴哈哲学的总体评价;(b)费尔巴哈对"交往"的理解;(c)费尔巴哈对新时代哲学任务的规定;(d)费尔巴哈对天主教与新教的区别的论述;(e)费尔巴哈对存在与本质的关系的理解;(f)费尔巴哈对时间的理解。这些,大致构成了《费尔巴哈》这篇手稿的全部内容。将这些内容与"大束手稿"的第 28 和 29 页手稿相对照,可以看出,"大束手稿"的第 28 和 29 页手稿虽然只选用了《费尔巴哈》提供的(b)和(e)这两个片断,但是却抓住了费尔巴哈哲学思想的关键。更为重要的是,"大束手稿"的第 28 和 29 页手稿对《费尔巴哈》(b)(e)两个片断中的评论进行了明显的修订、完善和发挥,特别是深化了其思想蕴含。比如,《费尔巴哈》(b)只限于指出:费尔巴哈将对人们之间彼此需要以及交往的研究作为其哲学全部成果的体现，并且赋予其一种自然的和神秘的形式。而"大束手稿"的第 28 页在确认"费尔巴哈关于人与人之间的关系的全部推论无非是要证明：人们是互相需要的，而且过去一直是互相需要的"的同时，还进一步将问题提升到这样的高度：费尔巴哈"和其他理论家一样，只是希望确立对存在的事实的正确理解，然而一个真正的共产主义者的任务却在于推翻这种存在的东西"。① 这一论断，与马克思《关于费尔巴哈的提纲》中所表述的"哲学家们只是用不同的方式解释世界，问题在于改变世界"的命题可谓完全吻合。又比如，《费尔巴哈》（e）在摘录了费尔巴哈关于存在与本质的论述之后，仅是指出这是"对现存事物的绝妙的赞扬"。而"大束手稿"的第 28 和 29 页手稿则将费尔巴哈关于存在与本质的关系的论述作为费尔巴哈"既承认存在的东西，同时又不理解存在的东西"的一个典型案例来剖析。并且，"大束手稿"的第 28 和 29 页手稿不仅就此对费尔巴哈展开批判，而且还将这种批判扩及鲍威尔和施蒂纳。还有，就举例而言，"大束手稿"的第 28 和 29 页手稿也没有采用《费尔巴哈》（e）所枚举的关于矿井守门人和纺织接线工的例子，而是直接采用费尔巴哈所使用的鱼和水的关系这一更为贴切和直白的事例来进行阐释和说明。如此等等。

其三，在文稿风格上，《费尔巴哈》与恩格斯的文风极为吻合。特别是如果将《费尔巴哈》与前面引述过的恩格斯 1846 年 10 月 8 日致马克思信中所附的关于费尔巴哈《宗教的本质》一书的摘要及所附评论相对照，可以看出某种惊人的类似。值得注意的是《费尔巴哈》（e）片断开始的一句话："《未来哲学》一开头就表明我们（指马克思和恩格斯——引者注）同他（指费尔巴哈——引者注）之间的区别"②。这句

---

① 《马克思恩格斯文集》第 1 卷，人民出版社 2009 年版，第 549 页。
② 《马克思恩格斯全集》第 42 卷，人民出版社 1979 年版，第 361 页。

话不仅体现恩格斯的口吻，而且表明，《费尔巴哈》只是供恩格斯和马克思二人之间传阅的一份文稿。

总之，上述各方面的情况均表明，《费尔巴哈》应为恩格斯为马克思写作第一卷"费尔巴哈"章特别是其中的"大束手稿"部分而提供的资料稿或素材稿，写作时间应在"大束手稿"第 28 和 29 页草稿完成之前。如此说来，显然它也绝不可能构成《德意志意识形态》第一卷"费尔巴哈"章的正文。

MEGA2《形态》正式版完全肯定和沿袭 MEGA2《形态》先行版的做法，仍然将恩格斯为马克思撰写和提供的这篇《费尔巴哈》素材稿列入《德意志意识形态》第一卷"费尔巴哈"章的正文文本之中，这不能不说是一个重大的失误。

四 关于第一卷"费尔巴哈"章的文本结构和排序

MEGA2《形态》先行版的一个所谓重大创新之处，是一反以往按照各文本之间的内在逻辑来进行文本编序的传统做法，首次采取了所谓按照写作时间即完稿时间来进行文稿排序和编辑的原则。而采用这一原则的前提则是基于这样一个基本的事实判断：《德意志意识形态》第一卷并不是一部未完成的著作，而只是为某种期刊（季刊）而准备的文章的汇集。陶伯特强调，"为了正确地对待手稿流传下来的状况，我们将流传下来的 7 份手稿……作为独立的文稿进行编辑"；"这只不过实现了一个寻找并找到了的全新开端"。①

MEGA2《形态》正式版的编者对陶伯特的这一判定给予了完全肯定，

---

① 陶伯特编：《MEGA：陶伯特版〈德意志意识形态·费尔巴哈〉》，李乾坤、毛亚斌、鲁婷婷等编译，张一兵审订，南京大学出版社 2014 年版，第 13、4 页。

认为其在《形态》编辑史上具有开创性："由英格·陶伯特负责的《年鉴》在编辑这一版本时有了开创性做法，即把手稿按时间顺序编成独立的文稿。这样一来，首先摈弃了关于著作的虚幻观念。"与此同时，《形态》正式版的编者还对此予以特别发挥："马克思和恩格斯的《德意志意识形态》没有被考虑作为一部著作，而是作为一个季刊，这首先意味着《德意志意识形态》不是一部未完成的著作。更确切地说，马克思和恩格斯根本没有计划要写一部著作，而是原本打算出版一种期刊。"①

然而，实际上，马克思和恩格斯固然有过创立一种季刊以便能够在上面连载《德意志意识形态》或发表《德意志意识形态》有关章节的计划，但是这并不否定《德意志意识形态》是一部作者原本计划中的、有其内在逻辑和完整结构的著作。这可以从以下两个方面的事实看出：其一，尽管流传下来的并非一整捆完整的手稿，而是具有片段性，但是文本手稿本身标有大标题和中标题，而且有著者的印张编码和页数编码，这些都清晰地呈现了手稿总体的内在逻辑、结构及其关联；其二，马克思本人曾在不同场合明确申明《德意志意识形态》是一部著作，而非所谓文集。例如，在本文第一部分已经引述过的马克思于1846年8月1日致卡·威·列斯凯的信中，马克思在谈到《德意志意识形态》文稿时数次使用的提法都是"我的著作"，用语明确，不容置疑。因此，无论根据何种理由而否定《德意志意识形态》是一部著作，显然都是无法成立的。

MEGA2《形态》先行版在彻底否定《德意志意识形态》第一卷是一部著作的基础上，按照文集的构思采取了所谓按照写作时间即完稿时间来编辑文本的原则，对《德意志意识形态》第一卷"费尔巴哈"章的各部分文稿进行了如下编序：

① Hubmann，G.：Die Entstehung des historishen Materialismus aus dem Geiste der Philosophiekritik. Zur Edition der "DeutschenIdeologie" in der MEGA，载中国人民大学编辑《马克思与现时代——纪念马克思诞辰200周年国际高端论坛》论文集（未公开出版），2018年，第40页。

I/5-1　马克思：《答布鲁诺·鲍威尔》；

I/5-3　马克思、恩格斯：《费尔巴哈和历史。草稿和笔记》；

I/5-4　马克思、恩格斯：《费尔巴哈》；

I/5-5　马克思、恩格斯：《Ⅰ.费尔巴哈 A.一般意识形态，特别是德意志的》；

I/5-6　马克思、恩格斯：《Ⅰ.费尔巴哈 1.一般意识形态，特别是德国哲学》；

I/5-7　马克思、恩格斯：《Ⅰ.费尔巴哈 导言》（"正如德国意识形态家们所宣告的……"）；

I/5-8　马克思、恩格斯：《Ⅰ.费尔巴哈 残篇1》（"各民族之间的相互关系……"）；

I/5-9　马克思、恩格斯：《Ⅰ.费尔巴哈 残篇2》（"由此可见，事情是这样的……"）；

I/5-10　马克思、恩格斯：《莱比锡宗教会议》；

I/5-11　马克思、恩格斯：《Ⅱ.圣布鲁诺》；

附录：约瑟夫·魏德迈和马克思：《布鲁诺·鲍威尔及其辩护士》。①

抽象而论，按照文稿的写作时间来进行文本的编序也不是没有其特殊的价值和意义。这主要体现在，有助于弄清作者在撰写过程中的思想的发展和演进过程。但是问题在于，构成《德意志意识形态》第一卷"费尔巴哈"章的正文文本实际上是经过马克思和恩格斯亲自构建和编辑过的，在各个文本之间是存在内在逻辑和结构的。撇开文本上既有的原始编码顺序不论，仅就文本的内容而言，"导言"文本的标题（被马

---

① 陶伯特编：《MEGA：陶伯特版〈德意志意识形态·费尔巴哈〉》，李乾坤、毛亚斌、鲁婷婷等编译，张一兵审订，南京大学出版社2014年版，第3页。

克思写在阿姆斯特丹国际社会历史研究所档案编号为 A10 的手稿上）以及"Ⅰ. 费尔巴哈"文本的标题（被恩格斯抄写在马克思和伯恩斯坦标注的第 1 页、阿姆斯特丹国际社会历史研究所档案编号为 A11 的手稿上）都是文稿中原来就有的，这已经清晰地向人们昭示了《德意志意识形态》第一卷"费尔巴哈"章正文文本的大致的内在逻辑、结构和排序。从逻辑上说，既然是"导言"，当然应该位于全部正文的前面，而不应该被置于全部正文的末尾；既然是文本上标有"Ⅰ. 费尔巴哈"的标题，当然应该属于全部正文的开始部分，而不应该被置于全部正文的中间；而没有被加任何标题的"大束手稿"即所谓《费尔巴哈和历史·草稿和笔记》，作为全部正文的主体，显然应该位于全部正文的开始部分即文本"Ⅰ. 费尔巴哈"之后，而不应该被置于文本"Ⅰ. 费尔巴哈"之前，如此等等。然而，由于先行版的编辑者片面强调所谓按照写作时间即完稿时间来进行排序的原则，其编辑结果当然只能是既有的逻辑、结构和文本顺序都被颠倒或倒置了。

MEGA2《形态》正式版的编辑者意识到了《形态》先行版片面强调按照写作时间来编辑文稿的偏颇①，对手稿的总体关联性给予了一定的注意，因此采取了一种折中的方案——可以将其概括为按照文本内在逻辑与按照文本写作时间相结合的方案②，并相应地改进了先行版对第

---

① 编辑者认为，"纯粹按时间顺序编排手稿会遇到下述问题：作为统一流传下来的文稿不得不分成多个部分；时间顺序排列也总是难以被精确地确定……此外，按时间顺序编排也可能会同作者的意图相矛盾，这种意图通过章的编码或贯穿……大束手稿整个文本的编码而得到体现"。参见 Bearbeiten von Ulrich Pagel, Gerald Hubmann und Christine Weckwerth, Karl Marx/Friedrich Engels, Gesamtausgabe（MEGA），erste Abteilung, Werke. Artikel. Entwuerfe, Bd. 5, Herg. von der Internationalen Marx-Engels-Stiftung, Walter de Gruyter GmbH, Goettingen, 2017, S. 795, Anmerkungen 264。

② 编辑者坦承：该卷的文本编排是权衡有关编排的各种可能性及其利弊的一种结果。（cf. MEGA2, I/5, S. 795）或许正是鉴于此，编辑者采取了一种特殊的处理方法，即在正式版的基础上又专门编辑和出版了另一个完全按照文本写作时间顺序来编排的《形态》"费尔巴哈"章的单行本，并将其命名为《德意志意识形态·论哲学批判》，从而将该章彻底地变成了一本论文集。见 Hubmann, G. und Pagel, U. herg. , Karl Marx/Friedrich Engels, Deutsche Ideologie. Zur Kritik der Philosophie, —Manuskripte in chronologischer Anordnung, Walter de Gruyter GmbH, 2018。

一卷"费尔巴哈"章正文文本的排序，对其作出了如下编排：

H1. 马克思：前言（"人们迄今总是为自己造出关于自己本身……种种虚假观念。"）

H2. 马克思、恩格斯：《Ⅰ. 费尔巴哈. A. 一般意识形态，特别是德意志的》

H3. 马克思、恩格斯：《Ⅰ. 费尔巴哈. 1. 一般意识形态，特别是德国哲学》

H4. 马克思、恩格斯：《Ⅰ. 费尔巴哈. "正如德国意识形态家们所宣告的……"》

H5. 马克思、恩格斯：论费尔巴哈的大束手稿

H6. 马克思、恩格斯：《费尔巴哈》（摘记）

H7. 马克思、恩格斯：《残篇1，编页3》（"各民族之间的相互关系……"）

H8. 马克思、恩格斯：《残篇2，编页5》（"由此可见，事情是这样的……"）

H9.《莱比锡宗教会议》[1]

将其与先行版对比不难看出，MEGA2《形态》正式版对先行版所作出的重要修正，除了将马克思的短评《答布鲁诺·鲍威尔》排除于"费尔巴哈"章的正文文本之外，是把论费尔巴哈的"大束手稿"和《费尔巴哈》这两篇文本由原来第一和第二的位置移置到了《I. 费尔巴哈 导言》（"正如德国意识形态家们所宣告的……"）这篇文本之后。

在某种意义上，或许可以将 MEGA2《形态》正式版所采取的这种

编辑方案看作一种新的编辑模式，即以文本内在逻辑与以文本写作时间相结合为原则的模式。假若如此，那么在《德意志意识形态》第一卷"费尔巴哈"章编辑史上迄今已经形成和存有了三种有代表性的独立的编辑模式：以文本内在逻辑为原则的模式①；以文本写作时间为原则的模式；以及以文本内在逻辑与以文本写作时间相结合为原则的模式。

现在的问题是，MEGA2《形态》正式版所采取的这种依据文本内在逻辑与依据各文本写作时间相结合的编辑模式是否是最合理的模式？它是否客观地再现了《德意志意识形态》第一卷"费尔巴哈"章的文本结构和编序的原貌？

笔者注意到，MEGA2《形态》正式版所创新的编辑模式如同以往的前两种编辑模式一样，也依然忽视、回避乃至摈弃了这样一个重大的问题，即手稿上遗存的原始印张数字编码。这一问题迄今一直未能得到解决，成为《德意志意识形态》第一卷"费尔巴哈"章编辑史上的悬案。而在笔者看来，手稿上遗存的原始印张数字编码是破解文本原始结构和排序的密钥，因此也是复原和重建文本结构的关键。因此，有必要提出《德意志意识形态》第一卷"费尔巴哈"章的第四种编辑方案和模式——按照文本手稿上标注的印张原始编码来进行文本排序和编辑的方案和模式。②

在手稿遗留下来的既有四种编码中，马克思和恩格斯本人的亲自编

---

① 以文本的内在逻辑为原则重建"费尔巴哈"章，是在找不到确凿的客观依据的情况下作出的一种相对合理的选择，被以往的研究者在不同程度上采用。这不仅在阿多拉茨基版和广松涉版中得到较充分的体现，而且在梁赞诺夫版和巴加图利亚版中也有所体现。笔者也曾以该原则为主要依据提出过一种重建《形态》"费尔巴哈"章的方案。参见侯才《对〈德意志意识形态〉第一章文稿结构的重建》，载《中共中央党校学报》2003 年第 2 期。

② 梁赞诺夫在按照马克思和恩格斯的手稿编码来进行"费尔巴哈"章的编辑方面作出了最初的尝试。他对马克思和恩格斯的手稿编码给予了一定的重视，并尽可能地去利用这一手稿编码，从而在很大程度上奠定了尔后的"费尔巴哈"章编辑的基础。但是由于他未能完全弄清恩格斯的印张编码，也导致了文本排序上的个别失误，即将"各民族之间的相互关系……"这一文本错误地置于全章最后（参见梁赞诺夫主编《德意志意识形态·费尔巴哈》，夏凡编译，张一兵审订，南京大学出版社 2008 年版，第 18—21、99—103 页）。

序无疑最为重要。马克思具体标注了"大束手稿"的页码，尽管现在已经缺失了第3—7页以及第36—39页，但是"大束手稿"的整体性及其内在结构依然被清晰地呈现了出来。相比较而言，恩格斯所标注的页码似乎缺乏完整性。迄今为止人们所能辨认和认同的被马克思改写过的恩格斯的标注数码主要是6—11、21、84—92这样三组，即"6"（被分为b、c、d、e）"7""8""9""10""11"；"21"；"84""85""86""87""88""89""90""91""92"。先行版的编辑者虽然在相关的出版说明中也谈到手稿《残篇2》有恩格斯标注的数码"5/"以及手稿《残篇1》第一印张有被认为恩格斯所写的数码"3/"，但是同时却又坚执地认同或断定：数码3/"无法确定到底是出自恩格斯的笔迹还是出自第三者"，而印张编码1/、2/、4/等"这些编号出自伯恩斯坦之手"①，与恩格斯无关。

其实，如果仔细研究就不难发现，恩格斯的编码实际上有着自身独有的特点，这使它与马克思的编码不仅明显区别开来，而且相互补充。这一特点就是，编页按印张来进行，数字所显示的是印张的排序，而非文稿具体页码的排序。而且，这种印张排序几乎涉及第一卷"费尔巴哈"章正文的所有文本。因此，它在每一印张上只标出一个数字，数字均被写在印张首页的上端中间。而马克思的编码则是按每一印张所含有的具体书写页面来计算，即将每一印张中所包含的带有文字的纸页（通常为4页）逐一都用数字编码和标记出来。而且，其编码范围只限于"大束手稿"。在弄清了恩格斯这一编序特点以后，再回头看《导论》《A. 一般意识形态，特别是德意志的》《残篇1》和《残篇2》这四篇原始文稿，就会发现它们在每一印张首页上实际上均标有印张数字，按1—5顺序排列，不仅与恩格斯所标记的6—11、21、84—92三组印张数码的编码所具有的特点完

① 陶伯特编：《MEGA：陶伯特版〈德意志意识形态·费尔巴哈〉》，李乾坤、毛亚斌、鲁婷婷等编译，张一兵审订，南京大学出版社2014年版，第150页。

全一致，而且与恩格斯所标注的 6—11 这组印张数码直接相衔接。就墨色而言，印张数字的墨色也与手稿字迹的墨色相一致或相接近。据此，笔者认为可以断定：分别标记在《导论》《A. 一般意识形态，特别是德意志的》《残篇1》和《残篇2》这四篇原始文稿上带有斜划线数字的 1—5 印张的数码，即 “1/”“2/”“3/”“4/”“5/”，同样为恩格斯所标记，是出自恩格斯的手笔，而且直接承接恩格斯所标记的印张 “6/”，即马克思所标记的 “大束手稿” 的第 8 页。

这样一来，我们就得到了恩格斯对《德意志意识形态》第一卷 “费尔巴哈” 章正文文本几乎全部印张的编码，从而也得到了恩格斯列入《德意志意识形态》第一卷 “费尔巴哈” 章的全部正文文本以及恩格斯对这些文本所进行的排序，这就是：

印张数序 “1”：《导言》（“正如德国意识形态家们所宣告的……”）；

印张数序 “2”：《Ⅰ. 费尔巴哈 A. 一般意识形态，特别是德意志的》；

印张数序 “3”“4”：《残篇1》（“各民族之间的相互关系……”）；

印张数序 “5”：《残篇2》（“由此可见，事情是这样的……”）；

印张数序 “6” — “11”“21”“84” — “92”：“大束手稿”（恩格斯标记为：“I. 费尔巴哈 唯物主义与唯心主义观点的对立”，分别对应马克思标记的第 8—29、30—35、40—72 页）。

应该说，这就是马克思、恩格斯生前所亲自编定的《德意志意识形态》第一卷 “费尔巴哈” 章正文的文本构成及其内在结构。

基于此，应该得出的结论自然是：这一原始的文本构成及其结构也是我们今天编辑和出版《德意志意识形态》第一卷 “费尔巴哈” 章所应该遵循和再现的、客观和合理的方案。

从恩格斯所做的上述编序可以看出，在既有的应属于《德意志意识形态》第一卷"费尔巴哈"章的正文文本中，只有《1. 一般意识形态，特别是德国哲学》这一文稿未被恩格斯所列入和编号。笔者推测，该文稿之所以未被恩格斯列入，主要原因是该文稿的前半部分草稿在修订时已经被改作"导言"而重新誊抄并被恩格斯列入印张编号"1/"。恩格斯未处理的其实只是该文稿后半部分即在"1. 一般意识形态，特别是德国哲学"标题下所写的五个自然段，这部分文字被伯恩斯坦标记为第43页和第44页。

从恩格斯印张编码所排定的《德意志意识形态》第一卷"费尔巴哈"章的正文文本及其排序来看后人对原始手稿的编码以及编辑出版的各种版本，应该说，伯恩斯坦和阿姆斯特丹国际社会历史研究所做的编码都是尊重和忠实于马克思和恩格斯所构建的文本结构和排序的，只是对《1. 一般意识形态，特别是德国哲学》这一篇特殊文稿的处理方式有所不同，即伯恩斯坦是将其排列到手稿《残篇1》之后，阿姆斯特丹国际社会历史研究所是将其排列在手稿《Ⅰ. 费尔巴哈 A. 一般意识形态，特别是德意志的》之后（笔者认为这样处理比伯恩斯坦的处理要合理一些），而其他各种版本的编辑则由于未能识别恩格斯的印张编码，都在不同程度上偏离了马克思和恩格斯所亲自构建的文本结构和排序。其中，巴加图利亚版或许是一个例外，其文本排序在客观上与恩格斯的印张编码顺序相一致，但是这并不是由于编辑者识别和自觉遵循了恩格斯的印张编码，而是简单地直接沿袭和照搬阿姆斯特丹国际社会历史研究所的编码所致，因为编者在其"序言"中只提及"文本按照其手稿顺序编排"①，而并没有给出自己之所以如此编排的考释、论证和根据。而且，该版本主观地将"费尔巴哈"章全部文稿分为4个部分26个小节，并按照编辑者自己的理解添加了26个标题（其中只有2个标题是

---

① 巴加图利亚主编：《巴加图利亚版〈德意志意识形态·费尔巴哈〉》，张俊翔编译，张一兵审订，南京大学出版社2011年版，"序言"第8页。

手稿中原有的,其余 24 个均为编辑者所重新命名和添加)。

如果将 MEGA2《形态》正式版的文本排序与恩格斯对《德意志意识形态》第一卷"费尔巴哈"章正文文本印张的编码所体现的排序相对照,就会发现,除了应该把《费尔巴哈》这篇文本排除在正文文本之外,MEGA2《形态》正式版把《I. 费尔巴哈 导言》("正如德国意识形态家们所宣告的……")置于第三而不是第一的位置,以及把《残篇 1》("各民族之间的相互关系……")和《残篇 2》("由此可见,事情是这样的……")置于"大束手稿"之后而不是之前,均有悖于恩格斯对《德意志意识形态》第一卷"费尔巴哈"章正文文本印张的编码所体现的排序。

(本文原载《哲学研究》2018 年第 9 期;《中国社会科学文摘》2019 年第 5 期部分转载)

"哲学形态学"视域中的
马克思主义哲学发展史

一

对于马克思主义哲学及其发展本身的历史的考察和阐释,是马克思主义哲学研究的一个重要的方面,无疑具有其特殊的意义。一般而论,哲学理论本身就是哲学历史的升华和凝结,就是以思辨形式所映现出来的哲学历史。我国清代学者章学诚曾提出,"六经皆史"①。黑格尔也云,"哲学史本身就应当是哲学",因而"哲学史的研究就是哲学本身的研究"。② 对于马克思主义哲学发展史来说,其情形自然也当如是。

迄今国内外描述马克思主义哲学发展史的书籍已有多种。但是,由于难以突破既有的传统诠释和编撰模式,学术质量上未免难以有新的提升和改进。如果回顾和检视马克思主义哲学发展史的编撰史,除了反思文本诠释传统及其与历史、现实的关联等等,不能不关注编撰模式和编

---

① 章学诚:《易教上》,《文史通义校注》上卷:"六经皆史也。古人不著书,古人未尝离事而言理,六经皆先王之政典也。"

② 黑格尔:《哲学史讲演录》第一卷,贺麟、王太庆译,商务印书馆 1959 年版,第 13、34 页。

撰形式。在此方面,"哲学形态学"乃至"哲学历史形态学"显然为马克思哲学发展史的研究和描述提供了一种特殊的模式、维度和视域。

目前,虽已开始有专门从"形态学"特别是从"哲学形态学"的角度来研究马克思主义哲学形态演变的成果问世①,但专门从"哲学形态学"乃至"哲学历史形态学"的角度来径直书写和直接命名"马克思主义哲学形态演变史"的书籍则仍阙如,因为这不仅涉及内容的重释,还涉及作为这种重释前提的方法论的完善。若单纯就后者而言,毕竟"哲学形态学"乃至"哲学历史形态学"本身尚待创立,甚至就连"形态学"作为一门学科也仍在完善的过程中。所以,首先需要探究和明晰"哲学形态学"的方法论及其要素。

"形态学"(Morphologie)源于希腊语,原为用于生物学、地质学和语言学领域的概念。曾为歌德较早使用,用来指植物或动物有机体的形态构成或形成的学说。后被引申到历史学、社会学乃至哲学等领域。涂尔干(E. Durkheim)将"形态学"有意识地引入到社会学中,用来指在特定的空间中个体的数量关系、划分以及根据一定标记的区别。在哲学方面,黑格尔虽然没有直接使用"形态学"的概念,但其所理解和描述的哲学史已俨然是绝对精神或理念的自我认识和展示的形态史。他将理念描述为一个有机进展的整体,同时将理念在这有机进展过程中的各种具体发展方式描述为构成整体过程不同阶段的彼此相连的有机环节,并且注意充分展现贯穿在整体过程中的"逻辑的必然性"。斯宾格勒(O. Spengler)将"形态学"的概念较为彻底地引进了历史哲学和文化哲学。他在其《西方的没落》一书中,明确地提出了"世界历史形态学"这一概念。此外,他还提及了"宗教历史形态学"等术语。所谓"世界历史形态学",据斯氏的说法,旨在把人类生存世界放在生活的图景中,看成正在生成的事物,检视其形态、演变及其最终意义,是

---

① 目前已问世的相关一类的书籍,仅有吴元梁教授主编的《马克思主义哲学形态演变研究》。

一种诉诸"艺术家的慧眼"和感悟的"观相的形态学"或"观相的科学"。它注重对象的形态、样式，演变和有机逻辑，希冀透视其内在的灵魂。它的基本的研究方法即构成形态学研究的基础的东西是从歌德那里借用来的这一方法：不是仅解析对象，而是要"生活于"对象之中。① 值得特别提及的是，马克思本人也曾有意识地使用了"形态学"的方法，将其引入到他的哲学和经济学中，把各种社会形式的更迭和演进描述为"原生形态"和"次生形态"等类似地质层岩累积的过程，并为此专门制定了"经济的社会形态"（die oekonomische Gesellschafts-formation）概念。他在 1867 年的《资本论》第一卷第一版"序言"中，依据形态学的方法明确地提出："我的观点是把经济的社会形态的发展理解为一种自然史的过程。"②

何谓"哲学形态"？何谓"哲学形态学"？对此学者们已经有了一些讨论，尽管意见不一，认识尚有待深入。作者将"哲学形态"理解为哲学体系及其理论结构、话语系统、社会功能、个性特征和演变过程的总和，并据此将"哲学形态学"界定为关于研究哲学体系及其理论结构、话语系统、社会功能、个性特征以及演变过程及其内在规律的科学。在作者看来，哲学体系是哲学形态的承担者和主体。哲学体系的理论结构、话语系统、社会功能、个性特征和演变过程等都是哲学形态的基本要素。哲学形态的本质主要由哲学体系建构的特定视角或方法、主导原则以及所担负的社会功能等决定，并通过哲学体系的命名获得标记和表征。所以，每种哲学形态的特殊性首先通过其哲学体系及其特定称谓集中表现出来。

对"哲学形态"和"哲学形态学"的界定一方面应基于"形态学"

---

① 奥斯瓦尔德·斯宾格勒：《西方的没落》上册，齐世荣等译，商务印书馆 1993 年版，第 17 页；奥斯瓦尔德·斯宾格勒：《西方的没落》，陈晓琳译，黑龙江教育出版社 1988 年版，第 93、94 页。

② 《马克思恩格斯选集》第 2 卷，人民出版社 1995 年版，第 101—102 页。

在自然科学和人文科学领域中的既有应用成果,另一方面也应遵循和关照语源学的一般规律。鉴于"形态学"为歌德所率先使用,故应充分注意"形态"一词在德文语境中的含义。在德文中,"形态"有两个德文词,其一是 Formation,意为形成、构成、组成,被用来指植物的群系,地质的层岩和层系构造,以及军队的编队、队形、阵形。其二是 Form,意为形式、形状、式样、样子、形象、外貌,被用来指铸造的模型,服装的款式,文章的格式和体裁,印刷的印版,人的举止、风度和礼仪,哲学的形式、形态。据此而论,"形态"一词在德文语境中的含义与该词在我国古汉语中的意蕴大致类似。在我国古汉语中,"形态"首先作为审美概念出现,被用来指"形状和神态"。唐代张彦远在其《历代名画记》中评论冯绍正的花鸟作品时云:冯氏"尤擅鹰鹘鸡雉,尽其形态,嘴眼脚爪毛彩具妙"。可见,作为一个美学概念,"形态"一词在我国古汉语中的基本意指也是"形神兼备",即既要求描述出对象的整体样式、构造,又要求展现出对象的风貌、神韵。所以,将"哲学形态"理解为哲学体系及其理论结构、话语系统、社会功能、个性特征和演变过程等的总和,理解为作为其集中体现的哲学体系及其概念表述,应该说既符合"形态"概念的一般规定,又符合"哲学形态"概念的特殊要求,体现了哲学形态的实质与样态、内容与形式、理论与历史、演变与逻辑的统一。

运用"哲学形态学"的视角来研究和描述马克思主义哲学发展史的必要性和主要独特优势在于,有利于将马克思主义哲学的实质与样态、内容与形式、理论与历史、演变与逻辑内在地有机地结合起来,更好地阐释马克思主义哲学的经典文本和基本理论,揭示其本质和发展规律,彰显其当代意义和价值。所以,一般地说,马克思主义哲学形态演变史固然就是马克思主义哲学发展史;但是,特殊地说,马克思主义哲学形态演变史又不是一般意义上的马克思主义哲学发展史,而是一种特殊的马克思主义哲学发展史,它体现了马克思主义哲学发展史的内蕴和精华。

鉴此，《马克思主义哲学形态演变史》编撰的意旨和预定目标应是，从"哲学形态学"的角度，以马克思主义哲学体系的建构及其历史演变为主要对象，对马克思主义哲学发展的历史进行重新描述和阐释，客观地展示马克思主义哲学发展过程中所呈现的各种主要的体系形态及其内容、特征和意义，揭示马克思主义哲学形态历史演进的内在逻辑和趋向，为当代马克思主义哲学的构建提供必要的理论资源和方法论启示。按照这一要求，《马克思主义哲学形态演变史》实质上是一部有关马克思主义哲学基本理论及其体系建构的认识史，它从形态学这一特定角度体现对马克思主义哲学的一种独特的认识和理解。

从"哲学形态学"的视域出发，《马克思主义哲学形态演变史》的编撰除注意突出和体现"哲学形态"所内含的哲学体系和本质特征等诸要素以外，还应力求注意和体现下述相关的方法论原则：

其一，将每种哲学形态视为一个活的有机体，其中演变的每个阶段或时期中的具体形态都是全演变过程的整体形态的一个有机组成部分。充分注意这些具体形态之间的彼此区别和相互联系，反对和防止将它们相互割裂或相互对立。

其二，客观和准确地把握哲学形态创建者对该哲学形态的称谓和命名。概念是本质的反映和表述。一种哲学形态显然只有当找到切实符合它的理论内容和精神特质的名称时，它才能够被客观地鲜明地表达出来。

其三，将哲学家们对哲学的理解特别是对马克思主义哲学的理解即哲学观特别是马克思主义哲学观置于重要地位。因为哲学家们对自己的哲学体系的构建在很大程度上是由他们的哲学观决定的，是其哲学观的一种外化。

其四，注意客观地体现哲学形态同其创建者及其个性的关系。例如，力求彻底地研究和厘清马克思与恩格斯各自的理论贡献以及两者的思想关系，既客观地阐明二者之间的统一、一致，也客观地指出二者之间实际存在的差异；既扬弃既有研究中曾经存在的绝对"对立论"，也坚决摒弃既有研究中仍然大行其道的绝对同一论。因为正是差别构成了统一的前提，从而，认识差别就为认识统一所必需。事实上，不同的理论创制主体也必定会赋予其哲学形态作品以不同的特色。

其五，注意揭示哲学形态同其所反映的社会现实及其历史条件的关系。如果说，哲学形态作为一种意识"镜像"，如马克思、恩格斯在《德意志意识形态》中所说，没有自身独立发展的历史，那么，对意识"镜像"与客观现实关系的揭示就具有根本性的意义。正是有了不同的而且是动态中的客观现实，才有了不同的动态的"镜像"的呈现。

其六，注重哲学形态与社会实践的关系，社会实践所赋予哲学形态的内容和理论特色，以及反转过来哲学形态在社会实践中所担负的实际功能或所发生的实际作用。

其七，将科学性与价值性的统一作为判断哲学形态完善性的一个重要标准，注意挖掘哲学形态中的价值观和方法论资源。

其八，注意揭示哲学形态演变的内在逻辑和规律性，例如通过社会实践由某种普遍性而走向特殊化的历史过程。特别是注意揭示马克思主义哲学创始人在对待传统形而上学问题上表现出来的不同立场和取向，以及由此产生和形成的不同历史传统，关注其对当代哲学发展所提出的课题以及对未来哲学发展所可能产生的影响。

在某种意义上，马克思主义哲学形态演变史总体上呈现出一种系谱树的结构。在原初马克思主义哲学形态即马克思和恩格斯哲学形态的主干上，分化和形成了俄苏马克思主义哲学形态、国外马克思主义哲学形态以及中国马克思主义哲学形态三个较大的分支和子系。为此，《马克思主义哲学形态演变史》既应展开对马克思主义哲学形态演变通史即包括原初马克思主义哲学形态（马克思和恩格斯哲学形态）、俄苏马克思主义哲学形态、国外马克思主义哲学形态以及中国马克思主义哲学形态等各种具体马克思主义哲学形态在内的总体性的研究，也应展开对马克思主义哲学形态演变的断代史、地域史或国别史即对原初马克思主义哲学形态（马克思和恩格斯哲学形态）、俄苏马克思主义哲学形态、国外马克思主义哲学形态以及中国马克思主义哲学形态等各种具体马克思主义哲学形态的分别和专门的研究。

二

从哲学形态学的视域出发，首先需要对原初的马克思主义哲学形态即马克思和恩格斯本人的哲学思想及其酝酿、形成和历史演变过程重新作出梳理、诠释和描述。在哲学形态学视域中，马克思和恩格斯本人的哲学思想及其酝酿、形成和历史演变过程实际上也呈现出不同于一般马克思主义哲学发展史所描述的景观。

19 世纪中叶，在人类历史由古代文明向现代文明、由农业文明向工业文明转折的重大时刻，在德国这个欧洲各种社会矛盾的交汇点，马克思和恩格斯创立了以马克思的名字命名的马克思主义哲学。

这一哲学适应社会现实的需要和哲学重心由自然向人本身迁移的趋势，一反德国古典哲学的理念论的传统，将研究的视域从思辨的理性王国转向经验的现实生活世界，特别是将被以往哲学家们视为人之自然本能的物质生产实践活动看作人的感性世界的现实基础以及全部社会生活的本质，并从这一维度去重新审视和阐释人类历史乃至人的感性世界，从而实现了哲学史上的一种革命性变革。

同任何哲学学说一样，这一哲学也经历了一个酝酿、创建和发展的过程。该哲学的创立者马克思和恩格斯开始时受到黑格尔哲学的强烈影响，在很大程度上是黑格尔主义者，尽管他们与此同时也表现出某种独立和超越黑格尔哲学的倾向。马克思当时恰当地将自己的哲学立场命名为"新唯理论"（neue Rationalismus）（《德谟克利特的自然哲学和伊壁鸠鲁的自然哲学的差别》，1841）。

在以后的发展中，马克思和恩格斯通过参加社会实践，亲身体验和认识到人们的物质利益和社会物质生活关系在社会和历史发展中的地位和作用，由此转向了对社会和历史的唯物主义理解。在马克思那里，这表现为由"新唯理论"经过"最新哲学"（neueste Philosophie）（《第179号"科伦日报"社论》，1842）、"彻底的自然主义或人道主义"（der durchgefuehrte Naturalismus oder Humanismus）（《1844年经济学哲学手稿》，1844.4－8）以及"现实人道主义"（der reale Humanismus）（《神圣家族》，1844.9－11）等过渡阶段而最后转变到"新唯物主义"（der neue Materialismus）（《关于费尔巴哈的提纲》，1844年年末或1845年年初）。马克思用"新唯物主义"标示自己转变后的哲学立场，不仅意味着他的哲学思想同包括黑格尔哲学在内的一切唯心主义哲学相对立，以及同自己以前所持的"新唯理论"立场相区别，而且也同包括费尔巴哈哲学在内的以往一切旧唯物主义（机械唯物主义、庸俗唯物主义、自然观方面的唯物主义等）划清了界限。

在制定和构建"新唯物主义"体系的过程中，马克思将其具体化为"唯物主义历史观"（die materialistische Geschichtsauffassung），并将以他和恩格斯为代表的共产主义者命名为"实践的唯物主义者"（die praketischen Materialisten）（《德意志意识形态》，1845—1846），借以突出和彰显"新唯物主义"的实践本质及其与共产主义构想的内在联系。他称之为"唯物主义历史观"的实际上不仅包摄对人类历史的理解，而且也包摄对"人化自然"历史的理解，是以包括人自身在内的人的经验的、感性的世界的整体为对象的。关于唯物主义历史观的基本原理，马克思与恩格斯一起在《德意志意识形态》的第一章中作了较为系统和集中的阐述。

基于对"对市民社会的解剖应该到政治经济学中去寻求"的切身体认，马克思在与恩格斯一起完成唯物主义历史观的系统构建以后，就把主要精力转移到了对经济学的系统研究和《资本论》的写作。通过对资本主义经济关系的剖析和对资本的批判，马克思深刻地揭示和探究了市场经济条件下人的生存状况，具体地拓展了唯物主义历史观的视野，并将有关未来理想社会的构想奠定在更加坚实的实证基础之上。

与马克思把关注重心放在经济学方面有所不同，恩格斯在 70 年代以后将主要精力用于一种"辩证而又唯物主义的自然观"（dialektishe und zugleich materialistische Auffassung der Natur）（《反杜林论》第二版序言，1885）的建构，并为此回归、借鉴和重释传统唯物主义，使其与辩证法相结合。与此同时，他提出了"现代唯物主义"（der modern Materialismus）（《反杜林论》"引论"，1876—1978）这一概念，用以整合和概括他所构建的"辩证而又唯物主义的自然观"和主要由马克思创立的"唯物主义历史观"。在马克思逝世后，恩格斯还通过一些独立完成的著作和书信，对马克思的唯物主义历史观进行了多方面的阐释和发挥。1890 年以后，这种阐释和发挥主要是在"历史唯物主义"（der historische Materialismus）（《致施密特》，1890.8.5）的名义下进行的。

恩格斯 70 年代后所从事的在很大程度上独立的哲学研究及其成果，一方面在一定程度上继承和沿袭了马克思所开创和奠定的新的实践哲学传统，另一方面也在更大的程度上明显地显露出某种复归传统形而上学、试图综合"唯物主义历史观"与传统唯物主义的倾向。

三

对马克思主义哲学形态演变史的内在逻辑可以从不同的视角作出不同的描述。但无论如何，如何对待传统形而上学，显然是一个较为重大和基本的理论问题。它直接关系到近现代哲学所实现的一种根本性的"转型"，关系到在当代哲学语境下对马克思主义哲学特别是马克思本人哲学的本质的理解，也直接关系到当代马克思主义哲学形态的构建。

纵观马克思主义哲学形态演变史，在如何对待形而上学这一重大哲学问题上，存在着扬弃或复兴传统形而上学的两大传统或两条路线，它们分别是由马克思和恩格斯所开启和代表的。

马克思在创立其"新唯物主义"或唯物主义历史观的过程中，一反西方哲学中从柏拉图直到黑格尔的理念论的传统，运用经验的和实证的方法，从人们的物质生产实践活动出发，把物质生产实践活动视为人的"整个现存的感性世界的基础"① 或人与自然界相统一的基础，并由此维度去重新审视和描述人们所面对的世界，摈除了对整体世界及其终极统一性的追寻，同时把被以往哲学家们看成独立自为并且凌驾于现实世界之上的理念世界归根于经验的现实世界，即与人处在对象性关系中的"感性世界"，从而从根本上扬弃了传统的形而上学。乃至海德格尔认为，"随着这一已经由卡尔·马克思完成了的对形而上学的颠倒，哲学达到了最极端的可能性。哲学进入其终结阶段了。"②

马克思在断然宣布整体自然界和人的产生之类的形而上学问题"没有任何意义"以及"问题本身就是抽象的产物"的同时，将其对传统形而上学的扬弃表述在这样一段经典的话中："因为对社会主义的人来说，整个所谓世界历史不外是人通过人的劳动而诞生的过程，是自然界对人来说的生成过程，所以关于他通过自身而诞生、关于他的形成过程，他有直观的、无可辩驳的证明。因为人和自然的实在性，即人对人来说作为自然界的存在以及自然界对人来说作为人的存在，已经成为实际的、可以通过感觉直观的，所以关于某种异己的存在物、关于凌驾于自然界和人之上的存在物的问题，即包含着对自然界的和人的非实在性的承认的问题，实际上已经成为不可能的了。"③

---

① 《马克思恩格斯文集》第 1 卷，人民出版社 2009 年版，第 529 页。

② 《海德格尔哲学选集》（下卷），孙周兴选编，生活·读书·新知三联书店 1996 年版，第 1244 页。尽管海德格尔在某种意义上仍把马克思哲学视为一种"劳动的新时代的形而上学"，但是它毕竟完全不同于以往的形而上学。

③ 《马克思恩格斯文集》第 1 卷，人民出版社 2009 年版，第 196—197 页。

与此相联系，马克思也提出了一种独特的自然观的构想。他从其实践观出发，以对象性为方法，认为"非对象物是非存在物，被抽象地理解的、自为的、被确定为与人分隔开来的自然界，对人来说也是无"。所以，"在人类历史中即在人类社会形成过程中生成的自然界，是人的现实的自然界"；"只有在社会中，自然界才是人自己的合乎人性的存在的基础，才是人的现实的生活要素"。① 基于这一理解，马克思明确地指出："因此，自然科学（宜理解为马克思所理解的自然观——引者注）将抛弃唯心主义的方向，从而成为人的科学基础，……说生活还有别的什么基础，科学还有别的什么基础——这根本就是谎言。"② 与此同时，马克思也明确肯定了在人与自然界对象性关系之外的自然界存在的某种"优先地位"，以及肯定了黑格尔的作为"绝对精神"的超验世界也有某种存在的合理性，即它作为一种逻辑的描述"为人类的现实历史找到了思辨的表达"。③ 不难看出，正是这种"肯定"，使马克思在与传统形而上学决裂的同时不仅与存在论意义上的虚无主义而且也与当时已经兴起的实证主义划清了界限。

与马克思对待传统形而上学的态度不同，恩格斯通过其至少长达十余年的"自然辩证法"研究（1773—1886），尝试构建一种"辩证的同时又是唯物主义的自然观"，从唯物主义哲学的立场返回到形而上学。这种自然观与马克思视野中的"感性世界"或"人化自然"即"在人类社会形成过程中生成的自然界"不同，是以整体自然界为对象的。恩格斯在1885年（马克思逝世后第三年）写下的《反杜林论》第二版"序言"中明确地提出了"辩证的同时又是唯物主义的自然观"这一概念，用其与"唯物主义历史观"的概念相对置和并列，并如此肯定了他自己所做的把辩证法用于唯物主义自然观方面的工作："马克思和我，

---

① 《马克思恩格斯文集》第1卷，人民出版社2009年版，第210、220、187、193页。
② 《马克思恩格斯文集》第1卷，人民出版社2009年版，第193页。
③ 《马克思恩格斯文集》第1卷，人民出版社2009年版，第529、201页。

可以说是把自觉的辩证法从德国唯心主义哲学中拯救出来并用于唯物主义自然观和历史观的唯一的人。"①

此外，恩格斯还提出了"现代唯物主义"这一概念，试图用其整合和包摄由他本人构建的"辩证的同时又是唯物主义的自然观"与主要由马克思所创立的唯物主义历史观。他强调，"现代唯物主义"是在利用旧唯物主义的"永久基础"上所实现的一种哲学思想的系统综合："所谓现代唯物主义，否定之否定，不是单纯地恢复旧唯物主义，而是把两千年来的哲学和自然科学发展的全部思想内容以及这两千年的历史本身的全部思想内容加到旧唯物主义的永久基础上。这已经不再是哲学，而是世界观。"②

正是恩格斯的以整体自然为对象的"辩证的同时又是唯物主义的自然观"的提出，及其所呈现出的综合唯物主义历史观与传统唯物主义的倾向，开启了恢复和复兴形而上学传统的进程。这种传统尔后经由狄慈根和普列汉诺夫的"辩证唯物主义"、列宁的"完备的哲学唯物主义"以及"辩证唯物主义"和"历史唯物主义"概念的并置使用③、最后到斯大林的"辩证唯物主义和历史唯物主义"体系而获得最终定型，并且一直延伸到传统的马克思主义哲学教科书中。应该说，这与马克思本人通过物质实践活动扬弃传统形而上学的理路大异其趣。

纵观马克思、恩格斯逝世后马克思主义哲学的发展，大体沿着马克思与恩格斯所分别开启和代表的两条路线行进：俄苏马克思主义哲学和

---

① 《马克思恩格斯选集》第 3 卷，人民出版社 1995 年版，第 349 页。

② 《马克思恩格斯全集》第 4 卷，人民出版社 1958 年版，第 178 页。

③ 列宁曾分别用不同的概念来概括马克思主义哲学，如"辩证唯物主义""完备的哲学唯物主义""战斗的唯物主义"，等等。值得注意的是，尽管列宁在《马克思主义的三个来源和三个组成部分》以及《卡尔·马克思》中用"完备的哲学唯物主义"或"现代唯物主义"来概括和称谓整个马克思主义哲学体系，并将其划分为"哲学唯物主义""辩证法"和"唯物主义历史观"三个组成部分，但是他在《唯物主义与经验批判主义》以及《纪念赫尔岑》两文中，已经将"辩证唯物主义"和"历史唯物主义"两个概念对置和并列使用。例如，他在评价赫尔岑时认为："赫尔岑已经走到辩证唯物主义跟前，可是在历史唯物主义前面停住了。"见《列宁选集》第 2 卷，人民出版社 1995 年版，第 284 页。

改革开放前的中国马克思主义哲学主要继承、沿袭和发展了恩格斯所开启和代表的传统；西方马克思主义特别是其人本主义思潮则主要继承、沿袭和发展了马克思所开启和代表的传统。而在改革开放后的中国，特别是伴随着关于"实践唯物主义"的讨论，也呈现了返回到马克思本人所开启和代表的传统的趋向，并愈益具有影响。从实质上看，马克思与恩格斯思想的差异及其所开启和后来得以展开的上述两大传统，实际上是在如何对待形而上学这一重大问题上在马克思主义哲学内部两种不同的反映。

在当代，在海德格尔提出其"基础本体论"并将马克思对传统形而上学的扬弃归结为"虚无主义的极致"以后，如何看待形而上学的问题被重新提出，并且尖锐化了。与此相关联，马克思与恩格斯学术思想之间的差异，乃至马克思主义哲学内部两大传统之间的差异也被彰显出来。

这给人们重新提出了一项重大的理论课题，即：对于马克思主义哲学来说，一种科学的形而上学是否是合理和可能的？或者能否构建一种科学的马克思主义哲学的形而上学？这完全类似康德当年所提出和致力于解决、尔后又被海德格尔以某种方式重新提出和致力于解决的课题，但是却被赋予了更广阔的历史和文化背景以及更深刻的哲学蕴意。当代马克思主义哲学形态的构建在很大程度上可以归结为对这一课题的解答，或者说，至少要以对这一课题的解答为重要前提。

（本文原载《哲学研究》2014 年第 3 期）

作为马克思哲学来源的
青年黑格尔派哲学

如果要求客观地、历史地了解马克思主义哲学的形成，要求依据新的历史条件来重新审视和评判马克思主义哲学在哲学史乃至人类认识史中的地位和意义，那么，对青年黑格尔派①哲学的成就、局限以及与马克思哲学的关系进行彻底的研究和客观的了解，无疑是绝对必要的一个前提条件。

一 德国资产阶级哲学革命的最后完成者

无论人们对这个历史上的思想和哲学学派如何品评，它在人类历史上、特别是在哲学思想史上都占有重要的一席之地。

有理由把青年黑格尔派与 18 世纪法国唯物主义相比拟。

---

① 对于青年黑格尔派，存在许多不同的说法。本文持以下见解：1. 据马克思和恩格斯的《德意志意识形态》一文，对该学派的命名，取"青年黑格尔派"这一称谓，而不取"黑格尔左派"这一称谓；2. 该学派的持存时间：以大卫·弗里德里希·施特劳斯（David Friedrich Strauss）的《耶稣传》（1835）为其形成标志，以马克斯·施蒂纳（Max Stirner）的《唯一者及其所有物》（1844.10）为其最后终结标志；3. 将施特劳斯、布鲁诺·鲍威尔（Bruno Bauer）、埃德加·鲍威尔（Edgar Bauer）、路德维希·费尔巴哈（Ludwig Feuerbach）、施蒂纳、阿诺尔德·卢格（Arnold Ruge）特别是将鲍威尔、费尔巴哈和施蒂纳视为该学派的主要思想代表。由于莫泽斯·赫斯（Moses Hess）一开始就以自己的独特方式与社会主义思潮发生了联系，赫斯是否属青年黑格尔派，仍是一个有待澄清的问题。鉴于赫斯同青年黑格尔派确有着较为密切的思想联系，特别是在 1841 年下半年至 1842 年持有与青年黑格尔派较为一致的哲学立场，故本文仍将他与该学派一起考察。

恩格斯曾经指出，"正像在 18 世纪的法国一样，在 19 世纪的德国，哲学革命也作了政治崩溃的前导。"① 青年黑格尔派哲学作为德国古典哲学的最后发展阶段，而且是最激进的发展阶段，无疑也像为法国资产阶级革命奠定了理论基础的 18 世纪法国唯物主义一样，为德国资产阶级革命建立了同样辉煌的历史业绩。②

然而，青年黑格尔派哲学似远未获得法国唯物主义那样崇高的礼遇。这甚至在青年黑格尔派运动的专门研究家们那里也是如此。譬如，奥·科尔纽（August Cornu）在其《马克思恩格斯传》中仅把这个运动概括为"试图使黑格尔的学说适合于自由主义"的运动。③ 苏联学者 B. A 马列宁和 B. N. 申卡鲁克则认为这个学派是一个具"激进主义"和"反抗精神"的学派。④ 麦克莱伦更是对其大加贬抑，强调该学派是一个只限于知识分子的狭小圈子的哲学学派，只不过带有启蒙运动的批判倾向和对法国革命原则的崇拜。⑤

但是，不是别人，正是给予青年黑格尔派哲学以致命批判和辛辣嘲笑的马克思、恩格斯，在《德意志意识形态》中一开始就这样描述这一哲学思潮所曾产生过的巨大历史作用：

"正如德国的思想家们所宣告的，德国在最近几年里经历了一次空前的变革。从施特劳斯开始的黑格尔体系的解体过程变成了一种席卷一切'过去的力量'的世界性骚动。在普遍的混乱中，一些强辩的王国产生了，又匆匆消逝了，瞬息之间出现了许多英雄，但是马上又因为出现

① 《马克思恩格斯选集》第 4 卷，人民出版社 1995 年版，第 214 页。
② 在 1838 年，莱奥就曾把青年黑格尔派称为"新式的百科全书派和法国革命的英雄"。参见戴维·麦克莱伦（David Mclellan）《青年黑格尔派与马克思》，夏威仪、陈启伟、金海民译，陈启伟校，商务印书馆 1982 年版，第 25—26 页。这一比拟是比较客观的。
③ 参阅奥·科尔纽《马克思恩格斯传》，刘丕坤等译，生活·读书·新知三联书店 1963 年版，第 144 页。
④ 参阅 B. A. 马列宁、B. N. 申卡鲁克《黑格尔左派批判分析》，曾盛林译，社会科学文献出版社 1987 年版，第 32 页。
⑤ 戴维·麦克莱伦：《青年黑格尔派与马克思》，夏威仪、陈启伟、金海民译，陈启伟校，商务印书馆 1982 年版，第 8、26 页。

了更勇敢更强悍的对手而销声匿迹。这是一次革命，法国革命同它相比只不过是儿戏；这是一次世界斗争，狄亚多希的斗争在它面前简直微不足道。一些原则为另一些原则所代替，一些思想勇士为另一些思想勇士所歼灭，其速度之快是前所未有的。在 1842 年至 1845 年这三年中间，在德国所进行的清洗比过去三个世纪都要彻底得多。"①

对哲学思潮的评判不能脱离它所赖以产生的社会土壤，不能脱离它所反映的历史时代。对青年黑格尔派哲学评价的复杂性在于，在它所处的社会条件与历史时代之间存在着巨大的时差。

青年黑格尔派哲学的形成和发生影响的时期是在 1835 年至 1845 年之间。这正处在 1830 年革命（巴黎七月革命）和 1848 年革命两次革命之间，处在德国历史发展的一个极其重要的转折点上。这是一个新旧矛盾纵横交错的时期。这种复杂性集中体现在德国社会落后的鄙陋状态同时代发展所具有的国际高度之间的鲜明对立。众所周知，普鲁士的庄园贵族在 1848 年前还一直完整地保持着在农村中的领主地位以及在国家中的政治地位。② 在英国从 17 世纪起，在法国从 18 世纪起，富有的、强大的资产阶级就在形成，而在落后的德国，则只是在 19 世纪初才有所谓资产阶级。由于这个阶级生不逢时，它几乎在一开始就被宣布为过时物，所以，就形成了这样的局面，"在法国和英国行将完结的事物，在德国才刚刚开始。这些国家在理论上反对的，而且依旧当作锁链来忍受的陈旧的腐朽的制度，在德国却被当作美好未来的初升朝霞而受到欢迎"③。然而，尽管德国本身的发展状况、德国本身的历史是落后的，甚至大大落后于世界史进程，但它在思想理论方面、精神方面却是与世

---

① 马克思、恩格斯：《费尔巴哈》，单行本，人民出版社 1988 年版，第 5 页。"强辩的王国"一词原译文为"强大的国家"，现据德文改。这里的"王国"显然是指思想王国。

② 普鲁士贵族直至 1848 年才丧失其世袭领地裁判权和在农民土地上的狩猎权，1861 年和 1872 年才先后丧失其土地税豁免权和警察权。见汉·豪斯赫尔《近代经济史》，王庆余等译，商务印书馆 1987 年版，第 367 页。

③ 《马克思恩格斯全集》第 1 卷，人民出版社 1956 年版，第 457 页。

界史同步的，即参与了最新的时代问题，站在了当时时代发展所具有的水平和高度上。它虽然不是 19 世纪的历史意义上的同时代的民族，但它却是 19 世纪观念意义上的同时代的民族。马克思曾针对这点指出，"我们德意志人是在思想中、在哲学中经历自己的未来历史的。我们是本世纪的哲学同时代人，而不是本世纪的历史同时代人。"① 这样，就德国本身来说，"德国的哲学是德国历史在观念上的继续"②，是在精神方面映现出来的德国未来的历史；就世界范围来说，德国哲学则不仅是德国的意识形态，而且也堪称是当时西方的具有世界性意义的意识形态，其代表性已超出了德国国界，因为它不仅反映德国状况，而且也反映英、法等其他国家资产阶级革命的现实和成果。③

这种德国现存状况与其思想观念在时间上相悖的情形，这种"时序错误"④ 决定了当时德国历史发展的下述一系列特点：

第一，资产阶级社会问题首先作为意识形态问题出现，或者说，首先被赋予了意识形态的形式。这与英国、法国的情况形成了对照。在英国，资产阶级社会问题首先表现为经济问题。在法国，资产阶级社会问题则首先是政治问题。卢卡奇正确地指出了这一点。据他看来，"法国资产阶级 1794 年热月开始自己统治以后，由于法国革命的发展进入了这一阶段，就使资产阶级社会问题成了讨论的中心课题。而由于德国在经济、社会和政治方面都处于落后状况，对资产阶级社会问题的讨论就差不多是沿着一条纯粹意识形态的路线进行的。在德国，不是像在法国那样把资产阶级社会问题当作一个政治问题来讨论的，也不是像在英国

---

① 《马克思恩格斯全集》第 1 卷，人民出版社 1956 年版，第 458 页。

② 《马克思恩格斯全集》第 1 卷，人民出版社 1956 年版，第 458 页。

③ 因此，对德国古典哲学、包括青年黑格尔派哲学既不能脱离当时德国的落后的卑陋现状但又不能局限于这一现状去测度、估计和品评。否则我们就不能理解，在这一哲学基地的上面，怎样会产生出至今仍具有现代意义的马克思哲学。

④ 《马克思恩格斯全集》第 1 卷，人民出版社 1956 年版，参阅第 454 页。"时序错误"中译本原译文为"时代上的错误"，现据德文改。马克思在谈到这种"时序错误"时，将德国的 1843 年与法国的 1789 相比拟。

那样把它从它的经济规律上来进行科学分析的，在德国，乃是根据人道主义的观点，研究了资产阶级社会里的人、人格和人格发展的情况。"①

人、人道主义之所以在德国成为研究的主题，是由于在德国反宗教的历史任务尚未完成，宗教仍是普鲁士专制统治的主要精神支柱，是德国民族"真正的、公认的生活"的主要表现。②

第二，由于资产阶级社会问题在德国变成了意识形态问题，这一问题的解决方式首先也就成为理论问题，从而，理论斗争、理论批判也就被赋予了特殊的意义。甚至可以说，它具有直接的实践意义，或它本身就是实践的一个有机构成部分。

第三，由以上两点所决定，在当时的德国反对宗教的斗争直接具有政治斗争的意义，甚至本身就是政治斗争。恩格斯对此曾作过专门说明："政治在当时是一个荆棘丛生的领域，所以主要的斗争就转为反宗教的斗争；这一斗争，特别是从1840年起，间接地也是政治斗争。"③

第四，由于德国落后于世界史进程这一"时序错误"，不仅使德国理论、意识形态因容易产生幻想而具有幻想特色，而且，即便是国际性或世界史意义上的东西，当时先进国家在实际斗争中取得的积极成果，在德国思想中也往往获得歪曲的反映。例如，法国的自由主义在康德哲学那里变成了"自由意志"，法国的平等原则在鲍威尔手中转变为"自我意识"，法国空想社会主义学说被赫斯发展为"真正的"社会主义，等等，都是这方面的实例。④ 这是哲学在当时的德国必然要以唯心主义为其主要发展形式的根本原因。它决定了在当时的德国反对哲学唯心主义具有特殊的重要意义。

---

① 卢卡奇：《青年黑格尔》，王玖兴译，商务印书馆1963年版，第84页。

② 参阅《马克思恩格斯全集》第42卷，人民出版社1979年版，第139页。

③ 《马克思恩格斯选集》第4卷，人民出版社1995年版，第221页。

④ 对此，请参阅《马克思恩格斯全集》第3卷，人民出版社1965年版，第213页，第2卷，人民出版社1957年版，第48页；《马克思恩格斯选集》第1卷，人民出版社1995年版，第298—299页。

青年黑格尔派为当时的这种社会历史条件所规定，在各个方面都充任了德国状况的这种"时序错误"的扮演者和角色。整个青年黑格尔派的哲学批判运动都是以对宗教观念的批判为其主要对象和形式的。这个派别的成员们以理论形式从事和参与了实践斗争。他们沿着意识形态的思想路线前进，把"自我意识""类""自我"作为研究的主题。他们哲学理论的基本形式除费尔巴哈外均为哲学唯心主义，而且，即使是费尔巴哈，当他是一个唯物主义者的时候，历史也在他的视野之外。

然而，这些并没有妨碍青年黑格尔派哲学成为德国当时资产阶级社会问题赖以解决的理论形式，成为德国资产阶级革命的哲学理论先导的最后完成和标志。[①] 因此，青年黑格尔派享有自己的历史殊荣。

二 近代意义上的伊壁鸠鲁、斯多葛和怀疑论诸派

青年黑格尔派的历史功绩明显和直接地体现在宗教批判方面。

青年黑格尔派与老年黑格尔派希望保持黑格尔调和哲学和宗教的思想、甚至持有明显的神学世界观倾向不同，他们诉诸并完成了对宗教的批判。这一批判具有间接的政治性质，并最终导致了政治批判。这一批判工作是从不同的方面展开的。费尔巴哈对此曾作过这样的描述："鲍威尔将福音书中的历史，就是说将《圣经》基督教，或者说得更准确一些，将《圣经》神学作为其批判的对象。施特劳斯将基督教的信仰论和耶稣的生活……就是说将教条基督教，或者说得更准确一些，将教条神学作为其批判的对象。而我，却将一般的基督教，就是说，将基督教的宗教（Die christliche Religion）作为批判的对象，而作为必然的结果，

---

① 本文不同意黑格尔是德国资产阶级哲学革命的最后完成者这一观点。P. 弗兰尼茨基追随海涅在《论德国的宗教和哲学的历史》一书中的说法提出了这一主张（见其《马克思主义史》第1卷，李嘉恩、韩宗翘译，人民出版社1986年版，第37页）。但是，海涅的这一著述是1834年问世的，当时青年黑格尔派运动尚在酝酿，因此，这一说法只具有相对的意义。

仅仅将基督教的哲学或神学作为批判的对象。"① 施蒂纳没有参与对基督教的系统的批判，但他借助于把鲍威尔和费尔巴哈的宗教批判的最高成果宣布为"圣物"即变相的神学，达到了宗教批判的极端。

青年黑格尔派的宗教批判在双重意义上承继了德国启蒙运动的传统。首先，他们通过黑格尔哲学与德国启蒙运动联结起来。其次，他们还直接回溯到启蒙运动，以启蒙运动所达到的最高成果为自己的出发点（比如，施特劳斯、费尔巴哈、赫斯都明显地直接返回到斯宾诺莎主义）。德国的启蒙运动虽然在反宗教斗争中从来未达到像狄德罗、霍尔巴赫和爱尔维修那样坚决的唯物主义无神论，表现出一定的阶级的和社会的局限性，但也却有其独特的长处，即在宗教发生史观上，在理解宗教形式变迁和社会根源上，往往有时比法国思想家具有更深刻的洞见。② 青年黑格尔派作为启蒙运动路线的直接和间接的继承者，也兼有类似启蒙运动所具有的双重特点：一方面，他们的整个哲学批判都囿于对宗教的批判，用宗教观念来取代一切，并借此将宗教批判普遍化、神圣化，例如，鲍威尔在对犹太人问题的考察中把宗教视为世俗狭隘性的原因与本质，把犹太人的解放变成神学行为，费尔巴哈虽然批判了作为基督教的宗教，但是却又致力建立"人类学有神论"的宗教，等等；另一方面，青年黑格尔派无论是在宗教史的研究方面，还是在对宗教的本质及其社会作用的理解方面，都大大推进了德国启蒙运动的宗教批判的成果。在理论上，他们把宗教问题还原为尘世问题，把上帝还原为人，从而开辟了对现实中的人及其本质与历史发展的研究的道路。这一方面是对黑格尔的"绝对理念"、对黑格尔调和哲学与宗教的矛盾的反叛，另一方面则是对古希腊以及文艺复兴以来的西方人文主义传统的复归和高扬。在实践上，青年黑格尔派的宗教批判以及由此导致的直接的政治批

① 《费尔巴哈哲学著作选集》上卷，荣震华、李金山译，商务印书馆1984年版，第21页。参阅 L. Feuerbach, Gesammelte Werke, Bd. 5, herg. v. W. Schuffenhauer, Berlin, 1974. S. 23.
② 参阅卢卡奇《青年黑格尔》，王玖兴译，商务印书馆1963年版，第38—39页。

判，在德国和世界面前昭示了普鲁士专制制度的可憎本质。①

尽管宗教批判体现了青年黑格尔派的直接功绩，但构成这一批判深层蕴含的，却是它的哲学的基础、内核和前提。究其实质，宗教批判和对现存社会中人的问题的哲学研究在青年黑格尔派那里不过是一件事情的两个方面，前者不外是后者的表现形式和实现手段。

如同德国的特殊历史条件、德国的"时序错误"通过把德国资产阶级社会问题转换为意识形态问题，转换为对现实社会中人的问题的探讨而规定了青年黑格尔派运动的主题和一般路线一样，它也塑制了青年黑格尔派哲学的基本特征和面貌：它是一种主体性的哲学；而且，为这种特殊条件所促成，它达到了马克思哲学形成以前有关主体性研究的最高成就。正像古希腊的伊壁鸠鲁派、斯多葛派和怀疑派的哲学被誉为主体性哲学一样，青年黑格尔派则堪称近代意义上的伊壁鸠鲁派、斯多葛派和怀疑论派。

青年黑格尔派哲学对主体性问题研究的理论贡献体现在下述三个相互关联的方面：（1）通过把上帝还原为人或属人的东西，恢复了人的主体地位；（2）对主体的蕴意进行了探讨；（3）研究了主体自身的内在矛盾及其发展。其中，对主体的蕴意的规定构成了问题的核心，它是青年黑格尔派哲学发展的内在逻辑。可以说，整个青年黑格尔派哲学的演变都是围绕这一线索展开的。与此相联系，牵涉主体与"实体"、精神与自然、人与社会、个体与类、存在与本质、自由与必然、个别与一般、感性与理性等诸种关系的解决。

三 对主体蕴意的揭示及其抽象发挥

青年黑格尔派哲学是从黑格尔哲学出发的。尽管黑格尔哲学具有明

---

① 参阅《马克思恩格斯全集》第 1 卷，人民出版社 1956 年版，第 407 页。

显的调和宗教与哲学对立的倾向，然而，它却以其特有的恢宏和博大为青年黑格尔派中的各种学说提供了理论基地。

"在黑格尔的体系中有三个因素：斯宾诺莎的实体，费希特的自我意识以及前两个因素在黑格尔那里的必然的矛盾的统一，即绝对精神。第一个因素是形而上学地改了装的、脱离人的自然。第二个因素是形而上学地改了装的、脱离自然的精神。第三个因素是形而上学地改了装的以上两个因素的统一，即现实的人和现实的人类。施特劳斯和鲍威尔两人十分彻底地把黑格尔的体系应用于神学。前者以斯宾诺莎主义为出发点，后者则以费希特主义为出发点……费尔巴哈把形而上学的绝对精神归结为'以自然为基础的现实的人'，从而完成了对宗教的批判。同时也巧妙地拟定了对黑格尔的思辨以及一切形而上学的批判的基本要点。"①

在此之后，作为费尔巴哈"类"学说及其实践化的产物——赫斯的"真正的"社会主义的对立物，又出现了施蒂纳的绝对唯我主义的哲学，它在某种意义上是向费希特主义和鲍威尔哲学的回复。

这样，围绕着对主体问题的描述，青年黑格尔派运动在哲学理论上就经历了两个螺旋形的思想"圆圈"：

1. 施特劳斯（类）——鲍威尔（自我意识）——费尔巴哈（类）、赫斯（社会主义）

2. 鲍威尔（自我意识）——费尔巴哈（类）、赫斯（社会主义）——施蒂纳（自我）

---

① 《马克思恩格斯全集》第2卷，人民出版社1957年版，第177页。Jindrich Zeleny 倾向于把马克思关于黑格尔哲学是斯宾诺莎和费希特的统一的观点说成是马克思的不成熟的提法（见 Die Wissenschaftslogik bei Marx und "Das Kapital" Berlin, 1962）。但是，这是从形式上看问题。实际上，尽管马克思沿袭了传统的哲学术语，可这并不否定这种概括的合理内容和意义。

施特劳斯的宗教批判的功绩固然体现在他以"实体"为根据，把福音书的起源归于原始宗教团体无意识的创作，从而把作为神学教条的基督传说变成了可以深入自由地批判和讨论的对象，把原始基督教的神话由超自然的产物变成了人（团体）的思维的自然产物，但施特劳斯宗教批判的最高成就体现在他对上帝"人化说"（Menschenwerdung）的批判。在这里，施特劳斯的哲学方法和结论是基于对一般与个别、有限与无限的这一合理理解：单个实例不能表现理念的整体内容，理念必须在实例的多样性中来展示其丰富性。鉴此，施特劳斯得出如下结论：基督的品质、作用也不能归属单个个体，即一个神人，而必须归属于人的"类"。只有人类才是两种性质的统一，即有限中寓有无限性。[1] 这表明，在青年黑格尔派运动的始初，上帝就被还原和归结为人，施特劳斯率先开辟了这一方向。[2]

与施特劳斯不同，鲍威尔沿另一途径去寻求对历史主体的解释。黑格尔已把被宗教神圣化为精神实体的上帝——理性重新归结、还原为理性自身，把上帝的本质还原为理性的本质。这显然是黑格尔的一个重大历史功绩。但是，在黑格尔那里，这一理性却又是与作为主体的人分离的，它并非是作为主体的人的理性。鲍威尔看到了黑格尔哲学的这一不彻底性，认为把理性当作某种抽象的、绝对的力量是一种错误。[3] 他试

---

① D. F. Strauss, *Das Leben Jesu*, Bd. 2, Tuebingen, 1836, S. 734 以下："用某个实例来表现理念的整个内容，这不是理念实现其自身的方式……相反，理念是要通过使它们自己共同达到完美的实例的多样性来展示其丰富性。""当教会的教义所归诸的基督的本质和作用被看作是属于一个个人即一个神人时，它们是矛盾的，但是它们在'类'中却是统一的。人类是两种性质的统一，即有限精神中寓有其无限性。"

② 恩格斯在《谢林和启示》一文中肯定，施特劳斯与费尔巴哈"两个人都得出同一结论：神学秘密是人类学"。见《马克思恩格斯全集》第 22 卷，人民出版社 1965 年版，第 531 页。译文有修订。

③ B. 鲍威尔对于黑格尔哲学的这种看法，E. 鲍威尔（Edgar Bauer）进行了较为明确的说明："思辨哲学在谈及理性时把它当作某种抽象的、绝对的力量，这是十分错误的……理性不是一种客体的、抽象的力量，对于它，人好像只是一种主体的、偶然的、暂时的东西。不，统治的力量正是人自己，是他的自我意识，而理性只是这个自我意识的力量。"（*Der Streit der Kritik mit Kirche und Staat*, Bern, 1844, S. 184。）

图把黑格尔哲学主体化，以便为青年黑格尔派运动提供有力武器。在对宗教和神学批判的过程中，他以"无限的自我意识"取代黑格尔的"绝对"，用"自我意识是自因"（Selbstbewusstseins Causa sui）的原则取代斯宾诺莎的"实体是自因"（Substantia est Causa sui）的原则，把"批判"的个人的自我意识作为其哲学根据并视为历史发展的主要动力。

从形式上看，鲍威尔的自我意识原则不仅与施特劳斯的"实体"说相对立，而且还是对 18 世纪法国唯物主义原则的一种反动。然而，事实上，它却与法国唯物主义有着同样的进步实质。这表现在：在理论上，它充分肯定和强调了人是能意识的存在物，其他是被意识的存在物，人是富有创造能力的存在物，其他是被创造的存在物，从而表达和强调了人的主体地位和性质；在实践上，它本身既是德国资产阶级自我觉醒的表现，又是这个阶级破坏现存的思想工具。正如马克思在《神圣家族》中肯定的，"德国的破坏性原则，在以费尔巴哈为代表对现实的人进行考察以前，力图用自我意识的原则来铲除一切确定的和现存的东西……"①

可是，鲍威尔的自我意识也仍还是一种理性，即便它是人的理性、主体的理性。特别是当他让自我意识在世界历史中担任主体角色，主张自我意识的发展决定包罗万象的物质世界的发展时，他又再现了黑格尔关于自然界是精神的自我异化的说法。可见，鲍威尔的自我意识原则一方面扼杀了黑格尔的"绝对精神"，另一方面却又使它再度复活。

费尔巴哈像鲍威尔一样，深刻地洞察到黑格尔把上帝归结为理性（"绝对精神"）的意义和缺欠。但他也同样深刻地洞察到鲍威尔"自我意识"的局限性。因而，如同他把黑格尔的抽象精神归结为人②，他也把鲍威尔的"自我意识"归结为人，提出"人才是自我意识"③。

---

① 《马克思恩格斯全集》第 2 卷，人民出版社 1957 年版，第 48 页。
② 《费尔巴哈哲学著作选集》上卷，荣震华、李金山译，商务印书馆 1984 年版，第 118 页："只有人才是费希特的'自我'的根据和基础，才是莱布尼兹的'单子'的根据和基础，才是'绝对'的根据和基础。"
③ 《费尔巴哈哲学著作选集》上卷，荣震华、李金山译，商务印书馆 1984 年版，第 117 页。

但是，正如黑格尔在逻辑学"概念论"中早已指明的，"生命"的内在矛盾是"个体性"与"类"的统一，在人这一生命概念中含有个体与类的两个极项。① 这样，无可回避的一个问题就是，如何处置这一矛盾从而对人作出合理的解释和说明？费尔巴哈针对基督教将特殊的个体（耶稣基督）神圣化这一隐秘，从人的生命的内在矛盾中挑选了"类"，以此作为人的本质（从而也是宗教的本质）的规定，作为对主体性进行探讨的基本形式，作为自己的全部哲学的理论基础。这同时意味着，他以施特劳斯的宗教批判的结论作为自己的理论的出发点和前提。因此，如前所述，施特劳斯通过对福音书形成史的考证，特别是通过对上帝"人化"说的批判，不仅进一步开辟了从神通向人的道路，而且也预示了从"理念"向"类"的过渡。

费尔巴哈对施特劳斯的成果的推进体现在，他在一开始（《黑格尔哲学批判》，1839）就从"类的完善性不能在单一个体中获得绝对实现"这一原理出发，不仅通过对上帝"人化"说的批判进一步戳穿了"绝对的宗教"的神话，证明上帝的显现不过是"一种传说，一个故事，因而只是一个表象和回忆的对象"②，而且，把这一原理运用到黑格尔"绝对的哲学"本身上来，借助说明人类的认识、哲学的认识不可能通过某一特定的哲学体系——例如黑格尔体系得到完全实现，戳穿了"绝对的哲学"的神话，证明黑格尔哲学也只不过是"另一个时代的哲学"，"过去的哲学"，是"理性的绘画陈列室、展览馆"中的展品。③ 与此同时，他全面展示了"类"概念的内涵，不仅充分揭示了主体的自然性，也在一定程度上揭示了主体的社会性。

然而费尔巴哈自己也未有真正解决个别与一般、存在与本质、感性

---

① 参阅黑格尔《小逻辑》，贺麟译，商务印书馆1980年版，第404—409页。
② 《费尔巴哈哲学著作选集》上卷，荣震华、李金山译，商务印书馆1984年版，第49页。
③ 《费尔巴哈哲学著作选集》上卷，荣震华、李金山译，商务印书馆1984年版，第50、59页。

与理性乃至主体与"实体"等关系问题。在他试图以"类"概念为手段来消除这些矛盾的同时，他也像黑格尔对待"绝对"、鲍威尔对待"自我意识"一样，把"类"以形而上学的方式独立化了。

费尔巴哈的"类"在赫斯那里获得了社会实践的形式。赫斯敏锐地看到了费尔巴哈的"类"学说对于社会主义的意义，企图将前者引向后者，使其实践化。他把"类本质"归结为人的社会物质性活动，甚至归结为"生产"与"交换"，把"类本质"的实现归结为社会主义的要求，从而把"人类学"归结为"社会主义"。[①] 但赫斯未能批判地克服费尔巴哈的"爱"的伦理主义的本体论倾向及其宗教观，而且，甚至还无批判地接受了费尔巴哈对"中介"概念的否定。这使他强化了他的社会主义学说中原来就已具有的宗教和伦理色彩，并最终形成了"真正的"社会主义。就此而论，赫斯的"真正的"社会主义是"再版"和实践化的费尔巴哈的"类"学说。

施蒂纳的哲学是作为费尔巴哈"类"学说的直接反题出现的。他把费尔巴哈的"类"、社会主义者所憧憬的"社会"（实际上主要是赫斯心目中的理想社会）、甚至鲍威尔的"自由国家"统统宣判为"圣物"即神的别名，而诉诸绝对的个体性——把人归结为"自我"，把主体归结为个人。[②] 这样，施蒂纳就承继费希特、部分地也承继鲍威尔的工作，进一步完善和创立了一种从个人出发的思维模式，在青年黑格尔派哲学中实现了一种思维方式的转换与变革。通过这一思维模式，主体的个体性获得了淋漓尽致的揭示。

可是，虽然施蒂纳企望从抽象回到具体、从一般回到个别，但当他把现实的历史、把作为普遍物的社会同个人分割开来时，他又脱离了具

---

① 参阅 Moses Hess, Philosophische und sozialistische Schriften (1837 – 1850), herausgegeben und eingeleitet von Auguste Cornu und Wollfgang Moenke, Akademie-Verlag, Berlin, 1980, S. 293。

② M. Stirner, Der Einzige und sein Eigentum, Stuttgart, 1981, S. 125: "从'神已变成人'这一命题得出的另一命题是：'人变成了我'"。

体和个别，堕入了空洞的普遍和抽象性，以致费尔巴哈不无理由地把"敬神的无神论者"桂冠转奉给这位"唯一者"①。施蒂纳想要从不同于抽象普遍的现实的个体出发，但他却始终没有真正找到这一现实的个体，找到这一现实的个体的真实规定性。

这样，青年黑格尔派运动、从而整个德国古典哲学终结于施蒂纳。②至此，青年黑格尔派通过理论的意识形态形式，通过对现实社会中人的研究，为解决德国资产阶级社会问题奠定了思想条件。他们通过以不同的方式对主体、对人的蕴意提供不同的答案，为对宗教和现存社会的批判提供了愈益激进的哲学基础。他们从精神（鲍威尔）、社会（施特劳斯、费尔巴哈）、自然（费尔巴哈）、个体性（施蒂纳）等不同方面对主体性进行了探讨和揭示，完成了把神归结为人（自我意识的人、类人或社会的人以及个体的人）的工作，把主体的地位、性质还给了人本身。

然而，这个"人"仍是抽象的人，滞留在主体的抽象性中。这种抽象性是德国社会发展的落后状况的反映，是德国资产阶级软弱性的抽象表达。这表明，对主体蕴意的认知、主体理论的发展在德国资产阶级的意识形态的框架中已达到极限。超出这一步即把抽象的人归结为真正的现实的个体的工作是由马克思完成的。

四　由抽象的人返回到真正的现实的个体

为德国状况的"时序错误"所规定，也为时代的既有的思想成果和理论前提所规定，马克思的哲学思想是以对主体蕴意的回答为契机形成

---

① 参阅《费尔巴哈哲学著作选集》下卷，荣震华、李金山译，商务印书馆1984年版，第421页。

② 马克思、恩格斯：《费尔巴哈》，单行本，人民出版社1988年版，第8页："从施特劳斯到施蒂纳的整个德国哲学批判都局限于对宗教观念的批判。……世界在越来越大的规模上被圣化了，直到最后可尊敬的圣麦克斯en bloc（完全地、彻头彻尾地）把它宣布为圣物，从而一劳永逸地把它葬送为止。"

和发展起来的。正如青年黑格尔派大肆谈论"人"、谈论人的自我意识、人的本质、人的个体主要并不是由于他们主观上对人持有特殊的嗜好，而是当时德国的意识形态的思想路线使然一样，对人的问题的研究在马克思的早期著作中之所以具有显赫的地位，其原因也毫无二致。

马克思开始是站在激进的民主主义立场去参与德国资产阶级社会问题的解决的。这使他在当时采取了德国资产阶级意识形态的思想路线：始初（大学时期）是站在鲍威尔的"自我意识"的旗帜之下，尔后（《莱茵报》时期）则开始受到费尔巴哈人类学唯物主义特别是"类"学说的影响。但是，通过参加实际斗争，马克思很快就发现了德国历史的"时序错误"，觉察到德国资产阶级社会问题的解决不可能在资产阶级民主主义的框架中完成，于是，他转向了社会主义，同时也在思想理论方面逐渐摆脱了德国资产阶级意识形态的思想路线，并转而对这一意识形态进行批判。

正像马克思自己所言，"一个人的发展取决于和他直接或间接进行交往的其他一切人的发展"[1]，马克思在自己的思想形成的过程中，也从青年黑格尔派哲学那里接受了既得的思想成果和理论遗产，以此作为自己赖以出发的前提条件。但是，他与青年黑格尔派对待思想遗产的方式不同，不是单纯囿于思想范围本身的批判，而是从现实经验出发，根据现实本身来检验所承继的哲学理论的内容和形式，并通过检验而予以批判地克服和发展。在对待主体性、特别是主体蕴意的回答上，马克思并没有像青年黑格尔派那样，停留在抽象的主体性领域之内，对人、人的本质及其历史发展作抽象的、思辨的考察，而是到主体性范围之外，从其所处的现实的社会关系中和实际的社会物质生活过程中去揭示主体的规定，揭示人的本质及其特性。他始终坚持把客体的规定同主体的蕴意、把对客体的考察和对主体的说明联结进来，也就是说，始终坚持客

---

① 《马克思恩格斯全集》第 3 卷，人民出版社 1960 年版，第 515 页。

体与主体、自然与精神、社会与人、必然与自由、存在与本质、个别与一般、科学与伦理、真理与价值等诸范畴的有机统一，坚持人的存在的本体论与世界存在的本体论特别是与社会存在的本体论的有机统一。这使他一方面扬弃了鲍威尔的"个人的自我意识"和施蒂纳的"唯一者"——"自我"，另一方面扬弃了费尔巴哈的"类"以及赫斯的"真正的"社会主义；一方面扬弃了费尔巴哈和赫斯的"普遍的爱的联合"，另一方面扬弃了"施蒂纳的"利己主义者的联盟；一方面扬弃了费尔巴哈和赫斯的"爱的原则"（或"自我牺牲"），另一方面扬弃了施蒂纳的绝对的"利己主义"，从而把人规定为处在一定社会关系中的"现实中的个体"，把理想的人的社会即共产主义规定为自由个体的联合体，把该社会中通行的原则规定为"爱的原则"（"自我牺牲"）和"利己主义"的统一。① 这是马克思对青年黑格尔派哲学的超出，也是他对主体性问题的基本解答。它构成了马克思哲学思想以至他的整个学说的核心和精髓。

（本文原载《中国社会科学院研究生院学报》1991 年第 4 期）

① 马克思、恩格斯：《费尔巴哈》，单行本，人民出版社 1988 年版，第 15、65 页；《马克思恩格斯全集》第 3 卷，人民出版社 1960 年版，第 275、516 页。

赫斯《金钱的本质》与马克思的早期著作

赫斯（Moses Hess，1812—1875）的异化学说集中体现在他的《金钱的本质》一文中，该文是揭示和了解赫斯与马克思的异化理论之间的关系的关键。

一 对有关研究文献的概观

《金钱的本质》是否曾对马克思思想的发展产生过影响，研究者们持有截然不同的意见。

以色列学者埃·西尔伯纳尔（E. Silberner）对此是肯定的。他在赫斯的长篇传记中指出，由于赫斯把《金钱的本质》一文的手稿送交了《德法年鉴》编辑部，因而它肯定为马克思所熟悉。马克思在《德法年鉴》上发表的论文《论犹太人问题》表明了同《金钱的本质》一文的惊人类似。马克思关于金钱的本质的思想同赫斯的观点相比，只是在表述形式上有所不同。所以，"马克思明显受到了赫斯的启示"。① 英国学者戴·麦克莱伦（D. Mclellan）比西尔伯纳尔的态度更为肯定。他认为，从赫斯对马克思的影响角度来看，《金钱的本质》是赫斯"最重要

---

① E. Silberner, Moses Hess, Geschichte seines Lebens, Leiden, 1966, S. 191 – 192.

的一篇作品"。① "马克思在写自己的文章以前谅必读过赫斯的大部分文章"，并"估计赫斯的论文不会发表因而作了大量抄录"。② 他在人权、金钱和基督教等问题上概述了二者观点的一致性，进行了原文比较。认为，"毫无疑义，马克思在他的思想发展上开始把经济领域作为直接对象的这个转变关头，从赫斯那里吸取了所有重要的论点"，所以，"在 1844 年初，赫斯是开路先锋"。③ 波兰学者兹・罗森（Z. Rosen）对上述两位学者的意见是赞同的。他在有关赫斯和马克思关系的小册子和专著中，对此进行了系统的阐述和发挥，得出了如下结论："赫斯和马克思文章的比较性分析表明，马克思的观点是以赫斯的完整思想系列为依据的"，"赫斯的论文《金钱的本质》对马克思的理论发展有特殊意义"。④

　　除了涉及文章内容方面以外，西尔伯纳尔和麦克莱伦的见解都以此为前提：马克思在发表《论犹太人问题》之前，获得和了解了赫斯《金钱的本质》一文的手稿。此外，麦克莱伦还提及了赫斯在 1846 年撰写的《多托勒・格拉齐安诺或阿诺尔德・卢格博士在巴黎》一文中的一段话，以此作为《金钱的本质》影响和促使马克思转入经济异化研究的证据。在这段话中，赫斯除了提到他在一年半前将《金钱的本质》一文的大部分手稿送交了《德法年鉴》编辑部，还谈到："顺便提及的是，

---

　　① 戴・麦克莱伦：《青年黑格尔派与马克思》，夏威仪、金海民、陈启伟译，商务印书馆 1982 年版，第 162—163 页。

　　② 戴・麦克莱伦：《青年黑格尔派与马克思》，夏威仪、金海民、陈启伟译，商务印书馆 1982 年版，第 163—164 页。

　　③ 戴・麦克莱伦：《青年黑格尔派与马克思》，夏威仪、金海民、陈启伟译，商务印书馆 1982 年版，第 167 页。

　　④ Z. Rosen, Der Einfluss von Moses Hess auf die Fruehschriften von Karl Marx, in: Jahrbuch des Institut fuer deutsche Geschichte, Bd. 8, 1979, S. 153, 173; Moses Hess und Karl Marx, Hamburg, 1983, S. 158. 罗森在更为广泛的范围内研究了赫斯的著作，特别是《金钱的本质》一文对马克思的影响，其中不仅涉猎马克思的《论犹太人问题》，还涉猎马克思的《黑格尔法哲学批判导言》《1844 年经济学哲学手稿》和《神圣家族》等其他著作。但是，他没有对西尔伯纳尔和麦克莱伦的论证提出异议。

作家们，例如卡尔·马克思，很早就用完全不同于格拉齐安诺的口径承认了给我们的《金钱的本质》论文奠定了基础的思想，而且，最新发表的关于金钱的本质的最好文章吸收了由我们提出的这一观点，即实践世界中的金钱就是理论世界中的上帝，那个'在天主教中'化身为硬币而'在新教中'又升华为纸币的社会'价值'观念。换句话说，金钱不外是非组织化的、因而脱离我们自己理性的意志并因此统治我们的人类社会现代生产方式的幻影。"①

同西尔伯纳尔和麦克莱伦的观点相对立，民主德国学者沃·门克（Wolfgang Monke）提出了完全相反的意见。门克考证和研究的结果是，"反复出现的有代表性的假设，即赫斯激励了马克思的经济学研究并且短时间内也给马克思指明了理论方向（根据应用于金钱的外化思想），明显是错误的。"实际上，"赫斯就金钱的本质写的，在基本框架上是从马克思那里接受过来的，甚至常常是马克思在《论犹太人问题》中的表述的改写"。② 赫斯有关"以费尔巴哈人本学哲学为基础的社会主义论证和作为人的本质外化结果的金钱的特征化"的观点，"无疑是以马克思《德法年鉴》的文章为依据的"。③ 因此，不是赫斯通过《金钱的本质》论文推动马克思用经济学研究为自己的观点奠定基础，更不是马克思在把经济领域作为直接研究对象的转变关头从赫斯那里吸取甚至抄录了某些或大量论点，而是"马克思促进了赫斯的

---

① 赫斯这篇文章后被 J. P. 迈尔（J. P. Mayer）1831 年发表在《社会》，见 Die Gesellschaft, Internationale Revue fuer Sozialismus und Politik, Bd. 1, S. 174 – 180。但是，与赫斯手稿比较，在被发表的文章中没有出现卡尔·马克思的名字。麦克莱伦大概没有注意到这一差别，他的引文是不完全的，见《青年黑格尔派与马克思》，夏威仪、金海民、陈启伟译，商务印书馆 1982 年版，第 163 页。顺便指出的是，在法国学者奥·科尔纽（A. Cornu）的《马克思恩格斯传》中，这段引文也是不完整的，见该书第 1 卷，刘磊等译，生活·读书·新知三联书店 1963 年版，第 624 页。

② Neue Quellen Zur Hess-Forschung, Herg. v. W. Moenke, Berlin, 1964, S. 20.

③ Moses Hess, Philiosophische und sozialistische Schriften, 1837 – 1850, Herg. v. A. Cornu und W. Moenke, Berlin, 2Aufl, 1980, S. 70.

政治经济学研究"①。

门克提出的几个重要论据是：（一）在时间顺序上，马克思的《论犹太人问题》写作在前（1843 年秋，最迟 1843 年 9 月），赫斯的《金钱的本质》写作在后（1844 年初）；（二）卡尔·格律恩在 1844 年 3 月的文章中曾把对资本主义社会经济异化现象的揭示和阐明归于马克思："像发明了'行动的哲学'名字的科隆人（赫斯）一样，获得现代精神的最后深化和绝对真理的最后结论为一个'特利尔人'（马克思）保留着……。这个特利尔人阐明，在那种意义上，即在自由的、从宗教中获得解放的道义意义上，包括自由的国家在内，并非一切都完成了：还有另一种被称为习俗的宗教，在现实的自由实现方面阻碍人们，这就是自私自利的宗教，对实践的上帝、金钱的金银上帝的崇拜。这种实践的宗教对现实的自由来说，和天国中的彼岸上帝是同一超验的本质；对金钱、占有者的依赖性，非占有者对占有者的关系，是一种新的宗教，这种宗教像人们迄今生产它一样，伴随国家的解放还绝对没有被否定。"②（三）马克思在《德意志意识形态》中肯定了通向唯物主义世界观的道路，即研究现实的物质前提，研究经济关系，是在马克思自己发表在

---

① Moses Hess, Philiosophische und sozialistische Schriften, 1837 – 1850, Herg. v. A. Cornu und W. Moenke, Berlin, 2 Aufl, 1980, S. 169. 494, Anmerkung114a. 顺便指出，西尔伯纳尔等人指摘门克的观点曾发生过一百八十的大转弯（见 Silbener, Moses Hess, Geschichte seines Lebens, Leiden, 1966, S. 192），因为在 1961 年出版的第一版 Moses Hess, philiosophische und sozialistische Schriften 的"导言"中，门克曾和科尔纽一起承认过《金钱的本质》一文对马克思的影响。（见该书"导言"："在马克思那里，深入到社会秩序的本质是在恩格斯的影响下发生的，短时间也是在赫斯的影响下发生的，赫斯促使马克思把异化理论也运用到资本主义社会政治和经济关系的分析上。"）然而，如果西尔伯纳尔读到了门克的博士论文，他就会发现，1961 年版该书"导言"代表的观点，毋宁说是门克的老师科尔纽的观点；因为所谓门克后来主张的与此相反的观点，例如新版 M. Hess, philiosophische und sozialistische Schriften 的"导言"所表述的观点，事实上早在他的博士论文中就得到了表达，见 W. Moenke, Der "wahre" Sozialismus, Berlin（打字稿），S. 400, 402. 门克的博士论文和他的 1964、1980 年文章中的观点是一致的。

② K. Gruen, Baustein, Darmstadt, 1844, S. XXVII. 顺便指出，G. 韦伯（Georg Weber）在 1844 年 8 月 28 日发表在《前进》（"Vorwaerts!"）上的《金钱》一文中，也提出过与此类似的意见，见 J. Grandjonc, "Vorwaerts!" 1844, Karl Marx und die deutsche Kommunisten in Paris, 1974, S. 193。

《德法年鉴》上的文章中指出的："人们是怎样把这些幻想'塞进自己头脑'的？这个问题甚至为德国理论家开辟了通向唯物主义世界观的道路。这种世界观没有前提是绝对不行的，它根据经验去研究现实的物质前提，因而最先是真正批判的世界观。这一道路已在《德法年鉴》中，即在《〈黑格尔法哲学批判〉导言》和《论犹太人问题》这两篇文章中指出了。"①（四）赫斯在1844年7月28日致马克思的信中说："我完全同意你最近告知达尼尔斯（Daniels）的对共产主义作家著作的看法，开始共产主义奋斗以德国意识形态为出发点是这样必要，以历史和经济学为前提条件的论证是这样必要，以致否定人们既不能对付'社会主义者'，也不能对付形形色色的敌手。现在，我也只是投身到经济学读物中，并且兴奋地期待你的著作的出版（《政治经济学批判》）。我将极其勤奋地学习它。"②门克认为，上信表明，马克思先于赫斯着手政治经济学的研究并在此方面促进了赫斯。③

现在，我们不妨先就双方的争论及其主要论据作一点考证和分析。首先涉及的一个关键问题，是确定《金钱的本质》和《论犹太人问题》撰写时间的先后顺序。赫斯的《金钱的本质》在《莱茵年鉴》上最终获得发表，是1845年夏末。④按照赫斯1846年的回忆，这篇文章由大部分完成到发表，拖延了一年半之久。⑤这样，我们有理由认定，《金钱的本质》大部分手稿的完成和送交《德法年鉴》编辑部是在1844

① 《马克思恩格斯全集》第3卷，人民出版社1960年版，第261页。

② Moses Hess, Briefwechsel, Herg. v. E. Silberner, Mouton & co, 1959, S. 165.

③ 门克的系统论述见 M. Hess, Schriften, 1980, S. LXIX – LXXI；同时参见 Neue quellen zur Hess-Forschung, S. 17 – 20. 门克并没有列项论证，为了叙述和分析上的方便，笔者将他的意见条理化了。

④ E. Silberner, Moses Hess, Geschichte seines Lebens, Leiden, 1966, S. 664.

⑤ Dottore Graziano oder Doktor Alnord Ruge in Paris, Koeln, 1846, 又载 J. P. Mayer, Die Gesell-schaft, Band1, S. 174 – 180. 文中说，"《金钱的本质》一文在《德法年鉴》创刊时，大部分提供给了《德法年鉴》编辑部"，但"直到一年半以后才在皮特曼的《莱茵年鉴》上发表，因为格拉齐安诺的年鉴在创刊后不久就停刊了"。

年初。① 马克思的《论犹太人问题》撰写于他的《黑格尔法哲学批判导言》（1843 年底—1844 年 1 月）之前，签署日期是 1843 年秋。② 因此，从两篇著作的写作时间来看，是马克思的《论犹太人问题》在先，赫斯的《金钱的本质》在后。据此我们能够认为，马克思在写作《论犹太人问题》前不可能看到赫斯《金钱的本质》一文的手稿。

那么，在《论犹太人问题》付印前马克思能否见到赫斯手稿并借此改进自己的作品呢？答案似乎也是否定的。卢格在当时的信件中曾谈到，《德法年鉴》"持续滞印，并且缺乏稿件"③。赫斯 1844 年 1 月写作的《来自巴黎的信》曾被同马克思的文章一起刊载在《德法年鉴》上，如果《金钱的本质》是同《来自巴黎的信》一同交到《德法年鉴》编辑部的，在缺乏稿件的情况下，它应该和《来自巴黎的信》一道被刊载出来。况且，卢格 1844 年 6 月 30 日致弗吕贝尔的信表明，直到 1844 年 6 月，赫斯的《金钱的本质》的手稿才刚刚从卢格手里转出去④。根据上述情况判断，实际情况很可能是这样：赫斯的手稿是在《德法年鉴》付印后至赫斯因经济困难所迫离开巴黎返回科隆（1844 年 5 月初）前这一期间交到《德法年鉴》编辑部的，赫斯期望它能在下一期的《德法年鉴》上被发表；但遗憾的是他离开巴黎后不久《年鉴》就被迫停刊了（1844.3）。

这样说来，门克关于在经济学转向方面不是赫斯影响、启迪了马克思而是相反这一看法似乎是可以成立的。因为既然《金钱的本质》写作于

---

① 麦克莱伦推测是在"1843 年末或 1844 年初"，见《青年黑格尔派与马克思》，夏威仪等译，陈启伟校，商务印书馆 1982 年版，第 163 页，但假设 1843 年末似缺乏根据。

② 奥·科尔纽认为，《论犹太人问题》是在马克思刚刚完成《黑格尔法哲学批判》（1843 年夏）之后立刻着手写的。参见《马克思恩格斯传》第 1 卷，刘磊等译，生活·读书·新知三联书店 1963 年版，第 560 页注 58。

③ A. Ruge, Briefwechsel, Bd. 1, herausgegeben von Hans-Martin Sass, Scientia Verlag, Amsterdam&Aalen, S. 341.

④ 参阅卢格致弗吕贝尔的信（1844.6.30），见 E. Silberner, Moses Hess, Geschichte seines Lebens, Leiden, 1966, S. 184。

马克思的《论犹太人问题》之后，而且其发表距《德法年鉴》的出版又有一年半之久，我们完全有理由推测，马克思的论文给赫斯以某种启示和影响，从而有助于赫斯深化和最终完善自己的作品。然而，事情好像并非如此简单。因为仅根据《论犹太人问题》撰写于《金钱的本质》之前这一事实，还不足以确认在经济学研究方面赫斯没有对马克思发生影响，以及《金钱的本质》一文没有对马克思此后的思想发生影响。

事实上，尽管赫斯在1844年5月才明确提出把费尔巴哈宗教批判方法运用到资本主义社会经济现象研究上来的要求①，但实际上早在《行动的哲学》（1843.7发表）中，通过对青年黑格尔派的批判，赫斯就已开始尝试把费尔巴哈的宗教分析方法运用到社会实践领域中来了。在该文中，赫斯在详细地考察和批判了宗教和政治的二重化（Dualismus），即个别和一般在宗教和政治领域中的分离和对立（这实际上是对私有制条件下作为特殊的单个的个体同其普遍本质相异化的考察和批判）之后，对青年黑格尔派进行了批判。他指出，青年黑格尔派仍处在"反思的为我存在"中，即其意识仍没有超出神学这种异化意识的范围，它所反映和体现的不过是现存的异化的经济关系："在他们那里，社会生活还没有超出反思立场和为己存在阶段。在此阶段，活动的对象还表现为现实的他物，而主体为了获得他自身、他的生活以及他的活动的享受，就要抓住作为他的财产和同他分离的客体，因为他面临自我丧失的威胁。……他的现实的财产相对他现在的行动来说总是丧失，因为他还没有能力在现实中把握自己；他只抓住表象，他的财产，他的活动和他的生命反映，好像这就是他的真正生命、他的真正财产和他自己的行动！这就是过去整个历史过程中人类遭受的厄运：不是把行动看作自

---

① 见 Moses Hess, Philiosophische und sozialistische Schriften, 1837–1850, Herg. v. A. Cornu und W. Moenke, Berlin, 2Aufl, 1980, S. 293："事实上，为了达到蒲鲁东的实践结论，人们只需要把费尔巴哈的人本主义运用到社会生活上面。确切说，人们应该从费尔巴哈的观点出发，像对理论的上帝一样，对实践的上帝即金钱采取同样批判的态度——或者说，正像正确地看待最完善的宗教即基督教的本质一样，正确地看待最完善的政治的本质、法国家的本质。"

己的目的，而是把享受视为始终同自己相脱离……"① 这里，赫斯实际上已接触和论及了劳动主体同自己的活动及其结果——产品相异化的问题。

在另一处，赫斯还指出，正是人们的劳动及其成果的异化，正是私有财产，导致贪欲和世界的颠倒："因为精神不是把他自身的劳动、制作或创造在思想上理解为他的自由的活动、自己的生命，而是理解为一种物质的他物，为了不在无限中丧失自己，为了实现他的为己存在，他不得不紧紧抓住它。但是，当不是创造中的行动，而是结果和创造物被理解为精神的为己存在——精神的幻影、表象和概念时，简言之，当他的异在被理解为他的为己存在并被双手牢牢抓住时，财产对于精神就不再是它应当成为的东西，即他的为己存在了。正是存在欲，即作为特定的个体性、被限制的自我和有限的本质继续存在的欲望，导致贪欲。它再度是一切规定性的否定，绝对的自我，抽象的共产主义，空洞的'自在之物'，批判主义和革命，以及导致存在和拥有的未获满足的愿望的结果。这样，助动词成了名词，所有的动词成了名词，运动的圆圈部分成了固定的圆心；世界就这样被倒置了！"② 可以认为，马克思转向经济分析和明确论及资本主义社会的经济异化，是始于《论犹太人问题》一文。在该文中，马克思在犹太人问题的解决上和通过对犹太人问题的解决，把宗教问题归结为世俗问题，把宗教异化或精神异化归结为"物的异化"或经济异化，即私有财产和金钱的统治，实现了费尔巴哈宗教批判方法在经济领域中的实际运用。③《行动的哲学》写于《论犹太人

---

① Moses Hess, Philiosophische und sozialistische Schriften, 1837 – 1850, herg. v. A. Cornu und W. Moenke, Berlin, 2Aufl, 1980,, S. 219 – 220.

② Moses Hess, Philiosophische und sozialistische Schriften, 1837 – 1850, herg. v. A. Cornu und W. Moenke, Berlin, 2Aufl, 1980, S. 224 – 225.

③ 参见《马克思恩格斯全集》第 1 卷，人民出版社 1956 年版，第 451 页："物的异化就是人的自我异化的实践。一个受着宗教束缚的人，只有把他的本质转化为外来的幻想的本质，才能把这种本质客体化，同样，在利己主义的需要的统治下，人只有使自己的产品和活动处于外来本质的支配之下，使其具有外来本质——金钱——的作用，才能实际进行活动，实际创造出物品来。"

问题》之前。于是，我们看到，至少在文字上，赫斯先于马克思表达了
对经济异化现象的关注和分析。因此，我们暂时至少能够肯定，即使像
门克所确认的——《金钱的本质》写于《论犹太人问题》之后，即使
赫斯没有通过《金钱的本质》对马克思的经济学研究发生影响，那么，
我们也不能据此排除和否定赫斯通过《行动的哲学》对马克思的经济学
研究发生某种影响。况且，如众所周知，马克思在《1844 年经济学哲
学手稿》"前言"中，明确对赫斯《行动的哲学》等文章对自己的影响
作了肯定，承认赫斯是自己之前批判的研究"国民经济学"的作家。[①]
从门克的论断中可以看出，他显然未能注意到《行动的哲学》所表达的
经济异化思想及其意义。

　　站在和门克相反立场上的麦克莱伦在这点上也犯了类似的错误。他
假定，《金钱的本质》一文的"重要性在于它是企图把费尔巴哈关于宗
教异化的思想应用于经济和社会生活方面的第一次尝试"[②]。这个论断
明显是不符合事实的。他和门克一样，未能顾及《行动的哲学》一文
中关于经济异化分析的论述。因而，他的关于在经济学研究方面"赫
斯是开路先锋"的断言，就其论据来说也是错误的。因为他是以《金
钱的本质》和《论犹太人问题》两文的对比为根据得出这一结论，而
不是依据对《行动的哲学》的考察。而且，还需要指出的是，他把赫
斯对马克思产生的影响过分夸大了，没有足够注意和充分肯定这一事
实：马克思在撰写《论犹太人问题》以前，通过"政治—历史"问题
的研究，通过《黑格尔法哲学批判》的写作，已认识到经济学研究和
对资本主义社会进行经济学解剖的绝对必要性。因此，在政治经济学
的转向问题上，赫斯对马克思的影响在很大程度上与其说是启迪作
用，不如说是推动作用。至于《犹太人问题》和《金钱的本质》两文

---

①　参见《马克思恩格斯全集》第 42 卷，人民出版社 1979 年版，第 46 页。
②　麦克莱伦：《青年黑格尔派与马克思》，夏威仪等译，陈启伟校，商务印书馆 1982 年版，
第 164 页。

观点上的惊人类似①，可以接受的似乎只能是这种假设，即马克思和赫斯在写作他们的文章前，曾广泛地就有关题目进行过讨论和交换过意见。②

　　前面我们还列举了门克提出的其他的一些论据。但这些论据似都缺乏足够的说服力，不足以确凿证明马克思先于赫斯揭示和阐明了经济异化现象并从而促进和影响了赫斯的政治经济学研究。例如，对他援引的卡尔·格律恩的《筑石》前言中的一段话，我们也有理由这样推测：格律恩是以马克思的《论犹太人问题》一文来进行判断和预言的，他这时可能根本还不知道赫斯《金钱的本质》的手稿，因为该手稿当时尚未发表。还有，尽管马克思曾在《德意志意识形态》中提及，是他自己在《德法年鉴》文章中指出了通向唯物主义世界观的道路。这和我们承认在此之前马克思曾受赫斯《行动的哲学》的某种启示或影响并不相悖。因为尽管我们能够肯定《行动的哲学》有合理思想，却还不能够说它已给人们指出了通向历史唯物主义的道路。最后，赫斯 1846 年 7 月 28 日的信确实能够在一定程度上证明马克思在经济学研究上给了赫斯以促进，但它丝毫不能排斥和否定在此之前后者也曾给过前者以推动和影响。

　　相反，值得重视的是麦克莱伦（以及科尔纽）没有能够完整援引的

---

　　①　《金钱的本质》和《论犹太人问题》两文观点上的一致和类似主要体现在对金钱的本质和异化、人权、犹太教和基督教、犹太民族的历史作用以及中世纪等级和同业公会等问题的看法上。关于金钱的本质的论述，参见 Moses Hess, Philiosophische und sozialistische Schriften, 1837 – 1850, Herg. v. A. Cornu und W. Moenke, Berlin, 2Aufl, 1980, S. 334、335、337、340.《马克思恩格斯全集》第 1 卷，人民出版社 1956 年版，第 448 页；关于人权的论述，参见 Moses Hess, Schriften, S. 339.《马克思恩格斯全集》第 1 卷，第 437—439 页；关于犹太教、基督教和犹太民族历史作用的论述，参见 Moses Hess, Schriften, S. 334 – 335.《马克思恩格斯全集》第 1 卷，第 446、450、447—448 页；关于中世纪的等级和同业公会，参见 Moses Hess, Schriften, S. 343.《马克思恩格斯全集》第 1 卷，第 441—442 页。对此，西方学者已有过一些程度不同的分析和比较，本文就不赘述了。此外，也还有其他观点上的类似和雷同未被指出过，如私有制对自然观的影响，参见 Moses Hess, Schriften, S. 334.《马克思恩格斯全集》第 1 卷，人民出版社 1956 年版，第 449 页。

　　②　沃·门克曾首先提出类似意见和假设："《金钱的本质》是赫斯 1844 年在巴黎同马克思合作期间开始写的，可以假设的是，他同马克思谈论了这篇文章。"见 Neue Quellen Zur Hess-Forschung, herg. v. W. Monke, Berlin, 1964, S. 19. 然而，门克认为，在这一讨论中受到对方启迪的是赫斯而非马克思。

赫斯 1846 年在《多托勒·格拉齐安诺或阿诺尔德·卢格博士在巴黎》中写下的关于马克思很早就以完全不同于卢格的口径承认了《金钱的本质》的基本思想的那段话。因为这段话能够表明，《金钱的本质》一文的核心观点和赖以建立的思想基石是赫斯通过自己的研究独立获得的。赫斯晚些时候曾在有关马克思《政治经济学批判》（写于 1859）的手稿中不无讥讽地写道："他（马克思——引者）说的有关劳动的'绝对外化'以及其他问题等等，来自对《金钱的本质》一文的回忆，这篇论文 40 年代上半年在达姆施塔特雷斯科出版的《莱茵年鉴》上发表，出自使人们在《莱茵报》上听到法国社会主义和共产主义微弱哲学色彩回声的同一作者。对于他的'拙作'，马克思似乎今天还感到愤怒。"① 根据赫斯的看法和意见，即使《金钱的本质》是在《论犹太人问题》以后撰写的，但它对马克思此后的著作发生了影响，则是无疑的。

在此方面，法国学者奥·科尔纽的观点是值得一提的。他既没有像麦克莱伦和西尔伯纳尔那样断然、近乎绝对地肯定赫斯对马克思的影响，也没有像门克那样断然、近乎绝对地否定赫斯对马克思的影响。他虽然也肯定了《金钱的本质》一文对马克思的影响，却说得较为慎重和留有余地。他在他的处女作的"导言"中确认，赫斯先于马克思提出"费尔巴哈——社会主义"的同义命题，使马克思接近了把费尔巴哈学说进一步发展为共产主义。马克思受《金钱的本质》的激励，"建立了他的历史唯物主义和科学共产主义学说"②。在《马克思和恩格斯传》中，科尔纽又指出："赫斯的文章尽管有它的缺点，却对马克思发生了重大影响。这篇文章以及恩格斯的经济方面的文章促使马克思也从经济方面来论证自己在不久之前所获得的共产主义理论。在这种影响之下，马克思现在不仅是从社会政治的观点，而且也从社会经济的观点来研究

---

① 《关于马克思政治经济学批判的手稿》（1859），参阅 E. Silberner, Moses Hess, Geschichte seines, Leiden, 1966, S. 558.

② 见 August Cornu, Moses Hess et la gauche he'ge'lienne, Paris, 1934.

异化的问题了。赫斯的论文《论金钱的本质》曾促使马克思阐明金钱的作用，并且更加全面地论证了他对于《论犹太人问题》一文中业已接触到的那些问题的观点。"① 但遗憾的是科尔纽在此方面却没有给我们提供更多的论证，也没有具体进行分析。他只是在阐释马克思的《1844年经济学哲学手稿》时谈到，除了从马克思的《论犹太人问题》中可以看到与《金钱的本质》类似的思想，《金钱的本质》一文"也可能"对马克思的《手稿》"发生了某种影响"。② 事实上，《金钱的本质》一文手稿对马克思发生影响是无疑的，这恰恰主要体现出马克思在《论犹太人问题》以后撰写的《詹姆斯·穆勒〈政治经济学原理〉一书摘要》、特别是《1844年经济学哲学手稿》中。

二　对赫斯与马克思异化学说的比较

如果说赫斯的《金钱的本质》是他的《行动的哲学》一文中经济异化思想的继续和完成，那么，在马克思那里，《论犹太人问题》中的关于"物的异化"的实质和必然性的论断则在《1844年经济学哲学手稿》（以下简称《手稿》）中得到了充分的系统的展开和发挥。

《手稿》是马克思由政治、历史领域转入经济领域后首次系统地进行政治经济学研究所获得的最重要的成果。它是马克思在《德法年鉴》停刊后立即着手撰写的。它的内容无疑远比赫斯《金钱的本质》丰富，但其核心部分和思想主题却和《金钱的本质》同一，即以资本主义社会中的经济异化作为分析和考察的对象。因此，有理由认为，赫斯《金钱的本质》手稿对马克思《手稿》的写作首先是主题的确定产生了某种

---

① 奥古斯特·科尔纽：《马克思和恩格斯传》第 1 卷，刘磊等译，生活·读书·新知三联书店 1963 年版，第 629—630 页。

② 奥古斯特·科尔纽：《马克思和恩格斯传》第 2 卷，刘磊等译，生活·读书·新知三联书店 1963 年版，第 139 页。

影响——它强化了马克思把费尔巴哈的宗教批判方法彻底地运用于资本主义社会经济分析的愿望，促使马克思更为深入地探讨自己在《论犹人问题》中已经论及、但为赫斯在《金钱的本质》中系统展开的课题。[①]

将《手稿》和《金钱的本质》这两篇文章加以对照是有趣的。它们都以哲学、政治经济学和共产主义理论彼此交织、融为一体的方式考察和分析了人的本质的异化和资本主义私有制。需要指出的是，在马克思和赫斯那里，人的本质的问题和所有制问题是统一的，它们毋宁被视为同一问题的不同方面：人的本质是就活动的主体而言，它和主体的活动同一，为主体的活动所规定；私有制则是就主体活动的结果而言，它是主体活动的凝结、物化和集中表现。因而，我们看到，无论在赫斯那里还是在马克思那里，对人的本质及其历史发展的描述，对人的物质实践活动的阐释，以及对现实在经济关系及其运动的分析或对资本主义私有制的批判，是紧密联系、合而为一的。

下面，我们分析一下两位作者在一些主要问题理解和论述上的异同。

（一）人的本质、社会性

在《金钱的本质》中，赫斯以人的社会性质的理解为基础来规定人的本质。他从"生命是生产性的生活活动的交换"这一命题出发，指出单个的人同整个社会生活活动领域、同整个社会机体是密不可分的，以至人的活动和社会性这样明显地得到了体现："他们的现实生命只存在于他们生产性生活活动的交换中，只存在于相互作用中，只与整个社会机体相联系。"[②] 因而，他把"个体的生活活动的交换、交往力量的相

---

① 这里不容忽视的是，与赫斯《金钱的本质》一起对马克思的"政治经济学转向"发生重要影响的，还有恩格斯的《国民经济学批判大纲》（1844 年初）以及威·舒尔茨的《生产的运动》（1843）等文。对此，需另行专文考察。

② Moses Hess, Philiosophische und sozialistische Schriften, 1837 – 1850, herg. v. A. Cornu und W. Moenke, Berlin, 2Aufl, 1980, S. 330.

互激发和协作"① 看作人类的活动和现实本质，即"不仅是他们理论的本质，他们现实生活的自我意识，而且是他们实践的本质，他们现实的生活活动。"②

赫斯对人的本质的这种理解，蕴含着对费尔巴哈的某种批判和超越。这在赫斯稍后发表的论文中得到了明显的体现——在《社会主义运动在德国》一文中，他把批判的锋芒直接对准了费尔巴哈，以"人类学是社会主义"这一命题同费尔巴哈的"神学是人类学"相对立："费尔巴哈说上帝的本质是人的超验的本质，上帝的本质的真正学说是人的本质的真正学说：神学是人类学。——这是正确的——但这还不是全部真理。必须补充说，人的本质是社会的本质，是不同的个体为一个和这同一的目标、为完全同一的利益的协作；人的真正学说，真正的人道主义，是人的社会学说，这也就是说人类学是社会主义。"③

赫斯还认为，作为人的本质的个体的生活活动的交换、交往或协作，由于是人的现实的、实践的和理论的社会生活活动，因而具有"自由的"特点。因为"除了自由的活动外不存在其他的活动"，不是出于自身的、因而自由作用的东西，绝不是、至少不是人的行动。④

在发表在《二十一印张》上的文章中，赫斯曾把人借以同动物区别的本质定义为人的"自由的、独立于那种外部强制的活动"⑤，并把这种自由的活动理解为"劳动"（Arbeit）、"制作"（Ausarbcit）和"创

① Moses Hess, Philiosophische und sozialistische Schriften, 1837 – 1850, herg. v. A. Cornu und W. Moenke, Berlin, 2Aufl, 1980, S. 330.
② Moses Hess, Philiosophische und sozialistische Schriften, 1837 – 1850, herg. v. A. Cornu und W. Moenke, Berlin, 2Aufl, 1980, S. 331.
③ Moses Hess, Philiosophische und sozialistische Schriften, 1837 – 1850, herg. v. A. Cornu und W. Moenke, Berlin, 2Aufl, 1980, S. 293.
④ Moses Hess, Philiosophische und sozialistische Schriften, 1837 – 1850, herg. v. A. Cornu und W. Moenke, Berlin, 2Aufl, 1980, S. 331.
⑤ Moses Hess, Philiosophische und sozialistische Schriften, 1837 – 1850, herg. v. A. Cornu und W. Moenke, Berlin, 2Aufl, 1980, S. 228.

造"（Hinausarbeit）①。与这种理解相比，赫斯在《金钱的本质》中对人的本质的说明，显然更强调劳动的社会性方面。

马克思对人的社会性和人的本质的理解在基本点上和赫斯是一致的。他在《詹姆斯·穆勒〈政治经济学原理〉一书摘要》（以下简称《摘要》）中已指出，"不论是生产本身中人的活动的交换，还是人的产品的交换，其意义都相当于类活动和类精神——它们的真实的、有意识的、真正的存在是社会的活动的社会的享受"，而"人的本质是人的真正的社会联系"。②在《手稿》中，在分析私有财产的运动时，马克思又进一步指出，"社会性质是整个运动的一般性质；正像社会本身生产作为人的人一样，人也生产社会。活动和享受，无论就其内容或就其存在方式来说，都是社会的，是社会的活动和社会的享受。"③甚至当人从事只是很少同他人直接交往的科学之类的活动时，情况也是如此。因此，"个人是社会存在物"，"他的生命表现，即使不采取共同的、同其他人一起完成的生命表现这种直接形式，也是社会生活的表现和确证"。④

基于对人的社会性的这种深刻理解和阐发，马克思得出了和赫斯"人类学是社会主义"的命题类似的结论：共产主义是"向社会的（即人的）人的复归"，它"作为完成了的自然主义，等于人道主义"，作为私有财产的扬弃，就是"实践的人道主义"或"以扬弃私有财产作为自己的中介的人道主义"。⑤

马克思不仅充分论述了人的社会性，肯定交换是社会的、类的行为，是社会的联系，而且，也在人的本质的理解上表达了和赫斯完全一

---

① Moses Hess, Philiosophische und sozialistische Schriften, 1837－1850, herg. v. A. Cornu und W. Moenke, Berlin, 2Aufl, 1980, S. 225.
②《马克思恩格斯全集》第42卷，人民出版社1979年版，第24页。
③《马克思恩格斯全集》第42卷，人民出版社1979年版，第121—122页。
④《马克思恩格斯全集》第42卷，人民出版社1979年版，第122—123页。
⑤《马克思恩格斯全集》第42卷，人民出版社1979年版，第120—174页。

致的意见。他像赫斯一样认为，人同动物的生命活动的本质区别，恰恰在于人的类特性是"自由的自觉的活动"，而这种自由的自觉的活动就是作为人的"生命活动"和"生产生活"的"劳动"。①因而，马克思也把劳动作为人的类本质和类特性的规定。

和赫斯不同的是，马克思并没有仅限于突出和强调作为人的本质规定的劳动的社会性，而是根据资产阶级政治经济学家提供和描述的资本主义社会经济异化的事实，借助于政治经济学的经验分析和考察，抓住异化劳动这一中心范畴，对劳动在人和社会历史发展中的意义进行了全面探讨。这使马克思获得如下一些重要结论：劳动是人和动物相区别的本质属性，和动物相比，这种生产的特点是全面的、不受直接的肉体需要支配的、再生产整个自然界的和按照美的规律塑造的②；劳动是人类自我认识的中介和手段，通过劳动"人不仅像在意识中那样理智地复现自己，而且能动地、现实地复现自己，从而在他所创造的世界中直观自身"③；劳动是人、社会和自然统一的基础：劳动一方面使人成为"类存在物"或"人的自然存在物"，另一方面使自然成为人的"作品"和"现实"，成为"人化"或"人类学的自然界"④；劳动是宗教、家庭、国家、法、道德、科学和艺术等社会诸现象的本质，后者都是前者的"一些特殊的方式"，并且受前者普遍规律的支配⑤；人类历史就是劳动史，"整个所谓世界历史不外是人通过人的劳动而诞生的过程"⑥；等等。从这些结论中可以看出，马克思通过异化劳动范畴的考察，已全面地揭示了劳动或物质生产在人们社会生活和历史发展中的地位和作用，并借此奠定了自己的唯物主义历史观大厦的基石。这无疑是对赫斯有关

---

① 《马克思恩格斯全集》第42卷，人民出版社1979年版，第96页。
② 《马克思恩格斯全集》第42卷，人民出版社1979年版，第96—97页。
③ 《马克思恩格斯全集》第42卷，人民出版社1979年版，第97页。
④ 《马克思恩格斯全集》第42卷，人民出版社1979年版，第96、169、128页。
⑤ 《马克思恩格斯全集》第42卷，人民出版社1979年版，第121页。
⑥ 《马克思恩格斯全集》第42卷，人民出版社1979年版，第131页。

人的本质和劳动问题的理解的根本推进。

此外，马克思还通过经济学的考察，在交换问题上，把问题的认识彻底推进了。在《摘要》中，马克思已把交换归结为两个私有者双方"私有财产的相互外化"，并追溯到这种交换关系的前提，即"劳动成为直接谋生的劳动"，从而把交换关系归结为财产关系，把财产关系归结为异化劳动。① 在《手稿》中，马克思通过劳动异化和私有制的相互关系的论述，把这一思想彻底化和明确化了。②

似乎正因为上述原因，形成了马克思和赫斯在人的本质规定表述形式上的细微差别：两者虽然都把劳动理解为人的本质，但与赫斯强调作为劳动中人与人之间关系的"交换""协作"和"交往"不同，马克思更强调的是劳动一般。但是，赫斯的规定显然也有其特殊意义。赫斯提出的生活活动的交换、协作和交往概念，在马克思晚些时候与恩格斯一同撰写的《德意志意识形态》中获得了充分的展开。在那里，马克思把"交往""交往关系"作为"生产关系"的同义语，换言之，作为生产关系概念的另一种表述。③《德意志意识形态》中关于交往与生产力关系的论述，不禁令人自然想到赫斯在《金钱的本质》中表达的这一思想："人的交往是人道的工场，在这个工场中单个人实现他的生存和能力。他们的交往越强大，他们的生产力也就越强大，而且只要交往受到限制，他们的生产力也就受到限制。"④

---

① 《马克思恩格斯全集》第 1 卷，人民出版社 1956 年版，参见第 25—28 页。

② 《马克思恩格斯全集》第 42 卷，人民出版社 1979 年版，第 100 页。

③ 通常的见解是，"生产关系"概念是马克思在《神圣家族》中第一次提出的。其实"生产关系"一词在《德意志意识形态》中已出现了，只是马克思并未把它作为主要概念运用。见《马克思恩格斯全集》第 3 卷，人民出版社 1960 年版，第 462 页："在货币权力的支配下，在普遍的交换手段独立化而成为一种对社会或个人来说的独立力量的情况下，生产和交往的各种关系的独立现象表现得最明显了。"这里的"生产和交往的各种关系"原文为 Produktions und Verkehrsverhaeltnisse，宜译"诸生产关系和交往关系"。

④ Moses Hess, Philiosophische und sozialistische Schriften, 1837 – 1850, herg. v. A. Cornu und W. Moenke, Berlin, 2Aufl, 1980, S. 330 – 331.

（二）人的本质的异化

关于人的本质的异化，涉及对其主体和客体两个方面的分析。首先，关于异化客体（金钱）。

赫斯认为，人的本质有其自身的发展史，它首先是作为人的本质的自我破坏出现的。而在资本主义社会中，人的本质的这种自我破坏达到了顶点。① 在赫斯看来，在资本主义社会中，人的本质的异化主要表现在人类生命和自然生命发生了根本的颠倒，"个体被提升为目的，类被贬低为手段"②。人的本质，即人的外化能力、他的被出卖的活动，如同在理论上、在基督教的天国中异化为上帝一样，在实践中异化为金钱："金钱是彼此异化的人、外化的人的产物。"③ 也就是说，资本主义社会的人的异化在金钱上达到了最高、最集中的表现。

由于金钱和上帝都是人的本质、能力的异化、外化物，都是同一本质的不同显现，在《金钱的本质》中，赫斯注意揭示和阐述了两者之间的关系和同一性。他指出，"上帝对于理论生活的意义，就是金钱对于颠倒世界的实践生活的意义。"④ 金钱是"现实化的基督教的本质"，而"上帝只是理想化的资本"。⑤ 基于这种理解，他在文章中处处把小商贩的金钱和基督教的上帝、把现实的经济的异化和宗教的观念的异化结合起来进行抨击、批判。

按照赫斯的理解，金钱或"金银上帝"的统治在资本主义社会中达

---

① Moses Hess, Philiosophische und sozialistische Schriften, 1837 – 1850, herg. v. A. Cornu und W. Moenke, Berlin, 2Aufl., 1980, S. 332 – 333.

② Moses Hess, Philiosophische und sozialistische Schriften, 1837 – 1850, herg. v. A. Cornu und W. Moenke, Berlin, 2Aufl., 1980, S. 334.

③ Moses Hess, Philiosophische und sozialistische Schriften, 1837 – 1850, herg. v. A. Cornu und W. Moenke, Berlin, 2Aufl., 1980, S. 334.

④ Moses Hess, Philiosophische und sozialistische Schriften, 1837 – 1850, herg. v. A. Cornu und W. Moenke, Berlin, 2Aufl., 1980, S. 334 – 335.

⑤ Moses Hess, Philiosophische und sozialistische Schriften, 1837 – 1850, herg. v. A. Cornu und W. Moenke, Berlin, 2Aufl., 1980, S. 337.

到了它的极端。它获得了如此彻底的表现，以至它本身就是"人的价值"及其尺度："如果这种外化的珍宝在现实上与内在相符合，那么每个人的价值恰好就是他所拥有的现金或占有的金钱的价值"；"在我们现代小商贩世界的实践中，实际上人只是按照他的钱袋被估价的"。①此外，金钱也是"一般本质或国家本质"，立法者作为国家的代表，从金钱那里获得无上权力。② 金钱还是颠倒一切的力量，在它的统治下，世界一切都发生了根本倒置："欺骗是准则，而诚实是违规；卑劣获得了一切尊贵，而高尚的人却蒙受不幸和耻辱；伪善弹冠相庆，而真理却成为邪恶；优柔寡断被多数人选择，而果断却被少数人确定；最后，最自由的理智是最具破坏性的理智，而狭隘的奴役感则是最稳妥的因素！"③

在人的本质的异化和金钱的问题上。马克思有许多看法和赫斯相吻合。

和赫斯一样，马克思显然也认为，异化在资本主义社会中达到它的最极端的表现，以至"每一领域都是人的一种特定的异化……并且每一领域都同另一种异化保持着异化的关系"④。在《手稿》中，他把自己分析的私有制、贪欲、劳动、资本、地产、交换、竞争、人的价值、垄断等范畴都视为异化的特定表现⑤，而把异化劳动作为着重考察的中心范畴。在马克思那里，异化劳动（作为劳动活动本身）导致的最终结果就是人的本质的异化，即"人的本质……变成人的异己的本质"，"变

---

① Moses Hess, Philiosophische und sozialistische Schriften, 1837 – 1850, herg. v. A. Cornu und W. Moenke, Berlin, 2Aufl., 1980, S. 335.

② Moses Hess, Philiosophische und sozialistische Schriften, 1837 – 1850, herg. v. A. Cornu und W. Moenke, Berlin, 2Aufl., 1980, S. 340.

③ Moses Hess, Philiosophische und sozialistische Schriften, 1837 – 1850, herg. v. A. Cornu und W. Moenke, Berlin, 2Aufl., 1980, S. 334.

④ 《马克思恩格斯全集》第42卷，人民出版社1979年版，第137页。

⑤ 《马克思恩格斯全集》第42卷，人民出版社1979年版，第90页。

成维持他的个人生存的手段"。① 这同赫斯"个体被提升为目的，类被贬低为手段"的看法是一致的。

类似赫斯指出人本质的异化表现在人类生命和自然生命的根本颠倒，马克思也提及了劳动异化造成的人和动物机能的颠倒："人（工人）只在运用自己的动物机能——吃、喝、性行为，至多还有居住、修饰等等的时候，才觉得自己是自由活动，而在运用人的机能时，却觉得自己不过是动物。动物的东西成为人的东西，而人的东西成为动物的东西。"②

马克思对于货币在资本主义社会经济生活中的地位以及对其进行理论分析的必要性和意义的认识与赫斯也是十分类似的。在《手稿》中，马克思专门撰写了"货币"一节，来探讨货币问题。其中指出："货币，因为具有购买一切东西、占有一切对象的特性，所以是最突出的对象。"③ 马克思自己申明，他为《手稿》规定的任务之一，就是"弄清楚……全部异化和货币制度之间的本质联系"④。

对于货币的本质和作用，马克思也有和赫斯十分相近的论述。早在《论犹太人问题》中，马克思对金钱的本质和作用就作了同赫斯观点十分相像的揭露，指出："钱是从人异化出来的人的劳动和存在的本质"，它把人所崇拜的一切神都变成商品，剥夺了包括人类和自然界在内的整个世界的价值。⑤ 在《摘要》和《手稿》中，马克思进一步确认，货币的本质在于它是"人的产品赖以互相补充的中介活动或中介运动"，人的、社会的行动的外化、异化⑥，在于它是"人的异化的、外化的和外

① 《马克思恩格斯全集》第 42 卷，人民出版社 1979 年版，第 97 页。
② 《马克思恩格斯全集》第 42 卷，人民出版社 1979 年版，第 94 页。
③ 《马克思恩格斯全集》第 42 卷，人民出版社 1979 年版，第 150 页。
④ 《马克思恩格斯全集》第 42 卷，人民出版社 1979 年版，第 90 页。
⑤ 《马克思恩格斯全集》第 2 卷，人民出版社 1957 年版，第 448 页。
⑥ 《马克思恩格斯全集》第 42 卷，人民出版社 1979 年版，第 18 页。

在化的类本质",因此,它的"神力"也就是人类的"外化的能力"。①

马克思还同赫斯一样明确地提出两种不同的异化或异化的两种主要的不同的领域,并且也把对两者的批判结合在一起:"宗教的异化本身只是发生在人内心深处的意识领域中,而经济的异化则是现实生活的异化"。马克思认为,异化的扬弃也必须包括这两个方面。② 在《摘要》中,马克思也将作为交换媒介的金钱同基督教的上帝作了比较:

> 基督教最初代表:(1)上帝面前的人;(2)人面前的上帝;(3)人面前的人。
>
> 同样,货币按照自己的概念最初代表:(1)为了私有财产的私有财产;(2)为了私有财产的社会;(3)为了社会的私有财产。
>
> 但是,基督教是外化的上帝和外化的人,上帝只有在它代表基督时才有价值;人也只有在他代表基督时才有价值。货币的情况也是一样。③

对于货币的力量,马克思在《手稿》中作了更为详尽的阐述。马克思集中揭示的两点是:首先,货币和货币持有者是等值、同一的:"依靠货币而对我存在的东西,我能付钱的东西,即货币能购买的东西,就是我——货币持有者本身。货币的力量多大,我的力量就多大。货币的特性就是我——货币持有者的特性和本质力量"④,因此,它是"纽带的纽带","普遍的离间"和"结合"手段,以及"社会的化合力"。⑤其次,货币是一种"颠倒的力量",具有使一切人的和自然的质颠倒和混淆的特性。"它把现实的、人的和自然的本质力量变成纯抽象的观念,

---

① 《马克思恩格斯全集》第 42 卷,人民出版社 1979 年版,第 153 页。
② 《马克思恩格斯全集》第 42 卷,人民出版社 1979 年版,第 121 页。
③ 《马克思恩格斯全集》第 42 卷,人民出版社 1979 年版,第 19 页。
④ 《马克思恩格斯全集》第 42 卷,人民出版社 1979 年版,第 152 页。
⑤ 《马克思恩格斯全集》第 42 卷,人民出版社 1979 年版,第 153 页。

并因而变成不完善性和充满痛苦的幻想；另一方面，同样地把现实的不完善性和幻想，个人的实际上无力的、只在个人想象中存在的本质力量，变成现实的本质力量和能力。"① 因此，对于个性来说，它是一种普遍颠倒的力量。对个性如此，对个人以及社会的和其他的联系亦然："它把坚贞变成背叛，把爱变成恨，把恨变成爱，把德行变成恶行，把恶行变成德行，把奴隶变成主人，把主人变成奴隶，把愚蠢变成明智，把明智变成愚蠢。"② 马克思的最后结论是，"货币是一切事物的普遍的混淆和替换，从而是颠倒的世界。"③

　　从以上可以看出，在货币的本质、作用及其和宗教的关系等问题上，马克思和赫斯有着十分一致的看法。饶有兴趣的是，马克思对货币的分析不仅在内容上与赫斯有许多一致之处，而且在形式上也有某种雷同。这甚至表现在文章的体例上。例如，赫斯在《金钱的本质》一文的开首，引了雪莱关于货币的诗歌来表达自己的文章的主题④，马克思则从自己喜爱的歌德和莎士比亚的有关诗作来着手对货币进行分析⑤。

　　但是，二者在金钱的分析上也有重大的不同之处，这主要表现在金钱的起源问题上，赫斯把货币的存在归于人的孤立的、非联合的状态，认为"由于他自身是非人，也就是说，他们不是联合的，联合物在其自身之外，他们必须在非人的、超人的本质中寻找"⑥。这里，赫斯把单个的、孤立的个人当成了出发点。马克思在《摘要》中，则这样追溯了货币的起源："为什么私有财产必须发展到货币呢？这是因为人作为喜爱交往的存在物必须发展到交换，因为交换——在存在着私有财产的前

　　① 《马克思恩格斯全集》第42卷，人民出版社1979年版，第153页。
　　② 《马克思恩格斯全集》第42卷，人民出版社1979年版，第155页。
　　③ 《马克思恩格斯全集》第42卷，人民出版社1979年版，第155页。
　　④ Moses Hess, Philiosophische und sozialistische Schriften, 1837 – 1850, herg. v. A. Cornu und W. Moenke, Berlin, 2Aufl. , 1980, S. 329 –330.
　　⑤ 《马克思恩格斯全集》第42卷，人民出版社1979年版，第151—152页。
　　⑥ Moses Hess, Philiosophische und sozialistische Schriften, 1837 – 1850, herg. v. A. Cornu und W. Moenke, Berlin, 2Aufl. , 1980, S. 346.

提下——必然发展到价值。其实，进行交换活动的人的中介运动，不是社会的、人的运动，不是人的关系，它是私有财产对私有财产的抽象的关系，而这种抽象的关系是价值。货币才是作为价值的价值现实存在。因为进行交换活动的人不是作为人来互相对待，所以物本身就失了人的、个人的财产的意义。私有财产对私有财产的社会关系已经是这样一种关系，在这种关系中私有财产是自身异化了的。因此，这种关系的独立存在，即货币，是私有财产的外化，是排除了私有财产的特殊个性的抽象。"① 这样，马克思就把货币归结为抽象的、一般的私有财产。在《手稿》中，马克思又把私有财产的起源、本质归结为异化、外化的劳动。于是，在马克思那里，货币同交换、私有者一样，都是从属和决定于劳动或生产的范畴。因此，和赫斯把货币作为研究、论述的主要对象不同，马克思尽管肯定了异化在货币中达到最高表现，肯定了货币考察的重要性，但更着重分析的却是异化劳动。

其次，关于异化主体。

赫斯认为，在资本主义条件下，人的本质的异化是具有普遍性的，即不仅工人、无产者作为活动的主体发生异化，而且资本家也如此："绝不仅我们无产者，我们资本家也是这种吮自己的血、吃自己的肉的不幸者"②；"我们大家都是食人者、猛兽和吸血鬼——我们无须隐讳这一点。只要我们不是大家为彼此而活动，而是每个人不得不为自己挣钱，我们就是如此"③。

赫斯甚至认为，在资本家那里，异化感、异化在精神方面所造成的压力比在工人那里还要强烈："如果奴隶制在非占有者那里是明显的，

---

① 《马克思恩格斯全集》第 42 卷，人民出版社 1979 年版，第 19—20 页。

② Moses Hess, Philiosophische und sozialistische Schriften, 1837 – 1850, herg. v. A. Cornu und W. Moenke, Berlin, 2Aufl., 1980, S. 335.

③ Moses Hess, Philiosophische und sozialistische Schriften, 1837 – 1850, herg. v. A. Cornu und W. Moenke, Berlin, 2Aufl., 1980, S. 335.

那么它在占有者那里精神状态愈增。"① 因而，这种现代奴隶制"不再是单方面的，它们是相互的"②。

马克思对赫斯有关工人和资本家双方异化的观点显然是肯定和接受的。在《手稿》中，马克思在分析异化劳动的内容规定性之后强调，"首先必须指出，凡是在工人那里表现为外化、异化的活动的，在非工人那里都表现为外化、异化的状态。"③ 在马克思看来，异化最后"表现为一种非人的力量统治一切"，这不仅对工人，对资本家无疑也是适用的。④

但是，与赫斯不同的是，马克思并没有忽视两者质的对立。他指出："工人在生产中的现实的、实践的态度，以及他对产品的态度（作为一种精神状态），在同他相对立的非工人那里表现为理论的态度。""如果劳动产品不属于工人，并作为一种异己的力量同工人相对立，那么，这只能是由于产品属于工人之外的另一个人。如果工人的活动对他本身来说是一种痛苦，那么，这种活动就必然给另一个人带来享受和欢乐。"⑤ 显然，工人和资本家虽然同处异化的状态中，同在异化的统治之下，但工人是由于贫困，资本家则是由于富有；工人是受生存驱使，资本家则是受贪欲推动。二者是不能一概而论的。赫斯对此显然不会视而不见；但他在文章中却没有对二者加以区分和强调，这是颇有意味的。如果我们仔细阅读《金钱的本质》就不难发现，该文批判的矛头主

---

① Moses Hess, Philiosophische und sozialistische Schriften, 1837 – 1850, herg. v. A. Cornu und W. Moenke, Berlin, 2 Aufl., 1980, S. 341.

② Moses Hess, Philiosophische und sozialistische Schriften, 1837 – 1850, herg. v. A. Cornu und W. Moenke, Berlin, 2 Aufl., 1980, S. 342.

③ 《马克思恩格斯全集》第 42 卷，人民出版社 1979 年版，第 103 页。

④ 《马克思恩格斯全集》第 42 卷，人民出版社 1979 年版，第 141 页。

⑤ 《马克思恩格斯全集》第 42 卷，人民出版社 1979 年版，第 99 页。在《神圣家族》中，马克思对此更有清楚的表述。见《马克思恩格斯全集》第 2 卷，人民出版社 1957 年版，第 44 页："有产阶级和无产阶级同是人的自我异化。但有产阶级在这种自我异化中感到自己是被满足的和被巩固的，他把这种异化看作自身强大的证明，并在这种异化中获得人的生存的外观。而无产阶级在这种异化中则感到自己是被毁灭的，并在其中看到自己的无力和非人的生存的现实。"

要针对的是资产阶级国家及其立法者，而不是一般意义上的资产阶级，而且，与其说它富有政治性质，毋宁说它更富有伦理、道义的色彩。应该说，这反映了赫斯与马克思在对资本主义社会无产阶级与资产阶级两大阶级对立问题理解上的分歧。[①] 这点在异化扬弃的问题上得到了更加清楚的体现。

（三）异化的根源、合理性及其扬弃

与人的本质和金钱问题相联系，赫斯也把私有制纳入自己的研究领域和作为批判的对象。如前所述，在《行动的哲学》中，赫斯事实上已把资本主义的物质财产或所有制理解为人的自由的活动即劳动的异化："物质财产是成为固定观念的精神的为己存在，因为精神不是把它自身的劳动、制作或创造在思想上理解为它的自由的行动、自己的生命，而是理解为一种物质的他物，……它必然为自己紧紧抓住它。"[②] 在《金钱的本质》中，赫斯又进一步具体分析了金钱这种特殊的劳动异化物，分析了人（工人）同其活动产品的异化，即"私人"或"人格"同物质财产（所有制）的分离。赫斯认为，正是这种分离"破坏了个体现实生活本身"，把人变成"摈弃的、贬值的存在物"[③]，甚至使人在自由的行动和真正的生活方面不再留有"意见和思维的痕迹"[④]。

在赫斯的论述中，有两处是值得注意的：一是他在论述所有制的"神性"（Heiligkeit）时，曾涉及外化的所有制和外化的人格的关系。

---

① 兹·罗森指出了马克思和赫斯在工人和资本家双方异化观点上的一致，但他未能注意到二者的这一重要差别。参见 Zvi Rosen, Der Einfluss von M. Hess auf die Fruehschriften von K. Karx, in: Jahrbuch des Instituts fuer deutsche Geschichte, Bd. 8, 1979, S. 172 – 173。

② Moses Hess, Philiosophische und sozialistische Schriften, 1837 – 1850, herg. v. A. Cornu und W. Moenke, Berlin, 2Aufl., 1980, S. 225.

③ Moses Hess, Philiosophische und sozialistische Schriften, 1837 – 1850, herg. v. A. Cornu und W. Moenke, Berlin, 2Aufl., 1980, S. 341.

④ Moses Hess, Philiosophische und sozialistische Schriften, 1837 – 1850, herg. v. A. Cornu und W. Moenke, Berlin, 2Aufl., 1980, S. 341.

他指出，"脱离个人、脱离人的抽象的'所有制'的神性，恰好以脱离其所有制的抽象的、纯粹的和空洞的'人格'的神性为前提，像反过来说那样。如同人格以圣洁的方式同所有的现实的财产分离，抽象的、外化的、外在的和可转让的财产只能以其圣洁的方式同所有的人的东西分离的出现。"① 这里，赫斯表述了这一思想：私有制和异化的个体的存在是互为前提的。二是赫斯在讨论金钱的废除时，肯定了金钱存在的历史必然性和异化的合理性，认为"在迄今为止的孤立的状态中，在迄今为止的人的现代的异化中，必须发明一个体现精神和物质交换的外部象征，这是完全正确的。通过这种现实的、精神的和生命的交往的抽象，人的能力、生产力在它们异化的同时被提高了"②。

基于对金钱起源于人的孤立状态即单独的个人的存在的认识，赫斯把金钱和私有财产的废除，从而把人的异化的扬弃理解为人的"直接和内在的联系"。在赫斯看来，这种联合的实现是在道义驱使下所达到的理性认识的结果，它赖以实现的手段就是"爱"，而在爱中彼此团结起来，建立一个和谐的共同体，就意味着"面向共产主义"。③

如同我们已经指出的，马克思在《手稿》中与赫斯相类似，也把私有制的起源和本质归结为人的外化的活动，即异化劳动，认为私有财产是外化、异化劳动的"产物"、后果和必然结果。④ 他不止一次地指出：这种物质的、直接感性的私有财产，是异化了的、人的生命的物质的、感性的表现。因而它的运动，就是以往全部生产的运动的感性表现。⑤应该说，揭示物质私有制的本质，阐述作为私有制本质的异化劳动的种

---

①　Moses Hess, Philiosophische und sozialistische Schriften, 1837 – 1850, herg. v. A. Cornu und W. Moenke, Berlin, 2Aufl., 1980, S. 340.

②　Moses Hess, Philiosophische und sozialistische Schriften, 1837 – 1850, herg. v. A. Cornu und W. Moenke, Berlin, 2Aufl., 1980, S. 346.

③　Moses Hess, Philiosophische und sozialistische Schriften, 1837 – 1850, herg. v. A. Cornu und W. Moenke, Berlin, 2Aufl., 1980, S. 347 –348.

④　参见《马克思恩格斯全集》第42卷，人民出版社1979年版，第100页。

⑤　参见《马克思恩格斯全集》第42卷，人民出版社1979年版，第121页。

种规定和表现，正是《手稿》的核心议题，也正是《手稿》所获得的最重要的结论所在。

同时，尽管马克思强调外化、异化劳动的决定作用，但他并没有把它片面化，而是把它放在和私有制关系的总体中考察，从而指出，它们之间也存在一种相互作用，是互为条件、相互影响的："与其说私有财产表现为外化劳动的根源和原因，还不如说它是外化劳动的结果，正像神原先不是理性迷误的原因，而是人类理性迷误的结果一样。后来，这种关系就变成相互作用的关系。"① 马克思的这一理解与赫斯关于"人格"和私有制"神性"的相互关系的论述是有一致之处的。

此外，像赫斯肯定了作为人本质异化产物的金钱存在的合理性和进步意义一样，马克思在对私有制进行批判的同时，对作为人的劳动异化产物的私有制的合理性和进步意义也给予了肯定。他认为"非人化"是自然科学通过工业在实践上实现对人的社会生活改造的必经阶段，"只有通过发达的工业，也就是以私有财产为中介，人的激情的本体论本质才能在总体上、合乎人性地实现"②。

马克思对私有制本质及其同异化劳动关系的阐述和赫斯也有明显甚至重大的不同之处。如果说，赫斯只是一般地提及和涉猎了这一问题，那么，马克思则对这一问题本身进行了详细的解剖和考察。因此，马克思对问题的论述包含了远为丰富和深刻的内容。

在《手稿》中，马克思首先揭示了劳动异化的两项规定，即劳动产品的异化和劳动活动本身的异化，侧重阐释了人同自身以及同自然界的关系。然后，他从这两项规定中，推出人同人的本质的异化以及人同他人的异化的规定性。借此，马克思阐明了劳动异化这几方面内容的相互

---

① 《马克思恩格斯全集》第 42 卷，人民出版社 1979 年版，第 100 页。
② 《马克思恩格斯全集》第 42 卷，人民出版社 1979 年版，第 150 页。

关系，表达了前两项规定和最后两项规定间的内在机制：一方面，人同自身以及劳动的关系生产出他人同他以及他的劳动的关系，从而决定他人同他以及他的劳动的关系①；另一方面，"人同自身的任何关系，只有通过人同其他人的关系才能得到实现和表现"②。于是，我们看到，实际上马克思通过异化劳动和私有制关系的阐释，通过劳动异化诸方面相互关系的论述，向我们展示了生产方式的内在矛盾及其相互关系。因此，我们有理由把它看作关于生产力和生产关系原理的最初表述，它以萌芽的形式蕴含了唯物主义历史观的最重要的原理。

而且，马克思并没有就此停止，马克思在分析了异化劳动的具体规定及其相互关系后还进一步追溯：异化劳动是如何可能的？诚然，马克思并没有就此展开和直接提供具体答案。但马克思认为，当他把私有财产的起源问题变为异化劳动同人类发展的关系问题时，问题本身已包含了问题的解决。③ 这实际上意味着，要从人的本质、能力的自身发展中寻求劳动异化的答案。这无异于要求从生产力的自身发展中寻求问题的解答。

因此，在马克思看来，像作为劳动异化的产物的私有制的存在有其历史合理性一样，它的扬弃同样也有其历史必然性。但是与赫斯不同，马克思并不是诉诸"爱"的联合，而是把私有制的扬弃看作私有制的内在矛盾——劳动和资本的对立发展的必然结果④，并且认为它将通过工人解放这种政治形式得到表现⑤，其结果就是作为"现实的产生活动"的共产主义，就是"通过人并且为了人而对人的本质的真正占有"，或"人向自身、向社会的（即人的）人的复归"。⑥

---

① 《马克思恩格斯全集》第 42 卷，人民出版社 1979 年版，第 99—100 页。
② 《马克思恩格斯全集》第 42 卷，人民出版社 1979 年版，第 98 页。
③ 《马克思恩格斯全集》第 42 卷，人民出版社 1979 年版，第 102 页。
④ 《马克思恩格斯全集》第 42 卷，人民出版社 1979 年版，第 106 页。
⑤ 《马克思恩格斯全集》第 42 卷，人民出版社 1979 年版，第 101 页。
⑥ 《马克思恩格斯全集》第 42 卷，人民出版社 1979 年版，第 120 页。

这样我们看到，在赫斯那里还是抽象的、哲学推论式的和带有浓厚伦理主义色彩的有关异化扬弃的理解，在马克思那里已上升为建立在经济的经验分析基础上的科学的理论，尽管有时还不免披着旧哲学辞藻的外装。马克思和赫斯的分歧在其异化理论的最后结论中，即异化的扬弃的理解中得到了最鲜明、最集中的体现。

三　结语

以上我们分析和比较了赫斯与马克思在异化这一主要问题理解上的异同。当然，在《摘要》和《手稿》中，我们还可以举出两者在其他一些问题上观点的一致，比如对资产阶级国民经济学的评价，对贪欲、竞争问题的论述，以及"拥有"（Haben）概念等。这些，无疑也在一定程度上体现了赫斯对马克思的影响。限于篇幅，我们这里就不一一分析了。

赫斯和马克思相关论述的比较表明，两者在论述的主题、基本线索以及在涉及的一些主要观点上都有一致和类似之处。因此，我们能够据此肯定，马克思的《摘要》、特别是《手稿》受到了赫斯的《金钱的本质》的某种启示和影响。

当然，这种启示和影响也不能过高地被估价。因为，首先，造成这种类似和雷同的还有其更为根本的社会条件：他们面临的历史课题和任务是同一的，即分析资本主义社会经济关系，从经济学上来论证共产主义；另外，他们赖以出发的思想渊源和材料也是同一的，即都是从费尔巴哈哲学和资产阶级政治经济学的成果出发。因此，马克思和赫斯文章的类似和雷同正反映和体现了社会主义思想史发展的逻辑。正是这点，几乎被西方所有的研究者完全忽略了。其次，这种同只是异中之同：和赫斯比较，马克思或者将有的问题的论述推进了，或者在有的问题上纠正了赫斯的片面性，或者在有的问题上引出了与赫斯完全不同的结论。

造成这种重大差别的决定性原因是，马克思这时已较为彻底地完成了由唯心主义和民主主义向唯物主义和共产主义的转变，并明确地认识到了物质生产活动在人类社会和历史发展过程中的地位和作用，也就是说，已找到了理解社会及其发展史的钥匙。这使马克思牢固地确立了社会存在的"本体论"与人的存在的"本体论"、科学的逻辑分析与伦理的价值判断相统一的科学的方法论原则。而赫斯则仍在很大程度上囿于费尔巴哈的抽象的伦理主义。

（本文原载《学术月刊》1988 年第 10 期）

莫泽斯·赫斯与路德维希·费尔巴哈

在某种意义上，赫斯（Moses Hess，1812—1875）的"真正的"社会主义是费尔巴哈"类"学说的历史哲学或社会学的翻版。

赫斯与费尔巴哈的思想关系经历了三部曲：转向、接纳与批判。

一 向费尔巴哈哲学的转向

赫斯向费尔巴哈哲学的转向始于 1841 年下半年。他瞩目于费尔巴哈，显然也源系费尔巴哈刚发表的《基督教的本质》（1841.6）。在赫斯于同年 10 月发表在《雅典娜之殿》上的《德国哲学的现代危机》一文中，首次表露了费尔巴哈影响的痕迹。

这是有关德国哲学处境的专论。在赫斯看来，所谓德国哲学在当时所出现的"危机"，其实质无非是这一哲学处在由理论向实践的过渡中，而这一过渡具体体现为黑格尔哲学与青年黑格尔派的关系。因此，对这一关系的阐述就成了该文的主旨与核心。对此，赫斯表述了如下见解：如果说，在想根据哲学上已经获得的东西即自我意识来塑造生活的意义上，包括卢格、费尔巴哈和鲍威尔在内的青年黑格尔派已超越了黑格尔哲学，那么，就必须同时肯定，这一派别并没有摆脱和背离黑格尔哲学基地，毋宁说，它是这一哲学原则上的彻底贯彻和发展。① 这里，已经表达出对费尔巴哈哲学的一种实质性理解与评价：赫斯显然同鲍威尔、卢格、恩格斯甚至马克思开始时一样，误解了费尔巴哈哲学，他没有看到费尔巴哈哲学同黑格尔哲学的对立，未能了解这一哲学的唯物主义性质，而只是把它视为黑格尔哲学原则的彻底发挥和更加严格的逻辑结论。正因为如此，他并没有把费尔巴哈同卢格、鲍威尔加以区分，而是把他们相提并论。

值得注意的是，赫斯在强调费尔巴哈同卢格、鲍威尔等人哲学思想一样，未背离和超越黑格尔哲学的同时，对这种非超越性是持肯定而非否定的态度。为此，他为黑格尔及其哲学进行了辩护。同他在《欧洲三同盟》（1840 年完稿，1841 年 1 月发表）（以下简称《三同盟》）中所持的黑格尔哲学已是"过去的哲学"这一批判态度不同，赫斯现在站在维护黑格尔及其哲学的立场上，用青年黑格尔派观点来解释黑格尔；认为"自我意识"是黑格尔哲学的核心②；强调黑格尔哲学同青年黑格尔哲学的区别只不过是理论着重点不同，例如在宗教哲学方面，黑格尔强调阐明的是宗教哲学各种形式产生的必要性，而青年黑格尔派的"实践哲学"则更多的是揭示宗教哲学的衰亡方面。③ 赫斯还反驳人们对黑格尔哲学保守性的抨击，认为这是对黑格尔哲学的一种误解。他甚至认为，不仅不能假定黑格尔有意地回避哲学理论与现实的冲突，而且，即便黑格尔如此，即意识到他自己所持的态度，人们也绝不能因此而去责备他。因为黑格尔的使命就在于从事哲学，而非使生活适应哲学。④

在为黑格尔哲学辩护的同时，赫斯也称道了青年黑格尔派。他赞誉

---

① Moses Hess, Philiosophische und sozialistische Schriften, 1837 – 1850, herg. v. A. Cornu und W. Moenke, Berlin, 2Aufl. , 1980, S. 169.

② Moses Hess, Philiosophische und sozialistische Schriften, 1837 – 1850, herg. v. A. Cornu und W. Moenke, Berlin, 2Aufl. , 1980, S. 169.

③ Moses Hess, Philiosophische und sozialistische Schriften, 1837 – 1850, herg. v. A. Cornu und W. Moenke, Berlin, 2Aufl. , 1980, S. 170.

④ Moses Hess, Philiosophische und sozialistische Schriften, 1837 – 1850, herg. v. A. Cornu und W. Moenke, Berlin, 2Aufl. , 1980, S. 170.

青年黑格尔派正在"走向理念的实践，专心地积极塑造未来"①，在企图按自我意识来塑造生活这一点上，超过了黑格尔。因而，他将青年黑格尔派哲学称之为"今日的实践哲学"②。在《三同盟》中，赫斯曾把自己同青年黑格尔派明确区分开来，即认为青年黑格尔派哲学是由"过去的哲学"向"行动的哲学"的过渡，而自己则是"行动的哲学"的代表。③ 而现在，赫斯则力求把自己的立场同青年黑格尔派的立场协调、统一起来。

同《三同盟》一书比较，赫斯在《危机》一文中对黑格尔哲学以及青年黑格尔派哲学所持的立场无疑体现了某种退步。这种情况表明，赫斯在开始接触费尔巴哈哲学的同时，也受到了"自我意识哲学"的影响。这两者几乎是同时发生的。而后者对赫斯发生的作用，远比前者明显、强烈。这集中体现在这一事实，即赫斯不仅在对待黑格尔哲学的问题上部分地采取了以鲍威尔为代表的自我意识哲学的立场，而且在对待费尔巴哈哲学上亦如此。

这种情况之所以发生，似可看作青年马克思对赫斯影响的证明。赫斯在撰写《危机》一文时，刚与马克思结识。他在1841年9月2日致奥尔巴赫的信中，把马克思称为自己的"偶像"。④ 而马克思这时正处在自我意识哲学影响之下，他通过《博士论文》从哲学史的角度参与了"自我意识哲学"的制定，并同鲍威尔一起，"炮制"了《对黑格尔、无神论者和反基督教者的末日的宣告》。也就是说，赫斯是通过马克思才得以深入了解以鲍威尔为代表的"自我意识哲学"并将这一哲学深嵌

---

① Moses Hess, Philiosophische und sozialistische Schriften, 1837 – 1850, herg. v. A. Cornu und W. Moenke, Berlin, 2Aufl., 1980, S. 170.

② Moses Hess, Philiosophische und sozialistische Schriften, 1837 – 1850, herg. v. A. Cornu und W. Moenke, Berlin, 2Aufl., 1980, S. 170.

③ Moses Hess, Philiosophische und sozialistische Schriften, 1837 – 1850, herg. v. A. Cornu und W. Moenke, Berlin, 2Aufl., 1980, S. 82 – 83.

④ Moses Briefwechsel, herg. v. E. Silberner, Monton & co, 1959, S. 80.

在自己头脑中的。当然，在对待黑格尔哲学的态度上，马克思同赫斯是有明显差异的。马克思在《博士论文》中，不仅没有为黑格尔哲学的保守性辩护，而且认为体现黑格尔哲学保守性的"适应"或"调和"是黑格尔哲学的固有缺陷和必然结果，并主张应该用意识的内在本质规定来说明外在的形式。①

总之，在1841年下半年，在刚刚开始接触费尔巴哈哲学时，由于与马克思的结识，费尔巴哈哲学并未能对赫斯产生明显影响。当时在赫斯眼里，费尔巴哈不过是与卢格、鲍威尔具有相同思想倾向的一个黑格尔主义分子罢了。但是，这里应该指出，赫斯在《危机》一文中所表达的费尔巴哈哲学没有超越黑格尔哲学观念的基地的观点是有其合理性的。当然，这不完全是在赫斯当时所理解的意义上，同时，它也不能被视为费尔巴哈哲学的长处。对此，赫斯是在两年后明确意识到的。两年后，他把这点作为费尔巴哈哲学的局限提了出来，并就此展开了批判。

二 对费尔巴哈哲学的接纳

1842年2月，针对鲍威尔等人对《基督教的本质》一文的误解，费尔巴哈发表了《论对〈基督教的本质〉的评判》一文，文中申明了他的哲学同黑格尔哲学的对立。该文显然有助于澄清当时人们对费尔巴哈哲学内蕴的理解。例如，马克思当时拖延并最终终止了他与鲍威尔的合作，即撰写《对黑格尔、无神论者和反基督教者的末日的宣告》第二部的计划。在赫斯那里，也发生了与此相类似的情况，这可以从赫斯在1842年5月发表在《莱茵报》上的《德国和法国与中央集权问题》一文中对费尔巴哈哲学的接纳看出。以该文为标志，赫斯的思想发展开始了一个新的时期，即接纳和推进费尔巴哈哲学思想的时期。这种接纳和

---

① Karl Marx, Die Fruehschriften, herg. v. S. Landshut, 1971, Stuttgart, S. 15. 参阅《马克思恩格斯全集》第40卷，人民出版社1982年版，第257页。

推进在《金钱的本质》（1844年初撰）一文中达到巅峰。在费尔巴哈影响下，赫斯由在《人类的圣史》（1837）—文中所表述，且在《欧洲三同盟》中仍留有印痕的"宗教社会主义"，过渡到"哲学社会主义"。这是赫斯思想发展的最重要的时期，也是最富有成果的时期。

赫斯对费尔巴哈哲学思想的接纳，集中表现在他试图把费尔巴哈哲学同社会主义结合起来，用其为社会主义构想提供论证。这种论证开始是发生在哲学层面，而后则深入到经济学层面。因而，与此相适应，赫斯对费尔巴哈哲学的吸收与接纳就展现为两个阶段，即从哲学上寻求社会主义论证阶段与从经济学上寻求社会主义论证阶段。

赫斯吸取并运用费尔巴哈哲学来从哲学方面对社会主义进行论证，大体是在1842—1843年，体现在《德国和法国与中央集权问题》《行动的哲学》（始撰于1841年3月，1843年7月发表）等文中。它围绕和凸显了这样一个核心，即把"类"的概念同对社会主义的理解融合起来，把社会主义理解为一种符合人的本质的社会关系，理解为个人与类的和谐、统一。

在《德国和法国与中央集权问题》一文中，已显露了这一思想倾向的萌芽。在该文中，赫斯在解答"应该为普遍的自由即法律而牺牲个体的自由呢？还是应该为个人的自由而牺牲普遍的自由呢？"这一问题时指出，如果从更高的角度来看待这一问题，这一问题并不成为问题。原因在于，"如果个体同他自己的概念相符，换言之，如果人事实上是他按其本质应是的东西，那么，个体的自由同普遍的自由就毫无一致；因为真正的人只过类的生活，不能把他的个体即特殊的存在同普遍的存在分离开；他的自由绝不会和法律发生矛盾，因为法律对他来说完全不是异在物，而是他自己的意志。"① 这里，已表现出赫斯通过对费尔巴哈

---

① Moses Hess, Philiosophische und sozialistische Schriften, 1837 – 1850, herg. v. A. Cornu und W. Moenke, Berlin, 2 Aufl., 1980, S. 176.

人类学唯物主义思想的吸收所达到的一种对于未来理想社会即社会主义的新的理解。在其后的思想中，这一倾向获得了多方面的展开。我们仅列数几个主要的方面。

1. 赫斯通过借鉴费尔巴哈人的本质学说，从根本上推进了自己对于人的本质这一问题的理解。

在《人类的圣史》中，我们看到，赫斯当时是从精神方面对人的本质进行规定的。他在文中提及，"人的个体，其本质是精神的、有意识的特性"[1]。"体现人的本质的首要物，它的始基，是生命意识特性。"[2]因此，他用"自由的精神活动"这一概念来标示人类"圣史"的特点，把人类史视为自由的精神活动的历史。[3]

在《中央集权问题》一文中，赫斯把人的本质理解为"类生活"[4]，沿用了费尔巴哈的概念。这表明，赫斯在开始转向费尔巴哈学说不久，就接受了费尔巴哈的类概念以及人的本质是"类本质"的思想。

但是，"类本质""类生活"毕竟是一种思辨的表达。在赫斯那里，"生活就是活动"[5]。所以，在发表在"二十一印张"上的文章中，赫斯把"类本质""类生活"理解为人的"自由的、独立于各种外在强制的活动"[6]，简言之，"自由活动"。可是，需要特别指出的是，赫斯这时对人的本质的理解，对人的活动的强调，已不再停留在《圣史》中的

---

[1] Moses Hess, Philiosophische und sozialistische Schriften, 1837 – 1850, herg. v. A. Cornu und W. Moenke, Berlin, 2Aufl. , 1980, S. 15.

[2] Moses Hess, Philiosophische und sozialistische Schriften, 1837 – 1850, herg. v. A. Cornu und W. Moenke, Berlin, 2Aufl. , 1980, S. 15.

[3] Moses Hess, Philiosophische und sozialistische Schriften, 1837 – 1850, herg. v. A. Cornu und W. Moenke, Berlin, 2Aufl. , 1980, S. 84.

[4] Moses Hess, Philiosophische und sozialistische Schriften, 1837 – 1850, herg. v. A. Cornu und W. Moenke, Berlin, 2Aufl. , 1980, S. 176.

[5] Moses Hess, Philiosophische und sozialistische Schriften, 1837 – 1850, herg. v. A. Cornu und W. Moenke, Berlin, 2Aufl. , 1980, S. 211.

[6] Moses Hess, Philiosophische und sozialistische Schriften, 1837 – 1850, herg. v. A. Cornu und W. Moenke, Berlin, 2Aufl. , 1980, S. 228.

那种单一的规定，即仅仅限于精神或精神活动领域。相反，他把人的自由活动区分为两个方面，即"自由的精神活动"与"自由的社会活动"，并在现实生活中找到了它们的思想理论代表——德国哲学与法国社会主义。他认为德国哲学（包括为"行动的哲学"奠定基础的费希特哲学在内）只停留在自由的精神活动方面，未能超越（主观）唯心主义，而法国共产主义（始于巴贝夫）则停留在自由的社会活动方面，未能超出实践经验。① 与此相适应，赫斯又进一步对人的"类本质"作出了双重规定，即"理论的类本质"与"实践的类本质"，前者为"人的意识"，后者则为"人的自我行动"。② 然而，这又并非意味着二元论。赫斯认为，无论是人的精神生活活动，还是人的物质生活活动，都在人们的"交换"（der Austausch）、"交往"（der Verkehr）和"协作"（das Zusammenwirken）中表现出来。③ 因此，交换、交往、协作作为人的"现实的本质"，"不仅是他们理论的本质，即现实的生活意识，而且，也是他们的实践的本质，即现实的生活活动"。④ 同时，赫斯对于人的物质生活活动、人的"实践的本质"予以特别重视，甚至把它明确界说为"生产和为继续生产所需求的产品消费的交往"⑤。

这样，赫斯对人的本质的理解就从"生命意识"进展到"自由活动"，进展到体现理论与实践双重规定且以实践规定为根本的"交往"。

赫斯所取得的这种进步明显显示出费尔巴哈影响的痕迹。在《基督教的本质》"导言"中，虽然费尔巴哈基本上是从人们的精神交往、

---

① Moses Hess, Philiosophische und sozialistische Schriften, 1837 – 1850, herg. v. A. Cornu und W. Moenke, Berlin, 2Aufl., 1980, S. 221 – 222.

② Moses Hess, Philiosophische und sozialistische Schriften, 1837 – 1850, herg. v. A. Cornu und W. Moenke, Berlin, 2Aufl., 1980, S. 284.

③ Moses Hess, Philiosophische und sozialistische Schriften, 1837 – 1850, herg. v. A. Cornu und W. Moenke, Berlin, 2Aufl., 1980, S. 330.

④ Moses Hess, Philiosophische und sozialistische Schriften, 1837 – 1850, herg. v. A. Cornu und W. Moenke, Berlin, 2Aufl., 1980, S. 331.

⑤ Moses Hess, Philiosophische und sozialistische Schriften, 1837 – 1850, herg. v. A. Cornu und W. Moenke, Berlin, 2Aufl., 1980, S. 333.

精神的共同生活方面去理解人的本质，即强调人的"严格意义上的""意识"①，把人的本质规定为"理性、爱和意志"的统一②，但其中已蕴含了对人的社会生活与实践活动全面理解的萌芽。他在谈到人的生活时指出，人具有双重生活：内在生活与外在生活。内在生活是他与他的类、他的本质发生关系，外在生活则是他与其他个体发生关系。"在生活中我们同个体交往，在科学中我们则同类交往。"③ 这里，已经暗含和牵涉人的本质的双重规定性，即精神交往活动与物质交往活动。赫斯对人的类本质的双重内含的揭示，显然受到了费尔巴哈这一见解的启示。

2. 赫斯对人的本质理解的推进，为他从人这一历史主体角度去理解与描述人类历史奠定了基础。由于他把人的本质的规定引向了人的物质的交往、人的物质交往关系，这样，他就接近了人道主义与唯物主义、伦理主义与历史主义、价值原则与科学原则的统一，从而对人类的历史过程有了新的理解。

在《人类的圣史》中，与把人类的历史理解为自由精神活动的历史，而又把自由理解为"顺从上帝的立法"④ 相适应，赫斯把人类历史描述成人与上帝的和谐（无意识的统一）——人与上帝的分裂——人与上帝的重新和谐（有意识的统一）的过程。

而现在，例如在《行动的哲学》中（甚至在《中央集权问题》中就已经有此意向），赫斯则把私有制形成以来的历史描述成个体与普遍

---

① Ludwig Feuerbach, Gesammelte Werke, Herg. v. W. Schuffenhauer, Berlin, 1974, Bd. 5, S. 28.

② Ludwig Feuerbach, Gesammelte Werke, Herg. v. W. Schuffenhauer, Berlin, 1974, Bd. 5, S. 30 – 31.

③ Ludwig Feuerbach, Gesammelte Werke, Herg. v. W. Schuffenhauer, Berlin, 1974, Bd. 5, S. 28.

④ Moses Hess, Philiosophische und sozialistische Schriften, 1837 – 1850, herg. v. A. Cornu und W. Moenke, Berlin, 2Aufl. , 1980, S. 45.

矛盾、斗争的历史①，把整个人类历史过程描述成由个体与普遍的统一——个体与普遍的对立——个体与普遍的重新统一的过程。在《人的规定》（1844.6）、《社会主义运动在德国》（1844.5 撰）等文中，他又把这一图式具体化，提出了类生活的两种"类型"或两种不同的"类存在形式"，即到资本主义社会为止的私有制社会与未来的理想社会，并对这两个历史阶段进行了具体的描绘。赫斯认为，最初的"类存在形式"即类生活的第一阶段是类本质的异化阶段。在这一阶段上，类为了生存而自我个体化②，所以，充满了"斗争、矛盾、死亡和否定"③。因而，这一阶段本质上是类本质自身之内的矛盾即各种要素之间的斗争，这种斗争是围绕本质自身存在（谋取其存在的手段与条件）的斗争展开的。④ 它是人类史中的"动物世界"⑤，是"人的自然史"⑥。这种动物性与自然性突出表现为个体与类关系的颠倒，即"个体被提升为目的，而类被贬低为手段"⑦。也就是说，类不仅通过孤立的个体而外化，游离于个体之外，而且，完全成为个体存在的工具。这种个体与类的对立在资本主义这一"现代小商贩世界"中达到极致⑧，因此，伴随人的本质与能力的发展，伴随物质生产与交往的发展或未来社会组织的物质内

① Moses Hess, Philiosophische und sozialistische Schriften, 1837 – 1850, herg. v. A. Cornu und W. Moenke, Berlin, 2Aufl., 1980, S. 216.

② Moses Hess, Philiosophische und sozialistische Schriften, 1837 – 1850, herg. v. A. Cornu und W. Moenke, Berlin, 2Aufl., 1980, S. 387.

③ Moses Hess, Philiosophische und sozialistische Schriften, 1837 – 1850, herg. v. A. Cornu und W. Moenke, Berlin, 2Aufl., 1980, S. 276.

④ Moses Hess, Philiosophische und sozialistische Schriften, 1837 – 1850, herg. v. A. Cornu und W. Moenke, Berlin, 2Aufl., 1980, S. 282.

⑤ Moses Hess, Philiosophische und sozialistische Schriften, 1837 – 1850, herg. v. A. Cornu und W. Moenke, Berlin, 2Aufl., 1980, S. 287.

⑥ Moses Hess, Philiosophische und sozialistische Schriften, 1837 – 1850, herg. v. A. Cornu und W. Moenke, Berlin, 2Aufl., 《1980, S. 331.

⑦ Moses Hess, Philiosophische und sozialistische Schriften, 1837 – 1850, herg. v. A. Cornu und W. Moenke, Berlin, 2Aufl., 1980, S. 333.

⑧ Moses Hess, Philiosophische und sozialistische Schriften, 1837 – 1850, herg. v. A. Cornu und W. Moenke, Berlin, 2Aufl., 1980, S. 336, 383.

容的赢得，类的异化存在阶段必然过渡到"类生活的全面展开"阶段，即"有组织构成的"社会主义社会。①

由上可见，由费尔巴哈的影响所导致的对人的本质理解的深化，赫斯在对人类历史进行描述时，已把《人类的圣史》中的上帝与人的矛盾转换为个体与类的矛盾，消除了宗教的、神学的色彩。同时，已表现出对费尔巴哈的明显超越：这不仅表现在赫斯试图从个体与类的矛盾运动过程中推导出社会主义的必然性，而且表现在，由于赫斯把人的本质理解为人的交往关系特别是物质交往关系，他对人类历史过程的描述已不同于费尔巴哈的那种"历史只不过是人类人性化的过程"②的纯人类学主义的描述，而具有了人的本体论与社会本体论的双重色彩：人的历史既是人的本质发展的历史，也是人的社会交往关系发展的历史。事实上，只有把历史过程了解为人的社会交往关系发展的历史，也才能把这一过程真正了解为人的本质发展的历史。

3. 与此同时，赫斯还把他对社会主义的本质规定——自由与平等同"类"联系起来，视为"类"的本质规定。

在《社会主义与共产主义》（1843.7）一文中，赫斯已把社会主义、共产主义的实质规定为自由与平等的统一。在他看来，自由是对主体（个人）而言，平等是对客体（社会）而言；自由是对精神而言，平等是对政治而言；自由是针对宗教奴役，平等是针对政治奴役；自由体现德国精神倾向，体现德国无神论，平等体现法国精神倾向，体现法国社会主义。③ 所以，"唯有将它们结合起来，才能体现法国以及德国

① Moses Hess, Philiosophische und sozialistische Schriften, 1837 – 1850, herg. v. A. Cornu und W. Moenke, Berlin, 2 Aufl., 1980, S. 276 – 277.
② 《费尔巴哈选集》下卷，荣震华、李金山译，商务印书馆 1984 年版，第 596 页。
③ Moses Hess, Philiosophische und sozialistische Schriften, 1837 – 1850, herg. v. A. Cornu und W. Moenke, Berlin, 2 Aufl., 1980, S. 202 – 204.

现代精神趋向的真正原则"①，达到对社会主义、共产主义概念的"极其尖锐与深刻的理解"②。在这里，赫斯明确提出了"社会主义等于自由加平等"这一公式。

然而在赫斯那里，社会主义不过是"真正的类生活"这一哲学术语的历史学或社会学的表述。所以，在《什么是财产》（qu'est ce que la propriete，1843）一文中，赫斯又提出"类等于自由加平等"的公式："像单个个体的生存与死亡一样，自由与平等是类的伟大生存过程的要素。……自由与平等、个体生活与公共生活的统一，这一过程，这种个体化的类的真正生活，是自由共同体。"③

这样，赫斯就把自由与平等的统一同个体与普遍的统一联结起来，不仅有了类的哲学表述，也有了类的社会学表述（社会主义理论）。这种类的具体化，为其论证社会主义的本质提供了一定的根据。

4. 赫斯对个体与类关系的理解显示出明显的唯物主义倾向。

在《行动的哲学》中，赫斯认为，"个体是观念的唯一现实性"，而"普遍是非现实的，它只是个体的抽象"；"普遍经由个体达到自我意识，而人……则是普遍的最高最完善的现实"④。赫斯还由此出发对黑格尔哲学进行了批判："头脚倒置的反思……把我的变化即自我意识的变化理解为我所想象的他物的变化……它的全部想象对它来说都成为客观的生命"⑤。

在《欧洲三同盟》中赫斯已流露出某种唯物主义的思想倾向。在那

---

① Moses Hess, Philiosophische und sozialistische Schriften, 1837 – 1850, herg. v. A. Cornu und W. Moenke, Berlin, 2 Aufl., 1980, S. 203 – 204.

② Moses Hess, Philiosophische und sozialistische Schriften, 1837 – 1850, herg. v. A. Cornu und W. Moenke, Berlin, 2 Aufl., 1980, S. 206.

③ Moses Hess, Philiosophische und sozialistische Schriften, 1837 – 1850, herg. v. A. Cornu und W. Moenke, Berlin, 2 Aufl., 1980, S. 258 – 259.

④ Moses Hess, Philiosophische und sozialistische Schriften, 1837 – 1850, herg. v. A. Cornu und W. Moenke, Berlin, 2 Aufl., 1980, S. 212.

⑤ Moses Hess, Philiosophische und sozialistische Schriften, 1837 – 1850, herg. v. A. Cornu und W. Moenke, Berlin, 2 Aufl., 1980, S. 211.

里，他已对黑格尔的唯心主义进行了某种批判："黑格尔称其为'客观精神哲学'的东西，只是被理解过的此在物和曾在物，而不是能够被描述的客体。……黑格尔的客观精神停留在纯观念。"① 费尔巴哈的哲学唯物主义，无疑为赫斯的这一唯物主义思想倾向的发展提供了推动力。

基于这种唯物主义的哲学基础，赫斯对青年黑格尔派的"自我意识"进行了改造，把它理解为现实的人的精神，而非一种观念上的抽象物②，并提出了"自我意识的类"（Selbstbewuβte Gattung）概念③。于是，在赫斯那里，自我意识的运动过程（笛卡尔所云的"我思"）也就是作为认识主体的自我与作为认识客体的自我的统一过程，当这种统一未实现、被割裂时，自我意识就以神学意识形式出现④，而这种神学意识归根结底源自现实中"个体间的对立与斗争"⑤。由此可见，与《德国哲学的现代危机》一文的状况相反，赫斯现在对自我意识的理解已更具费尔巴哈特色而非鲍威尔特色。⑥

赫斯对"自我意识"的这种改造，明显依据了费尔巴哈的《关于哲学改造的临时纲要》。因为正是在《纲要》中，费尔巴哈揭露了黑格尔自我意识哲学的实质，并间接地、含蓄地批评了鲍威尔的"自我意识哲学"。⑦

---

① Moses Hess, Philiosophische und sozialistische Schriften, 1837 – 1850, herg. v. A. Cornu und W. Moenke, Berlin, 2Aufl., 1980, S. 85.

② Moses Hess, Philiosophische und sozialistische Schriften, 1837 – 1850, herg. v. A. Cornu und W. Moenke, Berlin, 2Aufl., 1980, S. 211.

③ Moses Hess, Philiosophische und sozialistische Schriften, 1837 – 1850, herg. v. A. Cornu und W. Moenke, Berlin, 2Aufl., 1980, S. 282.

④ Moses Hess, Philiosophische und sozialistische Schriften, 1837 – 1850, herg. v. A. Cornu und W. Moenke, Berlin, 2Aufl., 1980, S. 210.

⑤ Moses Hess, Philiosophische und sozialistische Schriften, 1837 – 1850, herg. v. A. Cornu und W. Moenke, Berlin, 2Aufl., 1980, S. 387.

⑥ 德国学者 W. Moenke 认为这时赫斯从费尔巴哈哲学后退而诉诸费希特的"自我意识哲学"，是值得商榷的。见上书"前言"，XXXⅢ.

⑦ W. Schuffenhauer herg., L. Feuerbach, Gesammelte Werke, Bd. 9, Berlin, 1982, S. 244, 261.

借助费尔巴哈，赫斯再次把自己与青年黑格尔派区分开来。在《行动的哲学》中，赫斯通过考察青年黑格尔派对待个体与普遍（类）矛盾的态度，认定他们仍囿于神学意识。因为在赫斯看来，尽管他们抛弃了黑格尔的绝对精神以及复辟和中庸的政治，尽管他们否定了宗教的二元论，可是由于他们未能进展到自我规定与自律，滞留在"为我存在"的反思中，他们还是把作为"国家"的普遍同个体对立起来，而未能最终摆脱神学国家。①

在《我们想什么》一文中，赫斯还把自我意识分为三种类型或三个阶段，借以把自己同青年黑格尔派划分开来。首先是"不开放的（unaufgeschlossen）"自我意识，以老年黑格尔派为代表。他们囿于满足精神上的自由。青年黑格尔派代表"决裂的（gebrochen）自我意识"，它始于施特劳斯，在鲍威尔那里达到顶点。青年黑格尔派虽然突破了老年黑格尔派的局限，但只达到了有限的自由，因为他们把自我意识的批判家同未达到自我意识的群众分离开来。赫斯自己则代表"行动的自我意识"（taetig）。这种意识是"自我行动的精神"，它不停留在原则，而要求通过否定自由行动的精神的外在限制即"偶然的生活手段"或"偶然的占有"（私有财产）最终能够发挥作用和获得实现。②

在《社会主义运动在德国》一文中，赫斯对青年黑格尔派的历史地位作了更加明确的判定："青年黑格尔主义构成了由德国哲学向社会主义、由思维向行动的过渡"，这一哲学运动派别的衰落也就是哲学向社会主义过渡的完成和实现。③

现在，我们再来研究赫斯通过吸取和运用费尔巴哈学说在经济学方

---

① Moses Hess, Philiosophische und sozialistische Schriften, 1837 – 1850, herg. v. A. Cornu und W. Moenke, Berlin, 2 Aufl., 1980, S. 219.

② Moses Hess, Philiosophische und sozialistische Schriften, 1837 – 1850, herg. v. A. Cornu und W. Moenke, Berlin, 2 Aufl., 1980, S. 240 – 242.

③ Moses Hess, Philiosophische und sozialistische Schriften, 1837 – 1850, herg. v. A. Cornu und W. Moenke, Berlin, 2 Aufl., 1980, S. 290.

面所取得的成果。

赫斯吸取并运用费尔巴哈学说来从经济学方面为社会主义提供论证，大体发生在 1844 年初前后，集中体现在《金钱的本质》等文中。事实上，《行动的哲学》一文表明，至迟从那时起，赫斯就已自觉地尝试把费尔巴哈的理论运用于经济学分析。在该文中，赫斯在论及"为我存在"社会阶段以及"物质财产"时，已经论及近代资本主义条件下人的劳动及其劳动产品的异化问题。①

概而言之，赫斯对费尔巴哈学说在经济学方面的吸取与推进突出体现在下述几个方面：

1. 发现和揭示了人的现实中的异化这种"类存在形式"，从而接近了对人的异化存在现实的全面理解。

赫斯认为，费尔巴哈的一个突出的功绩是，"费尔巴哈证明，完善的宗教即基督教的客观本质，是人的外化的本质，并通过批判破坏了一切理论的谬误和矛盾的基础"②。而费尔巴哈的这一功绩足可以与蒲鲁东相媲美，因为蒲鲁东通过对私有财产的批判在社会生活的所有实践的矛盾和冲突方面所达到的东西，费尔巴哈在所有理论的矛盾和冲突方面也实现了。因此，"费尔巴哈是德国的蒲鲁东"。但这恰恰意味着，费尔巴哈还未能够实现蒲鲁东在所有实践的矛盾和冲突方面实现的东西，未能够达到蒲鲁东的实践结论。因而，赫斯明确提出这样的要求："把费尔巴哈的人道主义（Humanismus）运用到社会生活中去"③。

这样，赫斯以费尔巴哈的基督教批判为原型，通过《行动的哲学》《人的规定》《进步与发展》《社会主义运动在德国》特别是《金钱的本

---

① Moses Hess, Philiosophische und sozialistische Schriften, 1837 – 1850, herg. v. A. Cornu und W. Moenke, Berlin, 2Aufl., 1980, S. 219 – 220, 225.

② Moses Hess, Philiosophische und sozialistische Schriften, 1837 – 1850, herg. v. A. Cornu und W. Moenke, Berlin, 2Aufl., 1980, S. 292 – 293.

③ Moses Hess, Philiosophische und sozialistische Schriften, 1837 – 1850, herg. v. A. Cornu und W. Moenke, Berlin, 2Aufl., 1980, S. 293.

质》等文，对社会现实生活中的异化、人的实践中的异化进行了较为广泛的研究与揭示。在《社会主义运动在德国》一文中，他对这种人的异化的现实表现进行了这样的概述："……人迄今到处把他的创造物看作他的创造者；把自己沦为他自己的产品的奴才和佣人；带着宗教般的畏惧和对上帝式的奴才般的惊恐屈从于自己的双手和大脑的产品，似乎它们是更高的、超人的本质或力量；轮换时而成为国家艺术时而成为上帝知识的牺牲者，最终则成为他的一切智力和物质财富的牺牲者……。他的力量的发展使他变得更为无力，最终甚至他的全部能力都献给了全能的和无所不在的上帝即金钱。"①

通过对现实生活中异化现象的揭示与反思，赫斯得出了这样的结论："社会的本质，人的类本质，他的创造性的本质，对于人类来说过去以及迄今都是一种神秘的、彼岸的本质。这一本质在政治生活中作为国家力量、在宗教中作为天国力量、在理论上作为上帝，以及在实践上作为金钱力量同他相对立。"② 这样，与赫斯把人的本质理解为理论的本质与实践的本质两个方面相对应，赫斯就揭示出人的本质的双重"外化"（在这里为"异化"），或"外化"的两种基本形式，即"理论的外化"与"实践的外化"③，或异化的"类存在"与"异化的意识"④。

2. 当赫斯就近代资本主义社会中人的异化的存在进行深入考察并将其与异化的意识相联系、相对照时，他发现了"天国"和"小商贩世界"，"基督徒"和"现代立法者"以及"上帝"和"金钱"等诸种对应关系、等式和同类项。

① Moses Hess, Philiosophische und sozialistische Schriften, 1837 – 1850, herg. v. A. Cornu und W. Moenke, Berlin, 2 Aufl., 1980, S. 285.

② Moses Hess, Philiosophische und sozialistische Schriften, 1837 – 1850, herg. v. A. Cornu und W. Moenke, Berlin, 2 Aufl., 1980, S. 285 – 286.

③ Moses Hess, Philiosophische und sozialistische Schriften, 1837 – 1850, herg. v. A. Cornu und W. Moenke, Berlin, 2 Aufl., 1980, S. 339.

④ Moses Hess, Philiosophische und sozialistische Schriften, 1837 – 1850, herg. v. A. Cornu und W. Moenke, Berlin, 2 Aufl., 1980, S. 387.

首先，他揭示出，"小商贩国家，即所谓'自由的'国家，就是预言的天国。而小商贩世界，就是预言的天堂。……恰如反过来说……天国不过是理论的小商贩世界。"① 在赫斯看来，两者的同一性在于，它们都是利己主义的体现，只不过一个是利己主义的理论体现，一个是利己主义的实践体现："基督教是利己主义的理论与逻辑；而利己主义的实践的典型土壤则是现代的、基督教的小商贩世界。"②

其次，赫斯揭示出，"基督徒是理论上的利己主义者"，而"现代的立法者"，则是"开明和实际的基督徒"。③ 赫斯认为，从逻辑上说，这些现代的立法者或"实际的基督徒"不可能仅安心于彼岸的立法，而是也想在尘世获得基督教的世界，获得他们的天国，所以，他们必然使天国的极乐圣灵也显现在此岸。为此，他们就像对待生命的理论外化那样，把生命的实践外化提升为原则，即通过把人宣布为单个的个体，把抽象的、赤裸的个人宣布为真正的人，把人权颁布为独立的人的权利，从而，通过把人的彼此的独立性、分离和个体化宣布为生命和自由的实质，把孤立的个人标榜为自由的、真正的和自然的人，确认了实践的利己主义。④

最后，也是最重要的一点，赫斯揭示出，"现代肮脏交易世界的本质，即金钱，是现实化了的基督教的本质"，是上帝，而"上帝则不过是世俗的资本"⑤，是金钱。对于金钱这一实践中的"偶像"、上帝，赫斯阐明了下述一些较为重要的思想：

---

① Moses Hess, Philiosophische und sozialistische Schriften, 1837 – 1850, herg. v. A. Cornu und W. Moenke, Berlin, 2Aufl., 1980, S. 337.

② Moses Hess, Philiosophische und sozialistische Schriften, 1837 – 1850, herg. v. A. Cornu und W. Moenke, Berlin, 2Aufl., 1980, S. 334.

③ Moses Hess, Philiosophische und sozialistische Schriften, 1837 – 1850, herg. v. A. Cornu und W. Moenke, Berlin, 2Aufl., 1980, S. 338.

④ Moses Hess, Philiosophische und sozialistische Schriften, 1837 – 1850, herg. v. A. Cornu und W. Moenke, Berlin, 2Aufl., 1980, S. 339.

⑤ Moses Hess, Philiosophische und sozialistische Schriften, 1837 – 1850, herg. v. A. Cornu und W. Moenke, Berlin, 2Aufl., 1980, S. 339.

金钱同上帝一样，是彼此异化或外化的人的产物，是人的本质和能力。因而，"上帝对于理论生活的意义，也就是金钱对于颠倒的世界的实践生活的意义。"①

金钱是人以动物方式享有自己生命的手段、一切社会追求的内容。赫斯指出，"……我们不得不把这种普遍的废物看作我们首要的生活条件，看作我们必不可少的财产，因为没有它我们就不能保存自己。"②他认为，在近代资本主义社会的现实生活中，人是通过货币以残忍的、动物式的、食人的方式享有他自己的生命的。货币就是社会之血。而这种状况不过是犹太教和基督教秘密的公开："基督之血的秘密和古代犹太教血崇拜的秘密在这里毫无掩饰地显现为食肉动物的秘密。"③

金钱是"国家本质"，"钱袋是立法者"。"正像以前立法者从上帝那里获得其绝对的无限权力一样，现代的立法者从财产、从金钱那里获得同一东西。"④

金钱是人的价值尺度。赫斯指出，在现代小商贩世界的实践中，金钱原则浸染到方方面面。事实上，人也仅仅是按其钱袋被估价的。"正像彻底的神学只按其正统神学观念的尺度来衡量人一样，彻底的经济学也根据其钱袋的重量来估价他。"⑤

金钱是源自人的孤立状态的非人的、外在的、死的交往手段或联合手段。赫斯认为，在资本主义社会中，人是非人，彼此处在孤立状态中，尚未能联合起来。所以，就需要一种外在的联合手段，将人们联结

---

① Moses Hess, Philiosophische und sozialistische Schriften, 1837 - 1850, herg. v. A. Cornu und W. Moenke, Berlin, 2Aufl., 1980, S. 334 - 335.

② Moses Hess, Philiosophische und sozialistische Schriften, 1837 - 1850, herg. v. A. Cornu und W. Moenke, Berlin, 2Aufl., 1980, S. 334.

③ Moses Hess, Philiosophische und sozialistische Schriften, 1837 - 1850, herg. v. A. Cornu und W. Moenke, Berlin, 2Aufl., 1980, 345.

④ Moses Hess, Philiosophische und sozialistische Schriften, 1837 - 1850, herg. v. A. Cornu und W. Moenke, Berlin, 2Aufl., 1980, S. 340.

⑤ Moses Hess, Philiosophische und sozialistische Schriften, 1837 - 1850, herg. v. A. Cornu und W. Moenke, Berlin, 2Aufl., 1980, S. 335.

起来，以便人们能够彼此之间交往。可是，一旦人们联合起来，一旦在人们之间能够进行直接的交往，这种非人的、外在的、僵死的交往手段和联合手段就必然被废除、被否定。①

这样，通过对资本主义社会异化存在与异化意识的对比观照，特别是对金钱本质的揭示，赫斯就达到了费尔巴哈未能达到的重要的实践结论："……现存的财产即金钱财富，是异化的因而也是可以转让的、出售的社会占有物。就像在完善的宗教中人的本质在理论方面外化一样，在完善的国家中人的本质也在实践上外化。……就像在理论生活中上帝对于外化的人那样，在实践生活中，金钱对于外化的人也是全能和无所不在的，是一切康宁和幸福的源泉。"② 赫斯对实践外化种种表现的揭示，特别是对金钱这一实践"偶像"的揭示，以及对金钱的本质、作用和存在的暂时性的分析，加深和强化了他对资本主义社会的批判以及对社会主义必然性的论证。

3. 赫斯把费尔巴哈异化理论引入经济分析和现实生活领域的另一重大成果，是发现了物质的交往或协作关系。

如前所述，当赫斯受到费尔巴哈关于人具有双重生活这一思想启示而对人的本质作出双重规定时，并没有将人的本质双重化，即陷入二元论，而是找到了人的理论的本质与实践的本质的统一表现，即交换、交往与协作。同时，他把人的实践生活活动、人的实践生活中的交往与协作放在更为重要的地位。这样，实际上，赫斯就触及了最能体现人的本质社会性的因素，即人们之间最基本的社会关系——物质交往关系。

对此，赫斯表述了如下几个方面的见解：

---

① Moses Hess, Philiosophische und sozialistische Schriften, 1837 – 1850, herg. v. A. Cornu und W. Moenke, Berlin, 2Aufl., 1980, S. 347.

② Moses Hess, Philiosophische und sozialistische Schriften, 1837 – 1850, herg. v. A. Cornu und W. Moenke, Berlin, 2Aufl., 1980, S. 293.

交往是人的社会生存要素或生活要素，具有不可让渡的性质。①

交往是个体实现、利用、行使和发挥自己力量或本质的形式，是生产力的实现形式。"像地球上的空气是地球的工场一样，人的交往是人的工场，单个的人在这里实现和利用自己的生命、能力。"②"只有这种协作，才能实现生产力。"③

因此，交往对生产力的发展有制约作用。"他们的交往越发达，他们的生产力也就越强大，而只要交往受到限制，他们的生产力也就受到限制。"④

交往是一个历史过程，有其发展或形成史。开始是"孤立化的交往"⑤，即人只是作为个别的个体自我保存，而不能作为一个和同一机体整体的成员、作为人类的成员和谐地协作。而在将来则应是"所有人的协作"或"多种多样的和谐协作"⑥，即构成一种"有机的人的共同体"⑦。

赫斯在把费尔巴哈异化理论运用于社会实践生活与经济学分析方面所取得的上述这些主要成果，都在不同程度上对青年马克思有所启迪。

三　对费尔巴哈哲学的批判

赫斯对费尔巴哈的批判始于《进步与发展》（1844，似撰于该年上

---

① Moses Hess, Philiosophische und sozialistische Schriften, 1837 – 1850, herg. v. A. Cornu und W. Moenke, Berlin, 2Aufl. , 1980, S. 330.

② Moses Hess, Philiosophische und sozialistische Schriften, 1837 – 1850, herg. v. A. Cornu und W. Moenke, Berlin, 2Aufl. , 1980, S. 330.

③ Moses Hess, Philiosophische und sozialistische Schriften, 1837 – 1850, herg. v. A. Cornu und W. Moenke, Berlin, 2Aufl. , 1980, S. 331.

④ Moses Hess, Philiosophische und sozialistische Schriften, 1837 – 1850, herg. v. A. Cornu und W. Moenke, Berlin, 2Aufl. , 1980, S. 330 – 331.

⑤ Moses Hess, Philiosophische und sozialistische Schriften, 1837 – 1850, herg. v. A. Cornu und W. Moenke, Berlin, 2Aufl. , 1980, S. 332.

⑥ Moses Hess, Philiosophische und sozialistische Schriften, 1837 – 1850, herg. v. A. Cornu und W. Moenke, Berlin, 2Aufl. , 1980, S. 332.

⑦ Moses Hess, Philiosophische und sozialistische Schriften, 1837 – 1850, herg. v. A. Cornu und W. Moenke, Berlin, 2Aufl. , 1980, S. 333.

半年）一文，虽然在该文中这一批判还是间接的、隐蔽的。在该文中，赫斯在区分人的"理论的类本质"与人的"实践的类本质"的同时，把费尔巴哈对人的类本质规定即理性、意识和爱确切地解释为人的"理论的或观念的"类本质。① 换言之，把费尔巴哈对人的本质的一般规定界说为特殊规定。这应该被视为对费尔巴哈学说的重大纠正。

事实上，在《行动的哲学》中，当赫斯把自由活动具体化为"自由的精神活动"与"自由的社会活动"时，已经开始具备了对费尔巴哈进行批判的理论根据。因为总的说来，费尔巴哈未能把对人的本质理解引向实践生活层面。

在《社会主义运动在德国》（1844 年 5 月撰）与《最后的哲学家》（完成于 1845 年 1 月②）两文中，赫斯对费尔巴哈哲学进行了较为系统的批判，有"盖棺定论"之势。因而，它们标志着赫斯对费尔巴哈批判的完成。

赫斯对费尔巴哈哲学所作的批判的要点，内含在这样一段论述中："迄费尔巴哈为止的德国哲学的一般错误在于只在狭义上理解生命行为，即仅把它理解为思想，而不是也把它理解为自身的行动……。这种一般的缺陷……也是主观唯心主义的缺陷。而它的特殊缺陷则在于，把只是作为类本质才属人的东西，即自主的或绝对自由的生活活动（这里是指自由的精神活动，自由的思维行为），归于作为单个个体的人。"③

这里，牵涉两个方面的问题。

首先，涉及的是费尔巴哈对人的生活活动即人的本质规定的狭隘理解。

---

① Moses Hess, Philiosophische und sozialistische Schriften, 1837 – 1850, herg. v. A. Cornu und W. Moenke, Berlin, 2Aufl., 1980, S. 283.

② Moses Hess, Briefwechsel, herg. v. E. Silberner, Mouton & co, 1959, S. 105.

③ Moses Hess, Philiosophische und sozialistische Schriften, 1837 – 1850, herg. v. A. Cornu und W. Moenke, Berlin, 2Aufl, 1980, S. 287.

赫斯认为，费尔巴哈虽然清楚地看到，对人类来说最高本质不是个体的人，而是个体的协作，但他即使不是仅仅在思想中却也基本上是在思想中寻找人的本质。① 他不是把人的本质理解为人的根本性的协作、广义上的生活活动，而仅是理解为思维活动。② 而这，正是费尔巴哈未能达到其人道主义的实践结论、未能揭示出人的实践生活的外化或人的实践外化形式的认识论根源。③ 所以，在赫斯看来，费尔巴哈并没有真正解决人的本质问题。他仅仅把上帝本质归结为人的超验的本质，把上帝的本质的真正学说归结为人的本质的真正学说，即把神学归结为人类学，而未能把人的本质归结为社会本质，归结为个体的根本性协作，把人的真正学说归结为社会学说，把人类学归结为社会主义。因此，赫斯提出了"人类学是社会主义"这一命题，来同费尔巴哈的"神学是人类学"相对立："费尔巴哈说……神学是人类学——这是对的，但不是全部真理。必须补充说……人类学是社会主义。"④

总之，在赫斯看来，究其实质，费尔巴哈的这一一般缺陷同青年黑格尔派是同一的，即他们同社会主义分离的原因或鸿沟，仅仅在于"原则与存在、观念与行动"的"无法解决的矛盾"。⑤ 因而，如果人们要对费尔巴哈哲学同社会主义的关系进行评判，那么，则应这样判定，即这种关系实质是"理论的人道主义对实践的人道主义的关系"⑥。

---

① Moses Hess, Philiosophische und sozialistische Schriften, 1837 – 1850, herg. v. A. Cornu und W. Moenke, Berlin, 2Aufl, 1980, S. 294.

② Moses Hess, Philiosophische und sozialistische Schriften, 1837 – 1850, herg. v. A. Cornu und W. Moenke, Berlin, 2Aufl, 1980, S. 295.

③ Moses Hess, Philiosophische und sozialistische Schriften, 1837 – 1850, herg. v. A. Cornu und W. Moenke, Berlin, 2Aufl, 1980, S. 293 – 294.

④ Moses Hess, Philiosophische und sozialistische Schriften, 1837 – 1850, herg. v. A. Cornu und W. Moenke, Berlin, 2Aufl, 1980, S. 293.

⑤ Moses Hess, Philiosophische und sozialistische Schriften, 1837 – 1850, herg. v. A. Cornu und W. Moenke, Berlin, 2Aufl, 1980, S. 291.

⑥ Moses Hess, Philiosophische und sozialistische Schriften, 1837 – 1850, herg. v. A. Cornu und W. Moenke, Berlin, 2Aufl, 1980, S. 295.

其次，赫斯的批判涉及费尔巴哈对类与个体关系的理解，即费尔巴哈把类本质归属于单个个体的错误。

对于费尔巴哈把类本质归于单个个体、看作单个人所固有的东西，赫斯没有专门详尽展开批判。但是，在《最后的哲学家们》一文中，赫斯较为详尽地批判了施蒂纳把单个人（"唯一者"）直接等同于类的观点。赫斯对施蒂纳的这一批判对费尔巴哈也是适用的。因为无论是把类归属于单独的个体，还是把单独的个体等同于类，都是仅在意识范围内扬弃个体与类对立的尝试，都没有超出思想、观念的领域。而在赫斯看来，在理论上扬弃单个人与类的分裂的一切尝试之所以失败，正是因为，即便单个人了解世界与人类、自然与历史，但只要人的个体化没有在实践上被扬弃，那么，在现实上存在和保存的就只能是个体化的人。① 换言之，个体与类对立的扬弃，是实践问题，而非理论问题："在实践上，人的分裂只能通过社会主义才能被扬弃，即通过人联合起来，在共同体中生活与工作，以及废除私有财产。"②

总之，在赫斯看来，费尔巴哈哲学的这一特殊缺陷与其一般缺陷一样，证明费尔巴哈未能摆脱和超越"原则与存在、观念与行动"即理论与实践的矛盾，这种矛盾对费尔巴哈来说是"无法解决的"。

赫斯对费尔巴哈哲学这一"特殊缺陷"的批判，同马克思在《费尔巴哈提纲》以及卢卡奇在《社会存在本体论》"导论"中对费尔巴哈的批判相吻合。③

在《最后的哲学家们》一文中，赫斯转换了一下问题的角度，把费尔巴哈视为鲍威尔（代表国家原则）与施蒂纳（代表市民社会原则）

---

① Moses Hess, Philiosophische und sozialistische Schriften, 1837 – 1850, herg. v. A. Cornu und W. Moenke, Berlin, 2Aufl, 1980, S. 381.

② Moses Hess, Philiosophische und sozialistische Schriften, 1837 – 1850, herg. v. A. Cornu und W. Moenke, Berlin, 2Aufl, 1980, S. 381, 382.

③ 参见《马克思恩格斯全集》第3卷，人民出版社1960年版，第5页；卢卡奇《社会存在本体论导论》，沈耕等译，华夏出版社1989年版，第35、78—79页。

的合题，即国家与市民社会矛盾的代表，在揭露其思想的内在矛盾的基础上，对其历史地位进行了评价。他指出，"费尔巴哈的未来哲学无非是今日的哲学"，它只不过对德国现存来说才是未来、才是理想的东西。因为《未来哲学原理》所表述的不过是在英国、法国和北美等国家今天已成为现实的东西，即所谓现代国家及其市民社会。①

在1845年1月17日致马克思的信中，赫斯向马克思介绍了自己的这一见解，说他在《最后的哲学家们》一文中，把费尔巴哈的"未来哲学""视为今天的哲学（但是是一种在德国看起来还是未来的今天的哲学），并借此宣布了宗教和哲学过程的终结"②。这是赫斯对费尔巴哈哲学历史地位的最终评判。四十年后，恩格斯在《费尔巴哈与德国古典哲学的终结》一文中表达了同样见解。

通过《最后的哲学家们》一文，赫斯对费尔巴哈哲学进行了"最后的"清算。这一清算在某种意义上实际上也是赫斯对自己1840年以前信仰的清算，因为那时他对人类"圣史"的理解也是局限在思想、观念领域中的，即理解为自由的精神活动的历史。但这种清算只是一种扬弃，因此也内含批判与非批判的双重性。

这里值得特别提出的是他对费尔巴哈绝对排斥黑格尔中介概念的态度的肯定。卢卡奇在《赫斯与唯心主义辩证法问题》一书中正确地把它视为赫斯思想中的伦理主义倾向或他的"真正的"社会主义学说的思想理论根源，尽管卢卡奇在该书中囿于辩证法这一单一视角，未能充分揭示和客观评价赫斯对马克思的思想影响。③ 此外，虽然赫斯对费尔巴哈的"爱的宗教"几乎绝口不提，但在他那里这种"爱的宗

---

① Moses Hess, Philiosophische und sozialistische Schriften, 1837 – 1850, herg. v. A. Cornu und W. Moenke, Berlin, 2Aufl, 1980, S. 384.

② Moses Hess, Briefwechsel, herg. v. E. Silberner, Mouton & co, 1959, S. 105.

③ 对此需作专门论述。请参看 G. Lukács, Moses Hess und die Probleme in der idealistischen Dialektik, Leipzig, 1926。

教"早已与斯宾诺莎主义融为一体。费尔巴哈针对基督教的利己主义，把爱确定为实践生活中的至高原则[①]，而赫斯则把爱提升为社会主义的利他原则[②]，等同于人的类本质，即把分离的个体联结起来并形成有组织活动的力量的协作、交往与交换[③]，从而，把"爱的宗教"变成"社会主义"的同义语[④]。他甚至把爱宣布为"能产生全部造物和宇宙的力量"，即宇宙的主宰与世俗的上帝，相信它能创造社会主义的奇迹[⑤]。由此，在由"宗教社会主义"（1837 年前后）到达"哲学社会主义"（1842—1843）之后，赫斯又走向了"真正的"社会主义，经过否定之否定，重新回到了他以前早已提出的"立法者"，即"知性之爱"。[⑥]

可见，赫斯对费尔巴哈的批判过程，同时也就是他的"真正的"社会主义形成的过程。他对费尔巴哈哲学批判的完成，同时也就是他的"真正的"社会主义学说创立的伊始。

如此说来，一方面，赫斯超越了费尔巴哈——他把费尔巴哈的异化学说运用到社会生活中，运用于经济学的分析，把它引向了社会主义，从而成为青年马克思的思想先驱、费尔巴哈与马克思的思想中介；另一方面，他又未能超越费尔巴哈——他仍站在费尔巴哈的伦理学和爱的宗教观的基地上，没有达到人的存在的本体论与社会存在的本体论的真正

[①] 《费尔巴哈哲学著作选集》下卷，荣震华、李金山译，商务印书馆 1984 年版，第 315 页。

[②] Moses Hess, Philiosophische und sozialistische Schriften, 1837 – 1850, herg. v. A. Cornu und W. Moenke, Berlin, 2Aufl, 1980, 386.

[③] Moses Hess, Philiosophische und sozialistische Schriften, 1837 – 1850, herg. v. A. Cornu und W. Moenke, Berlin, 2Aufl, 1980, S. 314.

[④] Moses Hess, Philiosophische und sozialistische Schriften, 1837 – 1850, herg. v. A. Cornu und W. Moenke, Berlin, 2Aufl, 1980, S. 366.

[⑤] Moses Hess, Philiosophische und sozialistische Schriften, 1837 – 1850, herg. v. A. Cornu und W. Moenke, Berlin, 2Aufl, 1980, S. 367 – 368.

[⑥] Moses Hess, Philiosophische und sozialistische Schriften, 1837 – 1850, herg. v. A. Cornu und W. Moenke, Berlin, 2Aufl, 1980, S. 154.

融合与科学统一。这正是费尔巴哈对其双重影响（正面与负面）的
体现。

（本文原以"接纳、转向、批判——论赫斯与费
尔巴哈的思想关系"为题载中共中央党校《党校科研
信息》1989 年第 19 期；后以"莫泽斯·赫斯和路德
维希·费尔巴哈"为题作为"第二届国际费尔巴哈大
会"会议论文和演讲稿以德文形式载于《费尔巴哈与
哲学的未来》，柏林，联邦德国科学出版社 1990 年
版；Moses Hess und Ludwig Feuerbach, in: Ludewig
Feurbach und die Zukunft der Philosophie, Akademie-Ver-
lag, Berlin, 1990）

政治哲学：政治的理性和良心

——兼评施特劳斯的"政治哲学"概念

政治哲学研究首先遇到的棘手问题是直接牵涉该门学科研究对象的"政治哲学"概念本身的界定，其核心是如何理解政治与哲学的关系。对此，本文拟从下述两个方面来加以考察。

一　政治与哲学的双重变奏

施特劳斯对政治哲学的核心定义正是基于对政治与哲学的关系的分析和揭示。在他看来，政治与哲学具有两种关系，据此，可以相应地对政治哲学作出两种理解和界定。一种关系和界定是，在"政治哲学"表达式中，"哲学"表示研究的方法，"政治"表示研究的内容和作用；而"政治哲学"就是表示用一种关联政治的哲学方式研究政治问题。另一种关系和界定是，在"政治哲学"这一概念中，"政治"起形容词作用，没有表明什么内容，而只是指处理方式，依此而论，"政治哲学"主要不是指用哲学方法处理政治生活，而是指用政治的方式来处理哲学问题，或者说，用政治的方式让人们走进哲学。简言之，对政治哲学可作两种定义，一是用哲学的方式来研究和处理政治问题，一是用政治的方式来研究和处理哲学问题。这两个定义的着重点显然是不同的：在前者那里，哲学是方法、手段或视角，政治则是对象、内容和目的；而在后者那里，事情就被颠倒过来，政治成了方法、手段或视角，哲学则成了对象、内容和目的。那么，人们应对此作出何种选择？至少在《僭政论》（初版 1948 年，修订补充版 1963 年）中，施特劳斯明显欣赏、强调和肯定后者。他申明，正是所谓政治哲学是用政治的方式来处理哲学问题这一界定，才揭示和表明了政治哲学的更深一层的含义。在《法拉比的柏拉图》等文中，施特劳斯也明确表示，隐微的写作艺术最深的理由并非在于政治，而在于那些利用这种艺术的人的哲学意图。

强调政治哲学主要是用政治的方式处理哲学问题当然是有其历史和理论的根据的。政治哲学是哲学的分支和组成部分，它自然应服从和服务于整个哲学的宗旨和目标。而且，在原始的哲学形式里，政治哲学广义上就是哲学的核心，或者准确地说，是"第一哲学"。就政治和哲学的各自对象而言，政治牵涉的是具体的特定领域，体现特殊，而哲学则牵涉所有领域，是对根本性和全面性问题的认识和探寻，体现一般；因而，可以说哲学具有先于和高于政治的地位。但是，论据不限于此。施特劳斯还给出了另外一个重要的理由，即政治本质上是压迫性的，而哲学本质上则是批判性的。施特劳斯提示，在历史中，哲学与社会（从而与政治）的关系是"失衡的"，二者之间存在着冲突。其重要原因是，哲学的本性是批判的，它质疑人们珍视的东西和相信的真理，质疑一切权威（当然也包括政治的权威）。这样，即便是出于自卫，社会意志也总要压制哲学思想，尽管前者理应受到后者的审视和引导。

施特劳斯对政治哲学所持的上述立场和认识无疑是明晰的，然而似乎并不是一贯的。在他的名篇《什么是政治哲学》（1949）中，他又对政治哲学作出了如下界定：政治哲学是对获得美好生活和健全社会的知识这一目的性的追求，是试图真正了解政治事务的性质以及正确或完善的政治制度这两方面的知识，是对政治现象进行哲学的或科学的探讨。如果人们仔细辨析，就不难发现，在这一界说中，哲学被表述成了方法、手段，而政治则被表述成了对象、内容、目的，因此，这一定义所强调的重心实际上并不是用政治的方式去处理哲学问题，而恰恰是用哲学的方式来处理政治问题。也就是说，施特劳斯在这里所提出和强调的定义与他在《僭政论》中所阐述和强调的定义相抵牾。为何会发生这种情况？是何原因导致在施特劳斯那里发生了这种理论重心的嬗变和矛盾？人们当然可以作出各种不同的猜测和判断。但是，不管怎样，从认识论上分析，有一点是不容置疑的：用政治的方式处理哲学问题与用哲学的方式处理政治问题，这两者是密不可分、互为前提的，即便在理论思维中我们也很难将它们之间的界限明晰地固定下来。

施特劳斯在"政治哲学"概念阐释上的这种重心的变化和悖论，促使我们更深入地思考政治与哲学的关系以及更全面地理解政治哲学的内涵。在笔者看来，或许我们有理由认为，用哲学的方式处理政治问题与用政治的方式处理哲学问题是相互依赖、互为条件的。它们两者共同反映和体现了哲学与政治的相互关系：一方面，哲学需要通过政治的中介成就其反思性，需要政治为自己提供政治上的支持和辩护；另一方面，政治也需要哲学探究共同体的基础、共同体成员的权利和义务、共同体之间的关系等诸问题，提供有关完善的政治秩序、美好的生活、公正的治理的指南，以及关于"正当性"（Richtigkeit）的答案。因此，用哲学的方式处理政治问题与用政治的方式处理哲学问题这两者不过是政治哲学中内在的、既相互联结又有机统一的两个方面，它们共同构成了政治哲学的完整内涵，都是政治哲学的题中应有之义：用哲学的方式处理政治问题，体现了政治哲学的现实性和实践性；用政治的方式处理哲学问题，则体现了政治哲学的理想性和目的性。而政治哲学的完整本性也就寓居和实现于这双重维度之中。

一般说来，用哲学的方式处理政治问题这一维度往往容易被人们所关注、所重视——实际上，人们通常主要是在此意义上去理解和运用"政治哲学"概念的——而用政治的方式处理哲学问题这一维度则往往容易被人们所忽略。然而，正如施特劳斯在《僭政论》中所言，用政治的方式处理哲学问题的维度恰恰是一种更深层、更重要的维度。这是因为，这一维度有着更为宏观的视域：它把整个哲学的内容都纳入了理论的视野，而并不仅仅限于把哲学作为单纯的方法论。比如，马克思哲学固然有理由被视为一种一般意义上的哲学，然而，从用政治的方式来处理哲学问题这一视域来审视，它（作为整体，而非某一部分）也未尝没有理由不被视为一种地地道道的政治哲学。因为马克思正是从无产阶级的立场、从人类解放的立场来看待哲学的本性、使命和终极目的的。正像他在《黑格尔法哲学批判导言》（1844）中所申明的，"哲学把无产阶级当作自己的物质武器，同样，无产阶级也把哲学当作自己的精神武器"；"哲学不扬弃无产阶级，就不能成为现实，无产阶级不把哲学变成现实，就不可能扬弃自身"。甚至就连马克思的政治经济学和社会主义理论，如果将其提升到哲学高度来看的话，其中也隐含了政治哲学的内容：他的整个政治经济学，可以看作对资本主义现代性的一种分析；而他的整个社会主义理论，则可以视为一种独特的、然而却堪称真正的"正义论"。就此而论，诚如海德格尔在《关于人道主义的书信》（1946）中所指出的："人们可以用形形色色的方式来对待共产主义的学说及其论证，但在存在的历史上可以确定的是：一种对世界历史性地存在着的基本经验，在共产主义中表达出来了，谁如若只把'共产主义'看作'党派'或者'世界观'，他就想得过于短浅了。"

二 政治的理性和良心

在政治哲学概念中，哲学与政治两者的关联不仅体现在哲学和政治两者可以互为观察和认识的视角，如上所述，可以从哲学的视角去看待政治，亦可从政治的视角去看待哲学，而且体现在政治和哲学两者之间互相具有价值功能和意义。由此出发对政治哲学的概念进行解读，我们看到，从政治哲学对于政治所具有的意义而言，政治哲学不是别的，它就是政治的理性和良心。要明了这一点，需要深入探讨和澄清哲学和政治的关系。

哲学与政治具有复杂的关系。它们分属不同的领域，各自都具有自己的特殊规定性和一定的相对独立性，因而彼此具有异质的性质，并且就此而论都有自己发展的内在逻辑，都是某种意义上的（虽然是"相对"意义上的）"自为存在"物。

同时，哲学与政治之间的联系也是显而易见的。哲学不仅具有学术意义上的科学属性，而且具有政治属性，属于意识形态的一部分。哲学的这种意识形态性质，是其价值性的突出表现。这就使哲学与政治的关系具有了同质的和亲缘的性质。哲学与政治的这种同质性、亲缘性，为政治家们把哲学隶属于政治乃至把哲学变成政治的婢女提供了某种根据和口实。

然而，归根结底，同质性总是以异质性为前提。就认识秩序而言，人们必须予以充分关注的首先应是哲学与政治的差异和各自特点。哲学与政治的一个明显的区别是，哲学作为人类把握自身和对象世界的一种特殊形式，具有超验的特点，它总是诉诸和指向一般或普遍物。而政治作为拥有正当使用强力的特权来维护、规定和管理社会秩序的行为或技术，则具有具体的和现实的特点，它总是诉诸和指向当下和特殊物。更重要的是，哲学因具有一般性和普遍性而具有批判的本性。它在本性上是否定一切既有的、现存的东西的，也包括否定既有的、现存的政治。而政治总是指向当下的存在、当下的利益，寻求现存的合理性及其论证。在此意义上，哲学与政治甚至是对立的。政治总是希冀哲学成为自己存在之合理性的论证工具。但是一切政治的现存都是有限的、暂时的。因此，即便哲学需要甚至有责任去为现存政治的合理性作论证和辩护，这也不是它的主要的政治功能，毋宁说，它的主要政治功能是对现存政治的审视、反省和批判。而这，恰恰也是现存政治的发展与进步所

必需的。

哲学与政治相互关系的另一重要表现是两者的相互依赖与相互影响。哲学依赖于政治。哲学只有通过政治特别是政治权力才有可能把自己变成现实。这点可以解释为什么古今中外的哲学家们往往希冀自己能够成为王者之师。同时，政治也依赖于哲学。政治需要智慧，需要理性和德性（正义和善）的引导。而哲学对于政治来说不是别的，就是政治的理性和良心。政治有其内在逻辑，政治运行需要遵循、依据其内在逻辑。因此，政治需要诉诸理性，需要理性为之立法。以理性原则为指导的政治、与理性相结合的政治，可以称为理性政治。而与政治相结合的理性则可称政治理性。政治不仅有其内在逻辑，还有其价值指向、价值圭旨和价值基础。正如马克斯·韦伯所说，一旦问及政治家怎样才能有望正确履行权力加于他的责任，就把我们带入了伦理学问题之域（《学术与政治》，1919）。政治总是指向一定的目的，总是为了实现一定的利益。权力也总是与责任相联系。政治权力本身在一定意义上就是维护和满足人们的利益、调节人们之间利益关系的工具。所以，政治不仅需要理性的头脑，还需要德性的心脏；不仅需要理性为其立法，还需要价值为其定向。在此意义上，政治又是一种德性政治，需要以正义和善为坐标。而指导政治的德性、为政治定向的德性，则可称政治德性。这样，哲学对于政治来说在理性和德性两个根本的方面都是不可或缺的，正像人不能缺少头脑与心脏。缺少理性的政治是无头脑的政治，而缺少德性的政治则是无良心的政治，是比缺少理性的政治还要糟糕的政治。

鉴于哲学与政治两者的异质性和相互关联，需要在哲学与政治之间保持一定的建设性的张力。这既为哲学的发展所必需，也更为政治的发展所必需。缺乏这种必要的张力，抑或消解这种必要的张力，必然导致政治对哲学权力的僭越，泯灭哲学的本性和功能，同时也使政治自身丧失自我理解和自我批判的能力。回顾和总结新中国成立以来我国哲学历史发展的正反两方面的经验，我们可以清晰地看到这一点。

事实上不仅在哲学与政治之间需要一定的必要的张力，在哲学自身所具有的学术性与意识形态性这两种性质之间也需要一定的必要的张力。在一定意义上，哲学自身所具有的学术性与意识形态性这两种性质之间的张力还是哲学与政治之间的张力赖以存在的前提。因为如果没有哲学自身所具有的学术性与意识形态性这两种性质之间的张力，哲学与政治的关系只能有两种结局：或者是一种绝对的同一，即哲学完全沦为政治的附庸；或者是一种绝对的对立，即哲学完全与政治脱节、分离。

从以上关于政治与哲学的关系的探讨中可以看出，从应然的立场来说，政治哲学要担负起自己的使命和责任，必须完整包容和体现政治与哲学之间的密切关联。也就是说，要把政治与哲学两个各自彼此独立的学科之间的关联变成政治哲学自身内部两种构成要素之间的关联。从学科定位来说，如果单纯基于政治的立场，政治哲学有理由被视为政治理论的一部分，例如被视为政治学的分支学科。如果单纯基于哲学的立场，政治哲学则无疑是哲学的分支学科，属于哲学的一个内在组成部分。但是如果把政治哲学与政治、哲学三者放在一起来综合考察，那么，政治哲学则成为政治与哲学的中介。它作为一座可以由此及彼、又由彼及此的桥梁，既把政治和哲学连接起来，又使政治和哲学保持一定的间距，成为政治与哲学相互作用的一个联结点、缓冲带或张力域。或许正是在这里，政治哲学显露出它的完整的独立意义和价值：作为政治和哲学的中介，一方面凝结、升华政治实践的经验以及反映政治的需要和诉求，为哲学输送必要的因素和养分；另一方面把哲学对政治的引领作用具体化，直接承担起为政治提供政治理性和政治良心的功能。

韦伯认为，对于一个政治家来说，"权力本能"属于他的正常本质。但是这种追求权力的行为，一旦不再有客观性，不是忘我地效力于"事业"，而变为纯属个人的自我陶醉，他便开始对自己的职业崇高精神犯下了罪过。而在政治领域里，致命的罪过说到底只有两种：缺乏客观性和无责任心（《学术与政治》）。如果韦伯对政治上的致命过失说得不错，那么，政治哲学的功用就在于，它恰恰是通过为政治提供理性和良心来解决政治的客观性与责任心问题的：理性解决客观性的问题，良心解决责任心的问题。因为理性本质上与政治的科学性有关，良心则本质上与政治的伦理性有关。

韦伯还指出，政治的客观性与政治的责任心虽然不总是，但也常常是一回事。韦伯的这一说法我们也可以这样来表述：政治哲学所承载、体现的政治理性和政治良心是统一的，它们彼此联结，不可分割，统一于政治哲学的整体框架中。

总之，究其实质，对于政治而言，政治哲学就是政治的理性和良心。政治哲学通过政治理性和政治良心为政治立法。

（本文原载《哲学动态》2005 年第 6 期；《新华文摘》2006 年第 24 期）

下 编

哲学的现实境遇与未来发展

对哲学及其当代任务的一种审视

——兼评恩格斯哲学观的现代性

恩格斯的哲学观是其哲学遗产的重要组成部分。作为一种有关时代精神和哲学认知方式的反思，它为透视当代哲学的发展提供了某种前提和出发点。

一

在恩格斯的视域中，哲学的对象展现为一幅立体的、变动的、整体过程的图画。在《〈反杜林论〉补遗》和《自然辩证法》等文中，恩格斯明确把自然、社会（人）和思维规定为哲学的对象，同时，又把这三大领域区分为"现实的对象"和"观念的对象"异形同质的两个"系列"，并将其理解为物质实践活动基础上的统一。这种统一的现实根据表现在：自然和人本身的变化均源于人的活动，而正是这种变化，构成"人的思维的最本质和最切近的基础"[①]。

恩格斯对哲学对象的这一规定，蕴含了对哲学对象的总体性、层次性和实践性等诸特征的综合把握，描述了哲学研究的总体框架。

[①] 《马克思恩格斯选集》第3卷，人民出版社1995年版，第551页。

对哲学对象的总体性把握原则上以对哲学对象的个别性认知为前提。因而，这种把握是一个历史过程，与哲学研究重心的迁移和哲学时代主题的变换密切关联。而恩格斯对哲学对象的总体性规定，实际上是对以往哲学对象演变史的概括和综合。

从一种较为宏观的视域来看，有理由把哲学史中哲学研究重心迁移的轨迹描述为由自然到人、由"实体"（客体）到主体的过程。在古代，哲学认识的重心是自然，而人是隶属于自然的。近代以降，哲学认识的重心则日渐转移到人——开始是人的意识、精神层面，尔后则是人、人的存在本身。

恩格斯在其早期著作中曾对西方近代以前哲学史发展的重心的迁移作过明晰的描述。他认为：古代世界的整个世界观"实质上是抽象的、普遍的、实体的"；中世纪的基督教精神是一种"抽象主体性"；到了近代，在法国，"18世纪是和基督教精神相反的古代精神的复活"，但并没有克服实体与主体等矛盾的对立，而在德国，基督教的抽象主体性原则则在实践上被发展到了最高点。[①] 恩格斯这一描述与黑格尔关于西方哲学发展的构思大体契合。按照黑格尔的总的观点，迄近代为止的欧洲哲学，总体上是从本体（Ousia）、实体和实体性的本体论之理论，发展为纯粹自我意识、纯粹主体性之理论。[②] 值得注意的是，19世纪后，特别是到了20世纪，哲学的重心又有所变化。这种变化总的说来是在人这一研究对象的自身内部发生的，即由研究人的精神、意识的层面转到研究人的存在、人的整体。对人的精神、对"抽象主体性"的关注，曾支配了从笛卡尔到黑格尔的哲学思维。但是，早在1819年，叔本华就以其《作为意志和表象的世界》开始了哲学重心的变奏。他通过

---

① 《马克思恩格斯全集》第1卷，人民出版社1956年版，第662、657—658页。

② 参阅 Klaus Düsing 为其《黑格尔与哲学史——古代、近代的本体论与辩证法》（*Hegel und Die Geschichte der Philosophie：Ontologie und Dialektik in Antike und Neuzeit*）一书的中译本所撰的"前言"，王树人译，社会科学文献出版社1992年版。

"世界是我的表象"这一命题表明了这一理解：世界上的一切东西都以透过主体为条件，也只对主体存在。因此，当斯宾格勒断言，"哲学的重心，已从抽象体系式转向于实践伦理式了，而我们西方的思想家，从叔本华以后，已从认知的问题，转向于生命的问题"①，他是有重大历史根据的。这一转折，同样也发生在青年黑格尔派哲学中。费尔巴哈把笛卡尔的"我思故我在"的命题修改为"我欲故我在"②，昭示了一种逾越"抽象主体性"的尝试，但他仍然把苏格拉底的"认识你自己"这一箴言作为《基督教的本质》一书的警言和主题③，表明他仍未彻底摆脱人的精神这一抽象主体性的纠缠与重负。与费尔巴哈比较，施蒂纳则表现出了更为敏锐的洞见，他以更贴近当代的眼光校正了费尔巴哈的说法："在我们时代的入口处铭刻着的不再是那阿波罗的'认识你自己'，而是'实现你自己的价值（Verwerte Dich）'！"④ 与其他青年黑格尔派不同，赫斯（Moses Hess）在扬弃费尔巴哈感性直观的基础上，径直诉诸人的行为、实践，从人的行为、实践来理解人的存在，他以"行动在思维之先"对笛卡尔的"我思故我在"提出根本性的诘问和质疑⑤，从而预示了马克思主义哲学的实践论思维方式的诞生。

由此可见，19 世纪后哲学重心由人的精神、意识层面向人、人的存在本身的转向和过程实际上是沿两条路线进行的：其一，由叔本华通过返回古印度哲学所开启的路线，它后来通过唯意志论伸展到现象学、存在主义乃至现代解释学；其二，是在黑格尔主义基础上产生的由青年黑格尔派特别是由费尔巴哈、赫斯、施蒂纳开启的路线，它直接导致了马

---

① Oswald Spengler, Der Untergang des Abendlandes, Verlag C. H. Beck, Muenchen, 1980, S. 32.

② 《费尔巴哈哲学著作选集》上卷，荣震华、李金山译，商务印书馆 1984 年版，第 591 页。

③ 《费尔巴哈哲学著作选集》下卷，荣震华、李金山译，商务印书馆 1984 年版，第 6 页。

④ Max Stirner, Der Einzige und sein Eingentum, Stuttgart, 1981, S. 353.

⑤ Moses Hess, Phiosophische und sozialistische Schriften, 1837 – 1850, herg. v. A. Cornu und W. Mönke, Akademie-Verlag, Berlin, 1961, S. 210.

克思主义哲学的产生。然而，总的说来，19 世纪前后哲学重心的这种倾斜是在人、主体这一研究对象的自身之内发生的。因此，纵观整个哲学发展的历史，古代哲学以"实体"为中心的宇宙论、本体论的思维方式可以归结为客体论思维方式，近代哲学以意识、精神为中心的认识论思维方式以及当代哲学以人本身、人的存在为中心的人类学思维方式则均可以归结为主体论的思维方式。

由古代的"实体"到近代以来的"主体"这种哲学的重心的迁移和主题的转换的社会历史根源是："在土地所有制居于支配地位的一切社会形式中，自然联系还占优势。在资本居于支配地位的社会形式中，社会、历史所创造的因素占优势。"①

因此，近代以降，哲学的重心是人或主体，哲学的基本问题是主体和客体的矛盾。而一切切近时代需要、对时代发展有真实意义和价值的哲学，实际上都是从不同角度对这一矛盾的认知和揭示，都是有关这一矛盾问题的分析和解答。即使时至今日，这种状况也并未在根本上发生改变。这是因为，在全球范围内，现代化过程还没有完结，同时，伴随国际资本的扩展及其带来的功利主义、消费主义的普遍化，以及科学技术力量的迅猛增强，社会、历史所创造的因素更加突出了，而自然的界限愈益在人们的视界中无可逆转的消退。

总括而论，主、客体矛盾所以成为近代以来的哲学的突出问题和矛盾焦点，其根源在于近代工业出现以来所带来的生产力的迅速发展及其引起的人与外部环境、人与自然之间空前广泛、深刻的相互作用。近代工业社会是人类发展史上的一个转折点。只是到了近代工业社会，人的实践活动才在总体上开始成为真正的支配自然力的那种活动，而人才成为真正的主体。近代工业社会开创了这样一个人类史上的新时期，在这

---

① 《马克思恩格斯全集》第 12 卷，人民出版社 1962 年版，第 758 页。

个时期中，"历史只有在对主体的思维中才能被自觉地创造"①。主、客体矛盾的突出，并不贬低、抹杀和否定思维与存在以及个别与一般、个体与类、存在与本质等其他诸哲学基本范畴的地位和意义。恩格斯曾把思维与存在的关系规定为"哲学的基本问题"，对这一人们认识活动中的基本矛盾给予了充分揭示和高度注意。但是，必须加以明确，这只是从认识论角度所作出的一种特定概括，它并不能包摄和代替作为人们实践活动基本结构的主体与客体的关系。反之亦然。从逻辑上把握，哲学对人同客观物质世界的描述包含两个基本的方面：仅就人的精神、意识同客观物质世界的关系而言，是思维与存在的关系；就作为精神与肉体的统一整体，即具有意识的物质力量或实践力量的人同客观物质世界的关系而言，则是主体与客体的关系。这两对矛盾彼此交融，密不可分，但又各有其特定的领域和适用范围。因此，哲学研究重心和主题向主体、向主客体关系的转移，并不排斥思维与存在的关系在认识论领域中所享有的独特地位，相反，它将为人们认识思维与存在的关系提供新的视点和维度，使思维与存在的关系为"主体之光"所照亮，得以展现出它所未曾充分展示过的多方面的丰富蕴含。

二

近代以降，哲学的一个重大趋向是哲学的科学化，这一方面表现在实证科学同哲学的分离，另一方面表现在哲学对客观性、实证性等科学观念、科学精神的认同和追求。当代哲学不断受到诘问的问题是：哲学是不是严格意义上的科学？或者，哲学的科学化是合理的吗？如果是合理的，它在什么限度内是合理的？能否建立一种严格意义上的科学的哲学？

---

① 卢卡奇：《社会存在本体论导论》，沈耕等译，华夏出版社1989年版，第336页。

　　恩格斯全部哲学理论活动的主旨之一就是致力于哲学的科学化。他认为哲学应该而且必须以现实的科学、实证的科学为基础,体现科学的精神,成为科学的哲学。他在阐释由他与马克思共同创立的新哲学时强调:"现代唯物主义,否定之否定,不是单纯地恢复旧唯物主义,而是把两千年来的哲学和自然科学发展的全部思想内容以及这两千年的历史本身的全部思想内容加到旧唯物主义的永久性基础上。这已经根本不再是哲学,而只是世界观,它不应当在某种特殊的科学的科学中,而应当在现实的科学中得到证实和表现出来。"[1] 恩格斯强调哲学的科学化,其针对性是传统哲学的非科学性,即传统哲学的作为知识总汇的"科学的科学"性质以及臆造、玄想的思辨倾向。在人类相当长的认识史中,哲学是关于世界全部知识的总汇,而科学知识则是在这种作为科学之母的哲学的怀抱中孕育和发展起来的。甚至直到 17 世纪,哲学家们还坚持为整体世界描绘总的图画,创制包罗万象的哲学体系,并且不可避免地去"用理想的联系、幻想的联系来代替尚未知道的现实的联系,用臆想来补充缺少的事实,用纯粹的想象来填补现实的空白"[2]。但是,到了 19 世纪中叶,随着近代科学的系统形成和迅疾发展,有关自然和历史的实证知识脱离哲学的母体而转归到有关的专门知识领域,这种传统的哲学就终结了。恩格斯总结说:"一旦对每一门科学都提出了要求,要它弄清它在事物以及关于事物的知识的总联系中的地位,关于总联系的任何特殊科学就是多余的了。于是,在以往的全部哲学中还仍旧独立存在的,就只有关于思维及其规律的学说——形式逻辑和辩证法。"[3] 可以说,传统哲学这种内容上的分化,反映了人类认识客观世界的重大进展及其引起的文化的根本变迁。恩格斯的"科学的哲学"的主张自觉地适应了近代人类认识和文化精神的发展趋向。

---

① 《马克思恩格斯全集》第 4 卷,人民出版社 1958 年版,第 178 页。
② 《马克思恩格斯全集》第 21 卷,人民出版社 1965 年版,第 339—340 页。
③ 《马克思恩格斯全集》第 20 卷,人民出版社 1971 年版,第 28 页。

同时，还必须看到，传统哲学中的实证知识被归入到有关自然与历史具体实证科学，并不意味着可以用全部个别科学取代哲学，也不意味着哲学可以归结为一种特殊的实证科学或实证科学的一个专门部门。早期实证主义哲学（特别是在孔德那里）适应近代科学的发展，力求把哲学建立在实证基础之上，在一定意义上与马克思主义哲学有契合之处。但是，它只寻求现象间的所谓"不变的""相似的"联系，放弃对事物的本质、内因、动因的探究，把哲学仅限制在"完全实证的范围内"①，在实际上误解了哲学的本质，把哲学变成了具体的、特殊的实证知识和实证科学，这是与马克思主义哲学相异的。显然，哲学虽具有科学特点，与各门具体实证科学有一致性，但因其抽象程度等与具体实证科学不同，不能与具体实证科学相并列。

恩格斯在致力哲学的科学化的过程中并没有忽视哲学的特殊本性以及它的一般世界观和方法论职能。值得注意的是，还是恩格斯在批判杜林的先验论时，指责了杜林企图"把全部现实的基础从现实世界搬到思想世界"、把经济和社会规律归结为自然规律以及追求"同数学的认识和运用相似的适用性和有效范围"的实证主义倾向，宣布了"精确的科学的表达方式"对于哲学特别是对于辩证思维的无效。② 这样，恩格斯的哲学科学化思想虽然包含实证性因素，但毕竟仍与实证主义持有距离。黑格尔曾把哲学定位于纯形而上与纯经验两个领域之间，认为"哲学既不是经验主义的，也不能是形而上学的，而应当根据精神从自身向自己活动体系的内在必然发展，来考察精神这一概念"③。恩格斯显然直接承继了黑格尔的见解。还应指出的是，一百年后，当代某些哲学家在哲学与科学的关系上几乎又重述了恩格斯的论断。如伽达默尔就认为，"哲学理应被称为科学的，因为尽管它与实证科学有着各种差异，

---

① Auguste Comet, Cours de Philsophie Positive, T. I, Paris, 1907.

② 《马克思恩格斯选集》第 3 卷，人民出版社 1995 年版，第 75、190、124、130 页。

③ 《黑格尔手稿》（1789 年），第 252 页。转引自罗克《黑格尔的生平和创作》，第 17 页。

它对实证科学仍然具有一种切近的联系"。同时，"显然，我们称之为哲学的东西，不是以所谓实证科学方式存在的科学。哲学并不是拥有一批并列于其他科学的规范研究领域的实证材料，可以据之进行单独研究，因为哲学必须研究整体。……因此，它就不是我们以一种科学方式能够认识的东西。"①

事实上，具体科学从哲学中的分化减轻了哲学的重负，制止了哲学的臆造、玄想和思辨，为哲学的自由发展创造了条件。但是与此同时，也促进了科学观念、科学精神的普遍化及其对哲学独特本性的过深浸染和消解。如果说，在近代，确立哲学的科学特性成为时代的一个重要课题，那么，在当代，克服和摆脱科学独断论的束缚，注重和揭示哲学的非科学性质，则愈益成为哲学健康发展的一个必要前提和任务。

哲学具有科学性与非科学性双重性格。后者表现在：（1）超验性质。按照黑格尔的说法，哲学属纯思的领域，它是一种思辨的思维，其所特有的普遍形式是思辨意义的概念。②（2）主体性质。哲学作为人的运思，包摄对人的存在、人的生活世界的理解和领悟。正如费尔巴哈所言，"哲学不是……没有主体的纯活动……，它是人的主体的行为。因此，它也必然毫无肢解地包含和表达这一主体的本质。"③（3）伦理性质。哲学要体现主体的价值取向，把价值论渗透于"本体论"、认识论和方法论中。它通过对道德的涵盖和统摄而与宗教、神学相通。（4）意识形态性质。哲学与科学一个重要区别就在于：哲学具有意识形态性质，而科学的相当一部分则是非意识形态的。（5）非理性性质。哲学包含非理性因素。哲学当然不可能归结为纯粹的非理性主义，否则，它就跨入了信仰领域。但是哲学也不可能归结为纯粹的理性主义，因为脱离

① 伽达默尔：《科学时代的理性》，国际文化出版公司1988年版，第1页。
② 参阅《小逻辑》，贺麟译，商务印书馆1980年版，第41、48、49页。黑格尔赋予"思辨"（Spekulation）概念以辩证的含义，但并没有排出其原有的、传统的"纯思"这一蕴含。
③ L. Feuerbach, Gesammelte Werke, herg. v. Werner Schuffenhauer, Bd. 9, Berlin, 1982, S. 337 – 338.

非理性的理性只能是"计算理性——计算机"。（6）审美性质。黑格尔已经充分认识到：理性的最高行动是一种审美行动，因此，精神哲学是一种审美的哲学，而哲学家必须和诗人有同等的审美力。等等。

哲学的这种双重性归根结底源于人的实践活动的双重本性。人在自己的实践活动中，一方面受制于自然，以自然为前提；另一方面则不断努力驾驭自然，把自然人性化，使其由"无机的自在之物"变成"无机的为我之物"。因而，人的实践活动就其本性来说始终是客观性与目的性、科学性与价值性、现实性与理想性、适存性与超越性等的统一。因而，哲学的双重本性不过是人的实践活动的双重本性的观念形态的反映和表述，而有关哲学与科学关系的论争，则透过哲学的双重本性反映了对人的实践活动的双重本性的不同认知。

三

哲学与科学关系的发展和变化，势必影响到哲学的地位和作用。其实，尽管科学与哲学的发展有着一致的方面，但是，它们之间的摩擦、对立无疑始终是存在的。

在古代，科学与哲学结为一体，尚未分化。它们的矛盾虽已存在，但其复杂的关系尚未显露。在亚里士多德那里，已经可以看到这一矛盾的胚胎。亚氏把神学和科学分别作为"第一哲学"和"第二哲学"统一于哲学之中，试图借助哲学中的神学部分把哲学与科学区分开，以此来解决哲学与科学的矛盾。但是，由于神学和科学的这种统一是外在的，因此，如果分别来看，当亚氏把哲学归入知识范畴时，则混淆了哲学与科学的界限；而当他把哲学提升为神的理论时，则又抹杀了哲学与神学的区别。这样，哲学与科学的矛盾实际上并没有被真正扬弃，而只是在哲学概念下潜藏起来，采取了两极互补的方式。

近代以降，哲学与科学的关系发生了根本性逆转，两者形成了明显的冲突。从 17 世纪始，面对科学的分化和发展，哲学不仅再无法沉湎于古代黄金时期"科学之科学"的美梦，而且不得不开始以过去从未有过的方式为自己存在的合理性寻找证明，以及不得不在对科学的防卫中构建自身。

恩格斯生前十分关注哲学的地位及其变化。恩格斯在世时，科学同哲学的分离还尚未完成，作为"科学的科学"的体系式哲学仍有相当的影响。因此，限于当时的这种历史条件，恩格斯不可能完全预料和足够估价科学的分化给哲学乃至文化的发展所带来的更为深刻的后果。另外，理论自然科学在方法论上对理论思维特别是对辩证思维的需求，工人运动对优秀哲学传统特别是对德国古典哲学传统的继承，等等，也使恩格斯有理由确信哲学将继续保持其几乎一向享有的某种殊荣地位。但即使如此，哲学发展中已萌发出来的实证主义的倾向，一些自然科学家对哲学理论思维的疏远乃至轻蔑，显然也使恩格斯在一定程度上感受到了在科学与哲学分化的过程中哲学所面临的某种失落与危机。有鉴于此，恩格斯在总结和概括自然科学成果、建构和完善"辩证的自然观"的过程中，对在自然科学家中间盛行起来的抛弃、蔑视哲学理论思维的倾向进行了坚决斗争，并把自己的有关见解凝结在这样一个著名论断中：一个民族要是没有理论思维就不能站到科学的最高峰。[①] 这在哲学愈益科学化的时代仍是一个具有现代性的提示。

在当代，哲学与科学的矛盾更加突出和尖锐化了，乃至成为当代文化矛盾与冲突的集中表征。当代文化矛盾与冲突的实质是以工业、科技和市场经济等为特征的物质文明同以人文精神、道德理想和终极价值关怀等为特征的精神文化的对立。在西方发达国家中，这一对立已获得较为充分的表现和显露：人凭借现代科技力量取得了对自然的支配地位，

---

① 《马克思恩格斯选集》第 3 卷，人民出版社 1995 年版，第 467 页。

自然却日益同人相异化而昭示为"生态危机";人对人的统治并未随着人对自然的支配的日益增长而消除,相反,伴随人日益在更大程度上支配自然,人日益在更大程度上成为自己创造的庞大的社会关系体系的奴隶;对通过现代技术所获得的惊人的舒适生活条件的享用和对不断增加的社会财富的占有,是以从根本上放弃和人的全部活动能力相关的独立性和自由为代价的;人愈益变成单纯的物,而为物质的、经济的、技术的和政治的等等力量所忽视、排挤、占有和超越;人的生命本能严重衰退;文化、人文科学沦为科学独断论的牺牲品,不再有任何被普遍接受的价值体系;如此等等。

这一物质文明与精神文化剧烈冲突的事实作为时代的一个突出标志,在西方思想特别是哲学意识中有鲜明的反映,故而成为西方有洞察力的思想家的一个共识。从尼采的"上帝死了"、斯宾格勒的"西方文化的没落",到胡塞尔的"欧洲人性的危机"和海德格尔的"存在的遗忘"等等,均无外乎是对这种空前的人类文化变异的体察、揭示和描述。

作为一个现代化过程中的国家的突出范例,在中国,伴随现代化的进程和市场经济体制的建立,文化也在加速完成其嬗变与转型期。文化的不同结构与层次急剧分化,人文文化与科学文化、传统文化与现代文化、专业文化与大众文化等诸种文化矛盾日渐突出。计划体制下的僵化的文化观念及其独断统治已被打破,适应市场经济发展而繁盛起来的大众文化正在日趋进入文化中心和占据文化主导地位。但与此同时,专业文化、人文文化也在开始隐退、逊位。对人的生存的眷注和个人全面发展的理想受到冲击,文化日益被普遍地商业化、市场化、功利化和消费化。解决诸种文化矛盾、冲突,实际上构成了中国现代化过程中面临的一个根本性的、紧迫的重大课题。

显然,在科学已获取独断统治地位的情况下,文化在世界范围内已接近完成一个根本性的转折。在这一背景下,作为文化灵魂的哲学的地位、作用不能不发生根本性的变化。首先，人文文化的失落与逊位使哲学失去了一个稳固的支撑点。与此同时，科学与科学文化的扩张和浸润，也使哲学日渐消解在工具化的科学之中。大众文化的流行则使人们对哲学的关注局限在功利的应用层面。这样，传统意义的哲学临近了终结的尾声。这一终结的实质，在某种意义上，确如海德格尔在30年前就已断言过的，意味着"安置科技世界以及与此相适应的社会秩序的胜利"，意味着"基于西方思想的世界文明的开端"。[①]

但是，显然，传统意义的哲学的终结并不等于哲学运思方式的中止。事实上，无论科学怎样发展，作用如何增强，也都有其无法超越的界限：科学不能解决对普遍性的问题的探寻，科学不能满足人类理性对统一性的追求，科学也不能帮助人们达到他们对世界、对人生意义的理解。然而，正是对超验性的探寻、对统一性的需求以及对意义的诘问构成哲学运思的根本对象和课题，从而也构成哲学存在的基本根据。而且，现代社会越是不断追求新的信息，追求科技成果所带来的物质财富，追随市场经济取向，追随时髦潮流、时尚，从而变得无法确认自己的存在，也就越是需要哲学运思的定向，需要哲学运思的高瞻与远瞩。

可见，在人类历史发展的一个重大转折点上，科学终结了以往的哲学的地位和作用。但并没有终结哲学的地位和作用；终结了以往的哲学，但并没有终结哲学。

归结起来，哲学的地位和作用的改变，其终极原因可以追溯到人类实践活动的内在矛盾及其发展，而直接原因却在于：由于有关自然和历史的实证知识从哲学中分化出去，对自然的认知与对历史的理解、科学精神与人文精神、真理性与价值性、客体取向与主体取向等等由哲学之内的统一变成了哲学外部的对立，科学理性脱离了价值目

---

① Martin Heidegger, Zur Sache des Denkens, Max Niemeyer Verlag, Tuebingen, 1976, S. 65.

标的统摄与立法。这样，就留给哲学一项根本性的工作：作为必要的纽带与媒介，把这外在对立的双方紧密地联结起来，使其彼此协调，相互制约。

这是一项单纯的任务，然而却又是一项艰巨的、需要持久不懈和作出坚韧努力的任务。哲学能够承担和完成这一任务吗？这归根结底要由实践的发展作出回答。但是，可以肯定的是，哲学家们孜孜不倦的努力是不会完全徒劳的。

（本文原载《中国社会科学院研究生院学报》1996 年第 2 期）

哲学的嬗变与世纪之交的中国哲学

    如果有理由说，哲学是人类精神的整体形态的概念和时代精神的本质的思维①，那么，最好把哲学比作一种精神容器。从中，可以捕捉到时代精神的魂灵和寻觅到整个人类精神发展的轨迹。

一

    哲学受制于它所研究的对象。哲学的对象是自然、思维和人。这一对象的总体规定，并非源于主观逻辑的推断，而是源于对哲学对象演变史的概括与综合，实际上，对哲学对象的总体性把握是一个历史过程，与哲学研究重心的迁移和时代主题的变换相关联。

    哲学研究重心和时代主题是随着人类物质生产实践活动的扩展和人类认识的深入而不断发生转移和变换的。而伴随着哲学重心和主题的转换，哲学的对象、从而哲学的内容、地位和作用等等也随之发生改变。

    从一种较为宏观的视域来看，有理由把西方哲学史中哲学研究重心迁移的轨迹描述为由自然到人、由"实体"（客体）到主体的过程。在

---

    ① 黑格尔：《哲学史讲演录》第 1 卷，贺麟、王太庆译，商务印书馆 1959 年版，第 56、57 页。

古代，哲学认识的重心是自然，而人虽然具有一定的独立性，却是作为自然的有机组成部分出现的。近代以后，哲学认识的重心则日渐转移到人——开始是人的意识、精神层面，尔后则是人、人的存在本身。与此相适应，哲学也由古代哲学的以客体为中心的宇宙论思维方式、客体论思维方式转为以人为中心的主体论思维方式——开始是以人的精神为本体的认识论思维方式，尔后则是以人的存在为本体的人类学思维方式（或实践论思维方式）。

在古代哲学中，人与自然处于天然的联系中，主、客体关系还潜伏在人与自然的原始统一性之内。哲学意识追寻和探究的重点是世界的统一性与始源，"实体"范畴居于中心地位，能够表达哲学主题的命题是"我们时代研究的主题是实体"（亚里士多德）。因此，个别与一般的关系问题构成哲学的基本主题与中心，哲学堪称实体之本体论的理论。

到了近代，人凭借科技、工业的力量同自然相分离，从而，从理论上客观地认识和把握外在世界的任务就提到了首位。于是，思维与存在的关系这一认识论领域的基本矛盾、基本范畴就获得了一种普遍意义，取代了古代哲学中个别与一般的范畴所具有的主题与中心的地位。这样，思维、理性范畴被赋予了特殊意义，具有时代精神的哲学命题是"我思故我在"（笛卡尔），哲学堪称思维之认识论的理论。

值得注意的是，19世纪以后，特别是到了20世纪，哲学研究的重心又有所变化，尽管这种变化总的说来是在人这一研究对象自身内部发生的，即由研究人的精神、意识层面转到研究人的存在、人的整体。19世纪后，由于市场经济社会形式中的社会、历史所创造的因素愈益压倒和消解了土地所有制社会形式中的占优势的自然联系，由于国际资本的扩张带来的功利主义和消费主义的普遍化，以及科学技术力量急剧增长过程中的盲目性和失控等给人的自身存在和发展所造成的威胁，哲学研究的重心和时代主题再次发生转换，即主体范畴被置于核心，主、客矛盾愈益尖锐与突出，"世界是我的表象"（叔本华）、"人是人的最高本质"（费尔巴哈）、"我们研究的出发点是现实的个体"（马克思、恩格斯）等命题成为富有时代特征的标志，而哲学则开始成为完全意义上的自我理解、自我表达的工具，成为人的存在之主体论（或实践论）的理论。

19世纪后哲学重心由人的精神、意识层面向人、人的存在本身的转向和过程是沿两条路线进行的：其一，由叔本华通过返回古印度哲学所开启的路线，它后来通过唯意志论伸展到现象学、存在主义乃至现代解释学；其二，是在黑格尔主义基础上产生的由青年黑格尔派、特别是由费尔巴哈、施蒂纳、赫斯开启的路线，它直接导致了马克思主义哲学的产生。早在1819年，叔本华就以其《作为意志和表象的世界》开始了哲学重心的变奏。他通过"世界是我的表象"这一命题表明了这一理解：世界上的一切东西都以透过主体为条件，也只对主体存在。类似的情形也发生在青年黑格尔派哲学中。费尔巴哈把笛卡尔的"我思故我在"的命题修改为"我欲故我在"①，昭示了一种逾越片面诉诸精神之抽象主体性的尝试。但是，费尔巴哈同时却仍将苏格拉底的"认识你自己"这一箴言作为《基督教的本质》一书的警言和主题，表明他仍未彻底摆脱这种抽象主体性的纠缠和重负。与费尔巴哈比较，在对时代精神的捕捉上，施蒂纳则表现出了更为敏锐的洞见，他以更切近当代的眼光校正了费尔巴哈的说法："在我们时代的入口处铭刻着的不再是那阿波罗的'认识你自己'，而是'实现你自己的价值'！"② 与其他青年黑格尔派不同，赫斯在扬弃费尔巴哈感性直观的基础上，径直诉诸人的行为、实践，从人的行动、人的实践来理解人的存在及其本质。他以"行动在思维之先"对笛卡尔的"我思故我在"提出根本性的诘问和质疑，

① 《费尔巴哈哲学著作选集》上卷，荣震华、李金山译，商务印书馆1984年版，第591页。
② Max Stirner, Der Einzige und sein Eigentum, Philipp Reclam jun., Stuttgart, 1972, S.353.

表达了我行故我在的独特的运思①，从而预示了马克思的以实践为基础的"新唯物主义"的诞生。

总的说来，19世纪后哲学研究重心的迁移是在人、主体这一研究对象的自身之内发生的。由人的意识、精神性层面转到人的存在本体，这表明了人对自身自我认识的深化与进展。可以说，迄今为止的整个西方哲学、欧洲哲学，总体上是从古代的实体和实体性的本体论之理论，即客体和客体性的本体论之理论，发展到近现代的主体和主体性之理论。

由古代的"实体"到近代以来的"主体"这种哲学的重心的迁移和主题的转换的社会历史根源，是近代工业出现以来所带来的生产力的迅速发展及其引起的人与外部环境、人与自然之间空前广泛、深刻的相互作用。近代工业社会是人类发展史上的一个转折点。只是到了近代工业社会，人的实践活动才在总体上开始成为真正的支配自然力的那种活动，而人才成为真正的主体。可以说，近代工业社会开创了这样一个人类发展史上的新时期，在这个时期中，"历史只有在对主体的思维中才能被自觉地创造"②。

当代哲学的重心是人或主体，哲学研究面临的主要矛盾是主体和客体的关系。而一切切近时代需要、对时代发展有真实意义和价值的哲学，实际上都是从不同角度对这一矛盾的认知和揭示，都是有关这一矛盾问题的分析和解答。尽管在当代西方主客两分的思维模式已渐被扬弃，但这并不否定主客统一的原则仍有其存在的现实根据，并不否定西方哲学仍未摆脱主客关系的总框架，也并不否定主客关系在当代哲学中仍居中心地位。

---

① Moses Hess, Philosophische und sozialistische Schriften (1837–1850), herausgegeben und eingeleitet von Auguste Cornu und Wollfgang Moenke, Akademie-Verlag, Berlin, 1980, S. 210.
② 卢卡奇：《社会存在本体论导论》，沈耕等译，华夏出版社1989年版，第336页。

二

哲学研究重心与时代主题的变换以及由此导致的哲学自身的变化植根于人类社会实践的发展，同时，也在哲学与其他各种社会意识形式的关系上得到体现。伴随哲学与社会实践关系的变化，是哲学与其他诸种社会意识形式关系的变化。

与哲学对象从古代的实体的自然到近代以来主体的人——开始是人的精神，尔后是人的存在相适应，哲学在与其他诸种社会意识的关系方面，大体经历了从古代的宗教化到近代的科学化再到当代的伦理化的历程。

在古代，哲学与宗教融为一体。起初，哲学首先作为宗教之子出现。它"最初在意识的宗教形式中形成，从而一方面它消灭宗教本身，另一方面从它的积极内容说来，它自己还只在这个理想化的、化为思想的宗教领域内活动"①。具体而论，哲学最初束缚和局限在希腊的异教信仰的范围之内。后来，它逐渐同宗教信仰发生了矛盾（自塞诺芬尼始）。但当它把握了宗教信仰的普遍内容，并将其翻译、改造成思想所能掌握的意义以及通过概念的形式对其予以合理的解释之时，它便从宗教中独立出来。②

但是，此后哲学仍只能跟在宗教后面蹒跚而行。到了11—13世纪，西方哲学就彻底受到了宗教教会的统治，成了神学的婢女。14世纪以后，这种局面才有所缓和。这时，哲学的宗教桎梏为经院哲学自己所逐渐打破，信仰的超自然特性和内容开始远离作为人类理性的哲学，成为哲学所不理解的东西，而哲学本身则只限制在世俗感性事物的范围之内

---

① 《马克思恩格斯全集》第26卷（上），人民出版社1972年版，第26页。
② 参阅黑格尔《哲学史讲演录》第1卷，贺麟、王太庆译，商务印书馆1959年版，第77—78页。

（如在艾克哈特和路德那里）。

17世纪是哲学与宗教关系发展的一个转折点。随着近代自然科学的诞生，哲学开始取得了对宗教的某种独立地位，它与宗教的关系开始发生根本性的变化。哲学依靠科学的支持，作为某种独立的理性力量登场，并在启蒙运动中发挥了巨大的作用，直至战胜宗教及其实证的信仰内容。当然，即便在这时和此后，哲学与宗教也还保持着某种联系：哲学在某种程度上为宗教所浸染，并仍为其保留某种地盘，以及始终为与其和解而努力，甚至与其"调情"（从德国古典哲学始：康德、雅可比、费希特、黑格尔）。

近代以后，哲学的一个重大趋向是哲学的科学化。这一方面表现在由于近代自然科学的建立而引起的各门具体实证科学与哲学的分离，以及实证科学通过为哲学提供实证性基础而愈益对哲学发生影响；另一方面则表现在哲学自身对客观性、实证性、规律性、精确性等科学观念和科学精神的认同和追求。

在这种情势之下，哲学愈来愈被科学之光所笼罩。科学性逐渐成为各门学科并且最后也成为哲学学科的合法性的根据和完善性的最高标尺。哲学家们也都自觉不自觉地把哲学的科学化作为自己的理论活动的主旨。

科学的独立化与哲学的科学化导致了哲学的内容、性质和功能等等的重大改变。

在此之前，哲学是宗教之子，同时又是科学之母。它作为关于世界全部知识的总汇，独立于宗教，同时又作为凌驾于各门具体科学之上并包摄具体科学在内的"科学之科学"而存在。直到17世纪，哲学家们还坚持为整体世界描绘具体图画，创制包罗万象的哲学体系，并且不可避免地用理想的联系、幻想的联系来代替尚未知道的现实的联系，用臆想来补充缺少的事实，用纯粹的想象来填补现实的空白。到了近代，特别是到了19世纪中叶以后，随着近代科学的系统形成和迅疾发展，有关自然和历史的实证知识脱离哲学的母体而转归到有关的专门知识领域，传统的哲学就终结了。恩格斯曾对此作出如下总结："一旦对每一门科学都提出要求，要它们弄清它们自己在事物以及关于事物的知识的总联系中的地位，关于总联系的任何特殊科学就是多余的了。于是，在以往的全部哲学中仍然独立存在的，就只有关于思维及其规律的学说——形式逻辑和辩证法。"[①]

这种科学的独立化与哲学的科学化有其重大的历史根据。从根本上说，它反映了人类认识客观世界所取得的突破性进展及其所引起的文化的根本变迁。

就对哲学本身的影响而言，科学的独立化减轻了哲学的重负，制止了哲学的臆造和玄想的倾向，赋予哲学以空前的空灵性，为哲学的发展与转型创造了条件，并导致了近代哲学的复兴与繁荣。

与此同时，科学的独立化也给哲学的发展带来了困惑与难题：科学的独立化造成了哲学对科学的依赖以及科学观念、科学精神对哲学本性的过深浸润和消解。在早期的实证主义那里，已经出现把哲学归结为具体实证科学的端倪。在当代科学主义思潮中，这一倾向达到了它的顶峰。

显然，传统哲学中的实证知识被归结到有关自然与历史的具体实证科学，并不意味着可以用全部具体实证科学取代哲学，也不意味着哲学可以归结为一种特殊的实证科学或实证科学的一个特殊部门。哲学虽具有科学特点，与各门科学学科具有某种一致性，但毕竟不能归结为实证科学意义上的科学。究其实质，哲学具有科学性与非科学性双重品格。这种双重性根源于人的实践活动（人的存在）的内在矛盾和内在本性。人在自己的实践活动中，一方面受制于自然，以自然这一客观存在为前提；另一方面则不断努力驾驭自然，把自然人性化，使其由"无机的自

---

① 《马克思恩格斯选集》第3卷，人民出版社1995年版，第364页。

在之物"变成"无机的为我之物"。因而，人的实践活动就其本性来说始终是客观性与目的性、科学性与价值性、现实性与理想性、适存性与超越性等的统一。哲学应是人的实践活动的双重本性的观念形态的综合反映与表述。只有当它全面地反映实践的双重本性及其发展要求时，它才能切实地履行自己的职能和有效地发挥自己功用，也才能完整、充分地发展和丰富自己的本质。

可是，在科学的独断统治和科学主义的影响下，哲学的科学性的一面被片面地发展了，哲学的统一本性遭到了扭曲。由此导致的必然结果是，哲学在很大程度上被隶属于科学，成为科学主义的牺牲品和工具。如果说，在近代始初，当科学从哲学的怀抱中分离以后，科学与哲学两者还宛若情侣和盟友，那么此后，哲学则愈益沦为科学的奴婢。

哲学与科学关系的这种逆转成为当代文化矛盾的一种表征。当代文化矛盾集中表现为科学精神与人文精神的分裂：人凭借科技力量对自然的支配、对舒适生活条件的享用和对社会财富的占有，以及物欲、功利的满足，在某种程度上是以人自身的生存环境的恶化、精神家园的疏离和普遍价值体系的丧失等等为代价的。这在宏观上固然仍是一种解放过程，但却被赋予一种历史二律背反的形式。

归结起来，近代以后哲学地位和作用的改变，其终极原因可以追溯到人类实践活动的内在矛盾及其发展，而直接原因却在于：由于有关自然和历史的实证知识从哲学中分化出去，对自然的认知与对历史的理解、科学精神与人文精神、真理性与价值性、客体规定与主体取向等等由哲学之内的统一变成了哲学外部的对立，科学理性脱离了价值目标的统摄与立法。这样，就给哲学提出了一项根本性的课题和任务：通过必要的媒介与纽带，把这外在对立的双方紧密地联结起来，使其彼此协调，相互制约，和谐发展。

哲学要完成这一任务，首先必须实现自身的伦理化。正是在对科学和科学主义独断统治的扬弃中，在对实践本性和哲学本性的全面性的呼唤中，产生了哲学的伦理化需求。

当代科学在充分展示自身优越性的同时，也充分暴露出其自身的局限：它不仅不能解决对超验性问题的探寻，满足人类对统一性的要求，而且更无法帮助人们达到对人生意义、对个性存在的现实性的理解。一旦触及人、人的存在，诸如安身立命、"修身齐家"、自我价值、善恶判断，等等，就已由科学之境转入伦理之域。真无疑永远是善的基石，但也始终需要善的统领。在此意义上，哲学乃至文化的伦理化是科学主义以及一切科学原则之绝对性的消解剂。

哲学的伦理化不仅直接源于科学健康发展的要求，而且也直接源于当代市场经济运作的客观需要。经济行为中对目标及其实现手段的选择，是市场经济的伦理必然性的根源。市场经济需要重视经济规律的作用，从而需要科学理性的指导，但同时也需要道德准则的强有力的约束。在合理的社会秩序中，伴随经济生活的功利驱动，必然是精神生活的伦理催化。康德在构造自己的伦理学时注重经济理论（亚当·斯密等人学说）的研究，以致其伦理学带有某种经济伦理的性质[1]，这显然不是偶然的。

哲学的伦理化是哲学本性的题中应有之义。伦理性在一定意义上综合体现了哲学的非科学本性，诸如主体性、实践性、价值性等等。哲学需要体现主体的能动选择和价值取向，需要把"价值论"渗透于本体论（存在论）、认识论和方法论，需要通过对道德的涵盖和统摄而与科学相区别并与宗教、神学相抗衡。正如在某种意义上可以把认识论视为哲学的科学本性的外化，也可以把伦理学视为哲学的非科学本性的外化。因而，认识论不能等同和穷尽哲学，哲学必须同时涵盖、包容认识论与伦理学。

---

① 尼采在其著作《人性的、太人性的》中已揭示了康德的道德与市场经济理论的前提的一致性。当代德国学者彼·科斯洛夫斯基则又前进一步，把康德视为市场经济哲学伦理学的创立者。参阅《资本主义的伦理学》，王彤译，中国社会科学出版社1996年版，第38页。

伦理、道德的核心是自由意志。道德实践是源出自由意志的一种主动选择，它表现主体对现实客观因果性的驾驭和超越，从而昭示出主体及其目的性的崇高与至上。因之，哲学伦理化的实质不外是对人的个体存在的关注和对人的主体性的高扬。

哲学的科学化与伦理化的实现，意味着哲学的审美化。审美是因果性与目的性、真理与价值、一般与个别、必然与偶然、本质与存在、理性与非理性等，即真与善的交融与统一，是哲学本性的完满实现与完整展示，是哲学的最高归宿，是在扬弃主客二分基础上实现的更高基础上的"天人合一"。极而言之，哲学的审美化，就是哲学的涅槃。

就历史发展的阶段而言，哲学的审美化，真与善的有机融合和统一，将开启人类的真正的历史。而在此之前，一切历史阶段都不过是这一人类真正历史的序幕。

三

中国哲学发展虽然看上去与西方哲学迥然而异，但大体经历了由实体到主体的同一轨迹。从宏观角度看，1840 年和 1979 年两次性质不同的开放不仅是中国近代以来历史上的两个重要的关节点，而且也是中国近代以来哲学发展史上的两个重要的关节点。在某种意义上，1840 年标示着中国古代传统哲学的终结，以及哲学重心由实体向人的思维的迁移，标志着以认识论为中心的哲学思维方式的中心地位的确立。1979年开始的改革开放和新的社会主义现代化建设进程，则推动和促使哲学的中心最终转向人的存在和主体本身，从而使对主体性的高扬成为改革开放和社会主义现代化建设进程的哲学先导和主旋律。纵观中国哲学的历史发展，1840 年后它的历史进程以极为浓缩的形式再现了近现代西方哲学历史进程的逻辑。

改革开放以来中国哲学走过的 18 年，是当代中国哲学发展史上的一段重要的发展时期。尽管无论就其研究状况还是就其职能发挥而言，它都大大滞后于当代社会发展的实践，但它的触角已触及当代世界哲学的前沿和时代精神的核心。就领域来说，这一时期的研究成果表现在对中国本土传统哲学的梳理，对当代西方哲学经典文本的译介和研究，以及对马克思主义哲学理解的深化。后者的直接结果，是围绕马克思主义哲学本质的重新认识，形成了若干不同的观点和流派。

在马克思主义哲学重释方面存在的种种观点、流派虽然形式不同，彼此之间也存有一些差别和歧异，但大都从不同的角度通过不同的方式突出了作为人类基本存在方式的实践在哲学中的地位和意义，肯定了人的个体发展和类发展的实践、从而人的个体发展和类发展是哲学的最高目的。这种认识，以及中、西哲学研究中达到的类似认识，对于打破以往的僵化的、教条主义的哲学观和哲学思维模式起到了重要作用，并且为中国哲学的跨世纪发展奠定了基石。

中国哲学走向世界和世界化的道路还很漫长。由于当代中国在社会主义现代化过程中，不仅要完成西方发达国家已经完成的现代化的任务，而且要同时完成西方发达国家正在解决的某些后现代的课题，因此，当代中国哲学所担负的历史使命也是双重的。这样，它应持有的立场，固然不可能是前现代的，不可能是后现代的，也不可能是纯现代的。它注定要在传统和现代、现代和后现代以及民族与世界的矛盾统一中，来实现科学精神与人文精神的综合，融真善美为一体。

这是中国哲学从未面临过的挑战，但同时也是中国哲学创建民族辉煌、崛起于 21 世纪的契机与希望。

中国哲学肩负的历史使命，企求中国哲学一种泰山九鼎、坚韧执着的精神。它应深深植根于社会实践，忠实和充分体现自己的实践本性，以便永葆其鲜活和生机；同时，又与现实保持必要的距离与张力，以便不失空灵与超逸，特立独行，宁静致远。它应持中守一，坚持主体性的弘扬；同时，又力求避免和防止主体性原则的绝对化及其形式——作为极端肯定形式的绝对的主体主义与作为极端否定形式的绝对的客体主义。它应尊重功利，关注功利；同时，又超越功利，引导功利，坚决摒弃各种形式的功利主义及其对自身的浸染。总之，它应弘扬自身所富有的优秀传统而按屈原以其特有的文学方式所表达的理想意愿行事——"毋滑而魂兮，彼将自然；……庶类以成兮，此德之门！"

（本文原载《中共中央党校学报》1997 年第 1 期）

世纪之交的德国哲学

德国哲学在世界哲学特别是西方哲学中具有特殊的地位。近代以降，它成为西方哲学乃至世界哲学的重要策源地。本文拟对世纪之交德国哲学的发展作概略的描述。

一　概貌

要对德国哲学现状进行定位，需要对 20 世纪整个德国哲学的发展有一个宏观的概览。20 世纪的德国哲学像一首衰颓与新生、枯萎与繁荣、暗淡与辉煌的变奏曲。20 世纪上半叶，德国哲学大致处于停滞时期。特别是十余年的纳粹统治，耗尽了德国哲学的精力。20 世纪下半叶，德国哲学通过揭示、反思纳粹统治及其崩溃的经历，重新审视和检验文化传统，促进开放，迅速得到恢复和重建，并愈益走向世界化，重新赢得了历史上所曾享有的那种盛誉。在此时期的后十年，随着两德的统一，德国哲学分裂、对立的局面已不复存在，而成为一种完整的、统一的地域哲学或民族哲学。这样，以大战结束为界，20 世纪的德国哲学呈现为战前与战后两大发展时期；而战后发展时期又大致包摄了这样三个阶段：（1）反思与重建（1945—60 年代中期）；（2）实现和促进向外开放（60 年代中期—1991）；（3）两德哲学统一

与一体化（1991 年至今）。

对于 20 世纪德国哲学中有影响的流派与人物，德国学者有各种不同的描述。明斯特大学教授维尔纳·施奈德斯（Wener Schneiders）认为，20 世纪的德国哲学可划分为三大哲学流派，即以科学定向的哲学、以社会定向的哲学以及以存在和超验定向的哲学。它们分别围绕的对象则是真正的科学、真正的国家与真正的人类。其中，胡塞尔、雅斯贝斯、海德格尔、布洛赫、阿多尔诺、豪克海默、维特根斯坦、波普八人堪称 20 世纪德国哲学的统领与核心①。洪堡大学教授福尔克尔·格哈德（Volker Gerhard）列举了 20 世纪德国哲学中最有影响的 11 大学派：新康德主义、实证主义、解释学、历史哲学、生命哲学、哲学人类学、马克思主义、逻辑学、语言哲学、现象学、实用主义。② 哈贝马斯（Juergen Habermas）则对包括德国哲学在内的 20 世纪西方哲学的发展作了更为宏观的概括，列举了四种主要的哲学运动和哲学思潮，即分析哲学（摩尔、罗素、怀德海——维特根斯坦——奎因、戴维逊——罗蒂），现象学（胡塞尔——海德格尔——萨特、梅洛 - 庞蒂），结构主义（福柯、德里达）和西方马克思主义（卢卡奇、布洛赫、葛兰西——阿多尔诺和法兰克福学派）。③

如何评价 20 世纪的德国哲学？初看上去，20 世纪的德国哲学给人留下了一种二元化的印象：一方面是有旨趣的理论和思想建构，卓越的分析以及缜密的研究；另一方面则是偏狂的概念造作、僵死的观念，混乱的纲领以及难以理喻的幻想。总之，是一种洞察与浅薄的混合体。它唤起了德国人的企盼，但同时又使德国人感到失望。施耐德斯认为，20 世纪的德国哲学总的说来徘徊在失望与希望之间，很难说它到底给人带

---

① Wener Schneiders, Deutsche Philosophie im 20. Jahrhundert, Muenchen, 1998.

② Volker Gerhard, Deutsche Philosophie in diesem Jahrhundert, Vortrag bei Urania in Berlin, 9. 1998.

③ Juergen Habermas, Nachmetaphisisches Denken, Philosophische Aufsaetze, Frankfurt am Main, 1 Aufl. 1992, 2 Aufl. 1997.

来了什么，在实际上解决了哪些问题，尽管它至少也扩展了人们的认识视野。[①] 但是，即便是带着挑剔的眼光来审视 20 世纪的德国哲学，人们也无法否认和回避这一基本的事实：20 世纪的德国哲学如同 19 世纪的德国哲学一样享有其重要的地位，在 20 世纪的世界哲学史上涂下了浓重的一笔。

二　流派

近十年，德国政局发生了一系列的变化：两德的统一、社民党的重新执政以及迁都柏林等。与政治方面的喧嚣、热烈和动荡不同，这一时期德国哲学的发展给人的印象却是冷静、平和以及有条不紊的。在大学中，方方面面、林林总总的哲学学科、门类通常被划分为三个领域：理论哲学、实践哲学以及介于二者之间的专门领域。理论哲学包括：形而上学、本体论；认识论、科学理论；逻辑学、语言哲学。实践哲学包括：伦理学、道德哲学、法哲学、政治哲学、社会哲学；行为哲学，哲学人类学等等。介于这二者间的专门领域则包括：自然哲学、自然科学的历史和理论、数学哲学；文化学的历史和理论、哲学解释学、历史哲学、艺术哲学、美学、技术哲学、宗教哲学等等。这些学科和门类的研究总的说均衡、协调，难以觅到畸轻畸重、顾此失彼的现象。这或许至少反映了德国大学在研究方向和研究领域方面所表现出的教学、科研体制的成熟与完善。

今天德国哲学中最有影响的潮流与流派当属存在主义、哲学解释学、新法兰克福学派和语言分析哲学。

德国存在主义不仅在德国域外如在法国、美国两国得到了扩展，而且首先在德国本土通过哲学解释学等得到了方向和程度都各不相同的发

---

① Wener Schneiders, Deutsche Philosophie im 20. Jahrhundert, Muenchen, 1998, S. 203 – 204.

展与延伸。人们认为，海德格尔不仅从根本上改变了对存在的提问，而且也改变了存在一词的含义，甚至它的描述方式。^① 海德格尔的晚期思想明显受到重视。他的政治立场及其与哲学的关系，他对国家社会主义的态度也成为人们一再关注和研究的课题。哈贝马斯和韦尔默（Albrecht Wellmer）、汉娜·阿伦特（Hannah Arendt）都强调，不应把海德格尔的哲学立场简单归结为为纳粹效劳。把亲和纳粹算到海德格尔的哲学头上可能是愚蠢的，而应将其归结到他的灾难性的政治上的迷惘。换言之，海德格尔对纳粹所采取的立场与他的哲学无关，而只与他的政治迷惘有关。^② 克罗斯特曼出版社最近出版了他的《全集》第38卷（《作为语言文本质问题的逻辑》）和第69卷（《存在的历史》）以及《书信集》（1925—1975）。

伽达默尔作为哲学解释学的创立者，在其95周年诞辰之际（1995），被《法兰克福总汇报》誉为"联邦德国最富有成果的哲学家"，列在哈贝马斯之前。哈贝马斯曾把伽达默尔的哲学理论贡献喻为"海德格尔穷乡僻壤的都市化"。人们再次肯定，伽达默尔把海德格尔的理解范式赋予了一种解释学的运用，建立了一座连接哲学与所有牵涉解释程序领域的桥梁，如文学、法学、神学，甚至医学。^③ 伽达默尔的自传《哲学教学年》被再度出版。

法兰克福学派在今天的代表是哈贝马斯、韦尔默等人。人们认为，哈贝马斯实现了法兰克福学派由意识哲学（意识形态哲学）向语言哲学的运动和转移。他通过重建马克思主义哲学，从工具理性转移到交往理性，创建了交往和商讨理论：首先是商讨伦理学（《道德意识和交往行动》，1983；《现代的哲学商讨》，1980、1985；《对商讨伦理学的阐释》，1991等），然后再将其推广、引申到法哲学、政治哲学领域，创

---

① Wener Schneiders, Deutsche Philosophie im 20. Jahrhundert, Muenchen, 1998, S. 101.
② Albrecht Wellmer, 1945 年的德国哲学（手稿，未公开发表），1998。
③ Teresa Orozco, Die Kunst der Anspielung, Argument, nr. 208 – 212 (1995).

立了商讨法哲学和商讨政治哲学理论（《事实与效用》，1992，1994，1998），由此掀起了一股商讨理论的旋风。哈氏的理论显然有不少可以质疑、商榷之处，但是它包含了能够为西方伦理学、法学和政治学的发展提供新基础的要素，适应了当代西方社会发展的需要，故一下子抓住了人心。亨利希（Dieter Henrich）认为，即使人们不可能在哈贝马斯那里学到如何哲学思考，但研讨他和他的奇特的、伸展纵远的理论，无论如何是值得的。①韦尔默被视为法兰克福学派的第三代首领。但同时也有理由把他视为法兰克福学派第二代的成员。他曾为阿多尔诺的学生，60年代末在法兰克福大学做过哈贝马斯的助手。其著作有《论现代与后现代的辩证法——阿多尔诺后的理性批判》（1985）、《伦理学和对话——康德和商讨伦理学中道德判断的要素》（1986）、《终结游戏：不可和解的现代》（1993）、《革命和阐释》（1998）等。韦尔默研究视域广泛，涉猎后现代性、商讨理论、语言哲学、艺术哲学等诸多领域。他把自己的研究主要聚焦于后形而上学现代精神的思考。在商讨理论方面，鉴于哈贝马斯的商讨理论为批判理论重新赢得了连接伦理学与政治哲学的历史视域，韦尔默支持哈贝马斯的基本立场，但却并不完全同意哈贝马斯的理论。他特别反对无限制地肯定商讨原则的规范化力量。阿佩尔（Karl-Otto Apel）作为商讨理论的创立者之一，也往往被视为新法兰克福的代表。但他自己却宁愿把自己称为哈贝马斯的对话人。阿氏把自己的哲学命名为"超验语义学"。他通过与哈贝马斯的持续对话，与哈贝马斯一起把商讨理论推向纵深，成为当代德国哲学中的一道景观。1998年，他又出版了一本题为《有关检测超验实用主义积淀的争论》的大部头著作。这部著作一问世，就引起了人们的瞩目。

　　语言分析哲学对德国本土哲学的渗透和影响愈益加强，这在柏林自由大学、洪堡大学和波茨坦大学表现得尤为明显。追溯其理论渊源，这

---

① Dieter Henrich, Nach dem Ende der Teilung, Frankfurt am Main, 1993, S. 190.

或许是和柏林原本就是语言分析哲学的发祥地之一有关：1928 年，莱欣巴赫（Hans Reichenbach）正是在这里创立了柏林学派（"经验哲学学会"）。而维也纳学派的首领石里克，在奔赴维也纳之前，也曾做过柏林大学的学生。今天，在语言分析哲学中，维特根斯坦和罗蒂的哲学备受人们重视。《维特根斯坦全集》印刷、装帧之豪华、精致令人难以想象。罗蒂则受到人们的特殊宠爱。作为后语言分析哲学的重要代表，他被视为沟通英美哲学与德国哲学的重要人物。罗伯特·布兰登姆（Robert Brandom）的著作受到人们的注目，其著作《理性、描述与终结的遮蔽》今年将出版德文版。在大学中，他的著作《使其明晰》（*Making it Explicit*）一再被作为经典之作研究。波兹坦大学教授克律格尔（H. P. Krueger）和施奈德（H. J. Schneider）认为，布兰登姆的著作作为连接分析哲学与大陆传统哲学、特别是与黑格尔哲学的桥梁，涉及的一个重要问题是，表达与行为怎样才能被清楚地赋予语义学的内容？

德国古典哲学研究学派是笔者对德国专门或主要从事德国古典哲学研究的学者们的统称。其著名代表如亨利希、伯格勒（Otto Poeggeler）等。在德国，可以说，对德国古典哲学的研究传统经久不衰。不断有新材料被发现，手稿整理和文集、全集的编辑、出版工作规模浩瀚。康德的《纯粹理性批判》出版了修订本（1998），《实用人类学》也将出版修订版（1999）。黑格尔的 1799—1808 年的文稿和 1823 年的"艺术哲学讲座"记录稿被整理出版（1998）。谢林的 1809—1813 年以及 1846 年的遗稿被整理出版（1994、1998）。费尔巴哈 1868 年的手稿《论道德哲学》被整理发表（1994）。康德、费希特的文集像韦伯、叔本华、马克思、恩格斯等人的文集一样，被制成了光盘。1998 年 8 月，国际黑格尔协会在联合国教科文组织赞助下在荷兰召开了第 22 届国际黑格尔大会，对黑格尔的美学思想和政治思想进行了研讨。笔者在出席这次大会期间，亲眼目睹了这次大会的盛况。顺便应该说明的是，德国古典哲学的研究者们并不把自己的视域仅局限于历史。例如，亨利希近年来致力于构建 1786—1794 年间的德国古典哲学形成史，但同时也继续推进他的"自我理解理论"（Theorie der Selbstverstaendigung），并把研究的触角伸入两德统一以后德国发展的现实（《一个德国共和国》，1990；《分裂终结以后》，1993）。

三　课题

从世纪之交德国哲学的发展中，可以寻觅出一些研讨的热点以及我们也感兴趣或关心的课题。在这里仅概述下述几个方面。

关于主体性的研讨。海德格尔曾认为，古典的主体概念在尼采的权力意志中已日过中天。人们认为，海德格尔的存在主义通过"寓世"（in der Welt sein）概念冲破了费希特所指出的自我循环。此外，不仅在语言哲学、交往哲学那里，语言与世界的关系代替了主客体的关系，语言代替了主体，而且，在结构主义、后结构主义那里，语言也同样剥夺了哲学的主体性。这样，哲学主体性的崩溃及其在语言中的消解已被视为当代思想至少是当代西方思想的基本特征。[①] 但是，这种观点也遭到了一些学者的反驳。亨利希认为，生命的经历和意识的过程，它的活生生的体验，以及思想的结构与流动，遵循着自己的规律。只有重新设定人的主体性的本体论，才能理解这些规律。因此，他高度赞扬费希特的主体性转向，反对海德格尔对主体性的消解，为主体性的现实与哲学平反。[②] 鲍姆伽尔特纳（H. M. Baumgartner）认为，当代哲学仍需要主体，但不再是"大写的主体"（被绝对化的主体），而应是"小写的主体"。韦尔施（W. Welsch）也认为，现时代的哲学仍是主体的哲学，只不过主体的类型发生了变化，即由与"统治"相联系的"强主体"变成了

[①]　Juergen Habermas, Nachmetaphisisches Denken, Philosophische Aufsaetze, Frankfurt am Main, 1 Aufl. 1992, 2 Aufl. 1997.

[②]　Dieter Henrich, Nach dem Ende der Teilung, Frankfurt am Main, 1993, S. 186.

与多样性相联系的"弱主体"。① 显然，主体性原则是不可能被推翻的，能被推翻的只是主体性原则的绝对化形式；问题在于我们今天需要什么样的主体性。在这方面，亨利希尝试构建当代的主体性。他把主体性与"自我理解"和"自我保存"连接起来，以期既保存主体的能动性，又排除主体的狂妄任性，避免绝对主义的陷阱。②

关于哲学自身的反思。20 世纪的哲学经历了其发展过程中的大概是迄今为止最为严重的危机。"哲学终结论"也成为一种时髦的思潮和流行话语。其实，哲学当然不会终结，但它的作用、性质今天确实发生了根本的变化。而对于这种变化的认识，学者们的意见往往是大相径庭的。德国哲学家们对这一问题的认识也存在着明显的歧义。一种具有典型性的观点是，世界越现代化和科学化，哲学也就越成为多余的了。瓦伦丁·布赖顿贝尔格（Valentin Braitenberg）认为，哲学是单个具体科学的母亲和母体，当作为具体科学的女儿们发展出自己的双亲所不能理解的语言以后，当具体科学从哲学分离以后，哲学就成为残余物了。而现在哲学分化具体科学的过程仍未完结。如果说，哲学今天还有什么作用，那就是它借助"生育"作为具体科学的女儿们而保有其功能。③ 与此相反，欧道·马尔夸尔特（Oto Marquard）和施奈德巴赫（H. Schnaedelbach）则主张哲学是一种基本的定向或一种思想定向的尝试④。马尔夸尔特认为，哲学与基本定向相关联。哪里有价值定向需求，哪里哲学就显得必要。因而，科学越发展和分化，世界越现代化，哲学就越必需。即使反对或否定哲学，也只能用哲学来反对或否定哲学，然而这本身也就表明，哲学是必要的。⑤

① W. Welsch, Subjektsein heute. Ueberlegung zur Transformation des Subjekts, in: Deutsche Zeitschrift fuer Philosophie, 4. 1994.

② Dieter Henrich, Nach dem Ende der Teilung, Frankfurt am Main, 1993, S. 186.

③ Ulrich Boehm, herg. , Philosophie heute, Frankfurt u. New York, 1997, S. 18.

④ Herbert Schnaedelbach, Vorlesung: Einleitung zur Philosophie, 1998.

⑤ Herbert Schnaedelbach, Vorlesung: Einleitung zur Philosophie, 1998, S. 18, 21.

关于伦理学的重建。伦理学作为一门实践哲学再次成为热门学科。在这方面，哈贝马斯的商讨伦理学，汉斯·约纳斯的"未来责任伦理学"，亨利希的"核和平伦理学"等都引起人们的瞩目。如前所述，80年代哈贝马斯在交往理性基础上构建了商讨伦理学，尔后又将其引申到法哲学、政治哲学领域。此外，哈贝马斯在致力新伦理学的理论建构的同时，还把目光投向现实中的具体的实践课题。例如，他反对有关克隆人的试验，认为有意识的克隆人是一种僭越和奴役行为，完全可以同历史上的奴隶制相比拟，同今日的人权和人的尊严的法律概念不相容。①汉斯·约纳斯是著名伦理专家，已于1993年去世。他因拟定下世纪作为人类幸存条件的"责任原则"而被视为"未来责任伦理学"的奠基人。1998年5月，柏林自由大学正式建立和开放了"约纳斯研究中心"，并为此举行了专门的纪念会和有关约纳斯伦理思想的学术研讨会。约纳斯研究中心负责人是柏林自由大学哲学系教授迪特里·伯勒（Dietrich Boehler）。作为约纳斯的后继者，伯勒试图把哈贝马斯的商讨伦理学与约那斯的未来责任伦理学综合起来，以期构建一种"适合高科技市场社会的对话伦理学"。亨利希在潜心研究德国古典哲学的同时，1990年出版了《核和平伦理学》一书。在该书中，亨利希试图借助费希特和黑格尔的理论，提出一种能够理解道德困境的整体性的伦理学构思。他认为，仅建立伦理学的判断规则是不够的，伦理学还必须能够解释道德行为的动机。此外，它还必须理解道德意识发展的动力。还有，最重要的是，它必须时刻注意到，行为方式结构的内在形式与行为者自我描述的训练是不可分的。②

关于马克思主义哲学的研究。（一）柏林自由大学哲学系教授豪克（Wolfgang F. Haug）夫妇编撰和开始出版多卷本的《马克思主义历史考

---

① Juergen Habermas, Die postnationale Konstellation, Frankfurt am Main, 1998, S. 244, 245.

② Dieter Henrich, Ethik zum nuklearen Frieden, Frankfurt am Main, 1990.

订词典》，含一千余条辞目。这是迄今西德地区作者撰写和出版的第一部专门的和大部头的马克思主义辞书。作者申明，这部词典不具有"政治的"和"意识形态的"性质，其意义主要是"语文学的"。（二）1998 年 5 月，马克思诞生 180 周年前夕，洪堡大学哲学系教授施奈德巴赫在洪堡大学校报上撰写了《阻碍的革命者》一文。该文认为，在马克思、恩格斯撰写《共产党宣言》时，德国还根本不存在真正的资产阶级，更谈不上无产阶级。因而，尽管《宣言》一书中唯物主义词句喧嚣，然而它却是黑格尔主义意义上的最严重的唯心主义的证明。《宣言》本身恰好表明了作为"无产阶级先锋"的少数共产主义者的荒诞的自我高估①。施奈德巴赫这篇文章无疑较为典型地代表了德国右翼知识分子的立场。与施氏这一立场有所不同，《法兰克福总汇报》1998 年 2 月 24 日刊登了罗蒂纪念《共产党宣言》的文章。文章将《共产党宣言》与《圣经·新约》相比拟，认为尽管马克思预言的资本主义的没落像《新约》预言的耶稣救世一样落空，未能实现，但《宣言》与《新约》一样具有同等的启迪性和感召力，激励人们为自由与平等、为免除下一代人不必要的苦难、为理想的未来社会而斗争。作者继而提出，家长和教师们应该鼓励年轻人读《宣言》与《新约》，因为它们有益于年轻人的道德行为。②罗蒂此文从其特有的实用主义立场出发，不啻为《宣言》献上了一曲道德颂歌。（三）法国历史学家斯特凡·科尔陶斯（Stephane Courtois）等人的《共产主义黑皮书》德文版的问世在德国掀起了轩然大波。科尔陶斯在该书中通过罗列统计数字，将共产主义与纳粹主义相提并论，对共产主义进行了攻击。③科氏的观点引起了德国学者的激烈争论。一些学者对其提出了批评和反驳。这种反驳主要

---

① Der Verhinderte Revolutionaer, Humboldt, 4. 5. 1998.

② Richard Rorty, Endlich sieht man Freudenthal, Frankfurt Allgemeinen Zeitung, 24. 2. 1998; Das Kommunistische Manifest 150 Jahre danach, Frankfurt am Main, 1998.

③ Stephane Courtois, Das Schwarzbuch des Kommunismus, Piper Verlag, 1998; Interview; "Unter Lenin verschwand alles Menschliche", Der Tagesspiegel, 16. 6. 1998.

集中在两点，一是不能把共产主义与纳粹主义相提并论，二是《黑皮书》追求轰动效应，缺乏科学根据。[①] 围绕《黑皮书》及其相关争论，柏林自由大学等一些大学的教授出版了专门的论文集。

四　传统

战后特别是 60 年代以来德国哲学发展的最主要的特征大概就是向英美文化及其哲学传统的开放。通过对以语言分析哲学为主导的英美哲学传统的接纳，德国哲学实现了其"语言转向"，并日益呈现出与英美哲学传统相融合的倾向。这种开放一方面促进了德国哲学自身的繁荣与发展，另一方面也大大扩展了德国哲学在西方世界乃至整个国际社会的影响。因此，对这种哲学上的开放应予以一定的关注和研究。德国哲学的这种开放，表层上看是对外来文化及其哲学传统的接纳，但是，如果深入一个层次来看，德国哲学的这种向英美文化及其哲学传统的开放与对德国自身的文化及其哲学传统的继承也不是没有关系。

由于历史的原因，德国文化中素来存在基督教精神与犹太精神两大传统。这种德国基督教精神与德国犹太精神共生的现象首先在德国哲学中明显显露出来。在德国历史上，诞生和出现过许多著名的犹太哲学家，如马克思、柯亨、布洛赫、阿多尔诺、豪克海默等等。显然，没有他们，德国哲学就很难成为我们今天见到的样子。然而，在纳粹统治和大战期间，许多德国犹太哲学家被迫流亡国外，包括卡西勒、维特根斯坦、卢卡奇、布洛赫、波普、豪克海默、阿多尔诺、本雅明、马尔库塞、科拉考艾尔（Siegfied Kracauer）、诺伊拉特（Otto Neurath）、魏斯曼（Friedrich Waismann）、莱欣巴赫、阿伦特、施特劳斯（Leo Strauss）、普列斯纳（Helmuth Plessner）、约纳斯、古尔维茨（Aaron

---

① Kleiner Buergerkinderkrieg, Der Tagesspiegel, 18. 6. 1998.

Gurwitsch)、勒维特（Karl Loewith）等，以致德国文化及其哲学中的犹太精神传统被迫中断了。

可是，如果人们仔细研究一下 60 年代以来德国哲学所接纳的英美的所谓全新哲学传统，如分析哲学、波普的科学理论、法兰克福学派和本雅明的哲学、维特根斯坦哲学等等，就不难发现，实际上，它们在很大程度上是植根于德国的。它们原本在德语地区萌芽，只不过尔后被放逐了出去，在英美地区生根、开花、结果。而德国、奥地利的哲学家们始初在很大程度上也参与了这些哲学传统的形成。在此意义上，或许也可以说，这些传统原本就是德国文化及其哲学传统特别是犹太精神传统的延续。

这样，德国哲学向英美哲学的开放，在一定意义上实际上也是向自身传统的开放，是对自身的曾经中断了的传统的承继。这一事实或许可以给我们以某种启示：文化的开放和继承总是密不可分，而优良的文化精神传统是不应被中断和遗弃的。

（本文原载《哲学动态》2000 年第 6、第 7 期；
《中国哲学年鉴》1999 年卷）

全球化背景下的文化及哲学

全球化已成为 20 世纪 90 年代以来流行的中心话语。尽管实际说来全球化的浪潮还方兴未艾，其今后将要经历的历史行程还漫漫无期，但这一现象本身无疑表征了某种既成事实：物质、精神财富在全球范围内流动的突变，全球相互联系的实质性的扩大、深化和增强，世界一体化进程的骤然缩短，如此等等。不论人们对全球化如何众说纷纭、歧见丛生，但全球化显然已成为人们在当代社会生活中所面临的最大的实际，并从而既成为重要的研究课题，又成为我们思考文化及其哲学的命运以及对其加以定位所不可或缺的一种宏观的历史背景和参照系。

全球化的兴起与演进

对全球化的兴起及其历史进程存有多种不同的看法。从广义来说，前现代化意义上的全球化古已有之。但是，古代社会的全球化同今天人们通常谈论的现代意义上的全球化显然有着本质的区别。本文探讨的是现代意义上的全球化。现代意义上的全球化业已经历了不同的发展阶段，由此也产生了对其历史分期的不同观点。笔者以为，从物质、技术层面来看，可以把现代意义上的全球化过程区分为两个大的阶段，即以市场经济为驱动核心的全球化阶段和以信息驱动为核心的全球化阶段。

前者可称为市场全球化阶段，后者可称为信息全球化阶段。当然，这只是就迄今全球化过程发展的侧重点来说的；就全球化整体过程本身而言，市场的全球化和信息的全球化这两者则是彼此交织、难以截然分离的。

市场全球化阶段始于资本主义生产方式的确立，以商业发展和工业革命为主要物质基础。在这一阶段，在自然科学的基础上，发生了以蒸汽机为主要标志的第一次技术革命和以电力为主要标志的第二次技术革命。资本首先在西方确立了自己的统治，尔后在世界范围内衍射开来。先是英国、继之是美国在全球化进程中居于主导和核心地位。商业的发展为大工业的发展奠定了基础。大工业开创和拓展了世界市场。世界市场又反转过来促进了商业化和工业化范围的扩大和在全球的普及。与工业化进程相伴随的是市场经济在世界范围内的普遍确立。

这里，需要强调和指出的一点是，尽管许多学者把航海大发现作为现代意义的全球化的开端，然而，现代意义的全球化实际上开启于资本主义机器大工业的出现。航海大发现固然重要，但这一发现还不是全球化本身，而只不过是全球化赖以形成或产生的客观条件。对此，马克思、恩格斯在《共产党宣言》中作了如下分析："美洲的发现，绕过非洲的航行，给新兴的资产阶级开辟了新天地"，而"大工业建立了由美洲的发现所准备好的世界市场。世界市场使商业、航海业和陆路交通得到了巨大的发展。这种发展又反过来促进了工业的扩展"，"资产阶级，由于开拓了世界市场，使一切国家的生产和消费都成为世界性的了"。①

信息全球化阶段始于 20 世纪 40 年代，可以第一台电子计算机的问世为标志。战后以信息技术为核心的"信息革命"，是蒸汽机革命和电力革命后的第三次技术革命，它同时也开启了信息社会和"知识时代"

---

① 《马克思恩格斯选集》第 1 卷，人民出版社 1995 年版，第 273、276 页。

的序幕。在此阶段上，技术的进步，特别是增长最快的电子机械和信息技术的发展愈益成为经济全球化的主要动力。作为经济增长主要基础的资本和劳动愈渐被知识和信息所排挤，"知识生产力"取代了物质生产力。与市场全球化阶段物质产品的全球化占据主导地位不同，在信息全球化阶段精神产品的全球化愈加占有优势。资本主义体系在经历了19世纪70年代至20世纪战前的衰退和混乱时期以后，凭借科技革命带来的高新技术的力量、生产力的增长以及国家宏观调控职能的加强，重新步入了一个新的发展时期。伴随发展中国家现代化进程的加速和国际地位的增强，美国和西方发达国家在全球化进程中的中心地位开始受到挑战。但在现阶段，与其经济上的世界主导地位的状况相适应，在一定程度上，全球化在文化方面仍以美国及西方文化精神、价值观念为主要导向和轴心。

全球化的文化意蕴及其内在矛盾

整体意义上的全球化是以经济的全球化为根本动力和基础的。在此意义上，全球化首先是经济的全球化，是现代资本主义推动的市场经济条件下的世界经济一体化，是商品、资本、技术、金融、人才、劳动力等等在全球的空前流动，因此，是综合生产全球化、贸易全球化、金融全球化、人才和劳动力全球化等为一体的经济的全球化。但是，不仅狭义的作为观念形态的文化的全球化是不容置疑的事实，而且经济的全球化以及以经济的全球化为基础的整体的全球化都有其深刻的文化内蕴。

狭义的作为观念形态的文化的全球化较为容易被人们所注意。电信等新的全球性基础设施的建立，大众文化和商业文化的兴起，文化跨国公司在文化生产和交流中扮演的愈益重要的角色，大众旅游产业对于文化交流的促进，音乐、影视、旅游等全球文化市场的形成等等，都是文化全球化的突出标志。① 特别是，如众所周知，网络和信息技术的发展在文化全球化过程中愈益具有关键性和主导性的作用。观念形态的文化的全球化与经济的全球化是对立的两极，两者不可分离，是相互伴生、相互作用、相互支撑的。一方面，经济全球化必然会为文化全球化提供坚实的物质层面的基础；另一方面，文化全球化也必然会为经济全球化创造和提供必要的思想、观念的前提。伴随经济全球化进展而来的，必然是以经济全球化为基础的文化全球化的扩张。诚如马克思一个半世纪前就论述到的，"过去那种地方的和民族的自给自足和闭关自守状态，被各民族的各方面的互相往来和各方面的互相依赖所代替了。物质的生产是如此，精神的生产也是如此。各民族的精神产品成了公共的财产。民族的片面性和局限性日益成为不可能，于是由许多种民族的和地方的文献形成了一种世界的文献。"②

经济和政治的全球化也有其文化的内涵。在当代，经济的全球化愈益以知识经济为主要基础、动力和特征。知识、信息愈益成为经济和财富增长的主要杠杆。故而，经济产品、要素中愈益具有科技、知识含量和体现人文精神。在此意义上，文化全球化是经济全球化的一个内在组成部分，经济全球化蕴含和包摄文化全球化。与经济发展的状况相类似，在当代，文化因素也愈益渗入现实政治乃至国际政治领域，使国际政治或全球政治具有了一种文化的性质，堪称"文化政治"，以至有的西方学者称"我们正处在全球范围的文化政治时期"③。最后，作为广义的文化概念是人类的整体的生存样态和生存方式，是人类演化的综合产物。它囊括人类生活的各个领域：物质或经济生活、政治生活、精神生活和社会生活。在此意义上，全球化本质上就是人类文化的全球化，

---

① 参见戴维·赫尔德等《全球大变革——全球化时代的政治、经济与文化》，杨雪东等译，社会科学文献出版社 2001 年版。

② 《马克思恩格斯选集》第 1 卷，人民出版社 1995 年版，第 217 页。译文有修订。

③ 罗兰·罗伯森：《全球化社会理论和全球文化》，梁光严译，上海人民出版社 2000 年版，第 7 页。

而经济全球化则又不过是文化全球化的一个特定组成部分。

随着全球化浪潮的迭起，人类文化所包含的诸种矛盾也愈益清晰地在全球范围内展示出来并获得其完整的意义。它们是：科学文化与人文文化；精英文化与大众文化；官方文化与民众文化；传统文化与现代文化、后现代文化；民族文化与世界文化（对某一民族来说，表现为本土文化与域外文化）；等等。这些矛盾在不同时期、不同民族和国家表现形式会有所不同，但却是所有民族和国家都不得不面临和解决的矛盾。其中，科学文化和人文文化的矛盾则具有更根本因而也更具有主导的性质。从而，科学文化与人文文化的整合也就成为当代人们所面临的最为重大的思想理论课题。

文化全球化的逻辑和趋向

文化全球化的浪潮涌向何处去？其主导趋向是冲突，还是融合？是一元化的趋同，还是多元化的差异乃至对立？对于民族国家来说，它带给人们的究竟是福音，还是祸水？与此相适应的合理的主观态度，是开放主义，还是拒斥主义？

对此，如同对待任何问题一样，人们往往持有完全相反的见解。例如，福山与亨廷顿的态度就是一例。福山通过回顾 20 世纪的历史，得出了如下结论：自由民主作为一种人类的理念原则已趋完美，它无论在意识形态方面还是在政府形式（政体）方面都获得了统治世界的正统性，因此，历史终结了。所谓历史终结，并非指历史的结束，而是说，历史的真正的重大问题都已解决，历史的合理的原理与制度都已形成，从而，历史不再有真正的进步和发展。① 福山的这一看法，如果从全球化角度加以解读，不啻主张一种文化趋同论，即世界文化统一于以自由

---

① 弗兰西斯·福山：《历史的终结》，本书翻译组译，远方出版社 1998 年版，第 1、3 页。

民主理念原则为核心的现代西方文化。不仅如此，按照福山的理论逻辑，这种文化的统一、趋同，不是过去时，也不是未来时和正在进行时，而是现在完成时。与此相反，亨廷顿的"文明冲突论"则表达了另外一种见解。尽管亨氏认为"文化的共性……影响了国家的利益、对抗和联合"，但他更强调，在冷战后乃至正在来临的时代，各文明（作为文化实体）之间的冲突是一切冲突的基本根源和对世界和平的最大威胁。[①] 亨廷顿的"文明冲突论"固然不是对文化全球化趋势的一种专门的描述和预言，但他把当代文化全球化进程中的文化的矛盾与对立以一种极为醒目的、政治的方式凸现出来。

实际上，从逻辑上说，文化的冲突与融合、对立与趋同、多元与一元等等，是互为条件、彼此共生的。文化的全球化既是文化的冲突、对立、多元化，也是文化的融合、趋同和统一，是两者的互动。用大的历史尺度来衡量，是文化的融合、趋同和统一；用小的历史尺度来衡量，则是文化的冲突、对立和多元；从趋向和终极结果来说，是文化的融合、趋同和统一，从当下、现实来说则是文化的冲突、对立和多元；从共性来说，是文化的融合、趋同和统一；从个性来说，则是文化的冲突、对立和多元。如此等等。这样，如果把文化的多元、对立和冲突同文化的融合、趋同和统一这两者提高到同一性的层次来看，有关它们的争论就暴露出各自的片面性并失去其论争的意义。就福山和亨廷顿的争论来说，福山的历史终结论肯定文化的统一，体现了对当代西方文化主导地位的一种优越和自信，亨廷顿的文明冲突论渲染文化的对立，则体现了对当代西方文化主导地位的一种忧患和警醒，而两者的实质和作用可谓异曲同工。

文化全球化将给人们带来什么样的命运？如何认识文化全球化给

---

① 塞缪尔·亨廷顿：《文明的冲突与世界秩序的重建》，周琪、刘绯、张立平、王圆译，新华出版社 1998 年版，第 8 页。

各个国家带来的影响？回顾全球化的历史，我们看到，在全球化进程中始终交织着征服与反抗、开放与封闭、现代与蒙昧、罪恶与进步等方面的矛盾与冲突。全球化意味着人类对知识、信息、科技和生产力的共同占有，经济和财富增长的更大空间，现代舒适生活条件的普及，人类在更大范围内和更广泛程度上的交流与合作，民族种族、地域藩篱和壁垒的破除，历史向世界历史的迈进等等。但同时，它也意味着物欲主义、犯罪、吸毒、艾滋病、贪贿、环境污染、失业等等的全球化，意味着民族国家主权的削弱①，民族文化质的多样性受到威胁，特别是意味着两极分化在更大范围内的加剧和展开。这是把世界上一切国家和民族都卷入现代化、卷入"全球经济"和"全球社会"的过程。受到人们关注的是，这一全球化过程从一开始就是在以西方发达国家为一方和以发展中国家为另一方这样一种强弱两极的不平等的世界格局中进行的。这样，在一定意义上全球化势必成为西方发达国家的现代化的世界投影和映像。显然，在这样一种强弱两极的不平等的格局下，至少在现阶段，文化全球化给各个国家带来的利益和影响不可能是相同和均等的。一般而论，发达国家在全球化中居于主导地位，因而，尽管它们也会感受到全球化的种种压力和挑战，但在总体上是包括文化全球化在内的全球化的受益者。它们的文化精神、意识形态、价值观念得到扩张，民族文化的主体性得到强化和张扬。而文化全球化对发展中国家的影响则较为复杂。全球化固然给发展中国家带来了发展机遇，但囿于强弱两极的世界格局和面对发达国家的先发优势，其民族文化往往陷于"边缘化"的境地，甚至面临失去自主性的危险。

---

① 于尔根·哈贝马斯：《全球化压力下的民族国家》（Juergen. Habermas, *Der europaeische Nationalstatt unter dem Druck der Globalisierung*），访华学术演讲，北京，2001 年 4 月 24 日。哈贝马斯断言，在全球化条件下，一个不断深深陷入由世界经济和世界社会组成的相互依存关系中的国家在主权、行为能力和民主实质等方面都会遭到损害。

　　由于全球化的双重性，不同国家、民族在全球化过程中所处的不同地位和所扮演的不同角色，以及观察的不同视点和角度，人们对文化的全球化也采取了完全不同的态度：彻底变革论（全球主义论）与怀疑论，激进主义与保守主义，乐观主义与悲观主义，开放主义与拒斥主义等等。中国近代史上的"中体西用"和"全盘西化"论，也是对文化全球化的一种应对和解答，它们都主张了一种开放态度，但如何处理本土文化和域外文化的关系，两者的主张又各不相同。"中体西用"是以本土文化为本位，而"全盘西化"则是以西方文化为本位。值得注意的是，对于发展中国家来说，采取开放主义往往是一种被迫的主动抉择，这种开放主义比拒斥主义虽然更有合理性，态度更为积极、主动，但是比起西方发达国家所倡导的开放主义却具有不同的蕴意。汤因比曾试图通过有关犹太古国犹太人对希腊文明入侵的态度的历史考察证明，这种被动的开放主义与拒斥主义具有一定的亲缘性，即它们的共同错误在于，均把"侵略"这一表面现象当成了文化冲突的实质内容。① 应当指出，汤因比把犹太人的特殊态度当作普遍适用的一般原则，显然把事情绝对化了。但是，他却道出了一个人们往往易犯的毛病，即把在开放过程中形成的并且也是弱势文化发展必要条件的文化冲突主要视为强势文化对弱势文化的入侵。实际上，当强势文化与弱势文化两方发生冲突时，强势文化的优势不可能长久保持，而弱势文化也必定对强势文化发生影响。这样，文化冲突的最终结果，将是黑格尔所表达的正反两题的"合题"。这个合题是由两个对立面中抽取出来的因素组成的，但恰恰由于它的来源丰富多样，它才成为不同于其来源的具有自己特色的新起点。这个新起点将是一个通过各种文化的相互作用的合力而产生的更丰富、因而更有收获的

---

① 阿诺德·汤因比：《历史研究》，刘北成、郭晓凌译，上海人民出版社 2000 年版，第381—393 页。

"文化混合体"。当然，这一新的文化混合体的形成是有一系列主客观条件的。其中最为重要的条件，就是弱势文化必须坚持其自身的主体地位。

当代中国文化的历史定位和发展的特殊机遇

在全球化这一大的历史背景下观照，当代中国文化的发展正处在一个经纬交错的十字形的交叉点上：它一方面要实现本土文化与域外文化（主要是西方文化）的综合，另一方面则要实现传统文化与现代文化、"后现代文化"的综合。这一情况发生的物质层面的根源在于，当代中国要跻身现代化、全球化的潮流，要赶超西方发达国家，必须一蹴而就同时完成西方发达国家已实现的"三部曲"：由农业经济逾越到工业经济，再由工业经济到"知识经济"，完成由农业社会到工业社会再到信息社会的转型。

这对中国文化发展进程来说无疑是一个严峻的挑战，但同时也是一个重大的、特殊的发展机遇：它使中国文化有可能在全球化的舞台中扮演重要角色。

中国传统文化和西方现代文化有很大的互补性。汤因比曾认为，稳定与活力是人类安居乐业所不可缺少的要素，而中国传统文化和西方现代文化恰恰分别蕴含了这两种东西。因此，他满怀希冀的憧憬，作为人类文化的重要两极——中西文化的接触，极有可能会融汇出一种既体现中国传统文化的稳定性又体现西方现代文化活力的、适用于全人类的理想文化模式或生活方式。这种方式不仅使人类得以生存，而且还能保证人类的幸福安宁。不仅如此，汤因比还坚信，能够实现这种综合与统一的将不会是任何西方力量，而只有可能是中国。这是因为，中国有政治统一和思想统一的悠久和深厚的历史传统，而且正在开辟和尝试把前工业社会的传统生活方式和西方工业社会的现代生活方式二者的优点结合起来同时又避免二者的缺点这样一条道路。① 或许，人们可以指摘，汤因比对中国文化抱有过多的好感，因而也过于乐观。但可以断言，中西文化的扬弃与综合，肯定会产生出一种兼有中西方文化优点和有益于人类进步的新的世界文化样态和生活方式。而这，又是中华民族仅由于自身的存在和发展就不得不面对和解决的历史课题。

中国正在从事有自己特色的社会主义现代化事业。从全球化角度来看，有中国特色的社会主义是中华民族赶超西方发达国家，从前现代化向现代化乃至后现代化、从农业经济社会向工业经济社会乃至知识经济社会跳跃式发展的必然的历史阶段和社会形式，是历史对于中华民族的恩惠。有中国特色社会主义这一社会形式将有助于中华民族在全球化的过程中保持民族的主体性和独立性，有助于中国文化保持其优秀的民族传统和民族特色，从而在全球化的浪潮中走一条特定独行的道路，占有特殊的一席之地。有中国特色的社会主义这一社会形式也将使这一"悖论"成为可能：既享有科学理性所带来的现代高科技的成果，又高扬和弘大人文精神；既获得经济和财富的巨大增长，又实现人的全面发展；既拥有经济效率，又具有社会公平，如此等等。总之，是作为人类文化内核的科学精神与人文精神的同时占有，是一种文化意义上的"双赢"。

如果有中国特色的社会主义成功地做到了这一点，那么，被西方打开的潘多拉盒子中的魔物就将被人类所降服和消除，汤因比有关中国的预言就将成为现实。

全球化背景下的哲学

哲学是观念形态文化的重要组成部分，也是文化的内核和魂灵。文

---

① 阿诺德·汤因比：《历史研究》，刘北成、郭晓凌译，上海人民出版社 2000 年版，第393—394 页。

化的全球化，民族文化向世界文化的转变，同时意味着作为文化内核、文化魂灵的哲学的全球化，意味着民族哲学向世界哲学的转变，意味着哲学不仅在内容方面而且也在形式方面成为真正的世界哲学或全球哲学。青年马克思早在其博士论文和《莱茵报》时期的文章中就谈及了"哲学的世界化"。他直接意指的固然是现象世界或现实世界，但同时他也明确指出，他所指的现象世界或现实世界是就这一世界的"整体的规定性"而言的。① 这样，马克思就以他特有的方式预言了哲学的世界化和全球化："因为任何真正的哲学都是自己时代精神的精华，所以必然会出现这样的时代；那时哲学不仅从内部即就其内容来说，而且从外部即就其表现来说，都要和自己的现实世界接触并相互作用。那时，哲学对于其他的一定体系来说，不再是一定的体系，而正在变成世界的一般哲学，即变成当代世界的哲学。"② 就实际情形而论，哲学的全球化也是始终与整个全球化过程相伴随的。英法唯物主义、德国古典哲学、当代西方哲学中的科学主义和人本主义思潮的各种流派、后现代主义，都是在全球化过程中得到传播并且赢得其世界性影响的。同时，这些哲学学说和流派也为全球化进程注入了精神动力。在一定意义上，哲学的全球化甚至还是经济全球化和整个全球化的先导，因为无论是在英、法资产阶级革命过程中，还是在德国资产阶级革命过程中，哲学都起了先导的作用，而正是这些重要的社会革命，在开辟资本主义纪元的同时，也开启了全球化的序幕。我们看到，类似古代宗教的世界化产生了基督教、佛教和伊斯兰教等这样大的世界宗教。在现代，在哲学全球化的过程中也产生了一大批具有世界性影响的哲学家。而且，古代的那些有价值的民族哲学也正是在现代全球化的过程中通过世界性交往的扩大才获得其世界性声誉的。

---

① 《马克思恩格斯全集》第 40 卷，人民出版社 1982 年版，第 258、136 页。
② 《马克思恩格斯全集》第 1 卷，人民出版社 1956 年版，第 121 页。

可以说，哲学的全球化体现了整个全球化的精神实质，因为它牵涉的是价值观和思维方式的整合。

马克思主义及其哲学的传播，是哲学世界化的体现，也是文化全球化的一个鲜活的例证。中国马克思主义哲学是马克思主义及其哲学世界化过程中的产物，从而也是文化全球化的结果。

马克思主义及其哲学在中国的融入和传播，直接源自中国革命及其理论准备的需要；在深层次上，则归因于马克思主义哲学的唯物主义原则和实践本性同中国务实求真、经世致用的传统文化精神的契合。这种"西学东渐"，是中国本土文化接纳域外文化的一个突出范例。在历史上，中国文化对域外文化的重大接纳只有两次，一次是对佛教，一次则是对马克思主义及其哲学。这两次文化接纳均对中国传统文化的重构发生了实质性的影响。始源于德国的马克思主义及其哲学理论与中国革命具体实际、与中国文化精神相结合，产生了中国马克思主义及其哲学。所以，中国马克思主义哲学融会了中西文化的精华，是中西文化冲撞、融合的结晶，是现代意义上的文化全球化的结晶。正如中国文化是世界文化的一个有机组成部分，中国马克思主义哲学也是世界哲学的一个有机组成部分，是中华民族、中国共产党人为世界哲学、世界文化所做出的独特贡献。

中国马克思主义哲学不仅是文化全球化的产物，它的发展也离不开文化全球化这一大的历史背景和条件。改革开放以来，伴随中国现代化建设事业的蓬勃发展，中国马克思主义哲学再次呈现了复兴和繁荣的新局面，既有的马克思主义哲学传统获得了很大的推进和深化。究其根源，这固然是因为反映和概括了中国社会主义现代化建设实践的新经验和当代自然科学发展的新成果，但同时无疑也与借鉴当代西方哲学的新进展、自觉回应文化全球化对哲学发展所提出的要求和挑战密切相关。事实上，诸民族文化及其哲学之间，特别是中西文化及其哲学之间的交流、碰撞和融汇正是全球化发展的一个重要方面和趋向。伴随全球化特别是文化全球化的发展，西方哲学将愈益全面、系统地进入中国哲学的视野中，其科学精神、理性传统、反思品格和批判意识等特质也将愈益地为中国哲学所汲取、接纳；中国哲学也将愈益走向世界，同域外哲学、首先是西方哲学发生接触与交流，其人文精神、伦理传统、"悟性"思维和和谐观念等优秀特质也将愈益对域外哲学、西方哲学发生影响，为其所借鉴和吸收。而作为当代中国哲学主流的中国马克思主义哲学也必将在中西哲学的进一步交汇和融合中获得进一步发展并扩大其影响，从而走向世界，成为一种真正的世界哲学。

有中国特色的社会主义开辟了经济落后国家实现现代化的道路。中国现代化建设事业在全球化过程中所处的这种特殊地位和历史境遇赋予中国马克思主义哲学以特殊的历史使命，它应该而且也有可能为人类文明的发展、为全球化的文明化和民主化进程的塑造发挥自己的作用和做出自己的贡献。

显然，在21世纪，中国马克思主义哲学要担负起自己的历史任务，不仅要研究和回答全球化背景下国内现代化建设实践对哲学所提出的各种课题，而且还必须研究和回答全球化进程本身对哲学所提出的各种哲学课题。全球化到底给哲学提出了哪些课题？在笔者看来，至少下述几个方面是不容忽视的：

维护和弘扬民族精神。文化全球化意味着孕育和造就一种世界文化或全球文化，但同时在某种意义上也意味着民族文化主权的失落和动摇：它削弱了民族文化的向心力和凝聚力，以及人们对民族文化的认同感和归属感，引发了对民族文化的认同危机。故而，全球化给哲学提出的任务之一，是保持和弘扬民族精神，这是文化全球化过程中维护民族文化主权以及保持文化多元化和多样性的前提。哲学是民族精神的结晶。因此，就此而言，保持和弘扬民族精神，就是维护哲学自身的母体。

提供合理的价值定向。全球化带来了产品和资本的全球流动、世界性的经济繁荣和财富增长，同时也带来了全球性的犯罪、传染病、污染、贫富分化、道德沦丧和价值失范等等。人类向何处去？哲学应该对此作出回答。鉴此，哲学应该充分发挥其价值定向功能，为人类的发展提供和确立合理的价值理念和价值目标。

充当文化整合的工具。在全球化的过程中，多种不同质的文化相互冲撞与融合。此外，文化本身固有的内在矛盾也进一步深化。而哲学则应担负起文化的整合功能，充分发挥其文化的整合力。在当代，各种不同质的文化冲突集中表现在意识形态特别是价值观念的差异。所以，文化的整合本质上是价值观的整合。

引导非理性思潮。在全球化过程中，发展中国家与发达国家在经济、科技、生活水平等方面的差距明显显露出来，这在发展中国家不免唤起急切改变现状的要求，以及由此带来的急功近利和浮躁的社会心理、全面拒斥传统的激进主义情绪和思潮。这给哲学提出了正视非理性思潮、强化对非理性思潮引导的任务。

以"统一性"为主题。全球化意味着世界性交往的扩大，意味着人与世界互动性的增强。这尤其表现在网络文化的发展上。网络传播技术延伸了主客体、时空、人的交往活动及其手段，也延伸了人的生存方式。世界性交往的扩大，人与世界互动性的增强，使人与人、人与自然的关系趋向统一，进一步凸显了"统一性"这一古老而常新的哲学主题，并使相关范畴、观念成为时髦的哲学话语。

可以说，哲学能否以及在何种程度上成为世界哲学，就取决于它能否以及在何种程度上应答全球化提出的上述诸种哲学课题。而中国马克思主义哲学能否以及在何种程度上走向世界，也以它能否以及在何种程度上应答全球化提出的上述诸种哲学课题为前提。

（本文原载《中共中央党校学报》2001 年第 11 期）

文化、文化共同体和民族精神

　　民族是文化共同体的一种类型，也是一种最为基本、稳定和持久的文化共同体。即使是在全球化的条件下，它也仍然有其某种存在的根据。对于一定民族之内的所有个体来说，民族文化共同体是他们共同生活的真正根基和土壤。

　　民族精神对于民族文化共同体的发展具有重要意义。民族精神是民族文化共同体的灵魂和表征。哲学与民族精神有着天然的联系。民族精神是哲学的思想根基和客观内容，而哲学则是民族精神的整体形态的概念，是民族精神的容器。民族精神是借助于哲学获得自身发展的。一个民族的民族精神的发展过程，就是通过其哲学来不断实现自身的扬弃、重铸和更新的过程。民族精神的自我扬弃和更新取决于民族精神的自觉。如果说，精神的本质特性是自由，所谓自由是指它能"自我规定"，那么，民族精神的真髓就在于它的自我规定，而对于这种自我规定的觉醒和意识就是民族精神的自觉。由此出发来看待哲学，哲学作为民族精神的发展的必要形式，不是别的，就是民族精神的自觉，就是民族精神的自我意识。这意味着，在民族精神自我更新、自我扬弃、自我重铸的过程中，哲学不仅应是民族精神的理性，而且还应是它的良心。

一

　　什么将一个社会或一个共同体凝结在一起？人们可以枚举出众多因素：地域、血缘、种族、语言、宗教、习俗、国家、制度等等。但更具概括力、说服力因而也更易为人们所接受的恐怕还是"文化"。文化将不同的社会、共同体凝结、聚集在一起，成为其无形的、割不断的纽带。

　　然而对文化有多种多样的理解。在此文中，我将文化理解为人类实践经验和认识成果的历史积淀和升华物，理解为文明的精髓和内核，而将文明理解为文化的外化和外在表现。就此而论，在一定意义上，文化既表现为一定历史进程积累的结果，同时又表现为文明的肇始和开端。与文明相比，文化更属于那种内在的和精神性的东西。从这一理解检视文化概念史，似乎斯宾格勒对文化的定义更合理一些。斯宾格勒认为文化指向内在，因此，他倾向于把文化看作人类灵魂觉醒的产物和表征，并把它看成一种历史的有机体，这一有机体通过民族、语言文学、宗教、艺术、国家和科学等形式来实现自己。与这种文化界定相适应，他把文明理解为指向外在的东西，理解为文化的逻辑结果、完成和终结，或文化不可避免的宿命。汤因比赞同巴格比（P. Bagby）的文化定义，同意把文化解释为一种"文化成员内在和外在行为的规则"。这一界定在实质上是与斯宾格勒的定义一致的。因为文化作为行为规则，其前提就是文化是某种内化物。只有如此，它在人的行动中才有可能转化为行为规则，或作为行为规则出现。

　　把文化界定为人类实践经验和认识成果的历史积淀和升华物，界定为文明的精髓和内核，本身就包含了对这一问题的某种论证：为什么文化是把社会、共同体凝聚在一起的基本因素。

二

不同的文化决定了不同的共同体类型或模式，这种类型或模式首先以地域的形式表现出来。斯宾格勒列举了 8 种文化或文明，汤因比统计了 21 种乃至 31 种文明，亨廷顿分析了冷战后存在的 6 至 8 种主要文明，但对文化共同体还可作更宏观的分类。在此方面，斯宾格勒提出和考察过阿波罗式、浮士德式以及枚真（Magian，又译"马日""马格安"）式即波斯僧式三种类型。在笔者看来，它们可以视为分别指谓古罗马式、日耳曼式和波斯式。马克思在《1857—1858 年经济学手稿》中在考察古代所有制形式时也曾提出亚细亚的、古代的和封建的三种类型。它们分别是以斯拉夫民族、古希腊罗马和日耳曼民族为代表的。本尼迪克特（Ruth Benedict）在其《文化模式》中具体考察了古代共同体的三种文化模式：祖尼人、夸库特尔人、多布人，它们被分别喻为日神型、酒神型和伊拉古型。

在此，笔者想从占主导地位的文化观念或文化精神的角度，把文化共同体区分为三种大的类型或模式：以共同体为本位的文化共同体、以个体为本位的文化共同体以及介于这两者之间并兼有两者特征的中介型文化共同体。在现实中，这三种文化共同体分别表现为体现共同体本位的中国型文化共同体，体现个体本位的英美型文化共同体，以及兼有这两者特征的德日型文化共同体。德日型文化共同体相对于中国型文化共同体而言，是个体本位式的；但相对于英美型文化共同体而言，则又带有某种共同体本位色彩。共同体本位文化共同体的基本结构或特质是，国家（或社会）型经济，或国家主导型的市场经济，体现集体本位的政法制度，以及观念形态上的集体主义。个体本位文化共同体的基本结构或特质是，自由放任的市场经济，体现个体本位的政法制度，以及观念形态上的个人主义。两者的主要区别在于因社会结构差异而导致的占主

导地位的文化观念和价值指向的不同。当然，这种区分和概括也是大致
的、典型化和纯态化的。对文化共同体作这样一种区分，其主要意义在
于，它不仅突出了占主导地位的文化观念或文化精神对于文化共同体的
重要意义，而且可以为我们思考各种政治哲学问题提供一个必要的基本
坐标、背景和框架。因为不难发现，政治哲学研究中的许多相持不下、
难以取得沟通和共识的争论，往往是由于文化背景和文化语境的不同而
导致的。

在不同文化共同体的比较方面，经常被采用的是历时态和共时态
这样两种不同的视角。从这两种不同的视角出发可以引出两种不同的
结论。例如，从历时态角度看，中国作为后发国家与西方发达国家相
比在经济和社会发展的某些方面尚存在一定的差距，因而，就此而
言，它们之间的差别体现为一种历史的差别。但如果从共时态的角度
看，它们之间的差别则毋宁说主要是一种类型的差别。我以为，就整
体观察而论，共时态的视角是更为合理的，它彰显的是宏观性和空间
性。斯宾格勒和汤因比已表达出：所有文明在哲学上说都是同时代性
的。这意味着，不同文化共同体是平行并列的，而非上下隶属或前后
相继的。当然，这样说，并不排斥历时态的视角也有其特定的作用和
意义。

三

民族是文化共同体的一种类型，也是一种最为基本、稳定和持久的
文化共同体。即使是在全球化的条件下，它也仍然有其某种存在的根
据。对于一定民族之内的所有个体来说，民族文化共同体是他们共同生
活的真正根基和土壤。

民族精神对于民族文化共同体的发展具有重要意义。民族精神是民
族文化共同体的灵魂和表征。它渗透到民族的整个机体里，贯穿在民族

的全部历史长河中。正如黑格尔所云，民族精神是人类精神的特殊表现形态和样式。它是表示民族的意识、意志的整个现实，是民族的宗教、政体、伦理、立法、风俗、科学、艺术、技术的共同特质和标记。作为具有一定规定性的特殊精神，它把自己建筑在一个客观世界里，生存和持续在一种特殊方式的信仰、风俗、宪法和政治法律里，全部制度里，以及构成历史的诸多事变和行动里。民族精神的功能在于，它是民族的精神支柱。它是民族生生不息的精神源泉和动力，是维系民族的纽带，是民族内部各个个人在世界上所能享有确定地位的赐予者，也是民族命运的铸造者。

哲学与民族精神有着天然的联系。一定的哲学思想总是产生于一定的民族共同体中间，具有一定的民族样式、风格和气派，体现一定的民族精神。就此而论，民族精神是哲学的思想根基和客观内容，而哲学则是民族精神的整体形态的概念，是民族精神的容器。它凝结了整个民族精神的精华，是民族精神的"最盛开的花朵"。因此，抽象而言，哲学的发展与民族精神的发展也是相互依存、密不可分的。民族精神的发展、提升，将会从根本上促进哲学的繁荣；而哲学的繁荣和发展，也会引导和导致民族精神的完善、更新和升华，从而创制和铸就新的民族精神。正是在这里，显示出哲学对于民族精神发展的意义：民族精神是借助于哲学获得自身发展的。一个民族的民族精神的发展过程，就是通过其哲学来不断实现自身的扬弃、重铸、和更新的过程。

一定的民族精神与它所基于出现的一定的民族共同体是同时并存的。因此，一定的民族精神伴随其民族的发展而延伸。只要该民族存在，该民族精神就不会天然地灭亡。民族精神的强大生命力在于，它体现了寓于该民族内部各种成分、要素之中的普遍性，从而具有自我否定性和自我更新的能力。民族精神的自我否定和自我更新，就其表层来说，表现为民族精神向时代精神的不断转化。民族精神要通过每一历史阶段、历史时代的时代精神得到表现，以时代精神作为自己的表现形式。一定的民族精神，相对于产生它的一定的历史阶段或一定的时代来说，就是该历史阶段的时代精神。但是随着历史的演进和时代的变迁，既有的民族精神形态不再能体现新的历史条件和时代的特点，就必须进行其自身的扬弃、更新和转化，以便实现其与新时代精神的同一。就此而论，民族精神的自我否定、自我更新的过程，就是民族精神向时代精神的不断转化的过程。此外，民族精神的自我否定和自我更新也表现在里层上。这就是民族精神的内在成分、要素的改变以及原则的提升，也就是说，吸收其他民族精神的优秀成分和要素到自身之内，特别是吸收比自身既有的原则更高级、更广博的原则到自身之内，用其转换、提升或丰富既有的原则。这种民族精神的内在原则的自我扬弃和升华，构成了民族精神的重铸和更新的实质。

民族精神的自我否定和更新取决于民族精神的自觉。如果说，精神的本质特性是自由，所谓自由是指它能"自我规定"，那么，民族精神的真髓就在于它的自我规定，而对于这种自我规定的觉醒和意识就是民族精神的自觉。由此出发来看待哲学，哲学作为民族精神的发展的必要形式，不是别的，就是民族精神的自觉，就是民族精神的自我意识。这意味着，在民族精神自我更新、自我扬弃、自我重铸的过程中，哲学不仅应是民族精神的理性，而且还应是它的良心。

中华民族有着悠久的历史，经历了漫长的演进过程。悠久而漫长的历史积淀，孕育和造就了中华民族博大精深的民族精神。反转过来，这一民族精神也支撑和滋养了它形成于斯、生长于斯的民族。然而，也应该看到，在长达几千年的时间里，尽管政权频繁更迭，具体社会制度频繁演变，作为这一民族精神内核的基本原则却并未发生根本的变化。黑格尔曾经把这种中国古代民族精神的基本原则命名为"实体性"原则，意思是指对客观的自然和精神的"普遍性"（这种普遍性在现实中表现为自然和以最高统治权为核心的社会共同体）的尊崇。在黑格尔看来，这种实体性原则虽然消融了主观和客观的统一，可是也正因为如此，就完全湮没了主体、主体性和个性。近代以来，随着中国现代化进程的开启，由农业社会向工业社会乃至兼及信息社会的转型，中华民族精神的基本原则也发生了转变，即由"实体性"原则迁移到主体性原则。主体性的确立，堪称是迄今我国改革开放和现代化建设所取得的进展及其巨大成就的全部哲学概括和总结。由"实体性"原则进展到主体性原则，无疑是中华民族精神发展史上的一次重大升迁和飞跃。而且，这种主体性已与西方近现代曾经确立的主体性有所不同，它不是完全被从客体割裂开来而导致片面化和绝对化的，而是愈益关注到主客体的联系从而愈益自觉地建立在主客体统一基础之上的。

在看到历史性的进步的同时，人们也清楚地看到，民族精神的重铸和升华是一个漫长的过程。中华民族精神当今仍处在重铸、更新和跃升的产痛期中。严格地说，它还不够健全，还有待于进一步转化、完善和完成。特别是，目前在我国社会发展中还存在着物质财富的增长与民族精神的提升之间的严重倾斜和失衡。艾滋病的蔓延，经济、吏治乃至学术的腐败的滋生，不安全食品的频频曝光，社会诚信度的降低，对生态资源、文物资源的肆意劫掠和破坏，面对恶行的极端淡漠和麻木不仁，如此等等，都一再向我们证明了这一严酷的现实。同时，也一再向我们昭示了：物质的丰裕固然可以为民族精神的提升和高扬提供物质支撑，但并不会自动带来民族精神的提升和高扬。能否有效解决物质财富的增长与民族精神的提升之间的倾斜和失衡，无疑是中国特色社会主义成败的关键。

当代中国哲学对于中华民族精神的发展有着天然的、不容推诿的责任和使命。它应该切实承担起重铸和提升民族精神的神圣职责，真正成为自己的民族精神的理性和良心，从而真正成为自己的民族的理性和良心。无须赘言，当代中国哲学履行和完成这一职责的过程，也就是其自身自我反思、自我构建、自我完成的过程。它将在重铸和提升民族精神的过程中实现自我，走向世界和未来。

（本文系中国社会科学院哲学研究所与德国康拉德·阿登纳基金会联合举办的"对话中的政治哲学"国际学术研讨会［北京，2003年9月］会议论文，载李鹏程、单继刚、孙晶主编《对话中的政治哲学》，人民出版社2004年版；论文第三部分此前曾以"哲学与民族精神"为题载《光明日报》2013年10月14日）

认识重心的迁移与当代哲学的趋向

　　哲学理论的发展是与基于实践基础的人类认识重心的迁移相适应的。因此，历史上不同时期的哲学家们对此都给予了特殊的关注。在当代，人类认识的重心发生了更为根本性的变化。这特别表现在由客体性向主体性（乃至"后主体性"）的进一步的迁移，以及由此而来的由社会性向个体性、由必然性向偶然性、由科学性向价值性、由无限性向有限性、由物质性向精神性、由统一性向多样性等的迁移。这些变化，一方面体现了人类社会实践活动的发展和深化，另一方面也规定了文化、哲学的基本主题及其演进方向，以及当代中国马克思主义哲学发展所面临的主要课题和任务。

　　本文拟对历史上的哲学家们的既有认识为基础，对迄今人类认识重心的迁移及其当代表现作出进一步的全面的揭示和描述。

一　由客体性向主体性（乃至"后主体性"）的迁移

　　就人类认识的重心而言，在古代是自然，在近现代则是人本身——开始主要是人的思维、精神层面，后来转移到人的存在、活动层面。与此相适应，哲学的主题和表达形式也经历了由以自然为中心的本体论、到以人的思维为中心的认识论和以人的存在为中心的人本论的演变。不同历史时期的哲学家们都用不同的哲学命题表达了他们各自时代的主题：在古代，古希腊哲学家亚里士多德提出"我们研究的主题是本体"；在近代，英国哲学家笛卡尔提出"我思故我在"，德国哲学家黑格尔提出哲学的最高对象是"绝对"（"理念"或"绝对精神"）；尔后，德国哲学家就开始以"神学的秘密是人类学"（费尔巴哈）、"世界是我的表象"（叔本华）等各种形式表达出人或"主体"之存在这一具有现代性的哲学主题，直到马克思、恩格斯提出"全部人类历史的第一个前提无疑是有生命的个人的存在"，海德格尔提出人是"别具一格的存在者"。在当代，这种认识重心的迁移并没有停止或终结，而是在继续和深化。

这种哲学认识重心的迁移的现实根源，是到了近代社会以后，由于机器工业的出现和近代科学的产生及其应用，社会生产力有了本质性的突变，人借此从自然中提升出来，开始成为真正意义上的主体。由此，以往浑然一体的世界被二元化了：无所不包的自然成了人所生活在其中的单纯的周围外在环境，而人也仿佛成了一种能够超越于甚至能够绝对主宰其余自然的存在物。这是人类通过其自身的社会实践活动所实现的人与自然关系的一种逆转。它给人们的认识带来的变化是，导致了认识视角的一种根本性的转换，即由各种形式的"客体本位"转移到"主体本位"，由对自然和物的关注转移到对人自身的关注。作为反映主体之规定和特质的"主体性"原则被凸显出来了。在我国，"主体性"的确立和高扬可以说是改革开放和现代化过程中所取得的最根本的认识和实践成果。

在当代，主体性原则及其主客二分模式的有限性已经充分显露，以致被认为已经日经中天甚至寿终正寝了。其实，在某种意义上，主体性原则是现代化的本质规定和底蕴，只要现代化过程尚未终结，主体性原则的历史使命也就不会终结。当今中国面临着既要实现现代化又要解决某些"后现代化"课题的双重任务。这也就意味着，在思想理论上面临着既要确立、高扬主体性同时又要限制、扬弃主体性的双重悖论，从而需要构建一种能够从理念上支撑和引导中国现代化进程的新的合理的主体性。

这迫使人们思考既有的主体性的缺陷及其危机的根源。作者认为，实际上，主体性的真正危机并非源于主体性外部，而是源于主体性自身，即主体性自身的主体的缺失。也就是说，人虽然让自身成为自然和万物的主体，但却未能让自身真正成为自身的主体。或者也可以这样说，主体性原则自身出现了主体的空场，这是一种主体之主体的缺位。由此观之，所谓构建一种能够从理念上支撑和引导中国现代化进程的新的合理的主体性，就是构建一种使人成为人自身之主体的主体性。不仅使人成为自然的主人、万物的主人，而且使人也真正成为自身的主人，特别是成为自身的本质、需要和欲望的主人。

应予注意的是，在马克思的哲学思想中已经包含着对主体性问题以及主客体关系的一种合理的构思。例如，早在《1844年经济学哲学手稿》中马克思就明确提出了绝对的主体主义和绝对的客体主义都应当被扬弃的命题。在《德意志意识形态》中，他与恩格斯又在批判施蒂纳的过程中提出现实的个体或主体的规定性应是独立、权利、享受与使命、"天职"、任务的统一的观点。这些，为我们在新的历史条件下思考和构建合理的主体性提供了启示。显然，自由与责任、权利与义务、欲望与自律等的统一，应是新的合理的主体性的题中应有之义。

二 由社会性向个体性的迁移

社会是人们在实践、交往过程中建立起来的各种社会关系、联系的总和。在此意义上，它与自然一样，是人这一主体的对象化的客体。所以，认识重心由客体性向主体性的迁移，也内含了由社会性向个体性的迁移。

在农业社会，生产力发展还较为低下，个人在很大程度上依附于共同体，尚未取得对群体的独立性。近代社会以来，伴随着市场经济的确立和发展，个体获得了对于群体的一定的独立性。特别是在西方发达资本主义国家，普遍确立了以个体本位为特征的政治法律制度和观念形态。在我国，由于特殊的历史和文化传统，即使是在过去计划经济体制的条件下，个人在很大程度上也是依附于社会和共同体的。随着社会主义市场经济的建立，个体开始取得了对于社会和群体的相对独立性，以及自由发展自己个性的一定空间。与此相伴随，个体本位意识也得到了承认和增强。

个体当然是不能脱离社会、脱离类而存在的。但是，必须明确的是，个体是社会关系的主体，个体存在是类存在的基础。马克思、恩格斯曾经对个体与社会的关系给予全面的论述。一方面，他们肯定，个人总是隶属于一定的社会和共同体的，因而，个人的发展决定于社会和共同体的发展；另一方面，他们也指出，现实的个体是社会关系的主体，无论如何个体总是从他们自己出发的。在他们提出的"每个人的自由发展是一切人自由发展的条件"这一著名命题中，个体的发展被置于优先的地位，它被明确地界定为类的发展的基础和前提。而个体的自由全面发展，在马克思、恩格斯那里，说到底是个体的个性的自由全面发展，是"自由个性"（马克思）的实现。

当然，不容否认，个体本位原则的绝对化会导致极端个人主义和利己主义，导致对集体主义的否定。所以，应该在个体与社会的统一中去把握个体的地位。马克思、恩格斯在《德意志意识形态》中认为，真正的理想社会既不应该是"自我牺牲"即绝对的利他主义，也不应该是利己主义。

三　由必然性向偶然性的迁移

如果说，在马克思、恩格斯的时代认识的着重点是必然性，是揭示客观世界的因果性和规律性，那么，在当代，由于历史进程的加速发展，社会状况的迅疾变化，以及世界愈加变得捉摸不定，认识的着重点已转移到偶然性、无序性、不确定性、相对性上来了。

在自然科学方面，科学家们通过其划时代的发现一再向我们证实了世界图景的偶然性：爱因斯坦的相对论（1905、1915）揭示了时空的相对性和不确定性，弗里德曼等人的宇宙大爆炸理论（1922）揭示了宇宙存在的相对性和不确定性，海森堡的测不准原理（1926）则揭示了微观世界中粒子位置和运动速度的相对性和不确定性。非线性科学、分形理论、混沌理论以及各种复杂性系统科学也是如此。

在哲学社会科学方面，情况也是类似的。从新康德主义者李凯尔特对社会现象相对性的强调（《文化科学和自然科学》，1899）到批判理性主义者波普对历史决定论的极端批判（《开放社会及其敌人》），从中我们可以清晰地看出这一潮流。

在当代社会实践中人们也越来越重视偶然性或或然性的作用。例如，发展机遇的问题以及人们对它的重视和强调。"9·11"事件，非典疫情，以及各种社会突发事件和自然灾害等，也在提醒人们关注偶然性。这些，都在某种意义上印证了英国哲学家汤因比在其《历史研究》中的断言："根据历史上诸文明命运的证据，我们必须与之战斗的女神，不是携带着致命武器的'凶猛的必然性'，而是'或然性'。"

马克思、恩格斯都曾揭示过偶然性在人类历史发展过程中的作用。恩格斯在《自然辩证法》中认为，自然界与社会历史的区别在于，在自然界中必然性占统治地位，在社会历史中则偶然性占统治地位。马克思在《资本论》手稿中进一步具体指出，如果偶然性不起任何作用的话，那么世界历史就会带有非常神秘的性质。这些偶然性本身自然纳入总的发展过程中，并且为其他偶然性所补偿。但是，发展的加速和延缓在很大程度上是取决于这些偶然性的。

认识重心由必然性向偶然性的迁移，要求人们进一步重视和研究偶

然性在社会历史中的作用，以便在认识上更深入地把握社会历史的必然性即客观发展规律，以及在实践中提高利用机遇和应对突发事件的能力。因此，这并不是对必然性在社会历史中的作用的否定，毋宁说，恰恰是为深入认识必然性提供必要的前提，是对必然性认识的拓展和深化。因为必然性恰恰是以偶然性为其表现和补充形式的。

四　由科学性向价值性的迁移

认识重心由自然、外在对象向人自身的迁移，由自然或客体本位转变为人或主体本位，意味着人们实践的主观态度由客体规定的尺度转移到主体意义的尺度，由对客观对象认知的真理性或科学性的追求转移到对主体存在的价值性的追求。从理论上说，人与自然或客观对象的关系作为主客体的关系包括认识关系和实践关系两个方面。在这两种关系中，主客体所处的地位是不同的。就认识的关系而言，客体统摄主体，客体是环绕的中心，主体面临的任务是尽可能地客观地反映客体，这体现了真理性和科学性的要求。就实践的关系而言，主体则统摄客体，主体是环绕的中心，主体面临的任务是如何使客体适应和服务于主体自身的需要，这体现了价值性的要求。

在古代，人与自然、主体与客体的关系尚未分化，人们对自身价值的关注寓于对自然统一性的追寻之中。近代以降，诸种自然科学由经验科学上升为理论科学，认识论在哲学理论中占据了中心地位，精神原则、科学理性成为至高的主宰，在这种情境之下人们主要关注的是如何客观地认识和把握外在对象，揭示客观外在对象的隐秘的本质和运动规律。这种状况固然有助于人们认清和把握外在对象，但同时也造成了人们对自身存在的忽略和遗忘。以致造成了科学精神与人文精神的分裂：人凭借科技对自然的支配，对舒适生活条件和对社会财富的占有，以及物欲、功利的满足，是以人的生活条件的恶化、精神家园的失落和普遍价值体系的丧失等等为代价的。由此产生了扬弃理性主义的必然性。

在当代，伴随认识重心向人自身存在的迁移，人自身存在的意义和价值问题愈益进入哲学的视野。具有象征这种转折性的一个典型事例是，早在1844年青年黑格尔主义者施蒂纳在批判费尔巴哈时就已明确地宣示：今天人们应该遵从的箴言已不再是写在阿波罗神庙上的"认识你自己"，而是"实现你自己的价值！"时至今日，价值论作为一个独特领域已获得了充分的发展并在哲学中占据了显要的地位。表现在人们的社会实践方面，随着现代化进程的深入，人的地位和价值问题愈益受到人们的瞩目。"以人为本"的观念得到了重视和普及。主体的实践活动的意义获得了较为充分的研究。人们不仅关注真理，而且更关注价值问题；不仅关注"真"，而且更为关注"善"。无论在认识领域中，还是在历史领域中，人们都比以往更为关心作为主体的人的自身的意义和能动作用。

认识重心由科学性迁移到价值性，由"真"转换到"善"，意味着走向真理与价值、真与善的和解和统一，即审美化的实现。黑格尔等人早在《德国唯心主义的始初系统纲要》中就已提出哲学的审美目标，并宣布："理性的最高方式是审美的方式，它包含所有的理念。"虽然黑格尔在这里囿于理性主义的立场把审美方式强制塞入其绝对理性的框架之内，但是他确实看到和预示了哲学的审美化趋向。

五 由无限性向有限性的迁移

古代哲学认识的重心是自然。自然存在是广袤的、无垠的、包罗万象的。与此相适应，人们重视世界的本原和统一性，追寻无限物和最高的"本体"以及与此相联系的永恒的终极价值，感受到的主要是宇宙的广度以及与宇宙的广袤性、无限性相联系的空间概念。在此情况下，有限是隶属于无限、时间是隶属于空间的。人们在永恒、无限和广袤中生

活，心态是沉静的，从容不迫的。正像古代诗人笔下所流露和展现出的那样："采菊东篱下，悠然见南山。"（陶渊明）

近代以降，伴随认识重心向人自身的迁移，人们愈益重视当下、有限和现实。终极价值固然不能被主观地、随意地摈除，但是已失去了往昔的光辉和魅力，人们更加热衷追求的是虽然有限然而却可以现实享有的当下价值。有如流行歌曲中所云："不要天长地久，只要今朝拥有。"与此相关联，人们的时空观念也发生了变化，由空间概念转移到时间概念，转移到对时间的有限性、易逝性的关注。以至于时间对于现代人来说仿佛具有了一种异己的性质，成为一种催促人和压迫人、迫使人浮躁匆忙甚至疲于奔命的无情存在物。德国存在主义哲学家海德格尔在《存在与时间》中把时间描述为人的存在的本真展开状态，提出"任何一种存在之理解都必须以时间为视野"。这一说法实际上对于古代人来说未必合适，但对于近现代人来说则肯定是合适的。究其根源，这种情况的发生，归根结底源于人的个体存在的有限性，时间不过是个体存在的发展空间和计量尺度。而外因则是，人类历史进程的加速，社会生活节奏的加快，以及与此相伴随的诸种不确定性因素的骤增，给人们的生存带来了高度的紧迫感和巨大的压力。具有象征意义的是，占据现代自然科学图景重要位置的时速，不仅不再是"日出而作，日落而息"的昼夜更替速度，也不再是牛顿力学的机械速度，而是爱因斯坦相对论中的光速。画家达利在其代表作《记忆的永恒》（1931）中将钟表描绘成面片状挂置在树枝等物体上，正是表达了对人的个体存在及其时间有限性的反抗以及对现代时间观的批判。

六　物质性向精神性的迁移

在古代社会，社会物质生产力占主导地位，人们追求的主要是物质生活需求的满足和对物质财富的占有。到了近代，虽然物质生产力借助于机器和科学的力量有了迅猛发展，但无论是在人们的生活需求还是在社会的发展方面物质因素都仍是主导性的因素。与此相适应，马克思、恩格斯当时面临的哲学理论任务也主要是揭示历史过程中的物质性因素即物质生产在人类的历史发展和认识过程中的地位和作用，把被唯心主义颠倒的人类历史重新颠倒过来。

到了当代，伴随电子和信息技术的发展，知识、信息愈益渗透到社会生产和社会生活的各个领域，以至"知识生产力"取代了物质生产力，文化产业成为社会的支柱产业。与此同时，社会物质财富空前增加，人们的物质生活水平或物质文明程度也在总体上得到了很大的提高。在这种情况下，精神性因素在社会生活和历史发展中的作用日益突出，人们对文化和精神生活的需求也空前提高。

伯恩斯坦早在《社会主义的前提和社会民主党的任务》（1899）中就已提出，随着社会的发展，历史过程中的物质性因素的作用正在逐渐减少，而精神性因素、伦理性因素的作用正在逐渐增加。当代德国哲学家、法兰克福学派的著名代表哈贝马斯在《新的非了然性》中也认为，在当代物质生产对社会状况和社会发展的决定作用在减小，马克思设想的"劳动社会的乌托邦"（共产主义社会）已失去了说服力。也正是有鉴于此，他将研究的重点由马克思的物质交往转移到精神交往，并在此基础上创建了系统的"交往理论"和"商讨理论"。显然，不论是伯恩斯坦还是哈贝马斯，都混淆了哲学认识重心同历史中的决定性因素这两者。但是，应予肯定的是，他们都以不同的方式觉察到和表达出人类认识重心由物质性因素向精神性因素的迁移。

马克思在《1857—1858年的经济学手稿》中曾提出"精神生产力"这一重要概念，但未能来得及发挥。当代西方学者提出了"文化力"的概念，引起了人们的广泛关注。可以肯定，在"信息社会"和"知识经济"时代，知识、信息在社会生活和社会发展中的作用势必进一步增

长，而人们也势必愈益关注精神生产和精神成果，关注精神世界的各种问题。

七　由统一性到多样性的迁移

在古代社会，人与自然一体，人们关注世界的最高本体和始源的统一性。于是有了形而上学，有了各种本体论理论。无论是古希腊哲学家们表述的"原子"（德谟克利特）、"水"（泰利斯）、"无限"（阿那克希曼德）、"理念"（柏拉图），还是中国古代哲学家们表述的"道""气""理"等，都是对世界最高统一性的指谓，是有关世界最高统一性的智慧的产物。这种情形在客观上反映了当时在生产力水平低下的状况下人对自然以及对社会共同体的依赖。直到近代，伴随科学的分化和分析方法的盛行，混沌统一的世界图景才逐渐被打破。

在当代，由于人凭借科技的力量极大地强化了自身对于自然的影响力，由于市场经济的发展普遍导致了不同特殊主体的地位的确立，由于社会结构、组织的分层和细化等等，个人、阶层、群体、民族和国家存在的多样性及其文化存在的多样性明显凸显出来了。就世界范围而言，在全球化浪潮迅猛推进的同时，经济、政治和文化的多元化、多极化和多样化也愈益彰显。表现在哲学上，以世界的最高统一性即终极本体为追寻目标的传统形而上学终结了。但是，具体形态的哲学的终结显然并不等于一般哲学的终结。当代西方哲学家们所以一再宣布"哲学的终结"，是由于他们将具体形态的哲学与哲学一般混淆起来。哲学之思无疑仍会继续存在下去，只不过由于认识重心由统一性迁移到多样性，所以无论就其内容还是就其形式来说，都变得多样化了，而且必将愈益走向多样化。

在我国，几千年高度集权的"大一统"封建体制及其传统奠定了统一性的至高地位，也规定和塑造了一种"重视统一，忽视差别"的主导性思维定势。改革开放以来，随着市场经济体制的完善和改革的深化，这种局面已被逐渐打破，多样性正给社会的发展乃至人们的社会存在、精神生活和思维方式注入新的生机和活力。

以上，概略地描述了人类认识重心迁移的基本轨迹及其当代表现。应予强调的是，关注和重视这些变化，并不意味着哲学认识只能而且必须亦步亦趋地去追踪和描述既存事实，甚至陷入黑格尔所拒斥的"知性"的僵化的片面的对立，而是要将这些新的变化及其概念上升到辩证的反思高度来把握和领悟，从更高的视点和结合新的历史条件来合理地解决客体与主体、社会与个人、必然与偶然、真理与价值、无限与有限、物质与精神、统一与多元等诸矛盾。

（本文原载《长白学刊》2005 年第 1 期；《新华文摘》2005 年第 12 期）

中国特色社会主义的基本价值观

[**新华社所发通稿编者按**（2006 年 2 月 15 日）] 据中共中央党校主办的《学习时报》第 322 期文章《中国特色社会主义的基本价值观》，在中国特色社会主义建设的过程中，民主、富强、公正、和谐、自由作为社会主义的基本价值各有其特殊的地位和作用。民主、富强、公正、和谐、自由五位一体，彼此依赖、相互渗透、互为前提，构成中国特色社会主义的基本价值体系，规定了中国特色社会主义的本质和发展趋向，是中国改革开放和社会主义现代化建设必须遵循的基本价值理念、原则和目标。全文如下：

一个社会的本质、特征和理想追求集中表现为该社会的基本的价值观念和价值取向。中国特色社会主义基本价值既是当代中国社会的本质规定、应然趋向以及大多数社会成员的根本利益的集中体现，同时也是马克思主义的本质精神与当代中国社会主义现代化建设实际相结合的结晶。有必要明晰和规定，民主、富强、公正、和谐、自由是中国特色社会主义的基本价值观。作为中国特色社会主义的基本价值，它们无论是在基本价值体系中还是在中国改革开放和社会主义现代化建设中都各有其特殊的地位和作用。

- 民主、富强、公正、和谐和自由是中国特色社会主义最基本的价值观。民主表征的是中国特色社会主义关于人民群众在国家和社会生活特别是政治生活中的地位的要求，富强表征的是中国特色社会主义关于社会物质基础的要求，公正表征的是中国特色社会主义关于政治伦理规则的要求，和谐表征的是中国特色社会主义关于人与人、人与自然关系的要求，自由表征的是中国特色社会主义关于社会发展终极目的的要求。

● 民主是富强、公正、和谐、自由的前提，富强是民主、公正、和谐、自由的基础，公正是民主、富强、和谐、自由的限度和保障，和谐是民主、富强、公正、自由的条件，自由是民主、富强、公正、和谐的目标。民主、富强、公正、和谐、自由五位一体，彼此依赖、相互渗透、互为前提，构成中国特色社会主义的基本价值体系，规定了中国特色社会主义的本质和发展趋向，是中国改革开放和社会主义现代化建设必须遵循的基本价值理念、原则和目标。

一　民主

在中国，民主一词最早见于《尚书·多方》："天惟时求民主，乃大降显休命于成汤"，"简代夏作民主"，意为作民之主。《尚书·皋陶谟》中还提出"民惟邦本，本固邦宁"，奠定了中国"民本"思想传统的基础。近代以来思想家们开始把民主理解为人民的统治，以孙中山民权思想为代表，他说，民国则以国家为人民之公产，凡人民之事，人民公理之。在西方，民主一词最早见于古希腊希罗多德《历史》一书，由"人民"和"统治"两词构成，指人民的统治或权力。古希腊思想家们倡导的民主模式具有直接性的特点。启蒙思想家们光大了古希腊的民主含义，认为民主即是人民的统治。卢梭认为，民主就是把权力置于普遍意志的最高指导之下。现代的西方思想家密尔提出，最好的民主形式是代议制民主。哈贝马斯十分重视和强调程序民主，认为重要的是民主运行的过程。赫尔德在其《民主的模式》中指出，民主在理论上提供了一种以公平和正义的方式调节价值和价值争议的政治和生活的方式。在历史上，资产阶级民主观的创立及其实践为推动人类文明的进步做出了重要的贡献，但它实质上仍是代表少数人或一部分人所享有的民主。

马克思主义民主观认为，民主首先表现为国家形态，同时也在体制、原则和价值观等方面得到体现。马克思指出，民主作为一种国家形态和基本制度，其特点在于人民是国家的主体："在民主制中，国家制度本身就是一个规定，即人民的自我规定"，而"国家制度无论如何只是人民存在的环节"。① 因此，民主是社会主义的基本的本质特征。列宁说，"没有民主，就没有社会主义"②。

我国在借鉴中外民主思想和传统的基础上，适应以公有制为主体的社会主义生产关系要求，形成了中国特色社会主义民主。中国特色社会主义民主的实质是人民当家作主。它体现在民主选举、民主决策、民主管理、民主监督，保障和尊重人权等各方面，其特色是坚持党的领导、人民当家作主和依法治国的有机统一。党的十六届四中全会阐明，党坚持民主执政，就是要坚持为人民执政、靠人民执政，支持和保证人民当家作主，坚持和完善人民民主专政，坚持和完善民主集中制。

中国特色社会主义民主体现了广大人民群众在我国政治生活和社会生活中的地位以及他们的根本意志，对于建设高度的社会主义政治文明，切实维护和实现社会公正，对于妥善协调各方面的社会关系，保障和实现人民群众的根本利益和权益，激发广大人民群众的主动性、积极性和创造性，具有重要意义。

二 富强

富强即民富国强。中国很早就有富民强国的思想，如《尚书》中载

---

① 《马克思恩格斯全集》第 1 卷，人民出版社 1956 年版，第 281 页。
② 《列宁选集》第 2 卷，人民出版社 1995 年版，第 782 页。

有"裕民""惠民"，管子明确提出"治国之道，必先富民"。近代以来，强国富民的观念因中华民族的百年屈辱而尤其深入人心，国家繁荣昌盛，人民生活富足，成为中华各族儿女共同的奋斗目标。在西方，古希腊思想家德谟克利特较早提出城邦应该发展生产，增加财富，提倡公民过一种小康的富足生活。18 世纪的启蒙思想家们都十分重视对财富和金钱的追求。但是，在资本主义社会中，对金钱和财富的占有，始终是少数人的特权。

马克思、恩格斯认为，物质生产特别是物质生产力，归根结底是社会发展和历史过程中的决定性因素。他们把社会物质生产力的高度发展以及由此带来的社会财富的极大增长作为实现共产主义的必要前提，认为"建立共产主义实际上具有经济的性质"[1]，并据此把财富的极大涌流和实行人人"按需分配"规定为共产主义的重要本质特征[2]。就社会财富的占有状态而言，共产主义同包括资本主义在内的各种社会形态的区别就在于，它不再是少数人占有大部分社会财富，而是联合起来的个体对社会财富总和的占有。

改革开放以来，我们党在科学总结社会主义运动历史的基础上，丰富和发展了马克思主义的富强观。这集中体现在：一是提出"贫穷不是社会主义"，明确地把"消灭剥削，消除两极分化，最终实现人民共同富裕"规定为社会主义的本质和根本目标。二是提出"党要始终代表中国先进生产力的发展要求"，把发展作为执政兴国的第一要务。三是提出要努力"增强社会主义的综合国力"，实现"民族振兴"。邓小平指出："集中力量搞四个现代化，着眼于振兴中华民族"，"这是民族的要求，人民的要求，时代的要求"[3]。

坚持和强调中国特色的社会主义富强观具有重大的现实意义。发展

---

[1]　马克思、恩格斯：《德意志意识形态》（节选本），人民出版社 2003 年版，第 66 页。

[2]　《马克思恩格斯选集》第 3 卷，人民出版社 1995 年版，第 305—306 页。

[3]　《邓小平文选》第 3 卷，人民出版社 1993 年版，第 357 页。

是硬道理，唯有发展，唯有民富国强，才能为社会主义奠定坚实的物质基础，才能解决前进中的各种问题，以及从容应对我国主权和安全所面临的各种突发事件和挑战，才能促进社会全面进步，不断提高人民生活水平，保证人民共享发展成果。

三 公正

公正包括公平和正义两个方面的含义。中国传统文化中有大量关于公正的思想。《礼记·礼运》中设想的"大道之行，天下为公"的"大同"世界即是公正之道的体现。在西方，公正概念最早见于荷马史诗。柏拉图以正义问题贯穿《理想国》全书，并明确提出"正义就是平等"的命题。亚里士多德也认为，"所谓'公正'，它的真实意义，主要在于'平等'。如果要说'平等的公正'，这就得以城邦的整个利益以及全体公民的共同的善业为依据。"[①] 近代资产阶级的"天赋人权论"和"社会平等论"进一步继承和弘扬了古希腊的正义思想。卢梭提出，公正就是公意，"公意永远是公正的，而且永远以公共利益为依归"[②]。西方现代思想家罗尔斯的《正义论》和《政治自由主义》集中反映了当代资本主义世界关于正义理论的研究成果。罗尔斯认为，"正义是社会制度的首要价值"。

马克思主义经典作家认为，共产主义制度是真正体现公正所要求的制度，是公正的真正实现和现实。恩格斯指出，"真正的自由和真正的平等只有在共产主义制度下才能实现；而这样的制度是正义所要求的。"[③] 公正本身包含了对平等的要求。马克思强调："平等，作为共产

---

① 《政治学》，商务印书馆 1965 年版，第 153 页。
② 《社会契约论》，商务印书馆 1980 年版，第 39 页。
③ 《马克思恩格斯全集》第 1 卷，人民出版社 1956 年版，第 582 页。

主义的基础，是共产主义的政治的论据。"① "平等的观念，无论以资产阶级的形式出现，还是以无产阶级的形式出现，本身都是历史的产物"②，它是与一定的经济关系以及由此决定的社会结构密切相连的。无产阶级的平等观和资产阶级的平等观的区别在于，资产阶级把平等理解为"消灭阶级特权"，无产阶级则把平等理解为"消灭阶级本身"。③

在改革开放和社会主义现代化建设过程中，我们党结合新的历史条件进一步发展了马克思主义的公正理论：一是把消除两极分化、"最终达到共同富裕"作为社会主义本质规定和实现社会主义公正的重要目标；二是把"公平正义"与民主法治、诚信友爱、充满活力、安定有序、人与自然和谐相处规定为"社会主义和谐社会的要求"，注重在实践中妥善处理好公平与效率的关系；三是注重就业和分配公正；四是坚持司法公正，以"保障在全社会实现公平和正义"；五是在国际领域，主张建立公正合理的国际政治经济新秩序，反对以大欺小，以强凌弱。概而言之，中国特色的社会主义的公正观体现了社会主义本质、中国国情和时代特点的有机统一。

中国特色的社会主义的公正是我国社会主义制度的政治合法性的依据，是国家得以顺利发展、社会主义优越性得以极大体现的重要前提和条件，也是社会主义和谐社会的重要特征和目标。

四　和谐

中国古代甲骨文和金文中已有"和"字。《广韵》释曰："和，顺也，谐也，不坚不柔也。"《周易》中有"保合太和"。孔子主张"致中和""礼之用，和为贵""君子和而不同"。老子强调"合异以为同"。

---

① 《1844 年经济学哲学手稿》，人民出版社 2000 年版，第 128 页。
② 《马克思恩格斯选集》第 3 卷，人民出版社 1995 年版，第 448 页。
③ 《马克思恩格斯全集》第 20 卷，人民出版社 1971 年版，第 671 页。

惠施宣扬"泛爱万物，天地一体"。《春秋繁露》中主张"天人之际，合而为一"。张载明确提出"天人合一"。这些论述表明，和谐观念向来就是中华民族精神的重要组成部分。在西方，"和谐"概念源于古希腊哲学，是指事物之间最佳的结合。柏拉图阐述了"公正即和谐"的观点。莱布尼兹首先表述了"先定和谐"的观念。傅立叶在《全世界和谐》一书中提出了"和谐制度"与"和谐社会"的构想。魏特林把社会主义称为"和谐"与"自由"的社会。卢卡奇在《关于社会存在的本体论》中，也提出了社会存在具有多样性的协调统一的思想。海德格尔主张一种"万物一体"的和谐境界。当代生态主义基于人类未来发展的需要，强调人与自然和谐共处的思想。

马克思主义以历史唯物主义为基础，从人类历史的发展趋向和未来理想社会的本质要求的角度阐述了"和谐"思想。马克思在《1844年经济学哲学手稿》中把共产主义定义为"人和自然界之间、人与人之间矛盾的真正解决"。恩格斯在《国民经济学批判大纲》中也把共产主义称为"人类同自然的和解以及人类本身的和解"。马克思、恩格斯在《共产党宣言》中还直接提到"社会和谐"的概念，并阐述了和谐社会的最高境界是"自由人的联合体"的思想。

在新世纪，我们党在继承马克思主义和谐观的基础上，提出构建以"民主法治、公平正义、诚信友爱、充满活力、安定有序、人与自然界和谐相处"为特征的"和谐社会"的主张。构建社会主义和谐社会的宗旨是在经济、政治、文化、社会和生态协调发展的基础上，实现全体人民各尽其能、各得其所、共同富裕，实现人的自由而全面的发展。同时，我们党还明确提出，构建社会主义和谐社会，是巩固党执政的社会基础和实现党执政的历史任务的必然要求。

坚持社会主义的和谐观和构建社会主义和谐社会的目标，对于正确处理现代化建设过程中各种矛盾和冲突，协调各种利益关系，团结社会各方面力量，调动一切积极因素，发挥整个社会的创造力，对于建设生态文明，做到人与自然的协调发展，都具有重要的意义。

五　自　由

在中国古代典籍中，"自由"一词最早见于《后汉书》。《论语》中"从心所欲，不逾矩"的言论可以理解为孔子对自由的一种理解或规定。而庄子主张的"逍遥游"，则典型地表达了道家对自由的体认和追求。到了近代，自由概念开始被有意识地运用到政治领域，出现了政治意义上的自由观念，如梁启超提出："人人于法律内享有自由，法律之下人人平等。"在西方，在《旧约全书·利未记》中已有"向普天之下所有的人宣告自由"之语。在资本主义早期，自由思想主要是针对封建专制和封建神权，旨在解决人权与神权的矛盾，以自然权利为基础。18世纪末以后，则主要是针对国家和政府的强权和过多干预，旨在解决个人与社会的矛盾，以功利主义为基础。在古希腊和古罗马，自由被用来指谓不受奴役的权利和状态。近代以来，资产阶级思想家们从不同的角度来阐发自由概念。孟德斯鸠区分了"政治自由"与"哲学自由"，认为前者意义上的自由"就是做法律许可的事情的权利"。卢梭区分了"自然自由"与"社会自由"，主张所有人都是生而自由的和自主的。康德认为，人只有在遵循"自律"而行动的时候，才能产生真正的道德行为，人才是自由的。

马克思、恩格斯把自由与人类解放联系起来，不仅将其作为个人发展的尺度，而且将其作为共产主义社会的最高价值目标。马克思指出，自由以人们对自身生存条件的拥有和支配为前提，"生产者只有占有生产资料之后才能获得自由"①，而共产主义就是"以人的全面而自由的

---

① 《马克思恩格斯全集》第19卷，人民出版社1963年版，第264页。

发展为基本原则的社会形式"①。在共产主义这一自由人的联合体中，"每个人的自由发展是一切人的自由发展的条件"②。可见，实现人的个性解放，实现每个人的自由而全面的发展，是马克思主义自由观的最基本内涵。

改革开放以来，我们党进一步丰富和发展了马克思主义的自由观。我国宪法规定，在中国特色社会主义建设过程中，最广大的人民群众是享有自由的主体，他们不仅享有言论、出版、集会、结社等方面的政治自由，而且还享有契约、交换、择业、迁徙、婚姻、教育、宗教信仰等方面的社会自由。社会主义民主法制是实现这些自由的根本保证。在新世纪，我们党明确提出，人的自由全面发展是共产主义社会的本质特征，同时，也是建设社会主义新社会的本质要求。我们党还适时提出了"以人为本，全面、协调、可持续发展"的科学发展观，强调坚持"以人为本"，就是以实现人的自由全面发展为目标，从人民群众的根本利益出发谋发展、促发展，不断满足人民群众日益增长的物质文化需要，切实保证人民群众的经济、政治和文化权益，让发展的成果惠及全体人民。

自由作为中国特色社会主义的基本价值观，对于确立人民群众的主体地位和主体性，发挥人民群众的主动性、积极性和创造性，对于实现民主和人权，调动一切积极因素，加速社会主义现代化建设，促进社会和谐，推动人的解放，具有至高的和终极的定向作用。

总体而论，在中国特色社会主义建设的过程中，民主、富强、公正、和谐、自由作为社会主义的基本价值各有其特殊的地位和作用。民主表征的是中国特色社会主义的主体性要求，富强表征的是中国特色社会主义的物质性要求，公正表征的是中国特色社会主义的伦理性、规则

---

① 《马克思恩格斯全集》第 23 卷，人民出版社 1972 年版，第 649 页。
② 《马克思恩格斯全集》第 1 卷，人民出版社 1995 年版，第 294 页。

性要求，和谐表征的是中国特色社会主义的关系性要求，自由表征的是中国特色社会主义的目的性要求。民主是富强、公正、和谐、自由的前提，富强是民主、公正、和谐、自由的基础，公正是民主、富强、和谐、自由的限度和保障，和谐是民主、富强、公正、自由的条件，自由是民主、富强、公正、和谐的目标。民主、富强、公正、和谐、自由五位一体，彼此依赖、相互渗透、互为前提，构成中国特色社会主义的基本价值体系，规定了中国特色社会主义的本质和发展趋向，是中国改革开放和社会主义现代化建设必须遵循的基本价值理念、原则和目标。

（本文原载《学习时报》2006 年 2 月 15 日，第 322 期；新华社全文转发，全国各大网站均有转载）

马克思的社会主义构想与
现实社会主义的实践

　　现实中的社会主义在理论上渊源于马克思的社会主义构想，是在马克思的社会主义理论的指导下以及将其与本国的具体实践相结合的过程中形成、建立和发展起来的。因此，不用待言，在基本原理、根本宗旨、价值取向乃至实现途径等各方面两者都有着同一性和密不可分的关联。但是，与此同时，也必须充分地看到，在这两者之间不仅存在着紧密联系，而且同样存在着重大差别。回顾我国社会主义现代化建设所走过的曲折历程，其中一条根本的历史教训，就是将现实中正在实行的、在原来经济和社会发展都十分落后的半封建半殖民地国家废墟上所建立起来的社会主义社会与马克思所预设的社会主义社会混淆、等同起来，由此导致了理论和实践上的种种误区。这种对于马克思社会主义构想的误读，作为一种思维定势，甚至时至今日仍在不同程度上束缚着人们的头脑，成为人们认识中国特色社会主义的一种潜意识的"前见"和方法论前提。鉴此，有必要在看到马克思的社会主义构想与现实社会主义特别是中国特色社会主义的联系的同时，仔细研究和甄审两者的差异和区别。

一

　　马克思本人关于作为共产主义社会第一阶段或低级阶段的社会主义

社会的构想到底是什么样的？这一提问方式实际上已经内含了对马克思文本重新进行解读的新视点：它要求将马克思本人关于社会主义社会的论述与恩格斯关于社会主义社会的论述区别开来；将马克思关于社会主义社会的论述与其关于共产主义社会（作为共产主义社会形态的高级阶段）的论述区别开来；以及将马克思在 70 年代以前关于社会主义社会的论述与其在 70 年代以后关于社会主义社会的论述区别开来。这是因为，马克思关于社会主义社会的某些具体性论述主要是基于巴黎公社革命的经验和资本主义由自由竞争阶段向垄断阶段过渡这一时代的新变化而在 70 年代以后才提出来的。

在《巴枯宁〈国家制度和无政府状态〉一书摘要》（1874—1875）和《哥达纲领批判》（1875）等文中，马克思通过对未来理想社会进行历史分期对社会主义社会作出了清晰的历史定位，并对社会主义社会的基本特征作了一些概要性的设想和描述。这些重要的论述，无疑是对《共产党宣言》的重要丰富和发展。

关于社会主义社会的历史定位。马克思将资本主义社会以后出现的未来理想社会具体划分为三个阶段：（1）"由资本主义向社会主义"的"过渡时期"（这个时期的国家只能是无产阶级的革命专政，它将持续到阶级存在的经济基础被消灭的时候为止）；（2）社会主义阶段（"共产主义社会第一阶段"或"低级阶段"）；（3）共产主义阶段（共产主义社会的"高级阶段"）。

据此可以看出，马克思对未来理想社会的具体历史分期的预设，主要是基于"五种社会形态"即"原始社会——奴隶社会——封建社会——资本主义社会——共产主义社会"这一西方典型历史演进模式作出的，按照这一历史演进模式的链条，马克思所设想的社会主义社会是在扬弃资本主义社会的基础上建立起来的，与资本主义社会前后相继，具有一种单线的历时性的关联。为了鲜明地表达这种前后相继的历时性关系，我们不妨将其明晰地标示为"后资本主义社会"，并从"后资本主义社会"这一特定视角对其进行历史审视。

不仅如此。按照马克思的预设，由于在资本主义社会和包括社会主义社会这一低级阶段在内的共产主义社会之间还存在一个由前者转变为后者的"过渡时期"，所以，马克思所设想的社会主义社会还是一个在"过渡时期"之后才产生和出现的社会，即"后过渡时期的社会"。

关于社会主义社会的本质特征。按照马克思的描述，作为共产主义社会低级阶段的社会主义社会具有如下一些主要的本质特征。

其一，生产资料由社会占有，实行"社会所有制"。这种社会所有制，既区别于集体所有制，也区别于国家所有制。在《资本论》第一卷中，马克思已将包括社会主义社会历史阶段在内的共产主义社会的所有制概括为"社会所有制"，认为在未来理想社会即"自由人联合体"中，生产者"用公共的生产资料进行劳动，并且自觉地把他们许多个人劳动力当作一个社会劳动力来使用。[……] 这个联合体的总产品是一个社会的产品。这个产品的一部分重新用作生产资料。这一部分依旧是社会的"。① 在《哥达纲领批判》中马克思又进一步申明，在社会主义社会这一历史阶段，"以生产资料公有为基础"，"除了个人的消费资料，没有任何东西可以转为个人的财产"②，而这种生产资料的公有依然是社会所有，而非国家所有，因为这时"政治意义上的国家"已经消亡。③

其二，商品生产和交换已不再存在。马克思对此作了这样的描述："在一个集体的、以生产资料公有为基础的社会中，生产者不交换自己的产品；用在产品上的劳动，在这里也不表现为这些产品的价值，不表现为这些产品所具有的某种物的属性，因为这时，同资本主义相反，个人的劳动不再经过迂回曲折的道路，而是直接作为总劳动的组成部分存

---

① 《马克思恩格斯选集》第 2 卷，人民出版社 1995 年版，第 141 页。
② 《马克思恩格斯选集》第 3 卷，人民出版社 1995 年版，第 303、304 页。
③ 《马克思恩格斯选集》第 3 卷，人民出版社 1995 年版，第 289 页。

在着。"①

其三，使用劳动卷按劳动量来直接分配消费资料。生产者"从社会领得一张凭证，证明他提供了多少劳动（扣除他为公共基金而进行的劳动），他根据这张凭证从社会储存中领得一份耗费同等劳动量的消费资料"②。在这里，通行的虽然还是调节商品交换的等价交换原则，但是内容和形式都已经改变了。

其四，政治意义上的国家已经消亡。在《巴枯宁〈国家制度和无政府状态〉一书摘要》中，马克思指出，"阶级统治一旦消失，目前政治意义上的国家也就不存在了"。民主选举也不再具有政治职能。而"当这些职能不再是政治职能的时候，（1）政府职能便不再存在了；（2）一般职能的分配便具有了事务性质并且不会产生任何统治；（3）选举将完全丧失它目前的政治性质。"③

二

对照马克思关于社会主义社会的具体构想，现实中的社会主义社会显然与其有着明显的区别。

首先，现实中的社会主义社会均是在经济和社会发展落后的国家建立起来的。就中国特色社会主义而言，它是在半封建半殖民地社会基础上所建立起来的社会，因此是"后半封建半殖民地社会"，而绝非"后资本主义社会"。而且，它也绝非马克思所设想的继资本主义社会之后出现的处在由资本主义向共产主义转变的"过渡时期"的社会，即绝非"后过渡时期的社会"。究其实质，中国历史经历了一条特定独行的道路，无法纳入"五种社会形态"这一西方典型历史演进

---

① 《马克思恩格斯选集》第3卷，人民出版社1995年版，第303页。
② 《马克思恩格斯选集》第3卷，人民出版社1995年版，第304页。
③ 《马克思恩格斯选集》第3卷，人民出版社1995年版，第289页。

模式的框架。

其次，由于现实中的社会主义是在经济和社会发展落后的国家建立起来的，无论在经济还是在政治等方面都具有与马克思所设想的社会主义社会十分不同的本质特点。就中国特色社会主义而言，不用待言的是，由于其社会物质生产力远未达到马克思所设想的社会主义社会那种生产力高度发展的情况，其占主导地位的公有制是国家所有制和集体所有制而非社会所有制，其市场经济是处在初始发展阶段而非已经消亡匿迹，其按劳分配制度是通过商品制度、货币交换这种形式迂回曲折地实现而非通过劳动券，其政治国家及其行政权力也是在强化和完善过程中而非已经消亡。

三

明晰了现实中的社会主义社会特别是中国特色社会主义与马克思的社会主义构想在历史定位和本质特征等方面的区别，将有助于澄清现实中流行的若干似是而非的观点、命题和诘问。譬如：

关于"我们现在所实行的社会主义是不够格的社会主义"。

对于这一提法，需要加以追问的是，这里所说的"格"即衡量标准是什么？实际上，当人们提出这一命题时，人们在潜意识里所运用的衡量标准就是马克思所设想的那种社会主义社会。但是，很显然，我们不能用马克思关于后资本主义社会的构想来衡量我们所实行的在半封建半殖民地社会基础上所建立起来的社会主义社会的现实。

关于"社会主义是否优越于或能够取代资本主义？"

其实，马克思所设想的社会主义社会作为一种后资本主义社会，本身就是资本主义的替代物，是作为扬弃资本主义的结果而出现的，所以，当然它优越于资本主义，具有取代资本主义的合理性和必然性。而我们所实行的社会主义是在我国历史上的半封建半殖民地社会的基础上产生的，与资本主义社会没有前后相继的关联，而与现存的当代资本主义社会是同时代的，是共时性即同时并存的关系。因此，人们固然也可以将其与当代资本主义社会进行对比，但绝没有理由要求我们所实行的社会主义社会具有马克思所设想的那种社会主义社会的优越性，也没有理由要求用我们所实行的社会主义社会来取代现存的当代资本主义社会。

关于"应如何理解我国当前仍处于社会主义社会的初期阶段?"

在日常意识中，我国当前所处的社会主义社会初级阶段仿佛就是马克思所设想的那种社会主义社会的初级阶段。但是，实际上，我国当前所处的社会主义社会的初级阶段，确切地说只能是中国特色社会主义社会的初级阶段，而绝不是马克思所设想的那种社会主义社会的初级阶段。

关于"现实中的社会主义能否逾越资本主义发展阶段?"

这种提法本身隐含的前提是以"五种社会形态"这一西方历史演进的典型模式作为认识框架和标尺。但大多经济和社会发展落后的国家特别是中国的历史根本未完全遵循"五种社会形态"这一西方历史演进模式的逻辑。所以，实际上对于现实中的社会主义国家特别是中国来说，根本不存在"能否逾越资本主义"这一问题。它既未经历过资本主义社会，也不会走向资本主义社会。

从以上可以看出，上述及其类似观点、命题和诘问的产生都源自混淆了现实社会主义与马克思的社会主义构想，将马克思的社会主义构想照搬到当今现实生活中来。从中或许我们可以获得一些有益的启示:

其一，现实社会主义不仅与马克思的社会主义构想有着密切的联系，而且有着重大的区别。应该在充分看到两者的统一性的同时，又能够充分注意到其差别，将其严格区分开来。

其二，从现实社会主义与马克思社会主义构想的关系中可以看出中国特色社会主义理论和实践的重要意义。它不仅从根本上突破了苏东社会主义模式，而且也从根本上突破了马克思所构想的社会主义模式。

其三，破除对马克思主义的教条主义的理解仍然是一项现实的和长期的任务，是当前强调解放思想的题中应有之义。

（本文原载《〈共产党宣言〉与全球化》，北京大学出版社 2001 年版；修订稿载 2008 年 8 月 11 日《学习时报》）

从诠释走向建构

——理论研究的三种范式和境界

文化发展的基本矛盾是继承与创新。这一矛盾在理论研究方面的表现可以概括为诠释（既有文本的解读）与建构（新的理论的创建）。

从诠释到建构有三个基本的层次，即诠释、寓建构于诠释之中以及建构。用古语来表述，可称之为"述而不作""寓作于述"以及"舍经作文"。它们是理论研究的三种范式，也是三种层次和三种境界。

一

"述而不作"即文本解读和诠释，是理论研究的基本范式和初阶。既有经典文本作为文化长期发展的结晶，既是以往文化的集大之成，也是后继文化的延续之源。因此，文本解读和诠释就成为理论研究的一项基础性和前提性的工作。

孔子首创"述而不作"，自称"述而不作，信而好古。窃比于我老彭"（《论语·述而》）。这与孔子面临的时代任务有关。当时，孔子疏离权力，游离于政治体制之外，又面临先贤思想绝世无继的威胁，所以，着眼于文化命脉的维继，以"述而不作"为使命，完成了中华文化的一次大的整理和综合。清代学者章学诚解释说："三代之衰，治教既

分，夫子生于东周，有德无位，惧先圣法积道备，至于成周，无以续且继者而至于沦失也，于是取周公之典章，所以体天人之撰而存治化之迹者，独与其徒相与申而明之。"（《文史通义·经解上》）

孔子的"述而不作"自汉代始被尊为文化和理论发展的经典范式。在这一范式的主导和影响下，发展出一套以训诂、史证、物证以及心理体验（朱熹："以自家之心体验圣人之心"）等为基本元素和手段的经典中国解释学方法论。这一方法以文字释义与身心体认相表里，以"理会"与"践行"相统一（朱熹），诉诸古训，同时"相接以心"，从而力求"见圣人之心"，并通过"见圣人之心"而"见天地之心"，最后达到"得己之心"（戴震）。其中，就文字释义而言，"正句读""审字义""通古文假借"三者被誉为"治经大道之要"（俞樾：《春在堂全书》《群经评议·序目》）。

"述而不作"的功能在于使既得精神产品和思想成果不致隐没和沦失，从而保证思想的承继性和连续性。

此外，现代诠释学已经充分阐明，述而不作绝不单纯是"述"。对文本的理解和诠释内含着新的经验和条件的运用，致力于陈述的展开和澄明，伴随理解和对话中的视界的改变。因此，它意味着既有经验和知识的增长、拓宽和深化。就此而言，任何一种"述而不作"都已经是"寓作于述"。

"述而不作"有其客观标准。文本解读和诠释的要求是客观性，需要解读者为达到"视域融合"（伽达默尔）而融入创作者的视野，需要解读者的卓越的理解力与广博的知识。清代学者焦循提出："述而不作"的标准是"得其人之道"；否则，就难以称之为"述"，而只能称之为假托或背诵和复写："述其人之言，必得其人之心，述其人之心，必得其人之道。学者以己之心，为己之道，以己之道，为古人之言，曰吾述也，是托也，非述也。学者不以己之心，求古人之言，朝夕与古人之言，而莫知古人之心，而曰吾述也，是诵也，是写也，诵写非述也。"

（《雕菰集》卷七《翼钱三篇》）

由于对文本的客观性的把握具有相对性，而经典文本又是思想发展的必要来源，所以，在思想发展史中就出现了一再回归文本、"正本清源"的情形，使对经典文本的解读和诠释成为一项历久弥新的任务和课题。

尽管"述而不作"已经包含了"寓述于作"，但是"述而不作"的重点和主旨毕竟仍是"述"，即文本的解读和诠释，而非"作"，即一种新的理论的构建。

二

"寓作于述"的重点和主旨已不再是文本的解读和诠释。它是以文本的解读和诠释为直接依凭的一种建构，只不过这种建构依然采取文本解读和诠释的形式，未从文本的解读和诠释的形式中完全解脱出来。

如果说，"述而不作"侧重的主要是文本解读和诠释的客观性，那么，在"寓作于述"中以更多地包含了对解读者的思想独立性和主观意见的要求。这样，"寓作于述"有双重要求：既要求文本解读的客观性，同时更要求体现解读者的主观性，表达解读者的主观己见。由此，它使解读者的主观己见通过文本客观诠释的形式得到表达。所以，在这里，文本表现为解读者灵感的启迪物，而文本诠释则表现为表达解读者主观己见的途径、方式、契机和手段。于是，形式上的文本诠释往往实际上成为解读者自己的独立著述。

孔子对《周易》的诠释采取的是"寓作于述"的形式。这就是，舍弃具体的占卜之术，而着重揭示和阐发其义理："不占而已矣"（《论语·子路》），"我观其德义耳"（帛书《要》）。

在中国历史上，由于文本诠释的强大传统，思想家们在创立新说时往往采取寓作于述的形式，甚至连朱熹这样的大学者也不例外。他在作

《四书集注》时采取的策略就是，在辑录和阐释先贤言论时，"间亦窃附己意，补其阙略"（《大学章句序》）。对于朱熹的这种策略，陈寅恪先生有过较为深入的解读："宋儒若程若朱，皆深通佛教者，既喜其义理之高明详尽，足以救中国之缺失，而又忧其用夷变夏也，乃求得两全之法：避其名而居其实，取其珠而还其椟，采佛理之精粹以注解四书五经，名为阐明古学，实则吸收异教。声言尊孔辟佛，实则佛之义理已浸渍濡染，与儒之传宗合二为一。此先儒爱国济世之苦心至可尊敬而曲谅之者也。"（吴学昭《吴宓与陈寅恪》）

在西方，巴特对罗马书的释义，科耶夫对黑格尔哲学的导读，施特劳斯对某些政治哲学文本的诠释等等，也都是"寓作于述"的典型之作。

固然，"寓作于述"可以源于不同的表达需要、动机和目的。但是，这并不妨碍和否定"寓作于述"是理论研究的一种基本的和必要的范式。

三

"舍经作文"至少在形式上已经彻底抛开了经典文本。解读者在这里已经转换了角色，成为文本的创作者。但是，真正的舍经作文实际上仍以"经"为重要的思想前提和基础，并非与"经"完全无涉，而只是在形式上彻底摆脱了经典文本的束缚。解读者的主观性在这里得到充分的彰显，形式上的"我注六经"变成了"六经注我"。因此，"舍经作文"不再是任何一种诠释，而是一种彻底的理论构建。

黑格尔说，任何一种真正的理论都是一种体系。就此而言，"舍经作文"不仅是一种理论建构，而且还应是一种理论体系的建构。因之，它已是对既有文本的超越。

任何一种独立的理论体系的创建都不仅需要独有的立论观点和论

证，而且也需要独有的话语系统和表达系统。因而，任何一种独立的理论体系的创建在一定意义上都是一种"舍经作文"，甚至是一种对既有经典文本的批判。

"舍经作文"是理论赖以更新和推进的最彻底的形式，它不仅实现了内容上的创新，而且也实现了形式上的创新。真正的"舍经作文"，自足一家之言，具有原创性、开拓性、创新性。在这里，研究者的主体性和自由得到了充分的体现。从而，也成为学者们向往和追求的目标。明代学者吕坤在《呻吟语》中鲜明地表达了这一追求："人问：'君是道学否？'曰：'我不是道学。''是仙学否？'曰：'我不是仙学。''是释学否？'曰：'我不是释学。''是老庄申韩学否？'曰：'我不是老庄申韩学。''毕竟是谁家门户？'曰：'我只是我。'"（《呻吟语》卷一《内篇·谈道》）

在中国思想史上，在晋代曾有过这种舍经作文的典型表现。朱熹曾评论说，"汉儒解经，依经演绎。晋人则不然，舍经自作文。"（《朱子语类》卷六十七）当然，这种舍经作文，依然在很大程度上囿于文本诠释的传统。在清代，章学诚曾一反"守六籍以言道"的固有传统而提出"六经皆史"的名言，认为"六经皆史也。古人不著书，古人未尝离事而言理。六经皆先王之政典也。"（《文史通义·易教上》）这在当时可谓是一种惊世骇俗之语，甚至在今天也仍有其现实意义。

四

"述而不作""寓作于述"和"舍经作文"三者作为三种研究范式都为理论研究所必需。抽象而论，它们没有高下、优劣之分，一切取决于具体的条件和所达到的水平和功效。孔子虽是"述而不作"，但由于他实现了中国文化史上的一次重要的思想综合，所以其"述"功大于"作"。

然而，如果就解读者的主体性彰显的程度而言，舍经作文是最高的层次，寓作于述次之，述而不作更次之。这种主体性的彰显在中国文化史上展现为由述而不作到舍经作文即由诠释到建构的过程。

在漫长的封建历史时期，中国文化发展的要义仿佛就是注疏、诠释和普及先秦儒道等诸家的文化典籍。孔子的"述而不作"不仅奠定了中国文本诠释历史传统的基石，而且成为对待传统文化的一种理想态度和最高典范。这种唯"经"是从的历史传统的形成，直接根源于高度集权的政治体制以及由此导致的官学一体、政学合一。这甚至可以上溯到西周的"王官之学"，诚如清代学者章学诚在其《校雠通义》中所述："官守学业皆出于一，而天下以同文为治，故私门无著述文字。"这种官学一体、政学合一的传统至汉代被正式定格。先圣著述由此被尊奉为"经"，具有了至高无上的法典地位。而"经学之外已别无学问"，留给学者的主要任务不过是尊经奉典、"依经演绎"（朱熹）而已。由此，形成了人类思想史中罕见的强大的文本诠释文化传统。甚至可以说，一部中国思想史，在相当程度上就是一部经典文本的诠释史。

由此不难看出，甚至当下仍然盛行的对待经典文本的种种文本主义、诠释主义的态度，实质上根源于中国强大的文本诠释文化传统，不过是这一传统在新的历史条件下的遗传和沿袭。

然而，中国改革开放和现代化的实践呼唤新的理论的建构而非仅仅既有理论的诠释。当代中国文化的命运和当代中国学者的历史使命在于从诠释走向建构。

（本文原载《哲学动态》2009 年第 2 期）

"中国现代性"的追寻

——对中国现代哲学发展主线的一种描述

在中国，由于历史传统和既有体制等原因，哲学的发展与现实社会实践和社会生活有着极为紧密的联系。其突出的一个表现是，哲学发展的主题及内在逻辑明显地直接为社会实践和社会生活所规定。

1840 年以来，随着鸦片战争的爆发，封闭的民族壁垒被打破，古老的中华帝国走向衰亡，中国社会开始逐渐向现代社会过渡。现代化成为贯穿国家和民族的社会实践和社会生活的宏大主题，并进而规定了近代以来包括新中国成立以来的哲学发展的主线和主旋律。

因此，有一定理由和根据从现代性的视域对近代以来的中国哲学特别是当代中国哲学的发展进行解读。

一 现代性的视域和"中国现代性"

"现代性"概念是 20 世纪后期才受到广泛重视的一个概念。据现有研究成果，"现代性"概念至早出现于 17 世纪上叶，18 世纪在波德莱尔那里获得全新的、现代的意义，19 世纪开始流行，而把现代性作为哲学问题来探讨则始于黑格尔。这一概念的出现，可以看作人类社会的现代化进程达到自我意识的一个标志。

何谓"现代性"？当代哲学家们对此理解各不相同。有人解释为新的社会知识和时代，有人解释为与当代现实相联系的思想态度和思维模式，有人解释为后传统秩序或工业化世界的行为制度和模式等等。实际上，现代性是现代化过程的质的规定性，它表现在现代化过程中的制度、模式、行为、观念、态度等各个领域和方面，但绝不直接等同于这些领域和方面本身。现代性的底蕴和本质规定则是主体性。而主体性又有客体尺度和主体尺度即科学性和价值性两个基本的维度，其具体体现就是对科学理性和个性自由的追求。在现代化前期，主体性主要通过科学理性得到彰显；在现代化后期，主体性则主要通过个体的存在和自由得到昭示。主体性成为现代性的底蕴的现实原因和客观根据是，由于近代大工业和理论自然科学的出现，人的实践能力发生根本性的质变，人在总体上成为真正意义上的主体，并由此从周围的自然中提升出来。由此，它决定了人类实践和认识的重心从自然向人、从"实体"向主体的迁移，也决定了人类社会从古代向现代、从农业社会向工业和"后工业"社会、从自然经济向商品经济或市场经济的转型。

资本主义大工业、近代理论自然科学以及世界市场的创立开辟了现代化的历史进程，从而塑造了在不同的发达资本主义国家所呈现的各具特色的资本主义的现代性。但是，现代化过程是整个人类历史从而也是每一民族、国家所必经的发展阶段。因此，不同类型的后发民族、国家势必都面临着不同形式的现代性塑造的任务。

马克思对资本主义的批判，在一定意义上可以解读为对资本主义现代性的一种批判。由于马克思的共产主义构想是后资本主义社会，从而是后现代社会，马克思不可能去思考和设想一种普遍的现代性模式，也不可能就现代性的一般问题作出分析和阐述。但是他的共产主义构想作为一种资本主义批判理论，实际上是一种反资本主义现代性或后资本主义现代性理论，不仅为现代西方流行的种种后现代性理论提供了资源和启示，而且也为现代经济落后国家在现阶段构建和塑造新的现代性提供了资源和启示。

中国的现代化进程在本质上可以归结为对中国特色的现代性——简言之，即"中国现代性"的追寻和塑造过程。所谓"中国现代性"，就是中国现代化过程的质的规定，它体现在中国现代化实践、道路、模式和理论之中。就思想理论来说，它主要是依据马克思的共产主义构想即后资本主义现代性的理论，以及借鉴当代西方各种现代性和后现代性理论而在立足于中国现代化实践的基础上形成和发展起来的。

二 "中国现代性"追寻的轨迹和逻辑

中国现代哲学的发展以现代性的追寻为主线、以人的主体地位的确立为中心，经历了民主主义革命时期、新中国的计划经济体制时期和改革开放时期三个大的阶段。

在民主主义革命时期，对中国现代性的求索首先鲜明地体现在20世纪上半叶中国思想家、政治家们的思想中。从龚自珍的"众人之宰，非道非极，自名曰我"（《壬癸之际胎观第一》），康有为的"人即天"（《中庸注》），严复的"意自在，故我自在"（《天演论卷下论九真幻按语》）、"惟与以自由"（《群几权界论·译凡例》），到鲁迅的"立人"（《文化偏至论》）和青年毛泽东的"贵我"（《〈伦理学原理〉批注》），都体现了对现代性的自觉追求，闪烁着主体性精神的光耀。

特别值得提及和考察的是五四运动。五四运动是中国由古代社会向现代社会、由农业社会向工业社会跃进的必然产物，是现代化过程开启的思想和文化标志，是现代性的真正启蒙。它既是旧民主主义革命思想启蒙的继续，又是新民主主义革命思想启蒙的开篇。

西方近代之初的启蒙运动本质上也是现代性的启蒙运动。与西方近代启蒙运动相比，中国这场现代性的启蒙运动既有其一般性，也有其特殊性。这种特殊性尤其表现在，由于五四运动是由新文化运动和

爱国反帝运动两部分构成，各自直接面临的具体任务和课题不同，初看上去这两个部分似乎彼此相悖甚至相互否定：前者表现为对外来物的欢迎和接纳，后者则表现为对外来物的拒斥和抵御，以至于胡适等学者认为后者对前者来说不啻一种挫折。但实际上，从更高的视点来看，尽管两者形式不同，却都是因现代性的滞后和缺失而引起。两者均统一于现代性，只不过一个主动，一个被动；一个积极，一个消极。因此，五四运动作为现代性的启蒙运动堪称是一种正反两方面经验的双重启蒙。

五四运动作为一场现代性的启蒙运动，其基本精神是作为现代性底蕴的主体性精神。反帝爱国运动维护和捍卫的是民族的主体性。新文化运动则涉及每个社会成员的主体性。被称为五四运动"总司令"的陈独秀所提出的"新文化运动是人的运动"（《新文化运动是什么?》）这一命题鲜明地体现了这一点。就被视为新文化运动的两面旗帜——"科学"和"民主"而言，科学（近代自然科学以及由此产生的科学精神、科学态度和科学方法）主要体现人对自然和整体客观世界的主体性，民主则主要体现人对社会关系特别是社会政治关系的主体性。科学主要表达主体性在技术、经济和知识层面的诉求，民主则主要表达主体性在政治（制度、原则）层面的诉求。科学主要体现人是自然、客观世界的主体，民主则主要体现人是社会关系的主体。科学体现主体的客观性和科学性的尺度，民主则体现主体的主观性和价值性的尺度。至于陈独秀一再强调的"自由"（学术上的思想自由）、"平等"（法律上的平等人权）和"独立"（伦理上的独立人格），也均是主体性的不同价值要求和体现。因此，五四运动实质上是从经济、政治和作为观念形态文化的不同层面对主体性的一种全面的呼唤，标志着中国哲学主体性的觉醒与实践启蒙。

在近代中国，资本主义现代性的输入一开始就与资本主义殖民性相伴随，即采取资本主义殖民性的形式，这就使被输入的资本主义现代性同时染有殖民性的色彩。五四运动也鲜明地体现了这一特点。其实，这正是资本主义现代性内在矛盾的完整表现。这一特点带来的历史效应自然也是双重的：一方面，人们认同资本主义现代性，希冀借鉴和接纳资本主义现代性的优长，甚至主张全盘输入资本主义现代性；另一方面，人们又敌视、防范和拒斥资本主义现代性，因为资本主义的现代性与资本主义的殖民性二者之间毕竟有着内在的逻辑关联。就"五四"的新文化运动来说，主要表现为对资本主义现代性的一定认同甚至全盘接纳，即较为彻底地摈弃固有文化传统，全盘输入西方文化。而就"五四"的反帝爱国运动而言，则主要表现为对资本主义现代性（实际上是对资本主义现代性弊端）的拒斥和警醒。这样，就在某种意义上弥补了新文化运动的缺失和不足，从而为俄国十月革命后马克思主义在中国的传播奠定了思想基础。

在民主主义革命时期，包括其哲学思想在内的马克思主义在与文化保守主义和文化自由主义的竞争中，愈益获得广泛传播和影响，逐渐与中国传统文化相融合，并伴随新民主主义革命的胜利，最终取得主流意识形态的地位。

马克思主义及其哲学所以能够在中国获得如此影响，归根结底是因为它作为一种反资本主义现代性或后资本主义现代性的理论，体现了对资本主义现代性的扬弃和超越，适应了中国现代化实践及其进程的需要。

马克思主义中国化的过程，是中华文化赋予马克思主义以特殊的民族文化资源、要素以及特质的过程，或者说，是赋予马克思主义以民族性的过程；同时，也是马克思主义赋予中华文化以现代性成分并推动其进行现代性转换的过程，或者说，是赋予中华文化以现代性的过程。就后者而论，有理由认为，马克思主义在与中国革命和建设事业相结合的过程中，不仅在某种程度上丰富和拓展了中华传统文化的内涵，促进了中华传统文化的现代性转换和提升，而且借此从文化的内核或根基上推

动了中国社会的"现代转型"。

从现代性视角来看俄国十月革命对于中国发展的意义，首先在于它为近代中国文化及其哲学的发展输送和注入了一种反资本主义现代性而又超越资本主义现代性的资源，这就是马克思主义及其哲学在中国的传播。

新中国的成立，意味着中华民族主体性的确立。但民族主体性的确立不等于每个社会成员的个体主体性的确立。在实行计划经济体制期间，我国的现代化建设取得了一定的成就，但也经历了曲折。发生失误和挫折的总的认识论根源，是在思想上将现实中的社会主义混同于马克思和恩格斯所构想的理论社会主义，并且将其与当代资本主义绝对对立起来，彻底否定和排斥资本主义现代性，进而试图逾越现代性，直接进入马克思主义创始人所设想的后资本主义社会或后现代社会。事实是，经济落后国家或许可以避开资本主义，但却不能避开现代性。在这样的思想的指导下，在实践中势必导致种种挫折和失败。反映到哲学层面上，社会成员的个体主体性必然遭到抹杀和否定。

如果说，由于历史条件的限制，现代性问题特别是主体性的意识和要求在五四新文化运动中还主要滞留在实践操作层面，存在着一定的盲目性，那么，它在1978年真理标准大讨论开启的当代中国哲学的新发展中，则最终找到和获得了理论上的表达和自觉。纵观改革开放以来中国哲学的发展，其中尤其贯穿了现代性特别是主体性原则这条红线：1978—1980年的真理标准讨论；1980—1984年的人性、异化和人道主义讨论；1981年以后的主体性和"实践唯物主义"讨论以及价值论讨论；1992年以后逐渐深化的对主体性原则的反思和对"现代性"概念的直接探讨；等等。这些讨论，特别是对"现代性"概念及其相关理论的直接探讨，标志着中国现代化真正达到哲学上的自我意识和理论上的自觉。

这些哲学讨论看上去似乎题目纷杂。但是如果仔细辨析，就不难发现其中贯穿的内在逻辑：由真理性的认识和检验问题进展到人的实践活动，由人的实践活动进展到作为实践活动主体的人及其主体性，由作为实践活动主体的人及其主体性进展到人自身的价值性，以及最后由人自身的价值性进展到现代性。这一线索的内在关联是：真理性的认识根源于人的社会实践活动；而人是实践活动的主体，主体性是主体的规定，实践不过是主体性的载体和表现；真理和价值则是主体及其实践活动所内含的两个基本向度。这样，现代性的完整内蕴实际上已经通过改革开放以来的诸种哲学讨论得到了全面的展开和探究。

其中，需要反思和重新品评的是 1980—1984 年开展的人性、异化和人道主义的讨论。这场讨论虽然以政治化而告终，但就其历史意义和作用而言，堪与真理标准的讨论相媲美。其重要功绩在于，在理论上，肯定了人是马克思主义的出发点；在实践上，则肯定了人是我国现代化事业的中心，即人是我国现代化事业的创造者、主体和目的。这场讨论，表明了在新的历史条件下人的自我意识和自我觉醒，为中国特色社会主义价值目标的确立奠定了重要的理论基础，特别是使哲学研究回归到马克思主义哲学的现实前提和出发点，从而最终在客观上为"以人为本"为核心的"科学发展观"的提出做了重要的思想和理论上的准备。

与此同时，与学术界哲学研究发展线索彼此交织、相互推动的，是执政党和国家指导理念的不断深化和发展：由真理标准大讨论所开启的党的"实事求是"思想路线的重新确立，到"三个有利于"判断标准的制定，到"三个代表"重要思想的提出，以及再到以"以人为本"为核心的科学发展观的创立。

应该说，这些马克思主义中国化的最新成果实际上都是对现代性问题在党和国家发展理论和战略层面的一种自觉反映和应答，集中体现了"中国现代性"的自我意识和理论自觉。因此，它们共同构成一种"中国现代性"的实践理性范式，在对"中国现代性"的实践塑造和创生

中发挥了重大作用。

三　中国现代性的进一步塑造

全球的现代化进程还远未完结。中国的现代化建设以及"中国现代性"的塑造也在过程中。可以说，"路漫漫其修远兮"。

有观点认为，中国现代性的未完成性根源于启蒙与革命的矛盾。由于"五四"以后，革命压倒和逾越启蒙，成为20世纪上半期的主流，导致中国现代性的中断和未完成性。其实，从宏观的历史尺度来看，或许可以说，革命也是争取现代性。因为，建立统一的、独立的民族国家，捍卫和实现民族国家的主体性，是争取和实现现代性的必要前提。所以，毋宁说，革命本身也是现代性的一个必要组成部分。

现代性蕴含了创造与毁灭、赢取与丧失、进步与退步等等的悖论，象征和表达了深刻的人类生存矛盾以及尖锐的文化和社会冲突。西方发达国家通过资本主义生产方式开启了现代化的进程，并使资本主义与现代性重叠、结合在一起，一开始就成为占主导地位的现代性形态。

在当代，这种占主导地位的现代性因其全球化而具有了普适性，而现代性的内在矛盾不仅没有被消除，反而变得更为深刻，以致哲学家们几乎都一致认定，在现存的现代性中蕴含着不可避免的危机，从而，也引发了种种后现代理论和思潮。

由此提出的一个总体性的时代课题是：塑造、构建和实现一种合理的现代性。

在此情势下，中国作为一个发展中的国家，作为一个在现代化过程中已初具"中国道路"和"中国模式"雏形的大国，如何成功塑造和完成"中国现代性"？而当代中国哲学如何负载起自己的塑造"中国现代性"的时代责任和历史使命？

当代中国哲学要完成自己的使命，必须创造性地解决科学性与价值性以及时代性与民族性的关系问题。

首先，就现代性本身的内在矛盾来考察，特别是就作为现代性本质规定的主体性的内在矛盾来考察，必须解决和实现科学性与价值性的统一。

众所周知，近代以来，伴随着人的主体地位的确立，人们实践的主观态度和关注的重心由客体规定的尺度转移到主体意义的尺度，由对客观对象认知的真理性或科学性的追求转移到对主体存在的价值性的追求，科学性与价值性日益分裂了，并由此导致了现代性的危机。所以，要解决和实现科学性与价值性的统一，首先必须找到科学性与价值性分裂的根源。

对此，哲学家们已经给出了一些不同的答案。海德格尔将其追溯到作为一种"架构"（Gestell）的技术的主宰，伽达默尔将其归因于人类对自身所创造的文明成果的依附，即"人类对在自己周围作为我们的文明所建立起来的东西的依赖性"①等等。笔者则以为，这种科学性与价值性分裂的深层的社会根源在于：在由迅疾发展的科技和工业所造就的巨大生产力不仅使人真正成为主体，而且日益充分地提供满足人们不断增长的需求的手段的情况下，人们为自己的欲望和享受所左右，丧失了自我，乃至用"欲求取代了需求"，陷入了欲求不断被相对满足又不断被刺激、产生和扩张的恶性循环。换言之，主体自身缺失了主体。丹尼尔·贝尔在其《资本主义文化矛盾》中曾提出"欲求取代需求"②这一值得重视的命题。按照他的理解，"需求"与"欲求"的本质区别在于，前者主要是生理的，而后者则主要是心理的；前者是有限的，可以相对满足的，而后者则是漫无止境和无法满足的。或许还可以补充的是，前者主要是自然主义的，后者则完全是功利主义和享乐主义的。

---

① 伽达默尔：《科学时代的理性》，薛华等译，国际文化出版公司1988年版，第131页。

② 丹尼尔·贝尔：《资本主义文化矛盾》，赵一凡等译，生活·读书·新知三联书店1989年版，第280页。

由此可见，科学性与价值性分裂的根源实际上是主体性自身发生了危机，即人虽然凭借工业和科技的力量成为自然和万物的主人，但却未能让人自身真正成为自身的主人，也就是说，成为自身的需要、欲望和本质的主人。因此，当代中国哲学有责任构建一种"自我主体性"，即使人成为人自身之主体的主体性，不仅使人成为自然和万物的主人，而且也使人真正成为自身的主人，成为自身的需要、欲望和本质的主人。康德曾提出：人为自然立法，人为社会立法，人为道德立法。根据现代化过程的既有实践，我们有必要予以补充：人为人自身立法。因为人只有为人自身立法，才能真正做到为自然、社会和道德立法。

科学性和价值性的分裂还有其直接的认识论方面的原因。在古代，人与自然、主体与客体的关系尚未分化，人们对自身价值的关注寓于对自然统一性的追寻之中。近代以降，诸种自然科学由经验科学上升为理论科学，认识论在哲学理论中占据了中心地位，精神原则、科学理性成为至高的主宰，在这种情境之下人们主要关注的是如何客观地认识和把握外在对象，揭示客观外在对象的隐秘的本质和运动规律。这种状况固然有助于人们认清和把握外在对象，但同时也造成了人们对自身存在的忽略和遗忘。在现代，伴随认识重心向人自身存在的迁移，人自身存在的意义和价值问题愈益进入人们的视野，人们比以往任何时候都更为关心作为主体的人的自身的意义和价值的实现。但与此同时，也容易诱发主体性的恶性膨胀，导致极端个人主义、极端功利主义和享乐主义等等。

科学性与价值性的这种分裂，也反映到哲学自身发展的形式方面。由于近代以来有关自然和历史的实证知识和具体科学从哲学中分化出去，哲学不再是包罗万象的"科学之母"，客体认知与主体意义、真理追求与价值取向、科学精神与人文精神等等就由哲学之内的统一演化成了某种哲学外部的分离甚至对立，导致科学理性脱离价值目标的统摄，而价值目标则脱离科学理性的基础。正因如此，也就给哲学提出了一项根本的任务，即作为必要的纽带和桥梁，把这外在的双方联结和统一起来，从而完整地体现哲学的本性和功用。

总之，解决和实现科学性与价值性的统一，是消除主体性危机、塑造合理的中国现代性的关键。

其次，就现代性外部考察，特别是就当代中国文化发展所面临的矛盾考察，要塑造合理的中国现代性，必须解决和实现时代性与民族性的统一。

从广义文化的角度来说，近代以降，中国文化就处在古今中外文化矛盾的交汇点上。解决古今中外文化的矛盾，成为当代中国文化赖以发展的一种必然形式和契机。

这种当代中国文化矛盾的底蕴和实质到底是什么？以往的学者们提供了种种不同的解答，由此也形成了各种不同的解决方案：从张之洞的"中体西用"，到上海十教授的"本位文化"（《中国本位的文化建设宣言》）；从胡适的"全盘西化"，到李泽厚的"西体中用"，再到张岱年等一些学者所力倡的"综合创新"，如此等等。

其中，冯友兰先生的学术历程尤其值得人们回味和思考。冯友兰先生把自己的一生的学术目标概括为对东西文化之争的解答。按照他自己的描述，他对当代中国文化矛盾的认识经历了一个由"东西之分"到"古今之异"再到"社会类型""转化"的过程。他在《三松堂自序》中说："在五四运动时期，我对于东西文化问题，也感觉兴趣，后来逐渐认识到这不是一个东西的问题。一般人所说的东西之分，其实不过是古今之异。……在三十年代，我到欧洲休假……在这个时候，我也开始接触了一些马克思主义。……我认识到，所谓古今之分，其实就是社会各种类型的不同。……某一个国家或民族在某一历史时期是某一类型的社会，而在另外一个时期可以转化成为或发展成为另一种类型的社会。"①

---

① 冯友兰：《三松堂自序》，生活·读书·新知三联书店 1984 年版，第 259—260 页。

冯友兰先生最终把当代中国文化矛盾归结为社会转型问题，这在当时不失为一种洞见，有一定的合理性和意义。但是，即便把文化的矛盾归结为社会的转型，似乎也仍然是一种现象学的描述，并未深入到问题的底蕴。

或许，可以把当代中国文化矛盾的实质概括为时代性与民族性的关系问题，其合理的解决答案在于实现其时代性与民族性的统一。

单纯而论，中国传统文化的现代化，要解决的是前现代性与现代性（乃至后现代性）的矛盾。但是，在文化全球化的历史背景下，中国传统文化不可能自身孤立地发展，必然要寻求和借助具有现代性的外来文化资源。而具有现代性的外来的文化资源也必然对中国传统文化发生影响。这样一来，中国传统文化的现代化与具有现代性的外来文化资源的中国化这两者就联结、重合在一起，成为当代中国文化发展统一过程的两个不可分割的方面。如果说，中国传统文化的现代化要解决的是前现代性与现代性的矛盾，可以归结为时代性这一核心问题；那么，具有现代性的外来文化资源的中国化解决的则是世界性与民族性的矛盾，可以归结为民族性这一核心问题。所以，中国传统文化的现代化与具有现代性的外来文化资源的中国化的关系，在本质上就可以被归结为时代性与民族性的关系。

基于上述这一理解，可以肯定的是，合理的中国现代性的塑造必须将时代性与民族性结合、统一起来。为此，在现阶段，特别是在中国对世界的影响与日俱增、中国哲学的世界化日益迫切的情势下，应将中国传统文化的现代性转换作为马克思主义中国化的必要前提提到社会实践的首位上。

（本文原载《哲学研究》2010年第4期，原文刊发时有所删节。现以手稿原文刊出，并对极个别文字作了校订）

当代中国哲学的境遇、自我理解和任务

在物欲主义和功利主义空前盛行的时代，社会实践的客观需要和哲学发展的内在逻辑均要求哲学切实发挥"生存智慧"的功能，进一步关注人自身的生存、发展和完善，自觉成为人类的理性与良心。唯有如此，哲学才能担负起时代所赋予的历史责任，引导个体和社会向着合理的目标前行。在此方面，当代中国哲学特别是中国马克思主义哲学负有重要的使命和任务。

一　哲学何在？

哲学作为智慧之学，曾被马克思誉为"时代精神的精华"①，被黑格尔誉为"人类所具有的最高的光明"和"人的本质的自觉"②。但是，在我国现阶段，一个明显的事实却是，哲学不仅远离人们的日常生活，而且也远离社会的主流意识形态，被严重地疏远化和边缘化了。这种状况的存在，当然有其主客观的原因。

首先，哲学作为一种精神生活、精神追求，需要其一定的物质基础

① 《马克思恩格斯全集》第 1 卷，人民出版社 1956 年版，第 121 页。
② 黑格尔：《小逻辑》，贺麟译，商务印书馆 1980 年版，第 33 页。

和前提。人们只有在物质生活的需求达到一定程度的满足之后，才有可能去更多地关注、追求和享受哲学这种精神生活。当经济的发展以及普通民众物质生活水平的提高依然是社会实践的迫切任务和首要目标时，哲学显然不会成为社会意义上的"显学"。在哲学的发展有赖于一定的社会物质生活条件和一定的闲暇时间这一意义上，哲学对于普通民众不啻为一种"奢侈品"。

其次，我国仍处在市场经济的完善和有待充分发展的阶段。市场经济在某种意义上可以说是一种"物欲经济"。它以资本为基本的驱动手段，而资本的本性是无限制的追逐和获取最大的利润。这一本性决定了资本的运行逻辑即增殖规律。就此而言，市场经济是资本的统治和主宰的舞台。在资本主义条件下，特别是在其历史初期，这导致了致富欲和贪欲的绝对统治。在我国现阶段，虽然由于社会制度和国情的不同，市场经济和资本的运行方式受到了一定的规制和改变，但资本的本性和运行逻辑却不会改变。加之某些体制和环节的缺失，以及后发国家所独具的某些先天不足和劣根性，特别是蓄之已久的速欲改变现存生活状况和致富的社会心理，就导致了现阶段社会上所普遍盛行的物欲主义、功利主义、极端利己主义和实用主义。可以说，这是一个从未在中国历史上出现过的、空前的物欲主义和功利主义时代。在这样的氛围和环境中，哲学显然难以受到守护和关注，哲学精神也难以得到滋养和生长。

最后，哲学具有自由的本性，需要拥有一定的独立性以及保持与政治之间的适度的距离和张力。这既为哲学的发展所必需，也更为政治的发展所必需。但是，由于历史和现实的原因，这种独立性和张力还难以在短期内实现。中国历史上曾是一个封建大一统的国家，有着悠久的政治与意识形态合一的传统。在这种历史条件和传统之下，政治统摄和包容了哲学，哲学的意识形态性遮蔽和吞并了哲学的学术性。在当代，伴随着现代化进程的深入，哲学开始逐渐从政治的独断统治下解放出来，其学术性也开始同其意识形态性相对分离，获得自己的一定的独立地位。可是彻底改变这种旧有的历史传统及其遗存，显然还需要一个长期的过程。

就主观上而言，哲学研究在物欲主义和各种功利主义的诱惑下，失去了宁静之心，从而减弱甚至在很大程度上丧失了哲学的独立性以及洞察力、穿透力和前瞻性。此外，传统的哲学诠释和宣传普及中存在的将哲学简单化、庸俗化的倾向，以及哲学本身不如人意的发展现状，也都在一定程度上影响和损害了哲学本应是"崇高"的声誉和形象。

凡此种种，哲学的被疏远化和边缘化就是必然的。

但是，以上这些并不说明哲学不为现实所需要，没有其现实的根基和生长点。恰恰是在这样一种社会的条件和氛围中，哲学的必要性和哲学主体的责任才真正凸显出来。

二　哲学何谓？

要说明哲学在当代赖以生长的现实根源、存在的合理性以及需求的迫切性，必须说明和回答在当代哲学是什么和应该是什么，以及能够做什么。

哲学关乎时代精神和人类精神。它是时代精神实质的思维，是时代精神的精华。按照马克思的说法，在每一时代，人类所创造的最细微、最精致的东西最终都凝聚和体现在哲学思想里。

哲学关乎民族精神。一定的哲学思想总是产生于一定的民族中间，受到民族精神的熏陶和孕育，从而具有一定的民族样式、风格和气派，反映和体现一定的民族精神。同时，由于哲学不仅反映和体现民族精神，而且还反映和体现时代精神和人类精神，与时代精神和人类精神发生特殊的密切关联，从而，在一定意义上独立于民族精神，并超越出民族精神的界限。正因为如此，哲学能够为民族精神的发展提供资源、动力甚至引导。它能够引导和导致民族精神的完善、更新和升华，甚至创造和铸就新的民族精神，从而成为民族精神赖以发展的必要形式。

哲学关乎思维方式和价值观。思维方式和价值观是文化的内核，而这种内核就蕴含在哲学思想之中，是哲学的两个最基本的要素。思维方式帮助人们自觉地遵循认识的本质和规律，客观地认识对象世界。价值观则帮助人们合理地确定个体的人生理想和追求，提升人生境界，实现人生的意义和价值，以及合理地确定社会的发展方向和目标，实现历史的规律性与目的性的统一。

哲学关乎人自身的生存方式和本质生成，它是人自我认识和自我完善的重要的精神形式。所以，关注哲学和热爱哲学，其实就是关注和热爱人自身。在古代哲学通过关注外界、自然及其终极统一性来关注人。在近代哲学通过人的生存镜像——精神来关注人。在现代哲学则直接关注人的生存、个性、价值和意义，从而提升个体的生存境界和精神境界，以及提升整个人类的生存境界和精神境界。由于哲学关注人，所以它也必然关注社会这一个体赖以发展的形式，必然负有引领社会发展的职责和使命。

综合而论，哲学确不关乎日常生活的具体物，就此而言，漠视哲学、疏远哲学甚至抛弃哲学似乎也丝毫无损什么。但是，哲学确关乎一切抽象物，从而也就关乎一切的根本。就此而言，可以说，当代人类面临的一切窘境特别是前所未有的生存悖论和价值观危机，就其认识根源来看，未尝不是漠视哲学、疏远哲学所致。毋庸讳言，哲学曾被政治化和教条化。可这并不意味着哲学本身就是僵化的政治工具和教条。哲学曾被实用化、庸俗化。可这并不意味着哲学本身就是各种实用主义的工具和庸俗物。那么，哲学到底何谓？应该怎样看待哲学？

何谓哲学？这是全部哲学的基础和核心问题。它体现哲学的自我认知和自我理解，体现哲学的自我意识和理论自觉。对这个问题的不同回答，构成不同的哲学观，展示不同的哲学学说和哲学派别的分野。全部哲学的发展以此问题为引导，又不断回归到此问题。可以说，全部哲学研究进展及其成果最后都升华、凝聚和集中体现为对哲学本身获得的新理解、新认识，升华、凝聚和集中体现为哲学观的深化和进展。在此意义上，一部哲学史，就是一部对"何谓哲学"这一问题不断作出新的解答又不断提出新的追问的历史。

在某种意义上，当代中国哲学发展的成果也集中体现在对"何谓哲学"这一问题的理解和认识之中。

在当代，由于认识重心的嬗变和迁移，加之哲学对象的广博性和复杂性，以及主体自身认识视域的多元性和多样性，对哲学的理解可谓色彩纷呈。虽然早在古希腊，人们就已经提出有关哲学的普遍的且较为经典的界定，即把哲学理解为"智慧"或"爱智"的学说，但是，对于"智慧"或"爱智"，人们却仍然可以基于不同的历史条件和不同的视角作出完全不同的理解、解释和界定。于是，后来的哲学家们就依据新的历史条件和新的实践经验，通过不断对哲学进行新的反思、概括和总结，提出各种新的定义或界说。

曾有学者把当代哲学对哲学的理解归纳为若干主要的类型，如形而上学说、普遍规律说、世界观方法论说、认识论说、思维方式说、价值观念说、文化批判说、存在意义说、人生境界说、语言分析说、实践论说等等。应该说，这些概括和描述大体展示了当代哲学家们对哲学的理解和体认，反映了当代哲学自我认识和自我理解的实际状况。

实际上，尽管对哲学概念的理解众说纷纭，但哲学自有其客观的本质规定性。这种客观规定性根源于社会实践以及由此决定的认识重心，并直接蕴含和体现在哲学发展的历史中。

从一般、特殊和个别三者关系的角度，可以对哲学概念作出三层含义的理解和解读：其一，在一种发生论意义上的具有普适性的普遍的哲学概念。这就是古希腊哲学家就已提出的"智慧"或者"爱智"。可以说，"智慧"是"哲学"的最始源、最基本、最一般的含义。就此而论，在学科意义上，哲学确有理由被称为智慧之学。其二，反映不同历史时期认识重心和哲学主题的历史意义上的特殊的哲学概念，即在每一历史时期，不同的认识重心、不同的哲学研究主题所规定的具有不同含义的哲学概念。就此而论，可以把古代以广义的自然为主要对象的本体论哲学概括为"自然智慧"，把近代以人的认知为主要对象的认识论哲学概括为"精神智慧"，而把现代以人的自身存在为对象的人本论或生存论哲学概括为"生存智慧"。其三，与哲学家的个性和独特视角相联系的、反映在各个独特哲学理论体系中的个别的哲学概念。它通过不同色彩的理论体系、不同的理论个性表现出来。一般说来，哲学家理论体系所具有的独有视域和个别含义，就体现该哲学家对哲学概念的独特理解。就此而论，可以把哲学定义为"个别智慧"。

总之，哲学发展的历史表明，哲学作为智慧或爱智之学，蕴含一般、特殊和个别三个层次，即既体现为总的历史发展过程中的"一般智慧"，也体现为不同历史发展阶段上的"自然智慧""精神智慧"和"生存智慧"等诸种特殊智慧，以及还体现为在不同的哲学家思想体系中所表现出来的各具特色的"个别智慧"。

在当代，社会实践的客观需要和哲学发展的内在逻辑均要求哲学切实发挥"生存智慧"的功能，进一步关注人自身的生存、发展和完善，自觉成为人类的理性与良心。唯有如此，哲学才能担负起对时代所负有的历史责任与使命，引导人类向着合理的目标和遵循健康的轨道前行。所谓哲学成为人类的理性和良心，意味着哲学体现科学原则与人文精神的统一，或科学性与价值性的统一，即哲学完整本性的实践化和现实化，它标志着哲学的自我意识和自觉。

哲学成为人类的理性和良心是基于当代人类社会实践的需要。近代以降，由于人凭借科技和工业的力量开始成为真正意义上的主体，由于各门具体科学从哲学中分化出去，由于市场经济所带来的负面影响，物与人的世界、科学与价值的世界分裂了。由此，赋予哲学一项特殊的然而也是一项最本质、最要紧的功能，这就是作为一个强固的纽带或桥梁把这两个分裂的、甚至彼此外在的世界联结、统一起来。这是当代哲学的使命和天职。

哲学成为人类的理性和良心同时也是基于社会实践基础之上的哲学自身内在逻辑发展的必然。回顾哲学史，我们不难发现其中蕴含的相关线索及其展开。在古代，人的认识关注的重心是自然，致力于追寻世界的统一性和终极本原，哲学的表现形态是本体论（存在论），其科学性和价值性的分野还处在潜在的萌芽状态中。在近代，人的认识关注的重心迁移到精神，致力于探究精神的本质和作用，哲学主要呈现为认识论，其科学性得到了前所未有的发展和展开。在现代，人的认识关注的是人自身的存在，重视个体自身存在的意义和价值，哲学主要以生存论的方式出现，其价值性愈益得到明显的昭示和彰显，同时，也呈现出一种价值性与科学性相统一的趋向。

在我国，就哲学与社会发展的关系而言，无论是在新民主主义革命还是在社会主义现代化建设时期，哲学都发挥了引领社会发展的重大作用。特别是在社会变革时期，哲学的这种先导作用表现得尤为突出。回顾我国改革开放和社会主义代化建设的历史进程，可以说，每一个发展阶段都未离开哲学的指引。20世纪70年代末关于真理标准的讨论和实践标准的确立，冲破了"两个凡是"的束缚，开创了我国改革开放的新时期；20世纪90年代初关于改革得失成败标准的讨论和生产力标准的确立，摆脱了"姓资姓社"的思想禁锢，开辟了社会主义条件下市场经济发展的新道路；早在20世纪80年代初以来就持续开展的关于主体性、异化和人道主义以及价值论等问题的讨论，破除了"以物为本"的传统发展模式，为确立"以人为本"的发展理念和科学发展观的提出奠定了重要的思想基础，推动了我国社会发展方式的根本转变。

与此同时，也必须清醒地看到，当代中国哲学仍然明显滞后于社会实践的发展及其需要，走向世界和国际化或世界化的道路还很漫长。特别是，它在很大程度上仍囿于强大的"官学合一"的政治传统以及文本诠释的历史传统，面临着某种困境甚至很大的危机。这特别集中地表现在，不能适应飞速发展的社会实践的需要，以及不能适应当代中国哲学自身国际化或世界化的需要。由于中国的快速发展和在国际社会地位的空前提高，当代中国哲学正愈益紧迫和突出地面临国际化或世界化的任务。但是，当代中国哲学虽已面临这一重大任务，自身却还尚未做好这方面的准备。

三　哲学何为？

近代以来，中国面临的最大实践课题是现代化，最大的思想理论课题则是"中国现代性"的塑造和构建。它决定了当代中国哲学的使命和任务，也决定了中国马克思主义哲学的使命和任务。所以，这应是我们思考当代中国哲学发展的一个基本的立足点和视域。那么，据此而论，哲学应该和能够何为？

构建合理的中国特色的现代性即"中国现代性"，实现科学性与价值性以及民族性与时代性的统一。从哲学层面来说，中国现代化问题的实质是一种合理的"中国现代性"的建构，而现代性的基本矛盾是科学性与价值性、民族性与时代性的矛盾。所以，合理的中国现代性的建构的任务应是实现科学性与价值性、民族性与时代性的有机统一。

首先，就现代性本身的内在矛盾来考察，特别是就作为现代性本质规定的主体性的内在矛盾来考察，必须解决科学性与价值性的矛盾，实现二者的统一。近代以来，伴随着人的主体地位的确立，科学性与价值性发生了分裂。这种分裂的根源实际上是主体的欲望恶性膨胀的结果，是人未能成为自身的需要、欲望的主体的结果。近现代以来，由于市场经济的极致化和普遍统治，由于工业和科学技术的高速发展，使人满足自身需要和欲望的手段空前地提高。与此相适应，人类的需要也发生了质的变化。按照马克思在《资本论》中的说法，这集中体现在对使用价值的追求变成了对价值的追求。在自然经济条件下，人们追求的只能是使用价值，使用价值作为物质财富是具体的、有限的。因而，人们对使用价值、物质财富的追求也是有限的。而在商品经济充分发达的条件下，人们追求的则不再是直接的使用价值和物质财富，而是价值。价值的增殖是无限的，没有止境的，因而，人们对价值的追求也是无限的和无止境的，由此导致"致富欲和贪欲作为绝对的欲望占统治地位"。①所以，究其根源，现代性危机的实质，是主体性自身发生了危机，即在市场经济充分发达的条件下，人沦落为自身的需要和欲望的客体，而没有成为自身需要和欲望的主体。或者说，人虽然凭借工业和科技的力量成为自然和万物的主人，但未能让人自身真正成为自身的需要和欲望的主人。因此，当代中国哲学有责任构建一种"自我主体性"，即使人真正成为人自身之主体的主体性。

人能否成为自身需要和欲望的主体？这首先是个根本性的道德和伦理问题。所以，在一定意义上，或许可以说，现代性危机的最终解决或现代化的最终完成可以归结为道德和伦理问题、价值观问题，即归结为伦理学的实践化和价值观作用的发挥。②

其次，就现代性外部考察，特别是就当代中国文化发展所面临的矛盾考察，要塑造合理的中国现代性，必须解决时代性与民族性的矛盾，实现二者的统一。从广义文化的角度来说，近代以降，中国文化就处在古今中外文化矛盾的交汇点上。解决古今中外文化的矛盾，成为当代中

---

① 在马克思看来，这种变化根源于生产方式及其目的的改变。马克思指出，决不能把使用价值看作资本所有者的直接目的，"他的目的……只是谋取利润的无休止的运动"。因此，"在资本主义生产方式的历史时期，……致富欲和贪欲作为绝对的欲望占统治地位。"（《马克思恩格斯全集》第23卷，人民出版社1972年版，第174—175、651页。）贝尔在《资本主义文化矛盾》中将异化了的"需求"概括为"欲求"。"需求"是指人的正常需要，是生理的，是有限制、有界限的；而"欲求"则是指超出限度的需求，即纵欲，是心理的，是无节制、无限度、无止境的。（参见《资本主义文化矛盾》，赵一凡等译，生活·读书·新知三联书店1989年版，第280页。）

② 牟宗三、徐复观、张君劢、唐君毅在《为中国文化敬告世界人士宣言》中曾合理地倡言：要确立一种道德的主体性，并以道德的主体来提挈政治的主体和认识的主体。

国文化赖以发展的一种必然形式和契机。如果说，中国传统文化的现代化要解决的是前现代性与现代性的矛盾，可以归结为时代性这一核心问题；那么，具有现代性的外来文化资源的中国化解决的则是世界性与民族性的矛盾，可以归结为民族性这一核心问题。所以，中国传统文化的现代化与具有现代性的外来文化资源的中国化的关系，在本质上就可以被归结为时代性与民族性的关系。基于上述这一理解，可以肯定的是，合理的中国现代性的塑造必须将时代性与民族性结合、统一起来。

构建和在全社会确立中国特色社会主义的基本价值观或核心价值观。坚持、完善和发展中国特色社会主义，有许多任务亟待解决和完成。但关键是要在加快经济增长方式转变、破解政治改革难题以及全面推进小康社会建设的同时，确立合理的中国特色社会主义的基本价值观或核心价值观。它决定中国特色社会主义发展的方向、道路的选择和制度的设计。在此方面，笔者早在 2006 年发表的专文中就曾提出，中国特色社会主义的基本价值观或核心价值观应是民主、富强、公正、和谐、自由。按照笔者的理解，民主表征的是中国特色社会主义关于人民群众在国家和社会生活特别是政治生活中的地位的要求，富强表征的是中国特色社会主义关于社会物质基础的要求，公正表征的是中国特色社会主义关于社会政治伦理关系及其规则的要求，和谐表征的是中国特色社会主义关于人与人、人与自然关系的要求，自由表征的是中国特色社会主义关于社会发展终极目的的要求。民主、富强、公正、和谐、自由五位一体，彼此依赖、相互渗透、互为前提，构成中国特色社会主义的核心价值观或基本价值体系，规定了中国特色社会主义的本质和发展趋向，是中国改革开放和社会主义现代化建设必须遵循的基本价值理念、原则和目标。①

---

① 参见侯才等《中国特色社会主义的基本价值观》，《学习时报》第 322 期，2006 年 2 月 15 日；《中国特色社会主义的基本价值观论析》，《中央党校学报》2006 年第 8 期。

　　迄今，在我国思想理论界（更不用说政治界）仍普遍存在某种讳言"自由"的倾向，遗忘了毛泽东早在抗日战争时期就已提出过建立"独立自由幸福的新中国"的主张①。其实，马克思主义的自由观是马克思主义学说中最本质、最核心的东西。马克思、恩格斯在《德意志意识形态》中以及马克思在《1857—1858年手稿》中对马克思主义的自由观均有详细的阐述。在他们看来，人的发展的最高目标就是要实现人的"自由个性"，成为"有个性的个体"，而这种"自由个性"的实现是以在扬弃"异化劳动"即雇佣劳动、强制劳动以后形成的"自主活动"为基础的。就我国现阶段而言，可以说，我们所从事的整个社会主义现代化事业实际上归根结底就是要确立人的主体地位，解决人的独立性和自由问题，把人从对人以及对物的依附关系中解放出来。

　　此外，这一问题也关联到近些年理论界所争论的"普世价值"问题。笔者以为，我们固然必须看到，各个民族和国家由于历史和文化传统的不同，都有自己的特殊的价值观和价值理念。任何民族和国家都没有理由将自己的特殊价值观强加于其他民族和国家，更不用说出于某种特殊的动机和目的。但是，我们也应该承认，恰恰在特殊价值中蕴含和存在普遍价值；而且，在大致相同的历史阶段和大致相同的历史背景下，人类具有某些相同或共同的价值观是必然的。此外，由于国情以及文化、历史传统的不同，人们对于同一价值观的理解也必定会存在一定的甚至很大的差异，但这并不否定该价值观所具有的普适性或普遍意义，毋宁说恰好为该价值观所具有的普遍性和生命力提供了证明。还应特别指出的是，马克思主义价值观是对以往价值观的批判、继承和发展，有其独特的内涵，并且在与中国具体实际相结合的过程中已被注入了新的实践经验和内容。所以，我们要确立的以马克思主义为指导的中国特色社会主义的核心价值观，应不仅是对存在于各个民族和国家特殊

---

　　① 《毛泽东选集》第2卷，人民出版社1991年版，第357页。

价值观中的人类普遍价值观的继承，而且还应是对这种人类普遍价值观的发展和升华。

继承和创造性转换传统文化及其哲学中的精华，特别是合理的道德、伦理和价值观资源。在现阶段，中国传统哲学的现代性转换工作还大大滞后。中国传统哲学的现代化是马克思主义哲学中国化的必要思想前提，显然，没有中国传统哲学的现代化，马克思主义哲学的中国化在很大程度上就会成为空中楼阁，是不可能完成的。所以，要使当代中国哲学摆脱面临的困境，有一个大的发展，必须立足于当代社会实践，下大力气促进中国传统哲学的现代性转换。在此方面，发掘、继承和弘扬传统的道德、伦理和价值观资源具有极为紧迫和现实的意义。在既有的许多中国哲学史教科书和专题史、范畴史著作中，价值观都没有被列为一个独立的部分，即使讲到"人生论"，其中涉及的与价值观相关的内容也是不完整、不完全的。比如"福"，就是中国传统价值观的一个重要范畴，但既有的教科书和专题史、范畴史专著均未能给予充分注意。《尚书·洪范》中对"福"已有专门界定和阐释，包括五个方面的内容（俗称"五福"）："一曰寿，二曰富，三曰康宁，四曰攸好德，五曰考终命。"① 即长寿，富贵，无疾病，追求美德，生命善终。这种对幸福的理解，非常简朴、实在、具体，体现了人生智慧，实际上是对广大民众价值观的一种理论总结和概括，所以，能够被人们所普遍认同、接受并久远流传。现在讲"民生"，显然就应考虑到如"福"这样的传统的价值观。

此外，应该看到，宗教道德对于社会的维系乃至对于现代性危机的克服具有重要的辅助作用，是社会道德所不能完全替代的。要切实发挥宗教道德的作用，其前提条件是必须正确、合理地认识宗教，必须正确

---

① 李学勤主编：《十三经注疏·尚书正义》（标点本），北京大学出版社1999年版，第323页。

认识和处理宗教与政治、与哲学等社会意识形式的关系。为此，有必要对传统的既有的宗教观进行认真反思。笔者不赞成哲学等其他社会意识形式可以代替宗教的观点，尽管许多哲学家、思想家都认为其他各种社会意识形式可以代替宗教，例如认为哲学可以代替宗教（黑格尔、费尔巴哈等），或者美学（蔡元培）、科学（胡适）、道德（梁漱溟）等可以代替宗教。显然，只有对宗教的本质有一个真正合理的理解，才有可能正确地处理宗教问题，以及与宗教相关的一系列问题。实际上，这不仅是一个重大的理论问题，而且，也是一个重大的实践问题。

清醒地认识和合理地确定所谓"道德底线"，正确处理道德与法律的关系，也是值得注意的一个重要问题。道德底线的下移和道德的法律化似乎是当代道德发展的一个重要趋势。它固然反映了社会宽容度和个体自由度的扩大，但同时也反映了总体社会道德水准的下降和滑落。如果一个社会人们普遍用最低的道德水准而不是较高的道德水准来要求和约束自我，那么，这样的社会大概是不会有前途和希望的。所谓坚守道德底线，应该说是一种消极的实践理性，并不是一种积极的实践理性。说到底，道德底线是防范手段，不是价值目标。为了更好地发挥道德的作用，有必要通过各种途径大力强化社会舆论和社会监督。道德是通过社会舆论的力量来发挥其作用的。强化社会舆论，就从根本上强化了道德的约束力。

提高全民族的思想道德素质和理论思维水平，把哲学内化为民族和每个公民的素质。哲学素质无论对于个体还是民族来说都是一项根本性的、战略性的素质。

首先，全民族的哲学素质的提高对于当代中国发展具有极其紧迫的意义。哲学素质包括精神境界和理论思维能力等方面。因此，对于民族来说，哲学素质的提高直接关系到全民族的精神风貌和理论思维水平。我国正在愈益成为一个名副其实的世界性大国和扮演愈益重要的角色。作为这样一个大国，经济和社会的发展固然要上去，同时，思想道德素质和理论思维素质也要上去。恩格斯曾说，"一个民族要想登上科学的高峰，究竟是不能离开理论思维的"①。同理，对于我们这样一个发展中的国家，如果缺乏道德素质和理论思维的有力支撑，也是难以卓然屹立于世界民族之林和有效发挥其世界性作用的。

其次，哲学素质的提高对于每个社会成员特别是对于执政主体和领导主体具有重要的意义。它首先直接关系到执政主体和领导主体的战略思维能力、执政和决策能力的提高以及路线、政策和方针的正确。

（本文原载《哲学动态》2012 年第 11 期；《新华文摘》2013 年第 5 期；《高等学校文科学术文摘》2013 年第 1 期）

---

① 《马克思恩格斯选集》第 4 卷，人民出版社 1995 年版，第 285 页。

哲学的伦理化与现代性的重塑

近代以来，伴随社会的急剧转型，哲学的发展也经历了重大变迁，呈现出许多新的特点和发展趋向。其中，一个重要的趋向就是哲学的伦理化。这种哲学的伦理化，根源于人类实践活动的发展和社会的转型，与现代化过程有着直接的内在关联，同时也是当代中国哲学发展的重大契机和解决现代性内在矛盾和悖论的关键。

一

源自黑格尔遗著中的手稿《德国唯心主义最初系统纲领》曾明确地预言："形而上学在未来将进入道德之域，……而伦理学将成为一切理念的完整体系。"所谓形而上学将进入道德或伦理之域，是说哲学的发展将以道德、伦理为重点，道德、伦理将成为哲学的"普照之光"。

在当代，或者准确地说，进入现代社会以来，哲学已经进入道德、伦理之域。这首先直接表现在下述若干方面。

首先，就哲学自身发展的内在逻辑特别是认识重心的迁移来说，哲学已经进入道德、伦理之域。伴随社会实践的不断发展，哲学认识的重心经历了由自然到人、由"实体"到主体的迁移。在古代是自然，在近现代则是人本身——开始主要是人的思维、精神层面，后来转移到人的存在、活动层面。与此相适应，哲学的主题和表达形式也经历了由以自然为中心的本体论、到以人的思维为中心的认识论和以人的存在为中心的人本论的演变。这种哲学认识重心的迁移的现实根源，是到了近代社会以后，由于机器工业的出现和近代科学的产生及其应用，社会生产力有了本质性的突变，人借此从自然中提升出来，在总体上开始成为所谓真正意义上的主体。由此，以往浑然一体的世界被二元化：无所不包的自然成了人所生活在其中的单纯的周围外在环境，而人也俨然成为一种能够主宰其余自然的存在物。这种人类通过其自身的社会实践活动所实现的人与自然关系的根本逆转给人们的认识带来的变化是，导致了认识视角的一种根本性的转换，即由"实体"或客体本位转移到主体本位，由对自然和物的关注转移到对人自身的关注。与此相适应，人们实践的主观态度则由客体规定的尺度转移到主体意义的尺度，由对客观对象认知的真理性或科学性的追求转移到对主体存在的价值性的追求：在古代，人与自然、主体与客体的关系尚未分化，人们对自身价值的关注寓于对自然统一性的追寻之中；近代以降，诸种自然科学由经验科学上升为理论科学，认识论在哲学理论中占据了中心地位，精神原则、科学理性成为至高的主宰，在这种情境之下人们主要关注的是如何客观地认识和把握外在对象，揭示客观外在对象的隐秘的本质和运动规律。这种状况固然有助于人们认清和把握外在对象，但同时也造成了人们对自身存在的忽略和遗忘，以致造成了科学精神与人文精神的分裂；在当代，伴随认识重心向人自身存在的迁移，人自身存在的意义和价值问题愈益进入哲学的视野。人们不仅关注真理的追寻，而且更关注价值的实现。特别是人们重视的不再是永恒价值、绝对价值和长久价值，而是有限价值、相对价值和当下价值。

其次，就哲学与诸种社会意识形式的关系来说，哲学已经进入道德、伦理之域。在人类社会实践不断发展的基础上，与哲学研究重心迁移的历史轨迹相适应，哲学与其他诸种社会意识形式的关系处在不断的嬗变过程中，经历了从古代的宗教化、到近代的科学化、再到现代的伦理化的历程。在古代，哲学与宗教密切融合。它最初在意识的宗教形式中形成，从而一方面它消灭宗教本身，另一方面从它的积极内容说来，它自己还只在这个理想化的、化为思想的宗教领域内活动。即便后来哲学把握了宗教的普遍内容而从宗教中独立出来，也往往难免跟在宗教后面蹒跚而行。在西方，到了 11—13 世纪，哲学甚至彻底受到了宗教教会的统治，成了神学的奴婢。到了近代，随着理论自然科学的诞生和各门具体科学从哲学中的分化，哲学依靠科学的支持，开始取得对宗教的某种独立地位，作为一支独立的理性力量登场，并在启蒙运动中发挥了重大的作用。但是同时，哲学也开始处在科学的影响之下：这尤其表现在作为科学观念、科学精神表征的客观性、规律性、实证性等要求对哲学的浸染和影响。在这样的情势之下，哲学不再作为凌驾于各门具科学之上并包摄各门具体科学在内的"科学之科学"而存在，同时愈益依附科学和科学化，甚至在某种程度上成为科学独断统治和科学主义的牺牲品。在当代，可以清晰地看到，哲学的科学化早已走到其尽头。正是在对科学和科学主义的独断统治的扬弃中，在市场经济的普遍发展中，产生了哲学的伦理化的需求。可以说，这种哲学的伦理化倾向从近代始初就已经显露了端倪。

最后，就哲学与整体文化特别是精神文化的关系来说，哲学已经进入道德、伦理之域。正像哲学自身的发展一样，文化总体上也经历了一个类似的嬗变过程。其中，物质文化与精神文化在人类发展的不同历史时期也具有不同的历史地位和意义。在古代社会，社会物质生产力发展水平相对低下，人们追求的主要是物质生活需求的满足和对物质财富的占有，物质文化的基础地位和作用极为突出。到了近代，虽然物质生产力借助于机器和科学的力量有了迅猛发展，但无论是在人们的生活需求还是在社会的发展方面物质因素都仍是提到社会实践首位的因素。到了当代，伴随电子信息技术的发展，知识、信息愈益渗透到社会生产和社会生活的各个领域,以至"知识生产力"取代了物质生产力,文化产业成为社会的支柱产业。与此同时,社会物质财富空前增加,人们的物质生活水平或物质文明程度也在总体上得到了很大的提高。在这种情况下,精神性因素在社会生活和历史发展中的作用日益突出,人们对文化和精神生活的需求也空前提高,由此精神文化的主导地位和作用得到了空前的彰显。总体而论,特别是直接和集中表现在精神文化方面,文化的根基、核心乃至主要精髓是道德、伦理特别是价值观。价值观诠释、体现和表征文化的本质、发展趋向和目标。而价值观的塑造和设定则是哲学的主要内容和功能,是哲学的题中应有之义。因而,文化自觉必然要通过哲学才能最后在价值观的层面得到集中的体现,必然要求强化、突出和发挥哲学的价值观功能和哲学的价值自觉。

二

从根本上说,哲学进入道德、伦理之域是由现代化发展的实践及其需要决定的。近代以来,人类面临的最大实践课题就是现代化。这表现在思想理论上,则是一种合理的"现代性"的塑造和构建。而这恰恰是与道德和伦理问题特别是价值观问题紧密联系在一起的。

所谓现代化,其实质内涵是人类历史由古代社会向现代社会即由农业社会向工业和商业社会、由自然经济向商品、市场经济的一种转型,这是人类历史迄今发生的最为重大的变迁。这种转型的最为根本的物质根源在于:人自身的生产力借助于现代理论自然科学和技术的迅猛发展已经达到这样一个关节点和高度——在人类所及的自然范围内,人工因素已经开始压倒自然的因素,成为占优势和主导地位的力量,以至相对于以往的人与自然的关系而言,可以有某种理由说人类开始在总体上真正成为自然界的主体。马克思和恩格斯曾经高度关注过这种社会转型和历史变迁给人类社会所带来的深刻变化,深入研究转型前后两大历史阶段的质的不同和各自的主要特征。按照他们的描述，古代社会或传统社会与现代社会的主要区别在于：前者是主要使用自然形成的生产工具，而后者则是主要使用文明创造的生产工具；前者是人受自然界的支配，而后者人则是受自身劳动产品的支配；前者是地产统治，而后者则是资本统治；前者是个人通过家庭、部落和土地结合在一起，而后者则是通过交换集合在一起；前者主要是人与自然之间的交换，而后者则主要是人与人之间的交换；前者是脑体还完全没有分开，而后者则是脑体已实行彻底分工；前者是所有者依靠个人或共同体对非所有者实行统治，而后者则是所有者通过货币对非所有者进行统治；前者是小工业没有个人间的分工，而后者则是工业只有依靠分工才可能存在；如此等等。在《资本论》第一卷中，马克思再次明确确认："资本主义生产方式的确立以人对自然的支配为前提。"

人类能力的空前提升及其导致的这种历史变迁也给人赖以生存的周围的自然带来了前所未有的变化，即对地球地质变化起决定性作用的因素不再是自然的力量，而是人工的力量。由于人类活动由此开始决定性地改变了地球的物种和大气结构等因素，并对地球造成了不可逆转的改变和损害，以致自然科学家们通过一系列仔细地研究之后宣布地球由此进入了一个新的地质世，即"人类世"。

无疑，人类似乎至少暂时赢得了对现代性的胜利。然而，在人们享受现代化所带来的愈益丰硕的成果和愈益优裕的物质生活条件的同时，也愈益深切地认识到由此所付出的沉重和高昂的代价。思想家、哲学家们早已普遍地确认和认定，人类正在经历的整个现代化过程或者人们普遍谈论的现代性存在着深刻的危机甚至是重大的危机。这种危机集中表现在发展与代价、赢取和丧失、创造与毁灭的矛盾和悖论越来越深刻，特别是在资本逻辑的统治下，传统的道德、伦理和价值观被从根本上颠覆，在很大程度上失去了效力。对于现代性自身的这种困境和危机，且不论尼采、海德格尔特别是马克思等人有关的深刻分析，卢梭早在1749

年写下的断言已足令我们警醒："文明是道德的沦丧，理性是感情的压抑，进步是人与自然的背离，历史的正线上升，必伴有负线的倒退、负线的坠落"，"随着我们的科学和艺术近于完善，我们的灵魂败坏了"，"我们已经看到美德随着科学与艺术的光芒在我们的地平线上升起而逝去"。

如果说，人类正在经历的整个现代化过程或者人们普遍谈论的现代性确实存在着危机，那么，如何理解和认识这种现代性的危机？它是如何产生的，其根源何在？黑格尔认为现代性危机的根源在于构成现代性哲学根基的主体性不具备宗教那种绝对的统一力量。海德格尔把这种危机的根源追溯到"存在"的遗忘和作为架构（Gestell）的技术的不可控性。韦伯把危机的根源归因于"理性化"。伽达默尔认为危机的根源主要在于人类对自己所建立起来的文明成果的依赖性。哈贝马斯把危机的根源视为个人自由的悖论。

其实，说到底，现代性危机的根源是人这一主体自身的需要和欲望恶性膨胀的结果，是人未能成为自身的需要、欲望的主体的结果。近代以来，由于市场经济的极致化和普遍统治，由于工业和科学技术的高速发展，使人满足自身需要和欲望的手段空前提高。与此相适应，人类的需要也空前增长，以致发生了质的变化，即对使用价值的追求变成了对价值的追求。具体而言，在自然经济条件下，人们追求的主要是使用价值，使用价值作为物质财富是具体的、有限的。因而，人们对使用价值、物质财富的追求也是有限的和有止境的。而在市场经济的条件下，人们追求的已不再是直接的使用价值和物质财富，而是价值这种"抽象财富"。价值的增殖和扩张是无限的，没有止境的，因而，人们对价值的追求也是无限的和无止境的，由此导致马克思所揭示的在一定历史阶段"绝对的致富欲"和贪欲占统治地位。不仅如此，如果仔细探究，还不难发现，在价值及其增殖成为人们的需要的情况下，人们的需要也不再局限在自身生命的再生产，而是大大超越了自身生命再生产的范围；

不再局限在主要是生理的需要，而是大大超越了生理需要的要求。甚至需要与欲望的界限也被消融，欲望直接成为名副其实的需要。在这样的情况下，需要与满足之间的关系也具有了全新的形式。由于满足需要的手段的质的提升，需要和欲望愈益在更大程度上得到满足，而已经满足的需要和欲望又产生了新的更大的需要和欲望，新的更大的需要和欲望又刺激和推进了手段的提升，新的手段又使新的比以往更大的需要和欲望的满足成为可能……如此循环往复，伴随手段的每一次提升，需要和欲望也被推至更高级的程度。但与此同时，需要和欲望愈在更大程度上得到满足，人们的生活条件和生活水平愈在更大程度上得到改善和提高，人们也就愈在更大程度上沦为自己的需要和欲望的奴隶。从中可见，在资本逻辑的作用和影响下，人作为需要与满足之间的钟摆，其摆动的频率越发加速。被维特根斯坦视为人的宿命的物欲诱惑的强大与人的本性的薄弱之间的反差被以空前的形式突出和彰显出来。

总之，根据需要和欲望所发生的改变及其内在逻辑，我们有理由认定，现代性危机的实质，是在市场经济充分发达的条件下，由于人的需要的质变和欲望的无节制地膨胀，人愈渐沦落为自身的需求和欲望的客体，而没有成为自身需要和欲望的主体。

人能否成为自身需要和欲望的主体？应当说，这首先是一个根本性的道德、伦理和价值观问题。因此，在一定意义上，或许可以说，现代性危机的最终解决或现代化的最终完成可以归结为道德、伦理和价值观问题，即归结为伦理学的实践化和价值观作用的发挥。

如此说来，哲学的伦理化就为合理的现代性的塑造所必需，成为破解现代性危机的关键环节。这集中表现在：重塑价值观和整个价值体系，为人自身的需要和欲望立法，从而有效解决科学性与价值性这一现代性的根本矛盾和悖论。这无论对于当代中国哲学自身的发展还是对于中国现代化的顺利实现显然都具有至关重要的意义。

就中国现代化建设而言，其世界历史意义在于确立一种合理的现代性，即"中国现代性"。如果说，从哲学的视阈来审视，现代化建设的本质和内蕴是"现代性"的塑造，那么，中国现代化建设的本质和内蕴则是"中国现代性"的塑造。在既有"现代性"的世界话语体系中，"欧美现代性"曾一直独居统治地位，被描述为"全球现代性"的代表或主要标志，甚至被直接等同于"全球现代性"。而中国现代化建设的完成和"中国梦"的实现，实际上意味着一种新现代性即"中国现代性"在世界历史上的确立，意味着既有世界"现代性"话语体系的彻底重释和改写。

中国的改革开放和现代化建设事业已经取得了举世瞩目的成就。同时也必须清醒地看到，现代化过程将是人类历史上一个长期的发展阶段。从一种较为宏观的历史尺度来看，从传统社会向现代社会的转型的完成并不意味着现代化过程的结束，毋宁说是现代化过程新阶段的开始。西方思想家政治家们曾热衷于谈论"后现代社会"的来临。其实，所谓"后现代社会"终结的并不是整个现代化过程，而只是现代化过程的初始阶段。它只不过意味着现代化初始阶段的结束和继之而来的新阶段的开始。显然，"中国现代性"仍在塑造和生成的过程中。它仍将继续面临许多严峻的困难和挑战。在这一实践的过程中，无疑不能须臾离开哲学的作用和哲学的伦理化，不能须臾离开道德、伦理和价值观的作用和实践化。

三

从哲学伦理化的视域审视现代性的重塑，当代中国哲学面临多方面的课题和任务，但首先应是提升哲学自身伦理化的自觉。为此，需要进一步探讨、澄清和明晰若干方面的相关问题。

关于价值论与存在论、认识论。近代以来，哲学愈益明晰地被区分为存在论、认识论和价值论等领域，专业研究及其成果愈益专门、细致。但是，由此导致的一个后果是，这些领域彼此被分割开来，成为各自相互外在的领地。由此，不仅哲学整体性被极大地削弱和淡化，诸领域也愈益只有片面的真理。就价值与存在的关系而言，其实，体现世界根本的"存在"作为至善本身就是最高价值，任何主体的真正的价值就体现在趋向存在，与存在合一。因而，所谓一般意义上的"价值"，作为主体的天然使命、目的，首先就体现在主体存在的过程中，表现为主体的存在过程及其结果，而并不是所谓客体对主体的效用（这种界定本质上仍未超出经济学的"使用价值"范畴）。在价值论与存在论的关系方面，海德格尔从存在论的立场就虚无主义与尼采展开的论争很引人瞩目。尼采明确否定脱离人之"生命"而存在的抽象的"存在"概念，在用现实的"生命"取代抽象的"存在"的基础上着重从价值论的视阈对虚无主义进行研究。他鉴于基督教信仰体系及其所表征的全部传统道德和价值观的瓦解和失效，将虚无主义的要害诊断和界定为价值问题，即"最高价值的自行贬黜"。海德格尔则逆向而行，强调，"虚无是一个存在概念，而不是一个价值概念"，认为"关于价值及其本质的问题植根于关于存在的问题"，因此，断言尼采"完全是从价值思想出发来把握虚无主义"，仍然停留在西方传统形而上学的轨道和区域中。实际上，尼采诉诸价值，由弃绝抽象存在进展到价值，而海德格尔则诉诸存在，由价值返溯存在，两者的区别只是着重点和路径的不同。这表明，存在论与价值论两者实际上是不可分割的。价值论与认识论的关系也同价值论与存在论的关系相类似，两者彼此统一，不可分离。马克斯·舍勒已经清晰地阐明，价值是认识的客观前提并贯穿在认识过程的始终。这主要表现在，人在认识的过程中，其愿望和行为先于认识，动机、过程和目的都要受到道德积习的制约，而不会价值中立。因此，人必须首先学会并具有善的欲望和行为，才能将善作为善来认识。在此意义上，价值先于认识，价值给予性先于存在给予性。中国古代哲学家们对于认识与价值的关系已经有了较为深刻的理解，彻底地将认知奠基于道德的基础之上。儒家将"智"与仁、义、礼、信一起列为基本的伦理纲常（"五常"），就充分地体现了认识论与价值论相统一的思想，在这里，认识论甚至被直接归结为伦理学。显然，在当代，中国哲学必须努力重建存在论、认识论和价值论三者的统一。

关于德治与法治、以德治国与依法治国。强调道德、伦理和价值观的作用，不免涉及如何看待德与法、德治与法治的关系这一重要问题。我国富有"德法统一"的历史传统，将德法视为对立统一的整体。德法并行、礼刑相济为历代统治者所推崇。在理论上，《礼记》中已明确提出："礼乐刑政，其极一也。"孔子认为："道之以政，齐之以刑，民免而无耻；道之以德，齐之以礼，有耻且格。"荀子也提出："治之经，礼与刑。"宋代学者胡宏将法看作显性之德，将德看作隐性之法，提出"法制者，道德之显尔；道德者，法制之隐尔。"这一说法，与黑格尔将法视为外在、客观之法，将道德视为内在、主观之法异曲同工，清晰地阐明了德法的同一性，对于我们今天将道德建设和法治建设融为一体、作为一体建设具有重要的启示。

关于德法两者的关系，古人特别是儒家还主张"德主刑辅"，这一观点往往为当代一些学者所诟病，认为对法治重视不够。但是，这种指责不仅置换了所处的不同的历史条件，而且也未能区分开义理和实践两个不同的层面。其实，从具体历史阶段社会所面临的实践任务来看，有时社会对法的需要确实比德更迫切、更具有优先地位；可如果从义理的层面而言，则德无疑比法更根本，正如黑格尔所阐明的：法是意志的自在形态，而德则上升为意志的自为形态，真正体现了主体的自我规定。

在我国现阶段，关注和重视社会的道德、伦理和价值观建设，一项重要任务是在全社会培育和弘扬中国特色社会主义"核心价值观"，并为此提供有力的学术论证和学理支撑。作者以为，无论是对中国特色社会主义核心价值观的阐释、宣传还是进一步提炼，都应充分看到：中国特色社会主义核心价值观所担负的主要功能是对中国特色社会主义的本质、应然趋向和发展目标的界定，它体现了价值的普遍性和特殊性、实然性和应然性的统一。

有一种意见认为，金钱和财富不是社会主义本质的标志，因此不宜将"富强"这一范畴列入中国特色社会主义核心价值观之内。这种观点或许忽视了马克思主义财富观与其他各种财富观的区别，特别是忽视了马克思和恩格斯在《德意志意识形态》中所提出的马克思主义财富观的这样一个核心思想，即共产主义是联合起来的个体对财富总和的占有，即财产归属于全体个体。有理由认为，将共产主义界定为联合起来的个体对财富总和的占有，具体表明了马克思和恩格斯对财富的理解，堪称是马克思主义财富观的一种经典的表述。而邓小平针对社会主义本质所提出的"共同富裕"，也与此精神相符。据此来看，应该说将富强作为中国特色社会主义的核心价值观是可以成立的，更不用说强调富强对于中国当下所具有的重要现实意义和针对性了。

关于马克思主义伦理思想与中国传统伦理思想、西方现代伦理思想。对于三者的关系的处理，应在坚持马克思主义伦理思想在意识形态层面的主导地位的同时，充分发挥中国传统伦理思想和西方现代伦理思想的合理因素和优长，做到兼容并蓄、相辅互补，以满足不同社会主体和不同社会层面的多样化相关需求。此外，还应注意整合不同的伦理思想资源，着力解决理性与欲望、道义与功利、利己与利他等道德和伦理的基本矛盾。在此方面，需要从伦理学的角度对马克思哲学进行深入研究和重新解读，并使其发挥现实的影响和作用。对马克思哲学的传统诠释往往认为，马克思的伦理思想匮乏，甚至存在空场。这实际上是对马克思哲学乃至马克思学说的一种误判。事实上，马克思虽然没有专门对伦理学的基本理论进行过学理上的系统阐述，但是，如果从伦理学的维度透视马克思哲学甚至马克思的整个学说，那么，他的整个哲学甚至全部学说都蕴含和体现一种伦理学。这具体表现在，马克思把"现实的个体"即作为个体的实践主体作为自己理论的现实出发点，把"自由个性"的实现规定为个体的发展和完善的最高目标，坚持利己与利他、改变环境与改变自我的有机统一，诉诸真正自由的实践活动——"自主活动"，把人类历史的发展过程理解为通过摆脱"人格依附关系"和"物的依赖性"而实现的人的"自由个性"的过程等等，以一种独特和彻底的形式清晰地表述了一种新伦理学——以实践为基础的人格伦理学。特别是马克思深刻地揭示了资本统治下人们所遭遇的"物的增殖和人的贬值"这一根本的生存异化境况及其根源，指出了扬弃异化的路径和合理的发展目标。也正因如此，马克思学说在当代才愈加彰显出它的意义。

关于传统道德、伦理和价值资源的继承与创造性转化。在我国传统文化及其哲学中，存在着丰厚的道德、伦理和价值观资源，以至于王国维曾断言："我国无纯粹之哲学，其最完备者，唯道德哲学与政治哲学耳"。但是，在现阶段，这种资源的挖掘和现代性转化工作却过于滞后，不能适应疾速发展的社会实践的需要。

在作者看来，要做好传统思想资源的挖掘和现代性转化工作，其思想前提还是提高对传统文化重要性的认识。应该充分看到，中国传统文化是中华民族赖以生存和发展的生生不息的精神源泉和精神动力，是中华民族主体性的精神根基。特别是在全球化愈益发展的条件下，大力发展和弘扬民族文化，对于实现民族文化认同和提高民族文化的凝聚力，保持民族的主体性和独立性，对于形成统一而又多元的世界文化格局，都具有重要的意义。所以，应该充分尊重和高度重视自己的精神遗产，既要反对和防止文化保守主义和文化复古主义，更要反对和防止片面强调文化的时代性而否定文化的民族性，以及片面强调马克思主义与传统文化的差异和对立等各种文化相对主义和文化虚无主义，以高度的文化自觉、开放的心态以及清醒的文化主体意识，大力继承和弘扬自己的优秀文化及其传统。

关于宗教道德与社会道德。应该看到，宗教道德对于社会的维系乃至对于现代性危机的克服具有重要的辅助作用，是社会道德所不能完全代替的。发挥宗教道德的作用，其思想前提是合理地看待宗教，正确地认识和处理宗教与政治、与哲学等社会意识形式的关系。我国既有主流宗教观存在的一个重大缺陷，是混淆了宗教与哲学、与政治思想特别是与政治信念的界限，对此应该加以厘清和纠正。一些哲学家、思想家曾主张用其他社会意识来代替宗教，例如用哲学来代替宗教（黑格尔、费尔巴哈等），或者用美学（蔡元培）、科学（胡适）、道德（梁漱溟）来代替宗教，这实际上是对宗教本质的误读，是不能成立也是无法实现的。正确地认识和处理宗教问题，以及与宗教相关的一系列问题，实际上既是一个重大的理论问题，也是一个重大的实践问题，必须引起高度重视。

关于官德与民德。黑格尔在其《法哲学原理》中，把伦理作为自由意志发展的最高阶段，同时又把政治国家作为伦理的最高体现，这是有其合理性的。可以说，政治伦理是道德和伦理的核心一环。特别是在高度集权的政治体制下，这一点体现得尤为突出。就此而论，在我国现阶段，政治伦理建设特别是官德建设无疑是整个道德和伦理建设的关键。对权力的有效约束，无疑需要构建德－法双重网络结构，要重视和强化客观的、外在的、显性的立法，同时也要重视和强化主观的、内在的、隐性的立法，使两者彼此结合和相互辅助。这样，才能确保权力的合理运行。

（本文原载《北京大学学报》［哲学社会科学版］
2015 年第 3 期；《新华文摘》2015 年第 20 期）

重述哲学危机

近代以来，伴随人借助于工业和科技的力量在总体上成为自然的主体，以及由此而来的社会转型这一根本性的历史变迁，传统社会、自然经济终结了。与此相适应，以往的哲学形式——传统的形而上学也终结了。现代性占据了统治地位，但同时其内部也蕴含和生成着深刻的危机。与现代性的开启及其危机相伴生的，是哲学主体性的莅临以及同样深刻的哲学危机。

其实，说到底，这种哲学危机与现代性危机不过是同一件事情的两个方面，前者不过是后者的理论映现和逻辑表达。两者的同一性具体和主要表现在，现代性的存在论根基是被哲学称之为的主体性，所以，所谓现代性危机实质上是主体性的危机。

正如迄今我们仍处在现代性的危机中，迄今我们也仍处在哲学的危机中。然而，这种深刻的哲学危机尽管早已为某些富有睿智的哲学家所深刻洞察和昭示，但并未得到应有的普遍认同和有效回应，从而哲学发展的状况也就依然未从根本上得到改观。甚至随着时间的流逝，连危机本身也愈渐被淡漠、忽视和遗忘，以致在客观上成为一种人们习以为常的哲学发展的常态，乃至有必要在今天新的历史境况下对这种危机从总体上重新加以揭示和描述。

概而言之，哲学危机到底何在？笔者以为，其主要表现是：伴随人对自然的所谓主体地位的确立，主体性原则的膨胀物——主体主义①占据了统治地位，对作为世界之根本、本原或最高统一者的"存在"的追寻遭到实质性的废弃，与宗教母体愈益疏离并同时沦为科学的附庸，甚至在某种程度上被资本及其逻辑所支配，从而成为物欲主义、消费主义和各种实用主义的工具，丧失了本应具有的信仰、批判和超越之维，特别是丧失了将人与世界、与"存在"紧密结合、合而为一的能力。

首先，哲学危机一个首要和根本的特征是伴随主体性的莅临而来的"主体主义"②的统摄以及以此相联系的"存在"的失落。近代以降，主体性成熟并迅速崛起，进而取代了作为传统形而上学表征的"存在"的地位，成为哲学的普照之光。主体性莅位的现实根源是，人工的因素在知识和科技的强力支持下，开始在历史过程中占据优势和主导地位。这从广义自然的立场来看，不过是表明自然中一种有意识的自然力开始得到有效的发挥，然而从人类的立场来看，却被视为人类开始在总体上成为所谓自然的主体。如前所述，主体性是现代性的哲学底蕴和根基。在此意义上，现代化的进展过程，实际上也就是主体性的展开和发挥过程。现代化的业绩也就是主体性的业绩。但是，任何事物都有其两面，在带来积极的效用的同时也都会带来负产品。主体性的负产品就是主体性原则的绝对化，即主体性的膨胀物——一切以主体为中心的绝对的主体主义。正是主体性自身所含有的这种内在矛盾，决定了现代性在其诞生之日起就蕴含着危机。而且，正因为主体性是现代性的哲学内核和根基，现代化如果未彻底完成，主体性的使命就不会终结，而与其相伴随的主体主义同样也就不会寿终正寝。

与主体性的莅临相关联的是"存在"的失落。如人们所熟悉的，海德格尔曾将现代哲学危机的主要表现和实质简要地归结为由于误将"存

---

① 在西方哲学中，"存在"被普遍用来表征世界之根本、本原、始源或最高统一性，本文在通行或约定俗成的意义上使用该词。

② 笔者用"主体主义"一词来指谓以主体为中心、将主体性原则绝对化的各种理论形式。

在"认作"存在者"所导致的"存在"的遗失①。在海德格尔看来，正是由于对"存在"问题的遗忘，才导致技术的统治，从而致使现代性陷入危机。同时也正是由于对"存在"问题的遗忘，哲学虽然并未化为乌有，但已经走到终点。鉴于传统哲学的终结，海德格尔甚至不愿再将自己的哲学指称为"哲学"，而转而称之为"另一种意义的思"。其实，在海德格尔之前，远的不论，与海德格尔同时代的某些哲学家已经提出过一些类似的洞见。例如，早在1911年，即海德格尔完成其《存在与时间》的15年前，别尔嘉耶夫在其《自由的哲学》中就已对这种现代哲学的危机及其实质进行过深刻的揭示。在他看来，这种危机的表现主要是主体与客体的分裂以及"存在"本体的消失，而其实质则是"在认识存在，在把认识主体与存在结合起来方面的致命的软弱无力"。②据此，别尔嘉耶夫明确地断言并宣布："对于哲学来说，模仿追随和衰落的时代已经到来。"③ 在与别尔嘉耶夫的同时，西田几多郎在同年发表的《善的研究》中，出于对"存在"之遗失和现代哲学之衰落的焦虑，力拒"对象逻辑"即主客分裂的立场，努力重建"存在"的权威（西田几多郎按照他自己的理解将"存在"改称和命名为"无限的实在统一力"），并且最终创制了一种立足于"历史实在世界"和诉诸"行动的直观"，而且堪与海德格尔"基础存在论"相媲美的现代存在论体系——"场所逻辑论"。在我国，我们看到，在金岳霖民国时期所撰写的著作中，在深刻揭露现代性危机的同时，对现代哲学危机亦有深刻的揭露和描述。在金岳霖看来，在当代社会，随着目的和知识的出现，"实在"已经被分为主体的实在和客体的实在。由于人类既具有目的也具有知识，所以他们不仅要求改造客体实在，而且也知道如何不断扩大

---

① 海德格尔的这一说法严格说来并不确切。笔者认为，"存在"被遗弃的认识论根源首先在于"存在"与人及其感性世界的二重化，即"存在"被同人及其感性世界相分离。"存在"所以被误认作存在者，也是这种二重化所致。

② 别尔嘉耶夫：《自由的哲学》，董友译，广西师范大学出版社2001年版，第4、7页。

③ 别尔嘉耶夫：《自由的哲学》，董友译，广西师范大学出版社2001年版，第6页。

改造的范围，而他们的力量与他们所能够具有的知识成比例。正因如此，目的和知识的结合既给人提供了力量，但同时也给人带来了危险，因为它孕育着追求得到更大力量的欲望，而且并不满足于仅仅作为单纯的手段，而是具有使自己成为目的的倾向，随时会异化为目的本身。金岳霖认为，实在世界的这种主客分裂是"道"在其自我展开过程中必然经历的现象，而正是实在世界的这种主客分裂及其引起的手段的异化，导致了哲学的界域和性质的变化，使哲学再也无法担负起"智慧的源泉"的重任以及解决生活中最根本的问题的任务，失去了昔日的荣耀。鉴此，他致力重建"天人合一"的"道"本体论，诉诸和倡导一种"以超越人类作用的沉思为基础的"、能够帮助人们摆脱个人自我中心主义和人类中心主义的"圣人人生观"。[①]

令人遗憾和失望的是，上述哲学家们的睿智和洞见并未能实质性地扭转或改变当代哲学发展的趋向。迄今为止哲学似乎仍在沿着已经开启的固有方向无可挽回地行进下去，而人通向"存在"之路仍未被真正找到或打通。更有甚者，仍有某些哲学家相信并坚持，"存在"的失落是哲学的一种完全合理而应予肯定的发展，哲学研究没有必要再去固守和因袭旧的传统。例如，甚至哈贝马斯也明确地认为，"形而上学的解释形式在现代失去了其价值，并发生了变化，尽管它们还替理论保存着原始神话所具有的统一力量：宗教和形而上学的基本概念所依赖的整个价值体系，随着科学、道德和法律等专家文化的兴起以及艺术走向自律而崩溃了。……今天，哲学阐明正常人的知性所依据的有效性标准，已超出了哲学自身的管辖范围。哲学必须在不由它自主的理性条件下从事活动。所以，相对于科学、道德和艺术而言，作为解释者的哲学不可能再具有认识本质的特权，拥有的最多只是可能会出错的知识。哲学必须放弃其传统形式，即作为一种干预社会化过程的学说，而保留其纯理论。

---

① 参见《金岳霖集》，中国社会科学出版社 2000 年版，第 173—175、195—197、183 页。

最终，哲学也无法再根据价值的高低，把不同生活方式的复合总体性加以等级化；哲学只能把握生活世界的一般结构。从上述三个意义上说，康德之后，不可能还有什么终极性和整合性的形而上学思想。"① 据此，在哈贝马斯看来，哲学的功用在今天已经十分有限和具体了："哲学所剩下的以及力所能及的就是通过解释把专家知识和需要探讨的日常实践沟通起来。哲学剩下的就是通过阐释来推动生活世界的自我理解进程。"② 显然，当哈贝马斯对今天哲学所面临的任务作出如此规定时，已经撇开了维特根斯坦所提及的哲学必须沉默面对的生命问题："我们觉得即使一切可能的科学问题都能解答，我们的生命问题还是仍然没有触及到。当然不再有其他问题留下来，而这恰好就是回答。人们知道生命问题的解答在于这个问题的消灭。这难道不是在长时期怀疑之后才明白生命的意义的人们还是不能说出这个意思究竟何在的原因吗？确实存在不可言说的东西。这是自己显现出来的神秘的东西。"③ 然而，正是生命问题与整体世界、与"存在"相联系。它的奥秘直接与整体世界、与"存在"相关联。在一定意义上，生命问题是一个整体世界及其本原的问题，对它的回答要以对整体世界、以对"存在"的回答为前提。其实，不仅生命问题与整体世界、与存在相关联，其他一切问题显然也莫不如此。

哲学危机的另一个主要表现和特征是割断了与宗教母体的关联并沦为科学的附庸。追溯其起源，哲学原本在宗教的母腹中诞生，宗教是包括哲学在内的一切文化的母体，从而也是包括哲学在内的一切文化的精神源泉和营养根基。但是，到了近代，当哲学力求把握宗教信仰的普遍内容（其实，哲学在此方面所能做到的极为有限），并将其翻译和改造成思想所能掌握的意义以及通过概念形式对其予以解释，从而从宗教中

---

① 哈贝马斯：《后形而上学思想》，曹卫东、付德根译，译林出版社 2001 年版，第 18 页。
② 哈贝马斯：《后形而上学思想》，曹卫东、付德根译，译林出版社 2001 年版，第 18 页。
③ Ludwig Wittgenstein, Tractatus Logico-Philosophicus, London, 1956, p. 186.

独立出来以后，信仰的超自然特性和内容开始远离作为人类理性的哲学，成为哲学所不再眷注和不能理解的东西，而哲学本身则只限制在世俗感性事物的范围之内。由此，哲学也就愈渐彻底地断绝了与宗教母体的联系。

不仅如此，某些哲学家、思想家甚至认为并相信，哲学乃至道德、科学、美学等等完全可以取代和代替宗教。在此方面，黑格尔无疑最具代表性。黑格尔认为，哲学与宗教的对象、内容都是"独立自存的理性"①，就此而论，"哲学本身事实上就是敬神，就是宗教"②。而且，就形式方面而言，即就意识的抽象性程度而言，哲学的地位甚至还高于宗教。因此，他断言：被宗教所表象为意识的对象的东西，不论是想象的作品，或是历史的存在，哲学均能够加以思维、加以把握。③ 质而言之，哲学完全有资格取代宗教。实际上，一般而论，西方意义上的哲学与宗教不仅形式相异，而且，对象和内容亦不同。"上帝"的底蕴在于，他不仅是世俗的统一性，而且还是超世俗的统一性。也就是说，是世俗与超世俗的共同统一性。而黑格尔所描述的所谓的"自在自为的理性"或"最高理念"，实际上，归根结底仍然是一种世俗的统一性。尽管黑格尔批判康德在知识与信仰之间划定了界限，限制了理性的能力和哲学的范围，然而黑格尔自己所诉诸的理性实际上依然无法企及彼岸的世界。因此，即使单纯就对象、内容而言，哲学也是无法取代宗教的。事实上，当黑格尔偶尔流露出"宗教的对象不是地上的、世间的，而是无限的"④，而"哲学的思维仅只是世间的智慧，人间的工作"⑤ 等这样的感叹时，不啻自我宣布了这种取代论的悖论和破产。而且，宗教的形式既然是特殊的，是异于哲学等其他各种社会意识形式的，因此也就具有其

---

① 黑格尔：《哲学史讲演录》第 1 卷，贺麟、王太庆译，商务印书馆 1955 年版，第 64 页。
② 黑格尔：《宗教哲学讲座·导论》，长河译，山东大学出版社 1988 年版，第 18 页。
③ 黑格尔：《哲学史讲演录》第 1 卷，贺麟、王太庆译，商务印书馆 1955 年版，第 75 页。
④ 黑格尔：《哲学史讲演录》第 1 卷，贺麟、王太庆译，商务印书馆 1955 年版，第 62 页。
⑤ 黑格尔：《哲学史讲演录》第 1 卷，贺麟、王太庆译，商务印书馆 1955 年版，第 66 页。

存在的根据和合理性，是哲学以及其他各种社会意识形式所不能代替的。应该承认，宗教把握世界的方式是不同于哲学把握世界的方式的。前者诉诸的主要是信仰，而后者诉诸的则主要是理性。信仰诉诸情感和超常经验①，理性则诉诸概念、判断和推理。在理性与信仰之间并不存在实质的同构性：信仰是无须理性论证和证明的，也是理性所不能论证和证明的。在这一点上，康德对理性所持的见解和立场显然仍是不可逾越的。黑格尔所推崇的安瑟伦将信仰理性化的努力，其实是对宗教本质的误判，是哲学对宗教的僭越。

与脱离宗教相联系的另一个重要现象是哲学自身的科学化、实证化和知识化。近代以后，哲学的一个重大趋向是哲学的科学化、实证化和知识化。这一方面表现在由于近代自然科学的建立而引起的各门具体实证科学与哲学的分离，以及实证科学通过为哲学提供实证性基础而愈益对哲学发生影响；另一方面则表现在哲学自身对客观性、实证性、规律性、精确性等科学观念和科学精神的认同和追求。在这种情势之下，哲学愈来愈被科学之光所笼罩。科学性逐渐成为各门学科并且最后也成为哲学学科的合法性的根据和完善性的标尺。哲学家们也都自觉不自觉地把哲学的科学化作为哲学理论活动的主旨。哲学的科学化固然减轻了哲学的重负，为哲学的发展提供了实证性的基础和依据，抑制了哲学的臆造和玄想的倾向，但与此同时，也造成了哲学对科学的依赖以及科学观念、科学精神对哲学本性的过深浸润和消解。由此，哲学的性质、界域、内容和功能等均发生了重大的改变。哲学的科学性方面被片面地发展了，哲学的统一本性遭到了分解，哲学在很大程度上被隶属于科学，甚至沦为科学主义的奴婢和工具。

哲学的知识化无疑是哲学科学化的一个重要表现。金岳霖曾经特别

---

① 如《大智度论》卷三十八所载龙树论人死非断的经验证明必须具备"天眼"和"宿命通"："以天眼了见故，知有前生来世"，"由宿命通知必有前生后世"。

提请人们注意这一事实：在当代，整个哲学领域都是为了理解或者说是为了追求知识而构建起来的，哲学开始成为"从进行理解和获得知识出发而建构起来的哲学"①。知识固然具有其优点，即具有有用性。但是，也正如金岳霖所深刻指出的，知识也有其天然的局限："知识是否是某种意义上的美德？古希腊人认为是，我们无须断言它在今天已经不是了。知识是中性的，影响不了我们的爱好和口味；它的分寸感太强，使我们不能靠它来解决它的恰当范围以外的问题；它太外在，不能支持我们以信仰来行动；它太软弱，不能为我们提供帮助，它不是情感和欲望的主宰或伙伴，相反，它成了它们的奴隶。"② 哲学的知识化在哲学的专业化、职业化和产业化等多方面得到体现。就专业化而言，学科分化日益繁多，每一细小学科、分支乃至专业方向都构成一个独立的学术领地。另外，分工日益细密，以致每一独特领域的研究者都难以取得对其他专门领域的学术发言权。于是就造成了这样一个局面：在众多的十分专门的哲学领域内可以涌现出许许多多的哲学专家，但唯独涌现不出哲学家。就职业化而言，哲学对于绝大多数研究主体来说至少在某种意义上已变成一种谋生、就业的行当，而这种行当由于其自身规则的制约，往往在很大程度上外在于他的生活，与他的实际生活相分离。这样一来，哲学也就仅仅具有单纯知识的性质和功用，而不再是哲学与哲学家本人合而为一的"为己之学"。就产业化而言，哲学作为一种知识已在某种程度上或范围内被纳入市场经济体系中，按照市场的需要来生产、定制，沦为文化消费的对象。当然，在这种情况下，它也就自然被直接纳入到资本逻辑的统摄之下。

愈益密切的与资本及其逻辑发生纠葛，显然是哲学危机的最新征象。其实，哲学与资本原本就有着密不可分的联系。资本是借助于主体

---

① 《金岳霖集》，中国社会科学出版社 2000 年版，第 197 页。

② 《金岳霖集》，中国社会科学出版社 2000 年版，第 201 页。

性而登上世界历史舞台的。主体性是现代性的哲学底蕴，从而也是资本的哲学底蕴。就此而论，主体性原则的绝对化、主体性的恶性膨胀以及主体主义的统治实质上是资本逻辑的表达。反过来说，资本逻辑实质上则是主体性原则的绝对化、主体性的恶性膨胀以及主体主义的统治的实现和现实。我国目前仍处在市场经济的完善和有待充分发展的阶段。市场经济在某种意义上可以说是一种"物欲经济"，是资本的统治和主宰的舞台。在资本主义条件下，特别是在其历史初期，这导致了致富欲和贪欲的绝对统治。在我国现阶段，虽然由于社会制度和国情的不同，市场经济和资本的运行方式受到了一定的规制和改变，但资本的本性和运行逻辑却不会改变。加之某些体制和环节的缺失，以及后发国家所独具的某些先天不足和劣根性，特别是蓄之已久的速欲改变现存生活状况和致富的社会心理，势必导致现阶段社会上所普遍盛行的物欲主义、功利主义、极端利己主义和实用主义。可以说，这是一个从未在中国历史上出现过的、空前的物欲主义和功利主义时代。在这样的氛围和环境中，哲学显然难以避免资本本性的侵染和物欲主义、功利主义的诱惑，从而失去宁静之心，减弱甚至在很大程度上丧失自己的独立性以及洞察力、穿透力和前瞻性。

上述种种状况表明，哲学在今天已经丧失了自己的本己性和个性，甚至已经丧失了关于本己性和个性的自我感觉。人们再也寻觅不到清晰的自明的哲学本己性和个性了。由此，也就提出了重建哲学这一根本性的任务和课题。

（本文原载《北京大学学报》［哲学社会科学版］
2015 年第 11 期）

构建当代哲学主体性

　　一些哲学家和思想家认为，人类正在经历的现代化及作为其精神表征的现代性存在深刻危机。从哲学视域考察，这种危机主要根源于主体性自身的危机。因此，拯救现代性危机，从哲学上说就意味着重塑主体性。构建合理的主体性，是当代哲学发展的一个重要趋向。

现代化哲学底蕴是确立人的主体性

　　近代以来，人类面临的最大实践课题是现代化，表现在思想理论上，就是现代性的塑造和构建。所谓现代化，是指人类社会由传统社会向现代社会转型。这种转型的物质基础在于，随着机器大工业特别是科学技术的迅猛发展，人类社会生产力达到一个新的高度和节点。在人类能力所及的范围内，人为因素开始决定性地压倒自然因素，成为占优势和主导地位的力量。相对于过去人处于从属地位的人与自然关系来说，人类开始在总体上成为主体。由此，以往浑然一体的世界被二元化：自然被降格为客体和人的生活环境，人则成为一种超越甚至主宰周围自然的存在物。这是人类通过社会实践活动所实现的人与自然关系的根本性逆转。

　　马克思主义经典作家高度关注这种社会转型给人类社会发展带来的

深刻影响。按照他们的描述，古代社会或传统社会与现代社会的区别在于，前者主要使用自然形成的生产工具，后者主要使用人类创造的生产工具；前者主要是人受自然界的支配，后者主要是人受自身劳动产品的支配；前者主要是个人通过家庭、部落和土地结合在一起，后者主要是个人通过交换结合在一起；前者主要是人与自然之间进行物质交换，后者主要是人与人之间进行物质交换；前者主要是生产资料所有者依靠个人或共同体对非生产资料所有者实行统治，后者主要是生产资料所有者通过货币对非生产资料所有者进行统治；等等。因此，从哲学上审视，现代化的底蕴就是人的主体性的确立，现代化的过程就是人的主体性的确立过程。

现代哲学的主体本位特征

与生产力的巨大发展导致传统社会的现代化转型相适应，近代以来哲学的认识重心也发生了根本性变化，集中表现在由自然向人、由实体或本体向主体的迁移。这一迁移可从哲学家用不同命题表达各自时代的哲学主题中看出：古希腊哲学家亚里士多德提出，"我们研究的主题是本体"；在近代，法国哲学家笛卡尔提出"我思故我在"，德国哲学家黑格尔提出"要从自然迈向人的作品"，马克思、恩格斯则强调"我们的出发点是从事实际活动的人"。在当代，这种认识重心的迁移并没有停止或终结，而是在继续和深化。

认识重心的迁移，使现代哲学由客体本位转换到主体本位，由对自然和物的关注转换到对人自身的关注。由此，反映主体特质的主体性原则被凸显出来。在哲学史上，笛卡尔率先赋予主体性以优先地位。对此，黑格尔在《哲学史讲演录》中这样评价笛卡尔哲学的历史地位：从笛卡尔起，哲学一下转入了一个完全不同的范围，一个完全不同的观点，也就是转入主体性的领域；笛卡尔在哲学上开创了一个全新的方向，他开启了哲学上的新时代，从此哲学文化改弦更张。在黑格尔看来，主体性的莅临不亚于哲学史上一次辉煌壮丽的日出。

构建合理主体性

人类在享受现代化带来的丰裕物质生活的同时，也为此付出了沉重代价。特别是在资本逻辑统治下，传统的道德、伦理和价值观被颠覆。对此很多哲学家、思想家不乏深刻的洞察和揭示，如马克思将其喻为"仿佛只有用头骨做酒杯才能喝下甜美的酒浆"。如果说人们正在经历的现代化过程或谈论的现代性确实存在危机，那么，如何理解和认识这种危机及其根源？

现代性危机根源是人自身需要和欲望的恶性膨胀。市场经济的不断扩张，工业和科学技术的高速发展，使人类满足自身需要的能力空前提高。与此相适应，在一定历史阶段或一定范围内人的欲望也空前增长，以致发生质的变化，即对使用价值的追求变成对价值的追求。在自然经济条件下，人们追求的主要是使用价值，而使用价值和物质财富是具体的、有限的，因而人们对使用价值、物质财富的追求也是有限和有止境的。在市场经济条件下，人们追求的已不再是使用价值和物质财富，而是价值这种"抽象财富"；价值的增殖和扩张是无限和没有止境的，因而人们对价值的追求也是无限和无止境的。更有甚者，不仅价值及其增殖成为人们的需要，而且需要与欲望的界限也被消融，欲望直接成为需要。

现代性危机实质是主体性自身的危机。现代性危机，归根结底是人因其需要发生质变和欲望无节制膨胀，愈渐沦落为自身需要和欲望的客体，而没有成为其主体。也就是说，现代性危机是主体自身变异的结果，是主体性自身的危机。因此，拯救现代性危机、促进现代化顺利发展，关键是塑造和构建一种合理的主体性。正是从这个意义上说，现代

性危机及其拯救对当代哲学提出了重大任务和课题。然而，一些哲学家发现，如同现代性处在危机中一样，近代以来哲学所处的境况也毫无二致。这是因为，后者为前者所规定，是前者的理论反映和逻辑表达。因此，现代性危机势必通过哲学形式体现出来，表现为哲学危机。这种哲学危机主要表现在：主体性原则被绝对化、极端化，"主体主义"占据统治地位，真、善、美诸领域丧失了客观统一的评价尺度，经济社会生活丧失了价值整合标准，甚至被资本及其逻辑所浸染和支配，物欲主义、消费主义和各种实用主义大行其道。

克服现代性危机需要在哲学上重塑主体性。基于对现代性危机的警醒，一些当代哲学家特别是所谓"后现代"哲学家主张对主体性进行"解构"。但如果承认主体性原则是现代化的本质规定和底蕴，那么，只要现代化过程尚未终结，主体性原则的历史作用就不会终结。需要终结且必然终结的只能是主体性原则的绝对化，而不是主体性原则本身。走向人与自然的和谐，消除主体与客体的对立，不能超越或规避主体性这一必要环节。构建合理主体性的科学路径，必然存在于主体性之内而非主体性之外。希望通过简单摒弃主体性来克服现代性危机，不啻一种哲学的乌托邦。因此，问题的关键在于摒弃主体性原则的绝对化，塑造、构建一种能够统摄与驾驭人自身需要和欲望的主体性，使人成为自身需要和欲望的主体。这是当代哲学的使命和应然趋向，也是当代哲学家的天职。

我国的改革开放和社会主义现代化建设已取得历史性成就，但现代化仍将经历一个较长的发展过程。当代中国面临既要实现现代化又要解决某些"后现代化"课题的双重历史任务。这就意味着在哲学理论上塑造和构建合理主体性的任务更加迫切、复杂和艰巨，需要中国哲学家付出更多的智慧和努力。

（本文原载《人民日报》2015年11月2日）

努力构建中国特色哲学社会科学的
学术体系

  习近平总书记2016年5月17日在哲学社会科学工作座谈会上的重要讲话，深刻地回答了事关我国哲学社会科学长远发展的一系列根本性问题，是指导我国哲学社会科学发展的纲领性文献。讲话鲜明地提出了"加快构建中国特色哲学社会科学"这一战略任务，阐明了构建中国特色哲学社会科学的目标、意义、主要任务、原则要求和实现途径，具有极强的现实意义和针对性。我们哲学社会科学工作者应该以此为指引，紧密结合中国特色社会主义的伟大实践，切实肩负起哲学社会科学工作者的职责和历史使命，为构建中国特色哲学社会科学而奋发努力。

  就构建中国特色哲学社会科学的任务而言，讲话将其具体化为构建中国特色哲学社会科学的学科体系、学术体系、话语体系三位一体的系统。讲话指出，"中国特色哲学社会科学应该涵盖历史、经济、政治、文化、社会、生态、军事、党建等各领域，囊括传统学科、新兴学科、前沿学科、交叉学科、冷门学科等各学科，不断推进学科体系、学术体系、话语体系建设和创新，努力构建一个全方位、全领域、全要素的哲学社会科学体系。"讲话还特别强调："要按照立足中国、借鉴国外、挖掘历史、把握当代、关怀人类、面向未来的思路，着力构建中国特色哲学社会科学，在指导思想、学科体系、学术体系、话语体系等方面充分体现中国特色、中国风格、中国气派。"

学科体系、学术体系、话语体系作为哲学社会科学乃至一般科学的基本结构,三者彼此相对独立,又相互联系、密不可分。在一定意义上,学科体系是平台,学术体系是内容乃至内核,话语体系是综合表现形式和表达方式。其中,学术体系显然具有特殊的地位和至关重要的意义。"学术"是个近乎神圣的语词。古人常称其为"道术",意指它关涉对宇宙万物和人生之根本的认识,是具有根本性的学问,故有"天下莫大于学术"之说。学术体系是这种根本性知识、学问的系统化,它是人类专门认识活动的产物,是文化的结晶和精华,承载和映现人类精神,能够滋养、完善社会个体和整个民族,引领社会和时代进步。目前,我国哲学社会科学建设的短板以及与世界哲学社会科学发展水平的差距主要体现在学术体系方面。正如讲话所尖锐指出的:"我国是哲学社会科学大国,研究队伍、论文数量、政府投入等在世界上都是排在前位的,但目前在学术命题、学术思想、学术观点、学术标准、学术话语上的能力和水平同我国综合国力和国际地位还不太相称。"

如何构建中国特色哲学社会科学的学术体系,赋予其以鲜明的个性特征,以及提升其国际地位?习近平总书记的讲话在强调中国特色哲学社会科学所应具有的特点时,明确地提出了"体现继承性、民族性""体现原创性、时代性"以及"体现系统性、专业性"三项基本的原则和要求。这些原则的提出,为构建中国特色哲学社会科学、从而也为构建中国特色哲学社会科学的学术体系提供了基本的范式和路径。

笔者以为,要落实好这三项原则,切实完成构建中国特色哲学社会科学的学术体系的任务,需要着重解决和处理好四个方面的关系,即主体性与原创性的关系,科学性与价值性的关系,民族性与时代性的关系,以及学术性与意识形态性的关系。

关于主体性与原创性的关系。讲话深刻地指出:"我们的哲学社会科学有没有中国特色,归根到底要看有没有主体性、原创性。"原创性是一切人类精神成果从而也是哲学社会科学的生命之源，是中国特色哲学社会科学能够富有自身特色、能够引领中国发展以及能够立足于世界学术之林的关键性要素。正如讲话所阐明的，"理论的生命力在于创新。创新是哲学社会科学发展的永恒主题，也是社会发展、实践深化、历史前进对哲学社会科学的必然要求。"在全国科技创新大会、两院院士大会、中国科协第九次全国代表大会上的讲话中，习近平总书记又再次重申和强调："纵观人类发展史，创新始终是一个国家、一个民族发展的重要力量，也始终是推动人类社会前进的重要力量。不创新不行，创新慢了也不行。"对于学术体系的创新来说，显然相对于其他领域的创新更具有重要意义和紧迫性。就哲学社会科学的基础理论与应用研究的关系而言，一般说来，原创性应在基础理论与应用研究两方面均得到体现。但是，由于基础理论构成应用研究的基石，只有在基础理论方面取得根本性的突破，应用研究才容易和能够取得实质性的进展，因此，原创性首先应在基础理论方面得到体现。可以说，基础理论的创新是构建中国特色哲学社会科学学术体系的制高点，学术体系的创新首先和主要表现在基础理论的创新。为此，需要将基础理论的原创性摆在重中之重的位置。基础理论的创新具有较高的难度，要能够有所收获，必须要有心若止水的定力，深厚卓绝的功力，坚忍不拔的毅力，以及锲而不舍、持之以恒的努力。但也正因如此，才更充分地彰显出其巨大的学术价值和实践价值。毋庸讳言，当下哲学社会科学基础理论创新面临的最大障碍就是各种形式的功利主义和实用主义。由于基础理论的创新非一蹴而就，事倍功半，往往缺乏即时的时效性，不能立竿见影，致使疏远者众，坚守者寡。因此，一方面，哲学社会科学理论工作者应该不断增强自己的社会责任感和历史使命感，坚守自己的学术信念和学术追求；另一方面，政府及其相关领导机构、职能部门还必须大力营造基础理论创新的浓厚氛围，从导向、政策、机制、资金等诸方面给予大力支持。哲学社会科学学术体系的原创性归根结底源于和基于社会变革和社会实践。因此，正如讲话所指出的："我国哲学社会科学应该以我们做的事情为中心，从我国改革发展的实践中挖掘新材料、发现新问题、提出新观点、构建新理论。"

原创性以主体性为根基和前提。要使学术体系具有原创性、独创性，必须坚持哲学社会科学主体自身的主体性。主体性是指主体的规定。相对对象性和客体性而言，它以主体的社会实践为现实载体，具有自我性、独立性、自主性、自为性、主动性等特征。这种主体性，应在立场、价值取向、基本观点、观察视角、理论框架和研究方法等诸方面得到体现。就哲学社会科学研究来说，主体性体现在哲学社会科学工作者自身的人格、素质和能力中，以及科学研究的过程中，特别是作为研究结果的研究产品或成果中。科研成果是科研主体的人格、素养和能力的外化和对象化。科研成果的质量和水平在本质上取决于科研主体自身的完善化程度。正是在此意义上，孔子曾强调"为仁由己"，明确地将学术之事归结为"为己之学"。这里所说的为己，当然不是说为一己之私利，而是说为学的功用首先应是用来提升和完善自我，用于自己修身、做人。习近平总书记在讲话中要求广大哲学社会科学工作者树立良好的道德，"真正把做人、做事和做学问统一起来"，说的就是这个道理。在现实中，往往存在"为学"与"为人"相互脱节的现象，学术愈益被知识化、职业化和产业化，与"为人"渐行渐远。其实，这从根本上背离了学术自身的本质和发展规律。

强调主体性，不仅要注重坚持广大哲学社会科学工作者的群体和个体的主体性，而且要注重坚持中华民族的主体性，具体而言则是坚持中华民族文化的主体性。习近平总书记在讲话中明确提出，"解决中国的问题，提出解决人类问题的方案，要坚持中国人的世界观方法论。"这就把坚持中华民族文化的主体性鲜明地提到了全党特别是广大哲学社会科学工作者的面前。坚持中华民族文化的主体性，需要立足中华民族文化本身，以中华民族文化为本位，同时充分借鉴和吸收各种外来优秀文化。"绵延几千年的中华文化，是中国特色哲学社会科学成长发展的深厚基础。"以中华民族文化为本位，首先意味着要继承中华传统文化资源，其次意味着要大力推动中华传统文化的现代性转化和创新性发展。无论继承还是现代性转化和创新性发展，显然都要立足中国实际，从中国现阶段的国情和社会实践出发。

关于科学性与价值性的关系。同一切人类认识乃至文化成果一样，哲学社会科学具有科学性与价值性双重属性，它们分别反映和体现客体与主体、追求真理与追求至善两个基本的维度。习近平总书记在讲话中对这两个方面都作了充分的阐述，并且坚持了两者的有机统一。讲话指出，我国的哲学社会科学应该立足于我国改革开放和现代化建设的实际，"以我们正在做的事情为中心"，"加强对改革开放和社会主义建设实践经验的系统总结"；同时强调，"为什么人的问题是哲学社会科学研究的根本性、原则性问题"，"我国哲学社会科学要有所作为，就必须坚持以人民为中心的研究导向"。讲话还要求我国广大哲学社会科学工作者树立"崇尚精品、严谨治学、注重诚信、讲求责任"的良好学风，既要"讲究博学、审问、慎思、明辨、笃行"，又要坚持"崇尚'士以弘道'的价值追求"。坚持哲学社会科学的科学性与价值性的统一，对于哲学社会科学的发展有着非常重大的现实意义。近代以来，伴随着人的主体地位的确立，哲学社会科学的科学性与价值性发生了分裂。这种分裂有其直接的认识论方面的原因。在古代，人与自然、主体与客体的关系尚未分化，人们对自身价值的关注寓于对自然统一性的追寻之中。近代以降，伴随诸种科学门类由经验科学上升为理论科学，认识论在哲学理论中占据了中心地位，精神原则、科学理性成为至高的主宰，在这种情境之下，人们主要关注的是如何客观地认识和把握外在对象，揭示客观外在对象的隐秘的本质和运动规律。这种状况固然有助于人们认清和把握外在对象，但同时也造成了人们对自身存在及其意义的忽略和遗忘。在现代，伴随认识重心向人自身存在的迁移，人自身存在的意义和价值问题愈益进入人们的视野，人们比以往任何时候都更为关心作为主体的人的自身的意义和价值的实现。但与此同时，也诱发了将主体性原则极端化的倾向，致使科学性脱离了价值性的统摄，价值性脱离了科学性的基础，由此导致资本逻辑的统治，科学技术的异化，以及人类中心主义、极端利己主义、物欲主义和价值虚无主义等的盛行。这样，就使科学性与价值性的统一成为哲学社会科学发展面临的一项紧迫性和根本性的课题。

关于民族性与时代性的关系。关于民族性，讲话充分肯定了中华优秀传统文化的地位以及对于构建中国特色哲学社会科学的重大意义，指出"中华民族有着深厚文化传统，形成了富有特色的思想体系，体现了中国人几千年来积累的知识智慧和理性思辨。这是我国的独特优势"，"是中国特色哲学社会科学发展十分宝贵、不可多得的资源"。因此，"要加强对中华传统文化的挖掘和阐发，使中华民族最传统的文化基因与当代文化相适应、与现代社会相协调"，"要推动中华文明创造性转化、创新性发展，激活其生命力，让中华文明同各国人民创造的多彩文明一道，为人类提供正确的精神指引"。关于时代性，讲话突出强调了现阶段所处时代特别是中国正在经历的社会变革对于中国特色哲学社会科学发展的重要性，指出："历史表明，社会大变革的时代，一定是哲学社会科学大发展的时代。当代中国正经历着我国历史上最为广泛而深刻的社会变革，也正在进行着人类历史上最为宏大而独特的实践创新。这种前无古人的伟大实践，必将给理论创造、学术繁荣提供强大动力和广阔空间。这是一个需要理论而且一定能够产生理论的时代，这是一个需要思想而且一定能够产生思想的时代。我们不能辜负了这个时代。"为此，不仅要立足中国现实的社会实践，而且要"善于融通古今中外各种资源"，不仅要融通马克思主义资源和中华优秀传统文化资源，而且要融通国外各种哲学社会科学资源。

如同科学性与价值性的关系一样，在民族性与时代性之间也存在某种内在的关联。加强对中华传统文化的挖掘和阐发，使中华民族最传统的文化基因与当代文化相适应、与现代社会相协调，以及推动中华文明创造性转化、创新性发展，这在某种意义上是将固有的民族性遗产和传统提升到今天时代的高度从而赋予其时代性的过程。而面向社会大变革的时代，融通各种外来哲学社会科学资源，接收和吸纳世界上已经取得的具有时代性的先进哲学社会科学成果，使其与中国自己的实际相结合，这在某种意义上则是将其民族化、赋予其民族性特征的过程。这样，哲学社会科学的民族性与哲学社会科学的时代性这两者就紧密联结、重合在一起，成为中国特色哲学社会科学发展的两个不可分割的方面。

关于学术性与意识形态性的关系。哲学社会科学具有学术性和意识形态性双重属性，它们在一定意义上具体体现哲学社会科学的科学性和价值性的关系，并且直接为学术和政治的关系所决定。因此，正确对待和处理学术与政治的关系是正确处理学术性与意识形态性的关系的前提。学术与政治具有复杂的关系。它们分属不同的领域，各自都具有自己的特殊规定性和一定的相对独立性，因而彼此具有异质的性质，并且就此而论都有自己相对独立的内在逻辑。总的说，学术作为人类把握自身和对象世界的一种根本性的学问，具有超验的特点，它总是诉诸和指向一般或普遍物。而政治作为拥有正当使用强力的特权来维护、规定和管理社会秩序的行为或技术，则具有具体的和现实的特点，它总是诉诸和指向当下和特殊物。

同时，学术与政治之间的联系也显而易见、毋庸置疑。作为哲学社会科学之学理对象的学术不仅具有真理属性、科学属性，而且具有政治属性，属于意识形态的一部分。哲学社会科学之学术的这种意识形态性质，是其价值性的突出表现。这就使学术与政治的关系又具有了一定的同质和亲缘的性质。学术与政治的这种同质性、亲缘性，决定了学术只有转化为政治理念和政治实践才能发挥自己的现实作用，决定了学术具有为政治服务的功能。学术为政治服务，不仅体现在学术要诠释政治，为政治的合法性提供论证和辩护，而且，体现在学术要为政治提供理念支撑和价值定向，要审视、反思和引导政治，使政治得以沿着正确的轨道顺利前行。

鉴于学术与政治两者的异质性和相互关联，首先，需要严格分清学术问题与政治问题。习近平总书记的讲话特别指出，"要正确区分学术问题与政治问题，不要把一般的学术问题当成政治问题，也不要把政治问题当作一般的学术问题，既反对打着学术研究旗号从事违背学术道德、违反宪法法律的假学术行为，也反对把学术问题和政治问题混淆起来、用解决政治问题的办法对待学术问题的简单化做法。"其次，需要在学术与政治之间保持一定的建设性的张力，从而形成一种良性的互动。这既为学术的发展所必需，也更为政治的发展所必需。缺乏这种必要的张力，抑或消解这种必要的张力，必然导致政治对学术的遮蔽，泯灭学术的本性和功能，同时也使政治自身丧失自我理解、自我反思和自我批判的能力。回顾和总结新中国成立以来我国哲学社会科学历史发展的正反两方面的经验，我们可以清晰地看到这一点。

如前所述，学术与政治的关系直接决定了哲学社会科学的学术性与意识形态性的关系。因此，事实上不仅在学术与政治之间需要保持一定的必要的张力，在哲学社会科学自身所具有的学术性与意识形态性这两种性质之间也需要保持一定的必要的张力。只有这样，哲学社会科学自身才能获得均衡和协调的发展，其功能或作用也才能得到全面和充分的发挥。

保持学术与政治之间一定的必要的张力显然不仅是一个理论问题，而且是一个实践课题。中国历史上曾是一个封建大一统的国家，有着悠久的政治与意识形态合一的传统。在这种历史条件和传统之下，政治在很大的程度上统摄和包容了学术，哲学社会科学的意识形态性在很大程度上遮蔽和吞并了哲学社会科学的学术性。只是到了当代，伴随着现代化进程的深入，哲学社会科学才开始愈益从政治的独断统摄下解脱出来，其学术性才开始愈益同其意识形态性相分离，获得自己的一定的独立地位。彻底改变这种旧有的历史传统及其遗存，显然还需要一个过程，需要政治家和哲学社会科学家们为之付出不懈的努力。然而，无须赘言，这不仅为当代中国哲学社会科学的健康发展所必需，而且，也为当代中国政治的健康发展所必需。

（本文系应新华网之邀撰写，原载新华网 2016 年 8 月 3 日）

让哲学成为安身立命之学

一

哲学的功能关涉主观世界和客观世界的认识和改造，而在一定意义上认识和改造主观世界是认识和改造客观世界的前提。因此，就哲学所承担的认识和改造主观世界的使命而言，哲学首先应是安身立命之学。

我国古代的哲学家们实际上是把哲学当作安身立命之学的。张载所说的"为天地立心，为生民立命"，就表达出这样一种理解。"天地之心"可以被理解为广义自然或世界的本原、统一性。它是客观存在的，对其自身而言也是无所谓善恶的。但是，对于人来说，需要把它揭示、呈现和展示出来，因为它是人的根基所在、源出之所，并且是至善的体现。所以，所谓"为天地立心"，是为人自身而立、为人自身而用的。而所谓"为生民立命"，立在何处？无须待言，当然是立在"天地之心"处，立在广义自然或世界的本原处、根本处。这样，"为天地立心"，是为了"为生民立命"，是为我们每个个体和整个人类提供安身立命之所，使其精神有所归依，有能够赖以栖居的精神家园。

二

哲学在实际上究竟是不是安身立命之学？在古代可以说是，在现代恐怕已经不是了。

在古代，哲学的对象和研究重心是广义自然即整体世界及其统一性，而人由于在实践上尚未同自然完全分化，因此在理论上也就自然地被视为广义自然或整体世界的一个有机组成部分，并且隶属于广义自然或整体世界及其统一性。这样，所谓自然与人或天与人的关系是一而二、二而一的，诚如宋代理学家程颢所言，"天人本无二，不必言合"（《语录》卷二上）。在这种情况下，哲学所追寻的广义自然或整体世界的统一性、最高本体或本原——无论是中国的"道"抑或是西方的"存在"，与人有着现实的直接的关联，能够成为人们安身立命的根据和依托，哲学自然也有理由被称为安身立命之学。

但是，近代社会以来，由于生产力的发展导致人工因素在社会历史中占据优势和主导地位，哲学的对象和研究重心由广义自然逐渐转移到主体自身，人同自然或整体世界的关系也就愈益被分离和割裂开来，甚至人愈益被凌驾于自然或整体世界之上，被视为其余自然或整体世界的主宰。由此，就世界范围而言，哲学在欢庆主体性的莅位和胜利的同时，也就愈益陷入某种自身的危机：

——主体性原则被绝对化，这种绝对化的形式即主体主义占据了统治地位并取代了主体性自身。

——对作为世界之根本、本原或最高统一者的"道"或"存在"的追寻遭到实质性的废除和遗弃。尽管还有个别哲学家致力复兴和重建形而上学，但是，我们看到，哲学的目光愈益转向形下的感性和经验之物，不再关注形而上学的本体，人们普遍认为其过于玄虚抽象而没用实际功用，甚至断定相关的思考和理论是一种"虚无主义"。

——与宗教母体愈益疏离。哲学原本在宗教的母腹中诞生，但当哲学从宗教中独立出来以后，信仰的超自然特性和内容也开始远离作为人类理性的哲学，成为哲学所不再眷注和不能理解的东西。某些哲学家、思想家甚至否定宗教作为一种独特的社会意识形式的特殊性，混淆宗教与其他各种社会意识的区别，认定哲学乃至道德、科学、美学等完全可以取代宗教。而宗教本身则往往被作为有神论而被简单地等同于唯心主义。宗教对于哲学的根基性作用由此也就从根本上被否定了。

——愈益科学化、知识化、技术化，蜕变为单纯的工具理性。近代以来，哲学的科学化减轻了哲学的重负，为哲学的发展提供了实证性的基础和依据，但与此同时，也造成了哲学对科学的依赖以及科学观念、科学精神对哲学本性的过深浸润和消解。哲学的知识化无疑是哲学科学化的一个重要表现。早在40年代，金岳霖就曾特别提请人们注意这一事实：在当代，整个哲学领域都是为了理解或者说是为了追求知识而构建起来的，哲学已经变成"从进行理解和获得知识出发而建构起来的哲学"。知识固然具有其优点，"知识就是力量"。但是，也正如金岳霖所深刻指出的，在知识与道德已经彻底分化的今天，知识也就不可避免地具有其天然的限度："知识是否是某种意义上的美德？古希腊人认为是，我们无须断言它在今天已经不是了。"（《金岳霖集》）

——附庸于资本和权力，失去了自身的独立性和主体性，甚至沦为物欲主义和各种功利主义、实用主义的工具；如此等等。

上述种种状况表明，哲学在今天已经丧失了自己的本己性和个性，人们再也寻觅不到清晰的自明的哲学本己性和个性了。这或许至少在某种程度上印证了俄国宗教哲学家别尔嘉耶夫早在1911年就已明确作出的断言："对于哲学来说，模仿追随和衰落的时代已经到来。"（《自由的哲学》）

总之，近代以降，就世界范围而言，哲学逐渐丧失了本应具有的信仰、批判和超越之维，特别是丧失了将人与世界、与"道"或"存在"

紧密结合、合而为一的能力。在这种情况下，哲学显然不再是或至少难以再是安身立命之学了。

三

如何让哲学成为安身立命之学？笔者认为应该加以关注和重视的是：

——自觉顺应哲学伦理化的趋势，构建一种"自我主体性"。源自黑格尔遗著中的手稿《德国唯心主义最初系统纲领》曾明确地预言："形而上学在未来将进入道德之域……而伦理学将成为一切理念的完整体系。"在当代，或者准确地说，进入现代社会以来，哲学已经进入道德、伦理之域。所谓形而上学将进入道德或伦理之域，是说哲学的发展将以道德、伦理为重点，道德、伦理将成为哲学的"普照之光"。哲学伦理化的核心，应是塑造和构建一种能够统摄和驾驭人自身需要和欲望的主体性，使人成为人自身需要和欲望的主体。这样的主体性，就其本质而言是一种"自我主体性"。

——重建形而上学和本体论，为伦理化提供本体论依据。至今仍有某些哲学家相信并坚执，传统形而上学已经彻底失效了，"存在"的失落是哲学的一种完全合理而应予肯定的发展，哲学研究没有必要再去固守和因袭追寻形而上学的传统。例如，杜威认为经验足以作为"人的知识和行为的最高权威"，经验的过程和素材不仅可以为生活提供支柱，而且有可能准备那些调整行为的一切目标和理想。因此，以往超越经验的历代哲学可以终结了（《人性与行为》）。甚至哈贝马斯也明确地认为，"形而上学的解释形式在现代失去了其价值，并发生了变化，尽管它们还替理论保存着原始神话所具有的统一力量：宗教和形而上学的基本概念所依赖的整个价值体系，随着科学、道德和法律等专家文化的兴起以及艺术走向自律而崩溃了。……康德之后，不可能还有什么终极性和整合性的形而上学思想。"据此，在哈贝马斯看来，哲学的功用在今天已经十分有限和具体了："哲学所剩下的以及力所能及的就是通过解释把专家知识和需要探讨的日常实践沟通起来。哲学剩下的就是通过阐释来推动生活世界的自我理解进程。"（《后形而上学思想》）显然，如果按照杜威或哈贝马斯对哲学所作出的如此规定，哲学恐怕和安身立命就没有多大关系了。其实，哲学应该摈除的只是与经验的形而下之物完全割裂和隔绝的特殊的形而上学，而不是一般意义上的形而上学。

——充分发挥马克思主义哲学的改造主观世界的功能。马克思不仅重视改造客观世界，而且重视改造主体自身和主观世界。他将环境的改变和人的自我改变统一于人自身的社会实践活动，并且始终将主体特别是个人的自由全面发展置于自己哲学的核心。同时，马克思虽然通过诉诸实践彻底否定了传统形而上学对凌驾于自然界和人之上的异己存在物的承认，但却并没有放弃人与自然、人与人相统一这一目标。他甚至直接将共产主义界定为"人和自然之间、人和人之间的矛盾的真正解决"。马克思还将人的自由全面发展过程描述为从人格的依附关系和物的依赖性中解放出来的过程，这一思想不仅对于整个人类的发展具有重要意义，而且对于每个个体的完善同样具有重要意义。

——传承和发扬中国传统哲学心性论的传统。中国传统哲学在某种意义上可称为心性之学。它关注和追求的重点并非是人对外在自然、外在世界的征服，而是人与自然、世界的合一；并非是向外寻找人与自然、世界相统一的路径，而是从人自身内部来探究和实现人与自然、人与"道"的统一。它重视人自身的"内圣"，重视内在的反省和心性的澄明，这样，就使它能够提供一种人通向所谓整体世界及其统一性的内在的路径。这无论是在老子的"归根曰静，静曰复命"、孟子的"尽心、知性、知天"、还是在慧能的"识心见性"、程朱理学的"穷理、尽性、至命"、陆王心学的"尽性至命"等都得到了鲜明的体现。这是一种道德之学，心性之学，因而，也是一种安身立命之学。因此，应该下大力气挖掘、承继和弘扬这一优良传统。

　　——使哲学首先真正成为哲学工作者自身的"为己之学"。哲学作为"安身立命"之学必然是"为己之学"。反过来，哲学只有成为"为己之学"，也才能真正成为"安身立命"之学。孔子强调"为仁由己"，学是"为己之学"，是针对"古之学者为己，今之学者为人"的颓变世风。在今日市场经济条件下，此类世风愈甚，可见"为己之学"及其精神更加可贵和重要。因此，哲学工作者应率先垂范，首先切实从自身做起。其实真正的哲学家莫不如此。

　　　　　　　　（本文原载 2017 年 1 月 2 日《光明日报》；《新华文摘》2017 年第 7 期）

哲学社会科学工作者的光荣历史使命

习近平总书记在哲学社会科学工作座谈会上的重要讲话，鲜明地提出了"加快构建中国特色哲学社会科学"这一战略任务，并深刻地阐明了构建中国特色哲学社会科学的重大意义、基本目标、指导原则和实现路径，为当前和今后一个相当长的时期我国哲学社会科学的发展指明了方向，是一篇经典的纲领性文献。我们哲学社会科学工作者应该以此为指引，紧密结合中国特色社会主义的伟大实践，"立时代之潮头，通古今之变化，发思想之先声"，为党和人民述学立论、建言献策，切实担负起历史赋予的崇高职责和光荣使命，为构建中国特色哲学社会科学、为推动中国特色社会主义事业的不断发展而奋发努力。

深化对哲学社会科学重要地位和作用的认识，增强责任意识和理论自觉

哲学社会科学同自然科学一样，是人类在长期的历史过程中形成的把握世界的精神方式，是人们认识和改造世界不可须臾离开的强大思想武器，是推动历史发展和社会进步的重要力量。特别是在历史转折和社会变革的时期，哲学社会科学的作用尤其得到突出的彰显。正因如此，

习近平总书记在讲话中特别强调，"一个国家的发展水平，既取决于自然科学发展水平，也取决于哲学社会科学发展水平。"在坚持和发展中国特色社会主义过程中，"哲学社会科学具有不可替代的重要地位，哲学社会科学工作者具有不可替代的重要作用"。

毋庸讳言，在通常人们的意识中，哲学社会科学的地位和作用有时并不一定得到自然科学那样充分的体现和认可。这种情况的发生，除了由于种种原因，我国现阶段哲学社会科学的发展在很大程度上还滞后于飞速发展的社会实践，因而影响到人们对哲学社会科学的看法之外，实际上主要与哲学社会科学自身的性质、特点有关。一般说来，自然科学以自然现象为研究对象，探讨自然界的物质形态、结构、性质和运动规律，是人类改造自然的实践经验即生产斗争经验的总结，与技术、与社会物质生产力从而与物质财富的增加、经济的发展以及人们的物质生活水平直接相关，因此，其作用和成效较为具体，容易量化、易见。特别是在市场经济的条件下，技术成为资本增殖的主要手段，与资本逻辑一起取得了某种特殊的重要地位，这就使作为技术来源和支撑的自然科学的地位在客观上得到了提升和凸显。与自然科学的状况相比，哲学社会科学则有所不同。社会科学以人们普遍熟悉的社会现象为研究对象，任务是探究和揭示各种社会现象及其发展规律，除个别学科如语言学、逻辑学等以外，其本身就属于意识形态范畴，与政治上层建筑关系密切，其研究成果也往往要通过普遍的社会化或多重的社会转化特别是要转化为方针政策才能发挥现实的作用，而这种社会化和转化又往往具有一定的滞后性，所以，其作用也就较为间接和不易显现。哲学就其与自然科学、社会科学的关系而言，是各门具体自然科学和社会科学的概括和总结，离社会的经济基础较远，具有高度的超验性和抽象性的特点，其作用虽然是普遍的、带有全局性和根本性的，但主要是间接发生的，从而也就更加隐而难见，即所谓"无用之用"。正是哲学社会科学的上述这种学科特质，给人们对其作用的认识带来了一定的困难，成为哲学社会科学有时得不到应有的足够重视的一个重要原因。

由此可见，哲学社会科学的学科特质，决定了哲学社会科学的特殊地位和作用方式；而对哲学社会科学的学科特质的理解，是客观认识哲学社会科学的地位和作用的必要前提。不仅如此。还必须注意和予以重视的是，正是这种哲学社会科学的学科特质，决定了哲学社会科学自身发展的内在规律，从而也决定了哲学社会科学发展所必需的诸种主客观条件，比如，需要坚持以人民为中心的研究导向，需要立足于社会实践，需要以社会实际为研究起点和以正在做的事情为中心，等等。这样一来，认清哲学社会科学的学科特质，进而深入认识和把握哲学社会科学发展的内在规律，就成为哲学社会科学工作者做好自身本职工作的前提条件。对于哲学社会科学工作者来说，说到底，所谓社会责任感和历史使命感，源于对哲学社会科学地位和作用的深刻理解；而所谓理论自觉和理论自信，则源于对哲学社会科学发展规律的深入认识和把握。因此，哲学社会科学工作者应该不断提高自己对哲学社会科学的学科特质、地位、作用和发展规律的认识，自觉地将自己的理论活动建立在对哲学社会科学发展规律的客观认识基础之上。

把握哲学社会科学发展的重大历史机遇，不负历史和时代

与自然科学的发展相类似，哲学社会科学的大的发展需要有重大的历史机缘和历史机遇。这种机缘和机遇由多种因素汇集促成，除了主观方面的条件，在客观方面最主要的就是社会实践的发展和社会实际的需要。社会实践是哲学社会科学发展的土壤、根基和终极源泉，而社会需要则是哲学社会科学发展的重要推动力。恩格斯在谈到社会

的技术需要对于自然科学发展的意义时曾经指出："社会一旦有技术上的需要，则这种需要就会比十所大学更能把科学推向前进。"社会需要对于自然科学发展的作用是如此，对于哲学社会科学发展的作用也是如此。

就社会实践而言，当代中国正经历着我国历史上最为广泛而深刻的社会变革，也正在进行着人类历史上最为宏大而独特的实践创新。这种前无古人的伟大实践，必将给理论创造、学术繁荣提供强大动力和广阔空间。就社会需要而言，当代中国正面临着实现"两个一百年"奋斗目标、实现中华民族伟大复兴的宏伟任务。为了顺利实现这一目标，必须破解现阶段和新形势下存在的种种发展难题。比如，如何巩固全党全国各族人民团结奋斗的共同思想基础，如何加快转变经济发展方式、提高发展质量和效益，更好保障和改善民生、促进社会公平正义，如何提高改革决策水平、推进国家治理体系和治理能力现代化，如何加快建设社会主义文化强国、增强文化软实力、提高我国在国际上的话语权，以及如何不断提高党的领导水平和执政水平、增强拒腐防变和抵御风险能力，使党始终成为中国特色社会主义的坚强领导核心，如此等等。这样，就对我国哲学社会科学的发展和作用的发挥提出了空前的、紧迫的要求。正是基于我国现阶段的社会实践和社会需要的实际，习近平总书记在讲话中鲜明地提出了这样一个重要论断："这是一个需要理论而且一定能够产生理论的时代，这是一个需要思想而且一定能够产生思想的时代。"

可以说，中华民族的伟大复兴为我国哲学社会科学的发展提供了空前的重大历史机遇。处在这样社会空前变革的历史条件下，面临这样重大的历史机遇，对于我们广大哲学社会科学工作者来说，是幸运，更是责任和挑战。鉴此，一切有理想、有抱负的哲学社会科学工作者都应该珍视和把握这一重大历史机遇，努力奋斗，奋发有为，用大气魄大手笔来书写中华民族历史上哲学社会科学繁荣发展的新篇章。

体现主体性和注重原创性，努力提高
学术创新能力以及以学术为社会、实践和
现实服务的能力

构建中国特色哲学社会科学，就主观方面而言，关键在于充分体现主体性和原创性。习近平总书记在讲话中特别强调指出："我们的哲学社会科学有没有中国特色，归根到底要看有没有主体性、原创性。"

就哲学社会科学研究来说，主体性作为主体的本质规定，体现在哲学社会科学工作者自身的人格、素质和能力中，体现在哲学社会科学工作者研究活动的立场、理念、视域、价值取向、研究范式和研究方法中，以及体现在作为研究过程之结果的研究产品中。这种主体性既体现在群体也体现在个体身上。在群体层面，以广大哲学社会科学工作者整体为载体的主体性是国家和民族主体性的具体体现。习近平总书记在讲话中明确提出，"解决中国的问题，提出解决人类问题的方案，要坚持中国人的世界观方法论。"这就把坚持和体现中华民族的主体性鲜明地提到了全党特别是广大哲学社会科学工作者的面前。坚持和体现中华民族的主体性，需要立足中国社会的具体实际，以中华民族文化为本位，同时充分借鉴和吸收各种外来优秀文化。"绵延几千年的中华文化，是中国特色哲学社会科学成长发展的深厚基础。"以中华民族文化为本位，首先意味着要继承中华传统文化资源，其次意味着要大力推动中华传统文化的现代性转化和创新性发展。无论继承还是现代性转化和创新性发展，显然都要立足中国实际，从中国现阶段的国情和社会实践出发。群体的主体性或国家和民族的主体性要以个体的主体性为基础。在个体主体性层面，科研成果是科研个体主体的人格、素养和能力的外化和对象化。科研成果的质量和水平在本质上取决于科研个体主体自身的完善化程度。正是在此意义上，孔子曾强调"为仁由己"，明确地将学术之事

归结为"为己之学"。意思是说，为学的功用首先应是用来提升和完善自我，用于自己修身、做人。习近平总书记在讲话中要求广大哲学社会科学工作者树立良好的学术道德，"真正把做人、做事和做学问统一起来"，说的就是这个道理。在现实中，往往存在"为学"与"为人"相互脱节的现象，学术被知识化、职业化甚至商业化，从而与道德、与"为人"渐行渐远。其实，这从根本上背离了学术自身的本质和发展规律。

原创性是一切人类实践活动成果从而也是哲学社会科学的生命之源，是中国特色哲学社会科学能够富有自身特色、能够引领中国发展以及能够立足于世界学术之林的关键性要素。正如习近平总书记在讲话中所阐明的，"理论的生命力在于创新。创新是哲学社会科学发展的永恒主题，也是社会发展、实践深化、历史前进对哲学社会科学的必然要求。"理论的原创性归根结底体现在学术的原创性，体现在学术的创新。学术的创新相对于一般理论的创新显然更具有根本性、重要性和紧迫性。学术的创新首先表现在基础理论的创新。就哲学社会科学的基础理论与应用研究的关系而言，一般说来，原创性应在基础理论与应用研究两方面均得到体现。但是，由于基础理论构成应用研究的基石，只有在基础理论方面取得根本性的突破，应用研究才容易和能够取得实质性的进展，因此，原创性首先应在基础理论方面得到体现。学术的创新还应表现在对重大理论和社会实际问题的深刻的学理阐释。将对重大理论和社会实际问题的学理阐释排除在学术范畴之外，是对学术的一种片面理解。综括而论，学术的创新是构建中国特色哲学社会科学的制高点。为此，需要将学术的原创性摆在理论创新活动的重中之重的位置。学术的创新具有较高的难度，要能够有所收获，必须要有心若止水的定力，深厚卓绝的功力，坚忍不拔的毅力，以及锲而不舍、持之以恒的努力。但也正因如此，也才更充分地彰显出其巨大的理论价值和实践价值。由此而论，要坚持学术的原创性，哲学社会科学工作者必须努力提高自身的学术创新能力以及用学术为社会、实践和现实服务的能力。此外，还必须反对各种形式的学术功利主义和实用主义。由于学术的创新非一蹴而就，而是事倍功半，并且缺乏即时的时效性，很难立竿见影，往往致使疏远者众，坚守者寡。因此，哲学社会科学工作者应该不断增强自己的社会责任感和历史使命感，志存高远，淡泊名利，坚守自己的学术志向、学术信念和学术追求。借此前行，广大哲学社会科学工作者必定能够在较短的时期内改变我国哲学社会科学目前在学术命题、学术思想、学术观点、学术标准、学术话语上的能力和水平同我国综合国力和国际地位不够相称的状况，为我国哲学社会科学走在世界的前列乃至引领世界哲学社会科学的发展做出自己的贡献。

（本文原载《光明日报》2017 年 5 月 25 日）

当代中国发展的客观逻辑
及其哲学课题

现阶段与既有生产力水平相适应的生产关系逻辑同世界历史逻辑、现代化逻辑以及传统社会的历史逻辑一起共同融汇和构成了当代中国发展的客观逻辑。这一客观逻辑从根本上决定了当代中国哲学发展所面临的历史课题和任务。

一　当代中国发展的客观逻辑

当代中国社会所经历的现代化过程及其深刻变化有其客观的内在逻辑。它受到四种逻辑的规定和制约，或者说，四种逻辑共同融汇和构成了当代中国现代化进程及其深刻变化的客观的内在逻辑：其一，世界历史逻辑；其二，现代化逻辑；其三，仍在某种程度上发挥一定作用的中国传统社会的历史逻辑；其四，中国现阶段与既有生产力水平相适应的生产关系逻辑。

关于世界历史逻辑。世界历史具有广义与狭义双重内涵。前者是对包括所有国家和民族在内、从古至今的整个人类发展历史的一般称谓，后者则专指马克思曾特别关注的、由资本主义生产方式所开创的现代意义的人类发展历史，即诸民族国家依托世界市场和信息技术等中介在经济、政治、文化等诸方面逐渐和愈益真正融为有机一体的历史过程，也就是通常所说的全球化的过程。在一定意义上，狭义的世界历史就是民族国家和个人由地域性存在愈益转变为世界历史性存在的历史。它的开创和发展对于中国的历史进程带来了巨大的影响：首先，以帝国主义列强侵略战争的形式以及同殖民主义抗争的形式被动融入世界历史，并经过新民主主义革命和社会主义革命最终导致中国特色社会主义社会的创建；其次，推动和促进了中国的崛起，从而深刻地改变了既有的世界历史格局。同时，与此相关联，中国特色社会主义必须长期面对和解决世界历史所蕴含的民族性与世界性、异质性与同质性、多样性与统一性等诸种矛盾，以及长期面对国际垄断资本的霸权、极端民族主义和国家利己主义、地区和民族以及文化的冲突、高科技局部战争乃至全局性战争的危险等的挑战。

关于现代化逻辑。近代以来，人类面临的最大实践课题就是现代化。所谓现代化，其实质内涵是人类历史由古代社会向现代社会即由农业社会向工商社会、由自然经济向商品、市场经济的一种社会转型，是一种现代社会和现代国家的构建。从思想理论来说，则是一种合理的"现代性"的塑造。这是人类历史迄今发生的最为重大的变迁。这种转型的最为根本的物质根源在于：人自身的生产力借助于机器大工业特别是理论自然科学和技术的迅猛发展已经达到这样一个关节点和高度——在人类所及的自然范围内，人工因素已经开始决定性地压倒自然因素，成为占优势和主导地位的力量，以至相对于以往的人与周围自然环境的关系而言，可以有某种理由说人类开始在总体上真正成为自然的"主体"。正如马克思在《资本论》第一卷中所确认："资本主义生产方式以人对自然的支配为前提。"为此所决定，主体性是现代性的前提、底蕴和基本原则。主体性的逻辑就是现代性的基本逻辑。近代以降，伴随资本逻辑和技术的某种统治，主体性原则愈益被绝对化，导致"主体主义"和人类中心主义的盛行，其结果则是现代化或现代性的某种困境或危机。中国特色社会主义在一定意义上是历史赋予中华民族的一种特殊的现代化道路或模式，即一个在历史上长期以农业生产方式为主的经济落后的大国赶超发达国家、实现经济和社会全面跨越式发展的一种社会形式和发展阶段。因此，它为现代化的一般逻辑所规定。

关于中国传统社会的历史逻辑。现实是以往历史的延续。中国传统社会的历史逻辑势必或多或少规定和影响当代中国发展的现实逻辑。中国经历了数千年的所谓封建制。这种封建制以高度中央集权为主要特征而同西方的封建制明显区别开来。马克斯·韦伯在其《经济史纲》中认为，封建所有权的体现方式在东西方本质上是一致的，只是表现形式不同，即西方的体现是在财政基础和货币经济关系上，而东方的体现则是政治特权私人化，但实质都是通过封地授予制来实现，即封建制度通常把土地和领土权赐给那些能承担封臣义务的人，借以供养军队和行政管理官员，自己只收纳贡赋。此外，还有一系列分封官职和特权的惯例。与韦伯这种强调东西方封建制的同一性的主张不同，马克思似乎更注重东西方封建制的差异以及双方各自独有的特点。他为封建制制定的两个标准是领主庄园制和世袭司法权。据此衡量，中国的封建制显然不符合这样的西方封建制标准。在《马·柯瓦列夫斯基〈公社土地占有制，其解体的原因、进程和结果〉一书摘要》中，马克思还用"实行非资本主义生产方式并以农业为主的国家"这样的专门术语来称谓印度等东方经济落后国家（也应包括中国）的社会性质和社会制度，有意摒弃了"封建制"这一称谓。同时，按照马克思对法国农民阶级状况的分析，由于农民经济的分散性，在农民经济占主导地位的国家或历史阶段，其政治影响必然导致"行政权力支配社会"。这一分析，无疑也适用于中国历史的实际，因此，可以被视为适用于中国传统社会的历史逻辑。中国特色社会主义是在半殖民地半封建社会的基础上建立和发展起来的，而不是在纯粹资本主义的基础上建立和发展起来的，因而当代中国的现代化进程和社会发展显然不可能完全或彻底摆脱中国传统社会历史逻辑的规定和影响。

关于中国现阶段与既有生产力水平相适应的生产关系逻辑。马克思将生产关系看作社会形态赖以建立的基础和质的规定。据此，中国社会现存的生产关系逻辑特别是现存的生产资料所有制的逻辑从内部、从根本上规定了当代中国社会发展的现实逻辑，即中国现代化及其社会变迁的逻辑。在现阶段，与生产力发展的水平和状况相适应，中国所采取和实行的是以公有制为主体、多种所有制经济成分并存的生产资料所有制关系，以及与国家宏观调控相结合的市场经济体制类型的交换关系。所以，就其内因而言，当代中国社会经济乃至社会发展的逻辑可以在公有制为主体、多种所有制经济成分并存的生产资料所有制关系以及与国家宏观调控相结合的市场经济体制的交换关系中找到其主要的根源。

上述四种逻辑的相互关系是，世界历史逻辑是一般，现代化逻辑是特殊，中国传统社会的历史逻辑和中国现阶段的生产关系逻辑是个别。一方面，世界历史逻辑包摄和规定了现代化逻辑，从而也从根本上包摄和规定了中国传统社会的历史逻辑和中国现阶段的生产关系逻辑；另一方面，中国传统社会的历史逻辑特别是中国现阶段的生产关系逻辑也构成了现代化逻辑和世界历史逻辑赖以发挥作用的载体和基础。它们相互交织、重叠和融汇，共同构成和具体体现了当代中国社会所经历的现代化过程及其深刻变化的客观内在逻辑。正是这种客观的内在逻辑从根本上规定了当代中国改革开放和现代化建设实践的罕见的复杂性、艰巨性和深刻性。当代中国波澜壮阔的改革开放和现代化建设实践正是在这一客观逻辑的主导下加以展开。

基于当代中国发展的客观逻辑来看当代中国哲学的发展，或许可以将当代中国哲学所面临的历史课题和任务归结为三个最主要的方面：构建真正体现人与自然相统一的、当代形态的形而上学，塑造合理的现代

性特别是"中国现代性"，以及为个体的生命存在提供精神上的安身立命之所。

二　构建真正体现人与自然相统一的形而上学

应该确认，构建真正体现人与自然相统一的、当代形态的形而上学是当代哲学发展面临的一项根本课题和任务。构建当代形态的形而上学既是对人类世界历史逻辑的回应，同时也是从根基上对现代化逻辑以及中国传统社会历史逻辑特别是现阶段中国社会生产关系逻辑的回应。

"形而上学"一词除了在与辩证法相对立、非辩证的思维方式的意义上被使用以外，通常被用来指专门以经验之外或形上之物为对象的哲学学说，研究和探寻世界的本质、特征、根源或统一性、运行规律以及与人的关系等，其核心部分是所谓本体论或存在论。它无论在近代以前的西方哲学史中还是在中国的传统哲学中都是哲学理论的主体部分或基础领域和部门。然而，进入现代，伴随传统形而上学的解体，哲学家们对待形而上学的态度则迥然而异。那么，这种构建的根据、必要性和意义何在？

从理论上说，一般而论，如果说形而上学的核心部分是所谓本体论或存在论，其对象主要是研究和回答亚里士多德在其《形而上学》中所提出的"存在"之所以为"存在"以及"存在"所具有的诸特性，即整体世界的终极根源及其性质，那么对其进行追索就是人类认识的永恒主题。在古代，人与自然天然联系，融为一体。人们持有的自然观，也是包括人自身在内的广义的自然观。与此相适应，哲学作为知识的总汇，尚未分化出较为严格意义上的不同的分支和学科，哲学、形而上学和存在论三者几乎完全同一，而其认识的重心，必然是作为形而上对象的整体世界及其统一性。近代以来，伴随社会实践的发展，人不仅在实践上而且也在理论上逐渐将自身同周围的自然界区别开来，在这种情势之下，哲学认识的重心愈益下移，从形而上迁移到形而下，并且产生出若干分枝和学科，形成了系谱树结构，由此形而上学和存在论也演变成哲学的一个专门领域或专门学科。但即便如此，它们也仍构成整个哲学理论体系的核心和基础，即笛卡尔所云的哲学大树的"树根"，从而成为哲学家们事实上不可漠视和回避的根本对象。

特殊而论，在当代，在人类认识的重心经历了由古代的"存在"到近现代的"主体性"之后，仿佛又回到原初的起点上。人与作为世界终极根源或本体的"存在"的统一，愈益重新成为统领诸种哲学的直接的显性的主题，成为全部哲学有意无意、自觉不自觉地环绕的轴心或至高的价值追求。

总之，无论在何种意义上而言，也不管人们对其主观态度如何，对"存在"及其与人相互关系的追寻始终是哲学认识面临的一项根本课题和任务，只不过随着社会实践和认识重心的迁移时隐时现。

从实践上说，这种构建既涉及人类历史或世界历史向何处去，现代化进程向何处去，也涉及个体生命的发展和完善，因为这三者归根结底都要以人与自然的统一为前提。

人类历史是整体自然界历史的有机部分，而且与后者比较，具有极其短暂和有限的性质。恩格斯曾经依据当时既有的自然科学成果对人类历史过程及其趋向作过整体性的描述。他在《路德维希·费尔巴哈与德国古典哲学的终结》中认为，自然科学预言了地球本身存在的可能的末日和它适合居住状况的相当肯定的末日，从而承认，人类历史不仅有上升的过程，而且有下降的过程，只是"无论如何，我们离社会历史开始下降的转折点还相当遥远"。但是，由于此后科学技术的迅疾发展，特别是生物技术与信息技术的结合已经使人类开始拥有修改 DNA、重塑自身生命和他者生命形态的能力，人类历史的发展或许已经濒临甚至处于这一转折点。这无疑使重建形而上学和存在论的任务变得空前迫切。

就现代化的发展状况而言，社会作为人与自然相统一的形式，其发展和演变不能脱离整体世界的终极本体和根源。值得注意和重视的是，海德格尔曾直接将现代性的困境与"存在"的遗忘相联系，将"存在"的遗忘视为导致现代性困境的根本原因。他在《形而上学导论》中认为，对"存在"的追问直接关系到欧洲乃至人类的命运。他甚至提出，我们人类或者有些民族蝇营狗苟，奋力于对存在者的最大操控，却浑然不知其早已从"存在"处脱落，这是人类沦落的最内在和最强力的根源。应该说，这是一种深刻的洞见和警示。

最后，就与个体生命的关系而言，作为整体世界根源的"存在"是每个个体的终极安身立命之所。人与自然的统一归根结底是人与整体世界之根源、与"存在"的统一，特别是每个现实的个体与"存在"的统一。张载提出"为天地立心，为生民立命"。这两者其实有着内在的关联："立心"是"立命"的基础、根据和前提。只有揭示和把握"天地之心"即作为整体世界根源的"存在"，个体生命的存在才能真正有所归依和附丽。因此，所谓"立命"应是立于"天地之心"之处，也就是说，与作为整体世界根源的"存在"相统一。

如此看来，这种构建，不仅是当代哲学面临的极其紧迫的根本任务，而且也是当代哲学的题中应有之义。

为了构建当代形态的形而上学，需要深入反思和总结形而上学特别是存在论学说史的历史经验，明晰传统形而上学的优长和主要局限，特别是其由盛而衰的认识论原因，从而找到实现人与所谓"存在"相统一的合理的方法和路径。

海德格尔将西方传统形而上学的根本错误归结为将对"存在"的研究变成对存在者的研究以及由此导致的对"存在"的遗忘。据此，他在《哲学论稿》中进一步从"主导问题"（什么是存在者）转变到"基础问题"（什么是"存在"），将以存在者（人）为开端转变为以"本有"（"存在"）为开端。实际上，一般而言，对存在的研究只能通过对具体的存在者的研究来实现，舍此别无他途，因为作为世界终极根源或最高本体的"存在"就存在于包括人在内的、呈现为万事万物的具体存在者之中，而非存在于具体的存在者之外。因此，在笔者看来，西方传统形而上学的根本错误或许并不是海德格尔所云的将对"存在"的研究变成对存在者的研究以及由此导致的对"存在"的遗忘，而是在于：脱离人这一现实的主体及其实践活动去孤立地考察所谓"存在"本身，以致往往将所谓"存在"设定为一个特殊的独立自存的存在物，从而导致其与现实世界的分离和二重化。不仅柏拉图的"理念"是如此，而且亚里士多德的"本体"在一定程度上也是如此。而这种错误之所以发生，在方法论上则是因为背离和否定了本体论或存在论本身的基本矛盾。

在笔者看来，本体论或存在论的基本矛盾是普遍性与特殊性的矛盾（其量的表现是一与多的矛盾）。因此，普遍性与特殊性的关系应是把握"存在"、实现人与"存在"相统一的一个重要的和基本的方法。从学理上说，普遍性是"存在"本身的一种固有属性，普遍性与特殊性的关系则表征了"存在"与存在者的基本关系。在古希腊哲学中，亚里士多德已接近于对这一方法论的自觉。他在其《形而上学》中曾明确地指出，"一切事物或即对成或为对成所组成，而'一与多'实为一切对成之起点。"在中国传统哲学中，普遍性与特殊性的方法尤其得到了较为为普遍的重视和运用。老子的万物"得一"说（《道德经》第二章），庄子的"万物殊理"说（《庄子·则阳》），公孙龙子的"白马非马"说（《公孙龙子·白马论》），永嘉禅师的"月映万川"说（《禅宗永嘉集·证道歌》），程颐、朱熹等人的"理一万殊"说（参阅程颐《易序》；《朱子语类》卷十八），等等，都是对普遍性与特殊性的关系的深刻阐释。海德格尔否定"存在"是"最普遍者"，也否定对其通过普遍性与特殊性的关系来加以把握。他认为，普遍性与特殊性的方法和解释实际上把握的是存在者之存在的状态，而没有真正接触到"存在"本身。笔者以为，这种看法是难以成立的。

与构建当代形态的形而上学的方法论相联系的，是实现人与"存在"相统一的具体路径。在此方面，马克思的实践观以及中国传统哲学的心性论都为我们提供了重要的启示。马克思从人类的物质生活领域寻找社会存在和发展的根源，揭示了人类社会实践活动特别是物质生产活动在人类历史中的地位和作用，找到了人与自然界相统一的现实基础，从而将人类历史理解为人通过自身的实践活动而生成的历史，将被西方理念论传统所推崇和作为世界本原的理念世界归根于感性经验的现实世界，从根本上扬弃和超越了西方以往的形而上学。正如马克思在其《1844 年经济学哲学手稿》中所宣告的："因为在社会主义的人看来，整个所谓世界历史不外是人通过人的劳动而诞生的过程，是自然界对人说来的生成过程，所以，关于他通过自身而诞生、关于他的产生过程，他有直观的、无可辩驳的证明。因为人和自然界的实在性，即人对人说来作为自然界的存在以及自然界对人说来作为人的存在，已经变成实践的、可以通过感觉直观的，所以，关于某种异己的存在物、关于凌驾于自然界和人之上的存在物的问题，即包含着对自然界和人的非实在性的承认的问题，在实践上已经成为不可能的了。"

与西方传统形而上学较为侧重于从人自身之外寻找人与"存在"相统一的路径不同，中国传统哲学的心性论提供了一种人与"存在"相统一的内在路径和模式。该论运用普遍性与特殊性的方法，认为具有普遍性的、作为世界之终极根源的"道"就存在于每个特殊的个体生命之中，"道"即每个特殊个体的心性。由此前提出发，它将人性区分为先天之本性和后天之习性，即孔子所云的"性"与"习"，在将先天之性理解为"道"的体现的同时，将后天之性理解为主观意志和社会环境等诸种后天主客观因素影响和作用的结果，而将人的生命的发展和完善过程理解为通过内在反省和心性澄明而由后天习性复归于先天本性的过程。这无论是在老子的"常德不离，复归于婴儿"，孔子的"大学之道，在明明德"，以及《易经》的"穷理尽性以至于命"，还是在惠能的"识心见性"中都得到了鲜明的体现。应该说，中国传统哲学的心性论揭示了人与自然、人与"存在"相统一的内在根据，是中国文化和哲学数千年积淀的智慧结晶，对于实现人与"存在"的统一具有特殊的价值和意义，应在新的历史条件下予以继承、转换和发展。

三 塑造合理的主体性，让哲学成为安身立命之学

基于现代化进程以及现阶段中国社会生产关系的客观逻辑，当代中国哲学需要塑造或构建合理的现代性特别是中国现代性。

关于现代性的讨论已经甚多。对于现代性的内在矛盾，哲学家、思想家们意见不一，歧见纷呈。在笔者看来，应予肯定，主体性（在广义上说，应内含个体主体性、群体主体性和类主体性等各层次，也应内含互主体性）是现代性的底蕴和主要本质规定。而作为现代性规定的主体性的内在矛盾则是科学性与价值性的矛盾以及民族性与时代性的矛盾。在这里，民族性具体体现和表征本土性与域外性的矛盾，时代性则具体体现和表征传统性与现代性的矛盾，这两对矛盾相互交融、互为前提。据此，有理由认为，所谓塑造合理的现代性，在哲学上实际上就是塑造合理的主体性，就是认识和解决好科学性与价值性以及民族性与时代性的矛盾。

在当代，在世界范围内，科学性与价值性的矛盾以及民族性与时代性的矛盾变得愈益深刻和得到彰显。就科学性与价值性的矛盾而言，两者的关系被愈益分离和割裂：一方面，价值性脱离了科学性的基础，导致价值观的异化，导致普遍物欲主义、资本逻辑宰治、诸种极端利己主义，如此等等；另一方面，科学性则脱离了合理的价值性的统摄，导致科学理性的异化，导致海德格尔所着力批判的、异己的技术"架构"或技术世界的统治，成为资本和各种极端利己主义满足私欲和私利的工具。从而，贫富分化和阶层、民族不平等现象加剧，

公平正义遭到践踏，和平发展受到威胁，生态环境受到破坏，以工业、科技和市场经济为特征的物质文明同以人文精神、道德理想和终极价值关怀为特征的精神文化的对立愈加突出和尖锐。就民族性与时代性的关系而言，传统性向现代性的转换充满坎坷，本土性与域外性或民族性与世界性的矛盾和冲突加剧。同时，民族性难以被充分赋予时代的特质和被提升到时代的高度，往往沦落和体现为孤立自闭的民族主义；而时代性则难以被民族化，脱离乃至在某种范围内或某种程度上丧失赖以依托的民族根基。

鉴于科学性与价值性的矛盾以及民族性与时代性的矛盾的深化和加剧，当代哲学家和思想家们普遍承认现代性进而主体性自身蕴含着某种困境和危机。假若如此，那么，需要深入揭示这种困境和危机的根源，并在此方面取得普遍的共识。

在笔者看来，说到底，主体性的困境和危机的根源是人这一主体自身的需要和欲望恶性膨胀的结果，是人未能真正成为自身的需要、欲望的主体的结果。近代以来，由于市场经济的极致化和普遍统治，由于工业和科学、技术的高速发展，使人满足自身需要和欲望的手段空前提高。与此相适应，人类的需要也空前增长，以致发生了质的变化，即如马克思所曾深刻揭示的，对使用价值的追求变成了对价值的追求，由此导致在某种历史阶段或某种范围内"致富欲和贪欲作为绝对的欲望占统治地位"。同时，疾速发展的科学技术也为贪欲和致富欲的满足提供了有效的手段，与其紧密结合，从而进一步推动和加剧了其无止境的扩张和膨胀。据此，或许我们有理由认定，现代性乃至主体性的困境和危机的实质，是在市场经济和科学技术愈益充分发展的条件下，由于人的需要的质变和欲望的无节制膨胀，人愈渐沦落为自身的需要和欲望的客体，而没有成为其主体。因此，拯救现代性的某种困境和危机、引领现代化顺利发展的关键应是重塑和构建一种合理的主体性，即"自我主体性"，使人自身真正成为自身需求和欲望的主人。

需要加以澄清的是，由于"主体性"原则及其绝对化在当代遭到了普遍的拒斥和批判，在通常的哲学意识中，人们甚至已习惯于将其与作为世界终极根源的"存在"相对立。其实，应予否定的是主体性原则的绝对化，而不是主体性原则本身。就主体性自身而言，它并不是外在于"存在"的某种规定或特性，而是"存在"本身的一个内在环节，是"存在"在社会历史领域中借以实现自身分化和统一的必要手段和中介。因此，决不能把主体性分离和排除到"存在"之外并将其与"存在"相对立。黑格尔在其《法哲学原理》中，曾特别论及了作为世界绝对终极目的的"善"与人的主体意志的关系。他强调指出：主体意志不是本来就是善的，而只有通过它的劳作才能变成其所是，因此，主体意志需要以善为目的来设定自身；另一方面，善如果缺少主体意志这一中介，就是某种没有实在性的抽象，善只有凭借主体意志，才能获得自己的实在性。在这里，所谓"善"不过是"存在"的一种价值论的表述。撇开其伦理或道德色彩，黑格尔这一论述无非说明：主体性只有以"存在"为目的，才能够称得上或成其为真正的主体性，而"存在"只有以主体性为中介，才能够在社会历史领域内真正变成现实，从而具有其实在性。应该说，黑格尔将主体性视为他的"绝对精神"即所谓"存在"的一个内在环节，清晰地阐明了"主体性"与"存在"的相互关系，这一见解是十分合理和深刻的。

对于当代中国而言，塑造合理的现代性具体表现为塑造中国现代性。塑造中国现代性本质上是确立和高扬中华民族的主体性，是实现科学性与价值性的统一以及民族性与时代性的统一。

从现代性的视域来看，中国的改革开放和社会主义现代化建设的历史过程就是中国现代性的实际塑造和创生过程，就是确立和高扬中华民族主体性的过程以及不断回答和解决科学性与价值性以及民族性与时代性的矛盾的过程。中国的改革开放和社会主义现代化建设所取得的成功经验和伟大成就意味着中国现代性的初步生成、在世界历史上的确立以及既有世界现代性话语体系的重释和改写。同时，中国现代性仍在塑造和继续生成的过程中。历史和现实经验表明，现代化必将是一个长期的发展过程。由于这一过程与全球化过程彼此交织，从而民族国家的命运与全人类的命运休戚与共，民族国家的现代化进程必然会遇到各种艰难险阻。在这种情势之下，中国的改革开放和社会主义现代化建设无疑仍将继续面临许多严峻的困难和挑战，而哲学在此过程中也必将不断面临和需要解决许多新的理论和实践课题。

现代化及其过程的主体最终要落实到现实的个体。因此，与塑造合理的现代性相联系，当代中国哲学肩负"为生民立命"的历史职责，即为个体生命提供精神家园和安身立命之所，使哲学自身真正成为安身立命之学。应该充分看到，近代以来，由于对"存在"的愈益淡漠和疏离以及主体性原则被片面化和绝对化，由于科学化、知识化和技术化的盛行，以及由于资本权力的侵染和影响，等等，就世界范围而言哲学自身也遭遇了某种困境和危机，甚至在某种程度上丧失了自己的本己性和理应具有的功能，以致难以担负起其所应担负的历史之责。鉴此，当代中国哲学应努力加强自身的改革和建设，在构建当代形态的形而上学和塑造合理的主体性的同时，自觉顺应哲学自身发展的伦理化趋势，大力弘扬中华民族和人类所创造的传统美德，弘扬中国特色社会主义核心价值观，在努力提高全民族的理论思维水平的同时，下大气力提高全民族的思想道德素质和全体社会公民的精神境界。

当代中国哲学有其深厚的历史根基、独特的优良传统以及丰富的现实经验源泉。通过立足当代中国社会的实践并对传统哲学进行现代性转换和对西方哲学进行分析性吸纳，它不仅在服务于当代中国社会现实和实践方面做出了自己应有的贡献，而且也愈益介入当代世界哲学的前沿。但是，总的说来，它的发展仍滞后于改革开放和中国特色社会主义建设的实践，同时也尚未能在世界哲学中居有其所应有的、与崛起的中华民族相称的位置。当代中国哲学应进一步强化其主体性和原创性，通过构建当代形态的形而上学和塑造合理的主体性等构建起自己的有中国特色的当代形态和话语体系，以便更好地发挥对于改革开放和社会主义现代化建设的引领作用以及对于构建人类命运共同体的推动作用，切实担负起自己的历史责任和历史使命。

（本文原系中共中央党校哲学教研部举办的"面向中国问题的哲学"高端哲学论坛［北京，2015］论文，现经扩充和修订）

附　录

访　谈　录

让智慧之光引领当代中国前行

——访中央党校哲学部侯才教授

《学习时报》记者戴菁

侯才，中央党校哲学部副主任，教授，博士生导师。国务院学位委员会哲学学科评议组成员，马克思主义研究和建设工程课题组首席专家。主要代表作有《青年黑格尔派与马克思早期思想的发展》《马克思的遗产》《郭店楚墓竹简〈老子〉校读》等。

记者：侯教授，哲学作为智慧之学，在20世纪80年代是显学，但在我国现阶段，哲学已经不再那么火了，哲学似乎不仅远离人们的日常生活，而且也远离社会的主流意识形态，被疏远化和边缘化了。您长期致力于哲学研究，您怎样看待哲学的这种状况？

侯才：这种状况的存在，当然有其主客观的原因。就客观上而言，首先，哲学作为一种精神生活、精神追求，需要一定的物质基础和前提。人们只有在物质生活的需求达到一定程度的满足之后，才有可能去更多地关注、追求和享受哲学这种精神生活。当经济的发展以及普通民众物质生活水平的提高依然是社会实践的迫切任务和首要目标时，哲学显然不会成为社会意义上的"显学"。在哲学的发展有赖于一定的社会物质生活条件和一定的闲暇时间这一意义上，哲学对于普通民众不啻一种"奢侈品"。其次，我国仍处在市场经济的完善和有待充分发展的阶段。市场经济在某种意义上可以说是一种"物欲经济"。它以资本为基

本的驱动手段，而资本的本性是无限制的追逐和获取最大的利润。这一本性决定了资本的运行逻辑即增殖规律。就此而言，市场经济是资本统治和主宰的舞台。在资本主义条件下，特别是在其历史初期，这导致了致富欲和贪欲的绝对统治。在我国现阶段，虽然由于社会制度和国情的不同，市场经济和资本的运行方式受到了一定的规制和改变，但资本的本性和运行逻辑却不会改变。加之某些体制和环节的缺失，以及后发国家所独具的某些先天不足和劣根性，特别是蓄之已久的速欲改变现存生活状况和致富的社会心理，就导致了现阶段社会上所普遍盛行的物欲主义、功利主义、极端利己主义和实用主义。可以说，这是一个从未在中国历史上出现过的、空前的物欲主义和功利主义时代。在这样的氛围和环境中，哲学显然难以受到守护和关注，哲学精神也难以得到滋养和生长。还有，由于"官学一体"的强大的历史传统，哲学难以保持自身的独立性以及与政治之间的合理张力，从而其功能和影响自然难以得到有效发挥。就主观上而言，哲学研究在物欲主义和各种功利主义的诱惑下，失去了宁静之心，从而减弱甚至在很大程度上丧失了哲学的洞察力、穿透力和前瞻性。此外，传统的哲学诠释和宣传普及中存在的将哲学简单化、庸俗化的倾向，以及哲学本身不如人意的发展现状，也都在一定程度上影响和损害了哲学本应是"崇高"的声誉和形象。凡此种种，哲学的被疏远化和边缘化就是必然的。

但是，以上这些并不能说明哲学不为现实所需要，没有其现实的根基和生长点。恰恰是在这样一种社会的条件和氛围中，哲学的必要性和哲学主体的责任才真正凸显出来。

记者：您认为当代中国哲学发展面临的危机和挑战是什么？

侯才：尽管改革开放以来中国哲学有很大的发展，但是，仍面临着某种困境甚至很大的危机。这集中地表现在两个方面：其一，不能适应飞速发展的社会实践的需要，明显滞后于社会的发展和实践；其二，不能适应当代中国哲学本身国际化或世界化的需要。由于中国的快速发展和在国际社会地位的空前提高，当代中国哲学正愈益紧迫和突出地面临国际化或世界化的任务。但是，当代中国哲学虽已面临这一重大任务，自身却还尚未做好这方面的准备，特别是中国传统哲学的现代性转换工作还大大滞后。所以，要使当代中国哲学摆脱这种困境，有一个大的发展，必须立足于当代社会实践，努力总结和概括当代中国社会发展的实践经验，深入探索和回答当代中国社会发展所面临的重大理论和实际问题，同时下大力气促进中国传统哲学的现代性诠释和转换，处理好哲学的科学性与价值性、民族性与现代性的关系。只有这样，当代中国哲学才能够以应有的地位和姿态立足于世界哲学之林，才能够为人类的发展做出自己应有的贡献。

记者： 那么，当代中国哲学的使命和任务是什么？

侯才： 我认为，在现阶段，当代中国哲学至少面临以下几个方面的紧迫课题和任务——

第一，构建合理的中国特色的现代性，即"中国现代性"。

"中国现代性"是国外学者至少在 20 世纪 90 年代初就已频繁使用和加以阐释的一个概念，标示着中国现代化的质的规定。近代以来，中国面临的最大实践课题是现代化，这反映在思想理论上，最大的思想理论课题则是"中国现代性"的塑造和构建。它决定了当代中国哲学的使命和任务，也决定了中国马克思主义哲学的使命和任务。构建合理的"中国现代性"的实质问题，是解决如何扬弃和超越既有的资本主义的现代性。

现代性的基本矛盾是科学性与价值性、民族性与现代性的矛盾。所以，合理的中国现代性的建构的任务应是科学性与价值性、民族性与现代性的有机统一。

首先，就现代性本身的内在矛盾来考察，特别是就作为现代性本质规定的主体性的内在矛盾来考察，必须妥善解决和处理科学性与价值性的关系，实现科学性与价值性的统一。近代以来，伴随着人的主体地位

及其独立性的确立，人们关注的重心由客体的角度转移到主体的角度，由对客体的认知转移到对主体价值的实现，科学性与价值性发生了分裂。

其次，就现代性外部考察，特别是就当代中国文化发展所面临的矛盾考察，必须妥善解决和处理现代性与民族性的关系，实现现代性与民族性的统一。从广义文化的角度来说，近代以降，中国文化就处在古今中外文化矛盾的交汇点上。解决古今中外文化的矛盾，成为当代中国文化赖以发展的一种必然形式和契机。如果说，中国传统文化的现代化要解决的是前现代性与现代性的矛盾，可以归结为现代性这一核心问题；那么，具有现代性的外来优秀文化资源的中国化解决的则是世界性与民族性的矛盾，可以归结为民族性这一核心问题。所以，中国传统文化的现代化与具有现代性的外来优秀文化资源的中国化的关系，在本质上就可以被归结为现代性与民族性的关系。基于这一理解，可以肯定的是，合理的中国现代性的塑造必须将现代性与民族性结合、统一起来。

当前，我国社会主义现代化建设正处在一个关键时期。科学性与价值性、民族性与时代性的矛盾从未如此突出和尖锐，这特别表现在价值观的缺失、扭曲甚至异化以及由此带来的一系列社会问题。当代的思想家、哲学家们普遍认为，人类正在经历的整个现代化过程存在着危机甚至是重大的危机。如果说，人类正在经历的整个现代化过程确实存在着危机，那么，我国现阶段在伦理道德、价值观方面所表现出来的普遍的突出问题实际上就是这种危机的一个集中体现。从哲学上说，它集中体现了现代性的危机。

记者：这种现代性的危机具体指的是什么？

侯才：一般认为，所谓现代性危机，其实质首先就是上面所谈到的科学性与价值性的分裂。这种分裂，通过客体规定与主体意义、真理认识与价值追求、科学理性与人文精神等各种关系和样式表现出来。但是，这种分裂又是如何产生的，其根源何在？人们的看法则各不相同。

我个人以为，其根源是主体的欲望恶性膨胀的结果，是人未能成为自身的需求和欲望的主体的结果。近现代以来，由于市场经济的极致化和普遍统治，由于工业和科学技术的高速发展，使人满足自身需求和欲望的手段空前地提高。与此相适应，人类的需求也发生了质的变化。用马克思在《资本论》中的说法，就是对使用价值的追求变成了对价值的追求。具体而言，在自然经济条件下，人们追求的只能是使用价值，使用价值作为物质财富是具体的、有限的。因而，人们对使用价值、物质财富的追求也是有限的。而在商品经济充分发达的条件下，人们追求的则不再是直接的使用价值和物质财富，而是价值、资本。价值、资本的增殖和扩张是无限的，没有止境的。因而，人们对价值或资本的追求也是无限的和无止境的，由此导致在一定历史阶段和一定范围内"致富欲和贪欲作为绝对的欲望占统治地位"。这样，在现代市场经济条件下，与在自然经济条件下相比，人们的需求就有质的不同。如贝尔在《资本主义文化矛盾》中所说，人的"需求"变成了"欲求"。所谓"需求"，是指人的正常需要，主要是生理的，是有限制、有界限、有止境的；而所谓"欲求"，则是指超出限度的需求，即纵欲，主要是心理的，是无节制、无限度、无止境的。所以，所谓现代性危机，其实质是在市场经济充分发达的条件下，人沦落为自身的需求和欲望的客体，而没有成为自身需求和欲望的主体。

记者：您认为现代性危机的最终解决途径是什么？

侯才：在一定意义上，或许可以说，现代性危机的最终解决或现代化的圆满完成可以归结为我们能否做到合理的调控自身的欲望或欲求，而这又可以归结为伦理和道德问题，即归结为伦理学的实践化和价值观作用的发挥。

记者：以上您谈了构建中国现代性问题。除此以外，在您看来当代中国哲学面临的其他的紧迫课题和任务还有哪些？

侯才：第二，构建和在全社会确立合理的中国特色社会主义的核心

价值观。

确立合理的中国特色社会主义的核心价值观，也就是要从价值观的角度对中国特色的社会主义的本质和应然发展趋向作出科学的规定和界定，这涉及中国特色社会主义的发展方向、道路选择和制度设计。在此方面，我在2006年发表的两篇专文中曾经提出，中国特色社会主义的核心价值观应是民主、富强、公正、和谐、自由。按照我的理解，民主表征的是中国特色社会主义关于人民群众在国家和社会生活特别是政治生活中的地位的要求，富强表征的是中国特色社会主义关于社会物质基础的要求，公正（含公平、正义两者）表征的是中国特色社会主义关于社会政治伦理关系及其规则的要求，和谐表征的是中国特色社会主义关于人与人、人与自然关系的要求，自由表征的是中国特色社会主义关于社会发展终极目的的要求。民主、富强、公正、和谐、自由五位一体，彼此依赖、相互渗透、互为前提，构成中国特色社会主义的核心价值观，规定了中国特色社会主义的本质和发展趋向，是中国改革开放和社会主义现代化建设必须遵循的基本价值理念、原则和目标。

思考中国特色社会主义的核心价值观，不免涉及对马克思主义自由观的理解。对于马克思主义的自由观及其在马克思主义中的地位，向来存在许多严重误解。其实，马克思主义的自由观是马克思主义学说中最本质、最核心的东西。马克思、恩格斯在《德意志意识形态》中对他们的自由观有很独特且很详细的阐述。在他们看来，真正的自由是体现人的自由全面发展的"自由个性"，其现实基础就是与"异化劳动"即雇佣劳动、强制劳动相对立的、社会实践和社会生活意义上的"自主活动"。我们所从事的整个现代化事业实际上归根结底就是要确立人的主体地位，解决主体的独立性和自由问题，把主体从对人以及对物的依附关系中解放出来。

此外，关于中国特色社会主义核心价值观的理解也关联到近几年理论界所争论的"普世价值"问题。我认为，我们固然必须看到，各个民族和国家由于历史和文化传统的不同，都有自己的特殊的价值观和价值理念。任何民族和国家都没有理由将自己的特殊价值观强加于其他民族和国家。但是，我们也应该承认，在特殊价值中蕴含和存在普遍价值，普遍价值虽然并不独立存在，但它体现和存在于各民族和国家的特殊价值之中。与此同时我们还必须看到，马克思主义价值观是对以往价值观的批判、继承和发展，有其独特的蕴含，并且在结合中国的具体实际过程中已被注入了新的实践经验和内容。所以，我们要确立的中国特色社会主义的核心价值观，应不仅是对存在于各个民族和国家特殊价值观中的人类普遍价值观的继承，而且还应是对这种人类普遍价值观的发展和升华。

第三，继承和创造性转换传统文化中的精华，特别是传统文化中的合理的伦理和价值资源。

在既有的许多中国哲学史教科书和专题史、范畴史著作中，价值观都没有被作为一个独立的部分来写，即使讲到"人生论"，那里面涉及的与价值观相关的内容也是不完整、不完全的。比如"福"，就是中国传统价值观的一个重要范畴，但既有的教科书和专题史、范畴史专著均未能给予充分关注。《尚书》中对"福"已有专门界定和阐释，包括五个方面的内容，即"一曰寿，二曰富，三曰康宁，四曰攸好德，五曰考终命"。也就是：长寿、富贵、无疾病、追求美德、生命善终。这种理解，非常素朴、实在、具体，体现了人生智慧，实际上是对广大民众价值观的一种理论总结和概括，同时，又被社会所认同、接受并久远流传。现在讲"民生"，就应考虑到如"福"这样的民间的价值观。对于这样一些传统文化的价值资源，显然应该大力地加以发掘和利用。当然，又不是简单地回到传统文化资源那里，而是要结合今天的历史条件、境遇和社会实践需要，加以创造性的阐释和发挥，也就是说，进行所谓"现代性诠释和转换"。

与继承和创造性转换传统文化中的合理的伦理和价值资源相联系，应重视、引导和发挥宗教道德的作用。应该看到，宗教道德对于社会的维系乃至对于现代性危机的克服具有重要的辅助作用，是社会道德所不能完全替代的。发挥宗教道德的作用，这里面有个前提，就是要真正发挥宗教道德的作用，必须正确、合理地认识宗教，必须正确认识和处理宗教与政治、与哲学等社会意识形式的关系。我觉得我们应该对传统的既有的宗教观进行认真反思。我不赞成哲学等其他社会意识形式可以代替宗教的观点，尽管许多哲学家、思想家都认为其他各种社会意识形式可以代替宗教，例如认为哲学可以代替宗教（黑格尔、费尔巴哈等），或者美学（蔡元培）、科学（胡适）、道德（梁漱溟）等可以代替宗教。我个人认为，只有对宗教的本质有一个真正合理的理解，才有可能正确地处理宗教问题，以及与宗教相关的一系列问题。实际上，这不仅是一个重大的理论问题，而且，也是一个重大的实践问题。

第四，把哲学内化为民族和每个公民的素质，提升全民族的思想道德水平和理论思维水平。

哲学素质无论对于个体还是民族来说都是一项根本性的、战略性的素质。首先要充分看到，全民族的哲学素质的提高对于当代中国发展具有极其紧迫的意义。哲学素质包括精神境界和理论思维能力等方面。因此，对于民族来说，哲学素质的提高直接关系到全民族的精神风貌和理论思维水平。我国正在愈益成为一个名副其实的世界性大国和扮演愈益重要的角色。作为这样一个大国，经济和社会的发展固然要上去，同时，思想道德素质和理论思维素质也要上去。恩格斯曾说，"一个民族要想登上科学的高峰，究竟是不能离开理论思维的"。同理，对于我们这样一个发展中的国家，如果缺乏道德素质和理论思维的有力支撑，也是难以卓然屹立于世界民族之林和有效发挥其世界性作用的。其次，哲学素质的提高对于每个社会成员也具有重要的意义，因为个体是社会和共同体的主体，从而归根结底也是社会和共同体发展的目的。

（本文原载《学习时报》2011 年 7 月 17 日）

哲学的伦理化与中国现代性的塑造

——访中央党校侯才教授

《学习时报》记者　戴菁

侯才，1976 年毕业于吉林大学哲学系。1980 年毕业于中央党校理论宣传干部班哲学专业。1980 年调至中央党校哲学部工作。1984—1986 年为德国慕尼黑大学哲学系访问学者。1991 年于中央党校理论部（研究生院）获哲学博士学位。1995 年破格晋升为教授。1998—1999 年为德国柏林自由大学哲学系高级访问学者。1990—2012 年先后担任过中央党校哲学部马克思主义哲学发展史教研室副主任、主任，副巡视员兼哲学部党总支书记，哲学部副主任兼学术委员会主任等职。2009 年起兼任国务院学位委员会哲学学科评议组成员。专业研究方向：哲学基础理论、马克思主义哲学等。主要学术代表作：《青年黑格尔派与马克思早期思想的发展》（1994）、《郭店楚墓竹简〈老子〉校读》（1999）、《老子在今天》（2007）、《竹简〈老子〉——考订与注释》（德文，2008）、《马克思的遗产》（2009）、《马克思主义哲学形态演变史》（主编，2013）等。

记者：侯老师，您好。近代以来，伴随社会的急剧转型，哲学的发展也经历了重大变迁，呈现出许多新的特点和发展趋向。比如说，在经历了语言哲学和生存论转向之后，更加面向生活世界和世俗化，等等。在您看来，在当代尤其值得关注的主要趋向是什么？

侯才：我认为当代哲学发展的一个重要趋向就是哲学的伦理化。源自黑格尔遗著的手稿《德国唯心主义最初系统纲领》曾明确地预言：形而上学在未来将进入道德之域，而伦理学将成为具有一切理念的完整体系。所谓形而上学将进入道德或伦理之域，是说哲学的发展将以道德、伦理为重点，道德、伦理将成为哲学的"普照之光"。我以为，在当代，或者准确地说，进入现代社会以来，哲学已经进入道德、伦理之域。

记者：您认为进入现代社会以来，哲学已经进入道德、伦理之域，这表现在哪些方面？

侯才：这突出表现在下述两个方面。

首先，就哲学自身发展的内在逻辑特别是认识重心的迁移来说，哲学已经进入道德、伦理之域。伴随社会实践的不断发展，哲学认识的重心经历了由自然到人、由"实体"到主体的迁移。在古代是自然，在近现代则是人本身——开始主要是人的思维、精神层面，后来转移到人的存在、活动层面。与此相适应，哲学的主题和表达形式也经历了由以自然为中心的本体论，到以人的思维为中心的认识论和以人的存在为中心的人本论的演变。这种哲学认识重心的迁移的现实根源，是到了近代社会以后，由于机器工业的出现和近代科学的产生及其应用，社会生产力有了本质性的突变，人借此从自然中提升出来，开始成为真正意义上的主体。由此，以往浑然一体的世界被二元化：无所不包的自然成了人所生活在其中的单纯的周围外在环境，而人也俨然成为一种能够主宰其余自然的存在物。这种人类通过其自身的社会实践活动所实现的人与自然关系的根本逆转给人们的认识带来的变化是，导致了认识视角的一种根本性的转换，即由"实体"或客体本位转移到主体本位，由对自然和物的关注转移到对人自身的关注。与此相适应，人们实践的主观态度则由客体规定的尺度转移到主体意义的尺度，由对客观对象认知的真理性或科学性的追求转移到对主体存在的价值性的追求。

其次，就哲学与诸种社会意识形式的关系来说，哲学已经进入道德、伦理之域。在人类社会实践不断发展的基础上，与哲学研究重心迁移的历史轨迹相适应，哲学与其他诸种社会意识形式的关系处在不断的嬗变过程中，经历了从古代的宗教化、到近代的科学化、再到现代的伦理化的历程。在古代，哲学与宗教密切融合。它"最初在意识的宗教形式中形成，从而一方面它消灭宗教本身，另一方面从它的积极内容说来，它自己还只在这个理想化的、化为思想的宗教领域内活动"（马克思）。即便后来哲学把握了宗教的普遍内容而从宗教中独立出来，也往往难免跟在宗教后面蹒跚而行。在西方，到了 11—13 世纪，哲学甚至彻底受到了宗教教会的统治，成了神学的奴婢。到了近代，随着理论自然科学的诞生和各门具体科学从哲学中的分化，哲学依靠科学的支持，开始取得对宗教的某种独立地位，作为一支独立的理性力量登场，并在启蒙运动中发挥了重大的作用。但是同时，哲学也开始处在科学的影响之下：这尤其表现在作为科学观念、科学精神表征的客观性、规律性、实证性等要求对哲学的浸染和影响。在这样的情势之下，伴随哲学不再作为凌驾于各门科学之上并包摄各门具体科学在内的"科学之科学"而存在，哲学愈益依附科学和科学化，甚至在某种程度上成为科学独断统治和科学主义的牺牲品。在当代，可以清晰地看到，哲学的科学化早已走到其尽头。正是在对科学和科学主义的独断统治的扬弃中，在市场经济的普遍发展中，产生了哲学的伦理化的需求和趋向。可以说，这种哲学的伦理化倾向从叔本华和尼采，从马克思，从新康德主义就已经开启了。

记者：刚才您谈到，哲学认识的重心经历了由自然到人、由"实体"到主体的迁移。哲学的伦理化对于整个人类有哪些重要的意义？

侯才：从根本上说，哲学进入道德、伦理之域是由现代化发展的实践及其需要决定的。因此，一般而论，它对于整个人类社会现代化进程的塑造和完成具有至关重要的意义；特殊而论，对于中国现代化建设的顺利完成即实现中华民族伟大复兴的"中国梦"具有至关重要的意义。

近代以来，人类面临的最大实践课题就是现代化。这表现在思想理论上，则是一种合理的"现代性"的塑造和构建。当代的思想家、哲学家们普遍认为，人类正在经历的整个现代化过程或者人们普遍谈论的现代性存在着危机甚至是重大的危机。这种危机集中表现在发展与代价、赢取和丧失、创造与毁灭的悖论和矛盾越来越深刻，特别是在资本逻辑的统治下，传统的道德、伦理和价值观被从根本上颠覆，在很大程度上失去了效力。毋庸讳言，人类正在经历的整个现代化过程或者人们普遍谈论的现代性确实存在着某种危机。

记者：如何理解和认识这种现代性的危机？它是如何产生的，其根源何在？

侯才：我个人以为，现代性危机的根源是主体的需要和欲望恶性膨胀的结果，是人未能成为自身的需要、欲望的主体的结果。近现代以来，由于市场经济的极致化和普遍统治，由于工业和科学技术的高速发展，使人满足自身需要和欲望的手段空前地提高。与此相适应，人类的需要也发生了质的变化，即对使用价值的追求变成了对价值的追求。具体而言，在自然经济条件下，人们追求的主要是使用价值，使用价值作为物质财富是具体的、有限的。因而，人们对使用价值、物质财富的追求也是有限的和有止境的。而在市场经济的条件下，人们追求的已不再是直接的使用价值和物质财富，而是价值。价值的增殖和扩张是无限的，没有止境的，因而，人们对价值的追求也是无限的和无止境的，由此导致马克思所揭示的在一定历史阶段"致富欲和贪欲作为绝对的欲望占统治地位"。据此，我们有理由认定，现代性危机的实质，是在市场经济充分发达的条件下，由于人的需要的质变和欲望的无节制地膨胀，人愈渐沦落为自身的需求和欲望的客体，而没有成为自身需要和欲望的主体。人能否成为自身需要和欲望的主体？应当说，这首先是一个根本性的道德、伦理和价值观问题。因此，在一定意义上，或许可以说，现代性危机的最终解决或现代化的最终完成可以归结为道德和伦理问题，归结为价值观问题，即归结为伦理学的实践化和价值观作用的发挥。如此说来，哲学的伦理化就为合理的现代性的塑造所必需，成为破解现代性危机的关键环节。这集中表现在：重建价值观和整个价值体系，为人自身的需要和欲望立法，从而有效解决科学性与价值性这一现代性的根本矛盾和悖论。

记者：刚才您还谈到，哲学的伦理化对于实现中华民族伟大复兴的"中国梦"具有至关重要的意义，请您再具体地谈一谈。

侯才：应当明确，由于与现代化过程相伴随和契合，当代中华民族的复兴，其内涵和实质已不是一般意义上的民族复兴，而是现代化的实现，即经过工业化、市场化和信息化，完成由农业社会向工业社会乃至所谓后工业社会、由自然经济向市场经济、由传统社会向现代社会的转型。具体而言，正如习近平总书记所阐释的，是全面建成小康社会和建成民主富强文明和谐的社会主义现代化国家。换言之，是建成一种新型的现代社会和现代国家。这无疑是中华民族发展史上所经历的一次最重大的历史转变，同时也是一场空前的社会变革。

如果说，从哲学的视域来审视，现代化建设的本质和内蕴是"现代性"的塑造，那么，中国现代化建设的本质和内蕴则是"中国现代性"的塑造。在既有"现代性"的世界话语体系中，"欧美现代性"曾一直独居统治地位，被描述为"全球现代性"的代表或主要标志，甚至被直接等同于"全球现代性"。而中国现代化建设的完成和"中国梦"的实现，实际上意味着一种新现代性即"中国现代性"在世界历史上的确立，意味着既有世界"现代性"话语体系的彻底重释和改写。

我国的改革开放和现代化建设事业已经取得了举世瞩目的伟大成就。同时也必须清醒地看到，现代化过程将是人类历史上一个长期的发展阶段。从一种较为宏观的历史尺度来看，从传统社会向现代社会的转型的完成并不意味着现代化过程的结束，毋宁说是现代化过程新阶段的开始。西方思想家政治家们曾热衷于谈论"后现代社会"的来临。其

实，所谓"后现代社会"终结的并不是整个现代化过程，而只是现代化过程的初始阶段。它只不过意味着现代化初始阶段的结束和继之而来的新阶段的开始。显然，"中国现代性"仍在塑造和生成的过程中。它仍将继续面临许多严峻的困难和挑战。在这一实践的过程中，无疑不能须臾离开哲学的作用和哲学的伦理化，不能须臾离开道德、伦理和价值观作用的充分发挥。

记者：那么，顺应哲学伦理化的发展趋向，围绕"中国现代性"的塑造和构建这一根本课题和任务，您认为当代中国哲学要做哪些工作？

侯才：当代中国哲学要做的工作有许多，我在近年来发表的相关访谈和文章中都曾论及一些要点，这里仅再补充和强调几个方面。

更加关注和重视社会的道德、伦理和价值观建设，并使其与法治建设有机结合、融为一体。正如习近平总书记所指出：国无德不兴，人无德不立。一个民族、一个人能不能把握自己，很大程度上取决于道德和价值观。在我国现阶段，关注和重视社会的道德、伦理和价值观建设，其首要任务就是在全社会培育和弘扬中国特色社会主义核心价值观，并为此提供有力的学术论证和学理支撑。我个人认为，无论是对中国特色社会主义核心价值观的阐释还是宣传，都应充分看到：中国特色社会主义核心价值观所担负的主要功能是对中国特色社会主义的本质、应然趋向和发展目标的界定，它体现了价值的普遍性和特殊性、实然性和应然性的统一。

把马克思主义伦理学的研究特别是马克思本人伦理思想的研究置于更加重要的地位。对马克思哲学的传统诠释往往认为，马克思的伦理思想匮乏，甚至存在空场。这实际上是对马克思哲学乃至马克思学说的一种误读。事实是，马克思虽然没有专门对伦理学的基本理论进行过学理上的系统阐述，但是，如果从伦理学的维度透视马克思哲学甚至马克思的整个学说，那么，他的整个哲学甚至全部学说都蕴含和体现一种伦理学。这具体表现在，马克思把"现实的个体"即作为个体的实践主体作为自己理论的现实出发点，把"自由个性"的实现规定为个体的发展和完善的最高目标，坚持利己与利他、改变环境与改变自我的有机统一，诉诸真正的道德实践活动——"自主活动"，把人类历史的发展过程理解为通过摆脱"人格依附关系"和"物的依赖性"而实现的人的"自由个性"的过程，等等，以一种独特和彻底的形式清晰地表述了一种新伦理学——以实践为基础的人格伦理学。特别是马克思深刻地揭示了资本统治下人们所遭遇的"物的增殖和人的贬值"这一根本的生存异化境况及其根源，指出了扬弃异化的路径和合理的发展目标。也正因如此，马克思学说在当代才愈加彰显出它的意义。

继承和创造性转换我国传统文化及其哲学中合理的道德、伦理和价值资源。在我国传统文化及其哲学中，存在着丰厚的道德、伦理和价值观资源，但是，在现阶段，这种资源的挖掘和现代性转换工作却过于滞后，不能适应疾速发展的社会实践的需要。在我看来，要做好传统思想资源的挖掘和现代性转换工作，其思想前提还是提高对传统文化重要性的认识。应该充分尊重和高度重视自己的精神遗产，既要反对和防止文化保守主义和文化复古主义，更要反对和防止片面强调文化的时代性而否定文化的民族性，以及片面强调马克思主义与传统文化的差异和对立等各种文化相对主义和文化虚无主义的倾向，以高度的文化自觉、开放的心态以及清醒的文化主体意识，大力继承和弘扬自己的优秀文化及其传统。

正确地看待宗教，重视和发挥宗教道德的重要作用。应该看到，宗教道德对于社会的维系乃至对于现代性危机的克服具有重要的辅助作用，是社会道德所不能完全代替的。发挥宗教道德的作用，其思想前提是合理地看待宗教，正确地认识和处理宗教与政治、与哲学等社会意识形式的关系。我觉得既有的传统的宗教观的一个重大缺陷，是混淆了宗教与哲学、与政治思想特别是与政治信念的界限，对此必须加以厘清和纠正。

充分重视和发挥政治伦理的功能。可以说，政治伦理是道德和伦理的核心一环。在我国现阶段，政治伦理建设特别是官德建设无疑是整个道德和伦理建设的关键。对权力的有效约束，无疑需要构建德—法双重网络结构，要重视和强化客观的、外在的、显性的立法，同时也要重视和强化主观的、内在的、隐性的立法，使两者彼此结合和相互辅助。这样，才能确保权力的合理运行。

（本文原载《学习时报》2014 年 9 月 29 日）

加快构建中国特色哲学社会科学
推动我国哲学社会科学不断发展

《经济日报》记者　欧阳优

哲学社会科学作为人类在长期的社会实践中形成的知识体系，是人们认识世界、改造世界的重要工具，更是推动历史发展和社会进步的重要力量。当今世界正处在一个大发展大变革大调整时代，错综复杂的国际形势和国内环境，都迫切需要哲学社会科学更好发挥作用，迫切需要加快构建中国特色哲学社会科学。近日，中共中央印发了《关于加快构建中国特色哲学社会科学的意见》，对加快构建中国特色哲学社会科学作出全面部署。如何认识意见出台的重要意义？怎样找准构建中国特色哲学社会科学的着力点？如何提升中国哲学社会科学的国际话语权？《经济日报》记者就相关问题采访了中央党校哲学部侯才教授。

记者：《关于加快构建中国特色哲学社会科学的意见》（以下简称《意见》）近日印发，在社会各界引起广泛关注。《意见》的出台，将对构建中国特色哲学社会科学有着怎样的现实指导意义？

侯才：《关于加快构建中国特色哲学社会科学的意见》，对深入贯彻落实习近平总书记在哲学社会科学工作座谈会上的讲话精神、推动我国哲学社会科学不断发展作出系统阐述和全面部署，是指导我国新时期哲学社会科学发展的一份纲领性文件。《意见》既充分体现了习近平总书记的讲话精神，将其转化为具体规划和行动方案，还从实践理性和具体

操作的层面，紧密结合我国改革建设的实际以及哲学社会科学发展的实际，提出了若干重大的举措和措施，从而将指导理念和顶层设计落到了实处。

哲学社会科学同自然科学一样，是人类在长期的历史过程中形成的把握世界的精神方式，是人们认识和改造世界的重要工具。社会科学以作为社会主体的人及其各种社会关系、社会现象为研究对象，绝大部分学科与政治上层建筑直接相关，是人文精神赖以依托、传承和弘扬的重要载体。哲学作为各门具体自然科学和社会科学的概括和总结，是时代精神的精华和文化的灵魂，凝结、蕴含和体现民族精神和时代精神，为人们提供思维方式和价值定向，其作用具有普遍性、整体性和根本性，因此不仅担负指导和引领各门社会科学发展的职能，而且担负指导和引领各门自然科学发展的职能。正是基于哲学社会科学自身的这些特质，使哲学社会科学成为人类认识、改造世界特别是认识、改造社会的不可或缺和不可替代的强大思想武器。哲学社会科学认识和改造社会的重要作用在历史转折重大关头和社会变革关键时期尤其显示出来。

我们党一贯高度重视哲学社会科学的发展。党的十八大以来，以习近平总书记为核心的党中央采取一系列有效措施来推进哲学社会科学的发展。习近平总书记在哲学社会科学工作座谈会上的讲话，就是这方面理论和实践经验的一个突出结晶。《关于加快构建中国特色哲学社会科学的意见》的出台，更进一步彰显了我们党对哲学社会科学发展的高度重视，体现了我们党对哲学社会科学重要地位和发展规律认识的深化。

记者：历史表明，社会大变革的时代，一定是哲学社会科学大发展的时代。对于当代中国而言，为什么要加快构建中国特色哲学社会科学？

侯才：首先，从根本上说，加快构建中国特色哲学社会科学，是源于我国现阶段社会实践的发展和社会实际的需要。就社会实践而言，当代中国正经历着我国历史上最为广泛而深刻的社会变革，也正在进行着人类历史上最为宏大而独特的实践创新。这种前无古人的伟大实践，必将给理论创造、学术繁荣提供强大动力和广阔空间。就社会需要而言，当代中国正面临着实现"两个一百年"奋斗目标、实现中华民族伟大复兴的宏伟任务，面临着为了顺利实现这一目标而亟须破解的种种发展难题和挑战。这对我国哲学社会科学的发展和作用的发挥提出了空前的、紧迫的要求。

其次，加快构建中国特色哲学社会科学体系，也是源于我国现阶段哲学社会科学自身发展的需要。应该充分看到，尽管当前我国哲学社会科学体系不断健全，研究队伍不断壮大，研究水平和创新能力不断提高，取得一大批重要学术成果，为坚持和发展中国特色社会主义、为民族的伟大复兴做出了重大贡献，但是还存在学科体系、学术体系、话语体系建设总体水平不高，学术原创能力不强，国际学术话语权较弱等一些亟须解决的突出问题，在某些方面还明显滞后于飞速发展的社会实践和不能充分满足不断变动的社会实际的需要。这样就进一步凸显了加快构建中国特色哲学社会科学的紧迫性和重大意义。

具体而言，加快构建中国特色哲学社会科学的重要意义主要体现在这样几个方面：一是坚持和发展中国特色社会主义的需要。坚持和发展中国特色社会主义，需要不断在实践和理论上进行探索，用发展着的理论指导发展着的实践。在这个过程中，离不开哲学社会科学的引领和推动作用。《意见》指出，站在新的历史起点上，更好进行具有许多新的历史特点的伟大斗争、推进中国特色社会主义伟大事业，需要充分发挥哲学社会科学的作用。

二是提升全民族科学文化素质和水平的需要。哲学社会科学反映一个民族的思维能力、精神品格、文明素质，同时，又对民族的思维能力、精神品格、文明素质具有塑造和提升作用。特别是哲学，不仅凝结、蕴含和体现民族精神，而且能够丰富乃至重塑民族精神，引领民族精神的前行。

　　三是增强我国的软实力、综合国力和国际竞争力的需要。哲学社会科学作为一种软实力，体现一个国家的综合国力和国际竞争力。哲学社会科学与自然科学一起构成一个民族或国家的精神文化的整体，二者相互联结、密不可分。一个国家的发展水平，既取决于自然科学发展水平，也取决于哲学社会科学发展水平。我们不仅要把我国的自然科学发展上去，努力将我国建设成科技强国，而且也要努力把我国的哲学社会科学发展上去，努力将我国建设成人文强国，使我国的整体精神文化卓然屹立于世界民族之林。

　　四是适应世界格局深度调整、促进世界和平发展的需要。当前，人类社会正处在一个大发展大变革大调整的时代。世界多极化、经济全球化、社会信息化、文化多样化深入发展。既有的世界秩序、格局逐渐被打破和重组。在和平发展的大势日益强劲的同时，世界经济增长动力匮乏、贫富差距鸿沟扩大、地区热点持续动荡等突出问题构成了对全人类的严峻挑战。因此，破解这些全人类面临的共同难题，迫切需要提供中国经验、中国智慧和中国方案。我国哲学社会科学在此方面应该而且也能够大有作为。

　　记者： 构建中国特色哲学社会科学，为社会进步和人类文明做出属于我们自己的独特贡献，是摆在我们面前的一个重要任务。那么，当前构建中国特色哲学社会科学的主要内容、着力点和着重点是什么？

　　侯才： 就构建中国特色哲学社会科学的总体任务而言，是要构建中国特色哲学社会科学学科体系、学术体系、话语体系三位一体的系统。习近平总书记在讲话中指出，中国特色哲学社会科学应该涵盖历史、经济、政治、文化、社会、生态、军事、党建等各领域，囊括传统学科、新兴学科、前沿学科、交叉学科、冷门学科等诸多学科，不断推进学科体系、学术体系、话语体系建设和创新，努力构建一个全方位、全领域、全要素的哲学社会科学体系。

　　学科体系、学术体系、话语体系作为哲学社会科学乃至一般科学的基本结构，三者彼此相对独立，又互相联系。在一定意义上，学科体系是平台，学术体系是内容乃至内核，话语体系是综合表现形式和表达方式。其中，学术体系显然具有特殊的地位和至关重要的意义。学术作为根本性的知识和学问是人类专门认识活动的产物，是文化的结晶和精华，承载和映现人类精神，能够滋养、完善社会个体和整个民族，引领社会和时代进步。目前，我国哲学社会科学建设的短板以及与世界哲学社会科学发展水平的差距主要体现在学术体系方面。

关于构建中国特色哲学社会科学的着力点和着重点，习近平总书记特别指出："我国哲学社会科学应该以我们正在做的事情为中心，从我国改革发展的实践中挖掘新材料、发现新问题、提出新观点、构建新理论，加强对改革开放和社会主义现代化建设实践经验的系统总结，加强对发展社会主义市场经济、民主政治、先进文化、和谐社会、生态文明以及党的执政能力建设等领域的分析研究，加强对党中央治国理政新理念新思想新战略的研究阐释。"我个人理解，其基本精神是要求哲学社会科学工作者重视和大力强化对中国特色社会主义理论和实践的研究，大力推进党的理论创新，推进21世纪马克思主义和中国马克思主义的发展。

记者：哲学社会科学的特色、风格、气派，是发展到一定阶段的产物，是成熟的标志、实力的象征，也是自信的体现。在新形势下，如何构建中国特色哲学社会科学，并赋予其以鲜明的个性特征，提升其国际地位？

侯才：习近平总书记在强调中国特色哲学社会科学所应具有的特点时，明确地提出了"体现继承性、民族性""体现原创性、时代性""体现系统性、专业性"三项基本的原则和要求。我个人以为，要落实好这三项原则，切实完成好构建中国特色哲学社会科学的任务，要特别重视解决和处理好主体性与原创性关系这一问题，坚持和体现主体性，提升学术原创能力和水平。

习近平总书记指出，"我们的哲学社会科学有没有中国特色，归根结底要看有没有主体性、原创性"。并强调，"解决中国的问题，提出解决人类问题的中国方案，要坚持中国人的世界观、方法论"。如何做到这一点？就民族或国家主体的层面而言，需要立足中国社会的具体实际，运用中国智慧，概括和总结中国实践经验，提炼出具有中国特色、中国风格和中国气派的思想、理论、命题、观点和方法。同时，需要大力传承发展中华优秀传统文化，着力做好优秀传统文化的创造性转化和创新性发展的工作。就个体主体的层面而言，科研成果是科研个体主体的人格、素养和能力的外化和对象化。科研成果的质量和水平在本质上取决于科研个体主体自身的完善化程度。正是在此意义上，习近平总书记在讲话中要求广大哲学社会科学工作者树立良好的学术道德，"真正把做人、做事和做学问统一起来"。

原创性是主体性在科研成果上的集中体现，也是中国哲学社会科学能够富有自身特色、引领中国发展以及立足于世界学术之林的关键性要素。《意见》明确要求，不断推进知识创新、理论创新、方法创新，提升学术原创能力和水平，推动学术理论中国化。理论的原创性归根结底体现在学术的原创性，体现在学术的创新。学术创新对于构建中国特色哲学社会科学而言具有重要意义，而提升学术原创能力和水平则是实现学术创新的基本的主体条件。

另外，还需要正确地对待和处理学术与政治的关系，在学术与政治之间保持建设性张力和良性互动。哲学社会科学工作者要努力提高以学术为政治、社会和实践服务的能力。

记者：构建中国特色哲学社会科学是一个系统工程，是一项极其繁重的任务，不仅要加强顶层设计，更需要统筹各方面力量协同推进。在这一过程中，我国哲学社会科学工作者应该如何承担责任和更好发挥自身作用？

侯才：我国广大哲学社会科学工作者是构建中国特色哲学社会科学

体系的主体，在加快构建中国特色哲学社会科学体系过程中担负着神圣的社会职责和光荣的历史使命。我个人认为，对于我们广大哲学社会科学工作者来说，要能够把握哲学社会科学发展的历史机遇，担负起自身的责任和使命，做好为党和人民述学立论、建言献策的工作，首先需要进一步加强对哲学社会科学自身的特质、地位、作用特别是发展规律的深入研究，不断增强自身的责任感和理论自觉。其次，需要大力提升自身的专业素质特别是学术的原创能力。最后，需要坚持和弘扬"为己之学"的优良学术传统，在这个充满喧嚣、物欲和浮躁的时代，能够做到淡泊名利，坚守自己的学术理念、学术志向和学术追求。

（本文原载《经济日报》2017年6月2日，原标题为"中国特色哲学社会科学向何处发力？"）

追寻"存在"，重建形而上学

——访侯才教授

《哲学动态》记者

侯才，1952 年生，吉林长春人。哲学博士，中共中央党校（国家行政学院）一级教授，博士生导师。1976 年毕业于吉林大学哲学系，1980 年毕业于中共中央党校理论部理论宣传干部班哲学专业，1980 年执教于中共中央党校哲学教研部。曾任中共中央党校哲学教研部副主任兼学术委员会主任，国务院学位委员会第六届哲学学科评议组成员，马克思主义研究和建设工程重点教材编写项目首席专家。曾为慕尼黑大学哲学系访问学者和柏林自由大学哲学系高级访问学者。专业研究方向为哲学基础理论、马克思主义哲学等。

问：您是怎样走上哲学专业研究道路的？请勾勒一下您迄今大体的学术经历？

答：我的哲学因缘可追溯到初中时代。在"文化大革命"中，偶尔读到了翻印的毛泽东在 1937 年写下的讲稿《辩证法唯物论讲授提纲》，为该著及其理论思维的魅力所深深浸染，激起了自己极大的哲学兴趣。未曾想到，这竟预示了自己的终生事业和追求。尔后，在下乡插队期间繁重的劳动之余，通读了在当时所能搜寻到的毛泽东的其他哲学著作和恩格斯的《反杜林论》等。返城工作后，又有机会经推荐和考试幸运地进入吉林大学哲学系学习。但真正开始从事专业研究和教学是在 1980

年调入中央党校哲学教研部以后。

在职工作期间，曾有过几次重要的专业进修，给自己的学术生涯留下了深刻的印记，均可称自己学术道路中的某种路标和转折点。第一次是 1979 年我被当时所就职的中共吉林省委党校委派到中央党校理论部理论宣传干部班哲学专业学习。当时，正值思想解放高潮，胡耀邦先生任中央党校校长，令人深切地感受到当时思想解放的浓厚氛围。担任此班授课教师的，除校内杨献珍、韩树英、葛力等教授外，还有贺麟、熊伟、张世英、齐良骥、徐崇温等诸多校外著名专家学者。这次进修使自己有机会进一步深入系统地研读了一批哲学原著，其中包括三次通读黑格尔的《逻辑学》。学习班结束时，我撰写了《论黑格尔〈逻辑学〉中矛盾同一性的涵义》作为我的结业论文。这也是我的第一篇学术论文。遗憾的是这篇论文没有送出去发表，手稿后来也遗失了。正是在此班结业后，自己随即被留到中央党校哲学部工作。

尔后，我曾于 1984—1986 年和 1998 年先后两次分别到慕尼黑大学哲学系和柏林自由大学哲学系做访问学者，时间计为三年，研究方向主要是德国近现代哲学，联系导师分别是迪特尔·亨里希（Dieter Henrich）教授和阿尔布莱希特·韦尔默（Albrecht Wellmer）教授。他们当时均任所在哲学系主任，亨里希先生还兼任国际黑格尔协会主席。此外，法兰克福学派著名代表伊林·费彻尔（Iring Fetscher）、时任国际费尔巴哈研究者协会主席的汉斯－马丁·萨斯（Hans-Martin Sass）以及《费尔巴哈全集》编辑人维尔纳·舒芬豪尔（Werner Schuffenhauer）等诸教授也给予我许多帮助。在两次访学过程中，我均选听了一系列哲学讲座，参加了一些较为重要的学术活动。第一次访学后期我对青年黑格尔派特别是赫斯与马克思的思想关系进行了初步研究。第二次访学期间应邀参加了第二十二届国际黑格尔大会，并在会议上作了题为《对黑格尔〈德国唯心主义始初系统纲领〉的阐释和发挥》的演讲（后发表于《黑格尔年鉴》）。此外，为《德国哲学杂志》2003 年第 3 期撰写了

《改革开放后的中国哲学（1978—1998）》一文，还完成了德文专著《竹简〈老子〉——考订与注释》的初稿，并在一定范围内与德国学者进行了交流（后该著在德国利特出版社出版）。这两次进修的最大收获在于，使自己对德国的哲学和文化氛围有了切身的感受和初步的了解。

攻读博士学位或许应该算作我的第四次专业进修。我在第一次赴德访问时曾申请延期在德攻读博士学位，但未能获得单位批准，故回国后报考了韩树英先生的博士研究生（实际上为兼职）。这使得自己有机会集中精力最终大抵完成了对"青年黑格尔主义"与马克思哲学关系的研究，撰写了《青年黑格尔派与马克思早期思想的发展》一书作为博士论文。在该书中，我通过德文第一手资料和实证性研究，来澄清青年黑格尔派与马克思的思想关系，进而对国际学界既有相关成果进行清理，结合当代条件和社会实践提出自己对马克思哲学本质的理解。韩树英先生对论文的选题以及我的研究工作倾力支持，还将广松涉教授赠送给他的《赫斯文集》《赫斯书信集》等德文文献提供给我使用。在论文评议、答辩和出版过程中，也得到了汝信、邢贲思、黄枏森、高清海、萧前、夏甄陶、陈晏清等诸多先生的关爱、支持和帮助。

回顾起来，上述几次专业进修都为自己的专业研究奠定了重要的基础并注入了持久的动力。

迄今我的治学经历大体可以1997年为界，相对划分为两个大的时期。从1980年到中央党校哲学部工作到1997年前后，大体以马克思主义哲学研究为主，哲学基础理论研究为辅，同时兼及中国传统哲学、西方哲学以及重大现实问题的哲学研究。1997年承担了国家社会科学基金项目"哲学趋向与中国哲学的跨世纪发展"，此后又接续承担了国家社会科学基金项目"哲学重大基础理论问题研究"，研究的重点就被逐渐倒置过来，变成了以哲学基础理论研究为中心，以其去统摄和贯穿对马克思主义哲学、中国传统哲学以及外国哲学的研究，同时兼及某些重大现实问题的哲学研究（我将自己这一专业方向归属于"政治哲学"）。

总体而言，自己的研究工作虽然形式上以马克思主义哲学为主，兼及中西哲学领域，但对哲学基础理论的研究构成了其基础和前提。很感谢贵刊邀请作此次学术访谈，督促自己回顾走过的学术道路，以及重新审视自己面临的研究任务和学术目标。同时，也愿围绕自己所关注的"重建形而上学"这一课题谈谈自己的某些粗疏的想法。

问：与哲学基础理论研究相联系，您主要进行了哪些您认为比较重要的研究工作？形成了哪些代表性的相关学术观点和见解？

答：我的哲学基础理论研究工作大体集中在马克思主义哲学文本以及史论研究，中国古代哲学的某些专题性研究，以及存在论学说史特别是某些哲学家的哲学观和相关哲学思想的研究等方面。主要研究收获有：第一，通过梳理青年黑格尔派与马克思的思想关系（即"青年黑格尔主义"与马克思哲学的关系），将其放到整个西方哲学发展的历史中加以考察，从存在论层面对马克思哲学的本质进行了重释；在揭示西方哲学史中存在的主体主义与客体主义两大传统的基础上，提出马克思哲学是对主体主义与客体主义两大传统的扬弃和综合，体现了西方传统哲学中"实体"与主体、精神与自然、个体与类、本质与存在、一般与个别、自由与必然等诸对立范畴和原则的有机统一，是一种广义社会存在论（《青年黑格尔派与马克思早期思想的发展：对马克思哲学本质的一种历史透视》，中国社会科学出版社1994年版）。第二，在深入考察马克思与恩格斯哲学思想之差异的基础上，将这种差异产生的根源追溯到对待传统形而上学的不同态度上，并将马克思与恩格斯分别视为扬弃与恢复传统形而上学的不同代表，进而揭示和描述了马克思主义哲学内部存在的扬弃与复兴传统形而上学的两大传统（《形而上学的扬弃与复兴：对马克思主义哲学发展史主线的一种描述》，《北京大学学报》2014年第1期，第36—43页）。第三，考释、论证和进一步发挥了"哲学形态学"的研究方法，并以此为视域，以马克思主义哲学内部扬弃与复兴传统形而上学的两大传统为主线，对马克思主义哲学史进行了

重新阐释和描述（《马克思主义哲学形态演变史》五卷本，主编，黑龙江人民出版社2013年版）。第四，以实践、反思、悟性为核心范畴，分别对马克思主义哲学、西方近现代哲学以及中国传统哲学的思维方式进行梳理、总结和概括，特别是将中国传统文化中的"悟性"提升为一个重要的哲学概念，提出了与康德所表述的"感性、知性、理性"认知结构模式不同的"感性、理性、悟性"认知结构模式（《论反思思维》，《长白学刊》2002年第1期，第33—38页；《论悟性：对中国传统哲学思维方式和特质的一种审视》，《哲学研究》2003年第1期，第27—31页）。第五，对郭店楚墓竹简《老子》进行了独立的考证和释读，并以此为基础和契机，对中国哲学史上首创且最重要的、同时也是受到海德格尔特别重视的形而上学体系——老子哲学进行了重释，揭示其"道"的底蕴和本质特征，从"尊道""贵德""无为""玄览""寡欲"等诸方面阐明其当代价值，指明其对于重建当代形而上学的意义（《郭店楚墓竹简〈老子〉校读》，大连出版社1999年版；《老子在今天》，济南出版社2007年版；《竹简〈老子〉：考订与注释》，德文，德国利特出版社2008年版）。第六，结合社会实践，首倡提炼和概括中国特色社会主义的价值观，将其命名为"中国特色社会主义基本价值观"和"中国特色社会主义核心价值观"，并具体表述为"民主、富强、公正、和谐、自由"（《中国特色社会主义基本价值观》，《学习时报》2006年2月23日；《中国特色社会主义基本价值观论析》，《中共中央党校学报》2006年第4期，第11—16页；《让智慧之光引领当代中国前行》，《学习时报》2011年7月17日）。回顾起来，这些研究及其成果固然各自具有独立的意义，但同时也构成总体研究的诸环节以及下一段研究工作的前提和准备。

　　问：在哲学基础理论中，形而上学特别是存在论占有重要的地位，也是您近年研究涉及的一个主题。您能否就您曾提出的"重建形而上学"这一问题展开谈谈您的看法？"重建形而上学"的必要性和意义何在？

答：在我看来，或许我们首先需要确认，重建形而上学是当代哲学发展面临的一项根本课题和任务。我之所以提出和强调这一点，是因为哲学家们事实上对待形而上学的态度迥然不同，没有明显的共识。一个典型的例子是当代德国哲学家们在此问题上的不同态度：与海德格尔创建"基础存在论"（应予说明的是，海德格尔后期不满意这一称谓）并将追问"存在"本身规定为哲学的要义或其形而上学的基本问题截然不同，哈贝马斯在其《后形而上学思想》中认为，在康德哲学之后，形而上学的解释形式已失去其价值，哲学剩下的工作仅是沟通专家知识与日常实践以及通过阐释来推动生活世界的自我理解进程。就此而言，如果真像哈贝马斯所说的这样，那么哲学可能就要完全变成一种形而下的学科了。显然，哈贝马斯无条件地认同了康德关于人类理性能力以及所谓"自在之物"的见解。但是，康德实际上并未能真正扬弃和克服"自在之物"，只不过将其从纯粹理性领域放逐到实践理性领域，且他对人类理性能力的考察也完全是基于西方理性主义的立场作出的。

其实，形而上学在哲学中的地位、作用和意义无论何时何地都是毋庸置疑、不可否定的。从理论上说，一般而论，如果说形而上学的对象是亚里士多德所规定的存在之所以为存在以及作为存在所拥有的诸特性，即整体世界的根源及其性质，那么对其进行追索就是人类认识的永恒主题。笛卡尔曾提出，哲学是大树，形而上学则是哲学这棵大树的树根。海德格尔在《什么是形而上学？》"导言"中对此进行了发挥，认为存在论是向哲学大树的树根输送养料的营养之源。这样，他们二人就说清了哲学、形而上学和存在论三者的关系，特别是清晰地提示了形而上学和存在论在哲学中的基础地位。我理解，西方哲学所谓的"存在"或中国哲学所言的"道"即整体世界之根源及其与人的关系问题，堪称是哲学的元问题，是哲学基础理论的核心。因此，可以说是元哲学中的元问题。特殊而论，在当代，人类认识在经历了由古代的本体"存在"

到近现代的"主体性"之后，仿佛又回到原初的起点上。人与作为终极根源或本体"存在"的统一，愈益重新成为统领诸种哲学的主题，成为全部哲学有意无意、自觉不自觉地环绕的轴心或至高的价值追求。实际上，毋宁说，这种"统一"的诉求对于人类来说始终是存在的，只不过随着社会实践和认识重心的转换、迁移，时隐时显。黑格尔建构"绝对精神"的逻辑体系，尼采诉诸生命的"强力意志"，马克思将理想社会界定为"人与自然界之间、人与人之间矛盾的真正解决"，海德格尔创建"基础存在论"，都体现了致力于解决这一根本问题的努力。

从实践上说，我认为重建形而上学既直接涉及合理现代性的塑造，涉及现代化进程乃至人类历史向何处去，也直接涉及个体生命的完善。首先，就与现代性的关系而言，海德格尔曾直接将现代性的困境与"存在"的遗忘相联系，将存在的遗忘视为现代性困境的认识论根源。他认为，对存在的追问直接关系到欧洲乃至全球的命运。在其《形而上学导论》中，他甚至说，我们人类或者有些民族蝇营狗苟，奋力于对存在者的最大操控，却浑然不知其早已从"存在"处脱落，这就是人类沦落的最内在和最强力的根源。这听上去未免使人感觉过于尖刻和有些危言耸听，实际上却恰恰充分体现了一个哲学家的社会责任感和睿智，不失为一种深刻的洞见和警示。其次，就与人类历史向何处去而言，在今天，人类面临着技术、生态、核战争等重大的挑战。生物技术与信息技术的结合已经使人类开始拥有修改DNA、重塑自身生命形态的能力，人类历史的发展或许真正到了一个重大的转折点。这无疑使重建形而上学和存在论的任务变得更加迫切。最后，就与个体生命的关系而言，作为整体世界根源的"存在"是每个个体的终极安身立命之所。人与自然的统一归根结底是人与整体世界之根源、与"存在"的统一。张载云"为天地立心、为生民立命"，这两句话有其内在的关联，所谓的"立命"应是指立于"天地之心"处。这样说听起来似乎很抽象，但中国传统哲学中儒家的"成人"和道家的"内圣"等理论已经为此提供了某种具体的颇具实证性的论证。

此外还需要指出,传统形而上学是现代哲学赖以发展的思想理论前提。不管哲学家们对其采取何种态度,都要由此出发前行,正如哈贝马斯在其《后形而上学思想》中所言,对待传统形而上学特别是对待整体世界的态度是黑格尔之后所有哲学流派立足的根本。

问:海德格尔的哲学特别是他的"基础存在论"在当代、也在中国哲学界产生了重大影响。您认为在海德格尔之后哲学家们还能做些什么呢?

答:海德格尔重新将"存在"及其追问置入人们的视域,使其以前所未有的形式得到彰显,这无疑是他的重大功绩。他的"基础存在论"及其相关探索无疑已经成为存在论学说史上的一座界碑。这也意味着,人们要在此方面有所前进,都难以绕过它。海德格尔对"存在"的研究和追问可谓处在不断自我扬弃的过程中,这尤其体现于他在 1936 年后以《哲学论稿》作为契机所实现的某种转向。这一特点赋予海德格尔哲学以很大的张力和探索性,从而也为人们的后续思考留下了广阔的空间。但是,我认为,海德格尔更大的功绩很可能体现在他提出了问题以及富有启迪性的相关建构的设想,他对"基础存在论"本身的具体建构却很难说取得了成功,这集中表现在:由于在根本上囿于德国哲学理性主义传统和欧洲中心主义,始终未能揭示出人与"存在"的真实关联,找到通向"存在"本身的具体通道。对此,显然需要诸多专门的考察和论述。这里,不妨重述一下海德格尔的自我评价。在《哲学论稿》(1936—1938)中,海德格尔明确指出,就其对"存在"的追索而言,《存在与时间》(1926)尚处在其"前部地带",而《哲学论稿》本身也只能说"略作准备"。在 1953 年出版并经他本人亲自修订的《形而上学导论》的"附录"中,海德格尔又明确为该书作了定位,声明"这部讲稿仍处在半途中","它根本上就不是存在领会这一链条上的产物",甚至"包括基本问题都完全没有深入到本质上"。1966 年在与

《明镜》杂志编者的对话中，海德格尔如此感叹：有待思想的东西的伟大处是太伟大了，以至于人们哪怕能够修上一个过程的一段狭窄而又到不了多远的小路也就累得疲惫不堪了。这无疑首先是海德格尔自身经验的写照。海德格尔的这些自我品评是故作谦逊吗？我以为是发自内心和实事求是的，体现了一个哲学家的良知。

当然，对作为形而上学对象的整体世界根源的追索是一个永恒的无止境的过程，哲学家们作为有限的个体能够认知和言说的也必定极为有限。即便哲学家本人具有超人的天赋以及他所处的历史条件和方位已与前人不同，但能够做的恐怕也依然非常之少，所以哪怕有微许的收获和贡献，大概也就足可聊以慰藉了，况且海德格尔为我们提供的已经非常之多了。

我认为，在海德格尔之后，虽然在某种程度上更新了解答的方案，但关于存在论的某些基本问题或疑难问题依然存在。对于今天的研究而言，可能仍需继续回答和弄清三个根本性的问题：一是所谓"存在"到底是怎样的（海德格尔对此问题的提法是"什么是存在之真理"）？二是人与"存在"究竟是如何关联的？三是人通向"存在"的具体路径到底何在？这三个问题是互为联系、共为一体的。为了便于研究、澄清和回答这些问题，为实现人与"存在"的统一提供理论支持，有必要先行找到探寻和趋近"存在"、与"存在"相统一的合理方法和路径。如果我们找到了合理的方法和路径，也就真正具备了与"存在"相统一的前提，从而也就使重建形而上学成为可能。黑格尔认为，方法并不是外在的形式，而是内容的灵魂。由此看来，足见找到探寻和趋近"存在"、与"存在"相统一的合理方法和有效路径的重要意义了。

问：的确如此。我们之前的哲学研究确实忽视了对重建形而上学中相关合理方法和有效路径的探讨。那么，请您先就合理方法问题谈谈您的看法。

答：如果检视存在论学说史，或许存在着四种基本的或主要的探寻和趋近"存在"的方法。

一是关于思维与存在的方法。思维与存在是认识论的核心范畴。因此,思维与存在的方法本质上是一种认识论的方法,以反思为其主要特征。这一方法在哲学史上曾被人们普遍采用,连黑格尔也未能幸免。然而,既然是认识论的方法,也就规定了其适用范围应在认识论范围之内。如果将其应用到存在论的对象上去,不免会带来问题。海德格尔在《哲学论稿》中曾对这种方法予以尖锐抨击,他认为对"存在"之真理的最粗暴的误解就是哲学的认识论方式。当这种认识论方式冒充为"认识的形而上学"时,它造成的混乱登峰造极,哲学也因此丧失了自己的本质。在海德格尔看来,思维与存在是为"存在者是什么"这一主导问题所规定的一种典型的处理方式。在这里,"存在"实际上是指存在者的存在状况,而并不是指存在本身;"思维"则意指关于某物的一般表象。运用这样一种处理方式的结果,当然无法真正触及"存在"本身。我认为,应该肯定的是,将认识论的方式和框架运用于存在论确实是一种错位,其结果必然导致对"存在"的曲解。袭用思维与存在的方法导致的一个极端结果,是基于思维与存在的二元对立,对"存在"本身进行物质性或精神性的判定,从而在实际上将作为物质现象和精神现象两者统一的"存在"重新贬低到单一的物质或单一的精神的层面上去。但是,遗憾的是,在中国学界人们已经习惯于将这种认识论的方法推广和运用于一切对象和领域。例如,人们对中国传统哲学中"道"的性质的所谓物质性或精神性的界定。对中国传统哲学中"心性"的界定,其情况也与此相类似。

二是关于主体与客体的方法。主体与客体的关系体现认识和实践活动过程中人与对象的关系,具有对象性的特点。由于近代以来主体性取代"存在"的至上地位并导致主体主义的统治,主体与客体的方法在当代已经遭到普遍否定和摒弃。海德格尔既否定认识论意义上的主客体思维方式,也否定历史观意义上的主客体思维方式。一方面,认识论上的

主客体思维方式与思维和存在的思维方式是相关联的。海德格尔认为，认识论上的主客体思维方式本质上仍未摆脱把"存在"思考为存在者之存在，实际上是对"存在之真理"的无意回避，断绝了通向存在的桥梁。即便是黑格尔的绝对唯心论，也是将一切存在者所共同具有的存在性（Seinheit）本身奠基于绝对主体性之中，致使绝对作为主体仍是存在者。另一方面，关于历史观意义上的主客体思维方式，海德格尔则认为，人既非历史的主体亦非历史的客体，而只是被历史所"吹拂"，被"撕扯"入"存在"之中，而归属于存在者。他急需被唤醒，而被送入守护存在之真理的状态。总之，海德格尔认为，作为存在之真理的奠基，必然是"主体化"的反面，是对一切主体性以及由此所规定的思想方式的克服。对此，我的理解是，主体性实际上是"存在"在社会领域赖以分化并进而统一和实现其自身的一个内在环节。因此，主体性作为人的认识和实践活动的固有属性，即便是对于领悟和把握"存在"，进入所谓"存在之澄明"，也是不可或缺的。但是，问题在于，人们已经习惯于将主体性从"存在"中独立出来乃至将其与"存在"相对立。因此，有必要重建主体性，而重建主体性是重建形而上学的题中应有之义。

三是关于普遍性与特殊性的方法。普遍性与特殊性是就存在与具体存在者的关系而言的，着眼于双方的本质属性。海德格尔否定存在是"最普遍者"，也否定对其通过与特殊性之关系的把握来加以捕捉。他认为，普遍性与特殊性的方法和解释实际上是空洞的表层之见，即将存在变成了表象活动的对象。它把握的是存在者之存在的状态，即存在者的存在，而绝没有接触到存在本身。这样，势必将存在变成存在者，而将具体的存在者变成非存在者，即不符合存在状态的东西。不仅如此，海德格尔认为，这种解释还会导致将存在价值化，即将其标识为善、价值等，甚至用价值评判来代替"存在"这一至高者。我以为，海德格尔对普遍性与特殊性的方法的否定是其哲学的一个重大失误，这种否定客观上完全断绝了人这一特殊存在者通向"存在"的桥梁。应该明确的是，普遍性是"存在"本身的一种固有属性，普遍性与特殊性的关系则表征了存在与存在者的基本关系。按照这种关系，存在者被包摄在存在之中，存在赋予存在者以本质规定；同时，反过来，存在也寓于或者存在于存在者之中，通过存在者而得到具体的彰显和显现。海德格尔只承认对于人这一存在者来说存在始终在场，人可以内立于存在的澄明之中，却不谈论和探究存在也存在于存在者之中，这显然是片面的。此外，就属性或性质而论，我们当然不应将"存在"归结为单纯的某种属性或性质。然而，我们同时也应予承认，普遍性毕竟是"存在"所具有的一种基本特性，尽管其不等同于"存在"本身。同样不容否定的是，若撇开人这一对象，单纯就存在本身来说，其固然不具有价值属性，无所谓善恶；但是，若相对于人而言，存在就具有了价值属性，是至善的体现和最高的价值标准。就此而言，存在的价值和价值标准属性是存在本身所固有的，也是客观存在的，而依据这一最高的价值标准进行价值评判也是必要的、不可或缺的。

四是关于"存在"（Seyn）与"亲在"（Dasein）的方法。这一方法是我对海德格尔自己所采用的特殊方法的一种概括。需要说明的是，"亲在"通常被译为"此在"。但我觉得译为"亲在"可能更确切，更贴近海德格尔本人所要表达的所谓"亲临到此"和"在场之在"的意旨。海德格尔在其著作中曾数次强调该词所含的"在场"之义。在《形而上学导论》中，海德格尔尤其对此作了十分明确的界定和说明，强调人就是那在自身中打开的"亲临到此"。在《讨论班》中，海德格尔再次申明，"亲在的意思就是当前在场"。从中可见，所谓"亲在"，是指人亲自莅临或驻立于存在之敞开场域中。海德格尔用"亲在"来说明从存在获得规定的人的本质，用存在与"亲在"来描述存在与人的关系。值得注意的是，《存在与时间》中将"亲在"不仅界说为"除了其他可能的存在方式以外还能够对存在发问的存在者"，而且还界说为

"我们自己向来所是的存在者"，即直接等同于人；与此不同，在《哲学论稿》中海德格尔则认为，"亲在"是存在的本质现身者，作为这样的本质现身者，它并不是人的现实方式或既存方式；在《讨论班》中，他又重申，"亲在"不是纯粹的现成存在，而应理解为已被澄明的、敞开的存在。这意味着，"亲在"并不是人的既成的实然本质，只是从存在而得到规定的人的应然本质。按照海德格尔的说法，"亲在"是存在的本质现身者，存在居有"亲在"，将人托付给"亲在"，为人创造自己的本质提供建基之所。但是，人是否能够具有自己的由存在而来的本己的本质，取决于人对是否满足存在的需要、是否护持存在之真理作出抉择。如果人能够将自身建基于"亲在"之中，做存在之真理的守护者，那么，他就具有自己的人的本质和本己性；否则，他就不具有自己的人的本质和本己性，而与其他存在者无异。我认为，海德格尔的"亲在"并未能真正揭示和表达出人与存在的真正关联。它实际上不啻一种理论玄设，即逻辑推论意义上的介于人与存在之间的一个过渡环节。因此，对于人来说它仍然具有某种外在性。海德格尔始终强调的是，存在始终是向人敞开和在场的，而人应该进入和驻立于存在的澄明之中，却始终没有明确地确认和肯定：存在就存在和体现于人之中。但是，这样一来，存在对于人来说就成了一个与人相分离的外在物。

问：上述四种方法涉及了哲学史上的重大问题，有待于进一步深入研究。请您就重建形而上学的有效路径谈谈您的见解。

答：关于探寻和趋近"存在"的既有的主要路径，大概可举出最有代表性的三种，即诉诸逻辑推论，诉诸社会实践，以及诉诸人自身的心性。在哲学史中，第一种路径可以黑格尔为代表，第二种路径可以马克思为代表，第三种路径则可以中国传统哲学"心性论"为代表。

关于黑格尔的逻辑学路径。黑格尔将"存在"表述为"绝对理念"，构建了包括逻辑学、自然哲学和精神哲学在内的宏大哲学体系。这一体系的展开，是"绝对理念"由"抽象的理念"经过其外化即

"理念的外在亲在"再复归到"绝对理念"自身（即"自知的理念"）的过程。而在精神哲学阶段，"绝对理念"是通过其外化的、作为"思维着的精神"的人认识自身的。这样，黑格尔通过"绝对理念"自身的辩证发展为人与存在的统一找到和提供了一种思辨的表达。在这里，"绝对理念"（即存在）既是全部逻辑运动过程的起点，又是其终点，存在被作为整体和大全来对待，人及其精神则是这个整体和大全的内在的构成环节。但是，存在、人以及人与存在相统一的路径均被归结为精神性的，无一例外：存在作为绝对物被界定为精神；人的本质被界定为精神性的本质；人的活动被界定为"思想的现实活动"即思辨；而人与存在的统一被界定为绝对之"最高的定义"的精神自身的统一。概而言之，精神的一切行动只是对于它自身的一种把握，而逻辑学乃至整个哲学作为"最真实的科学"，其目的只是让精神在一切天上和地下的事物中认识其自身。诚如马克思在《1844年经济学哲学手稿》中所说，黑格尔整整一部《哲学全书》不过是哲学精神的展开的本质，而逻辑学是精神的货币，是人和自然界的思辨的思想的价值，人和自然界与一切现实的规定性是毫不相干的。

关于马克思的实践论路径。马克思在创立其"新唯物主义"或唯物主义历史观的过程中，一反西方哲学中从柏拉图直到黑格尔的理念论传统，运用经验的和实证的方法，从人们的物质生产实践活动出发，把物质生产实践活动视为人的"整个现存的感性世界的基础"或人与自然界相统一的基础，并由此维度去重新审视和描述人们所面对的现实世界，摒除了对整体世界及其终极统一性的抽象追寻，同时把被以往哲学家们看成外在并凌驾于现实世界之上的理念世界归根于经验的现实世界，进而从根本上扬弃了传统的形而上学，实现了哲学史上的一种变革。马克思在《1844年经济学哲学手稿》中将其对传统形而上学的扬弃表述为这样一段经典论述："因为对社会主义的人来说，整个所谓世界历史不外是人通过人的劳动而诞生的过程，是自然界对人来说的生成过

程，……所以关于某种异己的存在物、关于凌驾于自然界和人之上的存在物的问题，即包含着对自然界和人的非实在性的承认的问题，实际上已经成为不可能的了。"基于"历史过程是人通过自身的实践活动而生成的过程"这一理解，马克思将"自由个性"或人的自由全面发展确立为历史发展的必然趋向和人自身发展的终极价值目标。同时，马克思也明确肯定和坚持了"人与自然界相统一"这一基本原则，将共产主义界定为"人和自然界之间、人和人之间矛盾的真正解决"。由于马克思追寻形而上的"自由个性"以及坚持人与自然的统一，所以，这使他能够在与传统形而上学决裂的同时，也与存在论意义上的虚无主义以及完全囿于经验的实证主义区别开来。这里，需要说明和厘清的是，海德格尔在《讨论班》中认为，马克思从生产出发，将生产理解为人的本质规定，将人理解为自身的生产者，进而将人的根本归结到人本身，这如果从"向着存在发送自身的方式而思想"，意味着在马克思那里"存在"之为存在不再存在，可谓达到了"虚无主义的极致"。海德格尔的这一品评，显然指向了马克思哲学的核心，并且似乎难以辩驳。我认为，从形式上看，马克思确实没有直接谈及"存在"，因而海德格尔的批评似乎是有道理的。可是，如果从实质上看，特别是结合马克思关于共产主义是"人和自然界之间、人和人之间矛盾的真正解决"的论述，则应该说，由于马克思致力于提供一种人与自然相统一的现实的理想社会模式及其途径，因此，他在实际上并未放弃对人与存在者整体、人与"存在"相统一的追寻。这样，也就很难说在马克思那里"存在"之为存在不再存在或"存在"缺席。我觉得，问题的关键在于，对于马克思关于共产主义是"人和自然界之间、人和人之间矛盾的真正解决"的论述，必须从存在论的意义上去解读，而不能仅仅从政治学、社会学甚至政治哲学的意义上去理解。

关于中国传统哲学的心性论路径。这无论是在老子的"常德不离，复归于婴儿"和"归根曰静，静曰复命"，孔子的"大学之道，在明明德",《易经·说卦》的"穷理尽性以至于命",《中庸》的"天命之谓性,率性之谓道",孟子的"尽心""知性""知天",还是在程朱理学的"穷理尽性至命",阳明心学的"尽性至命"以及惠能的"识心见性"中都得到了鲜明的体现。这种心性论的要义,是将人性区分为先天之本性和后天之习性,即或孔子所云的"性"与"习",或张载所云的"天地之性"与"气质之性",或程颐所云的"极本穷源之性"与"生之为性之性",或朱熹所云的"理之性"与"气质之性",或惠能所云的"佛性"与众生之性;与此同时,将先天之性视为"道"的体现,将后天之性视为杂染、迷妄以及诸种社会环境和习俗影响的结果,而将人的生命的发展和完善视为澄明或复归先天本性的过程。因此,"尽性至命""朝彻见独"和"识心见性"就构成这种心性之学的圭旨。其理论前提是,"道"存在于每个个体生命和人格之中;"道"即心、性、命,正如孔子云"道不远人",孟子云"万物皆备于我",程颢云"道即性也",王阳明云"圣人之道,吾性自尽",惠能云"佛是自性作"。我认为,中国传统哲学的心性论提供了一种人与"道"或"存在"相统一的内在路径和模式,其重要特征是将"内圣"(即主观世界的改造)作为"外王"(即客观世界的改造)的前提。它关注和追求的重点首先并非是人对外在自然、外在世界的认知和作用,而是对人自身心性的求索和修炼;并非是向外寻找人与自然或存在者与"存在"相统一的中介,而是从人自身内部来探究和实现人与自然、人与"道"的统一。总之,它虽然重视"外王",重视外在世界的改造,但首先重视人自身的"内圣",重视内在的反省和心性的澄明,因为前者为后者所奠基和规定。在国内学界,中国传统哲学的心性论往往被判定为"主观唯心主义"而遭到彻底否定。如前已述,我认为这是一种沿袭认识论方式即思维与存在的方法而导致的一种认识错位,必须予以推倒和纠正。

以上谈了探寻和实现人与"存在"相统一的三种主要路径。海德格尔其实也试图给出一种他自己所理解的或许可以命名为"存在学"的路径，但是我认为并未成功。海德格尔认为，追问存在的正确路径应以"存在"本身为开端而并非以"人"这一特殊存在者为开端。在《哲学论稿》中，海德格尔进一步实现了从阿那克西曼德到尼采的整个"存在"认识史的认识视角的一种彻底翻转，即从以"存在者"为开端转换到以"存在（或'本有'，Ereignis）"本身为开端，从主导问题"存在者是什么"转换到基础问题"什么是存在（Seyn）之真理"或"存在如何本质性地现身（Wie west das Seyn）"。就此而论，按照海德格尔本人的说法，相对于《哲学论稿》而言，《存在与时间》虽然追问的也是"存在"的意义，但是两书的立足点已经有所不同，甚至发生了彻底的变化。然而，如何以"存在"本身为开端、从"存在"出发呢？海德格尔的答案是"存在"通过诸神与人类、世界与大地开启自身而居有"亲在"，从而为人提供建基之所和规定人的本质。至于"什么是存在之真理"或"存在如何本质性地现身"，海德格尔的答案是"存在"的最基本的规定性是"常驻的在场"，而"存在"在"无蔽"中现身在场。由于海德格尔否定存在与存在者的关系是普遍者与特殊者的关系，未能真正揭示出两者的内在关联，因此他所提供的这些答案难免使人感到空疏，以致仍停留于思辨的空中。

　　总之，黑格尔的逻辑学路径虽然将"存在"归结为精神并使其围绕自身旋转，但是由于它为人与"存在"的统一提供了一种思辨的逻辑表达而具有一定的合理性和价值。马克思的实践论路径通过诉诸人类实践活动，为实现人与自然、人与"存在"的统一开辟了一条经验的实证的道路，避免了存在论意义上的虚无主义。中国传统哲学的心性论路径具有由内而外的特征，是中国文化和哲学几千年积累的结晶，也是中华民族对世界哲学所做出的重大贡献，在今天也仍具有一定的理论意义和实践意义，应予以充分重视，并在新的历史条件下对其加以创造性转换和创新性发展。

　　问：与重建形而上学相联系，您如何理解哲学的本质和现阶段哲学的任务？

答：海德格尔在《哲学论稿》中提出，"哲学乃是对存在的追问"。这是海德格尔对哲学的一个一般的定义，其中，既包括了追问存在者之存在的以往哲学，也包括了追问"存在"本身的海德格尔的"未来哲学"。从狭义上说，按照海德格尔的理解，哲学显然应是对"存在"本身的追问，而不应该是对存在者之存在的追问。由于以往哲学走向了追问"存在"的歧途，所以，为了同以往哲学相区别，海德格尔将存在"Sein"不再写为"Sein"，而是将其改写为古高地德语的"Seyn"。这样，哲学是对存在本身的追问，也可以写作"哲学是对 Seyn 的追问"。据此而论，哲学就成为关于"Seyn"的思想。如海德格尔所说，这种对哲学之本质的历史性刻画，其实质是把哲学把握为 Seyn 之思想。

哲学是对"存在"（Seyn）本身的追问，可谓是从哲学的最根本、最重要、最迫切的任务和最高的目标出发对哲学所作的一种本质性界定。因此，它涵盖了对哲学的一切界说，故应从此视域看待当代哲学发展本身的状况以及当代哲学发展的诸种问题，而当代所有哲学问题的解答无疑都有赖于我们对这一问题的回答。我以为，我们必须在一定意义上肯定海德格尔对哲学的这一界定，肯定这是从存在的角度来看待哲学的一种存在论意义上的广义的哲学观。

从这样的视域来看现阶段哲学的任务，我想可能主要有：一是重建存在论，其中蕴含重建主体性；二是塑造合理的中国现代性；三是自觉顺应哲学的伦理化趋势；四是重释和创造性转换中国哲学心性论传统；五是让哲学成为安身立命之学。这些任务彼此关联，每一项可能都需要专门加以研究和讨论，这里难以展开和赘述了。

（本文原载《哲学动态》2020 年第 2 期）